AF716773

revista de derecho público

Nº 183 - 184

Julio – Diciembre 2025

Director Fundador: Allan R. Brewer-Carías
Editorial Jurídica Venezolana
Fundación de Derecho Público

SUMARIO

ESTUDIOS

Artículos

Comentarios Monográficos

Allan R. **BREWER-CARÍAS**, Director
abrewer@bblegal.com; allan@brewercarias.com
http://www.allanbrewercarias.com

Caterina **BALASSO TEJERA,** José Ignacio **HERNÁNDEZ G**, Sub-Directores
cbalasso@bblegal.com; ignandez@gmail.com

Mary **RAMOS FERNÁNDEZ**, Secretaria de Redacción
maryra77@gmail.com

CONSEJO DE REDACCIÓN

Juan Domingo **ALFONSO PARADISI**, Jesús María **ALVARADO ANDRADE**, Juan Carlos **BALZÁN**, Carlos Luis **CARRILLO ARTILES**, Antonio **CANOVA GONZÁLEZ**, Juan Cristóbal **CARMONA BORJAS**, Jesús María **CASAL**, Rafael **CHAVERO**, Margarita **ESCUDERO LEÓN**, Luis **FRAGA PITTALUGA**, Fortunato **GONZÁLEZ CRUZ**, Rosibel **GRISANTI DE MONTERO**, Lolymar **HERNÁNDEZ CAMARGO**, Víctor **HERNÁNDEZ-MENDIBLE**, Miguel J. **MÓNACO**, José Antonio **MUCI BORJAS**, Claudia **NIKKEN**, Cosimina **PELLEGRINO PACERA**, Humberto **ROMERO-MUCI**, Antonio **SILVA ARANGUREN**, Gabriel **SIRA SANTANA**, Jorge Luis **SUÁREZ**, María Elena **TORO**, José Luis **VILLEGAS MORENO**, Emilio J. **URBINA MENDOZA**, Daniela **UROSA MAGGI**

COMITÉ ASESOR

Dolores **AGUERREVERE**, Asdrúbal **AGUIAR,** Ana Elvira **ARAUJO GARCÍA**, José **ARAUJO JUÁREZ**, Carlos **AYALA CORAO**, Rafael **BADELL MADRID**, José Rafael **BELANDIA GARCÍA**, Alberto **BLANCO URIBE**, Isabel **BOSCÁN DE RUESTA**, Humberto **BRICEÑO**, Alejandro **CANONICO**, Héctor **FAÚNDEZ LEDESMA**, Gerardo **FERNÁNDEZ**, Carlos **GARCÍA SOTO,** María Amparo **GRAU**, Eugenio **HERNÁNDEZ BRETÓN**, Gustavo **LINARES**, Irma Isabel **LOVERA DE SOLA**, Rogelio **PÉREZ PERDOMO**, Flavia **PESCI-FELTRI**, Manuel **RACHADELL**, Belén **RAMÍREZ LANDAETA**, Carlos **REVERÓN BOULTON,** Judith **RIEBER DE BENTATA**, Armando **RODRÍGUEZ G.**, Gabriel **RUAN SANTOS**, Ana María **RUGGERI RODRÍGUEZ**, Nelson **SOCORRO**, Miguel Ángel **TORREALBA SÁNCHEZ**, Gustavo **URDANETA**

CONSEJO CONSULTIVO

Juan Carlos **CASSAGNE**, Alberto R. **DALLA VIA**, Antonio María **HERNÁNDEZ**, Miriam N. **IVANEGA**, Néstor Pedro **SAGÜES** (**Argentina**), José Mario **SERRATE PAZ**, (**Bolivia**), Romeo Felipe **BACELLAR FILHO**, Marcelo **FIGUEIREDO**, (**Brasil**), Sandra **MORELLI**, Libardo **RODRÍGUEZ RODRÍGUEZ**, Jaime Orlando **SANTOFIMIO**, Consuelo **SARRIA**, William **ZAMBRANO CETINA** (**Colombia**), Gladys **CAMACHO CÉPEDA**, Humberto **NOGUEIRA ALCALÁ**, (**Chile**), Rubén **HERNÁNDEZ VALLE**, Aldo **MILANO**, Enrique **ROJAS FRANCO**, (**Costa Rica**), Javier **ROBALINO ORELLANA** (**Ecuador**), Francisco **FERNÁNDEZ SEGADO**, Luciano **PAREJO ALFONSO**, Jaime **RODRÍGUEZ ARANA MUÑOZ**, (**España**), Hugo H. **CALDERÓN MORALES**, (**Guatemala**), Héctor M. **CERRATO** (**Honduras**), Luis José **BEJAR RIVERA**, Miguel **CARBONELL**, Jorge **FERNÁNDEZ RUÍZ**, Eduardo **FERRER MAC-GREGOR**, Diego **VALADÉS** (**México**), Karlos **NAVARRO MEDAL** (Nicaragua), Javier E. **SHEFFER TUÑÓN** (**Panamá**), Luis Enrique **CHASE PLATE**, (**Paraguay**), Jorge **DANOS ORDOÑEZ**, Domingo **GARCÍA BELAÚNDE**, Orlando **VIGNOLO CUEVAS**, Diego Hernando **ZEGARRA VALDIVIA** (**Perú**), Eduardo Jorge **PRATS**, Olivo A. **RODRÍGUEZ H.**, (**República Dominicana**), Carlos E. **DELPIAZZO**, Augusto **DURÁN** (**Uruguay**)

Revista de Derecho Público
Pág.Web: http://www.revistadederechopublico.com

Fundación de Derecho Público
Torre América, PH, Av. Venezuela, Bello Monte, Caracas 1050, Venezuela

Editada por la **Fundación Editorial Jurídica Venezolana**, Avda. Francisco Solano López, Torre Oasis, P.B., Local 4, Sabana Grande, Telf. (58) 212 762-25-53/38-42/ Fax. 763-52-39. Caracas 1050, Venezuela.

Pág.Web: http://www.editorialjuridicavenezolana.com.ve

© 1980, FUNDACIÓN DE DERECHO PÚBLICO/EDITORIAL JURÍDICA VENEZOLANA
Revista de Derecho Público, Publicación Trimestral
N° 1 (Enero/marzo 1980)
N° 1 (Digital) (01 de marzo de 2023)
Caracas. Venezuela
Hecho Depósito de Ley. Depósito Legal: pp 198002DF847
ISSN (Papel): 1317-2719
ISSN (Electrónico): 2959-6416
1. Derecho público-Publicaciones periódicas

Las opiniones expuestas en los trabajos publicados en esta Revista son de la exclusiva responsabilidad de sus autores y no se corresponden necesariamente con las de la Fundación de derecho Público ni con las de la Fundación Editorial Jurídica Venezolana o las de sus directores.

Esta Revista no puede ser reproducida en todo o en parte, salvo permiso escrito de los editores.

Diagramado y montaje electrónico de artes finales: Mirna Pinto,
en letra Times New Roman 9,5, Interlineado 10,5, Mancha 21 x 12.5

Portada: Lilly Brewer

Normas para el envío de originales

La Revista de Derecho Público acepta artículos inéditos en el campo del derecho público. Para el envío de un artículo, los autores deben enviar un correo electrónico a través de la sección contacto de su página web, o a alguno de sus directores.

En la elaboración de artículos, debe atenderse a las normas siguientes:

1. Los trabajos deben realizarse por escrito a espacio y medio, en letra Times New Roman 9,5, y tener una extensión aproximada no mayor de 35 cuartillas tamaño carta.

2. Las citas deben seguir el siguiente formato: nombre y apellidos del autor o compilador; título de la obra (en letra cursiva); volumen, tomo; editor; lugar y fecha de publicación; número de página citada. Para artículos de revistas u obras colectivas: nombre y apellidos del autor, título del artículo (entre comillas); nombre de la revista u obra colectiva (en letra cursiva); volumen, tomo; editor; lugar y fecha de publicación; número de página citada.

3. En su caso, la bibliografía seguirá las normas citadas y deberá estar ordenada alfabéticamente, según los apellidos de los autores.

4. Todo trabajo sometido deberá ser acompañado de dos resúmenes breves, en español e inglés, de unas 120 palabras cada uno y con una indicación de palabras clave (en los dos idiomas).

5. En una hoja aparte, el autor indicará los datos que permitan su fácil localización (N° teléfono, dirección postal y correo electrónico). Además, incluirá un breve resumen de sus datos académicos y profesionales.

6. Se aceptan para su consideración y arbitraje todos los textos, pero no hay compromiso para su devolución ni a mantener correspondencia sobre los mismos.

El texto de los ejemplares de la Revista de Derecho Público, así como el texto de cada uno de los trabajos publicados en la misma, están disponibles en la página web de la Revista: http://www.revistadederechopublico.com

La adquisición de ejemplares impresos de la Revista puede hacerse a través de las plataformas de todas las librerías globales.

La Revista de Derecho Público se encuentra indizada en la base de datos CLASE (bibliografía de revistas de ciencias sociales y humanidades), Dirección General de Bibliotecas, Universidad Nacional Autónoma de México, LATINDEX (en catálogo, Folio N° 21041), REVENCYT (Código RVR068) y DIALNET (Universidad de la Rioja, España).

Para esta impresión por Lightning Source, an INGRAM Content Company, para Editorial Jurídica Venezolana International Inc., Panamá, República de Panamá, para su disponibilidad en las plataformas de las librerías globales: ISBN: 979-8-90155-931-4.

RESEÑAS BIBLIOGRÁFICAS

ESTUDIOS

Artículos

El régimen de los derechos e intereses colectivos o difusos en el Sistema Jurídico de Venezuela

Carlos J. Sarmiento
Abogado.

Resumen: *El trabajo examina el régimen constitucional y procesal de los derechos e intereses colectivos o difusos en Venezuela, destacando su evolución desde la Constitución de 1961 hasta la de 1999 y el rol decisivo de la jurisprudencia en su configuración. Sobre la base de doctrina nacional y comparada, especialmente la influencia italiana y el modelo brasileño, se diferencian los intereses colectivos, referidos a grupos determinados o determinables unidos por una misma situación jurídica, de los intereses difusos, relativos a una pluralidad indeterminada de sujetos ligados solo por circunstancias de hecho. La Constitución de 1999 reconoce expresamente estos intereses en su artículo 26, pero la falta de una legislación general de desarrollo ha obligado a la Sala Constitucional a precisar conceptos, legitimación activa amplia (personas naturales, entes colectivos y Defensor del Pueblo) y vías procesales idóneas, así como a atribuir efectos erga omnes a las sentencias dictadas para la protección de tales derechos, consolidando su naturaleza de bienes supraindividuales ligados a la calidad de vida y al Estado social de derecho.*

Abstract: *The article examines the constitutional and procedural regime of collective or diffuse rights and interests in Venezuela, highlighting its evolution from the 1961 Constitution to the 1999 Constitution and the decisive role of jurisprudence in its configuration. On the basis of national and comparative doctrine, especially the Italian influence and the Brazilian model, collective interests, referring to specific or determinable groups united by the same legal situation, are differentiated from diffuse interests, relating to an indeterminate plurality of subjects linked only by factual circumstances. The 1999 Constitution expressly recognizes these interests in Article 26, but the lack of general implementing legislation has forced the Constitutional Chamber to specify concepts, broad active standing (natural persons, collective entities and the Ombudsman) and suitable procedural channels, as well as to attribute erga omnes effects to the judgments issued for the protection of such rights, consolidating their nature as supra-individual goods linked to the quality of life and the social rule of law.*

SUMARIO

I. DEFINICIÓN DE LOS DERECHOS E INTERESES COLECTIVOS O DIFUSOS

Como advertencia preliminar, es importante destacar que de la doctrina, jurisprudencia y legislación comparada y nacional puede evidenciarse una falta de unanimidad en la definición, tratamiento y alcance de las figuras de los derechos e intereses colectivos o difusos.

Razón por la cual, procederemos al análisis crítico de las mas importantes posiciones doctrinales y jurisprudenciales, para así concluir con una definición que abarque los rasgos mas importantes de las instituciones objeto del presente trabajo.

Lo cierto es que, el actual régimen de los derechos e intereses colectivos o difusos en el sistema jurídico venezolano es producto de una evolución legislativa y jurisprudencial, por lo que consideramos necesario estudiarlo en dos etapas, primero, bajo la vigencia de la Constitución de 1961 y segundo bajo la actual Constitución Nacional.

1. *Los derechos e intereses colectivos o difusos en la Constitución de 1961*

La Constitución de 1961 no contemplaba referencia alguna a los derechos e intereses, colectivos o difusos, no los mencionaba dentro del elenco de los derechos a defender y así, en materia de amparos constitucionales, la jurisprudencia entendía que el acto, hecho u omisión que produce la violación a los derechos constitucionales del accionante debía afectarlo de manera directa, y no en forma incidental o genérica pues la acción de amparo constitucional tiene un inminente carácter subjetivo o interpartes, lo que la diferencia de la acción popular de inconstitucionalidad.[1]

Así, en sentencia del 6 de agosto de 1987, al resolver un amparo constitucional la Sala Político Administrativa de la Corte Suprema de Justicia (en adelante SPA-CSJ), expresó que aceptar la posibilidad del ejercicio de la acción de amparo por parte de una o varias personas que se atribuyan la representación genérica de toda la ciudadanía, sería desvirtuar el objeto fundamental del amparo que es la restitución a un sujeto de derecho de una situación o garantía jurídica tutelada por la Constitución.

Este criterio fue reiterado por la SPA-CSJ, en sentencias del 7 de enero de 1994 y 7 de diciembre de 1994, en donde se insistió que se estarían vulnerando los principios de democracia representativa y seguridad jurídica.

Sin embargo, para 1998, el criterio de la SPA-CSJ pareció evolucionar hacia una apertura en la interpretación de la protección de los derechos colectivos y, así, mediante sentencia del 14 de agosto de ese año, al resolver un amparo constitucional propuesto por el Instituto Psiquiátrico Rural Virgen del Rosario C.A., aceptó la legitimación de esta institución para defender el derecho a la vida y a la salud de un grupo de enfermos mentales de bajos recursos recluidos en ese centro de atención psiquiátrica. No obstante, es de notar que el razonamiento de la SPA-CSJ se fundamentó en el hecho evidente de que los enfermos mentales a los cuales se refería el solicitante del amparo, se encontraban privados no solamente de libertad, sino también de discernimiento a causa de su enfermedad, la cual les impediría otorgar poder judicial o actuar por sí mismos, aparte de que, según las actuaciones que cursaban en el expediente, su seguridad personal se encontraba amenazada ante la posibilidad de ser librados a su suerte o no ser debidamente vigilados y atendidos.

El fallo que se acaba de mencionar permitía suponer una flexibilización en la interpretación de la protección de los derechos colectivos, más cónsona con la realidad social en la cual la defensa de los derechos e intereses colectivos o difusos parecía ir adquiriendo un empuje

---

1 Rafael J. Chavero Gazdik. *El Nuevo Régimen del Amparo Constitucional en Venezuela*. Editorial Sherwood, Caracas, 2001, p. 101.

significativo; más no resultó así, pues la misma SPA-CSJ, en decisión del 29 de julio de 1999, afirmó que no es el amparo constitucional la vía para cuestionar actuaciones de los entes públicos de alcance general que afecten a una colectividad de personas indeterminadas ni para atacar planes generales de gobierno, agregando que no es válido que una asociación civil, a través de un amparo constitucional, asuma la representación de cada uno de sus miembros, e incluso de personas que no conforman tal agrupación, y proceda a presentar demandas tendentes a garantizar los derechos individuales de cada una de aquellas personas individualmente afectadas.

Como se puede observar, la SPA-CSJ no fue lo suficientemente congruente en su jurisprudencia en cuanto a derechos e intereses, colectivos o difusos.

Podría afirmarse que durante la vigencia de la Constitución de 1961, se inclinó mas hacia la protección de los intereses personales y directos que de aquellos, influenciada por una concepción de "acción", entendida como el medio jurisdiccional de tutela de un derecho subjetivo propio, es decir, la regla era el ejercicio de la acción individual, de conformidad con lo dispuesto en el artículo 140 del Código de Procedimiento Civil, el cual consagra la prohibición de hacer valer en juicio, en nombre propio, un derecho ajeno, salvo expresa previsión legal.

De tal manera que, un sujeto únicamente podría acceder a los órganos jurisdiccionales, si contaba con la "titularidad" de dicha situación jurídica.

Sin embargo, tal situación varío drásticamente con la entrada en vigencia de la Constitución de 1999 y una serie de decisiones dictadas por la Sala Constitucional del Tribunal Supremo de Justicia.

2. *Los derechos e intereses colectivos o difusos en la Constitución de 1999.*

La Constitución de 1999 (en adelante Constitución) establece en su artículo 26 el derecho de toda persona a acceder a los órganos de administración de justicia para hacer valer sus derechos e intereses, colectivos o difusos.

*"**Artículo 26:** Toda persona tiene derecho de acceso a los órganos de administración de justicia para hacer valer sus derechos e intereses, incluso los colectivos o difusos, a la tutela judicial efectiva de los mismos y a obtener con prontitud la decisión correspondiente.*

El Estado garantizará una justicia gratuita, accesible imparcial, idónea, transparente, autónoma, independiente, responsable, equitativa y expedita, sin dilaciones indebidas, sin formalismos o reposiciones inútiles."

La norma en estudio, consagra el derecho a la jurisdicción, o lo que es lo mismo, el acceso ante los órganos jurisdiccionales, que viene a ser la piedra angular que fundamenta la estructura para que toda persona pueda accionar para hacer valer sus derechos e intereses, entendida la jurisdicción tal y como la define Eduardo J. Couture, es decir como la función pública, realizada por órganos competentes del Estado, por las formas requeridas por la ley, en virtud de la cual, por acto de juicio, se determina el derecho de las partes, con el objeto de dirimir sus conflictos y controversias de relevancia jurídica, mediante decisiones con autoridad de cosa juzgada, eventualmente factibles de ejecución.[2]

Sin embargo, la redacción dada por el constituyente al citado artículo no fue del todo feliz puesto que se presta a confusión.

---

[2] Eduardo J. Couture, *Fundamentos del Derecho Procesal Civil*. Editorial B de F Montevideo – Buenos Aires. 4ta Edición. 2002. p. 34.

En efecto, Chavero Gazdik, afirma que el uso de la conjunción "o" deja la sospecha de si para los constituyentistas venezolanos se trata de un mismo tipo de situaciones o si sencillamente el uso de la "o" es debido a que gramaticalmente el calificativo "colectivo" se refiere a "derechos" y el calificativo "difusos" a "intereses".[3]

Así mismo, Gazdik considera que si se hace una interpretación acorde con las reglas que al respecto establece el artículo 4 del Código Civil, que indica que a la ley hay que aplicarle el sentido evidente de sus palabras, es decir, la interpretación gramatical, pareciera ser que, efectivamente, el constituyente quiso referirse a ***derechos colectivos*** e ***intereses difusos***, como dos intereses distintos. A este respecto, el mencionado autor ha dicho que esa fue la intención de los constituyentistas porque, a su modo de ver, el artículo 280 de la Constitución, al asignar las competencias del Defensor del Pueblo, le dio una competencia adicional o residual, la cual fue representar "…los intereses legítimos, colectivos y difusos, de los ciudadanos…", y en ese sentido agrega que la tutela de derechos colectivos debe estar en manos de las organizaciones más representativas de los mismos, a los efectos de lograr encauzar en su mismo proceso a la mayoría de los sujetos que se encuentran afectados de igual forma en sus derechos fundamentales, mientras que la tutela de los intereses difusos debe ser canalizada a través del Defensor del Pueblo.[4]

Lo que si está suficientemente claro es que, el artículo 26 garantiza al ciudadano el acceso a los órganos jurisdiccionales (mas adelante analizaremos cuales órganos son éstos) con la finalidad de solventar una determinada controversia.

Si bien tales derechos e intereses están consagrados en la Constitución, para la fecha no existe legislación que desarrolle dicha legitimación procesal de forma general.

En vista de que, ni la Exposición de Motivos de la Constitución ni los debates de los constituyentes, aportan material alguno que permita determinar con precisión el significado que para los constituyentes tuvo las nociones de derechos e intereses colectivos o difusos, la Sala Constitucional del Tribunal Supremo de Justicia se ha tenido que encargar a través de sus decisiones, de desarrollar el tema.

3. *Posición Doctrinal*

Como se expuso en el punto anterior, la posición de la doctrina no es unánime en cuanto a la utilización de una denominación única para el tema.

Ha sido la doctrina italiana la que inició el desarrollo de la categoría específica de intereses colectivos y difusos[5], bajo esta influencia autores patrios como José Luis Villegas Moreno, han señalado:

> *"Podemos diferenciar los intereses colectivos de los intereses personales ya que no constituyen una simple suma de éstos, sino que son cualitativamente diferentes, pues afectan por igual y en común a todos los miembros del grupo y pertenecen por entero a todos ellos. Se asemejan a los intereses difusos en que pertenecen a una pluralidad de sujetos; pero se diferencias de ellos en que cuando el interés es colectivo esta pluralidad puede ser determinada o circunscrita como una colectividad limitada.*"[6]

---

3 Rafael J. Chavero Gazdik. p. 117.

4 Chavero, pp. 117 y 121.

5 Margarita Escudero León. *El Tratamiento Jurisprudencial dado a los intereses colectivos y difusos como forma de legitimación procesal*. Novedades Jurisprudenciales del Tribunal Supremo de Justicia. Editores Vadell Hermanos. Caracas 2002. p. 83

6 José Luis Villegas Moreno. "Los intereses difusos y colectivos en la Constitución de 1999". *Revista de Derecho Constitucional* No. 2. Editorial Sherwood. Caracas 2000. p. 263.

Por su parte, José Antonio Muci Borjas señala:

"*Los intereses difusos son aquellos intereses cuya titularidad corresponde a una gran parte de la colectividad, sin que los mismos puedan ser imputados a sujetos determinados. Se trata, por lo tanto, de un interés cuya titularidad corresponde a un conjunto de sujetos indeterminados. Son pues, intereses sin un titular definido, ya que todos los miembros de una determinada colectividad, o al menos una gran parte de los mismos, son cotitulares de una cuota parte (...) de tal interés*".[7]

Bajo términos similares, se pronuncia Hildegard Rondón de Sansó[8], al señalar que los intereses difusos comprenden la categoría más amplia en el texto legal, mencionando a los intereses anónimos "que son a la vez de todos y de cada uno" y constituyen "la línea fronteriza entre los intereses difusos y privados".

En este sentido, señala Hernández Bretón[9], que al definir el interés difuso el legislador utilizó dos criterios: un criterio objetivo y un criterio subjetivo. El criterio objetivo está constituido por la supraindividualidad y la indivisibilidad del bien jurídico protegido. Por lo que atañe al criterio subjetivo, el mismo se refiere a la indeterminación de sus titulares, quienes se encuentran ligados por circunstancias de hecho, lo cual supone, por argumento a contrario, la inexistencia entre las partes de una relación jurídica anterior.

Concluye Hildegard Rondón de Sansó, que los intereses colectivos corresponden a un grupo determinable de personas y, en consecuencia, limitado al grupo o colectividad. Las personas que forman parte de este grupo tienen una vinculación que deriva de la misma situación jurídica que puede ser la de propietarios en propiedad horizontal o de ahorristas de una misma institución financiera, por lo cual siempre puede precisarse su identidad como personas y su entidad como grupo.

4. *Posición Jurisprudencial*

Se podría decir que, una de las decisiones más importantes en materia de derechos e intereses colectivos o difusos, fue la dictada en fecha 18 de mayo de 2000, por la Sala Político Administrativa del Tribunal Supremo de Justicia (en adelante SPA-TSJ), con ponencia del Magistrado Carlos Escarrá Malavé, en un juicio con motivo de un recurso contencioso administrativo de anulación ejercido de manera conjunta con solicitud de amparo cautelar por el Presidente y Secretario General del Partido Movimiento Al Socialismo (M.A.S.), contra el Decreto Nº G-195, "publicado en la página del Diario ABC de fecha 18 de abril de 2000", dictado por el ciudadano Jesús Aguilarte Gámez, en su condición de Gobernador del Estado Apure.

En dicha sentencia se estableció lo siguiente:

"*En el marco del Título III de la Constitución de la República Bolivariana de Venezuela, denominado "De los Derechos Humanos y Garantías, y de los Deberes", se encuentra enunciado el principio que consagra el dogma de la "Tutela Judicial Efectiva", y el reconocimiento a toda persona de acceso a la administración de Justicia para hacer valer sus derechos e intereses, incluso los colectivos o difusos.*

---

7 José Antonio Muci Borjas. "Legitimación Activa en el Contencioso Administrativo". *Revista de la Facultad de Derecho* No. 43. Universidad Católica Andrés Bello. Caracas 1991. p. 305.

8 Hildegard Rondón de Sansó. "Estudio sobre la Acción Colectiva. Con motivo del análisis crítico de las sentencias de la Sala Constitucional sobre los Créditos Indexados". p. 17-18.

9 Eugenio Hernández Bretón. Sistemática General de la Ley de Protección al Consumidor de 1999. Diario de Tribunales del 07/05/1992.

Siendo el tema del interés procesal en la materia contencioso administrativa, de extrema importancia, por cuanto el mismo constituye un límite de operatividad para poner en movimiento el "aparato jurisdiccional del Estado", como derivación propia de la existencia en los textos legales de causales de inadmisibilidad (como elementos obstaculizadores del derecho constitucional del libre acceso a la justicia) de la acción contencioso administrativa, pasa esta Sala, a interpretar el interés que tienen los quejosos mediante la interposición de las acciones conjuntas de nulidad y amparo, contra un acto que, si bien se encuentra dirigido a un número indeterminado de personas, su recurribilidad, según se desprende del texto del artículo 112 de la Ley que rige las funciones de este Máximo Tribunal, queda limitada a que esa acción, sea interpuesta por cualquier persona (acción popular), siempre y cuando dicho acto impugnado, afecte la esfera de sus derechos o intereses subjetivos, cuestión que lleva a este órgano jurisdiccional (ante la falta de mención expresa de los recurrentes sobre la forma en que el acto afecta sus propios derechos e intereses), a un breve desarrollo sobre la figura de los intereses difusos o colectivos, actualmente consagrados constitucionalmente en la Carta Magna de la República Bolivariana de Venezuela.

Al respecto, esta Sala señala que, interés difuso es aquél que posee el individuo, -en palabras del profesor Sánchez Morón-, "por el hecho de pertenecer a la pluralidad de sujetos a que se refiere la norma en cuestión, de aquí que la tutela jurisdiccional de intereses comunes a varios sujetos (al grupo) pueda ser pedida incluso por uno de ellos sin el intermediario de un grupo personificado". Importa, pues, en criterio de este Máximo Tribunal, destacar el salto que supone el hecho de legitimar al individuo para reaccionar frente a un ataque, ya no dirigido a su esfera privada ni a su condición genérica de ciudadano (reacción esta última posibilitada por la acción popular), sino frente a un ataque a los bienes jurídicos del grupo al que está conectado como sujeto social.

La distinción entre interés difuso e interés colectivo no es de carácter cualitativo, sino que se concreta en la posibilidad de que el interés difuso se refiera a una colectividad y cuando se utiliza el término "colectividad", se da como implícita la existencia de una comunidad organizada de individuos en torno a unos intereses comunes. Pero es menester para esta Sala advertir que no es interés colectivo el interés de la organización, sino el de la comunidad. La distinción opera, pues, en un examen de la estructura de los grupos. Téngase en cuenta, sin embargo, que lo que importa de ambos intereses, el difuso y el colectivo, es que constituyan un interés superior tanto respecto del individuo del grupo como de la posible estructura organizativa que pueda articularse para su defensa. Por ello, tanto si la acción procesal es ejercitada por el individuo o por la estructura organizada de la comunidad, entiéndase que, el interés que ambos tutelan es el mismo: "el bien jurídico del grupo".

Junto a los problemas de legitimación procesal, la definición de estos intereses difusos y colectivos es esencial para posibilitar y ordenar la presencia de las distintas comunidades ciudadanas en la toma de decisiones que realiza la administración pública, -entre ellas, destaca la función que en aras de la tutela de dichos intereses difusos o colectivos está llamada a efectuar la Defensoría del Pueblo como órgano del Poder Ciudadano, según lo preceptúan los artículos 280 y 281 de la Constitución Bolivariana de Venezuela-, decisiones que son producto de un proceso de mediación de los distintos intereses sociales.

La participación, pues -he aquí su rasgo esencial-, sólo es predicable cuando se articule en defensa de intereses supraindividuales, dado que la libertad de información y de prensa (en criterio de esta Sala) no es sólo un derecho individual, sino también una libertad al servicio de la colectividad, que debe tener indudablemente mayor fuerza en la medida en que se ejercita para trasladar a los ciudadanos datos u opiniones que pueden enriquecer a la opinión pública y el debate democrático, siendo ello, razón suficiente para que este Máximo Tribunal, como órgano de control de los demás poderes públicos (incluyendo el Poder Estadal), tutele ex oficio los intereses de los sujetos a quienes se dirigen los "exhortos" y la advertencia bajo amenaza de sanción referidos en el Decreto N° G-195 dictado por el Gobernador del Estado Apure, por cuanto existen, definitivamente, intereses difusos tanto a nivel gremial periodístico, como de los medios de comunicación social y otros sectores de la sociedad, como intereses de la colectividad y el público en general, en la resolución de la controversia en cuestión, y, en razón de ello, esta Sala acepta la intervención de los accionantes como legitimados en función de los referidos intereses. Así se declara."[10]

La Sala admitió la intervención de los accionantes como legitimados, en defensa de "intereses difusos tanto a nivel gremial periodístico, como de los medios de comunicación social y otros sectores de la sociedad, como intereses de la colectividad y el público en general."

En efecto consideró la Sala que la libertad de información y de prensa no es sólo un derecho individual, sino también una libertad al servicio de la colectividad, que debe tener indudablemente mayor fuerza en la medida en que se ejerce para trasladar a los ciudadanos datos u opiniones que pueden enriquecer a la opinión pública y el debate democrático.

El mes siguiente, la Sala Constitucional[11] del Tribunal Supremo de Justicia (en adelante SC-TSJ), en su rol de intérprete de la Constitución, dictó sentencia en fecha 30 de junio de 2000, Caso: *Defensoría del Pueblo*, donde se pronunció respecto del reconocimiento de los derechos e intereses difusos o colectivos en la Constitución.

Primeramente, la SC-TSJ realizó un análisis de la naturaleza de este tipo de derechos e intereses, concluyendo que, por ser la República un Estado Social de Derecho y de Justicia, tiene como objeto el engrandecimiento de la sociedad, para materializar un equilibrio social en la relación Estado-Sociedad, en aras de lograr una buena calidad de vida para todos los habitantes de la República, quienes mediante el uso de "controles" deben exigir tal equilibrio.

> "*El artículo 2 de la Constitución Nacional expresa que Venezuela es un Estado Social de Derecho y de Justicia, por lo que dentro del derecho positivo actual y en el derecho que se proyecte hacia el futuro, la ley debe adaptarse a la situación que el desarrollo de la sociedad vaya creando, como resultado de las influencias provenientes del Estado o externas a él y que son estas influencias las que van configurando a la sociedad, y que la ley y el contenido de justicia que debe tener quien la aplica, deben ir tomando en cuenta a fin de garantizar a los ciudadanos una calidad integral de vida, signada por el valor.*
>
> *(...)*
>
> *El Estado así concebido, tiene que dotar a todos los habitantes de mecanismos de control para permitir que ellos mismos tutelen la calidad de vida que desean, como parte de la interacción o desarrollo compartido Estado-Sociedad, por lo que puede afirmarse que estos derechos de control son derechos cívicos, que son parte de la realización de una democracia participativa, tal como lo reconoce el Preámbulo de la Constitución de la República Bolivariana de Venezuela*".

Posteriormente, la SC-TSJ resaltó varios caracteres de estos derechos cívicos destinados a proteger la calidad de la vida:

> "*Uno, el que formando parte de los derechos otorgados a la ciudadanía, mecanismos legales para precaver el bien común, cualquier miembro de la sociedad, con capacidad para obrar en juicio, puede -en principio- ejercerlos.*
>
> *Dos, que siendo ellos deferidos como parte de una interacción social, que actúan como elementos de control de la calidad de la vida comunal, no pueden confundirse con los derechos subjetivos individuales que buscan la satisfacción personal, ya que su razón de existencia es el beneficio del común, y lo que se persigue con ellos es lograr que la calidad de la vida sea óptima. Esto no quiere decir que en un momento determinado un derecho subjetivo personal no pueda, a su vez, coincidir con un derecho destinado al beneficio común.*

---

[10] Expediente 0369-0370

[11] **Artículo 335:** (…) Las interpretaciones que establezca la Sala Constitucional sobre el contenido o alcance de las normas y principios constitucionales son vinculantes para las otras Salas del Tribunal Supremo de Justicia y demás tribunales de la República.

Una tercera característica de estos derechos, es que al perseguir con ellos el bien común, su contenido gira alrededor de prestaciones, exigibles bien al Estado o a los particulares, que deben favorecer a toda la sociedad, sin distingos de edad, sexo, raza, religión, o discriminación alguna".

De esta manera la Sala, procedió a responder a la siguiente interrogante: ***¿cómo se ejercen y cuáles son esos derechos cívicos?***

*"Ellos son varios, entre los que se encuentran **los derechos e intereses difusos o colectivos** a que se refiere el artículo 26 de la vigente Constitución, así como otros no recogidos en dicho artículo, como los que se ventilan mediante las acciones populares o las de participación ciudadana. (...)*

*Con los **derechos e intereses difusos o colectivos**, no se trata de proteger clases sociales como tales, sino a un número de individuos que pueda considerarse que representan a toda o a un segmento cuantitativamente importante de la sociedad, que ante los embates contra su calidad de vida se sienten afectados, en sus derechos y garantías constitucionales destinados a mantener el bien común, y que en forma colectiva o grupal se van disminuyendo o desmejorando, por la acción u omisión de otras personas. (...)*

Ese interés social debe ser entendido en dos sentidos, uno desde el ángulo procesal, donde representa el interés procesal para accionar, cuando sólo acudiendo a los órganos jurisdiccionales se puede obtener una satisfacción para la sociedad; y otro, como un valor jurídico general tutelado por la Constitución, que consiste en la protección derivada del derecho objetivo, de los diversos grupos que conforman la sociedad o de ella misma, y que por las condiciones en que se encuentran con respecto a otros de sus miembros, se ven afectados por éstos directa o indirectamente, desmejorándoles en forma general su calidad de vida"

Con esta decisión la SC-TSJ comenzó a dar sus primeros pasos en cuanto a la protección de los derechos e intereses colectivos o difusos, de entrada, estableció la diferencia entre ambos en los siguientes términos:

*"...**el derecho o interés difuso** se refiere a un bien que atañe a todo el mundo, a personas que en principio no conforman un sector poblacional identificable e individualizado, sino que es un bien asumido por los ciudadanos (pluralidad de sujetos), que sin vínculo jurídico entre ellos, se ven lesionados o amenazados de lesión. Ellos se fundan en hechos genéricos, contingentes, accidentales o mutantes que afectan a un número indeterminado de personas y que emanan de sujetos que deben una prestación genérica o indeterminada. Los daños al ambiente o a los consumidores, por ejemplo, así ocurran en una determinada localidad, tienen efectos expansivos que perjudican a los habitantes de grandes sectores del país y hasta del mundo, y responden a la prestación indeterminada de protección al ambiente o de los consumidores."*

*"Esa lesión a la población, que afecta con mayor o menor grado a todo el mundo, que es captado por la sociedad conforme al grado de conciencia del grupo social es diferente a la lesión que se localiza concretamente en un grupo, determinable como tal, aunque no cuantificado o individualizado, como serían los habitantes de una zona del país, afectados por una construcción ilegal que genera problemas de servicios públicos en la zona. Estos intereses concretos, focalizados, **son los colectivos**, referidos a un sector poblacional determinado (aunque no cuantificado) e identificable, aunque [no] individualmente, dentro del conjunto de personas existe o puede existir un vínculo jurídico que los une entre ellos. Ese es el caso de las lesiones a grupos profesionales, a grupos de vecinos, a los gremios, a los habitantes de un área determinada, etc. (...) Son los difusos los de mayor cobertura, donde el bien lesionado es más generalizado, ya que atañe a la población en extenso, y que al contrario de los derechos e intereses colectivos, surgen de una prestación de objeto indeterminado; mientras que en los colectivos, la prestación puede ser concreta, pero exigible por personas no individualizables.*

*Lo que sí es cierto en ambos casos (difusos y colectivos) es que la lesión la sufre el **grupo social por igual**, así algunos no se consideren dañados porque consienten en ella, estando esta noción en contraposición a la lesión personal dirigida a un bien jurídico individual. Es-*

ta diferencia no impide que existan lesiones mixtas que un mismo hecho toque a un bien jurídico individual y a uno supraindividual.

*Estos bienes suprapersonales o transpersonales (derechos e intereses difusos y colectivos), como ya antes se señaló en este fallo, dada la naturaleza de los hechos, pueden pertenecer a grupos específicos de personas o a la sociedad en general, directa o indirectamente, dependiendo de quiénes sean los afectados o lesionados por los hechos". (**negrita,** cursiva y subrayado propio)*

De la sentencia transcrita, se puede evidenciar que la Sala Constitucional se refiere por un lado a ***derechos e intereses colectivos***, y por el otro a ***derechos e intereses difusos,*** diferenciándose los primeros de los segundos, en que éstos pertenecen a una pluralidad indeterminada de sujetos, mientras que los colectivos existen en un grupo o pluralidad determinada de individuos.

Consideramos que el artículo 26 de la Constitución fue redactado de una manera confusa mas no errada, pues expresamente dice: **"derechos e intereses, colectivos o difusos"**, siendo importante destacar que el Diccionario de la Lengua Española[12], establece que:

1. La letra **"e"** es una conjunción copulativa, utilizada por la letra "y", para evitar el hiato entre palabras que empiecen por la "i" o "hi".

2. La letra **"y"** es una conjunción copulativa, que se utiliza para unir palabras o cláusulas en conceptos afirmativos.

3. La letra **"o"** es una conjunción disyuntiva, por cuanto denota **diferencia**, separación o alternativa entre dos o mas personas, cosas o ideas.

De tal manera que, resulta evidente que la intención del constituyentista fue la de consagrar, tal y como entre líneas nos lo hace ver la Sala Constitucional de, por un lado ***derechos e intereses colectivos***, y por el otro ***derechos e intereses difusos,*** tratándose entonces, de dos derechos e intereses totalmente diferentes.

En este sentido, encontramos como rasgo característico común, la necesidad de derechos e intereses de naturaleza **"transpersonal"**, es decir, en función del interés colectivo sobre el individual, razón por la cual coincidimos con la opinión de Hildegard Rondón de Sansó[13], sobre la utilización del término "acción colectiva" para distinguir genéricamente a aquellas en las cuales la parte actora está constituida por un grupo de personas, cuyo número puede ser tanto determinado como indeterminado, todo ello en grado variable e, independientemente de las modalidades que tales acciones pueden revestir.

En la situación concreta de las acciones colectivas, el conflicto que trata de resolverse por su intermedio, es común a una multiplicidad de sujetos.

Al respecto, la propia Sala Constitucional definió al **derecho e interés difuso** como aquel que atañe a todo el mundo, a personas que en principio no conforman un sector poblacional identificable e individualizado. Es entonces un bien asumido por los ciudadanos (pluralidad de sujetos) que, sin vínculo jurídico entre ellos, se ven lesionados o amenazados de lesión. Ello se fundamenta en hechos genéricos, contingentes, accidentales o mutantes que afectan a un número indeterminado de personas y que emanan de sujetos que deben una prestación genérica o indeterminada.

Por su parte, las lesiones que se localizan concretamente en un grupo, determinable como tal, aunque no cuantificado o individualizado, como pueden ser el que conforman los

---

12 Real Academia. Vigésima Segunda Edición.

13 Hildegard Rondón de Sansó. p. 13.

habitantes de una zona del país afectados por una construcción ilegal que genera problemas de servicios públicos en la zona, afectan intereses concretos. Se trata de una situación que vulnera **derechos e intereses colectivos**, referidos a un sector poblacional determinado (aunque no cuantificado) e identificable, aunque individualmente. Asimismo, en el conjunto de personas afectadas en su interés existe o puede existir un vinculo jurídico que los una entre ellos (como ejemplo, la sentencia refiere una situación que genere daño a gremios profesionales).

5. *Derecho Comparado*

En el orden legal la mejor definición que conocemos es la del artículo 81° del Código Brasileño del Consumidor[14], cuyo texto dice así:

> *"Artículo 81: La defensa de los intereses y derechos de los consumidores y de las víctimas podrán ser ejercidas en juicio individualmente o a título colectivo.*
>
> *Parágrafo único: La defensa colectiva será ejercida cuando se trate de:*
>
> *Intereses o Derechos Difusos son, para los efectos de este código, los transindividuales de naturaleza indivisible de que sean titulares personas indeterminadas y ligadas entre sí por circunstancias de hecho".*
>
> *Intereses o derechos colectivos son, para los efectos de este código, los transindividuales de naturaleza indivisible de que sea titular un grupo, categoría o clase de personas legales unidas entre sí o con la parte contraria por una relación jurídica de base (...)"* (**negrita,** cursiva y subrayado propio)

Tal y como se puede evidenciar, la legislación brasileña es muy parecida a la venezolana, la fragmentación de los intereses difusos contrasta con una menor dispersión en el caso de los derechos colectivos caso en el cual hay, en la sustancia del conflicto, un grupo con características delimitadas que lo sufre.

II. LEGITIMACIÓN PROCESAL

En cuanto a la legitimación para invocar la protección de los derechos e intereses colectivos o difusos, la SC-TSJ se pronunció en la ya comentada decisión del caso *Defensoría del Pueblo,* de fecha 30 de junio de 2000.

Al respecto dijo:

> *"Planteado así lo relativo a estas acciones, tiene también esta Sala que determinar quiénes son los legitimados para intentarlas, siendo claro que el interés procesal lo tiene –en principio- cualquier miembro de la sociedad que necesite de la declaración jurisdiccional, en beneficio del común.*
>
> *...El gran problema surge en que quien demanda por derechos o intereses difusos, lo debe hacer a nombre de la sociedad, y lo hace atendiendo al derecho subjetivo indivisible que comparte con el resto de las personas, o a su interés compartido con la población y ¿cómo sin recibir representación de ese resto, puede obrar en nombre de ellos y de sus intereses?; ¿Quién es el legitimado para actuar?. Ante esa realidad, se entiende el por qué en algunas legislaciones se otorga la representación a un ente específico y se le niega a los ciudadanos en particular.*
>
> *Si se atiende a la letra del artículo 46 del Código Orgánico Procesal Penal, en los delitos que afecten intereses colectivos o difusos, la acción civil la ejercerá el Ministerio Público, y no cualquiera de los lesionados por la conducta delictual, lo que podría hacer pensar que la acción específica es exclusiva del Ministerio Público, o de la Defensoría del Pueblo, que también, en beneficio de la sociedad, puede ejercer la acción en los supuestos del artículo 281 de la vigente Constitución; y que de no tratarse de estos entes u otros señalados en la*

[14] Código de Defesa do Consumidor (CDC) - LEI N° 8.078, de 11 de setembro de 1990.

ley, como los Consejos Estadales o Municipales de Derecho, y el propio Ministerio Público en los casos previstos en los artículos 143, literal g); 147, literal f); y, 170 de la Ley Orgánica para la Protección del Niño y del Adolescente; sus titulares deberían ser las organizaciones sociales, cuyo objeto por mandato legal sea el ejercicio de estas acciones, ya que se han creado a esos fines (unas podrían ser las Asociaciones de Vecinos, previstas para ello, por ejemplo, en el artículo 102 de la Ley Orgánica de Ordenación Urbanística, o en el artículo 170 de la Ley Orgánica de Régimen Municipal, o las Asociaciones de Consumidores y Usuarios prevenidas en el artículo 10 de la Ley de Protección a Consumidor y al Usuario).

Las acciones provenientes de derechos e intereses difusos y colectivos, son siempre acciones de condena, o restablecedoras de situaciones, y nunca mero declarativas o constitutivas. La posibilidad de una indemnización a favor de las víctimas (en principio no individualizadas) como parte de la pretensión fundada en estos derechos e intereses, la contempla el numeral 2 del artículo 281 de la vigente Constitución; pero ello no excluye que puedan existir demandas que no pretendan indemnización alguna, sino el cese de una actividad, la supresión de un producto o de una publicidad, la demolición de una construcción, etc. De allí, que el artículo 46, primer aparte, del Código Orgánico Procesal Penal, debe interpretarse en el sentido que sólo es la pretensión indemnizatoria, proveniente de lesiones a la población, la que corresponde a un ente público: el Ministerio Público, al igual que el cobro de indemnizaciones que por igual causa, puede ser demandada por la Defensoría del Pueblo, pero estas legitimaciones puntuales, no impiden que las acciones que no pretendan indemnizaciones para el pueblo o la comunidad, sean incoadas por personas naturales o jurídicas, tal como lo previene el artículo 102 de la Ley Orgánica de Ordenación Urbanística, aunque dicha Ley exige en el actor un interés individual, legítimo, personal y directo.

...En consecuencia, cualquier persona procesalmente capaz, que va a impedir el daño a la población o a sectores de ella a la cual pertenece, puede intentar una acción por intereses difusos o colectivos, y si ha sufrido daños personales, pedir sólo para sí (acumulativamente) la indemnización de los mismos. Esta interpretación fundada en el artículo 26, hace extensible la legitimación activa a las asociaciones, sociedades, fundaciones, cámaras, sindicatos, y demás entes colectivos, cuyo objeto sea la defensa de la sociedad, siempre que obren dentro de los límites de sus objetivos societarios, destinados a velar por los intereses de sus miembros en cuanto a lo que es su objeto. El artículo 102 de la Ley Orgánica de Ordenación Urbanística, sigue esta orientación.

Lo que sí dimana del estado actual de la legislación venezolana, es que un particular no puede demandar una indemnización para el colectivo dañado, cuando acciona por intereses difusos, correspondiendo tal pedimento a entes como el Ministerio Público o la Defensoría del Pueblo, por ejemplo.

Igualmente, cuando los daños o lesiones atentan contra grupos de personas vinculadas jurídicamente entre sí, o pertenecientes a la misma actividad, la acción por intereses colectivos, cuya finalidad es idéntica a la de los intereses difusos, podrá ser incoada por las personas jurídicas que reúnan a los sectores o grupos lesionados, y aun por cualquier miembro de ese sector o grupo, siempre que obre en defensa de dicho segmento social.

Resulta absurdo que alguien obtenga un fallo favorable que evite o elimine la lesión a la situación jurídica colectiva en que se encuentra, y que a pesar de ese fallo, las personas del sector que están en igual situación, tengan que sufrir la lesión o la amenaza.

Para esta Sala, en materia de indemnizaciones por intereses colectivos, ellas sólo pueden ser pedidas por las personas jurídicas para sus miembros constituidos conforme a derecho, y los particulares para ellos mismos, al patentizar su derecho subjetivo, sin que otras personas puedan beneficiarse de ellas; pero en lo referente a la condena sin indemnización, al restablecimiento de una situación común lesionada, los otros miembros del colectivo pueden aprovecharse de lo judicialmente declarado, si así lo manifestaren.

Es incomprensible, que una persona en razón de que pertenezca a una determinada profesión o categoría, obtenga por decisión judicial una ventaja, como el uso de placas identificatorias para su vehículo, o la supresión de un concurso para acceder a un cargo u otra circunstancia semejante; y que las otras personas de la profesión o la categoría que se encuen-

tran en igual situación, tengan que acudir ante los órganos jurisdiccionales mediante acción individual para que se les reconozca el mismo derecho, atentando así contra la economía y celeridad del proceso. Por ello, en esta materia suele hablarse de sentencias de condena abierta, donde los otros que se encuentran en la situación colectiva se adhieren al fallo, sin haber sido partes en el proceso. Este tipo de sentencias no está aún legalmente contemplado en el país, pero como desarrollo de la implantación constitucional de las acciones por derechos e intereses colectivos o difusos, y los efectos hacía la comunidad que sus decisiones tienen, si el juzgador al admitir la demanda individual, considera que ella afecta derechos e intereses difusos, debe ordenar la comparecencia de la Defensoría del Pueblo y de los interesados, así quien demande lo haga en razón de su interés directo y personal, y escuchar sus alegatos al respecto, ya que así como hay otras personas que podrían gozar de los efectos del fallo, es posible que un sector de la sociedad, del género o del grupo, se oponga a los efectos sociales supuestamente beneficiosos que se derivarán del fallo. En el futuro, las bases que tomaría en cuenta el legislador para legislar sobre las indemnizaciones a la colectividad y su reparto, posiblemente surja de estas condenas abiertas.

Dado lo expuesto, en quien incoa una acción por intereses difusos o colectivos, no se requiere, si es difuso, que tenga un vínculo establecido previamente con el ofensor, pero sí que obra como miembro de la sociedad, o de sus categorías generales (consumidores, usuarios, etc.) y que invoque su derecho o interés compartido con la ciudadanía, porque participa con ella de la situación fáctica lesionada por el incumplimiento o desmejora de los Derechos Fundamentales que atañen a todos, y que genera un derecho subjetivo comunal, que a pesar de ser indivisible, es accionable por cualquiera que se encuentre dentro de la situación infringida, ya que en el ordenamiento jurídico están reconocidos esos derechos en el artículo 26 de la Constitución de la República Bolivariana de Venezuela. Se trata de un interés jurídico garantizado por la Constitución, que no es susceptible de apropiación individual y exclusiva por nadie, ya que cualquiera de los lesionados puede ejercerlo, a menos que la ley lo restrinja, y que se le exige a quien debe una prestación de objeto indeterminado.

A pesar de tratarse de un derecho o un interés general, del cual goza el accionante, lo que permite amplitud de demandantes, él personalmente debe temer la lesión o haberla sufrido o estarla sufriendo como parte de la ciudadanía, por lo que carecerá de legitimación quien no esté domiciliado en el país, o no pueda ser alcanzado por la lesión, situación ésta que separa estas acciones de las populares.

Quien demanda con base a derechos o intereses colectivos, deberá hacerlo en su condición de miembro o vinculado al grupo o sector lesionado, y que por ello sufre la lesión conjuntamente con los demás, por lo que por esta vía asume un interés que le es propio y le da derecho de reclamar el cese de la lesión para sí y para los demás, con quienes comparte el derecho o el interés. Se trata de un grupo o sector no individualizado, ya que si lo fuese, se estaría ante partes concretas.

... Si alguien demanda, sin fundar su acción en derechos o intereses difusos, pero el juzgador considera que de ellos se trata, deberá citar al proceso a la Defensoría del Pueblo, o a los entes que la ley establezca en particulares materias, y además hacer saber mediante edicto a todos los interesados, si no fueran procesos donde la ley los excluye y otorga la representación a otras personas. Todos estos interesados legítimos podrán, además, intervenir como terceristas, si el juez tomando en cuenta la existencia de derechos o intereses difusos o colectivos, los admite como tales."

De la sentencia parcialmente transcrita saltan a la vista las conclusiones de la SC-TSJ en cuanto a la legitimación activa, con una amplitud respecto a la determinación de quiénes pueden invocar la protección de los derechos e intereses colectivos o difusos.

Cabe observar que, la sentencia declara que dentro de la estructura del Estado únicamente el Defensor del Pueblo puede ejercer acciones en defensa de los derechos e intereses colectivos o difusos, excluyendo expresamente al Ministerio Público, los Alcaldes y a los síndicos municipales, salvo que la ley les confiera tales potestades. Dijo la SC-TSJ:

"...las acciones en general por derechos e intereses difusos o colectivos pueden ser intentadas por cualquier persona, natural o jurídica, venezolana o extranjera domiciliada en el

país, que mediante el ejercicio de esta acción, accede a la justicia. El Estado venezolano, como tal, carece de ella, ya que tiene mecanismos y otras vías para lograr el cese de las lesiones a esos derechos e intereses, sobre todo por la vía administrativa, pero la población en general está legitimada para incoarlas, en la forma que explica este fallo, y ellas pueden ser interpuestas por la Defensora del Pueblo, ya que según el artículo 280 de la Carta Fundamental, la Defensoría del Pueblo tiene a su cargo la promoción, defensa y vigilancia de los intereses legítimos, colectivos y difusos de los ciudadanos. A juicio de esta Sala, la norma señalada no es excluyente y no prohíbe a los ciudadanos el acceso a la justicia en defensa de los derechos e intereses difusos y colectivos, ya que el artículo 26 de la vigente Constitución consagra el acceso a la justicia a toda persona, por lo que también los particulares pueden accionar, a menos que la ley les niegue la acción. Dentro de la estructura del Estado, y al no tener atribuidas tales funciones, sólo la Defensoría del Pueblo (en cualquiera de sus ámbitos: nacional, estadal, municipal o especial) puede proteger a las personas en materia de intereses colectivos o difusos, no teniendo tal atribución (ni la acción), ni el Ministerio Público (excepto que la ley se la atribuya), ni los Alcaldes, ni los Síndicos Municipales, a menos que la ley se las otorgue."

De tal manera que, el fallo excluye al Ministerio Público, a los Alcaldes y a los Síndicos Municipales para que puedan proteger a las personas en materia de intereses colectivos o difusos, salvo expresa atribución legal.

Así mismo, ante la dificultad de los individuos en proteger sus derechos e intereses colectivos o difusos, diversas organizaciones civiles, constituidas por ciudadanos organizados de forma permanente, se crean para lograr una mejor protección y presencia de dichos intereses. Por ejemplo, los intereses colectivos pueden ser representados por Colegios Profesionales, Sindicatos, Asociaciones de Vecinos.[15]

En cuanto a la legitimidad pasiva, el fallo establece lo siguiente:

"Planteado así, estos derechos de protección ciudadana no están necesariamente dirigidos contra el Estado o sus entes, sino que pueden ir orientados contra particulares, hacia organizaciones con o sin personalidad jurídica, y tal vez en un futuro, en el plano internacional, conforme a los Tratados Internacionales, hasta contra otros Estados. Judicialmente, el ventilarlos no es por su naturaleza una cuestión de la competencia de lo contencioso administrativo, con lo cual pueden no tener conexión alguna (como cuando se ejercen contra particulares), sino que es parte del principio de expansión de los derechos y garantías constitucionales, del dominio de lo Constitucional sobre los derechos subjetivos personales, ya que estos derechos de defensa de la ciudadanía vienen a ser el desarrollo de valores básicos de la Constitución de la República Bolivariana de Venezuela, tales como el logro del bien común (señalado como fin del Estado en el Preámbulo de la Constitución), el desarrollo de una sociedad justa, o la promoción de la prosperidad y bienestar del pueblo (artículo 3 eiusdem), se trata de derechos orientados hacia esos valores."

El fallo anteriormente comentado constituye la sentencia líder en esta materia, sin embargo la SC-TSJ, con ponencia del magistrado Francisco Antonio Carrasqueño López, en fecha 05 de agosto de 2005, dictó una decisión en donde se aparta del criterio pacífico y reiterado del caso *Defensoría del Pueblo*.

Se trata, de una decisión con motivo de una acción de amparo constitucional, ejercida por el Colegio de Abogados del Distrito Capital, Colegio de Licenciados en Administración del Distrito Capital (CLADC), y por la Confederación de Profesionales y Técnicos Universitarios de Venezuela, (CONFEPUV), a fin de obtener la tutela judicial efectiva de sus derechos e intereses colectivos o difusos ante la amenaza cierta e inminente del uso de sustancias tóxicas por parte de la Guardia Nacional, para reprimir y disolver las manifestaciones y mar-

---

[15] Margarita Escudero León. p. 89.

chas pacíficas realizadas por la población venezolana en violación del derecho constitucional a la salud previsto y garantizado en el artículo 83 de la CRBV.

La SC-TSJ declaró inadmisible dicha acción de amparo, bajo los siguientes términos:

> *"En atención a lo antes expuesto, y realizada la lectura de la solicitud de amparo constitucional, la Sala observa que los accionantes se abrogan la defensa de los derechos e intereses colectivos de la población venezolana en la realización de manifestaciones y marchas pacíficas, ante lo cual estima conveniente señalar que, simplemente el ser habitantes de la República, no le otorga a los mismos, legitimidad para actuar en nombre de un colectivo, toda vez que pueden haber personas que no tengan interés en esta acción o bien que no estimen la existencia de la violación que señalan los accionantes. De conformidad con el criterio expresado en el precitado fallo, esta Sala considera que los accionantes carecen de legitimación procesal activa para ejercer la presente acción de amparo constitucional, por lo que procede a declararla inadmisible"*

Sin embargo, el Magistrado Pedro Rafael Rondón Haaz disiente de la mayoría sentenciadora respecto de la afirmación que antecede, y de su voto salvado se desprenden sus motivos:

> "Serían inadmisibles todas las demandas por intereses difusos o colectivos, puesto que siempre podría existir la posibilidad de que alguna de las personas que conformen la población o el colectivo de que se trate no estuviese de acuerdo con la pretensión o con la forma en que hubiere sido planteada."
>
> (…) "Llama la atención que, en la sentencia que la mayoría citó en apoyo a su decisión (de 21-11-00, caso: *Gobernador del Estado Mérida y otros*), se estableció que, a diferencia de los intereses de los entes sin personalidad jurídica, los intereses difusos –como es, en el caso de autos, el de que no se repelan las manifestaciones públicas con supuestos medios violentos- *"persiguen mantener la calidad de la vida, lo que interesa a todas las personas de un conglomerado (incluyendo al juez), así ni lo entiendan, o así haya grupos que no les interese la mejoría de dicha calidad."* (Subrayado añadido). Por ello, la Sala ha establecido reiteradamente, y así lo recordó en el fallo que antecede, que, *"... mientras no existan leyes que los limiten, las acciones por derechos e intereses difusos o colectivos, dirigidos los primeros a proteger la calidad de la vida, podrán no sólo ser incoadas por organismos públicos o privados, sino por los particulares, como consecuencia del derecho a la justicia que el artículo 26 de la vigente Constitución consagra, ya que a través de tales derechos, se persigue el beneficio común."*

Con fundamento en los criterios pacíficos de la SC-TSJ en materia de legitimación y las categorías al respecto aplicables a los intereses difusos cuya protección se invocó en la demanda de autos, el salvante estimó que los demandantes sí estaban legitimados para la interposición de la pretensión que esgrimieron, que es lo que ha debido declarar la SC-TSJ, criterio que compartimos.

La consagración constitucional de los derechos e intereses colectivos o difusos, hizo que la SPA-TSJ, en sentencia de fecha 13 de abril de 2000, Caso: *Banco Fivenez*, considerara tácitamente derogado el requisito del interés personal, legítimo y directo, establecido como necesario en la Ley Orgánica de la Corte Suprema de Justicia para tener legitimación activa en materia contencioso-administrativa.

> *"En lo que respecta a la exigencia de que el interés sea "personal", debe señalarse que la nueva Constitución permite el acceso a la justicia para la defensa de los intereses "difusos" y "colectivos". En efecto, el concepto de interés previsto en la nueva Constitución abarca los intereses estrictamente personales así como los intereses comunes de cuya satisfacción depende la de todos y cada uno de los que componen la sociedad.*
>
> *Ahora bien, (...) no puede confundirse la legitimación por simple interés con la denominada acción popular".*

Por otro lado, la SC-TSJ en fecha 31 de agosto de 2000 (Caso: *William Ojeda*), fijó los siguientes supuestos para tener legitimación para actuar por los derechos e intereses difusos:

1. "Que el que acciona lo haga en base no sólo a su derecho o interés individual, sino en función del derecho o interés común o de incidencia colectiva".

Esta condición hace necesaria la existencia de un derecho o interés personal lesionado y al mismo tiempo actuar en función de los intereses de grupos de la población.

2. "Que la razón de la demanda (o del amparo interpuesto) sea la lesión general a la calidad de vida de todos los habitantes del país o de sectores de él, ya que la situación jurídica de todos los componentes de la sociedad o de sus grupos o sectores, ha quedado lesionada al desmejorarse su calidad común de vida".

Tal y como comenta Hildegard Rondón de Sansó, la condición antes expuesta es la que define el contenido sustantivo de la pretensión, indicando que lo que se intenta proteger es el nivel económico, social, ecológico, sanitario, es decir, de la cobertura de las necesidades básicas del conglomerado humano.[16]

3. "Que los bienes lesionados no sean susceptibles de apropiación exclusiva por un sujeto (como lo sería el accionante)".

Con esta condición, la Sala procura que la acción no sea intentada con la finalidad de favorecer a un solo sujeto, o a un grupo específico en detrimento de la comunidad, se resalta la necesidad de que el accionante actúe como un instrumento de un interés colectivo.

4. "Que se trate de un derecho o interés indivisible que comprenda a toda la población del país o a un sector o grupo de ella".

Se trata de la indivisibilidad del interés, por cuanto se trata de un interés que pertenece a un grupo de individuos por igual.

5. "Que exista un vínculo, así no sea jurídico, entre quien demanda en interés general de la sociedad o de un sector de ella (interés social común), nacido del daño o peligro en que se encuentra la colectividad (como tal). Daño o amenaza que conoce el Juez por máximas de experiencia, así como su posibilidad de acaecimiento".

Esta condición está estrechamente ligada con la primera, referente a la necesidad de un doble interés por parte del accionante, es decir, por un lado en personal – individual, y por el otro el colectivo, con el agregado de que debe ser un miembro activo de tal colectivo.

6. "Que exista una necesidad de satisfacer intereses sociales o colectivos, antepuestos a los individuales".

En la confrontación entre el interés colectivo y el interés individual, debe prevalecer el primero, por cuanto la noción del Estado Social, hace necesaria la primacía de la colectividad sobre la individualidad.

7. "Que el obligado, deba una prestación indeterminada, cuya exigencia es general".

Tal y como explica Hildegard Rondón de Sansó, esta última condición se refiere a que la acción que se ejerza no puede ser cuantificada en el daño que aporta al demandante, ni a nadie en particular, por cuanto, este daño, se divide entre la colectividad a la cual se lesiona. No es en consecuencia, cuantificable para cada uno de los sujetos que lo han percibido, sino que su estimación debe hacerse globalmente.[17]

---

16 Hildegard Rondón de Sansó. p. 33.

17 Hildegard Rondón de Sansó. p. 35.

A continuación, una serie de decisiones referentes a lo explicado anteriormente:

En fecha 6 de agosto de 2003, la SC-TSJ, dictó sentencia en una acción de amparo constitucional interpuesta por los abogados Rafael Contreras Millán, Nelson Enrique Pérez Pulido y Luis Obregón Martínez, actuando en su propio nombre, y *"en representación de los intereses difusos y colectivos de todos los venezolanos conforme a lo dispuesto en el artículo 26 de la Constitución",* contra el Presidente de la República, quien en un programa dominical "adujo 'haber dado instrucciones a todos los comandos de Guarnición' y hablado con Gobernadores para que no permitieran que algunos Jueces a quienes calificó de parciales, dejaran de aplicar un Decreto Presidencial...".

La Sala consideró que el asunto planteado no constituía un caso sobre derechos o intereses difusos, ya que no se encontraban presentes aspectos que caracterizan a este tipo de derechos o intereses, como lo son que los hechos en que se funde la acción sean genéricos y que la prestación requerida sea indeterminada.

En efecto, en el presente caso los hechos narrados por los accionantes eran específicos y su petitorio revelaba que lo pretendido era una orden determinada y concreta.

Situación parecida ocurrió en la acción de amparo ejercida por los abogados Rodrigo Pérez Bravo, Rafael Humberto Contreras Millán y Luis Ramón Obregón Martínez, actuando en sus propios nombres y en representación y defensa de sus derechos y de los intereses colectivos y difusos de los habitantes de la nación venezolana, en contra de la Asamblea Nacional, en razón de la presentación del proyecto de "Ley de Responsabilidad Social en Radio y Televisión".

La Sala consideró que los accionantes no estaban facultados para accionar "en nombre de los intereses colectivos y difusos de los habitantes de la Nación venezolana", debido a que en el presente caso no estaban presentes aspectos que caracterizan a este tipo de derecho o intereses.

En efecto, en el presente caso los hechos narrados por los accionantes eran específicos y su petitorio revelaba que lo pretendido era una orden determinada y concreta, que resultaría del incumplimiento a una prestación prefijada.

En fecha 17 de mayo de 2001, la SC-TSJ dictó sentencia en una acción ejercida por la Defensoría del Pueblo en contra de Compañía Anónima de Administración y Fomento Eléctrico (CADAFE), así como contra las empresas filiales ELEORIENTE, ELECENTRO, ELEOCCIDENTE, CADELA y DESURCA.

La acción de amparo tenía por objeto obtener el pago de salarios iguales por iguales trabajos, el pago de las prestaciones sociales, intereses moratorios y legales, así como con la celebración de una Convención Colectiva de Trabajo y el cumplimiento de la Convención Colectiva vigente.

En dicha sentencia, la Sala consideró que dicho organismo no actuaba en defensa de derechos e intereses colectivos de una profesión o gremio profesional que, al tener características y aspiraciones comunes, persiguen los intereses de grupo en forma unificada.

La Sala dijo lo siguiente:

> "*...esta Sala observa que la Defensoría del Pueblo actúa en representación de un notorio interés plural, esto es, de una suma de intereses legítimos individuales de sujetos que se encuentran en una misma situación, cuyo ejercicio no presupone compartirlos con los demás, ni responde a un objeto jurídico que exige del obligado una prestación general, dado que se denuncia la violación de los derechos de carácter laboral consagrados en los artículos 21, numerales 1 y 2, 88, 89, numeral 5, 91, 92, 94 y 96 de la Constitución, que específicamente agravia a un grupo de trabajadores profesionales universitarios perfectamente cuantificable*

e identificable individualmente, cuyos derechos e intereses devienen de sus respectivos contratos individuales de trabajo, así como de la contratación colectiva suscrita por sus sindicatos y las referidas compañías de servicio eléctrico..."[18]

Por último, y más recientemente, encontramos la sentencia dictada en fecha 15 de marzo de 2005[19], por la SC-TSJ, en una solicitud de revisión constitucional interpuesta por la Federación Venezolana de Fútbol, en donde la Sala consideró que en el caso concreto los derechos constitucionales a la participación, asociación, al deporte, a la salud y a la recreación, afectaban tanto dimensiones individuales como colectivas y difusas de su regulación y ejercicio.

Observó la Sala que se encontraban en juego el interés de un colectivo compuesto tanto por deportistas, como por su fanaticada (pueblo venezolano, que tiene el derecho al esparcimiento y la recreación); donde unos, por un lado, pretendían alcanzar posiciones internacionales relevantes, y los otros, ver como sus representantes deportivos alcanzaban tan añorado laurel y de los cuales también serían copartícipes.

III. TIPOS DE ACCIONES

En la ya comentada sentencia líder, caso: *Defensoría del Pueblo,* la SC-TSJ estableció que las acciones provenientes de derechos e intereses difusos son siempre acciones de condena o restablecimiento de situaciones y nunca mero declarativos o constitutivos.

La SC-TSJ a través de su jurisprudencia, ha venido configurando las diversas formas de ejercicio de la tutela judicial efectiva de estas acciones colectivas, señalando que la misma puede realizarse a través de la acción de amparo (si la lesión proviene de violaciones constitucionales), o mediante la vía ordinaria (si la pretensión es resarcir los daños sufridos o el cumplimiento de obligaciones, distinto a la simple restitución), al respecto, encontramos la decisión de fecha 31 de agosto de 2002 (Caso: William Ojeda), y la sentencia de admisión de los llamados "créditos indexados", de fecha 22 de agosto de 2002.

Recientemente, la SC-TSJ en fecha 06 de diciembre de 2005, caso: *Asociación de Guayaneses Deudores de Créditos para Vivienda (ASODECREVI), sociedad civil,* se pronunció de la siguiente manera:

> "*...TIPO DE ACCIÓN: Las acciones provenientes de derechos e intereses difusos y colectivos, son siempre acciones de condena, o restablecedoras de situaciones, y nunca mero declarativas o constitutivas. La posibilidad de una indemnización a favor de las víctimas (en principio no individualizadas) como parte de la pretensión fundada en estos derechos e intereses, la contempla el numeral 2 del artículo 281 de la vigente Constitución; pero ello no excluye que puedan existir demandas que no pretendan indemnización alguna, sino el cese de una actividad, la supresión de un producto o de una publicidad, la demolición de una construcción, etcétera.*"

Se consagra así, la posibilidad de que existan demandas que no pretendan indemnización alguna, sino:

- El cese de una actividad,
- La supresión de un producto o de una publicidad,
- La demolición de una construcción, etc.

---

[18] Expediente N° 01-0314.

[19] Expediente N° 05-0487.

1. *Lapso para el ejercicio de la acción*

Al respecto, la SC-TSJ se pronunció en el fallo anteriormente citado del caso: *Asociación de Guayaneses Deudores de Créditos para Vivienda (ASODECREVI), sociedad civil,* de la siguiente manera:

> "...*LAPSO PARA SU EJERCICIO: los derechos e intereses colectivos y difusos, son de eminente orden público, por ello a las acciones incoadas para su protección no les es aplicable el lapso de caducidad prevenido para el amparo, razón por la cual no corre el transcurso de seis meses desde que surge la violación a la calidad de vida; y de invocarse, tampoco es aplicable el criterio de que la inactividad procesal del actor por seis meses, conllevará la declaratoria de abandono del trámite, como en materia de amparo constitucional lo ha declarado esta Sala, a partir de la sentencia dictada el 6 de junio de 2001 (caso: José Vicente Arenas Cáceres) y publicada en la Gaceta Oficial n° 37.252 del 2 de agosto de 2001, salvo lo concerniente a la perención prevista en el Código de Procedimiento Civil.*"

Se desprende, el eminente carácter de orden público de los derechos e intereses colectivos o difusos, razón por la cual no es aplicable lapso de caducidad alguno.

2. *Tribunal competente*

Independientemente de la vía empleada para la tutela de los derechos e intereses colectivos o difusos, el órgano competente para conocer de ella es la SC-TSJ, y así lo ha pronunciado en diversas oportunidades, como por ejemplo en sentencia de fecha 30 de junio de 2000 (Caso: *Dilia Parra Guillén*):

> "*En consecuencia, su declaración por los órganos jurisdiccionales es una forma inmediata y directa de aplicación de la Constitución y del derecho positivo, y siendo la interpretación del contenido y alcance de estos principios rectores de la Constitución, la base de la expansión de estos derechos cívicos, que permiten el desarrollo directo de los derechos establecidos en la carta fundamental (derechos fundamentales), debe corresponder a la Sala Constitucional del Tribunal Supremo de Justicia, el conocimiento de las acciones que ventilen esos derechos, mientras la ley no lo atribuya a otro tribunal; tal como lo hace el artículo 46 del Código Orgánico Procesal Penal, el artículo 102 de la Ley Orgánica de Ordenación Urbanística, o el artículo 177 de la Ley Orgánica para la Protección del Niño y del Adolescente. Mientras la ley no regule y normalice los derechos cívicos con que el Estado Social de Derecho -según la vigente Constitución- se desenvuelve, es a la Sala Constitucional, debido a que a ella corresponde con carácter vinculante la interpretación de la Constitución (artículo 335 eiusdem), y por tratarse del logro inmediato de los fines constitucionales, a la que por esa naturaleza le compete conocer de las acciones para la declaración de esos derechos cívicos emanados inmediatamente de la Carta Fundamental, y así se declara.*
>
> *De esta manera, ni el contencioso administrativo, ni la justicia ordinaria o especial, son competentes para declarar y hacer efectivos estos derechos, a menos que la ley lo señale expresamente en sentido contrario.*"

Criterio ratificado por la misma SC-TSJ en sentencia dictada en fecha 03 de septiembre de 2001, Caso: *Xiomara De Morales,* donde se declaró competente para conocer de las acciones de amparo constitucional que persiguen proteger los intereses colectivos:

> "*Por lo tanto, al delimitar esta Sala que en el presente caso trata de una acción de amparo constitucional que persigue proteger tanto los intereses individuales de los accionantes, como los intereses colectivos de los habitantes de un determinado sector, y dado que hasta los momentos no se ha creado una ley especial que regule las acciones de amparo que tienen por objeto la protección de esos intereses supra individuales, previstos en el artículo 26 de la Carta Magna, siendo además, el criterio sostenido por esta misma Sala que al entrar en vigencia la Constitución de la República Bolivariana de Venezuela, sus normas deben operar de inmediato, así esté prevenido en el propio texto constitucional que las leyes por dictarse desarrollarán sus instituciones, esta Sala se declara competente para conocer el presente caso.*"

En fecha 20 de febrero de 2001, Caso: *Gobernador del Estado Miranda*, la SC-TSJ, confirmó el criterio, resaltando que, la jurisdicción contenciosa administrativa no es competente para conocer de este tipo de acciones, aun cuando se tratase de actuaciones u omisiones de la Administración Pública que afecten derechos o intereses colectivos o difusos, salvo que exista una previsión legal que así lo ordene.

IV. ALCANCE DE LA SENTENCIA QUE PROTEJA LOS DERECHOS E INTERESES COLECTIVOS O DIFUSOS

La jurisprudencia de la SC-TSJ ha sido clara y reiterada en declarar que los efectos de las sentencias que protejan los derechos e intereses colectivos o difusos deben ser *erga omnes*.

Tal y como ocurrió en el caso *Queremos Elegir*[20], un amparo ejercido en protección de intereses difusos (derecho al sufragio, participación en asuntos políticos y a disponer de información veraz y oportuna, y a gozar de un proceso electoral con todas sus garantía) la SC-TSJ ordenó que los efectos de la sentencia alcanzaría no solo a las personas naturales y organizaciones que lo habían solicitado, sino que también a los electores en su conjunto.

De igual manera se pronunció la SC-TSJ en el caso *Enfermos de VIH/SIDA*[21], en donde acordó extender los beneficios de un amparo propuesto por un grupo de enfermos de VIH/SIDA a todas las personas que:

i. se encuentren inscritas en el Instituto Venezolano de los Seguros Sociales,
ii. que les haya sido diagnosticada la enfermedad del VIH/SIDA,
iii. que cumplan con los requisitos legales para obtener los beneficios derivados del sistema de seguridad social, y
iv. que hayan solicitado de las autoridades del prenombrado Instituto la entrega de los medicamentos necesarios para el respectivo tratamiento, así como el de las enfermedades oportunistas.

En otra sentencia, del 17 de diciembre de 2001, la SC-TSJ, al resolver un amparo constitucional, declaró que quienes se encuentran en igual situación que los accionantes podrían adherirse al fallo y pedir su cumplimiento en el mismo término señalado para los accionantes sujetos a los siguientes requisitos:

1. Que tengan idénticos vínculos jurídicos con el agraviante; y
2. Que se les haya violado su situación jurídica.

Esta sentencia representa un cambio doctrinal en cuanto a los efectos individuales y restringidos del amparo pues, como en ella se afirma, resulta contrario a la eficacia del proceso, a su idoneidad y a lo expedito del mismo, que si las partes de un juicio obtienen una declaratoria de infracción constitucional de derechos que vulneran su situación jurídica, otras personas que se encuentran en idéntica situación y que han sufrido la misma infracción, no puedan gozar del fallo que restablezca tal situación jurídica de los accionantes, y tengan que incoar una acción cuya finalidad es que se reconozca la misma infracción, así como la existencia de la misma situación vulnerable y su idéntico restablecimiento, con el riesgo de que surjan sentencias contrarias o contradictorias.

Recientemente, la SC-TSJ en fecha 06 de diciembre de 2005, caso: *Asociación de Guayaneses Deudores de Créditos para Vivienda (ASODECREVI), sociedad civil,* se pronunció de la siguiente manera:

---

20 SC-TSJ. 29 de mayo de 2000. Magistrado Ponente: José M. Delgado Ocando.

21 SC-TSJ. 6 de abril de 2001. Magistrado Ponente: Jesús Eduardo Cabrera.

> "*...EFECTOS DE LA SENTENCIA: produce efectos* ***erga omnes****, ya que beneficia o perjudica a la colectividad en general o a sectores de ella, y produce cosa juzgada al respecto. Dado a que lo que está en juego es la calidad de la vida, si los hechos que originaron las causas ya sentenciadas se modifican o sufren cambios, a pesar de que la demanda hubiere sido declarada sin lugar, si nuevos hechos demuestran que existe la amenaza o la lesión, una nueva acción podrá ser incoada, ya que no existe identidad de causas. Viceversa, si estas modificaciones o cambios sobrevenidos favorecen al condenado, él podrá acudir ante la administración, con miras a que se le permita la actividad prohibida, en base a las nuevas condiciones en que funda su petición* [...]».

De los ejemplos anteriormente señalados, se observa que la tendencia actual en los avances jurisprudenciales es tratar de darle valor vinculante al fallo originario con respecto a situaciones idénticas que posteriormente se planteen, extendiendo así la eficacia subjetiva del fallo.

El derecho humano al ambiente y la inteligencia artificial

Víctor Rafael Hernández-Mendible**

Margaret Santos Fernández**

Resumen: *Este trabajo contiene una exposición de la evolución del reconocimiento del derecho humano al ambiente tanto a nivel internacional, valga decir, en el sistema interamericano de derechos humanos y el sistema universal de derechos humanos, como en el nacional, tal que queda reflejado en la constitución, que otorga anclaje normativo para vincular el mencionado derecho con las tecnologías como los sistemas de Inteligencia Artificial, los cuales están llamados a de servir de garantía a la efectividad de los derechos humanos y entre ellos el ambiente.*

Palabras Clave: *Derechos Humanos – Ambiente – IA - efectividad*

Abstract: *This paper presents an account of the evolution of the recognition of the human right to a healthy environment at both the international level –namely, within the Inter-American human rights system and the universal human rights system– as well as at the national level, as reflected in the constitution. The latter provides the normative foundation for linking this right to emerging technologies such as Artificial Intelligence systems, which are called upon to serve as guarantors of the effectiveness of human rights, including the right to a healthy environment.*

Key words: *Human Rights – Environment – AI – Effectiveness.*

SUMARIO

** Abogado y Doctor en Derecho por la Universidad Católica Andrés Bello (Venezuela), Post-Doctor en Nuevas Tecnologías y Derecho, por el Mediterránea International Centre for Human Rights Research (MICHR), di Reggio Calabria (Italia). Director del Centro de Estudios de Regulación Económica de la Universidad Monteávila, Venezuela y profesor en la maestría de Derecho Administrativo en la Universidad del Rosario y profesor en las maestrías de Derecho de la Pontificia Universidad Católica Madre y Maestra. Presidente de la Red Iberoamericana de Derecho de la Energía (RIDE) y vicepresidente del Instituto Internacional de Derecho Administrativo (IIDA). Correo: victor@hernandezmendible.com

*** Abogada y Licenciada en Derecho (PUCMM, campus Santiago), *Magíster* en Derecho Administrativo y Regulación Económica, y en Derecho de los Mercados Financieros (PUCMM, campus Santo Domingo, República Dominicana) y *Máster* en Gestión Integral: calidad, medioambiente y RSC por Formato Educativo (Universidad de Cádiz, España). Profesora de Derecho Administrativo I en la Pontificia Universidad Católica Madre y Maestra, así como de Derecho Procesal Administrativo y Tributario en el Postgrado de la Universidad APEC, República Dominicana. Correo: margaretsantos44@gmail.com

I. INTRODUCCIÓN

El derecho humano al ambiente ha experimentado grandes avances jurídicos, tanto a nivel regional en el contexto americano como en el contexto global en el siglo XXI, aunque no se puede ocultar que también se han producido retrocesos en algunos países de Suramérica, como consecuencia de la triple crisis ambiental que se manifiesta en el cambio climático, la pérdida de biodiversidad y la contaminación, en sus expresiones hídrica, acústica, del aire y de la tierra, lo que incide en los derechos fundamentales de las personas.

Considerando que algunos de estos retrocesos han sido expuestos en otra ocasión[1], este trabajo tiene por objeto abordar el estudio de los textos jurídicos que recientemente han asumido de manera resuelta brindar una mayor protección al derecho al ambiente, en el marco del Sistema Interamericano de Derechos Humanos[2].

Ello debe efectuarse teniendo en cuenta que se encuentra en plena evolución la cuarta generación de la Revolución Industrial, en la que se transita del modelo de economía lineal al modelo de economía circular, es decir, que se persigue un cambio de paradigma en la forma producción y que se orienta al desarrollo sostenible integralmente considerado (económico, social y ambiental), que emerge para colocar en el centro del mismo a la persona humana y el respeto a su dignidad, pero que no se limitan a las personas que conforman la actual generación, sino a aquellas que están llamadas a integrar las futuras generaciones.

En razón de ello, el desarrollo sostenible ha adquirido un rol transcendental, pues en aras de la solidaridad, se orienta a la búsqueda de armonizar o conciliar dos momentos temporalmente distintos. Por una parte, la posibilidad de que en el presente se utilicen y exploten racionalmente los recursos necesarios para satisfacer las necesidades que permitan vivir con dignidad; y a su vez, garantizar en el futuro, a las personas que les toque vivir su respectiva época, que cuenten con los recursos necesarios que les permitan satisfacer las necesidades de su tiempo.

No resulta admisible el cortoplacismo para lograr el desarrollo, no puede hacerse a cualquier precio y no todo vale en el presente, sino que aquel debe alcanzarse sin comprometer el bienestar y la calidad de vida de las generaciones futuras inmediatas y remotas.

---

1 Hernández-Mendible, V. R., Minería, Derechos Humanos y Ambiente, *Observatorio de Políticas Ambientales 2017*, CIEDA-CIEMAT, Madrid, 2017, pp. 183-215; La nulidad del Decreto del Arco Minero del Orinoco y de los actos jurídicos que lo ejecuten, *Revista Tachirense de Derecho* N° 28, UCAT, San Cristóbal, 2017, pp. 9-35; El Arco Minero del Orinoco y su incompatibilidad con la Opinión Consultiva 23/17, sobre medio ambiente y derechos humanos, de la Corte Interamericana de Derechos Humanos, *Revista Argentina de Derecho de la Energía, Hidrocarburos y Minería* N° 18, agosto-octubre, Ed. Ábaco, Buenos Aires, 2018, pp. 183-206.

2 Artículo 15 de la Carta Interamericana Democrática establece que "El ejercicio de la democracia facilita la preservación y el manejo adecuado del medio ambiente. Es esencial que los Estados del Hemisferio implementen políticas y estrategias de protección del medio ambiente, respetando los diversos tratados y convenciones, para lograr un desarrollo sostenible en beneficio de las futuras generaciones".

Esta toma de consciencia ha llevado a experimentar la expedición de declaraciones intergubernamentales[3], tratados, pactos y convenios internacionales y regionales, a la revisión y modificación de normas constitucionales, a la expedición de normas legales y reglamentarias en materia ambiental, todo ello orientado a promover el desarrollo en torno a dos grandes ejes: uno fundamentado en la equidad intrageneracional; y el otro, basado en la equidad intergeneracional.

En estos términos se ha planteado el desafío del Estado Ecológico[4] o Ambiental[5] de Derecho, que estando obligado a garantizar el mayor grado de desarrollo y bienestar social posible para la persona humana, que le asegure su dignidad, tiene que planificar, precaver y prevenir que tal desarrollo se alcance sin generar pérdidas, degradación, deterioro, perjuicios o daños al ambiente sano, seguro, ecológicamente equilibrado y por ende, a la salud y calidad de vida de las personas, permitiendo además que los recursos naturales y el ambiente puedan ser utilizados y disfrutados tanto por las generaciones presentes y futuras, lo que exige unas políticas públicas orientadas a fomentar el uso de las tecnologías y en especial el aprovechamiento de la Inteligencia Artificial (IA), para lograr el anhelado desarrollo sostenible.

Esta es la atmósfera en la que ha hecho su aparición el derecho humano al ambiente[6], que tal como se expondrá se reconoce inicialmente en el sistema interamericano de derechos humanos, desde hace más tres décadas y luego de un largo recorrido, apenas recientemente, en el sistema universal de derechos humanos.

Este trabajo se centrará en el abordaje del reconocimiento, evolución y situación actual del derecho humano al ambiente y de la oportunidad que brinda el aprovechamiento de la IA para asegurar su efectividad, tanto a las presentes como a las futuras generaciones.

Para una mayor claridad en la exposición de las ideas, el presente trabajo se dividirá en los siguientes aspectos a saber: el reconocimiento del derecho al ambiente en los instrumentos convencionales de derechos humanos (II); el reconocimiento constitucional del derecho humano al ambiente (III); el uso de la IA en el aseguramiento del derecho humano al ambiente en el contexto del desarrollo sostenible (IV) y las consideraciones finales (V).

---

3 XXVIII Cumbre Iberoamericana, Carta Medioambiental Iberoamericana. Compromiso con las próximas generaciones iberoamericanas, Santo Domingo, de 25 de marzo de 2023.

4 Parejo Alfonso, L., La fuerza transformadora de la Ecología y el Derecho. ¿hacia el Estado ecológico de Derecho?, *CyTET,* II (100-101), Madrid, 1994, pp. 219-231.

5 Montoro Chiner, M. J., El Estado ambiental de Derecho. Bases constitucionales, (Coord. Francisco Sosa Wagner), *El Derecho Administrativo en el umbral del siglo XXI. Homenaje al profesor Martín Mateo*, Tomo III, Tirant lo Blanch, Valencia, 2000, pp. 3437-3466; Villegas Moreno, J. L., La protección del medio ambiente como desafío del Derecho Administrativo en Venezuela, (Coord. V. Hernández-Mendible), *Desafíos del Derecho Administrativo Contemporáneo. Conmemoración Internacional del Centenario de la Cátedra de Derecho Administrativo en Venezuela,* Tomo 1, Ediciones Paredes, Caracas, 2009, pp. 739-798.

6 En la doctrina científica, se había advertido que "La comunidad internacional avanza inexorablemente hacia la creación de nuevos espacios de compromiso y de responsabilidad compartida que tienen como fundamento el respeto a la vida de las generaciones actuales y futuras. La existencia de un derecho humano a disponer de un ambiente adecuado es hoy, consecuencia de un paso necesario para la lectura actual del respeto a la dignidad de las personas y un crédito de garantía para nuestros hijos y nietos". Véase Villegas Moreno, J. L., *Manual de Derecho Administrativo Ambiental*, Universidad Católica del Táchira, San Cristóbal, 2014, p. 18.

II. EL RECONOCIMIENTO DEL DERECHO AL AMBIENTE EN LOS INSTRUMENTOS CONVENCIONALES DE DERECHOS HUMANOS

La construcción del Estado de Derecho multinivel fundamentalmente a través de los procesos de integración jurídico-económica y de los mecanismos de reconocimiento y protección de los derechos humanos, tanto en los ordenamientos de origen nacional como de origen internacional[7], estos últimos de ámbito subregional, continental o universal han venido a reforzar las garantías y medios de satisfacción efectiva de los derechos humanos de las personas.

En lo concerniente al derecho al ambiente, cabe mencionar que luego de finalizada la segunda guerra mundial se efectuaron de manera sucesiva dos declaraciones internacionales de derechos humanos de gran transcendencia para el continente americano, pero no fue sino hasta finales del siglo XX que se reconoce expresamente el derecho al ambiente.

No obstante, interesa conocer cuál fue la evolución de tal reconocimiento en el Sistema Universal y en el Sistema Interamericano de Derechos Humanos, lo que se hará sucintamente a continuación.

1. *El derecho humano al ambiente en el Sistema Interamericano*

La Declaración Americana de Derechos y Deberes del Hombre y la Carta de la Organización de Estados Americanos, suscritas en Bogotá en 1948, no hacen ninguna referencia al derecho al ambiente.

Tampoco se produjo tal reconocimiento expreso en la Convención Americana sobre Derechos Humanos en 1969 e incluso el artículo 26 hace alusión a los derechos económicos, sociales y culturales, pero no menciona al ambiente.

Será con el Protocolo adicional a la Convención Americana sobre Derechos Humanos en materia de derechos económicos, sociales y culturales, también conocido como el "Protocolo de San Salvador" de 1988, que se efectúa un reconocimiento expreso del derecho humano al ambiente, en los siguientes términos:

> "1. Toda persona tiene derecho a vivir en un medio ambiente sano y a contar con servicios públicos básicos[8].
>
> 2. Los Estados partes promoverán la protección, preservación y mejoramiento del medio ambiente".

No obstante, la transcendencia de esta norma en el reconocimiento del derecho humano al ambiente sano y del establecimiento específico del deber de los Estados para promover la protección, la preservación y su mejoramiento, conforme al texto literal del Protocolo[9], du-

---

[7] Aguilar Cavallo, G., Los derechos ambientales en el Sistema Interamericano de Protección de Derechos Humanos, (Coords. H. Jiménez Guanipa y J. Tous Chimá), *Cambio Climático, Energía y Derechos Humanos. Desafíos y Perspectivas*, Universidad del Norte-Universität Heidelberg-Henrich Böll Stiftung, Bogotá, 2017, pp. 145-173.

[8] Esta norma convencional inspiró el numeral 12 de la Carta Iberoamericana de Derechos Sociales Fundamentales de 3 de noviembre de 2022, que "*... reconoce a toda persona el derecho a vivir en un medio ambiente sano y a contar con acceso suficiente y equitativo a servicios públicos básicos*", Organización Iberoamericana de Seguridad Social (OISS), Madrid, 2023.

[9] Corte IDH, *Medio Ambiente y Derechos Humanos,* Opinión Consultiva OC-23/17, de 15 de noviembre de 2017, serie A N° 23, párr. 60.

rante casi 30 años se consideró que era un derecho humano no justiciable de manera directa, dentro del Sistema Interamericano de Derechos Humanos[10].

Con motivo de la suscripción de la Carta Democrática Interamericana se ratificó por los Estados Americanos el compromiso con la democracia en todas sus expresiones[11], incluida la democracia ambiental -acceso a la información, participación ciudadana y recurso judicial efectivo-; se recordó que como elemento esencial de la democracia representativa, el deber de respeto y protección de los derechos humanos y libertades públicas[12]; y que únicamente el ejercicio de la democracia -como derecho de los pueblos y como sistema político- facilita la preservación y manejo adecuado del ambiente, por lo que los Estados deben implementar políticas y estrategias de protección efectiva del ambiente, con sujeción a los tratados y convenciones internacionales, para lograr el desarrollo sostenible en beneficio de las presentes y futuras generaciones.[13]

Posteriormente, realizando una relectura del artículo 26 de la Convención Americana de Derechos Humanos[14], la Corte Interamericana de Derechos Humanos ha interpretado y aplicado evolutivamente el *corpus iuris* o bloque de convencionalidad[15], inicialmente en ejercicio de la función consultiva y posteriormente de la función jurisdiccional, para reconocer la justiciabilidad directa del derecho humano al ambiente.

En efecto, la Corte Interamericana expresó en la Opinión Consultiva 23/17[16], que el derecho al medio ambiente sano es un derecho autónomo, que se diferencia de otros derechos, en que protege los componentes del medio ambiente -tales como bosques, ríos, mares y otros-, como intereses jurídicos en sí mismos, aunque no exista certeza o evidencia sobre el riesgo a las personas individuales.

Por tanto, el derecho a un ambiente sano como derecho autónomo es distinto al contenido ambiental que surge de la protección de otros derechos, como el derecho a la vida o el derecho a la integridad personal[17].

Además precisó, que este derecho humano tiene una doble dimensión. La colectiva, que lo configura como un derecho universal, que se debe tanto a las generaciones presentes y futuras; y la individual, cuya vulneración puede tener repercusiones directas o indirectas

---

10 Artículo 19.6 del Protocolo de San Salvador.

11 Artículos 1 y 2 de la Carta Democrática Interamericana.

12 Artículos 3 y 7 de la Carta Democrática Interamericana.

13 Artículo 15 de la Carta Democrática Interamericana.

14 Corte IDH, *Medio Ambiente y Derechos Humanos,* Opinión Consultiva OC-23/17, de 15 de noviembre de 2017, serie A N° 23, párr. 57; Corte IDH, caso *Comunidades Indígenas Miembros de la Asociación Lhaka Honhat (Nuestra Tierra) vs. Argentina*, Fondo, Reparaciones y Costas, sentencia de 8 de febrero de 2020, serie C N° 400, párr. 202; Corte IDH, caso *Habitantes de la Oroya vs. Perú,* Excepciones preliminares, Fondo, Reparaciones y Costas, sentencia de 27 de noviembre de 2023, serie C N° 511, párr. 115.

15 Corte IDH, Medio Ambiente y Derechos Humanos, Opinión Consultiva OC-23/17, de 15 de noviembre de 2017, serie A N° 23, párrs. 55 y 58.

16 Estupiñan Silva, R., Primera opinión interamericana sobre medio ambiente: ¿derecho exigible o decisión ultra vires?, (Coords. H. Jiménez Guanipa y E. Viedma), *Energía, cambio climático y desarrollo sostenible. Impacto sobre los derechos humanos*, Universidad del Norte-Universität Heidelberg-Henrich Böll Stiftung, Asunción-Bogotá, 2018, pp. 295-313.

17 Corte IDH, *Medio Ambiente y Derechos Humanos,* Opinión Consultiva OC-23/17, de 15 de noviembre de 2017, serie A N° 23, párrs. 62-63.

sobre las personas debido a su conexidad con otros derechos, tales como el derecho a la salud, la integridad personal o la vida, entre otros[18].

Luego, el Tribunal Interamericano en función jurisdiccional profirió la sentencia 400, en la que destacó de manera complementaria la importancia del principio de prevención de daño ambiental, bajo el estándar de debida diligencia, que debe ser proporcional al riesgo ambiental, debiendo los Estados frente a actividades potencialmente dañinas proceder a "i) regular; ii) supervisar y fiscalizar; iii) requerir y aprobar estudios de impacto ambiental; iv) establecer planes de contingencia; y v) mitigar en casos de ocurrencia de daño ambiental" y brindar especial protección a los grupos más vulnerables.[19]

Posteriormente, la Corte Interamericana ha hecho suya la tesis formulada por la doctrina científica sobre la ampliación del bloque de convencionalidad, para incluir como justiciables[20], los derechos humanos particularmente reconocidos en el Acuerdo Regional sobre el Acceso a la Información, la Participación Pública y el Acceso a la Justicia en Asuntos Ambientales en América Latina y el Caribe, conocido como "Acuerdo de Escazú"[21], por el nombre del lugar en que se firmó en Costa Rica, el 4 de marzo de 2018 y que entró en vigor el 21 de abril de 2021[22].

Esta sentencia es de notable transcendencia por varios aspectos:

En principio hay que destacar, que este Acuerdo no es un convenio de derechos humanos del sistema universal, sino regional -América Latina y el Caribe-[23], pero que no se celebró en el contexto de la Organización de Estados Americanos que era la institución natural para impulsarlo, sino en el seno de la Organización de las Naciones Unidas.

Esta decisión sigue la línea jurisprudencial que ha reconocido la protección efectiva del derecho al ambiente, que se viene desarrollando a partir de 2017, en el Sistema Interamericano de Derechos Humanos y que tiene antecedentes regionales en cuanto a los derechos de acceso -información, participación y recurso judicial efectivo- y de la especial protección de

---

18 Corte IDH, *Medio Ambiente y Derechos Humanos,* Opinión Consultiva OC-23/17, de 15 de noviembre de 2017, serie A N° 23, párr. 59.

19 Corte IDH, caso *Comunidades Indígenas Miembros de la Asociación Lhaka Honhat (Nuestra Tierra) vs. Argentina*, Fondo, Reparaciones y Costas, sentencia de 8 de febrero de 2020, Serie C, N° 400, párrs. 208-209.

20 Hernández-Mendible, V. R., El Acuerdo de Escazú y la Competencia de la Corte Interamericana para Tutelar los Derechos en Materia Ambiental, (Coords. Henry Jiménez Guanipa Marisol Luna Leal), *Crisis climática, transición energética y derechos humanos. Tomo I Crisis climática, derechos humanos y los Acuerdos de París y Escazú,* Fundación Heinrich Böll, Heidelberg Center para América Latina y RICEDH, Bogotá, 2020, pp. 323-354, en especial pp. 350-354.

21 Un antecedente fuera de la región lo constituye el Convenio sobre acceso a la información, participación del público en la toma de decisiones y acceso a la justicia en materia de medio ambiente, también conocido como Convenio de Aarhus, que fue firmado el 25 de junio de 1998, en la ciudad danesa que da nombre al Convenio.

22 Corte IDH, caso *Miembros de la corporación colectivo de abogados "José Alvear Restrepo" vs. Colombia,* Excepciones preliminares, Fondo, Reparaciones y Costas, sentencia de 18 de octubre de 2023, serie C N° 506, párr. 474.

23 Villegas Moreno, J. L. y Hernández-Mendible, V. R., Las contradicciones ambientales de América Latina: A propósito del Acuerdo de Escazú, *Revista General de Derecho Administrativo* N° 58, IUSTEL, Madrid, 2021.

los defensores de derechos humanos en materia ambiental, en la jurisprudencia de la Corte Interamericana[24].

En concreto, respecto a los defensores de derechos humanos en materia ambiental, la decisión efectúa algunas consideraciones que es oportuno destacar:

La condición de defensor de derechos humanos se deriva de la labor que se realiza, independientemente que la persona que lo haga sea un particular, un funcionario público o una persona que ejerce la abogacía en el ámbito privado y del contenido de los derechos que se defiendan. Esta actividad de promoción y protección de los derechos puede realizarse de forma intermitente, ocasional, eventual o permanente[25].

Los defensores de derechos humanos constituyen un grupo amplio y flexible, en atención a la naturaleza de la actividad que realizan. Es por ello, que cualquier persona que promueva y defienda algún derecho humano, se autodenomine como ejecutor de tal actividad o tenga reconocimiento social de su defensa, deberá ser considerada como defensora. Obviamente, allí estarán incluidos los defensores de derechos humanos ambientales o defensores de derechos humanos en asuntos ambientales[26].

En este sentido la Corte llama la atención que el Acuerdo de Escazú es el primer convenio internacional en referirse expresamente a estos defensores[27], aunque reconoce que en distintas declaraciones internacionales se ha destacado "la importancia de la labor que realizan las personas defensoras de derechos humanos y de asuntos ambientales, la situación de vulnerabilidad en la que pueden encontrarse y a la necesidad de proveerles especial protección".[28]

En razón de ello recalca que el respeto y garantía de los derechos de los defensores de derechos humanos en asuntos ambientales, ya constituía un compromiso adquirido en la Convención Americana sobre Derechos Humanos y que reviste especial importancia, "pues estos desempeñan una labor fundamental para el fortalecimiento de la democracia y el Estado de Derecho".[29]

Más recientemente, el Tribunal Interamericano en ejercicio su competencia jurisdiccional se volvió a pronunciar sobre el derecho humano al ambiente[30] y siguiendo la línea argumentativa precedente advirtió que la contaminación del aire y del agua puede constituirse en un obstáculo para el ejercicio del derecho a un ambiente saludable y sostenible, que además puede generar consecuencias para los derechos a la vida, la salud, la alimentación y la vida

---

24 Hernández-Mendible, V. R., La efectividad de los derechos humanos en los Estados no vinculados por el Acuerdo de Escazú, *Revista de Derecho Administrativo* N° 134, Abeledo-Perrot, Buenos Aires, 2021, pp. 98-106.

25 Corte IDH, caso *Baraona Bray vs. Chile*, Excepciones preliminares, Fondo, Reparaciones y Costas, sentencia de 24 de noviembre de 2022, serie C N° 481, párrs. 70 y 80.

26 Corte IDH, caso *Baraona Bray vs. Chile*, Excepciones preliminares, Fondo, Reparaciones y Costas, sentencia de 24 de noviembre de 2022, serie C N° 481, párr. 71.

27 Corte IDH, caso *Baraona Bray vs. Chile*, Excepciones preliminares, Fondo, Reparaciones y Costas, sentencia de 24 de noviembre de 2022, serie C N° 481, párr. 73.

28 Corte IDH, caso *Baraona Bray vs. Chile*, Excepciones preliminares, Fondo, Reparaciones y Costas, sentencia de 24 de noviembre de 2022, serie C N° 481, párr. 75.

29 Corte IDH, caso *Baraona Bray vs. Chile*, Excepciones preliminares, Fondo, Reparaciones y Costas, sentencia de 24 de noviembre de 2022, serie C N° 481, párr. 78.

30 Corte IDH, caso *Habitantes de la Oroya vs. Perú,* Excepciones preliminares, Fondo, Reparaciones y Costas, sentencia de 27 de noviembre de 2023, serie C N° 511, párr. 115.

digna, cuando se producen daños significativos a los bienes básicos protegidos por dichos derechos[31].

Según esto, el derecho al ambiente sano incluye tanto el derecho al aire limpio como al agua. Ello implica que las obligaciones del Estado también se proyectan a la esfera privada, para evitar que terceros vulneren los bienes jurídicos protegidos y exige la adopción de aquellas "medidas de carácter jurídico, político, administrativo y cultural que promuevan la salvaguarda de los derechos humanos y que aseguren que sus eventuales violaciones sean efectivamente consideradas y tratadas como un hecho ilícito"[32].

El derecho al ambiente conlleva una obligación de protección que atañe a la Comunidad Internacional en su conjunto, contra las actuaciones ilícitas o arbitrarias que causen daños graves, extensos, duraderos e irreversibles, en el actual escenario de crisis climática que amenaza la supervivencia de las especies y que exige una actuación para garantizar los derechos de las generaciones presentes y futuras, así como la conservación del ambiente contra su degradación, a los fines de asegurar la supervivencia de la humanidad[33].

Finalmente, la Corte Interamericana en ejercicio de su competencia consultiva al opinar sobre la crisis climática y los derechos humanos, ha reiterado su posición sobre el derecho humano al ambiente sano, en sus dimensiones individual y colectiva[34], que se proyecta sobre los derechos humanos sustantivos y de procedimiento.

La opinión consultiva ratifica sus precedentes y además introduce en el Sistema Interamericano el reconocimiento de un nuevo derecho a un clima sano[35], considerándolo como un derecho independiente, aunque derivado del derecho a un ambiente sano, con la finalidad otorgarle al orden jurídico interamericano una base con entidad propia, "que permita delimitar con claridad las obligaciones estatales específicas frente a la crisis climática y exigir su cumplimiento de manera autónoma respecto de otros deberes vinculados a la protección ambiental"[36].

Es así como sostuvo que "un clima sano es aquel que se deriva de un sistema climático libre de interferencias antropogénicas peligrosas para los seres humanos y para la Naturaleza como un todo"[37].

El derecho a un clima sano constituye un elemento sustantivo del derecho a un ambiente sano y tiene una dimensión individual y colectiva.

En la primera, su dimensión individual, este derecho garantiza la posibilidad de cada persona de desarrollarse en un sistema climático libre de actividades antropogénicas peligro-

---

31 Corte IDH, caso *Habitantes de la Oroya vs. Perú,* Excepciones preliminares, Fondo, Reparaciones y Costas, sentencia de 27 de noviembre de 2023, serie C N° 511, párr. 119.

32 Corte IDH, caso *Habitantes de la Oroya vs. Perú,* Excepciones preliminares, Fondo, Reparaciones y Costas, sentencia de 27 de noviembre de 2023, serie C N° 511, párr. 125.

33 Corte IDH, caso *Habitantes de la Oroya vs. Perú,* Excepciones preliminares, Fondo, Reparaciones y Costas, sentencia de 27 de noviembre de 2023, serie C N° 511, párr. 129.

34 Corte IDH, *Emergencia climática y Derechos Humanos,* Opinión Consultiva OC-32/25, de 29 de mayo de 2025, serie A, N° 32, párrs. 271-272.

35 Corte IDH, *Emergencia climática y Derechos Humanos,* Opinión Consultiva OC-32/25, de 29 de mayo de 2025, serie A, N° 32, párrs. 297-298.

36 Corte IDH, *Emergencia climática y Derechos Humanos,* Opinión Consultiva OC-32/25, de 29 de mayo de 2025, serie A, N° 32, párr. 300.

37 Corte IDH, *Emergencia climática y Derechos Humanos,* Opinión Consultiva OC-32/25, de 29 de mayo de 2025, serie A, N° 32, párr. 300.

sas y ésta se ve afectada cuando el incumplimiento de las obligaciones por parte del Estado, para la protección del sistema climático global, no solo afecte a éste, sino que produce una violación directa de los derechos individuales de una o varias personas. Ello conlleva el deber de reparar integralmente los daños individuales o colectivos causados a la víctima[38].

En la segunda, su dimensión colectiva, este derecho protege el interés de las generaciones presentes y futuras -y de otras especies- a mantener un sistema climático apto, para asegurar su bienestar y el equilibrio entre ellas, frente a las graves amenazas derivadas de los efectos de la emergencia climática. La titularidad de esta dimensión del derecho a un clima sano es indivisible y por tanto no exclusiva del conjunto de quienes comparten ese interés colectivo[39].

Por tanto, el derecho a un clima sano orienta su eficacia tanto sobre las generaciones actuales y futuras de seres humanos como también sobre la Naturaleza, que constituye el soporte físico y biológico de la vida. La defensa efectiva de este derecho al clima sano "requiere adoptar una perspectiva sistémica e integradora que se ve significativamente fortalecida cuando se reconoce a la Naturaleza como sujeto de derechos"[40].

Seguidamente se abordará el tema de este trabajo, desde la perspectiva del sistema universal de derechos humanos.

2. *El derecho humano al ambiente en el Sistema Universal*

La Declaración Universal de los Derechos Humanos, aprobada en Nueva York en 1948, no contiene un reconocimiento expreso al derecho humano al ambiente. Tampoco lo hacen el Pacto Internacional de Derechos Civiles y Políticos, ni el Pacto Internacional de Derechos Económicos, Sociales y Culturales, ambos de 1966.

Un sexenio después, las Naciones Unidas produjo la Declaración de Estocolmo, surgida en el marco de la Conferencia de las Naciones Unidas sobre el Medio Humano en 1972, que contiene 26 principios y un Plan de acción para el futuro. El Principio I propone que "... el hombre tiene el derecho fundamental a la libertad, la igualdad y el disfrute de condiciones de vida adecuados en un medio de calidad, tal que le permita llevar una vida digna y gozar de bienestar, y tiene la solemne obligación de proteger y mejorar el medio para las generaciones presentes y futuras". Tal como se puede apreciar, se destacó la centralidad de la persona humana y el derecho a una vida digna en la actualidad y en el futuro, constituyéndose esta idea en el embrión para la larga gestación del reconocimiento del ambiente como derecho humano[41].

Luego de una década la Asamblea General de las Naciones Unidas adoptó la Carta Mundial de la Naturaleza en 1982, -no suscrita por los Estados partes del Tratado de Cooperación Amazónica-, a través de la cual se propone resueltamente el respeto a la naturaleza y su aprovechamiento racional, moderado y sin derroche.

---

38 Corte IDH, *Emergencia climática y Derechos Humanos,* Opinión Consultiva OC-32/25, de 29 de mayo de 2025, serie A, N° 32, párrs. 303.

39 Corte IDH, *Emergencia climática y Derechos Humanos,* Opinión Consultiva OC-32/25, de 29 de mayo de 2025, serie A, N° 32, párrs. 302.

40 Corte IDH, *Emergencia climática y Derechos Humanos,* Opinión Consultiva OC-32/25, de 29 de mayo de 2025, serie A, N° 32, párrs. 316.

41 Villegas Moreno, J. L., *Manual de Derecho Administrativo Ambiental*, Universidad Católica del Táchira, San Cristóbal, 2014, p. 23.

No será sino hasta la Declaración de Río, sobre el Medio Ambiente y el Desarrollo de 1992, que contiene 27 principios, que se formuló el Principio 10[42], en el que se establece uno de los fundamentos más sólidos de la denominada "democracia ambiental"[43].

En el 2000, la Organización de Naciones Unidas formuló los Objetivos de Desarrollo del Milenio y en concreto planteó en el Objetivo 7, el compromiso de garantizar la sostenibilidad del medio ambiente. En ello trabajó la comunidad internacional entre la fecha antes indicada y el año 2014, pero cabe destacar que en esa declaración no se reconoció al ambiente como un derecho humano.

Posteriormente, la Asamblea General en la Cumbre Mundial sobre Desarrollo Sostenible (Río+10) adoptó la Declaración de Johannesburgo sobre Desarrollo Sostenible, que como su nombre lo indica se centra en esa visión del desarrollo, pero no contiene referencia alguna al reconocimiento del derecho humano al ambiente.

En seguimiento del Principio 10 de la Cumbre de La Tierra y en el marco de la Conferencia de las Naciones Unidas sobre el Desarrollo Sostenible (Río+20), se produjo la "*Declaración sobre la aplicación del principio 10 de la Declaración de Río sobre el Medio Ambiente y el Desarrollo*", que servirá de inspiración para que 6 años después y 9 rondas de negociación se haya llegado al "*Acuerdo Regional sobre el Acceso a la Información, la Participación Pública y el Acceso a la Justicia en Asuntos Ambientales en América Latina y el Caribe*"[44], que como se señaló precedentemente constituye el instrumento regional más importante sobre derechos humanos y ambiente, dentro del sistema universal de derechos humanos.

En 2015, la Organización de Naciones Unidas aprobó la Agenda 2030 para el Desarrollo Sostenible que tiene 17 Objetivos y 169 metas. Concretamente relacionados con el ambiente se establecieron: el Objetivo 6, que pretende garantizar la disponibilidad y la gestión sostenible del agua y el saneamiento para todos; el Objetivo 7, que se propone garantizar el acceso a una energía asequible, fiable, sostenible y moderna para todos; y el Objetivo 13, que se orienta a adoptar las medidas urgentes para combatir el cambio climático y sus efectos.

---

42 El Principio 10 de la Declaración de Río sobre el Medio Ambiente y el Desarrollo, estableció que "El mejor modo de tratar las cuestiones ambientales es con la participación de todos los ciudadanos interesados, en el nivel que corresponda. En el plano nacional, toda persona deberá tener acceso adecuado a la información sobre el medio ambiente de que dispongan las autoridades públicas, incluida la información sobre los materiales y las actividades que encierran peligro en sus comunidades, así como la oportunidad de participar en los procesos de adopción de decisiones. Los Estados deberán facilitar y fomentar la sensibilización y la participación de la población poniendo la información a disposición de todos. Deberá proporcionarse acceso efectivo a los procedimientos judiciales y administrativos, entre estos el resarcimiento de daños y los recursos pertinentes".

43 El Instituto de Recursos Ambientales (*World Resources Institute*) elabora y publica el Índice de Democracia Ambiental (IDA), que consiste en una plataforma en línea, abierta al público, que tiene por finalidad hacer seguimiento de los avances de los Estados en la elaboración de políticas de transparencia, que garanticen el ejercicio de los derechos de acceso a la información, de participación en la toma de decisiones y acceso a la justicia ambiental. Los Estados son evaluados mediante la medición de 75 indicadores legales y 24 indicadores prácticos, establecidos en función de criterios objetivos establecidos en las Directrices de Bali, del Programa de las Naciones Unidas para el Medio Ambiente (PNUMA).

44 Un antecedente fuera de la región lo constituye el *Convenio sobre acceso a la información, participación del público en la toma de decisiones y acceso a la justicia en materia de medio ambiente*, también conocido como *Convenio de Aarhus*, que fue firmado 20 años atrás, en la ciudad danesa que da nombre al Convenio.

De estos tres objetivos, el agua potable y el saneamiento tienen el reconocimiento de dos derechos humanos distintos y complementarios, tanto en el sistema universal[45] como en el sistema interamericano[46]; la energía no ha sido reconocida formalmente como derecho humano[47]; y el combate al cambio climático ha llevado tanto al reconocimiento del ambiente como un derecho humano, así como a la adopción de medidas urgentes para la adaptación[48] y la mitigación del cambio climático.[49]

Más recientemente, el Consejo de Derechos Humanos de la Organización de las Naciones Unidas, mediante resolución 48/13, de 8 de octubre de 2021, se pronunció en favor del "*reconocimiento del derecho humano a un medio ambiente limpio, saludable y sostenible, que garantiza el disfrute de los otros derechos humanos*".

Esta declaración fue ratificada por la Asamblea General, mediante la resolución A/RES/76/300, de 26 de julio de 2022, en la que se expresa lo siguiente:

1. "Reconoce el derecho a un medio ambiente limpio, saludable y sostenible como un derecho humano.
2. Observa que el derecho a un medio ambiente limpio, saludable y sostenible está relacionado con otros derechos y el derecho internacional vigente.
3. Exhorta a los Estados, las organizaciones internacionales, las empresas y otros interesados pertinentes a que adopten políticas, aumenten la cooperación internacional, refuercen la creación de capacidad y sigan compartiendo buenas prácticas con el fin de intensificar los esfuerzos para garantizar un medio ambiente limpio, saludable y sostenible para todos".

Ello así, constituyendo el ambiente un derecho humano en los términos reconocidos en los instrumentos internacionales antes mencionados, este genera para los Estados la obligación positiva de actuar y adoptar todas las medidas necesarias, valga decir, legislativas, ejecutivas -elaboración de las políticas públicas, la producción de los reglamentos, la regulación de las actividades económicas y sociales, la emisión de los actos administrativos generales e individuales, la formalización de los contratos- y jurisdiccionales -para la resolución de los conflictos en vía jurisdiccional o de arbitraje- o de cualquier otro carácter, para asegurar el efectivo ejercicio y goce del derecho; y la obligación negativa de no ejecutar o abstenerse de

---

45 Hernández-Mendible, V. R., La convencionalización del derecho al agua potable, *El Estado Convencional. Cincuentenario de la Convención Americana sobre Derechos Humanos (1969-2019)*, Ediciones Olejnik, Santiago de Chile, 2020, pp. 229-255.

46 Hernández-Mendible, V. R., La Corte Interamericana dice Eureka al Derecho Humano al agua potable, *Revista de Derecho Público* N° 161-162, Editorial Jurídica Venezolana, Caracas, 2020, pp. 117-134.

47 Hernández-Mendible, V. R., *Energía Eléctrica. Regulación de fuentes convencionales, renovables y sostenibles*, (coautor Sandra Patricia Orjuela Córdoba), Centro de Estudios de Regulación Económica (CERECO)-Editorial Jurídica Venezolana-Universidad Monteávila, Caracas, 2017, pp. 225-249; El acceso a la energía sostenible y los derechos humanos, (Coords. Víctor Hernández-Mendible y Jorge Danós Ordóñez), *Derecho de la Energía: El Sector Eléctrico,* 2ª ed., Derecho & Sociedad-Red Internacional de Derecho de la Energía (RIDE), Lima, 2025, pp. 65-81.

48 El Acuerdo de París de la Convención Marco de las Naciones Unidades sobre el Cambio Climático, en el que se asumen compromisos para la adopción de medidas de adaptación y mitigación, de 12 de diciembre de 2015.

49 Hernández-Mendible, V. R., El litigio por el cambio climático. Una nueva revolución por los derechos fundamentales, *Revista Española de Derecho Administrativo* N° 219, Civitas Thomson-Reuters, Madrid, 2022, pp. 99-126.

promover la realización de actividades, que al margen de la ley puedan afectar el ejercicio y goce del mencionado derecho[50].

En la correcta interpretación y aplicación con la diligencia debida de los instrumentos internacionales mencionados y de la Constitución reposa la eficacia del régimen jurídico del ambiente en su doble dimensión, de espacio vital para el desarrollo sostenible y de derecho humano efectivamente exigible ante los órganos que ejercen el Poder Público.

III. EL RECONOCIMIENTO CONSTITUCIONAL DEL DERECHO HUMANO AL AMBIENTE

Lo anterior ha influido decididamente en la interpretación de la regulación constitucional del ambiente a partir de la Constitución Dominicana de 2010[51], mediante la introducción del concepto de "Constitución Ambiental" o de la "Constitución Ecológica".

Fue así como el constituyente introduce varias proposiciones que reconocen y orientan las relaciones jurídicas de las personas y el Estado con respecto al derecho al ambiente. En tal sentido la Constitución establece:

El reconocimiento del derecho humano individual y colectivo a disfrutar de una vida y ambiente sano, seguro y ecológicamente equilibrado[52].

El deber intergeneracional de proteger y mantener el ambiente, para beneficio de la generación presente y también de las futuras generaciones[53].

El deber de todas aquellas personas que estén interesadas en realizar cualquier tipo de actividades que puedan generar daños a los recursos naturales y los ecosistemas, de efectuar el estudio previo socio-económico y el estudio de impacto ambiental, con la finalidad de garantizar la conservación del equilibrio ecológico y el desarrollo sostenible[54].

De aquí nacen obligaciones para el Estado, en la gestión y protección del ambiente, conforme a las siguientes premisas:

La obligación del Estado se proyecta en su triple dimensión: declarativa (reconocimiento del derecho), preventiva (respeto, protección y garantía efectiva del derecho) y reparatoria y sancionadora (en el supuesto que el derecho sea afectado o lesionado, de investigación de lo ocurrido, de reparación a las víctimas, de sanciones a los responsables y de adopción de medidas que garanticen la no repetición), asegurando así el ejercicio de este derecho humano individual y colectivo a un ambiente sano, protegido de conformidad con el bloque de juridicidad (convencionalidad, constitucionalidad y legalidad)[55].

---

50 Hernández-Mendible, V. R., *El Estado Convencional. Cincuentenario de la Convención Americana sobre Derechos Humanos (1969-2019)*, Santiago de Chile, 2020, p. 81.

51 La Constitución Dominicana es de 27 de octubre de 2024.

52 Artículo 67.1 de la Constitución Dominicana.

53 Artículo 67 de la Constitución Dominicana.

54 Artículo 67.1 y 74.3 de la Constitución Dominicana, conjuntamente con la interpretación efectuada por la Corte IDH, caso *Comunidades Indígenas Miembros de la Asociación Lhaka Honhat (Nuestra Tierra) vs. Argentina*, Fondo, Reparaciones y Costas, sentencia de 8 de febrero de 2020, Serie C, N° 400, párrs. 208-209.

55 Artículos 26 y 74.3 de la Constitución Dominicana, en concordancia con los artículos 1, 2 y 26 de la Convención Americana sobre Derechos Humanos.

Igualmente, el Estado tiene el deber de desarrollar una política de democracia ambiental (acceso a la información, consulta y participación ciudadana, así como recurso judicial efectivo) y de ordenación del territorio, orientadas a alcanzar el desarrollo sostenible[56].

También se estableció que el Estado debe velar por el cumplimiento de la cláusula ambiental de conservación del equilibrio ecológico y de restablecimiento del ambiente a su estado natural, que se debe incluir (cláusula expresa) o se presumirá establecida (cláusula implícita) en todas las habilitaciones administrativas -contratos y permisos-, que otorguen la posibilidad de realizar actividades susceptibles de afectar o incidir en los recursos naturales[57].

Ahora bien, la articulación del derecho nacional con el derecho internacional de los derechos humanos, se produjo a través de la cláusula constitucional que otorga rango y jerarquía constitucional a los tratados, los convenios y los pactos internacionales de derechos humanos. Ésta dispone que deben prevalecer en el orden interno y son de aplicación directa, inmediata y preferente a las disposiciones constitucionales de origen nacional, los instrumentos internacionales en tanto sean más favorables en la protección de los derechos humanos, con respecto a lo contemplado en la constitución y las leyes[58].

En consecuencia, integrado el bloque de convencionalidad por los tratados, los convenios, los pactos y los protocolos internacionales sobre derechos humanos, así como por las sentencias y las opiniones consultivas de la Corte Interamericana sobre Derechos Humanos[59] corresponde a todos los órganos que ejercen el Poder Público en el nivel nacional, conforme a las competencias y procedimientos constitucionales y legales, llevar a cabo la actividad que sea necesaria para garantizar la efectividad del derecho humano al ambiente.

Según esto, en caso de producirse una diferencia o conflicto entre el reconocimiento y protección constitucional de origen nacional del derecho al ambiente; y el reconocimiento y protección convencional de origen internacional del derecho al ambiente, debe aplicarse este último con preferencia únicamente cuando este ofrezca una garantía mayor y asegure una mejor efectividad al ejercicio y disfrute del derecho humano.

Estas premisas conforman las bases constitucionales del Estado Ambiental de Derecho y establecen las pautas para efectuar una interpretación y aplicación de la normativa vigente, tanto aquella preconstitucional, que por no contrariar a los actuales principios constitucionales en la materia siguen teniendo aplicación en la actualidad; como la expedida en desarrollo de la Constitución, que debe realizarse de manera compatible a los bloques de constitucionalidad y de convencionalidad.

La Constitución también estableció la obligación del Estado de promover tanto en el sector público como el privado el uso de tecnologías y energías alternativas no contaminantes (asequibles, seguras, sostenibles y modernas), así como la necesidad de incluir en los contratos y permisos para la explotación de los recursos naturales, las cláusulas de acceso y transferencia de las respectivas tecnologías[60].

Estas disposiciones no refieren a un tipo de tecnologías en particular, pues estas evolucionan permanentemente, al punto que en el corto tiempo se tornan obsoletas y son sustituidas por otras nuevas. Sin embargo, tales normas constituyen el fundamento jurídico para el

---

56 Artículos 26 y 74.3 de la Constitución Dominicana, en concordancia con los artículos 13, 23 y 25 de la Convención Americana sobre Derechos Humanos.

57 Artículo 67.4 de la Constitución Dominicana.

58 Artículo 74.3 de la Constitución Dominicana.

59 Hernández-Mendible, V. R., *Ob. cit.*, pp. 35 y 81.

60 Artículo 67.3 y 67.4 de la Constitución Dominicana.

aprovechamiento de las tecnologías de los sistemas de IA, a los fines de garantizar el derecho humano al ambiente, a lo que se dedicará el siguiente epígrafe.

IV. EL USO DE LA IA EN EL ASEGURAMIENTO DEL DERECHO HUMANO AL AMBIENTE EN EL CONTEXTO DEL DESARROLLO SOSTENIBLE

En lo que ha transcurrido del presente siglo se experimenta la transición tecnológica desde los entornos analógicos a los digitales, lo que ha llevado a sostener que se anda al filo de la *algocracia*[61], dado que se teme que los algoritmos sustituyan al pueblo en la forma de gobierno[62].

Aunque este recelo como muchos otros llevarían a reflexionar sobre las potenciales amenazas que supone la utilización de los sistemas de IA, en especial, respecto a los derechos fundamentales de las personas[63], también debe señalarse que el uso ético de éstos[64], brindan grandes oportunidades para mejorar la vida de las personas y alcanzar mayores niveles de eficacia en la gestión pública.

Sin ignorar esos riesgos, las reflexiones que siguen se centrarán en considerar las posibilidades que ofrece el correcto uso de los sistemas de IA, por parte de los órganos que ejercen el Poder Público, para asegurar la protección del derecho humano al ambiente, en el contexto del desarrollo sostenible.

En efecto, una vez admitido legalmente que los sistemas de IA constituyen una herramienta que pueden utilizar los órganos que ejercen el Poder Público y que éstos pueden emplearlos para garantizar la efectividad de los derechos humanos en general[65] y del derecho al ambiente en particular, corresponde efectuar una aproximación breve por razones de espacios, sobre cómo podrían usarlos la Administración Pública y el Poder Judicial, para cumplir con dicha finalidad.

1. *Los sistemas de IA y la Administración Pública*

En lo que respecta a la Administración Pública deben tenerse en consideración las recientes directrices establecidas en la Carta Iberoamericana de Inteligencia Artificial[66]. En ella se reconoce el potencial de la IA utilizada en y desde la Administración Pública en distintos aspectos de su gestión y siguiendo esas instrucciones en lo concerniente a la adopción de medidas para asegurar la efectividad del derecho humano a un ambiente sano, seguro, sostenible y ecológicamente equilibrado, se considera que se pueden emplear los sistemas de IA con las siguientes finalidades:

---

61 Solar Cayón, J. I., Inteligencia Artificial en la Justicia Penal: los sistemas algorítmicos de evaluación de riesgos, *Dimensiones éticas y jurídicas de la inteligencia artificial en el marco del Estado de Derecho*, Universidad de Alcalá, Madrid, 2020, p. 128.

62 De Asís Pulido, M., La justicia predictiva: tres posibles usos en la práctica jurídica, *Inteligencia Artificial y Filosofía del Derecho*, Laborum, Murcia, 2022, p. 286.

63 Sánchez, E., y Tirso, E., El desafío de la Inteligencia Artificial a la vigencia de los derechos fundamentales, *Cuadernos Electrónicos de Filosofía del Derecho*, N° 48 (1), Canarias, 2023, pp. 111-139.

64 Martín Jiménez, F. J., Inteligencia artificial y ética: hacia una aplicación de los principios éticos en el ámbito de la UE, Cuadernos Europeos de Deusto, N° 68, Bilbao, 2023, pp. 89-115.

65 Mantelero, Alessandro, Retos y regulación de la inteligencia artificial: la toma de decisiones en los asuntos públicos y la administración de justicia, (coords. Patricia Valcárcel Fernández y Francisco L. Hernández González), *El derecho administrativo en la era de la inteligencia artificial*, INAP, Madrid, 2025, p. 618.

66 Carta de Inteligencia Artificial en la Administración Pública, de 20 de noviembre de 2023.

1. La verificación y el análisis de los datos ambientales, lo que permite procesar grandes cantidades de datos provenientes de los sensores y los satélites, para efectuar el monitoreo en tiempo real de los elementos sustantivos que le brindan soporte a este derecho, como la calidad del aire, del agua, los bosques, la biodiversidad, los mares, los océanos, el clima, lo que permite adoptar medidas de forma inmediata para protegerse frente a los daños.

2. La utilización de los modelos predictivos para realizar el análisis de datos que permitan simular el impacto de la acción humana en áreas, actividades y proyectos, que constituyen escenarios de riesgos de generación de daños al ambiente, a los fines de adoptar decisiones informadas y lo más idóneas posibles, con sujeción a los principios de prevención y precaución.

3. La predicción de los patrones climáticos e incluso de eventos extremos, lo que ayuda a las autoridades a efectuar la planificación, realizar seguimiento y adoptar las medidas preventivas, de mitigación y adaptación.

4. La optimización de la gestión de recursos como el agua u otras fuentes de energías renovables, contribuyendo tanto a la eficiencia hidrológica y energética, como a reducir las emisiones de gases de efecto invernadero.

5. La detección temprana de los incendios forestales, lo que aseguraría una mayor posibilidad de reacción, es decir, de brindar una respuesta más rápida y efectiva para su control y extinción.

6. La generación de alertas tempranas para prevenir desastres y calamidades que contaminan el aire, las aguas, los suelos, los bosques, los ríos y los mares.

7. La elaboración de los estudios de impacto ambiental, mediante la realización de evaluaciones de las políticas ambientales, de los proyectos y de los planes, para identificar los riesgos de posibles daños, prevenirlos y adoptar medidas para mitigarlos.

8. La gestión sostenible para optimizar el aprovechamiento racional y eficiente de los recursos y los bienes, al extender su permanencia en el ciclo productivo reduciendo la generación de residuos y utilizando al máximo aquellos que no se puedan evitar.

9. La agricultura sostenible al reducir el desperdicio de alimentos, mejorar el uso de fertilizantes, riego y consumo de agua, lo que ayuda a evitar el uso excesivo de recursos y a reducir el impacto ambiental[67].

10. La conservación de la biodiversidad, mediante el apoyo en la identificación de las áreas de gran calidad, el diseño y desarrollo de las estrategias para su protección y conservación.

11. La educación y la sensibilización de las personas para que tomen plena conciencia de la necesidad de proteger y conservar el ambiente en la actualidad, así como de preservarlo en las mejores condiciones para el disfrute efectivo por las futuras generaciones.

Esta Carta Iberoamericana de IA se complementa con la Declaración de Santiago para promover una Inteligencia Artificial ética en América Latina y el Caribe, suscrita en el marco de la Cumbre Ministerial y de Altas Autoridades de América Latina y el Caribe en Santiago de Chile, de 23-24 de octubre de 2023, que aprobación 20 países: Argentina, Brasil, Chile, Colombia, Costa Rica, Cuba, Ecuador, El Salvador, Guatemala, Honduras, Jamaica, México,

---

67 Brito Martínez, C., Inteligencia artificial para la protección del medio ambiente y biodiversidad. Herramientas Tecnológicas para Profesionales del Medio Ambiente, Ministerio de Medio Ambiente, Chile, julio, 2021. https://mma.gob.cl/wp-content/uploads/2021/11/AI-para-la-proteccion-del-Medio-Ambiente-y-Biodiversidad.pdf

Perú, Paraguay, República Dominicana, Santa Lucía, San Vicente y las Granadinas, Surinam, Uruguay y Venezuela[68].

En ese sentido, es oportuno mencionar que dicha Declaración recoge la Recomendación sobre la Ética de la Inteligencia Artificial de la UNESCO y subraya, como punto de partida de las políticas públicas sobre IA y, específicamente, sobre el aspecto ambiental, que los países firmantes se comprometen a realizar un estudio sobre la necesidad de crear y adoptar nuevos marcos legales y agendas regulatorias para el diseño, desarrollo y uso responsable de la IA. En el referido análisis se deberán contemplar todos los principios fundamentales de derechos humanos, muy especialmente, los relacionados con la sostenibilidad social, cultural, económica y ambiental. Por último, la Declaración deja claramente sentado que el propósito es alcanzar un modelo de desarrollo sostenible e inclusivo que respete los derechos humanos[69].

En resumen, los sistemas de IA bien utilizados por la Administración Pública constituyen un valioso instrumento que contribuye a monitorear, predecir, optimizar y proteger efectivamente el derecho humano al ambiente.

2. *Los sistemas de IA y el Poder Judicial*

Por lo que atañe al Poder Judicial, la adaptación de la justicia predictiva al mundo de los sistemas de IA, lleva a considerar cómo éstos podrían operar para asegurar la efectividad del derecho humano que se analiza.

Los sistemas de IA pueden emplearse de manera predictiva para formular el proyecto de decisión jurisdiccional, constituyendo dicha propuesta una orientación para el órgano jurisdiccional. Ello supondría que el órgano jurisdiccional pueda hacer suya la recomendación total o parcialmente, así como también puede apartarse totalmente de ella, pues ésta en ningún caso puede tener carácter vinculante. En cualquier escenario, la decisión jurisdiccional debe estar suficientemente motivada, para cumplir con el derecho fundamental a la tutela judicial efectiva.

Los sistemas de IA no son autónomos, sino que requieren un diseño y programación previa, por personas que tienen tanto los conocimientos adecuados de ¿cómo serán empleados? y ¿para qué se van a utilizar?, así como ¿qué se espera de estos sistemas?. Es así que con la finalidad de lograr que el nivel de predicción sea lo más acertado posible, se debe llevar a cabo una operación compleja en que deben participar los técnicos en IA, los jueces, los científicos y los expertos en los distintos aspectos de las ciencias, quienes deben contribuir a suministrar la data, que permita sugerir la adopción de una decisión judicial debidamente motivada, para garantizar la efectividad del derecho humano al ambiente.

En atención a ello se requiere "de una formación a la par tecnológica e iusfilosófica de los jueces y de la sociedad entera, que dé cuenta de los límites de la Inteligencia Artificial y de los fundamentos axiológicos de nuestro Derecho y del proceso judicial"[70], para la implementación de los sistemas de IA en el proceso.

---

68 CAF - Banco de Desarrollo de América Latina y el Caribe. CAF promueve iniciativa de gobernanza de Inteligencia Artificial en América Latina y el Caribe, de 23 de octubre de 2023. https://www.caf.com/es/actualidad/noticias/2023/10/caf-promueve-iniciativa-de-gobernanza-de-inteligencia-artificial-en-america-latina-y-el-caribe/

69 Proclamación 2 de la Declaración de Santiago, de 23-24 de octubre de 2023.

70 De Asís Pulido, M., La justicia predictiva: tres posibles usos en la práctica jurídica, *Inteligencia Artificial y Filosofía del Derecho*, Laborum, Murcia, 2022, p. 301.

La justicia predictiva puede ser una herramienta valiosa para garantizar el derecho humano al ambiente, siempre y cuando se garantice el acceso efectivo, la publicidad de la información, la transparencia, la auditabilidad, la explicabilidad y la trazabilidad, la accesibilidad, usabilidad y fiabilidad, la no discriminación algorítmica y el derecho a no ser objeto de decisiones basadas exclusivamente en IA, al menos sin el consentimiento previo, libre e informado de quienes acuden al proceso para exigir tutela judicial efectiva ambiental.

Este último asunto ha sido prohibido expresamente por el Consejo de Estado en Francia, al formular sus directrices en la "*Carta de utilización de la Inteligencia Artificial dentro de la Jurisdicción Administrativa*"[71]. Este documento promueve un estándar de uso de los sistemas de IA, en el orden jurisdiccional administrativo, dentro de los límites del respeto a los derechos fundamentales, la transparencia en la gestión, la prohibición de automatización de las decisiones judiciales, así como la insoslayable obligación de la supervisión humana de manera permanente. Además, excluyó expresamente el uso de sistemas de IA de **alto riesgo** y limita el aprovechamiento a los sistemas de IA de **riesgo reducido.**

V. CONSIDERACIONES FINALES

El reconocimiento del derecho humano al ambiente, tanto en el texto constitucional de origen nacional (Constitución) como de génesis internacional, es decir, en los tratados, pactos, convenciones, protocolos y resoluciones, junto a las opiniones consultivas y la jurisprudencia de los órganos que integran el Sistema Interamericano de Derechos Humanos, conduce al establecimiento de la obligación del Estado de adoptar las medidas positivas para asegurar la efectividad de su ejercicio; y las medidas negativas para no interferir en su goce y disfrute, más allá de los estrictos límites legales admisibles en una sociedad democrática.

Como se deduce de lo antes expuesto, el reconocimiento y la protección del derecho humano al ambiente constituye una garantía para la realización de la libertad y del ejercicio del derecho al libre desenvolvimiento de la personalidad[72], consecuencia directa de la libertad general de la persona y en tales términos todos los órganos que ejercen el Poder Público deben proteger el efectivo ejercicio del derecho al ambiente en el ámbito nacional.

Lo expuesto lleva a concluir que la evolución del concepto del ambiente como un bien jurídico protegido y a su reconocimiento como un derecho humano, conlleva a un cambio de enfoque en la responsabilidad derivada de su afectación, que deberá conducir a una transición del principio objetivo "quien contamina paga", hacia el principio subjetivo de "reparación integral a las víctimas" de violación de los derechos humanos en general, incluido el derecho al ambiente.

Cabe señalar que la implementación de los sistemas de IA en la gestión de los órganos que ejercen el Poder Público representa un riesgo, pero utilizados éticamente suponen una herramienta realmente útil para asegurar la efectividad de los derechos humanos y en concreto del derecho al ambiente, tanto en su dimensión exclusivamente individual, como en la colectiva.

A lo anterior se suma el compromiso de equidad intergeneracional, que no se limita a reconocer sino a efectivamente garantizar los derechos de las generaciones futuras, conforme a los Principios de Maastricht sobre los derechos humanos de las generaciones futuras y a

---

71 Conseil d´Etat, *Charte d´utilisation de l´intelligence artificielle au sein de la juridiction administrative*, du 11 décembre 2025.

72 Domínguez Guillén, M. C. y Pérez Fernández, C., El derecho de propiedad: breves notas para su sistematización, *Revista Tachirense de Derecho* N° 31, San Cristóbal, 2020, p. 66.

algunos recientes casos de litigios climáticos[73]. De esta manera, respecto a las generaciones futuras, el desarrollo de los sistemas de IA sostenible trasciende del enfoque meramente individual y, consecuentemente, abraza una visión con perspectiva diacrónica.

Bajo ese contexto, indudablemente es importante fomentar una conciencia social acerca de las implicaciones que acarrea el avance de los sistemas de IA, pues una perspectiva integral y holística de ésta propiciará una valoración más equilibrada y responsable de la tecnología, asegurando que los beneficios que deriven de su uso, sean maximizados mientras se mitigan sus potenciales riesgos[74], lo cual viabilizará considerablemente la protección y efectividad del bien jurídico colectivo y difuso por excelencia: el derecho humano al ambiente.

V. BIBLIOGRAFÍA

Doctrina

Aguilar Cavallo, G., Los derechos ambientales en el Sistema Interamericano de Protección de Derechos Humanos, (Coords. H. Jiménez Guanipa y J. Tous Chimá), *Cambio Climático, Energía y Derechos Humanos. Desafíos y Perspectivas*, Universidad del Norte-Universität Heidelberg-Henrich Böll Stiftung, Bogotá, 2017.

Conseil d´Etat, *Charte d´utilisation de l´intelligence artificielle au sein de la juridiction administrative*, du 11 décembre 2025.

De Asís Pulido, M., La justicia predictiva: tres posibles usos en la práctica jurídica, *Inteligencia Artificial y Filosofía del Derecho*, Laborum, Murcia, 2022.

Domínguez Guillén, M. C. y Pérez Fernández, C., El derecho de propiedad: breves notas para su sistematización, *Revista Tachirense de Derecho* N° 31, San Cristóbal, 2020.

Estupiñan Silva, R., Primera opinión interamericana sobre medio ambiente: ¿derecho exigible o decisión ultra vires?, (Coords. H. Jiménez Guanipa y E. Viedma), *Energía, cambio climático y desarrollo sostenible. Impacto sobre los derechos humanos*, Universidad del Norte-Universität Heidelberg-Henrich Böll Stiftung, Asunción-Bogotá, 2018.

Hernández-Mendible, V. R., *Energía Eléctrica. Regulación de fuentes convencionales, renovables y sostenibles*, (coautor Sandra Patricia Orjuela Córdoba), Centro de Estudios de Regulación Económica (CERECO)-Editorial Jurídica Venezolana-Universidad Monteávila, Caracas, 2017.

Hernández-Mendible, V. R., Minería, Derechos Humanos y Ambiente, *Observatorio de Políticas Ambientales 2017*, CIEDA-CIEMAT, Madrid, 2017, pp. 183-215; La nulidad del Decreto del Arco Minero del Orinoco y de los actos jurídicos que lo ejecuten, *Revista Tachirense de Derecho* N° 28, UCAT, San Cristóbal, 2017.

Hernández-Mendible, V. R., El Arco Minero del Orinoco y su incompatibilidad con la Opinión Consultiva 23/17, sobre medio ambiente y derechos humanos, de la Corte Interamericana de Derechos Humanos, *Revista Argentina de Derecho de la Energía, Hidrocarburos y Minería* N° 18, agosto-octubre, Ed. Ábaco, Buenos Aires, 2018.

---

73 Hernández-Mendible, V. R., El litigio por el cambio climático. Una nueva revolución por los derechos fundamentales, *Revista Española de Derecho Administrativo* N° 219, Civitas Thomson-Reuters, Madrid, 2022, pp. 99-126.

74 Wisner Glusko, D. C., Inteligencia artificial sostenible: entre la sostenibilidad digital y los entornos digitales sostenibles, *Studia Prawnicze. Rozprawy y Materialy. Studies in Law: Research Papers* N° 1 (30), 2022, pp. 117-127.

Hernández-Mendible, V. R., La Corte Interamericana dice Eureka al Derecho Humano al agua potable, *Revista de Derecho Público* N° 161-162, Editorial Jurídica Venezolana, Caracas, 2020.

Hernández-Mendible, V. R., *El Estado Convencional. Cincuentenario de la Convención Americana sobre Derechos Humanos (1969-2019)*, Santiago de Chile, 2020.

Hernández-Mendible, V. R., El Acuerdo de Escazú y la Competencia de la Corte Interamericana para Tutelar los Derechos en Materia Ambiental, (Coords. Henry Jiménez Guanipa Marisol Luna Leal), *Crisis climática, transición energética y derechos humanos. Tomo I Crisis climática, derechos humanos y los Acuerdos de París y Escazú,* Fundación Heinrich Böll, Heidelberg Center para América Latina y RICEDH, Bogotá, 2020.

Hernández-Mendible, V. R., La efectividad de los derechos humanos en los Estados no vinculados por el Acuerdo de Escazú, *Revista de Derecho Administrativo* N° 134, Abeledo-Perrot, Buenos Aires, 2021.

Hernández-Mendible, V. R., El litigio por el cambio climático. Una nueva revolución por los derechos fundamentales, *Revista Española de Derecho Administrativo* N° 219, Civitas Thomson-Reuters, Madrid, 2022.

Mantelero, Alessandro, Retos y regulación de la inteligencia artificial: la toma de decisiones en los asuntos públicos y la administración de justicia, (coords. Patricia Valcárcel Fernández y Francisco L. Hernández González), *El derecho administrativo en la era de la inteligencia artificial*, INAP, Madrid, 2025.

Martín Jiménez, F. J., Inteligencia artificial y ética: hacia una aplicación de los principios éticos en el ámbito de la UE, Cuadernos Europeos de Deusto, N° 68, Bilbao, 2023.

Montoro Chiner, M. J., El Estado ambiental de Derecho. Bases constitucionales, (Coord. Francisco Sosa Wagner), *El Derecho Administrativo en el umbral del siglo XXI. Homenaje al profesor Martín Mateo*, Tomo III, Tirant lo Blanch, Valencia, 2000.

Parejo Alfonso, L., La fuerza transformadora de la Ecología y el Derecho. ¿hacia el Estado ecológico de Derecho?, *CyTET,* II (100-101), Madrid, 1994.

Sánchez, E., y Tirso, E., El desafío de la Inteligencia Artificial a la vigencia de los derechos fundamentales, *Cuadernos Electrónicos de Filosofía del Derecho*, N° 48 (1), Canarias, 2023.

Solar Cayón, J. I., Inteligencia Artificial en la Justicia Penal: los sistemas algorítmicos de evaluación de riesgos, *Dimensiones éticas y jurídicas de la inteligencia artificial en el marco del Estado de Derecho*, Universidad de Alcalá, Madrid, 2020.

Villegas Moreno, J. L., La protección del medio ambiente como desafío del Derecho Administrativo en Venezuela, (Coord. V. Hernández-Mendible), *Desafíos del Derecho Administrativo Contemporáneo. Conmemoración Internacional del Centenario de la Cátedra de Derecho Administrativo en Venezuela,* Tomo 1, Ediciones Paredes, Caracas, 2009.

Villegas Moreno, J. L., *Manual de Derecho Administrativo Ambiental*, Universidad Católica del Táchira, San Cristóbal, 2014.

Villegas Moreno, J. L. y Hernández-Mendible, V. R., Las contradicciones ambientales de América Latina: A propósito del Acuerdo de Escazú, *Revista General de Derecho Administrativo* N° 58, IUSTEL, Madrid, 2021.

Instrumentos internacionales

Acuerdo de París de la Convención Marco de las Naciones Unidades sobre el Cambio Climático de 12 de diciembre de 2015.

Carta de Inteligencia Artificial en la Administración Pública, de 20 de noviembre de 2023.

Carta Democrática Interamericana de 11 de septiembre de 2001.

Carta Medioambiental Iberoamericana. Compromiso con las próximas generaciones iberoamericanas, XXVIII Cumbre Iberoamericana, Santo Domingo, de 25 de marzo de 2023.

Convenio de Aarhus de 25 de junio de 1998.

Declaración de Río sobre el Medio Ambiente y el Desarrollo, de junio de 1992.

Protocolo de San Salvador de 17 de noviembre de 1988.

Jurisprudencia

Corte IDH, caso *Comunidades Indígenas Miembros de la Asociación Lhaka Honhat (Nuestra Tierra) vs. Argentina*, Fondo, Reparaciones y Costas, sentencia de 8 de febrero de 2020, Serie C, N° 400.

Corte IDH, caso *Miembros de la corporación colectivo de abogados "José Alvear Restrepo" vs. Colombia,* Excepciones preliminares, Fondo, Reparaciones y Costas, sentencia de 18 de octubre de 2023, serie C, N° 506, párr. 474.

Corte IDH, caso *Baraona Bray vs. Chile*, Excepciones preliminares, Fondo, Reparaciones y Costas, sentencia de 24 de noviembre de 2022, serie C, N° 481, párr. 71.

Corte IDH, caso *Habitantes de la Oroya vs. Perú,* Excepciones preliminares, Fondo, Reparaciones y Costas, sentencia de 27 de noviembre de 2023, serie C, N° 511.

Opinión consultiva

Corte IDH, *Medio Ambiente y Derechos Humanos,* Opinión Consultiva OC-23/17, de 15 de noviembre de 2017, serie A, N° 23.

Corte IDH, *Emergencia Climática y Derechos Humanos*, Opinión Consultiva OC-32/25, de 29 de mayo de 2025, serie A, N° 32.

Consideraciones sobre la noción y la naturaleza de la dogmática jurídica

Hermann Petzold-Pernía

Profesor Titular emeritus y ex Decano de la Facultad de Ciencias Jurídicas y Políticas de la Universidad del Zulia

"Que estas cosas sean conjeturadas [de modo que] se [asemejen a las verdaderas".

(JENOFANES)

"Pues el rey insistía esencialmente en que su autoridad fuese respetada. El no toleraba la desobediencia. Era un monarca absoluto. Pero, como era muy bueno, daba órdenes razonables" (...).

"...Es necesario exigir de cada uno lo que cada uno puede dar, prosiguió el rey. La autoridad reposa en primer lugar sobre la razón. Si tu ordenas a tu pueblo irse a lanzarse al mar, él hará la revolución. Yo tengo el derecho de exigir la obediencia porque mis órdenes son razonables.

(Antoine de SAINT EXUPERY, Le Petit Prince)

Resumen: *Este estudio trata sobre la noción y naturaleza de la Dogmática Jurídica como la ciencia del derecho stricto sensu, cuyo objeto de análisis son las normas de un determinado ordenamiento jurídico-positivo, buscando precisar los posibles sentidos y alcances de las mismas. Por tanto, es posible calificarla como una ciencia normativa porque estudia o analiza normas jurídicas, pero no es normadora o normatriz porque no prescribe ni dicta normas de ningún tipo.*

Palabras Clave: *Dogmática Jurídica; Ordenamiento jurídico; Interpretación.*

Abstract: *This study deals with the notion and nature of Legal Dogmatics as the science of law stricto sensu, whose object of analysis are the norms of a given legal-positive order, seeking to specify the possible meanings and scope of them. Therefore, it is possible to qualify it as a normative science because it studies or analyzes legal norms, but it is not normative because it does not prescribe or dictate norms of any kind.*

Key words: *Legal Dogmatics; Legal Order; Interpretation.*

SUMARIO

INTROITO

Existe una esencial relación entre las palabras y los conceptos. Un *concepto* es la representación intelectual de un ente y una palabra puede referirse a varios conceptos, y por ello, la *polisemia* generalmente caracteriza a los términos, palabras o expresiones que se utilizan en los diversos tipos de discursos, y, por ende, en el lenguaje empleado en las normas jurídicas, en tal grado, que es factible sostener que es inherente a la naturaleza misma de cualquier texto normativo de un determinado derecho positivo, y, precisamente en ese sentido, ARISTÓTELES pertinentemente afirma que "si la ley es ambivalente, nos servimos de ella de manera que se pueda volver e interpretar en uno de los sentidos y se adapte tanto a lo que es justo como a lo que es conveniente... Si la ley escrita es favorable al caso que tenemos entre manos, hay que decir entonces que aquello que hemos dicho de 'con la mejor conciencia' no vale sólo para hacer justicia al margen de la ley, sino también para que no se cometa perjurio, si se desconoce qué es lo que dice la ley... Y también hay que decir que en nada se diferencian el no haber ley y el no servirse de ella" ("*Retórica*", lib. I, cap. 15, 1375a/1376a, en *Obras*: 147). Entonces, para poder comprender e interpretar el *sentido* y *alcance* de las normas jurídicas generales como el *significado* de las normas jurídicas individualizadas elaboradas con base en las mismas (tales como sentencias, decisiones administrativas, contratos, etc.), hay que analizarlas no solo en el contexto del ordenamiento jurídico-positivo en el cual están ubicadas, sino también, tener en cuenta el ámbito histórico-social. Luego, es el conjunto de las relaciones ***semánticas*** (*entre las expresiones o términos normativos y lo que ellos expresan o significan*), ***sintácticas*** (*entre las expresiones o términos normativos entre sí*) y ***pragmáticas*** (*entre las expresiones o términos normativos y sus emisores -vale decir, el legislador lato sensu-, y/o los destinatarios, o sea, los intérpretes y/o los súbditos jurídicos*), lo que va a determinar la *interpretación* a dar a la norma jurídico-positiva general que se pretende sirva de fundamento a la norma jurídica individualizada, con la cual se busca s resolver un caso de especie dado, o al acto de aplicación de ésta última (mediante sentencia o resolución administrativa, por parte de un funcionario público (judicial o administrativo) o un contrato u otro negocio jurídico válido ejecutado por cualquier ciudadano particular. Por tanto, de acuerdo con Ch. PERELMAN, se puede "presentar como tarea de la interpretación jurídica la de descubrir conforme al derecho en vigor, la solución de los casos de especie que se presenten" (1974: 8-9), pero, como el mismo autor indica, la "interpretación de la ley, para ser aplicada en un caso de especie, debe ser considerada como una hipótesis que no se adoptará, en definitiva, más que si la solución concreta a la cual ella conduce se revela como aceptable" (1976:83).

Luego, como consecuencia de lo antedicho, se puede afirmar que el *sentido y alcance de las normas jurídicas generales* de un determinado orden jurídico lo atribuyen los jueces y demás funcionarios de los poderes públicos de un Estado, encargados de interpretarlas y aplicarlas *in concreto* por lo cual la real vigencia de aquéllas depende de que las decisiones de éstos sean conformes con la *idea del Derecho,* pues según Heinrich HENKEL, con " la designación "*idea del Derecho*" expresamos que el Derecho debe realizar ciertos valores que sobrepasan el mero momento ordenador, *valores jurídicos* que se expresan en la positivación del Derecho siempre que en los datos de la realidad social lo permita el material jurídico... La idea *del Derecho*, como idea de valor, contiene, además, una *obligación* nacida del *ethos del Derecho*, a la que se halla vinculado aquel que tiene que establecer y aplicar el Derecho" (1968:489-490). Por tanto, los funcionarios públicos que actúan como órganos estatales o detentadores oficiales de los poderes públicos, deben tener siempre como **límite** de sus actos o actuaciones a la idea *del Derecho* y, de conformidad con la competencia y la responsabilidad que le hayan sido jurídicamente atribuidas, garantizar y promover el respeto de la dignidad esencial de la persona humana en sus relaciones con todos los súbditos jurídicos.

I. CONCEPTO Y DEFINICIÓN DE LA DOGMÁTICA JURÍDICA

La Dogmática Jurídica es la ciencia del derecho *stricto sensu*. Es una ciencia social, y su objeto de análisis son las normas de un determinado ordenamiento jurídico-positivo (nacional o internacional), buscando precisar los posible(s) sentido(s) y alcance(s) de dichas normas(s) jurídica(s) general(es) o individualizada(s). Por tanto, es posible calificarla como una ciencia normativa porque *estudia o analiza normas jurídicas,* pero no es normadora o normatriz porque no *prescribe ni dicta normas de ningún tipo*. Ahora bien, estimo pertinente traer colación las opiniones de dos eminentes profesores alemanes. Así, en primer lugar, tenemos a Heinrich HENKEL que sostiene que el objeto de la que él denomina ciencia **dogmática del Derecho** "es *el orden jurídico dado de una determinada Sociedad en una época determinada*... La dogmática jurídica, como *ciencia prácticamente aplicada, está* dirigida a promover la *solución de problemas jurídicos concretos* mediante la correcta interpretación de las normas jurídicas, y a garantizar, mediante la aplicación de los resultados logrados, el adecuado tratamiento jurídico de los casos de la vida real que hay que regular" (1968: 11). En un sentido parecido, Helmut COING, expone: "El objeto de la ciencia jurídica es el derecho positivo válido en una determinada comunidad y en un determinado momento... la ciencia jurídica no dice ¿qué es el derecho? sino ¿qué es derecho? (1961: 266).

Por otra parte, es importante señalar cuál es la relación entre la **Dogmática Jurídica** y la **Teoría General del Derecho** u **Ontología Jurídica** y no confundir los objetos ni los métodos de una y otra. Así, a este respecto HENKEL afirma que "la Teoría General del Derecho parte en sus esfuerzos del material del derecho positivado en normas jurídicas. En estos esfuerzos difícilmente le puede bastar el material jurídico de un orden jurídico determinado y concreto. Antes bien, tendrá que acudir, apoyada en los resultados de comparaciones iuscomparatistas, a otros órdenes jurídicos... La Teoría General del Derecho ve uno de sus principales cometidos en desarrollar, en base a las regulaciones concretas de los peculiares sectores jurídicos positivos, los *fundamentales conceptos jurídicos generales*, llegando, a menudo hasta aquellos conceptos generales que son comunes, en última instancia, a todos los órdenes jurídicos por muy diversas que sean las etapas de desarrollo en que se encuentran. Pero, asimismo, la generalización conceptual hace posible destacar las diferencias fundamentales entre los distintos órdenes o sistemas jurídicos. Del arsenal conceptual de la Teoría General del Derecho, forman parte, por ejemplo, conceptos como relación jurídica, sujeto de derecho, deber jurídico, derecho subjetivo, derecho real y personal, antijuridicidad, culpabilidad y responsabilidad, consecuencia jurídica, Derecho público y privado... Si imaginamos, metafóricamente, que los concretos órdenes jurídicos son edificios, la Teoría General del Derecho será la que exponga aquellos elementos de construcción que, por su índole y su función, sustentan y edifican, como cimientos, pilares, puntales y vigas maestras, los distintos edificios, ensamblando sus partes en un todo ordenado y estructurado, esto es, que son, en este sentido, comunes a los distintos edificios" (1968: 15-16). En síntesis, la Dogmática Jurídica estudia las normas de un determinando ordenamiento jurídico-positivo, mientras que la Teoría General del Derecho tiene por objeto de análisis los conceptos jurídicos fundamentales que le permiten a los juristas pensar y precisar si un determinado conjunto normativo es o no un derecho positivo vigente.

II, LA RELACIÓN NORMA JURÍDICA – PROPOSICIÓN JURÍDICA

Hans KENSEL explica *in estenso* que la Dogmática Jurídica o ciencia del derecho, estudia la conducta humana social, pero solamente en la medida en que esa conducta sea el contenido de una norma jurídica, valga decir, en tanto en que tal conducta humana social sea regulada por normas jurídicas. La ciencia del derecho entonces va a *describir* el contenido o lo ordenado por las normas jurídicas que son creadas por actos humanos y que deben ser aplicadas y obedecidas por tales actos, y al hacer esto, al describir estas normas jurídicas que han sido creadas y aplicadas por actos humanos, ella describe las relaciones fundadas por esas normas jurídicas entre los actos sobre los cuales o a los cuales ella se refiere. En síntesis, la ciencia del derecho *describe* o *expone lo establecido por* las *normas jurídicas* y se ocupa de las relaciones establecidas entre distintos actos por dichas normas jurídicas, pues, éstas crean vínculos entre un acto con otro acto. Ahora bien, la proposición jurídica es una proposición *declarativa* que *describe* razonablemente lo prescrito por una norma jurídica, mientras que las normas jurídicas son reglas o prescripciones creadas por los órganos estatales u órganos de los poderes públicos de los Estados, de los cuales unos tienen la competencia para crear o establecer normas jurídicas generales (por ejemplo, el parlamento), y a otros órganos les corresponde interpretar y aplicar esas normas (por ejemplo, los tribunales) y velar porque los sujetos de derecho o súbditos jurídicos las obedezcan, entre ellos los ciudadanos en general.

Las proposiciones de derecho, o sea, las proposiciones jurídicas son *juicios hipotéticos que enuncian que, desde el punto de vista de un determinado orden jurídico nacional o desde el punto de vista del orden jurídico internacional*, de los cuales se está en conocimiento, si se dan ciertas condiciones definidas por el ordenamiento jurídico-positivo estudiado, deben realizarse o darse ciertas *consecuencias jurídicas* que ese mismo orden determina que deben tener lugar. Es decir, la proposición jurídica va a *declarar* que, si en un determinado orden jurídico, se dan X condiciones deben darse X consecuencias. Verbigracia, si en un orden jurídico se da el hecho de la apropiación indebida de la propiedad de otro, debe darse una determinada sanción. O sea, las *proposiciones jurídicas van a describir el contenido de las normas de un ordenamiento jurídico-positivo determinado*.

Ahora bien, según Hans KELSEN, las "*normas no son juicios, es decir, enunciaciones relativas a un objeto dado al conocimiento. Ellas constituyen –tal es su sentido-, ante todo prescripciones y, como tales, son órdenes, imperativos, pero, igualmente, permisos y habilitaciones, pero, en todo caso, ellas no son –como se afirma a veces, identificando por error el derecho y la ciencia del derecho-, informaciones. El Derecho ordena, permite, habilita, pero no informa*" (1962: 97).

Claro que es posible observar que en distintos textos legales pareciera que lo que hubiera no fuera un imperativo sino una enunciación. Por ejemplo, un artículo de un Código Penal puede establecer que el robo es castigado, con tantos años de prisión. O bien, que, en una disposición de la Constitución de un país, se declare que es al jefe del Estado a quien corresponde celebrar los tratados internacionales. Empero esa es una forma lingüística que no afecta realmente el sentido de esas normas, pues, lo que dice la primera es que el robo *debe ser* castigado con tantos años de prisión y, la segunda, que el jefe del Estado *debe* celebrar o *está autorizado* para celebrar los tratados internacionales.

Entonces, en la explicación que antecede se plantea la distinción fundamental entre la proposición jurídica y la norma jurídica, o sea, la diferencia radical que existe entre la *función de conocimiento jurídico* que se desarrolla con las proposiciones jurídicas y la *función de la autoridad jurídica,* que es de la competencia de los órganos estatales, que se cumple mediante las normas jurídicas. A la ciencia del derecho le interesa, pues, *conocer* un sistema jurídico determinado, es decir, el derecho positivo de un país dado y sobre la base de este conocimiento *describir* o *analizar* este derecho positivo, mientras que, en tanto, las autoridades jurídicas de un determinado Estado, como órganos o detentadores de los poderes públicos del mismo, lo que les corresponde sobre todo es crear, interpretar y aplicar las normas del respectivo derecho positivo. Es decir, lo que les corresponde, puesto que su *función* o su *competencia*, es crear, interpretar y aplicar las normas de un determinado derecho positivo. Derecho que es necesario y es condición esencial que sea establecido para que la ciencia del derecho pueda conocerlo y describirlo. Evidentemente, es indispensable que aquel que va a crear o establecer normas jurídicas, conozca previamente lo *qué es el derecho*. Así, el legislador que es llamado a interpretar y aplicar las normas de una Constitución, en el curso del procedimiento de creación de las leyes, debe conocer la Constitución. O el juez llamado a interpretar y aplicar una ley debe conocer ésta. Empero, ese conocimiento no es más que una preparación para el cumplimiento de su función o el ejercicio de su respectiva competencia que es la de creación y al mismo tiempo de interpretación y aplicación de las normas de un determinado derecho positivo vigente, lo cual ocurre tanto a nivel del legislador como a nivel del juez o del funcionario administrativo.

Cabe agregar que KELSEN afirma que así como el caos de las percepciones sensibles, el cosmos, la naturaleza, no devienen en sistemas con unidad, más que por el trabajo del conocimiento científico que introduce el orden, así la masa de las normas jurídicas, generales e individualizadas, establecidas por los órganos estatales, valga decir, los materiales dados a la ciencia del derecho no se convierten en un sistema presentando una unidad y exento de contradicciones, en otros términos un orden jurídico, más que por el trabajo de conocimiento que efectúa dicha ciencia. Pero, esta **creación** no tiene más que un carácter puramente intelectual, dado que es solamente desde el punto de vista de la Teoría del conocimiento que se puede hablar, aquí, de creación. Es muy necesario observar, que esa creación (científica) es de una naturaleza esencialmente diferente a la creación del derecho positivo por los órganos de los poderes públicos, como también lo es la creación de un objeto cualquiera por el trabajo humano. Entonces, si aceptamos que el principio kantiano que *el método crea el objeto*, es decir, que dependiendo del método que utilicemos podemos interpretar la realidad de una forma determinada y ordenar esa realidad en una forma dada, así, al material jurídico, utilizando un método jurídico, podemos ordenarlo y darle el carácter de un sistema jurídico. Sin embargo, este acto, que implica desde el punto de vista de la Teoría del conocimiento, la creación de un objeto, no hay que confundirlo con el acto de la autoridad estatal que crea el derecho positivo, es decir, que elabora las normas jurídicas. Entonces, hay que distinguir entre la *creación intelectual del objeto*, cuando se lo va a conocer por el sujeto cognoscente, de la *actividad creadora de un objeto por parte de la persona que lo fabrica*, puesto que son dos actividades diferentes (Cf. *Ibidem:*98-100).

Justamente el conspicuo filósofo Ludwig WITTGENSTEIN (1889-1951) afirma: "4.1121. ... La Teoría del conocimiento es la psicología de la filosofía. "¿No corresponde mi estudio del signo-lenguaje al estudio del proceso mental que los filósofos sostenían que era esencial a la filosofía de la lógica? Sólo así se han perdido los más en investigaciones psicológicas no esenciales. E incluso mi método corre análogo peligro" (1973: 85).

EPÍLOGO

En conclusión, como sostiene KELSEN, la ciencia del derecho no puede más que *describir* las normas de un derecho positivo vigente, ella no puede *prescribir* una cosa como lo hace éste, ya sea, por normas jurídicas generales o individualizadas creadas por la autoridad jurídica competente. Así, pues, ningún jurista, expresa KELSEN, puede negar la diferencia que hay entre una ley y su comentario por parte de un profesor universitario, ya que, en un caso hay creación jurídica, se está *prescribiendo* una determinada conducta humana social, mientras que, en el otro caso, en el comentario de la ley, lo que se hace es *describir* el contenido de ésta, buscando precisar los posibles sentido y alcance. de sus normas, mediante la interpretación. La diferencia, dice KELSEN, se manifiesta en las proposiciones normativas (denominadas así porque se analizan normas, no porque se las dictan) formuladas por la ciencia del derecho que describen un derecho positivo, pero que no obligan o no autorizan a nadie a hacer cualquier cosa, y las cuales pueden ser *verdaderas* o *falsas*, mientras que las normas jurídicas, establecidas por la autoridad jurídica, que obligan y autorizan a los sujetos de derecho, no son verdaderas o falsas sino *válidas* o *inválidas*. Así, pues, las proposiciones de derecho, o proposiciones normativas expuestas en una obra o un tratado doctrinal como, por ejemplo, el comentario de un Código Civil, en la medida que *describe* el contenido de éste a esas proposiciones jurídicas que constituyen el comentario doctrinal, se las puede calificar de verdaderas o falsas, en la medida en que esas proposiciones jurídicas describan adecuadamente o no el contenido del Código Civil. Un ejemplo: Si una proposición jurídica dice: "Según el Código Civil venezolano los hermanos pueden contraer matrimonio", nosotros podemos calificar esta proposición jurídica como falsa porque sabemos que en el Código Civil venezolano no existe una norma que permita el matrimonio entre hermanos sino todo lo contrario, ya que hay una norma jurídica que expresamente lo prohíbe.

Por otra parte, es pertinente insistir que *en ninguna rama del derecho positivo se debe indicar a la doctrina o Dogmática Jurídica como una fuente del derecho positivo porque la misma, como ya se dijo analiza y describe las normas jurídicas pero no las dicta. Por supuesto, un tratado de Derecho penal no proporciona normas jurídicas al juez para resolver un caso concreto dado, pero si lo puede orientar al señalar* las posibilidades hermenéuticas que ofrece una determinada norma jurídica general para solucionar el caso concreto que tiene que decidir el juez. Cabe añadir que las proposiciones jurídicas formuladas por la ciencia del Derecho configuran un *metalenguaje o lenguaje de segundo grado que tiene por objeto el lenguaje (de primer grado) de las norma jurídicas*, y, en ambos casos, se les puede calificar de *normativos,* aunque esta palabra alude aquí a conceptos diferentes. Así, el lenguaje de las proposiciones jurídicas es normativo porque éstas son utilizadas para *describir y explicar el sentido y alcance de las normas de un determinado derecho positivo*, y el lenguaje de las normas de éste se denomina normativo porque tiene una naturaleza prescriptiva ya que es empleado para regular la conducta humana social. Y para concluir quiero traer a colación la opinión del iusfilósofo escandinavo Alf ROSS que, en su obra *Sobre el derecho y la justicia* (*On Law and Justice*), (publicada en 1958, la edición inglesa en Londres y su traducción castellana en 1963) pertinentemente expresa: "*La radical diversidad existente entre las normas jurídicas (esto es, las reglas jurídicas contenidas en las leyes o extraídas de los precedentes o de otras fuentes del derecho), por un lado, y las proposiciones doctrinarias de los libros de texto jurídicos, por el otro, es claramente establecida aquí. Las primeras son directivas (alógicas); las segundas son aserciones (lógicas) que expresan que ciertas directivas son derecho válido. Si no se tiene claramente en cuenta esta diversidad y si se coloca a las normas jurídicas en el mismo plano que las proposiciones doctrinarias que se refieren a ellas, unas y otras resultarán necesariamente* deformadas" (1963: 9-10, nota 29.).

BIBLIOGRAFÍAS

Aristóteles; *Obras.* Trad. del griego por Francisco de P. Samaranch. Madrid, Aguilar, 1973.

Coing, Helmut; *Fundamentos de Filosofía del Derecho*. Trad. del alemán por Juan Manuel Mauri. Barcelona, Ariel, 1961.

Kelsen, Hans; *Théorie Pure du Droit*. Trad. francesa del alemán de la 2ª ed. de la "Reine Rechtslehre" por Charles Eisenmann. Paris, Dalloz, 1962.

Henkel, Heinrich; *Introducción a la Filosofía del Derecho.* Trad. del alemán po Enrique Gimbernat Ordeig. Madrid, Taurus, 1968.

Perelman, Ch.; La *interpretación jurídica* Trad. del francés por H. Petzold-Pernía. Cuaderno de Trabajo No. 7. Maracaibo, Centro de Estudios de Filosofía del Derecho-LUZ-Facultad de Derecho, 1974.

Perelman, Ch., *Logique Juridique. Nouvelle rethorique.* Paris, Dalloz, 1976.

Petzold-Pernía, Hermann; *Una Introducción a la Metodología del Derecho*. Hermenéutica y Lógica Jurídicas. Caracas, Universidad Andrés Bello, 2008.

______ *Propedéutica de la Teoría Pura del Derecho de Hans Kelsen,* en el *Boletín de la Academia de Historia del Estado Zulia.* Número 57. Enero-junio 2020. Maracaibo.

Ross, Alf; Sobre *el derecho y la justicia*. Trad. del inglés por Genaro R. Carrió. Buenos Aires, Eudeba, 1963.

Wittgenstein, Ludwig; *Tractatus logico-Philosophicus.* Versión española del alemán por Enrique Tierno Galván. Madrid, Alianza Editorial, 1973.

Derecho al olvido y ponderación en el Derecho Comunitario Europeo

Eduardo Meier García*
Abogado

Resumen *En este artículo, el autor analiza el derecho al olvido en el Reglamento General de Protección de datos personales de la Unión Europea, ensayando una metodología para la argumentación y la ponderación en otros ordenamientos.*

Palabras Clave: *Derecho de supresión, "derecho al olvido", derecho a la protección de datos personales, libertad de expresión y de información, principio de proporcionalidad, Unión Europea.*

Abstract: *In this article, the author analyzes the "right to be forgotten" in the General Data Protection Regulation (EU), testing a methodology for argumentation and balancing in other systems.*

Key words: *Right to erasure, "right to be forgotten", right to the protection of personal data, freedom of expression and of information, principle of proportionality, European Union.*

SUMARIO

PRESENTACIÓN

Vivimos en la irrefrenable edad multimedia, la era digital, el tiempo de la primacía de la imagen y de los datos, la era del *homo videns*,[1] una auténtica revolución de Internet comparada con la del motor y la red eléctrica, dada "su capacidad para distribuir el poder de la información por todos los ámbitos de la actividad humana."[2] No obstante, a medida que adquiere

---

* Doctor en Derecho (PhD) y Máster Oficial. Programa de Estudios Avanzados en Derechos Humanos por la Universidad Carlos III de Madrid. Máster en Derechos Fundamentales, Universidad Carlos III de Madrid. Profesor del Doctorado en Ciencias, Mención Derecho de la Universidad Central de Venezuela (UCV). emeier@dra.com.ve.

1 Giovanni Sartori, *Homo videns. La sociedad teledirigida*, (Madrid: Taurus, Pensamiento, 1998), p.p. 1-159.

2 Manuel Castell, *La Galaxia Internet* (Madrid: Areté, 2001) p. 15.

mayor protagonismo, la información va aumentando y convirtiéndose en excesiva, más allá de lo que nadie habría podido imaginar[3].

Como todos los excesos, el tratamiento masivo de datos (*big-data*) se levanta como un mundo peligroso, con ingentes riesgos para la seguridad de las comunicaciones y de la vida privada y familiar. Parece razonable entonces, pensar en la posible vulneración de los derechos a la protección de datos personales, a la intimidad, a la propia imagen y al honor, habida cuenta de que unos pocos tienen la posibilidad de disponer y analizar grandes cantidades de datos de muchos otros.

En la era digital nuestra capacidad como individuos para controlar la información se reduce enormemente, la pérdida del control de nuestra información es directamente proporcional a la posición de otros que ganan en poder informacional, influenciando en nuestras interacciones futuras con el mundo.[4] De allí la importancia de garantizar que "...el uso de esta herramienta responda a un generoso grado de humildad y de humanidad"[5] y más importante aún, que se otorgue protección jurídica a las personas en relación con el tratamiento de sus datos personales en el entorno online.

El asunto que pretendemos abordar en estas líneas se enmarca en un problema recurrente, como es la aparición de nuevas modalidades de amenaza y formas de agresión de las libertades, que exigen ser tenidas en cuenta y remediadas. La sociedad tecnológica, que tiene en la informática una de sus principales señas de identidad, plantea a la sociedad, y especialmente al jurista, nuevos y complejos problemas, "lo conmina a avanzar en la prospectiva de la *lege ferenda*"[6].

Es el caso del Reglamento General de Protección de datos personales de la Unión Europea (RGPD)[7] que, después de una *vacatio legis* de dos años, comenzó a aplicarse el 25 de mayo de 2018.

La norma europea incluye en su artículo 17 el *derecho de supresión* o *"derecho al olvido"*[8]. Esta inserción en un ordenamiento jurídico particular, permite sostener la existencia de la norma explicita en el Derecho y con ello, un conjunto de reglas que ordenan, permiten o prohíben de manera definitiva. En este caso, el *derecho al olvido* sería definitivo, al basarse en reglas, que estarán en contexto con otros principios que ordenan optimizar para la resolu-

---

3 James Gleick, *La información: Historia y realidad* (Título original: *The Information: a History, a Theory, a Flood*, 2011, Traducción: Juan Rabasseda-Gascón & Teófilo de Lozoya, Diseño de portada: Jaime Fernández, Editor digital: koothrapali, ePub base r1.0, 25.06.13

4 Viktor Mayer-Schönberger, *Delete: The Virtue of Forgetting in the Digital Age.* (Princeton: Princeton University Press, 2009), p.p. 1-256

5 Viktor Mayer-Schönberger y Kenneth Cukier, *Big Data: A Revolution That Will Transform How We Live, Work, and Think*, (Houghton Mifflin Harcourt, 2013), p.p. 1-240

6 Antonio-Enrique Pérez Luño, *Ensayos de informática jurídica* (México, D.F.:Fontamara, N° 46, Biblioteca de Ética, Filosofía del Derecho y Política, dirigida por Ernesto Garzón Valdés y Rodolfo Vázquez, segunda reimpresión, 2009), p. 11

7 Artículo 99 del Reglamento (UE) 2016/679 del Parlamento Europeo y del Consejo de 27 de abril de 2016 relativo a la protección de las personas físicas en lo que respecta al tratamiento de datos personales y a la libre circulación de estos datos y por el que se deroga la Directiva 95/46/CE (Reglamento general de protección de datos), aprobado en Bruselas, el 27 de abril de 2016. Ver. Diario Oficial de la Unión Europea del 4.5.2016.

8 Artículo 17 Derecho de supresión («el derecho al olvido») 1. El interesado tendrá derecho a obtener sin dilación indebida del responsable del tratamiento la supresión de los datos personales que le conciernan, el cual estará obligado a suprimir sin dilación indebida los datos personales cuando concurra alguna de las circunstancias siguientes: …"

ción de casos individuales en el espacio europeo, que pueden y deben ser ponderados, a la luz de principios opuestos.[9]

Pero sin dudas lo más interesante de este proceso de *lege ferenda*, es que la norma europea nos permitirá ensayar una *metodología jurídica* aplicable a la determinación de la respuesta jurídica demandada por conflictos surgidos en otras latitudes y para otros supuestos de similares propiedades relevantes. Con la particularidad de que ahora hay algo más que la casuística derivada de la práctica jurisdiccional de los tribunales de algunos Estados.

En estas líneas abordaremos un conjunto de reglas plausibles para resolver con cierta integridad los conflictos derivados de la aplicación del *derecho al olvido* frente a otros derechos, a partir de las normas particulares de la Unión Europea. La intención es allanar el camino para la (i) determinación adecuada del derecho aplicable y (ii) la justificación de la respuesta jurídica correcta frente a la petición de retirada o bloqueo de datos personales o el cese de un determinado tratamiento en internet, frente al *derecho a la verdad*, o más propiamente sus corolarios o concreciones, los derechos a la libertad de expresión y libertad de información.

I. REGULACIÓN DEL DERECHO AL OLVIDO. REALIDAD, FALACIAS Y FALSO DILEMA

El profesor Cass R. Sunstein, en su libro *Republica.com. Internet, democracia y libertad* señala que "[e]n lugar de preguntar si Internet es a fin de cuentas bueno para la democracia, deberíamos tratar de identificar los aspectos positivos y aquellos que pudieran ser negativos. Deberíamos aproximarnos a la Red del mismo modo en que nos aproximamos a otras tecnologías como la televisión, los teléfonos móviles y los coches. Sería un poco absurdo preguntarnos si las televisiones, los teléfonos móviles y los coches son «buenos» o «malos». Sin embargo, las personas sensatas se preguntan qué aspectos concretos de los mismos son buenos y cuales son malos, y qué podemos hacer para mejorarlos"[10].

Esta reflexión de Sunstein permite aproximarnos al derecho de los usuarios de Internet de gozar de la garantía de libre circulación de información y comunicación de ideas, del mismo modo en que nos aproximamos a la regulación de otras tecnologías. Para las personas sensatas es impensable por ejemplo una programación televisiva sin normas que limiten el contenido y las franjas horarias o que no prohíban la propaganda de guerra, ni proscriba los mensajes discriminatorios o los que promueven la intolerancia.

Hoy damos por sentado la necesidad de las normas de tránsito terrestre, nadie puede pensar que las prohibiciones de circulación de vehículos con cargas peligrosas por zonas urbanas, o conducir bajo los efectos del alcohol y de las drogas, vulneren el derecho fundamental de libre tránsito o circulación de las demás personas no infractoras.

También, con la misma razón, es sensato pensar en la necesidad de cierto control o vigilancia de los contenidos en Internet, sin que ello quebrante la garantía de libre circulación de información y comunicación de ideas. Es fundamental que los individuos puedan controlar la información que los afecta sensiblemente o que los coloca en grave riesgo frente a la socie-

---

9 Robert Alexy, *Derecho y razón práctica*, (México D.F.: Fontamara, tercera reimpresión, 2006), p. 30.

10 Cass R. Sunstein, *Republica.com. Internet, democracia y libertad*, (Barcelona: Paidós, 2003) p. 186-187. No pretendemos en este caso incurrir en la falacia de autoridad *(ad verecundiam)*, ni recurrir abusivamente a una autoridad ampliamente reconocida, pero resulta que Sunstein, además dirigió la Oficina de Información y Asuntos Regulatorios (OIRA), en la administración de Barack Obama. Se trata de la agencia norteamericana encargada de las políticas de información, tecnología y privacidad.

dad, así como contar con Internet sin censura ni discriminación gubernamental o de los proveedores de servicio de internet responsables de las comunicaciones.

Se ha sugerido que "...se sancionen leyes que eximan en términos generales a los prestadores de servicios de internet de responsabilidad por alojar contenidos nocivos o ilícitos, que impongan a los proveedores de servicios de banda ancha la obligación jurídica de facilitar a los usuarios de Internet el acceso a todos los contenidos lícitos, y exigirles que actúen como conductores neutrales de tales contenidos, sin discriminación..." Quienes defienden este argumento insisten en que "...Internet se ha convertido en el medio más importante para expresarse y comunicarse con los demás", que "esta libertad de comunicación es, desde hace tiempo, un aspecto esencial de nuestro estilo de vida democrático y liberal, y debe continuar siendo protegida en la era de Internet"[11]

Frente a estas posiciones, parece razonable pensar que si **(i)** las normas de tránsito previenen los accidentes a la vez que garantizan la seguridad y fluidez de vehículos, **(ii)** los bloques y restricciones por horarios televisivos protegen a los niños de recibir mensajes exclusivos para adultos, a la vez que garantizan la libertad de expresión e información sin censura previa y previenen de la responsabilidad ulterior, **(iii)** con la misma razón, el *derecho al olvido* posibilita suprimir o borrar información en Internet con datos personales inherentes al solicitante y carentes de interés público, al tiempo que se garantiza la libertad de acceso a la información en internet y la libre circulación de información y comunicación de ideas.

El principal temor de los proveedores de servicios de Internet, es el alegado encarecimiento de la accesibilidad a internet y a los motores de búsqueda, producto de la nueva infraestructura de controles que impone, por lo menos en la UE, el derecho al olvido. Pero no creemos que ello ponga en riesgo las características fundamentales de Internet como el acceso a una cantidad ilimitada de usuarios, las barreras de entrada relativamente bajas, el control por parte del usuario y la ausencia de editores ni guardianes para funcionar[12].

En este sentido, creemos que no resulta objetivo ni realizable que cada usuario pueda publicar y controlar el contenido al que accede y el que publica,[13] máxime si planteamos Internet como una zona anómica o dominada por unas reglas liberales y tolerantes, en las que siguiendo a Hart: "todos sienten la tentación, a veces, de preferir sus propios intereses inmediatos y, en ausencia de una organización especial que descubra y castigue las faltas, muchos sucumbirían a la tentación"[14] En este caso, es necesario un acuerdo jurídico mínimo que incluya normas prescriptivas de control más allá de la necesaria regulación de neutralidad de la red.

También se ha señalado que el derecho al olvido pone en entredicho los derechos individuales, por las posibilidades de control en manos de otros particulares o privados (proveedores de servicio de internet, motores de búsqueda), respecto del ejercicio de la libertad de expresión en Internet. Sin embargo, esos controles existen de hecho en muchas latitudes, y son revisados judicialmente *ex post facto*. Lo que hay es que restringir estos controles por medio de una exhaustiva tipificación y diseño de procedimientos y métodos que permitan la

---

11 *Ibidem.*

12 Cynthia M. Wong, James X. Dempsey, y Ellery Roberts Biddle, "Desarrollando políticas de Internet en Latinoamérica: una perspectiva global", *Hacia una Internet libre de censura: propuestas para América Latina*, Eduardo Bertoni, compilador. (Buenos Aires: Universidad de Palermo, Facultad de Derecho; Centro de Estudios en Libertad de Expresión y Acceso a la Información, 2012), p. 314

13 *Ibídem*

14 H.L. Hart, *El concepto del derecho*, (Buenos Aires: Abeledo Perrot, 1961), p. 244

calculabilidad y predictibilidad de actuaciones *ex ante*, que regulen *a fortiori* exhaustivamente el control judicial y administrativo *ex post*.

Incluso, se ha dicho que el "…análisis más básico sobre jurisprudencia e instrumentos de derechos humanos sugiere que el derecho al olvido tal como ha evolucionado en Europa no encuadra apropiadamente en América Latina", y que además resulta "peligroso para los derechos a la libertad de expresión y acceso a la información de los usuarios de internet".[15]

Como concluyó el Abogado general del Tribunal Europeo de Justicia, Nillo Jääskinen, en el Caso Costeja vs.Google Spain el derecho al libre acceso a la información disponible en la red debe prevalecer en todo caso, más allá de la mera preferencia subjetiva de que un interesado esté facultado para restringir o poner fin a la difusión de datos personales que considera lesivos o contrarios a sus intereses", insistiendo en que "ese derecho a la información de un usuario de Internet se vería comprometido si su búsqueda de información relativa a una persona física no generara resultados que ofrezcan un reflejo veraz de las páginas web relevantes, sino una versión [edulcorada] de las mismas" (Escrito de Conclusiones parrs. 108 y 131).

Se señala asimismo que el derecho al olvido puede producir serios efectos de silenciamiento (*chilling effect*) en casos ambiguos[16] y que la proclamación de un derecho a ser olvidado como tal no es suficiente ni conveniente, comparándose el derecho al olvido, con el mito de la caja de Pandora, que impulsado por su curiosidad natural, abrió la caja y dejó escapar todos los males contenidos en ella.[17]

Si bien es cierto que toda restricción excesiva a la libre circulación de información puede entrañar riesgos para el desarrollo efectivo de las libertades de expresión e información, los argumentos que apoyan su punto de vista en el peligro, en los males que brotarán de la caja de Pandora que se abrirá de consagrar el derecho al olvido, apelan al miedo (***argumentum ad populum***), a los sentimientos de pánico de los usuarios para conseguir adhesión y apoyo, movilizando la emocionalidad sin presentar auténticas razones que prueben el riesgo sobre la libertad de expresión y el acceso a la información.

Estas posiciones son también un argumento circular ***(petitio principii)*** porque se presupone aquello que quiere probar (el peligro y el daño), se asume una premisa como la conclusión del argumento, se señala un riesgo irreversible en una caja de Pandora que no se ha abierto, sin permitir que se pruebe la conclusión, esto es, el presunto quebrantamiento de las libertades comunicacionales.

También se incurre en la **falacia de la causa falsa** ***(post hoc, ergo propter hoc)*** cuando se afirma erróneamente que la regulación del derecho al olvido será la causa de la supresión de la accesibilidad universal a Internet, que impedirá el acceso a una cantidad ilimitada de usuarios, impedirá el control por parte del usuario, afectará el trabajo, la libertad de empresa y encarecerá el servicio de los proveedores de Internet, permitirá el bloqueo gubernamental

---

15 Daphne Keller, "El "derecho al olvido" de Europa en América Latina", *Hacia una Internet libre de censura II: Perspectivas en América Latina*, Agustina Del Campo, compiladora (Buenos Aires: Universidad de Palermo, Facultad de Derecho; Centro de Estudios en Libertad de Expresión y Acceso a la Información, 2017), p. 173.

16 Jeffrey Rosen, "The Right to Be Forgotten", Symposium Issue: The Privacy Paradox: Privacy and Its Conflicting Values. 64 STAN. L. REV. ONLINE 88, February 13, 2012, p.p. 88-92, consultado en: https://review.law.stanford.edu/wp-content/uploads/sites/3/2012/02/64-SLRO-88.pdf

17 Rolf H. Weber, The Right to Be Forgotten: More Than a Pandora's Box?, 2 (2011) JIPITEC 120, para. 1., consultado en: https://www.jipitec.eu/issues/jipitec-2-2-2011/3084/jipitec%202%20-%20a%20-%20weber.pdf

excesivamente amplio de contenidos de Internet y facilitará la censurar previa de expresiones que no gocen de la aprobación de las autoridades o de las corporaciones, convirtiendo "Internet en una herramienta de control gubernamental y manipulación"[18].

De allí que presentar el conflicto entre el derecho al olvido y el derecho al libre acceso a Internet como incompatibilidad irreversible entre dos normas simultáneamente vigentes, al menos *prima facie,* para un mismo ordenamiento jurídico,[19] como una antinomia absoluta[20], o antinomia total-total, que se presenta "cuando los ámbitos de aplicación de las normas son coincidentes, de modo que regulan exactamente los mismos casos genéricos"[21] y como las soluciones son incompatibles, siempre se producirá el conflicto[22], es presentarlo como un **falso dilema**, como una situación en la que sólo hay dos alternativas posibles y excluyentes, cuando en realidad existen otras que además, resultan más satisfactorias, como veremos a continuación.

II. DERECHO AL OLVIDO. ALCANCE Y CONTENIDO

Desde su incorporación al RGPD se puede hablar de un derecho al olvido[23] juridificado o explícito. Se le puede definir como el derecho a la supresión de los datos personales que sean inherentes al solicitante. De modo que no todo lo que se publique en el World Wide Web puede ser objeto de supresión y dejar de tratarse. El derecho a eliminar información pública debe suponer algo más que las meras preferencias personales, y en ello discrepamos del RGPD. Estamos ante una norma que contempla un poder o facultad del interesado en el borrado y una obligación de suprimir en cabeza del responsable del tratamiento[24], que otorga al individuo un poder de control sobre sus datos personales.

---

18 Dawn Carla Nunziato, "Preservar la libertad en Internet en las Américas", *Hacia una Internet libre de censura: propuestas para América Latina*, Eduardo Bertoni, compilador. (Buenos Aires: Universidad de Palermo, Facultad de Derecho; Centro de Estudios en Libertad de Expresión y Acceso a la Información, 2012), p. 12.

19 Pierluigi Chiassoni. *Técnicas de Interpretación Jurídica. Breviario para Juristas*, (Madrid: Marcial Pons, 2011), p. 286

20 Son incompatibles en modo absoluto (incompatibilidad total-total), cuando conectan al mismo supuesto de hecho abstracto consecuencias jurídicas incompatibles, de modo que los respectivos ámbitos de aplicación coinciden perfectamente,

21 David Martínez Zorrilla, *Metodología jurídica y argumentación*, (Madrid: Marcial Pons, 2010), p. 101.

22 *Ibidem*, p. 103.

23 Para el caso español se ha sostenido el reconocimiento del derecho al olvido como derecho fundamental implícito derivable del artículo 10.1 de la Constitución. Señalándose que el bien jurídico protegido por este derecho excedería de los intereses más específicos protegidos por los derechos a la intimidad, el honor o la protección de datos, recogidos en el artículo 18 CE, y vendría determinado por el libre desarrollo de la personalidad. Ver: Pere Simón Castellano *El régimen constitucional del derecho al olvido digital* (Valencia: Tirant lo Blanch – Agencia Española de Protección de Datos), 254 páginas.

24 El Artículo 17.2. RGPD contempla: "Cuando haya hecho públicos los datos personales y esté obligado, en virtud de lo dispuesto en el apartado 1, a suprimir dichos datos, el responsable del tratamiento, teniendo en cuenta la tecnología disponible y el coste de su aplicación, adoptará medidas razonables, incluidas medidas técnicas, con miras a informar a los responsables que estén tratando los datos personales de la solicitud del interesado de supresión de cualquier enlace a esos datos personales, o cualquier copia o réplica de los mismos".

El Considerando (66) RGPD por su parte señala: "A fin de reforzar el «derecho al olvido» en el entorno en línea, el derecho de supresión debe ampliarse de tal forma que el responsable del tratamiento que haya hecho públicos datos personales esté obligado a indicar a los responsables del tra-

Del derecho al olvido se deriva una situación subjetiva protegida y compleja, por cuanto hace surgir varias situaciones subjetivas (libertad, inmunidad, pretensión) y le confiere el ulterior derecho de acción judicial para la tutela de la situación subjetiva en cuestión y/o para obtener la reparación de su violación.[25]

Este derecho de supresión o borrado se podría categorizar como una norma fundamental, en el sentido de estar dotado de justificación axiológica propia y no requerir a su vez fundamento axiológico alguno.[26] Igualmente, confiere fundamento a otras normas por vía lógico deductiva y establece objetivos y fines respecto a esas normas, en ningún caso admite que sus disposiciones de desarrollo rebajen el contenido declarado en el texto normativo primario (RGPD) y sobre el mismo son predicables los elementos de la dogmática jurídica.

En efecto, al tratándose de un derecho es una situación subjetiva jurídicamente protegida, conferida por la norma general que es obligatoria en todos sus elementos y directamente aplicable en los 28 países de la Unión. Sus efectos inmediatos "confieren a los particulares derechos que las jurisdicciones nacionales deben proteger" y que en efecto "se opone a la aplicación de cualquier medida legislativa, incluso posterior, incompatible con sus disposiciones"[27].

El derecho al olvido puede caracterizarse por las siguientes propiedades: **(i)** la libertad de cambiar, evolucionar y contradecirse[28], **(ii)** la inmunidad frente a la retención ilimitada de datos comunicacional o históricamente irrelevantes **(iii)** la pretensión de ser olvidado. Como lo ha puesto de manifiesto la Comisión Nacional de Informática y Libertades de Francia, la información no puede conservarse en ficheros digitales indefinidamente, sino únicamente por el tiempo necesario para cumplir con el propósito para el cual fue recogida.

Este derecho de obtener del responsable del tratamiento la supresión, bloqueo y oposición, no está considerado un derecho autónomo o diferenciado de los clásicos derechos de acceso, rectificación, cancelación y oposición, sino la consecuencia de la aplicación del derecho al borrado de los datos personales en el entorno online. Esta posición ha permitido deducirlo como un derecho o principio implícito.[29]

---

tamiento que estén tratando tales datos personales que supriman todo enlace a ellos, o las copias o réplicas de tales datos. Al proceder así, dicho responsable debe tomar medidas razonables, teniendo en cuenta la tecnología y los medios a su disposición, incluidas las medidas técnicas, para informar de la solicitud del interesado a los responsables que estén tratando los datos personales".

25 Riccardo Guastini, *La sintaxis del derecho*, (Madrid: Marcial Pons, 2016), p. 76.

26 *Ídem.*, p. 76.

27 Ver: Sentencia de 12.12.1971, *Politi*, 43/71, fund.9. citada por Aracelis Mangas Martín y Diego J. Liñán Nogueras, *Instituciones y derecho de la Unión Europea*, (Madrid: McGrawHill, segunda edición, 1999), p. 202

28 Ver: Comisión Nacional de Informática y Libertades de Francia, disponible en Commission Nationale de L"Informatique et Des Libertés, "Rapport d"activité 2011".

29 "Los principios implícitos son aquellos que «carecen de disposición», es decir, no han sido expresamente formulados en ninguna disposición normativa (constitucional o legislativa), sino que son elaborados o «construidos» por los intérpretes. Se entiende que los intérpretes, toda vez que formulan un principio inexpreso, no adoptan la posición del legislador, sino que asumen que tal principio está implícito, latente, en el discurso de las fuentes. No obstante, los principios implícitos no son fruto exactamente de la interpretación-entendida en sentido estricto, es decir, como adscripción de sentido a textos normativos específicos- sino de la construcción jurídica, es decir, de la integración del derecho por parte de los intérpretes. Estos son obtenidos, por los operadores jurídicos, en algunas ocasiones de regias singulares, en otras de conjuntos de regias, o incluso de todo el

El Reglamento europeo de protección de datos contempla el derecho al olvido si la retención de datos infringe el Reglamento o el Derecho de la Unión o de los Estados miembros, aplicable al responsable del tratamiento, dándole un tratamiento distinto al derecho de rectificación, que se otorga a los interesados para rectificar los datos personales que le conciernen.[30]

De esta forma se ensaya una definición de «derecho al olvido» como el derecho de los interesados "…a que sus datos personales se supriman y dejen de tratarse si ya no son necesarios para los fines para los que fueron recogidos o tratados de otro modo, si los interesados han retirado su consentimiento para el tratamiento o se oponen al tratamiento de datos personales que les conciernen, o si el tratamiento de sus datos personales incumple de otro modo el Reglamento".[31]

El derecho al olvido es una manifestación de los derechos de cancelación u oposición en el entorno online, según la jurisprudencia que el Tribunal de Justicia de la UE estableció en el caso Costeja vs.Google Spain. En efecto, el precedente del derecho al olvido lo encontramos en el fallo del Tribunal de Justicia de la Unión Europea (Gran Sala) del 13 de mayo de 2014, [32] en el que se señala la necesidad de una cierta ponderación de la situación concreta: el interés particular afectado y su derecho a la intimidad, por un lado; y, por otro lado, el interés del buscador y de la colectividad en su derecho a la información.

El Tribunal Europeo ofrece algunas reglas precisas que permiten realizar la ponderación requerida. A saber: **(i)** No es preciso que la información contenida en el tratamiento de datos cause un perjuicio al interesado[33]; **(ii)** el derecho a la intimidad del interesado prevalece, en todo caso, al interés económico del buscador[34]; y **(iii)** la intimidad del afectado prevalece al interés público en general de acceder a la información, excepto cuando por razones concretas deba reconocerse que existe un interés preponderante del público en acceder a la información, como en los casos en que el interesado tenga un papel importante en la vida pública.[35]

Por su parte, el derecho al olvido del RGPD obliga al responsable del tratamiento a suprimir sin dilación indebida los datos personales cuando concurra alguna de las circunstancias siguientes:

---

ordenamiento jurídico en su conjunto". Ver. Riccardo Guastini, *La sintaxis del derecho,…* 2016, p. 81.

30 Considerando N° 65 del RGPD.

31 *Ibíd.*

32 Asunto C-131/2012, Google Spain, S.L. y Google Inc./AEPD (Caso: Mario Costeja González)

33 "Los artículos 12, letra b), y 14, párrafo primero, letra a), de la Directiva 95/46 deben interpretarse en el sentido de que, al analizar los requisitos de aplicación de estas disposiciones, se tendrá que examinar, en particular, si el interesado tiene derecho a que la información en cuestión relativa a su persona ya no esté, en la situación actual, vinculada a su nombre por una lista de resultados obtenida tras una búsqueda efectuada a partir de su nombre, sin que la apreciación de la existencia de tal derecho presuponga que la inclusión de la información en cuestión en la lista de resultados cause un perjuicio al interesado…"

34 "… puede, habida cuenta de los derechos que le reconocen los artículos 7 y 8 de la Carta, solicitar que la información de que se trate ya no se ponga a disposición del público en general mediante su inclusión en tal lista de resultados, estos derechos prevalecen, en principio, no sólo sobre el interés económico del gestor del motor de búsqueda, sino también sobre el interés de dicho público en acceder a la mencionada información en una búsqueda que verse sobre el nombre de esa persona"

35 "Sin embargo, tal no sería el caso si resultara, por razones concretas, como el papel desempeñado por el interesado en la vida pública, que la injerencia en sus derechos fundamentales está justificada por el interés preponderante de dicho público en tener, a raíz de esta inclusión, acceso a la información de que se trate". Ver: Párrafos 94, 96, 97 y 99

a) (**Necesidad/Relación medios a fines**) si los datos personales ya no son necesarios en relación con los fines para los que fueron recogidos o tratados de otro modo;

b) (**Retiro de consentimiento**) si el interesado retira el consentimiento en que se basa el tratamiento de sus datos, y este no se base en otro fundamento jurídico;

c) (**Oposición al tratamiento de datos**) si el interesado se opone al tratamiento de datos personales tenga por objeto la mercadotecnia directa, no prevalezcan otros motivos legítimos para el tratamiento, o el interesado se oponga al tratamiento que involucre una misión en interés público o en el ejercicio de poderes públicos conferidos al responsable del tratamiento o necesario para la satisfacción de intereses legítimos perseguidos por el responsable del tratamiento o por un tercero,

d) (**tratamiento ilícito**) si los datos personales han sido tratados ilícitamente;

e) (**obligación *ex lege***) si los datos personales deban suprimirse para el cumplimiento de una obligación legal establecida en el Derecho de la Unión o de los Estados miembros que se aplique al responsable del tratamiento;

f) (**tratamiento ilícito datos personales de niños**) si los datos personales se han obtenido en relación con la oferta directa a niños de servicios de la sociedad de la información.

III. LOS LÍMITES DEL DERECHO AL OLVIDO

No hay derechos ilimitados o absolutos. Salvo el caso de la prohibición de tortura, tratos inhumanos o degradantes o la prohibición de esclavitud, la mayoría de los derechos fundamentales gozan de una protección parcial. Estos derechos pueden ser restringidos[36]. Pero toda restricción a los derechos debe ser siempre la mínima necesaria y por ende, la protección, como principio preferente, la máxima posible.

El RGPD en su artículo 17.3 contempla ciertas restricciones al derecho al olvido, lo que implica la lícita retención ulterior de los datos personales, de modo que este derecho debe ceder y no aplicarse correctamente (los apartados 1 y 2 del ex artículo 17) cuando el tratamiento sea necesario para garantizar los siguientes derechos y razones de interés público:

a) **(Libertades de expresión e información)** para ejercer el derecho a la libertad de expresión e información; toda vez que se deberá conciliar por ley el derecho a la protección de los datos personales con el derecho a la libertad de expresión y de información, incluido el tratamiento con fines periodísticos y fines de expresión académica, artística o literaria. (artículo 85 RGPD)

b) **(Obligaciones *ex lege*)** para el cumplimiento de una obligación legal que requiera el tratamiento de datos impuesta por el Derecho de la Unión o de los Estados miembros que se aplique al responsable del tratamiento, o para el cumplimiento de una misión realizada en interés público o en el ejercicio de poderes públicos conferidos al responsable;

c) **(Interés público)** por razones de interés público en el ámbito de la salud pública, cuando el tratamiento sea necesario para fines de medicina preventiva o laboral, evaluación de la capacidad laboral del trabajador, diagnóstico médico, prestación de asistencia o tratamiento de tipo sanitario o social, así como la protección frente a amenazas transfronterizas graves para la salud, o para garantizar elevados niveles de

---

[36] Aharon Barak, *Proporcionalidad: los derechos fundamentales y sus restricciones* (Lima: Palestra Editores, 2017.), p. 51.

calidad y de seguridad de la asistencia sanitaria y de los medicamentos o productos sanitarios,

d) **(Memoria Histórica e investigación científica)** con fines de archivo en interés público, fines de investigación científica o histórica o fines estadísticos, sujeto a las garantías adecuadas para los derechos y las libertades de los interesados en respeto del principio de minimización de los datos personales.

Esta restricción al derecho al olvido permitiría reconstruir la memoria histórica y recordar a las víctimas del pasado, debe aplicarse asimismo al tratamiento datos personales que se realiza con fines de investigación histórica, pero no es de aplicación a personas fallecidas[37]

(Investigación en contextos transicionales) se prevé la llevanza de registros públicos por razones de interés público general, el tratamiento ulterior de datos personales archivados para ofrecer información específica relacionada con el comportamiento político durante los regímenes de antiguos Estados totalitarios, o la protección del interesado o de los derechos y libertades de otros, incluida la protección social, la salud pública y los fines humanitarios. Dichas restricciones deben ajustarse a lo dispuesto en la Carta y en el Convenio Europeo para la Protección de los Derechos Humanos y de las Libertades Fundamentales[38]

e) **(Reclamaciones)** para la formulación, el ejercicio o la defensa de reclamaciones

Así mismo, conforme al artículo 23 del RGPD el Derecho de la Unión o de los Estados miembros que se aplique al responsable o el encargado del tratamiento, a través de medidas legislativas podrá limitar, *inter alia*, el alcance de las obligaciones y del derecho al olvido, cuando tal limitación respete en lo esencial los derechos y libertades fundamentales y sea una medida necesaria y proporcionada en una sociedad democrática para salvaguardar la seguridad del Estado, la defensa, la seguridad pública, la prevención, investigación, detección o enjuiciamiento de infracciones penales o la ejecución de sanciones penales, incluida la protección frente a amenazas a la seguridad pública y su prevención; protección de la independencia judicial y de los procedimientos judiciales; prevención, la investigación, la detección y el enjuiciamiento de infracciones de normas deontológicas en las profesiones reguladas, una función de supervisión, inspección o reglamentación vinculada, incluso ocasionalmente, con el ejercicio de la autoridad pública, la protección del interesado o de los derechos y libertades de otros, la ejecución de demandas civiles y otros objetivos importantes de interés público general de la Unión o de un Estado miembro, en particular un interés económico o financiero, inclusive en los ámbitos fiscal, presupuestario y monetario, la sanidad pública y la seguridad social.

No obstante, cualquier medida legislativa y de otro carácter que implique restricción de los derechos estará limitada (***límite de los límites***) como mínimo por disposiciones específicas relativas la finalidad del tratamiento o de las categorías de tratamiento; las categorías de datos personales de que se trate; el alcance de las limitaciones establecidas; las garantías para evitar accesos o transferencias ilícitos o abusivos, la determinación del responsable o de categorías de responsables, los plazos de conservación y las garantías aplicables habida cuenta de la naturaleza alcance y objetivos del tratamiento o las categorías de tratamiento, los riesgos para los derechos y libertades de los interesados, y el derecho de los interesados a ser informados sobre la limitación, salvo si puede ser perjudicial a los fines de esta.

---

37 Considerando N° 160 RGPD

38 Considerando N° 73 RGPD

IV. PONDERACIÓN ENTRE EL DERECHO AL OLVIDO Y EL DERECHO A LA VERDAD

La doctrina suele hacer una distinción entre los conflictos o antinomias aparentes, a los que califica como falsos conflictos, y los conflictos o antinomias auténticas, a los que denomina reales o genuinos. Es el caso de la incompatibilidad entre dos normas pertenecientes al mismo sistema, un modo de resolver el problema consiste en introducir una excepción en alguna de ellas. En cambio, si una de las dos normas es invalida, basta con señalar su invalidez, puesto que, estrictamente hablando, hay solo una apariencia de conflicto[39].

Como es lógico, este tipo de conflictos no se remedia mediante los criterios comunes de resolución de antinomias *(lex posterior, lex superior, lex specialis)*, sino apelando a la metodología o mecanismo de la ponderación. En primer lugar, porque normalmente las normas en conflicto proceden de disposiciones normativas de un mismo texto y por tanto han sido aprobadas contemporáneamente y gozan de la misma jerarquía normativa.[40] En segundo término, normalmente los conflictos se plantean entre preceptos constitucionales o en normas de la mayor jerarquía, donde procede la interpretación metatextual[41] que no supone ni la introducción de excepciones ni la declaración de invalidez de al menos una de las normas en juego.

La ponderación es concebida como "...un procedimiento para la resolución de conflictos normativos a partir de la atribución de un «peso» o grado de importancia a cada una de las alterativas en conflicto en las circunstancias del caso, de modo que este queda resuelto de acuerdo con la solución establecida por el elemento de mayor «peso»"[42].

Como afirmáramos líneas arriba, toda restricción excesiva a la libre circulación de datos personales también puede entrañar riesgos para el desarrollo efectivo de las libertades de expresión e información, puede comprometer el interés público relativo a la salud pública y a la investigación científica o histórica.

Una muy importante doctrina argumenta que "fundamentar el derecho al olvido en una ley de protección de datos similar a la de la UE conduce al desequilibrio en las reglas, que dejan sin protección suficiente a los derechos de libertad de expresión de los usuarios de internet"[43]. Incluso, que para el caso latinoamericano "...no resulta aconsejable la regulación del llamado *derecho al olvido*, que en principio aparece como violatorio de la libertad de expresión y el acceso a la información"[44].

Bajo estos argumentos, el derecho al libre acceso a la información disponible en la red, corolario de la libertad de información, prevalecería sin cortapisas garantizando la accesibilidad, sin limitaciones de indexación, ni bloqueo a los motores de búsqueda, etc. En cuyo caso,

---

39 David Martínez Zorrilla, *Conflictos constitucionales, ponderación e indeterminación normativa*, (Madrid: Marcial Pons, 2007), p. 147.

40 David Martínez Zorrilla, *Metodología jurídica y argumentación*, (Madrid: Marcial Pons, 2010), p. 126.

41 Pierluigi Chiassoni, *Técnicas de Interpretación Jurídica. Breviario para Juristas*, (Madrid: Marcial Pons, 2011), p. 70. "La interpretación metatextual corresponde grosso modo a «interpretación en sentido amplísimo», una serie de operaciones heterogéneas, distintas de la interpretación textual".

42 David Martínez Zorrilla, Conflictos constitucionales, ponderación e indeterminación normativa, (Madrid: Marcial Pons, 2007), p. 273.

43 Daphne Keller, "El "derecho al olvido" de Europa en América Latina", 2017, p. 198.

44 Eduardo Bertoni, "Conclusiones y recomendaciones para América Latina", *Hacia una Internet libre de censura: propuestas para América Latina*, Eduardo Bertoni, compilador. (Buenos Aires: Universidad de Palermo, Facultad de Derecho; Centro de Estudios en Libertad de Expresión y Acceso a la Información, 2012), p. 344.

el derecho al olvido debería ceder frente los derechos a la libertad de expresión e información de los usuarios de internet.

En el otro extremo de la argumentación, tendríamos quienes pretenden establecer una relación de precedencia incondicionada al derecho al olvido, al derecho a la intimidad o a la protección de datos, que pretenda hacerlos prevalecer por sobre los derechos de acceso a la información de las personas.

No obstante, toda solución que intente predeterminar la preferencia absoluta de un derecho sobre otro desconoce el carácter relativo de los mismos. No hay derechos ilimitados o absolutos. Según Alexy en la ponderación se establece una relación de precedencia condicionada, a primera vista (*prima facie*) a favor de una determinada solución y no una relación de precedencia absoluta o incondicionada, porque siempre existe la posibilidad de que el caso presente otras circunstancias o propiedades que hagan que finalmente la solución sea distinta, en aplicación de la fórmula para la cuantificación del peso de los principios[45].

No puede hablarse entonces de una "prioridad sin más" de la libertad de información o del derecho al olvido. No existe algo parecido a un orden jerárquico absoluto entre principios y el conflicto debe ser resuelto por medio de "...una ponderación de intereses opuestos, con la ponderación de cuál de los intereses, abstractamente del mismo rango, posee mayor peso en el caso concreto"[46]

El Tribunal de Justicia de la Unión Europea en el fallo Costeja vs.Google Spain intenta resolver el conflicto entre los derechos a la libertad de información y a la protección de los datos personales por medio de una ponderación de intereses opuestos. Sin embargo, al señalar que el derecho a la intimidad del interesado prevalece, en todo caso, al interés económico del buscador, está introduciendo impropiamente una relación de precedencia absoluta o incondicionada.

Sin embargo, el RGPD parece atender a la necesidad de evitar establecer relaciones de precedencia absoluta o incondicionada, evitando que un elemento (derecho) preceda a otro[47] en el entendido de que la ponderación es un mecanismo que no establece relaciones de precedencia absolutas entre los principios en juego, sino que tales precedencias se establecen de forma condicionada, atendiendo a las circunstancias del caso (Alexy), lo que es conceptual, procedimental y metodológicamente conveniente, para que el resultado obtenido pueda considerarse justo, correcto, al menos aceptable o razonable desde el punto de vista sustantivo[48].

En efecto, en su Considerando N° 4 del RGPD se señala que el derecho a la protección de los datos personales no es un derecho absoluto, sino que debe considerarse en relación con su función en la sociedad y mantener el equilibrio con otros derechos fundamentales, con arreglo al principio de proporcionalidad, en particular la vida privada y familiar, del domicilio y de las comunicaciones, la protección de los datos de carácter personal, la libertad de pensamiento, de conciencia y de religión, la libertad de expresión y de información, la libertad de empresa, el derecho a la tutela judicial efectiva y a un juicio justo, y la diversidad cultural, religiosa y lingüística.

---

45 Robert Alexy, *Teoría de los Derechos Fundamentales*, 2001, p. 86-101.

46 *Ídem,* p. 90.

47 Robert Alexy, *Teoría de los Derechos Fundamentales* (Madrid: Centro de Estudios Políticos y Constitucionales, 2001), p. 86-101.

48 David Martínez Zorrilla, Conflictos constitucionales, ponderación e indeterminación normativa, 2007, p. 251 y 161.

A MODO DE CONCLUSIÓN

Es innegable el carácter fundamental de las libertades de expresión e información, que pretenden penetrar el poder y acabar con la opacidad, iluminando el debate público con más y mejor información para los ciudadanos, en forma de transparencia, de acceso libre, de rendición de cuentas (*accountablity*), de eficiencia, de mejores oportunidades, en fin, de mayor participación ciudadana en el ejercicio del poder público. Esto se traduce normalmente en una vida democrática más frondosa y en una mayor legitimidad de los gobernantes.[49]

No creemos finalmente que las clásicas libertades de información y de expresión, se vieran comprometidas por el desarrollo y ejercicio de sus corolarios: los derechos de réplica, rectificación y de acceso a la información pública. Tampoco considero que estos derechos instrumentales de ayer (la réplica y la rectificación) como los de hoy (el derecho al olvido) pongan en tela de juicio la promoción del "libre mercado de las ideas" John Stuart Mill[50] o del "debate público robusto" ("*New York Times vs.* Sullivan", 376 *US* 254/1964). Al contrario, tanto ayer como hoy "...métodos convencionales de petición [como el acceso a la justicia[51]] pueden ser, como suelen serlo, inaccesibles para grupos muy amplios de ciudadanos...",[52] como sería en este caso plantear una acción judicial o *habeas data* para obtener la rectificación o supresión de datos personales que nos afecten en Internet.

Por el contrario, para mantener el equilibrio consustancial a toda sociedad democrática, vemos plausibles y necesarias las obligaciones que el RGPD introduce en el artículo 85 a cargo de los Estados miembros, de conciliar por ley el derecho a la protección de los datos personales con el derecho a la libertad de expresión y de información, incluido el tratamiento con fines periodísticos y fines de expresión académica, artística o literaria. Para el tratamiento realizado con fines periodísticos o con fines de expresión académica, artística o literaria, los Estados miembros establecerán exenciones o excepciones[53] si son necesarias para conciliar el derecho a la protección de los datos personales con la libertad de expresión e información.

---

49 Eduardo Meier García, "La inaplicación del *canon americano* sobre libertad de información en Venezuela", *Derecho Comparado de la Información,* N° 18, julio-diciembre de 2011, UNAM Universidad de Palermo-CELE, Konrad Adenauer-Stiftung, p. 35-65.

50 Mill, John Stuart, "On liberty", *Three Essays*, Oxford, Oxford University Press, 1975. Así, el reputado juez Holmes, siguiendo a Mill al expresar su disidencia en una sentencia de la Suprema Corte de 1919 (250 US 616), sostuvo que "el mejor test de la verdad [de una opinión] es el poder que tiene [la misma] para ser aceptada en una competencia en el mercado", de modo que el sistema de censura de opiniones debía ser remplazado por uno que permitiese que las distintas ideas se contrapusiesen unas con otras, de modo tal que la idea triunfante sería aquella capaz de salir airosa de esa competencia frente a las críticas". Ver Gargarella, Roberto, "Constitucionalismo y libertad de expresión", *Teoría y crítica del derecho constitucional* en Gargarella, Roberto (coord.) t. II, (Buenos Aires: Abeledo Perrot, 2008), p. 744 y 745.

51 Se critica que "...la normativa constitucional no ha sido suficiente para garantizar un adecuado nivel de protección de los datos personales en América Latina. Esto sucede porque dicho resguardo se verifica preferentemente en sede judicial y ello trae aparejado una serie de limitaciones, tales como sus altos costos transaccionales; su ineficacia para prevenir infracciones y su falta de experiencia en temas que, en ocasiones, resultan altamente técnicos". Alberto J. Cerda Silva, "Protección de datos personales y prestación de servicios en línea en América Latina", *Hacia una Internet libre de censura: propuestas para América Latina*, Eduardo Bertoni, compilador. (Buenos Aires: Universidad de Palermo, Facultad de Derecho; Centro de Estudios en Libertad de Expresión y Acceso a la Información, 2012), p. 169.

52 Voto disidente del juez William Brennam en el caso "Adderley *vs*. Florida", 385 US 39, 1966, de la Suprema Corte norteamericana.

53 Excepciones a las Disposiciones de los Capítulos II (principios), III (derechos del interesado), IV(responsable y encargado del tratamiento), V (transferencia de datos personales a terceros países

De allí la necesidad de la aplicación de criterios y procesos lógicos, estandarizados y sustentados sobre reglas y métodos jurídicos, que permitirán obtener una respuesta aceptable o razonable ante una controversia concreta, derivada de la incompatibilidad *prima facie* entre estos derechos. Por un lado, el derecho a la verdad (libertades de información y expresión), que como derecho instrumental para el ejercicio de otros derechos en una sociedad democrática y una garantía institucional "cuando su ejercicio sirva efectivamente a la formación de una opinión pública libre y plural, base del pluralismo político y, en consecuencia, del sistema democrático"[54] **permite** difundir información, ideas y opiniones y acceder a ellas. Mientras que el tratamiento del derecho al olvido (digital), **prohíbe** la retención de datos personales si los mismos no son necesarios para los fines para los que fueron recogidos, si los interesados han retirado su consentimiento para el tratamiento o se oponen al tratamiento de datos personales que les conciernen y **ordena** a las autoridades competentes impedir la libre circulación de los datos de carácter personal, que los mismos no se conserven más tiempo del necesario, que se tomen todas las medidas razonables para garantizar que se rectifiquen o supriman los datos personales que sean inexactos e impedir el acceso o uso no autorizados de dichos datos.

BIBLIOGRAFÍA

Alexy, Robert, *Derecho y razón práctica*, Fontamara, tercera reimpresión, México D.F.: 2006.

______ *Teoría de los Derechos Fundamentales*, Centro de Estudios Políticos y Constitucionales, Madrid: 2001.

Barak, Aharon, *Proporcionalidad: los derechos fundamentales y sus restricciones* Palestra Editores, Lima 2017.

Bertoni, Eduardo, "Conclusiones y recomendaciones para América Latina*", Hacia una Internet libre de censura: propuestas para América Latina*, Eduardo Bertoni, compilador. Universidad de Palermo, Facultad de Derecho; Centro de Estudios en Libertad de Expresión y Acceso a la Información, (Buenos Aires: 2012.

Castell, Manuel, *La Galaxia Internet*, Areté, Madrid: 2001.

Chiassoni, Pierluigi, *Técnicas de Interpretación Jurídica. Breviario para Juristas*, Marcial Pons, Madrid: 2011.

Gleick, James, *La información: Historia y realidad* (Título original: *The Information: a History, a Theory, a Flood*, 2011, Traducción: Juan Rabasseda-Gascón & Teófilo de Lozoya, Diseño de portada: Jaime Fernández, Editor digital: koothrapali, ePub base r1.0, 25-06-13

Guastini, Riccardo, *La sintaxis del derecho*, Marcial Pons, Madrid: 2016.

Hart , H.L., EL concepto del derecho, Abeledo Perrot, Buenos Aires: 1961.

Llamazares Calzadilla, Mª Cruz, *Las libertades de expresión e información como garantía del pluralismo democrático*, Civitas, Madrid: 1999.

u organizaciones internacionales), VI (autoridades de control independientes), VII (cooperación y coherencia) y IX (disposiciones relativas a situaciones específicas de tratamiento de datos) del RGDP.

[54] Mª Cruz Llamazares Calzadilla, Las libertades de expresión e información como garantía del pluralismo democrático, (Madrid: Civitas, 1999), p. 46.

Martínez Zorrilla, David, *Metodología jurídica y argumentación*, Marcial Pons, Madrid: 2010.

______ *Conflictos constitucionales, ponderación e indeterminación normativa*, Marcial Pons, Madrid: 2007.

Mayer-Schönberger, Viktor, *Delete: The Virtue of Forgetting in the Digital Age.* Princeton University Press, Princeton: 2009.

Mayer-Schönberger, Viktor y Cukier, Kenneth Cukier, *Big Data: A Revolution That Will Transform How We Live, Work, and Think*, (Houghton Mifflin Harcourt, 2013)

Meier García, Eduardo,"La inaplicación del *canon americano* sobre libertad de información en Venezuela", *Derecho Comparado de la Información,* N° 18, julio-diciembre de 2011, UNAM Universidad de Palermo-CELE, Konrad Adenauer-Stiftung.

Nunziato, Dawn Carla, "Preservar la libertad en Internet en las Américas", *Hacia una Internet libre de censura: propuestas para América Latina*, Eduardo Bertoni, compilador. Universidad de Palermo, Facultad de Derecho; Centro de Estudios en Libertad de Expresión y Acceso a la Información, (Buenos Aires: 2012.

Pérez Luño, Antonio-Enrique, *Ensayos de informática jurídica* D.F.:Fontamara, N° 46, Biblioteca de Ética, Filosofía del Derecho y Política, dirigida por Ernesto Garzón Valdés y Rodolfo Vázquez, segunda reimpresión, México, 2009.

Sartori, Giovanni *Homo videns. La sociedad teledirigida*, Taurus, Pensamiento, Madrid, 1998.

Sunstein, Cass R. Sunstein, *Republica.com. Internet, democracia y libertad*, Paidós, Barcelona 2003.

Comentarios Monográficos

LAS ALIANZAS PÚBLICO-PRIVADAS Y LOS NUEVOS PARADIGMAS DEL DESARROLLO EN AMÉRICA LATINA

José Ignacio Hernández G.
Profesor de Derecho Administrativo y Constitucional en la Universidad Católica Andrés Bello y la Universidad Central de Venezuela

Resumen: *El Derecho Administrativo Latinoamericano se ha basado en la rivalidad entre los sectores público y privado, particularmente en lo que se refiere a infraestructuras. Exceptuando el paradigma privatizador derivado del Consenso de Washington, la tendencia ha sido abordar la gestión de las infraestructuras a través de un paradigma estatista, bajo la institución del "contrato administrativo". Como resultado de la fragilidad de la Administración Pública, ese paradigma ha deteriorado la calidad de las infraestructuras. En consecuencia, América Latina debe transitar hacia un nuevo paradigma: el desarrollo requiere la complementariedad entre el sector público y el privado. Las alianzas público-privadas reflejan este nuevo paradigma con un mecanismo de gobernanza mixto o híbrido en el que la inversión privada puede complementar las capacidades que las Administraciones frágiles no pueden ejercer, fomentando la eficiencia en la gestión de las infraestructuras y siguiendo los estándares de la buena administración.*

Palabras Clave: Acuerdos público-privados, infraestructuras, desarrollo en América Latina, contrato administrativo, fallas de mercado, estándares de buena administración.

Abstract: *The Latin American Administrative Law has been based on the public and private sector rivalry, particularly regarding infrastructures. Except for the privatization paradigm resulting from the Washington Consensus, the tendency has been to address the management of infrastructures through a state-centered paradigm under the "administrative contract" institution. As a result of the fragility of the Public Administration, that paradigm has hindered the quality of infrastructures. Consequently, Latin America should move towards a new paradigm: development requires the complementarity between the public and the private sector. The public-private partnerships reflect this new paradigm with a mixed or hybrid governance mechanism in which private investment can complement the capabilities that the fragile Administrations cannot exercise, promoting the efficiency in the management of infrastructures and following the good administration standards.*

Key words: *Public-private agreements, infrastructures, development in Latin America, administrative contract, market failures, good administration standards.*

INTRODUCCIÓN

La visión tradicional de la contratación pública en América Latina se inspira en la figura del contrato administrativo, y, por ende, en una concepción estatista del rol de esa contratación en el desarrollo. Esta concepción considera que la primera responsabilidad en la conducción del desarrollo recae en el Estado, quien para ello se vale de la Administración Pública. Ésta puede asumir directamente la realización de tareas y actividades o, por el contrario, puede procurar el auxilio de terceros. En este caso, en ámbitos relacionados con el servicio público -entendido en su sentido más amplio- la inversión privada cumple un rol de colaborador de la Administración en la procura del servicio público, a resultas de lo cual la Administración mantiene poderes de control, traducidos en las -así llamadas- cláusulas exorbitantes.

Sin embargo, y paradójicamente, la gestión del objeto del contrato -esto es, su gobernanza- se confía en exclusiva al contratista, de lo cual resulta un método de gobernanza privado regido por el principio de riesgo y ventura. La necesidad de mantener la continuidad de los servicios públicos atempera el rigor de este principio, en tanto la Administración debe coadyuvar al contratista a superar eventos imprevistos y no imputables a las partes, que alteren el equilibrio económico-financiero del contrato al punto de colocar en riesgo su ejecución.

Este régimen jurídico del contrato administrativo no se ajusta a las exigencias del desarrollo en América Latina. En efecto, la región ha presenta una importante brecha de productiva, al tiempo que la desigualdad arraigada hace, de América Latina, una de las regiones más desiguales del mundo. Para transformar esta realidad, es preciso abordar las políticas públicas del desarrollo desde una nueva perspectiva, que considere la complementariedad entre el sector público y el sector privado.

Así, el desarrollo requiere del Estado para atender fallos de mercado, incluyendo asimetrías que precisan de la adecuada coordinación entre operadores económicos. Asimismo, el Estado es necesario para promover bienes públicos, o sea, bienes y servicios que no permiten la exclusión en su acceso ni son rivales, como sucede con el sistema de justicia. Más en concreto, el desarrollo requiere de Administraciones Públicas que acompañen el complejo y dinámico proceso de desarrollo.

La complementariedad entre el sector público y el privado, y la necesidad de atender fallos de mercado que afecten el funcionamiento eficiente de los mecanismos de mercado, requieren una nueva aproximación a la contratación pública. Así, la contratación pública debería ser una técnica que promueva esta complementariedad, estableciendo condiciones favorables para la interacción con el sector privado.

Sin embargo, hay dos elementos del contrato público que se oponen a estos objetivos. Así, las cláusulas exorbitantes afectan la certidumbre jurídica y la protección de los derechos económicos, elevando el riesgo político y con ello la ineficiencia. Además, la visión estatista parte de una concepción minusvalorada de la gobernanza privada, impidiendo con ello la debida complementariedad entre el sector público y el privado.

Esta inadecuación del marco jurídico de la contratación administrativa con los objetivos del desarrollo centrado en la dignidad humana ha propendido a introducir una nueva visión de esa contratación, resumida en el concepto de alianzas público-privadas (APP). Así, estas alianzas parten de una concepción mixta de la gobernanza, asumiendo que la promoción del desarrollo descansa en la complementariedad del sector público y privado. Además, las APP se basan en un marco jurídico estable, que reduce en riesgo político e incrementa la protección de los derechos económicos.

En este breve artículo abordamos está transformación, proponiendo los lineamientos que deben informar a la contratación pública en América Latina, desde el paradigma de las APP. Antes que entrar en el detalle de la regulación de APP dictadas en América Latina -tema de otro trabajo- aquí interesa explicar el cambio de paradigma que subyace tras las APP, con el propósito último de acompañar el desarrollo, cerrar la brecha productiva y, con ello, avanzar a superar la arraigada desigualdad en la región.

I. EL CONTRATO ADMINISTRATIVO Y SUS CARACTERÍSTICAS ADVERSAS AL DESARROLLO

La contratación administrativa es una modalidad de intervención del Estado en la economía. Así, a través del sistema de contratación pública se agrega la demanda de bienes y servicios del Estado, todo lo cual incrementa su poder económico. El gasto público asociado a las contrataciones públicas, por lo anterior, incide en la economía, todo lo cual ha llevado a prestar atención al rol de esa contratación en el desarrollo[1].

En esta sección abordamos la interacción entre contratación pública y desarrollo, destacando la inadecuación de la teoría general del contrato administrativo desde el estudio comparado de América Latina[2].

1. *La Administración Pública y el desarrollo productivo*

La Administración Pública asume, dentro de sus cometidos, la promoción del desarrollo. Aquí interesa detenernos en una arista especial, a saber, el rol de la Administración en el desarrollo productivo, entendido como el incremento sostenible de la producción de bienes y servicios. Una forma de valorar esa producción es a través del producto interno bruto (PIB). Existe toda una discusión en las Ciencias Económicas acerca de la utilidad del PIB para capturar las complejas aristas del desarrollo, pero lo cierto es que sin producción -y más simplemente, sin oferta de bienes y servicios- no puede haber desarrollo[3].

En América Latina, la intervención de la Administración Pública desde el desarrollo ha pasado por diversos ciclos[4]. El constitucionalismo que surgió de los procesos de independencia, como no podía ser de otra manera, se inspiró en la Constitución de Estados Unidos, y, por ende, en el diseño del Poder Ejecutivo con un ámbito muy acotado de funciones, orientadas a facilitar el libre intercambio de bienes y servicios[5]. Este *constitucionalismo liberal* comenzó a cambiar con la Constitución de México, de 1917, que reconoció derechos económicos y sociales -o más precisamente, derechos prestacionales- todo lo cual se tradujo en la

---

1 Así, se ha observado que en "2017, el gasto en contratación pública representó en promedio, el 17,4% del gasto total de los gobiernos en países ALC", mientras que "la importancia económica de la contratación pública también puede percibirse cuando se observa su tamaño en términos del Producto Interno Bruto (PIB). En 2017, ella representó el 6% del PIB en la región de ALC, en comparación con el 6,7% en 2007'. Organización para la Cooperación y el Desarrollo Económicos (OECD) y Banco Interamericano de Desarrollo (BID), Panorama de las Administraciones Públicas América Latina y el Caribe 2020, tomado de: https://www.oecd-ilibrary.org/sites/7564b790-es/index.html?itemId=/content/component/7564b790-es

2 Para una perspectiva comparada de la contratación administrativa en América Latina, puede verse, entre otros, a Benavides, José Luis y Moreno, Pablo, *La contratación pública en América Latina,* Universidad Externado de Colombia, Bogotá, 2016. Allí se explica que las reformas implementadas a fines del siglo pasado, como veremos más adelante, promovieron la reforma de la contratación pública con figuras innovadoras en relación con las estructuras clásicas del contrato administrativo. Sin embargo, y guardando las diferencias, se ha apreciado la generalización de la estructura del contrato administrativo y de los poderes exorbitantes de la Administración. *Vid.* Benavides, José Luis, "Tendencias generales de la contratación pública en América Latina", pp. 49 y ss.

3 Pritchett, Lant, "National development delivers: and how! And how?", *Center for International Development*, Harvard Kennedy School, 2021.

4 Fernández-Aras, Eduardo y Rodríguez-Apolinar, Sergio, *The productivity gap in Latin America: Lessons from 50 Years of Development*, Inter-American Development Bank, Washington D.C., 2016.

5 Elkins, Zachary, *et al., The endurance of national constitutions*, Cambridge University Press, Cambridge, 2009, p. 26.

ampliación de cometidos a cargo del Poder Ejecutivo, a través de la configuración de la Administración Prestacional[6]. Esta ampliación se consolidó con la difusión de la cláusula del Estado Social, que dio paso a lo que puede llamarse como *constitucionalismo social*[7].

En la segunda mitad del siglo XX, esta ampliación condujo a una *visión estatista* del desarrollo. Así, el desarrollo -entendido aquí, de manera ilustrativa, como el proceso orientado a asegurar el progreso material de las personas mediante la producción de bienes y servicios y la distribución de la riqueza en condiciones equitativas- fue concebido como un proceso a cargo del Estado[8]. También incidió en esta visión el principio de no-intervención, lo que llevó a la región a apoyar, en la década de los sesenta, la propuesta de un nuevo orden económico mundial para reforzar la soberanía sobre los recursos naturales[9]. Las políticas económicas giraron hacia la sustitución de importaciones, lo que requirió asignar al Estado un rol importante en la regulación del comercio exterior[10].

La concepción estatista de desarrollo se expresó también en el Derecho Administrativo. Se trata de una consecuencia natural. Así, el Derecho Administrativo, en tanto Derecho estatal, regula la actividad del Estado orientada a la gestión concreta de los cometidos públicos, de lo cual resulta que el Derecho Administrativo es especialmente sensible a las transformaciones del Estado. La visión estatista de desarrollo se tradujo en técnicas de intervención administrativa igualmente estatistas, como es el caso del servicio público.

Desde una perspectiva comparada, la figura del servicio público en el Derecho Administrativo en América Latina se vio influenciada por la posición francesa. El antagonismo entre Duguit y Hauriou fue en cierto modo amalgamado en la región. Así, Duguit ha inspirado la concepción del servicio público como un compromiso político basado en la solidaridad, lo que lleva a reconocer que la satisfacción de necesidades esenciales no puede quedar entregada al libre intercambio. A resultas de ello, y con base en la teoría de Hauriou, la Administración Pública asumió potestades exorbitantes para impulsar el desarrollo, definido como un

---

6 Fernández Segado, Francisco, "Un siglo del nacimiento de una nueva era constitucional, la del constitucionalismo social: la carta de Querétaro de 1917", en *Revista de las Cortes Generales número 100-102*, 2017, pp. 181 y ss.

7 Puede verse la obra colectiva *Función social de la Administración, Tomo I,* Universidad del Rosario-Grupo Editorial Ibáñez, 2016.

8 La visión estatista del desarrollo es resultado de la concepción según la cual el Estado es el primer y principal actor en la dirección y coordinación de las acciones necesarias para conducir el desarrollo. Véase lo que hemos plantado en Hernández G., José Ignacio, *Administración pública, libertad y desarrollo*, FUNEDA, Caracas, 2012, pp. 71 y ss.

9 Novoa Monreal, Eduardo, *Nacionalización y recuperación de Recursos Naturales ante la Ley Internacional,* Fondo de Cultura Económica, México, 1974, especialmente pp. 107 y ss.

10 La política de sustitución de importaciones, iniciada luego de la II Guerra Mundial, se basó en políticas de desarrollo centradas en restricciones arancelarias al comercio internacional, como medida de promoción de la economía nacional, junto con la actividad de fomento orientada a estimular la manufactura. De igual manera, para lograr ese objetivo, se acudió a las empresas públicas. Esta actividad administrativa prestacional elevó la presión sobre el espacio fiscal, lo que llevó al Estado a crear bancos de desarrollo para canalizar recursos. Esta política no dio el resultado esperado, y, por el contrario, creó problemas adicionales, en términos de sobreendeudamiento, caída de inversiones, y, en suma, una menor calidad de desarrollo. *Cfr.*: Stein, Ernesto, et al. (editores), Rethinking Productive Development, Palgrave Macmillan US. -Inter-American Development Bank, 2016, pp. 9 y ss.

cometido público. A esta teoría responde, como veremos más adelante, la figura del contrato administrativo[11].

Las políticas proteccionistas basadas en la sustitución de importaciones y la expansión de la intervención administrativa en la economía mediante técnicas estatistas como el servicio público crearon condiciones adecuadas para el surgimiento de patologías como la corrupción, el clientelismo y el mecenazgo. Además, este proteccionismo administrativo inhibió las fuerzas productivas del mercado, generándose más bien incentivos para dirigir los esfuerzos a capturar las rentas derivadas de la intervención administrativa en la economía[12].

En la década de los noventa América Latina fue especialmente sensible a la denominada crisis del Estado social, y el replanteamiento de las funciones del Estado en la economía que surgió en el Consenso de Washington[13]. En buena medida, se trató de una solución pragmática: luego de la década perdida[14], y en un entorno global marcado por el énfasis del libre mercado y el "fin de la historia", América Latina decidió alinearse con la posición predominante, que se orientaba a la promoción del libre mercado. Esto se tradujo en la implementación de políticas de liberalización, desregulación y privatización. De nuevo, el Derecho Administrativo fue especialmente sensible a este cambio, lo que llevó a incorporar figuras propias del Derecho Administrativo en Estados Unidos como las agencias independientes y la regulación económica. Esta importación conceptual se hizo sin los debidos ajustes, a resultas de lo cual reina -todavía- cierta confusión conceptual.

Como vemos, la región pasó de una concepción estatista de desarrollo basada en la sustitución de importaciones, a una visión del desarrollo basada en el libre intercambio y en políticas de liberalización comercial. Esto se tradujo en importantes cambios legislativos, que procuraron dar un nuevo contenido al Derecho Administrativo. Sin embargo, este cambio se basó en elementos de ruptura, pero también de continuidad, pues instituciones basadas en la concepción estatista lograron mantenerse. Así, el servicio público fue presentado como el "nuevo servicio público", en un intento de reinvención conceptual, a pesar de los elementos estatistas del servicio público[15].

---

11 En sentido general, véase a Cassagne, Juan Carlos, "El servicio público", en Rodríguez-Arana, Jame y Rodríguez, Libardo, (directores), *Curso de Derecho Administrativo iberoamericano,* Editorial Comares-INAP, Madrid, 2015, pp. 401 y ss.

12 Mientras que algunos países de Asia implementaron políticas similares, pero creando incentivos para que el sector privado se comprometiera a apalancar la producción y crear mercados financieros, en la región estas políticas no se ataron a compromisos, lo que ha sido considerado como una evidencia de la fragilidad de las Administraciones Públicas. Hay, por supuesto, algunas excepciones, como, por ejemplo, Brasil. *Cfr.*: Stein, Ernesto, *et al.* (editores), *Rethinking Productive Development, cit.*, p. 15.

13 Para una visión comparada desde el Derecho Administrativo, puede verse a Martín-Retortillo Baquer, Sebastián, "Reflexiones sobre la nueva Administración económica", en Muñoz Machado, Santiago, *et al.,* (coordinadores), *Las estructuras del Bienestar en Europa*, Civitas, Madrid, 2000, pp. 449-459

14 Durante la década de los ochenta, las políticas de desarrollo en la región, impulsadas por la visión estatista, generaron una crisis macroeconómica caracterizada por el sobreendeudamiento, que coadyuvó a frenar el gasto público y, por ende, a promover la caída de ingresos, de inversiones y el aumento del desempleo, todo ello en el contexto de la crisis de la deuda pública. *Cfr.*: Stein, Ernesto, *et al.* (editores), *Rethinking Productive Development, cit.*, pp. 19 y ss.

15 Véase nuestra posición al respecto, en Hernández G., José Ignacio, "Servicio público y regulación económica: una perspectiva desde la América española", en *Derecho administrativo y regulación económica. Liber amicorum profesor Doctor Gaspar Ariño Ortiz,* La Ley, Madrid, 2011, pp. 877 y ss.

El resultado de este gran esfuerzo de reforma institucional fue decepcionante, en términos de crecimiento económico y promoción de la igualdad. Como señala Ricardo Hausmann, el crecimiento en la región no reflejó este esfuerzo institucional. Y aun cuando la desigualdad se ha reducido, lo cierto es que la región sigue siendo considerada como la más desigual del mundo[16]. Esta experiencia dejó dos lecciones que conviene resaltar desde la perspectiva del Derecho Administrativo.

La primera de ellas es que el rol del Estado en la promoción del desarrollo no puede valorarse solo desde una perspectiva cuantitativa, esto es, referida al tamaño del Estado y de sus Administraciones Públicas. El Consenso de Washington impulsó la idea de que era necesario reducir el rol del Estado en la economía. Sin embargo, esta visión no consideró que ***el desarrollo requiere del Estado***, con lo cual, lo verdaderamente importante es la visión cualitativa, esto es, la promoción de políticas orientadas a reforzar la capacidad del Estado de promover el desarrollo. La calidad de esas políticas es un elemento que va más allá de la dimensión de la Administración Pública.

La segunda lección es que reformas institucionales no necesariamente promueven el desarrollo. Las reformas institucionales se traducen en el cambio de las reglas y organizaciones relacionadas con el desarrollo, como, por ejemplo, reformas constitucionales y legales, o la reorganización de la Administración Económica. Pero estas reformas no necesariamente atienden las restricciones más vinculantes al crecimiento y, además, en sí mismas son insuficientes para garantizar el acceso equitativo a bienes y servicios esenciales. Tomando el ejemplo del derecho a la salud, debe observarse que su garantía no pasa por reformas constitucionales o legales, sino por coordinar los esfuerzos orientados a ofrecer bienes y servicios que puedan ser accedidos en condiciones equitativas[17].

Esto último ha llevado a concluir en la necesidad de evitar fórmulas generales, como las reformas de liberalización impulsadas hacia fines de los noventa del pasado siglo. La promoción del desarrollo no responde a una lista de tareas de general aplicación (desregulación, privatización o simplificación de trámites). Por el contrario, es preciso analizar en cada caso cuál es la restricción más vinculante al crecimiento y, en función a ello, diseñar las técnicas de intervención administrativa que permitan atender esas restricciones[18].

El siglo XXI ha presentado una nueva visión sobre el rol del Estado en el desarrollo, en especial, tomando en cuenta la *Declaración del Milenio* y la *Agenda 2030*. La promoción del desarrollo inclusivo requiere de Estados capaces que actúen en el marco de los estándares de la gobernanza democrática. Esta visión influyó a la Carta Democrática Interamericana, aprobada en 2001, la cual asume una visión holística de la democracia, que no solo versa sobre

---

16 Hausmann, Ricardo, "Structural Transformation and Economic Growth in Latin America", en *The Oxford Handbook of Latin American Economics*, Oxford Handbooks in Economics, Oxford University Press, Oxford, 2011, pp. 519 y ss.

17 Las reformas institucionales operan, en especial, en el plano de las reglas. Así, el Derecho Administrativo de América Latina, a fines del siglo pasado, fue objeto de reformas legales para reducir el rol del Estado y ampliar el rol del sector privado. Esas reformas institucionales, que además tienden a adoptarse de manera homogénea, no consideraron sin embargo cómo esas instituciones o reglas son implementadas.

18 Hausmann, Ricardo et al., "Growth Diagnostic", en Serra, Narcís and Stiglitz, Joseph, *The Washington Consensus reconsidered: Towards a new global governance*, Oxford University Press, Oxford, 2011, pp. 325 y ss.

las condiciones de integridad electoral y la democracia constitucional, sino que además requiere avanzar en el desarrollo integral[19].

La visión pluridimensional de la democracia se aleja de los dos extremos -la visión estatista y la visión reduccionista- y coloca el énfasis en la promoción de capacidades que permitan mejorar la calidad de la oferta de bienes y servicios esenciales -esto es, aquellos relacionados con derechos prestacionales- en condiciones equitativas. Para lograr este objetivo, tanto el sector público como el privado son necesarios.

Así, la promoción del desarrollo inclusivo requiere del Estado. Así, el Estado -por medio de las funciones legislativas y judicial- debe crear las reglas que reducen costos de transacción y promueven la eficiencia, garantizando derechos económicos y mecanismos de solución de controversias y cumplimiento de contratos. Estas reglas son los mecanismos de mercado. Además, la Administración Económica debe atender los fallos de mercado que impiden al libre intercambio operar en condiciones de eficiencia. Es especial, las asimetrías de información precisan de políticas orientadas a facilitar la coordinación entre los operadores económicos. A través de bienes públicos, el Estado y su Administración proveen bienes y servicios indispensables para la estabilidad y seguridad de los mecanismos de mercado.

Como sucede en especial en América Latina, el Estado también cumple roles de redistribución de la riqueza, mediante políticas que elevan la capacidad económica y la calidad de vida de los sectores vulnerables de la sociedad, cuya desigual condición les impide acceder, eficientemente, a los mecanismos de mercado. La redistribución de la riqueza, y la figura de los derechos económicos y sociales (o derechos prestacionales), vinculados con mandatos de transformación, han sido considerados elementos característicos del Derecho Constitucional en América Latina, considerado como un Derecho transformador. El Sistema Interamericano de Derechos Humanos ha promovido esta visión al reconocer la justiciabilidad de los derechos prestacionales[20].

A su vez, el desarrollo productivo requiere del sector privado, pues éste complementa las capacidades del sector público, en especial, en capital económico y humano, incluyendo el conocimiento productivo. La necesidad del sector privado se asocia al propio fundamento de la intervención administrativa, que, desde la centralidad de la dignidad humana, se inspira en el principio de subsidiariedad. Con lo cual, el desarrollo no puede ser definido como un proceso del Estado -visión estatista- sino como un proceso orientado a expandir las capacidades de la comunidad para satisfacer sus propias necesidades, como ha señalado Amartya Sen[21].

La concepción del desarrollo desde la centralidad de las personas pasa por redefinir la función redistributiva propia del Estado Social. En América Latina la función redistributiva ha realzado el énfasis por el aspecto cuantitativo del Estado, creando incentivos para políticas estatistas y, eventualmente, autoritarias. A ello se le agrega que, debido a la histórica fragilidad de los Estados en la región, este marco jurídico nacional y supranacional no puede ser debidamente implementado, todo lo cual se traduce patologías como la corrupción[22]. Que la región tenga uno de los marcos jurídicos más ambiciosos en términos de redistribución y al

---

19 Artículo 11, Carta Democrática Interamericana.

20 Carbonell, Miguel y Ferrer Mac-Gregor, Eduardo, *Los derechos sociales y su justiciabilidad directa,* Instituto de Investigaciones Jurídica de la UNAM, Ciudad de México, 2014, pp. 55 y ss.

21 Sen, Amartya, *Development and freedom,* Anchor Books, Nueva York, 1999, pp. 13 y ss.

22 Sobre la fragilidad estatal en América Latina, *Vid.* Mazzuca, Sebastián, *Latecomer state formation,* Yale University Press, New Haven, 2021, pp. 32 y ss. En cuanto a las patologías como la corrupción y el clientelismo, *Vid.* Fukuyama, Francis, Fukuyama, Francis, *Political order and political decay,* Farrar, Strauss and Giroux, New York, 2014, pp. 86 y ss.

mismo tiempo, sea la región más desigual del mundo, es una evidencia de las fallas de esta aproximación estatista del desarrollo[23].

Además, la desigualdad suele medirse desde el ingreso, con lo cual la principal técnica de intervención es la actividad administrativa de fomento por medio de subsidios y otros mecanismos de transferencia de riqueza que aumenten los ingresos de las personas. Pero esta es una concepción muy limitada, pues lo verdaderamente importante no es la desigualdad de ingresos, sino comprender las razones que impiden a las personas desplegar plenamente sus capacidades productivas. La visión de la desigualdad desde la producción recalca la centralidad de la dignidad humana en el concepto de desarrollo, pues se orienta a remover los obstáculos que impiden a las personas, con su propia acción, generar ingresos dignos.

Como vemos, la relación entre Administraciones Públicas y desarrollo ha pasado de una visión estatista a una visión reduccionista, para procurar más recientemente una visión más armónica centrada en la calidad de la oferta de bienes y servicios y la complementariedad del sector público y privado. Sin embargo, en América Latina hay algunos elementos adversos a esa visión más armónica. Para finalizar esta sección, conviene mencionar sumariamente tres de esos elementos adversos[24].

El primer elemento es la fragilidad de las Administraciones Públicas, un aspecto poco tratado en el Derecho Administrativo. En América Latina la tendencia es a recargar de tareas a las Administraciones Públicas, sin considerar si éstas cuentan con la capacidad adecuada para cumplir con los ambiciosos cometidos del desarrollo inclusivo. Lo común es que las Administraciones tengan una limitada capacidad, lo que se traduce en tareas que no pueden ser asumidas o garantizadas por la Administración[25].

El segundo elemento es el populismo[26]. En nuestra opinión, el populismo es la retórica basada en la exaltación de la voluntad popular. Esa retórica puede emplearse para promover la inclusión política o para justificar medidas autoritarias. El riesgo del populismo es, precisamente, su uso instrumental para justificar políticas autoritarias, esto es, el autoritarismo-populista[27]. Este riesgo es mayor mientras mayor sea la fragilidad de las Administraciones Públicas, pues la brecha de capacidad tenderá a ser subsanada por la dependencia a mecanismos carismáticos de dominación.

Por último, el tercer elemento es la permanencia de instituciones estatistas del Derecho Administrativo, basadas en la predominancia del Estado como actor económico y el rol marginal, y en cierto modo antagónico del sector privado. Quizás la figura que mejor refleja este sesgo estatista del Derecho Administrativo es el contrato administrativo, que analizamos de seguidas.

---

23 Sobre la desigualdad, del BID, *Vid.* Busso, Matías y Messina, Julián, "Sociedades fracturadas", en Busso, Matías y Messina, Julián (editores), *La crisis de la desigualdad: América Latina y el Caribe en la encrucijada*, Banco Interamericano de Desarrollo, Washington D.C., 2020, pp. 1 y ss.

24 *Cfr.*: Stein, Ernesto, *et al.* (editores), *Rethinking Productive Development*, *cit.*, p. 23.

25 Véase lo que exponemos en Hernández G., José Ignacio, *La pandemia de la COVID-19 y el Derecho Administrativo en América Latina,* Tirant Lo Blanch-Universidad del Rosario, Bogotá, 2022, pp. 29 y ss.

26 Entre otros, *Vid.* Rodríguez-Arana, Jaime (editor), *Populismo y Derecho Público*, Grupo Editorial Ibáñez, Bogotá, 2022.

27 Norris, Pippa e Inglehart, Ronald, *Cultural Backlash. Trump, Brexit and authoritarian populism,* Cambrige Universy Press, Cambridge, 2019, pp. 3 y ss., y 65 y ss.

2. *La teoría del contrato administrativo y sus contradicciones internas desde la perspectiva del desarrollo*

La contratación pública, como ya anticipamos, es una de las técnicas de intervención administrativa en la economía. Así, a través de la contratación pública el Estado agrega su demanda de bienes y servicios, lo que puede traducirse en un porcentaje relevante de la economía, incluso, en términos del PIB. Este impacto económico impone reglas para disciplinar el poder económico de la demanda agregada del Estado, tanto en términos de defensa de la competencia como de eficiencia y transparencia en el uso del patrimonio público.

La justificación de la regulación de la contratación pública en América Latina, sin embargo, no se ha inspirado solo en razones económicas sino de consideraciones políticas asociadas a la idea del servicio público, de lo cual resulta la teoría general del contrato administrativo. Sin embargo, el marco jurídico del contrato administrativo -que encierra, como veremos, una contradicción- puede derivar en consecuencias adversas a la promoción de la eficiencia en la contratación pública, en especial, desde la complementariedad del sector público y privado.

La teoría del contrato administrativo surge en Francia, a inicios del siglo pasado, bajo el dogma liberal, según el cual el Estado no podía asumir directamente la gestión de actividades económicas, las cuales debían ser confiadas a la iniciativa privada. La teoría general de la concesión administrativa es resultado de este dogma, en el sentido que la Administración trasla a la iniciativa privada la gestión de la obra o servicio público. Se trata, así, de una modalidad de gestión privada, basada en la primacía de la iniciativa privada[28].

Pero al mismo tiempo, la figura del servicio público impedía a la Administración desprenderse totalmente de la gestión del contrato, en tanto las potestades anejas al servicio público son inalienables. El resultado de ello fue la figura de las cláusulas exorbitantes, que en realidad son poderes unilaterales y extracontractuales que permiten a la Administración incidir, con grado importante de discreción, sobre la ejecución y existencia del contrato y, por ende, sobre los derechos económicos del contratista, incluso, más allá de lo que el propio contrato haya establecido[29].

Tal es la contradicción inherente al contrato administrativo: es una institución basada en técnicas de gobernanza privada, pero bajo una concepción estatista, pues la Administración mantiene poderes inmanentes de control y dirección. Desde la perspectiva económica, esta contradicción afecta la estabilidad del contrato y, por ende, hace más ineficiente la gestión de actividades económicas. Así, el contrato administrativo es, por definición, un contrato muy imperfecto, pues más allá de sus cláusulas, la Administración siempre podrá ejercer poderes de dirección y control[30].

---

28 Entre otras obras, y sin pretensión alguna de exhaustividad, *Vid.* Richer, Laurent, *Droit des Contrats Administratifs,* L.G.D.J., París, 2006, pp. 90 y ss.

29 Truchet, Didier, *Droit administratif,* Thémis droit PUF, Paris, 2015, pp. 250 y ss.

30 El contrato, en tanto institución, se orienta a reducir costos de transacción. Este objetivo se logra plenamente si el contrato logra regular todas las aristas de la relación económica entre las partes, incluyendo las consecuencias derivadas de incumplimiento. No obstante, diversas razones -como fallas de información- pueden elevar el grado de imperfección del contrato, esto es, pueden aumentar el ámbito de consecuencias no previstas en el contrato, lo que afecta su calidad y, por ende, aumenta los costos de transacción. El contrato administrativo es imperfecto, por el ámbito de discrecionalidad derivado de las cláusulas exorbitantes. Sobre el análisis económico del contrato, entre otros, *Vid.* Collins, Hugh, *Regulating contracts,* Oxford University Press, Oxford, 2002, pp. 3 y ss

Al mismo tiempo, la figura del contrato administrativo responde a una concepción que hoy debe entenderse superada, cual es la rivalidad entre el sector público y el sector privado. Así, el contrato administrativo descansa en el paradigma según el cual el Estado decide, discrecionalmente, cómo atender las actividades consideradas o declaradas como servicio público: si directamente o a través de la iniciativa privada. Pero en este último caso, la gestión o gobernanza pasa a ser privada, a resultas de lo cual el contratista asume el riesgo y ventura de la actividad emprendida. Esta asignación del riesgo es particularmente ineficiente si consideramos que las cláusulas exorbitantes -y en general, el propio régimen jurídico del contrato administrativo- elevan el riesgo político que asume el contratista, todo lo cual hace más ineficiente la gestión del contrato[31].

La teoría del equilibrio económico-financiero del contrato no corrige estas distorsiones. Esta teoría se inserta en la actividad de fomento, en el sentido que si por causas imprevistas y no imputables a las partes, el equilibrio económico del contrato se altera a tal punto que se coloca en riesgo su ejecución, entones, la Administración implementará técnicas de fomento para procurar restablecer tal equilibrio. Pero incluso así, el riesgo corresponde al contratista privado[32].

Tampoco supone un paliativo la responsabilidad de la Administración por daños causados al contratista con ocasión a las cláusulas exorbitantes. Como esas cláusulas son la realidad poderes unilaterales, esta responsabilidad es extracontractual. Además, en el marco del Derecho Internacional de Inversiones, tal responsabilidad ha quedados regulada en Tratados, que permiten la compensación del inversionista en caso de violación de los estándares de protección, especialmente, en caso de expropiación. Pero esta responsabilidad solo opera *ex post,* y ella en modo alguno refuerza la seguridad jurídica de los derechos económicos del contratista[33].

La Agenda 2030 ha impulsado una nueva visión del desarrollo en el cual la relación entre el sector público y privado no es de rivalidad sino de complementariedad. Al margen del confuso e impreciso concepto de servicio público, lo cierto es que la promoción del desarrollo inclusivo requiere de la acción conjunta de la Administración Pública y el sector privado. En especial, las fallas de información que pueden afectar el diseño de políticas públicas pueden atenderse si la Administración colabora con el sector privado para recabar y procesar información, y por vía de la experimentación y el autodescubrimiento, identificar los obstáculos que deben removerse para impulsar el desarrollo[34].

Desde la perspectiva de la gobernanza, esto se traduce en la necesidad de implementar mecanismos de gobernanza mixta. Desde el procedimiento administrativo, por ejemplo, esto ha llevado a formular procedimientos llamados a procurar la conciliación entre diversos intereses de la sociedad, y así, recabar la mejor información para elevar la calidad del proceso

---

31 Hernández G., José Ignacio, "Las prerrogativas de la Administración en los contratos de la Administración en Iberoamérica", Rodríguez-Arana Muñoz, Jaime (director), *Contrataciones públicas en el marco de los derechos sociales fundamentales,* INAP-Madrid, 2016, pp. 67 y ss.

32 Para la explicación tradicional, *Vid.* Waline, Jean, *Droit administratif,* Dalloz, París, París, 2008, p. 411.

33 Véase, en la región, el trabajo clásico de Escobar Gil, Rodrigo, Responsabilidad contractual de la Administración Pública, primera edición, Temis, Bogotá, 1989, pp. 47 y ss.

34 Stein, Ernesto, *et al.* (editores), *Rethinking Productive Development, cit.*

de toma de decisiones[35]. Esta visión cuantitativa se ha traducido en la expansión de la buena administración, difundida en América Latina[36].

La figura del contrato administrativo no solo es inadecuada para procurar la interacción y complementariedad entre el sector público y privado, sino que, además, afecta la calidad de los mecanismos de mercado y, por ende, impacta adversamente la eficiencia. De allí que, especialmente desde la perspectiva de América Latina, el Banco Interamericano de Desarrollo ha realzado la importancia de las APP como parte de las políticas de desarrollo productivo.

II. LAS APP EN AMÉRICA LATINA COMO INSTRUMENTOS DE PROMOCIÓN DEL DESARROLLO

El concepto de APP es finalista, más que nominal. Esto significa que la APP no es un contrato nominado, sino más bien una categoría contractual. De acuerdo con Rafael Dickson, el elemento distintivo de las APP es cómo se distribuyen los riesgos, de acuerdo con la capacidad de las partes del contrato. Eventualmente esto puede llevar a asignar todos los riesgos al contratista, en lo que ha sido considerada como una modalidad concesional de APP. Pero lo cierto es que las APP no parten, como regla, del principio de riesgo y ventura[37].

De esa característica extraemos otra, quizás, de mayor impacto para nuestro estudio. El propósito de las APP no es promover mecanismos de gobernanza privada bajo el dogma liberal, sino avanzar en mecanismos mixtos de gobernanza basados en la complementariedad del sector público y privado. Por ello, de acuerdo con el Banco Interamericano de Desarrollo, uno de los instrumentos de las políticas de promoción del desarrollo productivo es, precisamente, las APP.

1. *Las APP y la promoción del desarrollo productivo desde el Sistema Interamericano. En especial, las APP y la fragilidad estatal*

Siguiendo con lo expuesto en la primera sección, la promoción del desarrollo pasa por solucionar problemas complejos que requieren la interacción del sector público y privado. En tal sentido, el desarrollo productivo no solo requiere de mecanismos de mercado que faciliten el ejercicio de derechos económicos por la inversión privada. También requiere del Estado, que como vimos, cumple diversas funciones, que pasan por paliar fallos de mercado, promover la cooperación entre operadores y brindar bienes públicos. Por ello, las políticas de desarrollo productivo requieren de Administraciones Públicas.

El concepto de desarrollo, desde el punto de vista jurídico, descansa en los principios de subsidiariedad y solidaridad, arraigados en la centralidad de la persona, su dignidad y en el bien común[38]. El principio de subsidiariedad realza la necesidad de contar con comunidades

---

35 El procedimiento administrativo no es solo cauce formal que asegura el principio de legalidad y el derecho a la defensa, sino que es también un instrumento para la conciliación entre el sector público y privado. *Vid.* Barnés, Javier, "Buena administración, principio democrático y procedimiento administrativo", en *Revista Digital de Derecho Administrativo Nº 21*, 2019, p. 77.

36 Por ejemplo, *Vid.* Jinesta, Ernesto, "Derecho a la buena administración", en *Derechos humanos: perspectivas y retos*, Tirant Lo Blanch, 2016, pp. 847 y ss.

37 Dickson Morales, Rafael, La asignación de riesgos en la colaboración público-privada: una visión de España y República Dominicana con algunas precisiones de otras jurisdicciones de Iberoamérica, Thomson-Reuters Aranzadi, Navarra, 2019, 231 y ss.

38 Rodríguez-Arana, Jaime, "La buena administración como principio y como derecho fundamental en Europa", *Revista Misión Jurídica Nº 6*, 2013, pp. 23 y ss. El principio de subsidiariedad suele estudiarse como una regla que limita la iniciativa pública directa del Estado, y que, por lo tanto, depende de cada ordenamiento jurídico. *Vid.*: Ariño Ortiz, Gaspar, "Modelo de Estado y Sector

capaces de satisfacer sus propias necesidades y avanzar hacia el bien común. El principio de solidaridad recuerda que existen necesidades cuya adecuada satisfacción, por imperfecciones del mercado, no pueden ser alcanzadas por medio del libre intercambio. Durante el siglo XX, como vimos, América Latina se debatió entre una visión estatista y una visión privatizadora del desarrollo. Ninguna de las dos visiones es adecuada pues, como resultado de los principios de subsidiariedad y solidaridad, se requiere la interacción del sector público y privado para promover el desarrollo productivo.

Luciano Parejo Alfonso ha aludido a esta realidad, al comentar la figura del Estado garante. Bajo esta figura, las Administraciones Públicas asumen la garantía de satisfacción de necesidades esenciales. Para ello, podrán acudir a técnicas de la actividad administrativa prestacional o podrán desplegar potestades de ordenación y limitación sobre la iniciativa privada. El carácter intercambiable de estas técnicas demuestra, así, la complementariedad entre el sector público y privado, en tanto el rol último de la Administración es garantizar el acceso equitativo a bienes y servicios esenciales -y no asumir esa gestión directamente-[39].

En el ámbito del Sistema Interamericano de Derechos Humanos, la Corte Interamericana ha recordado que los mandatos positivos que derivan de los derechos prestacionales, como la salud, no se oponen a la gestión privada. Pero incluso en ese supuesto, el Estado -por medio de su actividad administrativa- debe desplegar potestades de ordenación y limitación para asegurar el cumplimiento de estándares de acceso equitativo. En el sistema africano de derechos humanos se ha avanzado incluso más, al recordar que la garantía de acceso debe fomentar el derecho de las personas a seleccionar los bienes y servicios de su preferencia, lo que se opone a políticas estatistas, propensas a degenerar en patologías como el clientelismo[40].

Con lo cual, incluso desde el Sistema Interamericano, resulta claro que el -así llamado- derecho al desarrollo requiere de la interacción entre el sector privado y el público. Por ello, la buena administración realza tal complementariedad desde el concepto vicarial y la centralidad de las personas. Las personas y su dignidad humana deben ser el centro de las políticas de desarrollo productivo, cuyo propósito último es liberar las capacidades de las personas para integrarse al proceso productivo. Esto aconseja repensar la valoración de la desigualdad, que suele enfocarse en la desigualdad de ingreso. Puede ser incluso más importante analizar

---

Público Empresarial", en *Revista de Derecho Administrativo N° 3,* 2007, pp. 13 y ss. Además, es posible valorar a la subsidiariedad como un principio, inherente al concepto del bien común y, por ende, vinculado al respeto de la dignidad humana.

39 Parejo Alfonso, Luciano, *Estado y Derecho en procesos de cambios,* Tirant Lo Blanch, Valencia, 2016, p. 45

40 Sentencia de 4 de julio de 2006, Serie C No. 149, caso *Ximenes Lopes vs. Brasil*, párrafo 92. *Vid.* Belén Araque, Lucía y Graciela Carpintero, Karina, "El fortalecimiento interpretativo de la Corte Interamericana en defensa de los derechos económicos, sociales, culturales y ambientales. Reflexiones a partir del caso Cuscul Pivaral y otros vs. Guatemala", en Morales, Mariela et al., (coordinadores), *Interamericanización de los DESCA en el caso Cuscul Pivaral de la Corte IDH,* Instituto Max Planck de Derecho Público Comparado y Derecho Internacional Público-Instituto de Estudios Constitucionales del Estado de Querétaro- Instituto de Investigaciones Jurídicas- Universidad Nacional Autónoma de México, Ciudad de México, 2020, pp. 275 y ss. Más recientemente, véase la sentencia de la Corte de 1 de octubre de 2021 en el caso *Vera Rojas y otros vs. Chile,* Serie C No. 439 (Excepciones preliminares, Fondo, Reparaciones y Costas). Allí se concluye que *"los Estados tienen el deber de garantizar su prestación, al igual que la de regular y fiscalizar la actividad de las empresas privadas de servicios de salud, incluidos los servicios de las aseguradoras, en tanto su actuación se encuentra en la esfera de un servicio de naturaleza pública, por lo que actúa a nombre del Estado*" (párrafo 124).

la desigualdad productiva, o ser, las condiciones de inequidad que impiden a las personas adquirir y liberar capacidades productivas.

Las APPs responden a esta concepción. Así, la necesaria interacción ente el sector público y privado requiere la colaboración entre ambos sectores, incluso, por medio de contratos. Bajo esa visión, las APP no se limitan al financiamiento y ejecución de infraestructuras, sino que pueden alcanzar cualquier ámbito propio de la actividad administrativa. Como recuerda Jaime Rodríguez-Arana, el interés general no puede ser definido unilateralmente por la Administración, pues la buena administración exige una definición abierta, dinámica y plural. Esto dio lugar a estudiar los acuerdos administrativos como modalidades de la acción consensuada de la Administración[41]. Tal es, precisamente, la esencia de las APPs: ellas son técnicas contractuales basadas en la interacción, colaboración y complementariedad entre el sector público y privado[42].

Bajo esta visión, las APPs pueden tener ámbitos muy extensos, por ejemplo, en temas tales y como planeamiento urbano. La reciente experiencia con la vacunación en contra de la COVID-19 realzó la utilidad de las APPs para promover el desarrollo social, en concreto, a través de la investigación y producción de vacunas. El ámbito de las APP, en realidad, puede ser tan amplio como el ámbito de los cometidos a cargo de las Administraciones.

En nuestra opinión, el elemento distintivo de las APP es que ellas parten de la complementariedad e interacción entre el sector público y privado. Desde la perspectiva de las Administraciones Públicas, esta interacción es fundamental, pues ambos sectores se complementan. Así, el sector privado tiene capacidades en temas como recursos financieros, conocimiento productivo e información. El sector público, por su parte, puede proveer bienes públicos, derechos administrativos sobre bienes, obras y servicios, y también, conocimiento. Esta complementariedad promueve las sinergias, lo que no es posible en la teoría general del contrato administrativo, que descansa en la capacidad del contratista privado bajo el principio de riesgo y ventura[43].

Por lo anterior, las Administraciones Públicas pueden cumplir más eficientemente con sus tareas relacionadas con el desarrollo productivo a través de la APPs, como instrumentos llamados a promover la cooperación público-privada para atender los ambiciosos objetivos asociados al desarrollo en el marco de los estándares de la buena administración. Esto resultará especialmente importante en la postpandemia, pues la región tendrá que acelerar la recuperación económica y la promoción del desarrollo inclusivo. Aquí interesa detenernos brevemente en la fragilidad de las Administraciones Públicas.

Hemos señalado que el Derecho Constitucional en América Latina, junto con el Sistema Interamericano, se traducen en múltiples mandatos positivos orientados a la promoción del desarrollo inclusivo, y en muchos casos, relacionados con derechos prestacionales. El catálogo es ciertamente amplio, y el esfuerzo que debe hacer el Estado para cumplir con esos cometidos es igualmente notable. Esto permite calificar a esos mandatos como ambiciosos, en el

---

41 Rodríguez-Arana, Jaime, "El Derecho Administrativo ante la crisis", en *Revista de Direito Administrativo & Constitucional, Volumen 15 N° 60,* Instituto de Direito Romeu Felipe Bacellar, Curitiba, 2015, p. 20.

42 Por ejemplo, *Vid.* Pérez, Luis and Gómez, Miguel, Estrategias público-privadas para el establecimiento de un ciclo de exportación de aguacate exitoso: casos de Colombia y Perú, Banco Interamericano de Desarrollo, Washington D.C., 2022.

43 Fernández-Arias, Eduardo *et al.*, "Overview: Public-Private Collaboration on Productive Development Policies", en *Two to tango: public-private collaboration for productive development policies*, Banco Interamericano de Desarrollo, Washington D.C., 2016, pp. 1 y ss.

sentido que ellos pretenden transformar la condición de desigualdad imperante en condiciones más equitativas[44].

Desde el sector público, este esfuerzo recae principalmente en las Administraciones Públicas, pues solo a éstas corresponde la gestión concreta del interés público. Como vimos, la garantía de los derechos prestacionales solo se cumple, efectivamente, a través de la actividad administrativa. Con lo cual, la Administración requiere de capacidades para cumplir esos cometidos, capacidades que se miden en función a recursos humanos, recursos fiscales, procedimientos y organización. Si esas capacidades fallan, entonces, la Administración no podrá cumplir efectivamente con los mandatos de transformación. Esas fallas dan lugar a la fragilidad de las Administraciones Públicas[45].

La diferencia entre el ambicioso marco jurídico en América Latina -tanto a nivel nacional como subnacional- orientado al desarrollo inclusivo, y la desigualdad arraigada en la región, refleja precisamente esa fragilidad. A pesar de todo el esfuerzo que el Derecho Público en América Latina ha realizado a través de Constituciones, Leyes, sentencias, reglamentos y actos de cumplimiento del Sistema Interamericano, lo cierto es que persiste una enorme brecha de desigualdad que socava la confianza ciudadana. Esa brecha, también, permite comprender el efecto devastador que la pandemia tuvo en la región.

La fragilidad del Derecho Administrativo también se extiende a la debilidad de los mecanismos de control, llamados a prevenir la arbitrariedad de la Administración. Con lo cual, la fragilidad del Derecho Administrativo crea incentivos para conductas arbitrarias y abusivas que pueden menoscabar los mecanismos de mercado, generando con ellos obstáculos adicionales al desarrollo. De allí la existencia de un círculo vicioso: la fragilidad estatal crea incentivos perversos que debilitan, más todavía, a las Administraciones Públicas[46]. Esto hace que el Derecho Administrativo en América Latina pueda ser considerado un Derecho Administrativo fallido, pues la fragilidad estatal impide la efectiva implementación de las tareas asociadas al desarrollo en el contexto de los estándares de la buena administración.

Precisamente, una de las técnicas que permiten paliar los efectos de la fragilidad de las Administraciones Públicas son las APPs. En efecto, el sector privado puede aportar las capacidades que impiden a la Administración cumplir con los mandatos del desarrollo inclusivo, en especial, en términos de recursos humanos (capital social) y financiero (capital económico). El capital social alude especialmente conocimiento productivo, entendido como el conocimiento no codificado que deriva de la experiencia productiva. El capital económico alude a la disponibilidad de recursos financieros. En este sentido, las APPs permiten contar con instituciones llamadas a coordinar diversos operadores económicos que participan en el financiamiento asociado a proyectos de infraestructura, y que exigen grandes inversiones en gastos de capital[47].

---

44 Brinks, Daniel *et al., Understanding Institutional Weakness. Power and design in Latin American institutions,* Cambridge Elements. Political and Society in Latin America, Cambridge University Press, Cambridge, 2019, pp. 11 y ss.

45 Hernández G., José Ignacio, La pandemia de la COVID-19 y el Derecho Administrativo en América Latina, *cit.*

46 Desde las Ciencias Económicas, se ha referido a "instituciones extractivas" para describir las reglas arbitrarias que socavan los mecanismos de mercado, típicamente, en materias propias del Derecho Administrativo. *Vid.*: Acemoglu, Daron y Robinson, James, *Why Nations Fail,* Crown Business, New York, 2012, pp. 70 y ss.

47 El financiamiento de proyectos o *finanproyecto,* está especialmente asociada a los riesgos del objeto del contrato -la infraestructura- y la manera en la cual estos riesgos se reparten. El finan-

Con lo cual, quizás el mejor ejemplo para explicar la complementariedad de las APPs es, precisamente, en cuanto a su rol para atender las áreas que la Administración no puede atender debido a su fragilidad[48].

2. *El rol de las APP en la infraestructura y la necesaria superación de la teoría del contrato administrativo*

Un área específica de las APPs, que suele acaparar la atención, es su relación con las infraestructuras. La teoría general del contrato administrativo descansa en conceptos estatistas, como el servicio, los bienes y las obras públicas. Estos conceptos parten de la primacía de la Administración en la gestión de obras, bienes y actividades que se consideran estatales como efecto de la "*publicatio*". Por ello, la teoría del contrato administrativo asigna un rol en cierto modo marginal a la iniciativa privada, relegada a la gobernanza privada de esas obras, bienes y servicios, pero bajo potestades exorbitantes que, como vimos, pueden afectar la función económica del contrato.

Bajo este esquema, el rol de la iniciativa privada en las obras, bienes y servicios no permite aprovechar adecuadamente las capacidades productivas del sector privado, ni permite adoptar un proceso exploratorio de autodescubrimiento a través del cual el sector público y privado puedan aprovechar las sinergias que pueden surgir entre ellos. De esa manera, puede concluirse que la teoría del contrato administrativo inhibe las fuerzas productivas que podrían promover la innovación y mejora en las obras, bienes y servicios públicos.

El primer paso para favorecer esa innovación y mejora productiva es abandonar las figuras estatistas del contrato administrativo, y de las obras, bienes y servicios públicos. El cambio no es solo nominal. Así, un puerto puede ser calificado como obra pública o infraestructura, lo que es en realidad irrelevante desde la perspectiva jurídica. De igual manera, es irrelevante que la gestión del puerto se confíe a la iniciativa privada por medio de un "acuerdo de alianza", si su régimen jurídico reproduce las instituciones estatistas del contrato administrativo. El cambio se requiere no es nominal: es un cambio de paradigma.

El concepto de infraestructura se ha generalizado, precisamente, en la medida en que responde a un cambio de paradigma acerca del rol del sector público y privado, no solo en el ámbito nacional sino también en el ámbito global. Así, retomando las ideas planteadas en la sección anterior, cabe apuntar que el concepto de infraestructura es económico, y describe a los bienes -y servicios anejos- cuyo uso es indispensable para la realización de otras actividades económicas. Más en concreto, el concepto describe bienes complejos, en el sentido que precisan de la interacción de diversas materias primas, recursos financieros, códigos y procedimientos técnicos y reglas de organización. Esta complejidad puede generar fallos de mercado, especialmente ante las barreras que pueden inhibir la coordinación o acción colectiva que se requiere para alinear eficiente-

---

ciamiento puede ser a través de mecanismos como préstamos, e incluso, mediante la emisión de deuda, eventualmente, deuda pública. A resultas de lo anterior, los contratos de APP suelen ser contratos conexos con aquellos que procuran el financiamiento de proyectos. Esto demuestra que las APP pueden promover la cooperación entre el sector público y privado, incluso, para procurar los recursos asociados a los gastos de capital. Puede verse a Mercado, Edgardo y Abusada, Flavia, "La asociación público-privada y el nuevo hogar el Project Finance", en *Revista de Derecho Administrativo N° 16,* 2016, pp. 167 y ss. Una extensa explicación comparada puede verse en Dickson, Rafael, *Asignación de riesgos en la colaboración público-privada, cit.*

48 Donahue, John, "Public-Private Collaboration" en D. Goodin, Robert E., et al., *The Oxford Handbook of Public Policy*, Oxford University Press, Oxford, 2009, pp. 497 y ss.

mente la interacción de todos estos elementos. Este fallo de mercado justifica la intervención administrativa para garantizar la oferta de infraestructuras[49].

Pueden haber razones más pragmáticas, de orden legal, que también justifican la intervención administrativa. Así, en la medida en que dentro de los bienes necesarios para producir infraestructuras existan bienes propiedad del Estado, entonces, la intervención administrativa será necesaria. Otra razón que puede justificar la intervención administrativa son las externalidades que pueden desprenderse tanto de la construcción como de la puesta en operación de las infraestructuras, por ejemplo, de cara a posibles daños ambientales.

Todas ellas fallas pueden adversar, negativamente, la oferta de infraestructuras. Pero en la medida en que éstas son necesarias para desplegar actividades económicas, entonces, existirá una demanda desatendida, todo lo cual puede obstruir el desarrollo productivo. Podemos formular varios ejemplos. Así, las actividades de exportación e importación requieren de una infraestructura portuaria, mientras que la distribución de alimentos requiere de infraestructuras viales o ferroviales. La producción de bienes y servicios requiere del suministro eléctrico, el cual depende de una red de transmisión -la infraestructura eléctrica-. La oferta insuficiente de cualquiera de esas infraestructuras es una condición adversa al desarrollo.

De allí que la Administración asume, dentro de sus cometidos, la garantía de la oferta de infraestructuras, como parte de las políticas para el desarrollo productivo. Pero ello requiere partir del principio de subsidiariedad y de la complementariedad con el sector privado. Así, bajo la visión estatista del contrato administrativo, la Administración asume -bajo la *publicatio*- las principales responsabilidades asociadas a la construcción y explotación de las obras públicas comentadas en los ejemplos, como puertos, autopistas y redes de distribución. La fragilidad estatal agrava las consecuencias de esta visión estatista, pues fallas en la capacidad estatal derivarán en una inadecuada oferta de esas obras y, por ende, en restricciones al desarrollo.

Desde las APPs, el énfasis se coloca en la complementariedad orientada a elevar la calidad de la oferta de infraestructuras. Esto pasa por reconocer las fallas de capacidad de la Administración, y la necesidad de complementar esas fallas con las capacidades del sector privado. Al mismo tiempo, las fallas de capacidad del sector privado podrán complementarse con las capacidades de la Administración. Las APPs permiten alinear las capacidades de los sector público y privado, todo lo cual crea condiciones favorables para la correcta gestión de las infraestructuras. Las APPs, por ello, parten de la relevancia del elemento cuantitativo, superando la rígida dicotomía entre gestión pública y privada[50].

La especialidad de las APPs desde la perspectiva del desarrollo productivo se traduce en reglas y principios especiales de Derecho Administrativo. Aquí es importante insistir que las APPs no son una técnica de privatización, pues no parten de la gobernanza privada sino de la gobernanza mixta. De esa manera, en América Latina las APPs han surgido como una respuesta ante la exigencia de contar con mecanismos más flexibles de gestión de infraestructura que, en especial, permitan la participación de terceros actores para proveer el financiamiento necesario[51].

---

49 Fay, Marianne et al., Rethinking infrastructure in Latin America and the Caribbean: spending better to achieve more, Banco Mundial, Washington D.C., 2017, pp. 15 y ss.

50 Jordana, Jacint "The Politics of Infrastructure Policy", en *The Problem-solving Capacity of the Modern State: Governance Challenges and Administrative Capacities,* Oxford University Press, Oxford, 2012, 163.

51 Benavides, José Luis, "Tendencias generales de la contratación pública en América Latina", *cit.*, p. 53

Esta especificidad de las APP exige un régimen jurídico propio en la contratación pública, en especial, en cuando a los derechos y obligaciones que las Administraciones asumen[52]. En concreto, esta especificidad recomienda asumir el estudio dogmático del contrato público desde la perspectiva de la complementariedad entre el sector público y privado para impulsar el desarrollo. Desde América Latina, esto es un reto importante, pues las restricciones en temas de espacio fiscal y capacidad estatal especialmente agravadas con la pandemia, exigirán un nuevo enfoque hacia las infraestructuras.

Estos son, en nuestra opinión, los principios generales que deberían informar a las APP como contratos públicos desde la perspectiva comparada del Derecho Administrativo de América Latina:

.- **La complementariedad entre el sector público y privado**. Más allá de las especificidades contractuales, las APP responden a la visión de la complementariedad entre el sector público y privado, lo que exige abandonar instituciones que, como el servicio público -y por derivación, el contrato administrativo- parten de la rivalidad entre el sector público y privado. En América Latina este es el primer reto para atender. Así, la tendencia en la región es partir de la predominancia del rol del Estado en la economía, lo que se traduce incluso en cláusulas económicas que, en la Constitución, asignan un sinnúmero de tareas al Estado, marginando el rol del sector privado y matizando el principio de subsidiariedad.

Esta visión estatista del desarrollo, inevitablemente, se proyecta al Derecho Administrativo y al rol de los contratos administrativos, que no tienen como propósito promover la colaboración público-privada, sino procurar el auxilio específico de la inversión privada en ciertos proyectos que, aun cuando quedan sometidos a técnicas de gobernanza privada, sin embargo, se desenvuelven en el marco de las potestades exorbitantes de la Administración Pública.

En este sentido, las APPs pueden ser valoradas como una técnica para la vuelta de la Administración Pública, pues proyectos gestionados bajo técnicas de gobernanza privada pasarán a gestionarse por técnicas mixtas, en la cuales la Administración aporta capacidades para la mejor gestión del contrato. Por lo anterior, las APPs tienen un ámbito mucho mayor que la concesión administrativa, pues mientras esta se limita a infraestructuras que puedan ser explotadas comercialmente, las APPs procuran la colaboración en cualquiera de las tareas a cargo de la Administración -incluyendo, por ejemplo, la producción de vacunas.

.- **La protección de los derechos económicos del contratista, los costos de transacción y los derechos de la Administración contratante**. La gestión de riesgos en proyectos de infraestructura es un elemento crucial, no solo en relación con los riesgos propios del proyecto sino, además, con el riesgo político, esto es, los eventos futuros e inciertos que pueden lesionar los derechos económicos, y que derivan de acciones u omisiones del Estado. Sobresale, en este sentido, el riesgo expropiatorio, esto es, la posibilidad de que la Administración dicte medidas expropiatorias o de efecto similar en contra de activos del contratista, pero en especial, en contra de los derechos contractuales[53].

La figura de las cláusulas exorbitantes como poderes implícitos, e incluso, el reconocimiento de potestades discrecionales en la Ley que regula el contrato, o de derechos especiales en el propio contrato, y que en suma permitan a la Administración terminar el contrato por

---

52 Existen especificidades en el procedimiento de licitación, que sin embargo, no son consideradas en este trabajo, que centra en el estudio del régimen jurídico de las APP.

53 El riesgo expropiatorio y de incumplimiento de contratos, suele medirse por el *Political Risk Service Group's International Country Risk Guide* (ICRG).

razones de interés general o por incumplimiento; modificar el contrato; supervisar e imponer sanciones, e interpretar el contrato en el marco de mecanismos de solución de controversia regidos por la auto-tutela, elevan el riesgo político y, en concreto, el riego expropiatorio.

Muy en especial, la terminación unilateral del contrato por razones de interés general -más allá de cuál sea la fuente de tal potestad o derecho- es una medida expropiatoria, que sin embargo se conduce por cauces distintos a aquellos que rigen a la expropiación. Por lo general, la terminación unilateral del contrato se supedita a valoraciones discrecionales, no requiere previo procedimiento y se basa, exclusivamente, en una decisión unilateral de la Administración. Además, esa decisión unilateral puede expresarse como un acto administrativo, esto es, como una decisión que debe presumirse válida y que podrá ejecutarse coactivamente, todo ello, sin intervención previa del juez.

Las APPs contribuyen a la racionalidad de la actividad administrativa. Ciertamente, las APPs no pueden implicar el abandono de los poderes de supervisión que la Administración tiene sobre las infraestructuras. Más allá de las previsiones constitucionales y legales, lo cierto la Administración debe mantener técnicas de intervención sobre las infraestructuras para atender fallos de mercado. El objetivo, más bien, es elevar la racionalidad de los derechos de la Administración en el marco de las APPs, procurando así el balance entre los derechos del contratista y los derechos de la Administración, desde la figura del Estado garante. La racionalidad de la actividad administrativa asociada a las infraestructuras tiende a reducir los costos de transacción y, con ello, crea condiciones favorables para la eficiente gestión de las infraestructuras, todo ello, en beneficio de los usuarios y en sintonía con los estándares de la buena administración.

No puede verse en lo anterior una renuncia del Derecho Administrativo a favor de la aplicación del Derecho Privado, ni cabe hablar de privatización de infraestructuras o, tanto más, de huida del Derecho Administrativo. Lo primero que cabe observar es que la complementariedad del sector público y privado se proyecta en la complementariedad del Derecho Privado y del Derecho Administrativo. La visión estatista ha propendido a valorar ambas ramas del Derecho como antagónicas, pero lo cierto es que las reglas de Derecho Privado y Público pueden -y deben- intercambiarse para lograr el mejor servicio a los ciudadanos[54]. De otro lado, ya hemos explicado que las APP, lejos de suponer la privatización o la huida del Derecho Administrativo, procuran el retorno del Derecho Administrativo por medio de mecanismos mixtos de gobernanza.

.- **Los estándares de la buena administración y la transparencia.** La visión estatista de la contratación pública descansa predominantemente en la capacidad de la Administración, cuya fragilidad afecta la gestión de los contratos, tanto en lo respecta al procedimiento licitatorio como en lo que atañe a la ejecución del contrato. De allí que la corrupción es una de las desviaciones que mayor incide en la contratación pública en América Latina. Una técnica para reducir estas fallas es incrementar la transparencia y la participación ciudadana, incluso, por medio de tecnologías de la información y la comunicación. Tal es el ejemplo del programa MapaInversiones, promovido por el Banco Interamericano de Desarrollo, que permite conocer, en tiempo real, la situación actual de proyectos de infraestructura y uso del

---

54 Como ha observado Sordi, Bernardo, *Diritto pubblico e diritto privato,* Il Mulino, Bolonia, 2020, pp. 211 y ss.

patrimonio público[55]. De igual manera, la tecnología de la cadena de bloques -*blockchain*- puede ser especial utilidad para implementar APPs por medio de "contratos inteligentes"[56].

Las APP pueden contribuir a paliar la fragilidad de la Administración, reduciendo con ello riesgos de corrupción y elevando la transparencia. En especial, los proyectos financieros asociados a las APP también generan incentivos a favor de la transferencia, en la medida en que se acuda a mecanismos de financiamiento que puedan beneficiarse de la disciplina del mercado, por ejemplo, mediante la emisión de títulos de deuda.

.- Los mecanismos de solución de controversias y el Derecho Administrativo Global. Uno de los elementos del riesgo político es la calidad de los mecanismos de solución de controversias y protección de derechos económicos, en especial, derechos contractuales. La debilidad del sistema de justicia, y la existencia de potestades que bajo la autotutela permitan la solución de controversias sin intervención del juez, son condiciones que elevan el riesgo de las infraestructuras y, por ende, tienden a afectar su eficiencia y, eventualmente, su calidad, en desmedro del derecho de los usuarios.

En términos económicos, estas fallas pueden solucionarse mediante el arbitraje como mecanismos de solución de controversias. Caben dos opciones: el arbitraje contractual, orientado a garantizar el cumplimiento del contrato, y el arbitraje basado en Tratados, cuyo ámbito es mucho más amplio y se extiende, en general, a cualquier acción y omisión de la Administración Pública que lesione los derechos del inversionista, incluyendo sus derechos contractuales. Más recientemente, desde Europa, se ha propuesto sustituir al arbitraje de Tratados por tribunales internacionales[57].

De nuevo, el Derecho Administrativo de sesgo estatista se ha basado en la oposición entre el arbitraje y los mecanismos de solución de controversia regidos por el Derecho Administrativo, como los mecanismos basados en la autotutela administrativa, pero en especial, la jurisdicción contencioso-administrativa. Tanto más, hay una clara tensión entre el Derecho Administrativo estatista y el sometimiento de contratos públicos -y las APP- al Derecho Global[58]. Esta tensión puede afectar el flujo internacional de capitales que requieren las infraestructuras, en especial, tomando en cuenta la complementariedad entre los conocimientos productivos domésticos y extranjeros[59].

---

55 Véase, sobre este proyecto de Banco: https://www.iadb.org/es/reforma-modernizacion-del-estado/iniciativas-mapainversiones

56 Reyes-Tagle, Gerardo et al., Contratos inteligentes: un análisis de su potencial en los procesos de asociaciones público-privadas, Banco Interamericano de Desarrollo, Washington D.C., 2022.

57 Hernández G., José Ignacio, "Investment Law and Post-Pandemic in Latin America: Towards a New Approach to the Non-Intervention Principle", en *Transnational Dispute Management,* 2021, en: https://www.transnational-dispute-management.com/journal-advance-publication-article.asp?key = 1916

58 Moreno Molina, José Antonio, "La importante evolución hacia un Derecho Global de la Contratación Pública", en *La reforma de las Administraciones públicas. VII Jornadas Iberoamericanas de Derecho Administrativo,* Universidad de La Coruña, 2015, pp. pp. 499 y ss.

59 De igual manera que el sector público y privado se complementan, la inversión doméstica directa y la inversión extranjera directa también se complementan, en la medida en que la inversión extranjera puede aportar conocimientos productivos que no existen en el Estado sede de la infraestructura. El Derecho Administrativo debe facilitar el intercambio de esos conocimientos, todo lo cual deja a salvo el derecho a regular la inversión extranjera directa.

CONCLUSIONES

El desarrollo no puede alcanzarse sin un Estado que cuente con capacidad suficiente para atender fallos de mercado y garantizar la satisfacción de ciertas necesidades esenciales, bajo los principios de subsidiariedad y solidaridad. Esta capacidad es especialmente relevante en ámbito de las Administraciones Públicas, pues a éstas corresponde la gestión concreta de los cometidos estatales.

La fragilidad de las Administraciones Públicas en América Latina es, por lo anterior, una condición adversa al desarrollo. Quizás el mejor signo de ello es que a pesar lo ambicioso del Derecho Administrativo en América Latina -repleto de mandatos de transformación- la región es la más desigual del mundo. Esto evidencia que el Derecho Administrativo en América Latina ha fallado en su rol transformador, no -solo- por el abuso de poder de las Administraciones Públicas, sino en especial, por la ausencia de Administraciones Públicas, esto es, por la inactividad administrativa que ha fallado en garantizar los derechos económicos y sociales.

No se trata, por supuesto, de cualquier tipo de Administraciones Públicas, sino de aquellas que cuenten con capacidad suficiente para cumplir sus cometidos desde la centralidad de la persona y su dignidad humana. El desarrollo no puede concebirse como un proceso desde y para el Estado, sino como un proceso de exploración y autodescubrimiento orientado a expandir la capacidad de la persona para satisfacer sus propias necesidades, en especial, por medio de la comunidad libremente organizada. El florecimiento de la comunidad mediante la tutela del bien común solo puede alcanzarse mediante la dignidad humana.

Bajo esta visión, la gestión de infraestructuras no puede valorarse desde los extremos de la gestión pública y la gestión privada. Tampoco la figura del contrato administrativo es la técnica adecuada, pues lo cierto es que ésta se ve empañada por la predominancia de la visión estatista y la marginación del sector privado mediante mecanismos privados de gobernanza bajo amplias potestades de tutela de la Administración.

El desarrollo en América Latina requiere de Administraciones Públicas capaces, y también, de infraestructuras de calidad: la producción agrícola precisa de vías de comunicación para la distribución de los productos agrícolas, y los hoteles requieren de aeropuertos para atraer turistas. Por razones económicas -y no ideológicas, recalcamos- las infraestructuras se enfrentan a fallas de mercado que afectan su gestión eficiente por parte del sector privado. La fragilidad estatal, por su parte, afecta la eficiente gestión de infraestructuras bajo el contrato administrativo. El reto consiste en valorar que el sector público y privado no están en situación de rivalidad, sino de complementariedad, incluso, por lo que respecta a la gestión de las infraestructuras.

Tal es el cambio de paradigma que subyace tras las APP. Más allá de los detalles de sus reglas, en especial en cuanto a la distribución de riesgos, nuestro interés radica en insistir en que la promoción del desarrollo inclusivo en América Latina, especialmente luego de la pandemia, exige cambiar la visión bajo la cual el sector público y el sector privado están en situación de rivalidad. Razones ideológicas y económicas asociadas al espacio fiscal, hacen que estas visiones generen un movimiento pendular de estatización y privatización de las infraestructuras. Pero el interés no debe centrarse en la dimensión cuantitativa de la Administración, sino la visión cualitativa. Bajo esta visión, las APPs pueden complementar la fragilidad de la Administración Pública y generar incentivos desde el sector privado que mejoren la calidad en la oferta de infraestructuras y promuevan el desarrollo.

En resumen, la eficiente gestión de las infraestructuras para apalancar el desarrollo productivo requiere de la visión según la cual el sector público y privado son complementarios, pues cada uno puede aportar capacidades que favorezcan a la calidad en la gestión de las infraestructuras, en beneficio de los usuarios y bajo los estándares de la buena administración. Las APP, por todo lo anterior, deben promover el cambio de paradigma en torno del rol de las Administraciones Públicas en el desarrollo. A partir de este cambio de paradigma, puede abordarse el estudio comparado de las APPs en el Derecho Administrativo de América Latina, a los fines de determinar en qué medida ese marco jurídico favorece la complementariedad del sector público y privado.

¿GARANTIZA LA INDEPENDENCIA DE DEFENSORES PÚBLICOS LA CONVOCATORIA AL V CONCURSO DEFENSORIL?*

Laura Louza Scognamiglio**

Fundadora y directora ejecutivo de la ONG venezolana Acceso a la Justicia

Resumen: *El artículo examina si el V Concurso de Credenciales y Conocimientos de la Carrera Defensoril garantiza la independencia de los defensores públicos en Venezuela. Aunque la convocatoria cumple formalmente con la publicidad exigida por la ley, el análisis demuestra que el proceso no es realmente abierto, pues está limitado exclusivamente a defensores provisionales previamente designados de forma discrecional, excluyendo a profesionales externos que podrían cumplir los requisitos para el cargo. Este diseño reproduce la precariedad institucional que ha caracterizado a jueces, fiscales y defensores públicos provisorios, cuya falta de estabilidad los hace vulnerables a presiones políticas. Asimismo, la resolución que regula el concurso contiene vacíos significativos en materia de transparencia, como la ausencia de criterios para seleccionar al jurado y dudas sobre la publicación efectiva de listas para el control ciudadano. Aunque la regularización podría ser una vía para otorgar estabilidad, no garantiza por sí sola independencia ni idoneidad. En conjunto, el artículo concluye que el concurso mantiene prácticas discrecionales que afectan la independencia de la Defensa Pública y, en consecuencia, el derecho de las personas a una defensa real y justa.*

Palabras Clave: *Defensa publica, defensor público, concurso público.*

Abstract: *The article examines whether the Fifth Credential and Knowledge-Based Competition for the Public Defender Career guarantees the independence of public defenders in Venezuela. Although the call formally complies with the publicity requirements set by law, the analysis shows that the process is not truly open, as it is limited exclusively to provisional public defenders previously appointed at the discretion of authorities, thereby excluding external professionals who could meet the qualifications for the position. This design reproduces the institutional precariousness long seen among provisional judges, prosecutors, and public defenders, whose lack of stability makes them vulnerable to political pressure.*

Key words: *Public defense, public defender, public competition*

---

* https://accesoalajusticia.org/garantiza-independencia-defensores-publicos-convocatoria-v-concurso-defensoril/.

** Abogada de la Universidad Católica Andrés Bello; Especialista en Derecho Administrativo de la Universidad Pantheon-Assas (París II); Magister en Derecho, Economía y Políticas Públicas del Instituto Ortega y Gasset de la Universidad Complutense de Madrid; Fundadora y directora ejecutivo de la ONG venezolana Acceso a la Justicia, https://accesoalajusticia.org

Furthermore, the resolution regulating the competition contains significant transparency gaps, such as the absence of criteria for selecting the evaluation committee and uncertainty regarding whether the lists required for citizen oversight will be effectively published. While regularization could be a mechanism to grant stability, it does not, on its own, ensure independence or suitability. Overall, the article concludes that the competition perpetuates discretionary practices that undermine the independence of the Public Defender's Office and, consequently, the right of individuals to genuine and effective legal defense.

La Defensa Pública debería garantizar la defensa gratuita de quienes lo necesiten, pero en Venezuela se ha convertido en un mecanismo de control en procesos penales, sobre todo en casos de persecución política, en los que se impone un defensor público aun cuando el detenido prefiera un abogado de confianza, convirtiéndolo en un obstáculo para ejercer una defensa real.

Esto ha sido documentado y denunciado tanto por la Oficina del Alto Comisionado de las Naciones Unidas para los Derechos Humanos (OACNUDH) como por la Misión Internacional Independiente de Determinación de Hechos para Venezuela (MIIDHV), que han señalado prácticas irregulares de la Defensa Pública, como la imposición de defensores a extranjeros o a víctimas de persecución política que manifiestan querer contar con una defensa privada.

En este contexto, es perentorio examinar las normas contenidas en la resolución n.° DDPG-2025-152, publicada en la Gaceta Oficial n.° 43.178 del 28 de julio de 2025, que regulan el V Concurso de Credenciales y de Conocimientos de la Carrera Defensoril,[1] para determinar si garantizan la independencia de los defensores públicos nombrados tras cumplir ese proceso.

TITULARIDAD SIN CONCURSO DE OPOSICIÓN

El V Concurso Defensoril busca otorgar la titularidad a los defensores públicos provisorios mediante un proceso de «regularización» basado en credenciales y conocimientos, mecanismo que ya ha sido aplicado en el Poder Judicial y el Ministerio Público para jueces[2] y fiscales,[3] respectivamente.

El problema en la práctica es que, conforme a reiterada jurisprudencia del Tribunal Supremo de Justicia (TSJ), cuando un funcionario del sistema de justicia —en particular jueces, pero también fiscales y defensores públicos— ocupa un cargo de manera provisoria, no se le reconoce la condición de titular.[4] En consecuencia, carece de estabilidad y puede ser removido sin procedimiento alguno ni derecho a la defensa, bastando con dejar sin efecto su acto de nombramiento. Esta situación de precariedad institucional lo hace altamente vulnerable a la injerencia del poder político y compromete gravemente su independencia.

Así, la Corte Interamericana de Derechos Humanos (Corte IDH), ha ordenado al TSJ dar a los jueces provisorios el mismo trato que a los administradores de justicia titulares, ya que

---

1 https://accesoalajusticia.org/normas-del-v-concurso-de-credenciales-y-de-conocimientos-de-la-carrera-defensoril/

2 https://accesoalajusticia.org/consideraciones-sobre-las-normas-de-evaluacion-y-concurso-de-oposicion-para-el-ingreso-y-ascenso-a-la-funcion-judicial/

3 https://accesoalajusticia.org/regularizacion-fiscales-provisorios-ministerio-publico-no-es-concurso-publico-oposicion/

4 https://accesoalajusticia.org/jueces-provisorios-o-temporales-carecen-de-estabilidad/

> «la inamovilidad es una garantía de la independencia judicial que a su vez está compuesta por las siguientes garantías: permanencia en el cargo, un proceso de ascensos adecuado y no despido injustificado o libre remoción. Quiere decir esto que, si el Estado incumple una de estas garantías, afecta la inamovilidad y, por tanto, no está cumpliendo con su obligación de garantizar la independencia judicial».[5]

De acuerdo con lo anterior, se puede afirmar que, aunque la regularización puede ser una forma de cumplir con el mandato de la Corte IDH al dar estabilidad al funcionario que dejaría de ser provisorio, lo fundamental es que realmente se garantice dicha estabilidad y que las personas seleccionadas sean las verdaderamente capacitadas para el ejercicio del cargo correspondiente.

En el caso de los jueces, el artículo 255 de la Constitución exige el concurso público de oposición para otorgar la titularidad. Sin embargo, en la práctica se ha recurrido a la regularización como mecanismo ordinario, a pesar de que debería ser excepcional. Además, este procedimiento se ha aplicado sin carácter público, como lo exige la Constitución, lo que lo vuelve aún más cuestionable.

En cambio, en el caso de los defensores públicos, la Constitución no establece la obligatoriedad expresa del concurso de oposición para su ingreso, aunque sí su independencia (artículos 256 y 268 de la Constitución). Conforme a ello, la Ley Orgánica de la Defensa Pública exige la publicidad del concurso y de sus normas, lo que en principio se cumple en el caso del V Concurso Defensoril convocado, aunque no en todos los aspectos, como se verá a continuación.

CONCURSO PÚBLICO, PERO NO ABIERTO

La Ley Orgánica de Reforma Parcial de la Ley Orgánica de La Defensa Pública, (Gaceta Oficial n° 6.702 extraordinario del 25 de mayo de 2022),[6] exige, entre otros, en sus artículos 117, 118 y 119, concursos públicos que se fundamenten en principios de honestidad, idoneidad y eficiencia. En este sentido, la resolución antes mencionada que regula el V Concurso Defensoril, el cual define como «de credenciales y conocimientos», indica todos los pasos y requisitos para su realización e incluso impugnación si fuera el caso.

Sin embargo, la convocatoria se limita a los defensores públicos provisorios ya nombrados discrecionalmente, lo que discrimina a los abogados externos a la institución que pueden tener todos los requisitos exigidos para el adecuado desempeño del cargo. Es decir, la resolución y el concurso son públicos, pero este último no es abierto al público.

Además, la resolución que regula el V Concurso Defensoril no establece cuáles son los requisitos para ser jurado, sólo que sus tres miembros serán nombrados por el propio defensor público general (artículo 17), cuya independencia ha sido cuestionada.[7]

Aunque el artículo 33 de las normas exige la publicación de la lista de los defensores públicos provisionales que sean admitidos al concurso para su respectiva contraloría social, con la posibilidad de impugnar a alguno dentro de los 3 días siguientes, habrá que ver si esa lista se publicará en la página web de la institución o en sus redes sociales,[8] o si existe alguna invitación a organizaciones de la sociedad civil independientes para revisar dicho proceso.

---

5 https://www.corteidh.or.cr/docs/casos/articulos/seriec_197_esp.pdf

6 https://tugacetaoficial.com/leyes/ley-organica-de-reforma-parcial-de-la-ley-organica-de-la-defensa-publica/

7 https://accesoalajusticia.org/designacion-defensor-publico-general-no-es-necesariamente-buena-noticia/

8 https://concursodp.defensapublica.gob.ve/

En definitiva, resulta poco transparente –y contrario al espíritu de la Constitución y la ley– que se haya normalizado el nombramiento discrecional de funcionarios en el sistema de justicia, una institución que por naturaleza debe ser independiente e imparcial.

Más grave aún es que, tras esos nombramientos, se convoquen concursos en los que solo pueden participar quienes ya ocupan esos cargos, lo que, además, constituye una abierta contradicción con el principio de igualdad de oportunidades. Este derecho debería garantizarse a todos los profesionales que cumplan con los requisitos para ejercer en un ámbito tan sensible para la ciudadanía como lo es la justicia, donde se necesita contar con los mejores y más capacitados.

CONCURSO LIMITADO POR MATERIA Y TERRITORIO

Si bien no guarda relación directa con la garantía de independencia del concurso defensoril, es relevante destacar que este se limita a defensores públicos con competencia en las siguientes áreas: penal ordinario (adultos), incluido el penal municipal; violencia contra la mujer; responsabilidad penal del adolescente; policial; penitenciario e indígena.

Además, se circunscribe a aquellas unidades regionales de la Defensa Pública y sus respectivas extensiones, ubicadas en en todos los estados del país y en el Distrito Capital.

El concurso también está abierto a defensores públicos con competencia para actuar ante la Sala de Casación Penal y Sala Constitucional del TSJ, ubicado en Caracas.

Finalmente, en aras de la transparencia debe decirse que en cuanto a las áreas no penales que atiende la Defensoría (agraria y pesquera; contencioso administrativa; civil, mercantil y tránsito; civil y especial inquilinaria y de defensa del derecho a la vivienda, electoral; especial policial; indígena; laboral; de protección del niño, niña y adolescente; y ante el TSJ) se desconoce la información sobre los concursos en las mismas.

REFLEXIONES FINALES

El V Concurso Defensoril, aunque da cierta apariencia de legalidad y estabilidad para los defensores públicos, sigue excluyendo a profesionales externos y mantiene serias dudas sobre la transparencia del proceso. En la práctica, el derecho a una defensa real y justa continúa en riesgo en Venezuela y más aún si el defensor público es impuesto en un proceso judicial sin posibilidad de tener un abogado de confianza, como suele ocurrir a extranjeros detenidos sin causa o a perseguidos políticos.

La justicia no puede alcanzarse mediante funcionarios designados sin garantías de imparcialidad e independencia. Cuando estas condiciones básicas no se cumplen, se vulnera el Estado de derecho y se niega a los ciudadanos la certeza de una justicia auténtica.

EL PRINCIPIO DE CONFIANZA LEGÍTIMA: APROXIMACIÓN AL CONCEPTO*

–Apuntes para el XXXVI encuentro de la Asociación Venezolana de Derecho Administrativo (AVEDA), celebrado el 24 de septiembre de 2025–

José Antonio Muci Borjas*

Profesor Titular Universidad Católica Andrés Bello
Individuo de Numero de la Academia de Ciencias Políticas y Sociales

Resumen: *Partiendo de las premisas expuestas en la conferencia dictada ante la Asociación Venezolana de Derecho Administrativo, este ensayo desarrolla una propuesta hermenéutica orientada a la relectura y reinterpretación de las facultades de censura del juez contencioso-administrativo y la Administración. El análisis se centra en la modulación de las nulidades de pleno derecho bajo la óptica del principio de confianza legítima, buscando una armonización entre la legalidad y la seguridad jurídica.*

Palabras Clave: *Presunción de Validez de Actos y Contratos Administrativos; Principio de Confianza Legítima; Nulidad Absoluta.*

Abstract: *Building upon the framework established during the lecture at the Venezuelan Association of Administrative Law, this paper offers a hermeneutical shift in the interpretation of judicial and administrative authority to declare administrative actions null and void. It centers on the curtailment of void ab initio effects under the doctrine of legitimate expectations, aiming to reconcile the principle of legality with the requirements of legal stability.*

Key words: *Presumption of Validity of Administrative Acts and Contracts. Principle of Legitimate Expectations. Absolute Nullity.*

Muy buenas tardes.

Es un verdadero gusto poder compartir con todos ustedes durante la tarde de hoy para conversar sobre el principio de confianza legítima en el Derecho venezolano, junto con el Profesor Alfredo Parés Salas, cuya reciente tesis de grado versó justamente sobre este tema[1].

---

* –Apuntes para el XXXVI encuentro de la Asociación Venezolana de Derecho Administrativo (Aveda), celebrado el 24 de septiembre de 2025–

* Abogado, egresado de la Universidad Católica Andrés Bello (UCAB, 1986), con estudios de postgrado en Derecho Administrativo, Tributario y Procesal Civil [Università La Sapienza, Roma (1987-1988)], Derecho Constitucional y Derecho Tributario (University of Miami, 1994), y Derecho Financiero (UCAB, 1996-1998). Profesor Titular de Derecho Administrativo en la UCAB (1988-). Profesor Investigador Invitado en la Universidad Carlos III (Madrid, 2005). Individuo de Número de la Academia de Ciencias Políticas y Sociales (Venezuela), (Sillón N° 27). Árbitro en el Centro de Arbitraje de la Cámara de Comercio de Caracas (ICC) y en el Centro Empresarial de Conciliación y Arbitraje (CEDCA).

I. NUESTRA HOJA DE RUTA

§1. Comencemos delineando nuestra hoja de ruta para el día de hoy. Primero, quisiera repasar un par de las consideraciones hechas, décadas atrás, en el fallo judicial conocido como la *Viuda de Berlín* (Sentencia del Tribunal Superior Administrativo de Berlín, República Federal de Alemania, del 14 de noviembre de 1956). Hecho esto disertaré brevemente, en este preciso orden, sobre (i) la presunción de legalidad que ampara las actuaciones administrativas –las actuaciones administrativas en general, lo adelanto desde ya– y la confianza que de ellas cabe derivar; (ii) los conceptos de legalidad administrativa, por una parte, y por la otra, apariencia de legalidad, relevante –esta última– a los efectos de invocar el principio de confianza legítima; y, (iii) la invalidez y la ineficacia de las actuaciones administrativas a la luz del principio de confianza legítima. Finalmente, expondré un par de conclusiones e invitaré a la reflexión sobre un tema caro para mí.

II. LOS ORÍGENES: LA DECISIÓN *VIUDA DE BERLÍN*

§2. Repasemos lo decidido por el fallo judicial que resolvió el asunto *Viuda de Berlín*. Como bien observó el Profesor Parés en la disertación que acaba de realizar en el marco de este coloquio, en la *Viuda de Berlín*:

a. Primero, la cuestión que el Tribunal estaba llamado a decidir era si la Administración Pública se hallaba facultada para revocar el acto administrativo, favorable al particular, que la Administración consideraba defectuoso debido a una infracción de ley.

En ese asunto, la Administración Pública justificó el ejercicio de su poder de revocación precisamente en la contrariedad a Derecho de la resolución que había sido objeto de revisión en sede administrativa.

b. Segundo, considerando los efectos –favorables al particular– producidos por el acto administrativo de efectos particulares que había reconocido el derecho a la pensión de viudedad, el Tribunal rechazó la tesis, defendida por la Administración demandada, de acuerdo con la cual la sola constatación de la ilegalidad facultaba a la autoridad para revocar la resolución administrativa.

§3. Desde la perspectiva de la Administración, había una actuación contraria a Derecho. Llamémosla "Actuación Administrativa Inicial" o, simplemente, "Actuación Inicial". En virtud de ese dato, me refiero a la contrariedad de la Actuación Inicial con el Derecho, la Administración afirmaba contar con poder legal suficiente para revocar lo que previamente había sido decidido *contra legem*. Llamemos a la decisión revocatoria "Actuación Administrativa Sobrevenida" o, simplemente, "Actuación Sobrevenida".

§4. Pero, el dato que sigue es importante: la Actuación Sobrevenida descansaba sobre una interpretación legal distinta a aquella que había justificado la Actuación Inicial. Según la interpretación original hecha de los textos legales aplicables, la Actuación Administrativa Inicial –aludimos al ofrecimiento de una pensión de viudez, condicionado a la mudanza de la viuda a Berlín Occidental– era conforme a Derecho; según la interpretación legal sucesiva de esos mismos textos legales, la Actuación Inicial era contraria a Derecho y, por consiguiente, a la Viuda de Berlín no la asistía el derecho a una pensión de viudez y las sumas que ella había percibido por ese concepto debían ser devueltas.

---

1 Parés Salas, Alfredo, *El Principio de Protección de la Confianza en Venezuela* (Fundamentación jurídica y deslinde conceptual), Colección Letraviva, Editorial ABEdiciones, Universidad Católica Andrés Bello, Caracas, 2024.

§5. Desde la perspectiva contraria defendida por el particular, la Administración no podía cambiar su postura acerca del sentido y alcance de la ley y repudiar las consecuencias de su ofrecimiento. Admitir lo contrario entrañaría desconocer la "confianza" creada por (i) la Actuación Inicial, favorable al particular, y (ii) la conducta sucesiva observada por la Administración tras la adopción de la Actuación Administrativa Inicial –nos referimos aquí a los pagos de la pensión que ya habían sido realizados con base en la Actuación Inicial–.

III. LA PRESUNCIÓN DE VALIDEZ O LEGITIMIDAD DE LAS ACTUACIONES ADMINISTRATIVAS Y EL PRINCIPIO DE CONFIANZA

§6. Como es bien conocido, los actos administrativos se presumen válidos y legítimos. En nuestro sistema esa es una presunción *iuris tantum* de construcción jurisprudencial. La presunción solo tiene raíz o fundamento normativo en el ámbito tributario (artículo 132 del Código Orgánico Tributario).

§7. Ahora bien, la presunción de legalidad, justificadora de la potestad de autotutela ejecutiva, también desempeña otro rol, relevante para esta disertación nuestra: en principio – en principio, repito– genera confianza en el ciudadano, porque el acto administrativo de efectos particulares, especialmente cuando este es favorable, se entiende expedido conforme a la ley y al Derecho. La confianza generada por la sola adopción del acto administrativo puede verse potenciada ulteriormente por las actuaciones realizadas en ejecución del mismo.

§8. Pero la justicia venezolana ha reconocido que en beneficio de la seguridad jurídica, «todo negocio jurídico»[2] –todo negocio jurídico, insisto–, debe considerarse válido. Nuestra justicia arribó a esa conclusión con base en el «principio de eficacia y conservación de los negocios jurídicos»[3]. Aunque el fundamento normativo sea otro, porque en su decisión el Tribunal Supremo deriva el principio del artículo 1.360 del Código Civil, la regla o principio jurídico es sustancialmente el mismo[4].

§9. Dicho sea de paso, a la norma del Código Civil invocada por el Tribunal Supremo de Justicia en el fallo citado con anterioridad cabría agregar el 1.159 *eiusdem*[5]. Ciertamente, así como la ley es obligatoria[6] y debe ser acatada porque se presume legítima – *i.e.*, porque se presume en un todo conforme con la Constitución– (presunción de legitimidad de la ley), los contratos son obligatorios y deben ser honrados por las partes firmantes de los mismos porque también ellos se presumen legítimos.

---

2 Sala de Casación Civil del Tribunal Supremo de Justicia, Sentencia N° 128, de 29 de marzo de 2017, asunto *Químicas Ave, S.A.*

3 *Ibid.*

4 Según el artículo 1.360 del Código Civil (*Gaceta Oficial de la República* N° 2.990 Extraordinario, del 26 de Julio de 1982), «[e]l instrumento público hace plena fe, así entre las partes como respecto de terceros, de la verdad de las declaraciones formuladas por los otorgantes acerca de la realización del hecho jurídico a que el instrumento se contrae, salvo que en los casos y con los medios permitidos por la ley se demuestre la simulación».

5 El artículo 1.159 del Código Civil establece que «[l]os contratos tienen fuerza de Ley entre las partes. No pueden revocarse sino por mutuo consentimiento o por las causas autorizadas por la Ley».

6 Los artículos 10 de la Ley de Publicaciones Oficiales (*Gaceta Oficial de la República* N° 6.688 Extraordinario, del 25 de febrero de 2022) y 1° del Código Civil establecen, respectivamente, que (i) «[l]as leyes y demás actos jurídicos del Estado de efectos generales entrarán en vigencia a partir de su publicación en la Gaceta Oficial de la República […] o, en su defecto, a partir de la fecha que en ellos establezcan»; y, (ii) que «[l]a Ley es obligatoria desde su publicación en la GACETA OFICIAL o desde la fecha a posterior que ella misma indique».

§10. Siendo esto así, los contratos de la Administración Pública también deben presumirse válidos y legítimos salvo –claro está– que se demuestre lo contrario. La regla general es, pues, que no hay razón alguna para dudar de la legitimidad de los contratos celebrados por la Administración. Un ordenamiento jurídico en el que hubiera que homologar o acreditar la validez de todos los contratos en los que interviene la Administración antes de su ejecución por esta última sería –simplemente– inviable.

§11. Por supuesto, así como la ejecución de un acto administrativo puede reforzar la confianza del ciudadano en la validez o legitimidad del acto objeto de ejecución, la ulterior ejecución del contrato por la Administración –en oportunidades a lo largo de semanas, meses o años– puede fortalecer o robustecer la confianza del ciudadano en la validez o legitimidad del contrato.

IV. LEGALIDAD Y APARIENCIA DE LEGALIDAD DE LAS ACTUACIONES ADMINISTRATIVAS

§12. Reflexionemos ahora, así sea muy sucintamente, sobre el principio de legalidad. Hagámoslo a partir de un par de preguntas estimulantes para el debate:

a. ¿Resulta permisible –permisible en Derecho– que la Administración Pública, en el marco de una misma y única relación jurídica, relea y reinterprete la ley con el objeto de sostener una postura contraria –un criterio jurídico opuesto– a la que sirvió de fundamento a su Actuación Inicial?.

b. En otras palabras, ¿resulta permisible –permisible en Derecho, se entiende– que la Administración Pública cambie su postura con respecto al alcance de la ley y que, al hacerlo, contradiga las conclusiones a las cuales arribó en la Actuación Inicial, so pretexto de la defensa del principio de legalidad vulnerado por la Actuación Inicial, particularmente cuando, al obrar de esa manera, lesiona al particular?

§13. Pues bien, en principio –en principio, repito– a la Administración no le basta con invocar la "letra de la ley" –esto es, la legalidad objetiva– para desdecirse, invalidar y dejar sin efecto una decisión suya, desconociendo los derechos o intereses que el particular pueda haber derivado de una actuación como la Actuación Inicial, si la actuación original, aunque ilícita, tenía "apariencia de legalidad". Ya tendremos oportunidad de destacar más adelante que la "apariencia de legalidad", relevante para la invocación del principio de confianza legítima, es cosa distinta a la legalidad a secas.

§14. La regla general es que la Administración Pública se halla vinculada por sus propios actos. En el marco de una relación jurídica ya existente, tiene en principio prohibido contradecir sus posturas previas (*contra factum proprium venire non potest*). Quizás un ejemplo en materia de contratación pública nos permita clarificar el punto.

§15. En los contratos celebrados de acuerdo al Derecho anglosajón se suelen incluir un conjunto de declaraciones de parte, conocidas como *Representations and Warranties* (en español, Declaraciones y Garantías). Nuestra Administración ha empleado el modelo anglosajón de contratación en más de una oportunidad, particularmente cuando celebra contratos con empresas extranjeras. Las Declaraciones y Garantías son afirmaciones de hecho a través de las cuales cada una de las partes contratantes declara *–inter alia–* que las obligaciones que asume son válidas y legalmente exigibles porque, pongamos ahora el foco sobre la Administración Pública, han obtenido todas y cada una de las licencias, autorizaciones o permisos, tanto legales como contractuales, que se hallaban en el deber u obligación de tramitar antes de celebrar el negocio. Aunque sea una obviedad, una afirmación como esa reposa sobre una interpretación de la ley y la resultante determinación de los permisos que resultan –o no– exigibles en un caso concreto.

§16. Una vez realizada una declaración como esa –e iniciada la ejecución del contrato, especialmente en los contratos de tracto sucesivo– la Administración Pública tiene vedado cuestionar la validez de sus obligaciones contractuales so pretexto, por ejemplo, de la omitida obtención de una licencia, autorización o permiso que –de manera sobrevenida– pueda estimar necesaria, porque la declaración contractual, constitutiva de una confesión extrajudicial, crea una apariencia de legalidad que inhabilita a la Administración contratante para abjurar de lo previamente sostenido. El principio de confianza legítima se lo impide.

§17. En este sentido, la doctrina comparada que nuestro más alto Tribunal hizo suya en el asunto *Asociación Civil Club Campestre Paracotos*[7] es clara:

a. La confianza legítima deriva de «signos externos producidos por la Administración»; de signos creadores de una «apariencia de legalidad».

b. Esos signos deben ser lo «suficientemente concluyentes» como «para [inducir] racionalmente [al particular] a confiar en la «apariencia de legalidad» de una actuación administrativa concreta.

§18. Pues bien, volviendo a nuestro ejemplo, imaginemos una Administración Pública que con fundamento en la opinión de sus abogados internos y de sus asesores jurídicos externos –y la doctrina y jurisprudencia que estos debían consultar– arriba a la conclusión de que el negocio jurídico que se dispone a celebrar con una empresa domiciliada en el extranjero no califica como contrato de interés público nacional y, en consecuencia, no requiere la autorización previa de la Asamblea Nacional que el artículo 150 de la Constitución de la República exige para los contratos de interés público nacional[8]. Imaginemos, adicionalmente, que la Administración, basada en la interpretación hecha de esa norma constitucional, incluye en sus *Representations and Warranties* una afirmación de acuerdo con la cual ella declara –y le asegura a sus contrapartes– contar con todas las licencias, autorizaciones y permisos que el negocio requiere. Imaginemos, finalmente, que la Administración celebra el contrato y ejecuta cumplidamente sus obligaciones a lo largo de semanas, meses o años.

§19. Pues bien, en nuestro ejemplo el principio de confianza legítima impide a esa Administración (i) apartarse de la interpretación legal (inicial) que ella hiciera del artículo 150 de la Constitución y que ella le comunicara a su contraparte, para (ii) renegar de sus obligaciones contractuales, argumentando sobrevenidamente, que el contrato sí calificaba como contrato de interés nacional y, como tal, no podía ser celebrado válidamente sin la previa autorización de la Asamblea Nacional. En un caso como este la regla es la enunciada con anterioridad: *contra factum proprium venire non potest*.

§20. En definitiva:

a. No debe confundirse (i) la legalidad objetiva, que habilita a la Administración para revocar un acto administrativo de efectos particulares suyo contrario a Derecho, en los términos previstos por el artículo 83 de la Ley Orgánica de Procedimientos Administrativos, con (ii) la apariencia de legalidad, que en un caso concreto puede inhabilitar a la Administración –sí, inhabilitarla– para privar de efectos una decisión previa, so pretexto de su inconformidad con el Derecho.

b. De igual manera, no debe confundirse *–mutatis mutandis–* (i) la legalidad de los contratos de la Administración con (ii) la apariencia de legalidad de los mismos.

---

7 Sala Electoral del Tribunal Supremo de Justicia, Sentencia N° 98, del 1° de agosto de 2001, asunto *Asociación Civil Club Campestre Paracotos*.

8 Sala Constitucional del Tribunal Supremo de Justicia, Sentencia N° 2.241, del 24 de septiembre de 2002, asunto *Andrés Velásquez et al*.

§21. Antes dijimos que no basta con invocar la "letra de la ley" –esto es, la legalidad objetiva[9]– para ejercer la potestad de autotutela revisora y desdecirse y desconocer los derechos o intereses que el particular pueda haber derivado de una actuación inicial y la subsecuente conducta administrativa. No basta, precisamos ahora, porque el principio de legalidad que condiciona la actuación sobrevenida y sirve por tanto para juzgar su legalidad, está integrado, entre otras muchas reglas y cánones jurídicos, por el principio de confianza legítima.

§22. Al desplazar el punto focal de la actuación inicial favorable –en realidad, de la legalidad de la Actuación Inicial– a la actuación administrativa sobrevenida –en realidad, en la legalidad de la Actuación Sobrevenida– nos encontramos con una confianza legítima que (i) forma parte integrante de la legalidad y, por consiguiente, (ii) limita o condiciona los poderes de revisión que la ley por lo general reconoce a la Administración Pública.

V. INVALIDEZ Y EFICACIA DE LA ACTUACIÓN ADMINISTRATIVA INICIAL

§23. Cuando media confianza legítima, porque existe apariencia de legalidad, una determinada actuación administrativa, no obstante su contrariedad con el Derecho, puede –y, en principio, debe– continuar produciendo sus efectos. Debe continuar desplegando sus efectos porque la Administración no puede violentar –no puede "traicionar"– dicha confianza.

§24. Al tratar el tema de la confianza legítima debemos, por tanto, distinguir entre:

a. La nulidad de la actuación administrativa inicial; y,

b. La eficacia de la actuación administrativa inicial.

§25. Y hecha esa distinción, debemos tener presente que la protección brindada por el principio de confianza legítima despliega sus efectos garantistas para asegurar la continuada eficacia de la actuación administrativa inicial. Dicho de otra manera, el principio no procura hacer válido lo inválido, o legítimo lo ilegítimo. Sus consecuencias se producen en el plano de la eficacia de las actuaciones administrativas previas, no en el plano de su validez.

§26. En suma, cabe afirmar que en ciertas y determinadas circunstancias la eficacia de las actuaciones administrativas, generalmente asociada a –y dependiente de– la validez de las mismas, puede –y debe– disociarse, disgregarse o desvincularse de esta última.

VI. A MODO DE CONCLUSIÓN

§27. El poder para adoptar una actuación administrativa sobrevenida desfavorable –e inevitablemente «lesionar» los derechos e intereses del particular– no puede determinarse única y exclusivamente a la luz de (i) una norma atributiva de poderes de autotutela revisora y (ii) la ilicitud de la actuación administrativa original. No puede determinarse a partir de esos únicos datos porque ese poder de revisión puede quedar fuertemente limitado o condicionado por la confianza legítima creada por la apariencia de legalidad de la actuación administrativa original.

§28. Y es que en determinadas circunstancias, creadoras de confianza legítima, la sola letra de la ley –de la ley atributiva del poder para revisar los actos contrarios a Derecho y

---

9 Aludimos aquí muy particularmente a los artículos 82 y 83 de la Ley Orgánica de Procedimientos Administrativos que establecen, respectivamente, (i) que «[l]os actos administrativos que no originen derechos subjetivos o intereses legítimos, personales y directos para un particular, podrán ser revocados en cualquier momento, en todo o en parte, por la misma autoridad que los dictó, o por el respectivo superior jerárquico»; y, (ii) que «[l]a administración podrá en cualquier momento, de oficio o a solicitud de particulares, reconocer la nulidad absoluta de los actos dictados por ella» (*Gaceta Oficial de la República* N° 2.818 Extraordinario, de 1° de julio de 1981).

revocarlos o reconocer su nulidad absoluta, según la entidad del vicio– no basta para desconocer los efectos, favorables al particular, que ese particular derive de la actuación administrativa inicial.

§29. Cuando de lo que se trata es de la tutela de la confianza legítima, los poderes del juez contencioso-administrativo son amplios. Derivan de la frase final del artículo 259 de la Constitución de 1999, que faculta a nuestros tribunales para «disponer lo necesario para el restablecimiento de las situaciones jurídicas subjetivas lesionadas por la actividad administrativa».

§30. Es este un típico caso de arbitrio judicial[10], pues el juez, previa "ponderación" de los intereses en juego, dirime

> «un conflicto [...] entre las exigencias de legalidad de un acto o actuación, y la seguridad jurídica que [pudiera resultar] afectada en caso de la anulación de ést[e]»[11].

VII. UNA REFLEXIÓN FINAL

§31. Habiendo reconocido que la confianza legítima procura restablecer «las situaciones jurídicas subjetivas» lesionadas por la actividad administrativa, por una parte; y teniendo presente, por la otra, que las situaciones jurídicas tutelables de acuerdo con los artículos 26 y 259 de la Constitución son (i) derechos subjetivos o (ii) intereses, el tema de la confianza legítima debiera servir para revisar –y cuestionar– una de las proposiciones hasta ahora tenidas por ciertas –e indiscutibles– en nuestro Derecho Administrativo, a saber, que de un acto viciado de nulidad absoluta no cabe derivar derecho o interés alguno.

§32. La proposición de marras se ha fundado en una norma legal, el artículo 83 de la Ley Orgánica de Procedimientos Administrativos, que entró en vigor hace ya más de cuatro décadas. Pero, a no dudar, es mucha el agua que ha pasado bajo el puente desde entonces. Nuestra justicia no solo ha admitido la existencia del principio de confianza legítima, sino que, además, ha afirmado que el mismo tiene raíz o jerarquía constitucional. Así, dependiendo de las circunstancias fácticas, la proposición derivada del artículo 83 de la Ley Orgánica de Procedimientos Administrativos pudiera – y debiera– ser otra.

Los dejo con esa reflexión final, pues el tiempo asignado a nuestra exposición no da para más. Gracias por su amable atención.

---

10 Muci Borjas, José Antonio, Discrecionalidad Administrativa y Arbitrio Judicial (Análisis comparado de los sistemas de Derecho Público iberoamericanos), Universidad Católica Andrés Bello Editorial Jurídica Venezolana Academia de Ciencias Políticas y Sociales, Caracas, 2023, pp. 463-464.

11 Sala Electoral del Tribunal Supremo de Justicia, Sentencia N° 98, del 1° de agosto de 2001, asunto Asociación Civil Club Campestre Paracotos.

ALGUNOS TEMAS SELECTOS SOBRE LA PROTECCIÓN DE LA CONFIANZA*

– Apuntes para el XXXVI encuentro de la Asociación Venezolana de Derecho Administrativo (AVEDA), celebrado el 24 de septiembre de 2025 –

Alfredo Parés Salas*

Profesor de la Universidad Católica Andrés Bello

Resumen: *El texto analiza el principio constitucional de protección de la confianza en el Derecho Administrativo, destacando su nacimiento jurisprudencial en el caso de la "Viuda de Berlín" (1956), su ausencia de reconocimiento expreso en Venezuela y otros ordenamientos, y la discusión doctrinal sobre su fundamento jurídico. Se insiste en su dimensión temporal y se distingue entre la idea amplia de confianza como valor general y el principio como técnica concreta de control de la actividad estatal. Finalmente, se ilustra con la sentencia de 1956 que un acto administrativo nulo puede generar una situación de confianza digna de protección cuando el particular ha modificado su situación sobre la base de ese acto, lo que exige al poder público ponderar los intereses colisionados y no revocarlo "sin más" solo por su nulidad*

Palabras Clave: *Derecho Administrativo Comparado - protección de la confianza - seguridad jurídica - Estado de Derecho - expectativa jurídicamente tutelable - acto administrativo nulo - viuda de Berlín.*

Abstract: *The text analyzes the constitutional principle of protection of trust in Administrative Law, highlighting its birth through case law in the so-called "Widow of Berlin" case (1956), its lack of express recognition in Venezuela and other legal systems, and the doctrinal debate over its legal foundation. It stresses the principle's temporal dimension and distinguishes between the broad idea of trust as a general value and the principle itself as a concrete technique for controlling public activity. Finally, it illustrates, through the 1956 judgment, that a void administrative act may generate a situation of trust worthy of protection when the individual has changed their position on the basis of that act, requiring the public authority to weigh the conflicting interests and not revoke the act "simply" because it is void.*

---

* Apuntes para el XXXVI encuentro de la Asociación Venezolana de Derecho Administrativo (AVEDA), celebrado el 24 de septiembre de 2025

* Abogado, *summa cum laude*, Universidad Católica Andrés Bello (2001); Especialista en Derecho Administrativo, mención honorífica, Universidad Central de Venezuela (2005); *Magister Legum* (LL.M.) Ruprecht-Karls-Universität Heidelberg, Alemania (2007); Doctor en Derecho, *summa cum laude*, Universidad Católica Andrés Bello (2025). Director de la Escuela de Derecho de la Universidad Católica Andrés Bello (2007-2012). Profesor Asociado de Derecho Administrativo en Universidad Católica Andrés Bello (2007-) y Profesor Titular de Derecho Administrativo en la Universidad Metropolitana, Caracas, Venezuela (2024-).

Key words: *Comparative Administrative Law – protection of trust – legal certainty – rule of law – legally protected expectation – void administrative act – widow of Berlin.*

Quisiera comenzar agradeciendo a la Asociación Venezolana de Derecho Administrativo y – muy particularmente – a la profesora Alicia Monagas, por la invitación que me hiciera a hablar el día de hoy sobre el principio de protección de la confianza, en el marco del XXXVI Encuentro AVEDA.

La verdad es que son muchas las ideas que quisiera compartir con ustedes sobre este tema tan apasionante e importante para el Estado de Derecho, pero por razones de tiempo, me voy a enfocar en cuatro temas selectos que pienso nos pueden ser de utilidad.

Pretendo iniciar mi breve exposición (i) refiriéndome al nacimiento del principio y a la paradoja de su fundamentación jurídica, (ii) para luego hablar brevemente de la temporalidad como elemento integrante del mismo. Luego, (iii) pretendo abordar, de manera sucinta, la distinción entre la idea amplia y general de la confianza, por un lado, y lo que es realmente el principio de protección de la confianza como técnica o herramienta de control de la actividad administrativa y el Poder Público, por el otro, para, finalmente, (iv) terminar compartiendo un par de extractos del texto original del fallo dictado en el caso conocido como la *Viuda de Berlín*, que ponen en evidencia cómo – hace casi 70 años – ya la justicia administrativa alemana había reconocido que un acto administrativo, cuya nulidad por contrariedad a Derecho fue reconocida por el propio fallo, puede perfectamente dar nacimiento a una expectativa jurídicamente tutelable, esto es, a una situación de confianza digna de protección.

I. EL NACIMIENTO DEL PRINCIPIO Y LA PARADOJA DE SU FUNDAMENTACIÓN JURÍDICA

Todo aquel que haya leído alguna vez sobre el principio de protección de la confianza, seguramente se habrá topado con la decisión más ampliamente conocida y citada en prácticamente todos los trabajos que se han dedicado al tema. Me refiero a la decisión del Tribunal Superior Administrativo de Berlín, República Federal de Alemania, del 14 de noviembre de 1956, conocida en el mundo hispanohablante como el caso de la *Viuda de Berlín* o – en Alemania – como el caso de la *Pensión de Viudez o Viudedad (Witwenpension)*.

En el Derecho Público Comparado se sostiene – casi al unísono – que esta decisión constituye el nacimiento formal del principio. Esto quiere decir que en Alemania – cuna natal del principio – su nacimiento fue una creación jurisprudencial, tal y como también sucedió en países como España y Venezuela[1].

Solo décadas más adelante – y me refiero ahora únicamente a España y a Alemania – los respectivos Parlamentos de esos países dieron reconocimiento legal al principio[2], cosa que en Venezuela se hizo – sin pena ni gloria – en el año 2001, en la primera versión de la Ley Orgánica de la Administración Pública, pero que se eliminó en la subsiguiente reforma del año 2008.

---

1 El nacimiento del principio de protección de la confianza en la jurisprudencia alemana, en *Libro Homenaje a Cecilia Sosa Gómez*, Tomo II, Academia de Ciencias Políticas y Sociales, Caracas, 2021.

2 El Principio de Protección de la Confianza en Venezuela, Fundamentación jurídica y deslinde conceptual, Colección Letraviva, Editorial ABEdiciones, Universidad Católica Andrés Bello, Caracas, 2024, p. 53.

Hoy en día el principio no está reconocido expresamente a nivel legal en Venezuela. A nivel constitucional tampoco lo está, de manera expresa, en ninguno de estos tres países que he tomado aquí como referencia.

No obstante, esta ausencia inicial de regulación expresa, paradójicamente los tribunales de los tres países empezaron a reconocer su existencia. Y, no solo eso, comenzaron también a aplicarlo para controlar la actividad administrativa y anular actos. EntoXNnces, surge la pregunta sobre cómo se creó, *ex nihilo*, un principio jurídico que no está reconocido expresamente en el ordenamiento y se empezó a usar para anular actos administrativos y censurar la actividad administrativa. Dicho en otras palabras:

> Admitimos que el principio existe, lo aplicamos y lo usamos para anular actos administrativos, pero a la vez, paradójicamente, no sabíamos a ciencia cierta de dónde derivaba, dónde se hallaba su fundamento jurídico o normativo.

Esta paradoja inicial producto del nacimiento jurisprudencial empujó a la doctrina comparada a intentar encontrarle al principio un fundamento jurídico, un fundamento normativo positivo[3]. Así, durante muchos años, se buscó dónde y cómo conectarlo al ordenamiento jurídico.

Esta tarea de ubicar el fundamento normativo del principio constituye, en definitiva, lo que nosotros hemos llamado realizar un ejercicio de taxonomía jurídica. Y seguramente algunos se preguntarán ahora qué tiene que ver la Biología con el Derecho.

Pues bien, para poder ubicar el fundamento jurídico del principio de protección de la confianza lo que –en el fondo y sin decirlo– se ha venido haciendo es entenderlo o concebirlo como una suerte de especie –una especie sin género conocido– y se ha intentado ubicar en cuál de los posibles géneros conceptuales ya reconocidos por el ordenamiento jurídico –léase: principios generales, normas o aforismos jurídicos– puede ser este encuadrado. Se trata, en síntesis, de descifrar acertadamente cuál es la verdadera relación género-especie, entre el principio y su fundamento normativo.

La doctrina comparada dedicó décadas al tema de la fundamentación jurídica. Al menos una decena de tesis diferentes han sido propuestas a lo largo del tiempo para buscarle un puerto seguro al cual poder anclar el principio. Desde entenderlo como una manifestación de la doctrina de los actos propios (*venire contra factum proprium non valet*) o como parte de la prohibición de alegar la propia torpeza (*nemo auditur propriam turpitudinem allegans*), pasando por la fundamentación en la figura de la *culpa in contrahendo*, en el *estoppel* del Derecho Anglosajón o del Derecho Internacional, en la equidad, en el principio de coherencia de la actuación administrativa o, incluso, directamente en los derechos fundamentales, hasta llegar finalmente, a las dos tesis más más elaboradas, difundidas y aceptadas: (i)la de la fundamentación en el principio de la buena fe, y (i) la de la fundamentación en el principio de seguridad jurídica, entendido como parte integrante del principio de Estado de Derecho.

Es esta última tesis la que hoy en día predomina en la doctrina *iuspublicista* comparada[4]. Una variante interesante, que cabe aquí destacar, es la sostenida por la Corte Constitucional Federal alemana, que incorpora los derechos fundamentales a esta solución[5].

---

3 El Principio de Protección de la Confianza en Venezuela, Fundamentación jurídica y deslinde conceptual, *op. cit.*, p. 57.

4 El Principio de Protección de la Confianza en Venezuela, Fundamentación jurídica y deslinde conceptual, *op. cit.*, pp. 207-211.

5 El Principio de Protección de la Confianza en Venezuela, Fundamentación jurídica y deslinde conceptual, *op. cit.*, p. 55.

Pero, para resumir y concluir con este punto, tomo prestado aquí el símil de la autora francesa Fercot, quien dice que el principio de protección de la confianza se nos presenta como una suerte de *matryoshka* de tres muñequitas[6]. La protección de la confianza es, así, la muñequita más pequeña, que está dentro de otra –algo más grande– llamada seguridad jurídica, y que, a su vez, se halla dentro de otra –aún más grande– denominada Estado de Derecho. Es una solución, si se quiere, en tres escalones o niveles.

En Venezuela, el Tribunal Supremo de Justicia –hasta donde sé– aún no se ha pronunciado de una manera tajante y definitiva sobre el tema de la fundamentación jurídica, porque ni siquiera en la sentencia *Club Campestre Paracotos*[7] tomó posición al respecto. Lo que sí hay que admitir es que casi todas sus Salas han dicho, casi al unísono, que el principio de protección de la confianza es de rango constitucional[8].

II. LA TEMPORALIDAD COMO ELEMENTO INHERENTE AL PRINCIPIO DE PROTECCIÓN DE LA CONFIANZA

Ahora bien, uno de los elementos inherentes al funcionamiento estructural del principio de protección de la confianza es su componente temporal[9].

A diferencia de lo que puede suceder en la aplicación de otros principios o técnicas de control de la actividad estatal, en las que el elemento temporal no es un requisito lógico-estructural, el principio de protección de la confianza no puede concebirse fuera de una proyección temporal que supone siempre un contraste, un contraste entre –al menos– dos momentos diferentes:

Un primer momento que está constituido por el nacimiento de la expectativa jurídicamente tutelable, que no es otra cosa que decir el momento en que nace la confianza. Ese momento puede estar comprendido por una única actuación, por una serie de actuaciones o incluso por un período de inactividad. Estas actuaciones no se limitan a las de carácter formal, sino que pueden comprender incluso *–inter alia–* comunicaciones informales, ofrecimientos e información suministrada por la Administración a los particulares[10].

---

6 Fercot, Céline, Vertrauensschutz gegenüber der Verwaltung: Perspektiven des französischen Rechts mit Seitenblicken auf das deutsche Recht, en: Strukturfragen des Grundrechtsschutzes in Europa, Mohr Siebeck, Tubinga, 2015, p. 158.

7 Sentencia No. 98 de la Sala Electoral del Tribunal Supremo de Justicia, 1° de agosto de 2001, asunto *Club Campestre Paracotos*. La jurisprudencia ha sido tambaleante en este tema. En algunas oportunidades se ha invocado el principio de la buena fe, en tanto que en otras el de seguridad jurídica, pero lo cierto es que no se ha logrado definir con precisión el tema.

8 Sentencia No. 1 de la Sala Plena del Tribunal Supremo de Justicia, 26 de abril de 2016, asunto Ministerio del Poder Popular Para Las Obras Públicas y Vivienda; Sentencia No. 1149 de la Sala Constitucional del Tribunal Supremo de Justicia, 15 de diciembre de 2016, asunto *Sanitas de Venezuela*; Sentencia No. 389 de la Sala Político Administrativa del Tribunal Supremo de Justicia, 4 de julio de 2017, asunto *Telcel*; Sentencia No. 623 de la Sala Político Administrativa del Tribunal Supremo de Justicia, 26 de octubre de 2022, asunto *Almaser*; Sentencia No. 149 de la Sala de Casación Civil del Tribunal Supremo de Justicia, 8 de abril de 2013, asunto *Promotora Villas De La Laguna*; Sentencia No. 442 de la Sala Casación Social del Tribunal Supremo de Justicia, 2 de julio de 2015, asunto *Glenda Niño*; Sentencia No. 1149 de la Sala Constitucional del Tribunal Supremo de Justicia, 15 de diciembre de 2016, asunto *Sanitas de Venezuela*.

9 El Principio de Protección de la Confianza en Venezuela, Fundamentación jurídica y deslinde conceptual, *op. cit.*, pp. 48-49.

10 De acuerdo con Rondón de Sansó «...la conducta que fomenta la expectativa... no está constituida tan sólo de actuaciones, sino que también se conforma con abstenciones y manifestaciones denegatorias u omisiones voluntarias» (Rondón de Sansó, Hildegard, Dos Temas Innovadores: Con-

El segundo momento está constituido precisamente por la acción o inacción que intenta frustrar o desconocer esa expectativa jurídicamente tutelable que ya había nacido en el primer momento. Este segundo momento también puede estar representado por una actuación, una omisión o una serie de cualquiera de ellas[11].

En definitiva, para que el principio encuentre aplicación, debe entonces alegarse y acreditarse el nacimiento de una expectativa jurídicamente tutelable que pretende ser luego desconocida en un segundo momento posterior por una nueva actuación u omisión.

III. LA IDEA AMPLIA Y GENERAL DE LA CONFIANZA Y EL PRINCIPIO DE PROTECCIÓN DE LA CONFIANZA COMO UNA HERRAMIENTA CONCRETA DE CONTROL

Otro aspecto importante para entender correctamente al principio bajo estudio y, sobre todo, para poder deslindarlo de otros principios e instituciones jurídicas que comparten con él ciertas características comunes, es la distinción entre la idea amplia y general de la protección de la confianza, entendida como un valor que informa todo el ordenamiento jurídico, por una parte, y, por la otra, el principio de protección de la confianza como tal, que es concebido como una técnica o herramienta concreta de control de la actividad estatal[12].

La idea amplia y general de protección de la confianza, que se infiltra en todo el ordenamiento jurídico público y privado, guarda una íntima relación con el principio de seguridad jurídica, incluso podría decirse que esa idea amplia y general es prácticamente sinónimo del principio de seguridad jurídica.

Por el contrario, cuando nos referimos al principio de protección de la confianza estamos hablando no ya de una idea amplia y general, imprecisa o vaga y de borrosos contornos, sino de una técnica o herramienta concreta de control de la actividad estatal, que tiene por objeto proteger la esfera jurídico-subjetiva del particular, y que se pone a disposición ante el intento de desconocimiento o frustración de lo que hemos llamado la expectativa jurídicamente tutelable o –dicho en otras palabras– una situación de confianza de la que el particular es titular.

La ausencia de esta distinción es lo que ha llevado en ocasiones a que la doctrina o la jurisprudencia confundan el principio de protección de la confianza con otros principios o instituciones que le son afines, pues en algunos casos constituyen –al igual que aquel– manifestaciones concretas del principio de seguridad jurídica, tal como sucede –entre otros– con la prohibición de retroactividad.

Un ejemplo de ello lo encontramos en la postura de buena parte de la doctrina y jurisprudencia que –en mi criterio de forma no muy afortunada, pues no necesariamente es así– quiere ver en el artículo 11 de la Ley Orgánica de Procedimientos Administrativos, un ejemplo de protección de la confianza[13], cuando de lo que realmente se trata ahí es de una prohibi-

---

fianza legítima y principio de precaución en el Derecho Administrativo, Editorial Ex Libris, Caracas, 2006, p. 3).

11 El segundo momento también puede darse cuando la Administración Pública, atendiendo el principio en su faceta de mandato, opta por tomar una decisión que reconoce y salvaguarda la expectativa jurídicamente tutelable.

12 El Principio de Protección de la Confianza en Venezuela, Fundamentación jurídica y deslinde conceptual, *op. cit.*, pp. 37-40.

13 Sentencia No. 514 de la Sala Político Administrativa del Tribunal Supremo de Justicia, 29 de marzo de 2001, asunto The Coca Cola Company, ratificada por la sentencia No. 65 del Tribunal

ción de retroactividad ante un cambio de criterio administrativo. En efecto, para aplicar esa norma no es necesario acreditar el nacimiento de una situación de confianza –de una expectativa jurídicamente tutelable– sino tan solo analizar la aplicación temporal del nuevo criterio administrativo desfavorable al particular interesado.

De hecho, un ejemplo más apropiado y que constituye una más fiel manifestación de la esencia del principio, lo constituye la norma contenida en el artículo 77 de esa misma ley, de acuerdo con la cual:

> «...si sobre la base de información errónea, contenida en la notificación, el interesado hubiere intentado algún procedimiento improcedente, el tiempo transcurrido no será tomado en cuenta a los efectos de determinar el vencimiento de los plazos que le corresponden para interponer el recurso apropiado».

IV. EL ACTO NULO Y LA PROTECCIÓN DE LA CONFIANZA: LA POSTURA DEL TRIBUNAL SUPERIOR ADMINISTRATIVO DE BERLÍN EN 1956

Cierro mi intervención, para de este modo dar paso a la ponencia del Profesor José Antonio Muci –quien tomará el testigo del análisis de la *Viuda de Berlín*– compartiendo con ustedes un par de pasajes textuales del aludido fallo, con el propósito de darnos una idea sobre qué pensaba ya hace casi 70 años la justicia administrativa alemana en relación con la posibilidad de que un acto administrativo nulo diera nacimiento a una situación de confianza digna de protección judicial.

Revisemos juntos estas interesantes afirmaciones textuales del fallo en cuestión:

Veamos primero algunos hechos relevantes mencionados por el Tribunal[14]:

> «La demandante, viuda de un funcionario del Reich, tenía su domicilio en la zona soviética...».

> «En marzo de 1953, [la Administración Pública]... certificó en una carta... que ella tenía derecho a una prestación... siempre que estableciera su domicilio en Berlín (Oeste) tras la concesión del permiso de residencia indefinido...».

> «Mediante resolución de 10 de octubre de 1954... [la Administración Pública]... comunicó a la viuda que suspendía el pago de la pensión de viudez... ya que no cumplía los requisitos...» de la Ley relacionados con el tema de su domicilio.

Luego, el Tribunal planteó su análisis de la siguiente manera:

> «La cuestión a decidir es, por lo tanto, si el demandado estaba facultado para revocar el acto administrativo originalmente defectuoso debido a una aplicación errónea del Derecho...».

> «La [Administración Pública]... demandada deriva su derecho a la revocación exclusivamente del hecho de que la resolución [inicial que concedió la pensión]... contradice el Derecho vigente debido a una aplicación errónea de la ley...».

Finalmente, el Tribunal decidió que:

> «La opinión de que la [Administración Pública]... está facultada o incluso obligada a revocar un acto administrativo favorable contrario a la ley, sin más, y sin restricciones no puede ser aceptada...».

Superior Segundo Contencioso Tributario, 19 de noviembre de 2012, asunto American Airlines Inc.

14 Entscheidungen des Oberverwaltungsgerichts Berlin, Tomo 5, Editorial Karl Heymann, 1960, pp. 1-7. Traducción libre.

«El derecho ilimitado o incluso la obligación de la [Administración Pública]... de revocar el acto administrativo contrario a la ley tampoco puede derivarse del principio de legalidad administrativa...».

«Finalmente, tampoco se puede deducir una regla general según la cual un acto administrativo favorable pueda ser revocado sin más sobre la base de la constatación y con el argumento de que contradice el derecho vigente...».

«Por lo tanto, no se puede aceptar la opinión del demandado de que estaba facultado para revocar la resolución [inicial que concedió la pensión]... únicamente sobre la base de la constatación de que esta contradice el derecho vigente...».

«De manera similar a cómo [el particular]... perjudicado por un acto administrativo contrario a la ley debe aceptar esta carga en... caso... [del vencimiento inútil del plazo para recurrir], también la administración debe aceptar que un acto administrativo favorable defectuoso permanezca vigente si no puede alegar que la continuación del mismo es incompatible con intereses públicos imperiosos...».

«En la medida en que el acto administrativo favorable ha concedido a la parte un derecho o una posición jurídica ventajosa digna de protección, el interés de la autoridad en la anulación de un acto administrativo defectuoso se opone al interés del beneficiario en el mantenimiento de su posición jurídica...».

«Tal colisión entre intereses - en principio - de igual valor crea una relación de tensión que hace necesaria una ponderación de los bienes jurídicos contrapuestos...».

«El supuesto de hecho a decidir no justifica la constatación de que la revocación de la resolución [inicial que concedió la pensión]... estaba exigida por un interés público superior. Porque...

...la demandante, confiando en la corrección de la situación jurídica que se le comunicó, tomó medidas que implicaron un cambio radical y duradero de toda su forma de vida...».

LA APERTURA DE LA ACTIVIDAD DE GENERACIÓN ELÉCTRICA A LA COMPETENCIA Y LA INTRODUCCIÓN DEL MODELO DE COMPRADOR ÚNICO, COMO PRIMER PASO NECESARIO PARA LA MEJORA EN EL SUMINISTRO ELÉCTRICO EN VENEZUELA*

Juan Domingo Alfonzo Paradisi**

Profesor de la Universidad Central de Venezuela y de la Universidad Católica Andrés Bello

Resumen: *Venezuela enfrenta una crisis energética, especialmente en el sector eléctrico, pese a contar con los recursos para ser independiente desde el punto de vista energético; sin embargo, las políticas adoptadas han marcado un retroceso y gran parte de ello se debe a la estatización y reserva en favor del Estado de todas las actividades del sector. Es esencial la privatización de empresas estatales, la entrada de nuevos agentes económicos en la actividad de generación de energía eléctrica y la inserción del "modelo de comprador único", como primer paso, para la liberalización del mercado eléctrico, implicando ello una reforma de la Ley Orgánica del Sistema y Servicio Eléctrico, lo cual redundará en una mejora en el suministro eléctrico en el país.*

Palabras Clave: *Comprador único, crisis energética, sector eléctrico, privatización, estatización.*

Abstract: *Venezuela is facing an energy crisis, especially in the electricity sector, despite having the resources to be energy independent. However, the policies adopted have caused a setback, largely due to the nationalization and state control of all activities in the sector. It is essential to privatize state-owned companies, allow the entry of new economic agents into electricity generation, and introduce the "single buyer model" as a first step toward the liberalization of the electricity market. This process implies a reform of the Organic Law of the Electric System and Service, which would result in an improvement in the country's electricity supply.*

Key words: *Single Buyers Model, energy crisis, electricity sector, privatization, nationalization.*

---

* Trabajo presentado en el XXIV Congreso Iberoamericano de Derecho Administrativo (FIDA): la Regulación en Iberoamérica, San José de Costa Rica, 1-3 de octubre.

** Abogado egresado de la Universidad Católica Andrés Bello (UCAB). Cursos de Doctorado en Derecho Administrativo en la Universidad Complutense de Madrid (España, 1990-1992) y en la Universidad Católica Andrés Bello (2019-2021). Maestría en Estudios Superiores de Administración Pública por el Instituto Nacional de Administración Pública (INAP) de España y la Universidad de Alcalá de Henares, con mención Cum Laude (1990-1992). Profesor de Derecho Administrativo I en la Universidad Central de Venezuela (UCV) y profesor de la UCAB en la Especialización de Derecho Administrativo y en la Maestría en Derecho Constitucional. Expresidente de la Asociación Venezolana de Derecho Administrativo (AVEDA) y de la Cámara Venezolano-Colombiana (CAVECOL). Socio director del bufete Torres, Plaz y Araujo.

I. SITUACIÓN ACTUAL DEL SECTOR ELÉCTRICO EN VENEZUELA. LA CRISIS ELÉCTRICA ENMARCADA EN LA POBREZA ENERGÉTICA

Venezuela está inmersa en una profunda crisis energética. Hay carencia de energías primarias de origen fósil como el gas, diesel y fuel oil tanto para la generación de energía eléctrica como para los procesos industriales al igual que escasez de gasolina para el sector transporte. Adicionalmente, los servicios públicos domiciliarios (agua, electricidad, gas doméstico, telefonía y telecomunicaciones) no cumplen con los requisitos de continuidad, regularidad y calidad mínimos requeridos con todas las implicaciones económicas y sociales que esto conlleva. Para los ciudadanos la principal consecuencia de la crisis energética es su manifestación en la profunda crisis eléctrica que vive el país y que de acuerdo a los parámetros establecidos por el Banco Mundial la podemos calificar de "Pobreza Energética".[1]

En efecto, producto del desbalance oferta-demanda, así como de la situación precaria de la infraestructura de transmisión, distribución y comercialización se producen racionamientos diarios y se imposibilita servir la demanda que requiere el país. Todo esto en una coyuntura de contracción económica y disminución de la demanda máxima en más de 35% respecto al año 2013.

En consecuencia, a diario muchas zonas del país quedan sin energía eléctrica, otras tienen servicio intermitente con largas horas de racionamiento y en aquellos lugares donde se recibe el servicio este es precario y poco confiable. La empresa eléctrica estatal prestadora del servicio no tiene capacidad para servir nuevas cargas y por tanto no emite la factibilidad de servicio para proyectos nuevos.

En otras palabras, la actual crisis energética sin precedentes en Venezuela –que ha derivado en una "pobreza energética"[2]– compromete gravemente el desarrollo económico y el bienestar social. Este fenómeno multifactorial ha impactado los tres pilares fundamentales de la industria eléctrica: 1) El Sector Eléctrico 2) El Sistema o Infraestructura Eléctrica y 3) El Servicio Eléctrico.

Entre los factores determinantes que han contribuido a esta situación crítica, destacan los siguientes:

a) En relación con el Sector Eléctrico constituido, fundamentalmente, por un marco regulatorio: leyes y reglamentos, actores y usuarios se ha visto afectado por una falta de aplicación e implementación del marco regulatorio establecido formalmente entre 1999 y el 2001, conllevando una indefinición desde 1999 hasta el año 2007. Es decir, se promulgaron las leyes, pero no se pusieron en vigencia y no se llevaron a la práctica, de igual manera, ha existido una congelación de tarifas.

Se llevó a cabo una estatización de la Industria Eléctrica desde el 2007– con la desaparición de actores privados y la creación de CORPOELEC, empresa estatal única e integrada verticalmente, con regulación y planificación a cargo del Ministerio del Poder Popular para la Energía Eléctrica (MPPEE). Así se estatizó de manera integral el sector eléctrico conforme al Decreto N° 5.330 con Rango Valor y Fuerza de Ley Orgánica de Reorganización del Sector

---

1 Banco Mundial; "Energía"; Banco Mundial; Washington D.C., 2025; disponible en https://www.bancomundial.org/es/topic/energy/

2 Yaber Oltra, Álvaro; Transformando con Visión de Futuro – Propuesta para la recuperación, transición y transformación de la Industria Eléctrica de Venezuela; Academia Nacional de Ingeniería y Hábitat; Caracas, 2018; disponible en http://www.acading.org.ve/info/comunicación/pubdocs/material_CR_tecnicas/energia/(2019-01-17)_YABER_Transformar_con_Vision_de_Futuro_2018.pdf y en https://www.scribd.com/document/399833794/Transformando-Con-Vision-de-Futuro-al-sector-electrico-venezolano

Eléctrico, publicado en la Gaceta Oficial N° 39.493 de fecha 23 de agosto de 2010, cuyo modelo se encuentra ratificado por la Ley Orgánica del Sistema y Servicio Eléctrico de 2010 publicada en la Gaceta Oficial 39.573 de fecha 14 de diciembre de 2010, previendo el Modelo de Gestión Socialista (en lo sucesivo "LOSSE 2010"), el cual es inviable desde el punto de vista técnico y financiero

La situación se agrava por la paralización de plantas de generación y la falta de disponibilidad de combustibles (como los gasoductos). A esto se suma la ausencia de una estructura de precios coherente para los combustibles destinados a la generación eléctrica en el país. Por último, la separación del Ministerio de Energía Eléctrica del Ministerio de Energía y Petróleo ha generado graves problemas de coordinación entre ambas carteras ministeriales.

Ha imperado una politización y desprofesionalización del sector e incumplimiento de las obligaciones de contratación colectiva de los trabajadores de CORPOELEC, así como un desprecio por la función gerencial. Se ha verificado así en Venezuela un rezago regulatorio de 40 años, desde la apertura del sector acontecida a principios de la década de los ochenta a nivel internacional en el Reino Unido y Europa hasta la fecha.

b) En cuanto a la afectación del Sistema Eléctrico –entendido como la infraestructura física vinculada a la generación, transmisión, distribución y comercialización de energía eléctrica–, se observa un abandono sistemático de la planificación estratégica, acompañado de una gestión operativa ineficiente y fallas críticas en la ejecución de proyectos. Este escenario se agrava por el incumplimiento reiterado de los planes de mantenimiento, una desinversión crónica en el sector y casos documentados de corrupción que han mermado la capacidad institucional.

A ello se suma la indisponibilidad de más del 70% del parque de generación instalado, lo que refleja un colapso técnico sin precedentes. Las restricciones operativas en los sistemas de transmisión y distribución, caracterizadas por líneas sobrecargadas, tecnología obsoleta y pérdida de personal calificado, completan un panorama de crisis estructural que profundiza la vulnerabilidad energética del país.

c) En relación al Servicio Eléctrico, que abarca la gestión del ciclo comercial, la conexión de cargas, la infraestructura de medición, los puntos de pago, los sistemas bancarios para transacciones y la administración de facturación, se evidencia una desinversión crítica en infraestructura de medición y atención al usuario. Este deterioro se manifiesta en un rezago tarifario histórico y un subsidio cruzado tradicional que beneficia principalmente a consumidores residenciales, distorsionando la estructura de costos. La atención de reclamos técnicos y comerciales opera con marcada ineficiencia, agravada por pérdidas energéticas que superan el 40%. Un problema central radica en que ya no se realizan lecturas de consumo, ni se verifican o ajustan los medidores, mientras los sistemas de gestión comercial –como el registro de clientes y el monitoreo de kilovatios-hora (kWh)– han colapsado.

Esta situación ha llevado a la suspensión de facto de las actividades del ciclo comercial y a una incapacidad operativa para conectar nuevas cargas, profundizando el colapso del servicio.

Así las cosas, la crisis de energía eléctrica en Venezuela se debe, entre otros, a:

i) El desequilibrio entre la oferta y la demanda eléctrica en Venezuela ha sido una constante histórica, evidenciado en cifras oficiales que revelan brechas críticas. Durante 2009, bajo la gestión de Rafael Ramírez como ministro de Energía, la demanda máxima registrada fue de 17.337 MW, mientras que la demanda servida alcanzó apenas 16.495 MW, dejando un déficit racionado de 842 MW. Cinco años después, durante el período de Jesse Chacón, la demanda máxima ascendió a 18.545 MW, con una demanda atendida de 17.236 MW, lo que incrementó el racionamiento a 1.309 MW. Sin embargo, estos datos corresponden al último reporte oficial disponible: durante los cuatro años de gestión de Luis Motta Domínguez, no se publicaron cifras oficiales, imposibilitando el análisis preciso de la demanda real y la producción energética actual, lo que refleja un patrón de opacidad institucional y deterioro sistémico.[3]

ii) La estatización o nacionalización de todas las empresas del sector y su ineficiencia, no hay empresas privadas, la generación, transmisión, distribución, comercialización y prestación del servicio eléctrico es únicamente pública; la pérdida de disponibilidad es tal que a partir del año 2008 se igualan la Demanda Máxima y la Disponibilidad de energía y a partir del 2009 el sistema se hace deficitario de forma crónica hasta la fecha actual[4].

iii) La regulación y prestación del servicio eléctrico en Venezuela, concentradas exclusivamente en empresas estatales sin participación privada, han evidenciado una gestión financiera y técnica deficiente. Un claro ejemplo de esta problemática se observa en la adjudicación de más de 40 proyectos entre 2010 y 2014, destinados a ampliar la capacidad de generación hidroeléctrica y termoeléctrica. Estos contratos, caracterizados por sobrecostos significativos y la implementación de tecnologías obsoletas o incompatibles con el sistema nacional, reflejaron fallas estructurales en la planificación y supervisión estatal. La ausencia de mecanismos de control eficientes, sumada a la falta de transparencia en los procesos licitatorios, agravó la crisis operativa del sector, consolidando un modelo centralizado que priorizó intereses políticos sobre criterios técnicos y económicos.[5]

iv) La desinversión y falta de mantenimiento en plantas, redes y todo el sistema eléctrico totalmente estatizado ha reducido su operatividad al 20%, con una producción de 6 a 10 GW por debajo de la demanda. Para recuperar su funcionalidad se requieren $12.000 a $15.000 millones, recursos inaccesibles para el Estado. Esto explica los apagones recurrentes, como el colapso nacional de 2019 o los cortes diarios de 9 horas en Zulia, donde la infraestructura colapsa por obsolescencia, saturación y abandono técnico. La centralización estatal agrava la crisis al priorizar contrataciones opacas sobre soluciones sostenibles.[6]

v) La obsolescencia de la infraestructura eléctrica plantas, redes de transmisión y distribución, ha generado un efecto cascada en el sector industrial. Según Conindustria, la utilización de la capacidad instalada en este sector se desplomó del 60% en el tercer trimestre de 2012 al 20% al cierre de 2020, lo que representa una caída del 66% en ocho años. Este colapso operativo, vinculado directamente al deterioro del sistema eléctrico, explica en parte la reducción histórica de la demanda energética, ya que la industria –antes principal consumidora– opera con apenas una quinta parte de su capacidad productiva debido a fallas técnicas crónicas, falta de suministro estable y equipos obsoletos.[7]

vi) **Distorsión tarifaria y crisis de gobernanza en los servicios públicos venezolanos**, esto bajo el modelo de control estatal socialista, se implementó una precarización tarifaria en el sector eléctrico, fijando costos simbólicos. Sin embargo, esta política –

---

3 Diario Las Américas; *"Recuperación del sistema eléctrico en Venezuela puede tardar 36 meses"*; Diario Las Américas; Miami, 2019; disponible en:https://www.diariolasamericas.com/america-latina/recuperacion-del-sistema-electrico-venezuela-puede-tardar-36-meses-n4173814.

4 Páez-Pumar H, Eduardo. La Empresa Privada como prestador del Servicio Eléctrico en Venezuela. Cavecon, 2021.

5 El Impulso; "Transparencia Venezuela: Más de 40 proyectos adjudicados en el 2014 para mejorar la generación eléctrica tenían sobreprecios"; El Impulso; Barquisimeto, 2022; disponible en: https://www.elimpulso.com/2022/04/28/transparencia-venezuela-mas-de-40-proyectos-adjudicados-en-el-2014-para-mejorar-la-generacion-electrica-tenian-sobreprecios-28abr/.

6 Global Energy Monitor. "Perfil energético: Venezuela." Última modificación 2025. https://www.gem.wiki/Perfil_energ%C3%A9tico:_Venezuela.

7 Páez-Pumar H, Eduardo. La Empresa Privada como prestador del Servicio Eléctrico en Venezuela. Cavecon, 2021.

extendida a agua y telecomunicaciones– esconde una paradoja estructural además un gran porcentaje de la población no cumple con el pago regular, ya sea por subsidios[8] arraigados desde 2003 o por fallas técnicas en los sistemas de facturación y cobranza. La instrumentalización política de estos subsidios ha perpetuado su uso como mecanismo de control social, en lugar de garantizar sostenibilidad operativa. Esta administración deficiente no solo agudiza el colapso de los servicios, sino que transfiere costos encubiertos a la población mediante apagones crónicos y dependencia de soluciones privadas.

vii) Pérdida de Know How.

viii) La crisis eléctrica en Venezuela ha consolidado un ciclo de deterioro sistémico donde factores técnicos, económicos y sociales se retroalimentan. La falta crónica de inversión en infraestructura –evidenciada por plantas termoeléctricas operando al 10%[9] de su capacidad y redes de transmisión saturadas– se agrava por inestabilidad macroeconómica (hiperinflación, restricciones cambiarias) y un marco regulatorio disfuncional, caracterizado por tarifas congeladas desde 2002[10] y la prohibición de participación privada en el sector. Este escenario se intensifica con la migración masiva de capital humano especializado, que ha dejado al sistema sin técnicos capacitados para ejecutar mantenimientos críticos[11].

De allí, se sugiere, como alternativa de solución, dada la situación venezolana y la compleja realidad multifactorial en el sector eléctrico, como primer paso necesario en una "hoja de ruta" de liberalización de las actividades que componen el mercado eléctrico; i) la necesaria apertura del sector eléctrico a la competencia, en una primera fase, en cuanto a la actividad de generación, esto es atraer y permitir la inversión, la participación privada y la realización de dicha actividad en condiciones de competencia y ii) adoptar el modelo de "comprador único" (ente que determine el Estado, verbi gracia: CORPOLEC) a nivel del mercado mayorista donde exista un funcionamiento de mercado y metodologías que aseguren la determinación del precio (spot, one day a head y contratos a largo plazo), ya sean estas previstas en reglamentos o contratos que se establezcan de conformidad con los principios que se incorporen en una nueva reforma de la LOSSE 2010.

De esa actividad de generación, en adelante, en principio, el Estado conservará el control a nivel de las actividades de transmisión, distribución y comercialización, a nivel de minoristas y determinará las tarifas, dado el modelo político existente en Venezuela y la situación de estructura y mercado venezolano, pero de esta forma se procura garantizar el suministro eléctrico.

Características de la actividad de generación eléctrica: apertura y funcionamiento de mercado mayorista:

Se sugiere en el presente trabajo que la actividad de generación esté regida por la competencia. Así los precios serán determinados en esta actividad por el mercado y por la meto-

---

8 Diario Las Américas; "Recuperación del sistema eléctrico en Venezuela puede tardar 36 meses"; Diario Las Américas; Miami, 2019; disponible en:https://www.diariolasamericas.com/america-latina/recuperacion-del-sistema-electrico-venezuela-puede-tardar-36-meses-n4173814.

9 Voz de América. Colapso eléctrico en Venezuela: un ingrediente más de la profunda crisis." Última modificación 2020, disponible en: https://www.vozdeamerica.com/a/venezuela_colapso-electrico-en-venezuela-un-ingrediente-mas-de-la-profunda-crisis/6068202.html.

10 Guevara Baro, Manuel. "El colapso eléctrico de Venezuela y los desafíos para superarlo" Debates IESA. Última modificación 2020, disponible en: https://www.debatesiesa.com/el-colapso-electrico-de-venezuela-y-los-desafios-para-superarlo/.

11 Voz de América. "Colapso eléctrico en Venezuela: un ingrediente más de la profunda crisis." Última modificación 2020, disponible en:https://www.vozdeamerica.com/a/venezuela_colapso-electrico-en-venezuela-un-ingrediente-mas-de-la-profunda-crisis/6068202.html.

dología acordada. El Estado otorga la *autorización* a través del órgano competente para el ejercicio de la actividad de generación. (tal y como fue previsto en el artículo 24 de la derogada Ley Orgánica del Servicio eléctrico de 2001 publicada en la Gaceta Oficial N° 5.568 de 31 de diciembre de 2001). Así las cosas, en ese mercado de mayoristas se podrán realizar las transacciones de "bloques de potencia" y energía eléctrica que ocurran dentro del Sistema Eléctrico Nacional. De igual forma, podrán participar en este mercado los generadores independientes de energía (PIE), quienes le venderán al ente del Estado la energía, así como también podrán participar grandes clientes que mediante contratos puedan acceder directamente a comprar energía directamente a los generadores, en tanto y en cuanto, la regulación ha de establecer lo permita, así como también se pueden prever asociaciones público-privadas.

También puede permitirse el auto consumo o autogeneración, entendida como la generación de energía eléctrica para una persona natural o jurídica que la produce, la cual opera de manera independiente al sistema eléctrico nacional y dentro de los límites que determine la Ley (de conformidad con la LOSSE 2010 según su artículo 46 es una capacidad igual o superior a 2MW).

Esto sin duda implicará la reforma parcial de la LOSSE 2010, así como del Decreto de Reorganización del Sector Eléctrico de 2010, las cuales estatizaron completamente el sector eléctrico y previeron un sistema integrado verticalmente en cabeza del Estado.

Así este mercado de mayoristas, de generadores de energía y potencia eléctrica podrá regirse por un mecanismo de oferta, el cual tendrá que ser gestionado por un "*operador del mercado*" (antes conforme a la ley de 2001 fue denominado: Centro Nacional de Gestión del Sistema Eléctrico), a quien le corresponde la función de realizar la conciliación de ofertas y demandas de energía para cada periodo de programación, de acuerdo con los precios que resulten de la comparación de ofertas, así como podrá liquidar y comunicar los pagos y cobros que deban realizarse por efecto de la participación de los agentes del Mercado Mayorista de Electricidad y del precio final de la energía resultante del sistema. (art. 34 numeral 17 de la derogada ley del 2001[12]).

Se trata dentro de un sector estatizado al menos desde de la ley del 2010 y dado los graves problemas señalados, se plantea permitir la inversión y participación privada en la actividad de generación, así como asociaciones público-privadas, donde se verifique la entrada de diversos operadores, y concurrencia con libre acceso a la rede de transmisión, como primer paso necesario, para tratar de mejorar el suministro eléctrico.

II. EVOLUCIÓN DEL MARCO REGULATORIO DESDE HACE 20 AÑOS EN EL SECTOR ELÉCTRICO VENEZOLANO. NECESARIO REDISEÑO DE DICHO MARCO, PRIVATIZACIÓN Y CONCURRENCIA EFECTIVA EN LA ACTIVIDAD DE GENERACIÓN ELÉCTRICA

Para lograr esta alternativa de solución en Venezuela hay nuevamente que rediseñar el marco regulatorio, realizar cambios en la normativa y reformar la LOSSE 2010), la cual estatizó completamente el sector eléctrico. Abrir el sector a la competencia, a la inversión privada y ofrecer el cambio en la regulación, en la ley que rige el sector eléctrico a los efectos de brindar seguridad jurídica, así como garantizar las inversiones y asegurar que se va a respetar el mecanismo y reglas previstas en esa regulación para la determinación de los precios y la recuperación de los costos de inversión.

Entre 1998 y 2001 se produjo un cambio regulatorio de apertura o de desregulación, se promulgaron incluso las leyes (p*rimera fase*): entre otros, el Decreto N°3.196 con Rango y

12 Gaceta Oficial N° 5.568 de fecha 31 de diciembre de 2001.

Fuerza de Ley de Servicio Eléctrico publicado en la Gaceta Oficial N° 36.791 de 21 de septiembre de 1999 y la Ley Orgánica de Servicio Eléctrico de 2001[13]. Pero no se implementaron dichas leyes y se congelaron las tarifas.

Posteriormente se verifica *una segunda fase 2007*, en la cual se produce la estatización y reorganización de los actores y las empresas. Se crea la sociedad anónima Corporación Eléctrica Nacional S.A. CORPOELEC, mediante Decreto N° 5.330 con Rango, Valor, y Fuerza de Ley Orgánica de Reorganización del Sector Eléctrico[14], como una empresa operadora integrada verticalmente encargada de la realización de las actividades de Generación, Transmisión, Distribución y Comercialización de potencia y energía eléctrica. Mediante este decreto presidencial las trece empresas existentes (ocho empresas privadas Electricidad de Caracas (ELECAR), CALEV, ELGGUA, CALEY , ELEVAL, ELEBOL, CALIFE y SENECA; y cinco públicas: ENELVEN, ENELCO, ENELBAR, CADAFE; EDELCA), para el momento fueron unificadas con la finalidad de redistribuir las cargas y funciones de esas operadoras y luego en 2009 se crea el ministerio del Poder Popular para la Energía Eléctrica mediante el Decreto N° 6.991 de 21 de octubre de 2009 publicado en la Gaceta Oficial No 39.294 de 28-10-2009, que tiene el rol de planificador y regulador. Dicho ministerio está a cargo del ministro del Poder Popular para la Energía Eléctrica, quien a su vez tiene la condición de presidente de la Corporación Eléctrica Nacional S.A. (CORPOELEC).

Tercera fase, que rige actualmente, se dicta la LOSSE 2010 en la cual se declara como servicio público las actividades que constituyen el servicio eléctrico, esto es las actividades de generación, transmisión, despacho del sistema eléctrico nacional , distribución y comercialización; igualmente se declara de utilidad pública e interés social las obras y bienes directamente vinculados al sistema eléctrico en el territorio nacional; de igual manera, mediante esta ley el Estado, por razones de seguridad, defensa, estrategia y soberanía nacional (art. 8 de la LOSSE 2010), y *dado en nuestro criterio el haber acogido el sistema socialista previsto en el Plan de la Patria*, se reserva las actividades de generación, transmisión, distribución y comercialización, a través del operador y prestador del servicio (Corporación Eléctrica Nacional S.A. CORPOELEC, art 28 LOSSE 2010), así como la actividad del despacho del sistema eléctrico, a través del Ministerio del Poder Popular para la Energía Eléctrica (conforme al art. 8 LOSSE 2010).

Así las cosas, los criterios para la asignación y suministro de potencia y energía eléctrica en el país se definen desde el ministerio y se determinan discrecionalmente que ciudades tienen energía eléctrica (por ejemplo: Caracas) y cuáles no, en concordancia con los lineamientos de la Presidencia de la República.

En el año 2015, mediante el Decreto N° 1920 publicado en la Gaceta Oficial N° 40.720 de 10 de agosto de 2015 se constituye el *Estado Mayor Eléctrico*. Allí se establece que el ministro del Poder Popular para la Energía Eléctrica junto con el presidente de la República se decide todo lo concerniente a la industria eléctrica. De tal manera que, no hay operador del sistema independiente, y con carácter técnico.

En realidad, debería preverse o existir un *operador del sistema eléctrico* y un *operador del mercado,* (pero no existe un ente regulador independiente y autónomo, siendo el propio ministerio el regulador).

---

13 Garrido Rovira, Juan. Regulación legal del servicio eléctrico. Distrito Capital: Editores Individuales 3, 2002.

14 Gaceta Oficial N° 38.736 de 31 de julio de 2007, la cual fue reformada en el año 2010, véase Gaeta Oficial N° 39.493 de fecha 23 de agosto de 2010.

Al ministerio del Poder Popular para la Energía Eléctrica se le dio, así mismo, la responsabilidad de planificación (art 20 LOSSE2010) y ello se ha abandonado totalmente. Y, desafortunadamente, no existen planes públicos y actuales indicativos del sector eléctrico.

Para tener un mercado eléctrico hay que saber cuáles son las plantas eléctricas que se requieren, así como conocer que oferta del mercado. El ministerio del Poder Popular para la Energía Eléctrica emitió en el pasado, el Plan de Desarrollo del Sistema Eléctrico Nacional (2013-2019), así mismo el Ministerio de Energía y Petróleo emitió el plan de Desarrollo del Servicio Eléctrico Nacional 2005-2024[15], además se emitió el Plan de Desarrollo del Sistema Eléctrico Nacional 2022-2025[16], pero no se conocen planes a mediano y largo plazo, propios de esta industria. Además, en realidad, no se han seguido dichos planes y el gobierno se ha apartado de lo previsto en ellos. En efecto, de acuerdo al referido Plan 2013-2019 del Ministerio para la Energía Eléctrica, citado anteriormente, la inversión total era de 41 mil doscientos cincuenta millones de dólares, distribuidos de la siguiente manera: Generación 13.143 millones de dólares, Transmisión 19.524 millones de dólares, en distribución 3.930 millones de dólares, en energía alternativas 2.879 millones de dólares, en tecnología 680,20 millones dólares en industrial 37,2 millones de dólares, en ambiente 398,8 millones de dólares y en social 658,1 millones de dólares). Ejemplo de desvíos del plan referido son, entre otros: Mas de 1000MW de generación distribuida (plantas en diversas áreas del país que requirió mucho personal, requería mucho combustible diesel 100 gandolas diarias aproximadamente, y hoy por hoy la mayoría se encuentra abandonada o en desuso. Otro ejemplo: la planta Josefa Joaquina Sánchez (anteriormente denominada Tacoa), en la cual se instalaron barcazas de generación denominadas Josefa Rufina y Margarita, que aportaban 170 MGW cada una y hoy están fuera de operación, abandonadas.

Se estableció, así mismo, en la LOSSE 2010 como premisas para la prestación del servicio eléctrico:

i) El acceso universal al servicio eléctrico,

ii) La reserva y dominio del Estado; y

iii) Modelo de gestión socialista.

Sin embargo, ese sistema acogido en el 2010 constituyó un retroceso comparado con la regulación anteriormente establecida y derogada LOSE 2001 y ha fracasado en cuanto a la generación, operación y suministro eléctrico a las ciudades, pueblos, industrias, así como en cuanto a la prestación del servicio de energía eléctrica a los ciudadanos. En efecto, de acuerdo con la data que hemos investigado[17] la generación de energía para 1999 era de 79 Teravatios hora (en lo siguiente TWh), subió a su máximo histórico para el año 2013 a 132,7 TWh y comenzó a declinar constantemente hasta el año 2020, en que cayó a 54,4 TWh que corresponde a niveles de generación de energía del año 1990[18]. De igual manera, la demanda má-

---

[15] Ministerio de Energía y Petróleo. Plan de Desarrollo del Servicio Eléctrico Nacional 2005-2024. Publicado en https://fdocuments.es/document/pdsen-plan-de-desarrollo-de-desarrollo-del-servicio-electrico-nacional-2005-2024.html?page=4. Ministerio del Poder Popular para la Energía Eléctrica. Plan de Desarrollo del Sistema Eléctrico Nacional (2013-2019). Publicado en https://es.slideshare.net/IsmarAdrian/venezuela-plan-eléctrico-2013-2019.

[16] Blas Herrera Pérez, ¿Cuál es el Estado Actual del Sistema Eléctrico Nacional? En Pensando en Venezuela con Energía 10 de octubre de 2024, disponible en: https://pensandoenvenezuelacon energia.com /cual-es-el-estado-actual-del-sistema-electrico-nacional/.

[17] Anuario Estadístico 2014 Sector Eléctrico Venezolano del Ministerio del Poder Popular para la Energía Eléctrica.

[18] Idem Estadístico de CORPOELEC.

xima del sistema para el año 1999 fue de 11.230 megavatios en lo adelante (MW), subió a su máximo histórico en el año 2013 a 18.700 MW, cayendo en el año 2020 a 11.500MW, lo cual nos ubica a niveles del año 1999-2000[19].

Aunado a lo anterior, para el año 2020 ocurrieron 157.720 apagones en Venezuela[20] y para el año 2020 74,7% de la población venezolana tenía una valoración negativa de la calidad del servicio eléctrico[21].

III. CONTEXTO INTERNACIONAL Y EL DESARROLLO SOSTENIBLE

Esta situación que afecta a Venezuela está inmersa en un contexto internacional que está definido por:

Los objetivos de desarrollo sostenible, conforme al objetivo del desarrollo sostenible de las Naciones Unidas , objetivo número 7[22], el cual ha dado fundamento a la transición energética, que está basada en: i) la descarbonización (generación de energía sin usar combustibles fósiles), ii) la electrificación de la economía que implica sustituir energía sin combustible fósiles por energía eléctrica sin emisiones de carbono a la atmósfera y iii) energías renovables (incorporar energía renovables: por ejemplo, energía eólica o solar, hidrogeno verde. Este desarrollo sostenible implica un mundo más descarbonizado y electrificado.

La transición energética ha creado tres tendencias en la industria eléctrica las cuales son: i) La desconcentración consiste en la posibilidad de generar y almacenar energía distinta a las plantas de generación tradicionales, así como la incorporación de "prosumidores" que pueden producir, consumir e intercambiar energía, ii) la electrificación, y iii) la digitalización (donde entre cosas se instalan medidores inteligente de consumo de energía, micro redes, intercambio de energía con la red o pares, entre otros)[23]. En este panorama internacional vs el nacional, Venezuela tiene 40 años de rezago regulatorio en comparación con la tendencia de desregulación, que comenzó en Chile en 1982 y cuyo apogeo aconteció durante los años 90 tanto en Europa (Reino Unido y otros países) como en América[24] .

En este contexto se dio el cambio regulatorio en Venezuela desde 1999, pero no se implementó o llevó a cabo en la práctica y en contraste, como ya se señaló, se estatizó y se

---

19 Statista, "*Venezuela: electricity generation 2023*,"*Statista*, junio de 2024, disponible en: https://www.statista.com/statistics/982829/venezuela-electricity-generation/.

20 Observatorio Venezolano de Servicios Públicos, "*Observatorio Venezolano de Servicios Públicos presentó los resultados del 4to trimestre del 2019,"ACSINERGIA*, 5 de febrero de 2020, disponible en: https://acsinergia.org/2020/02/05/observatorio-venezolano-de-servicios-publicos-presento-los-resultados-del-4to-trimestre-del-2019/.

21 Observatorio Venezolano de Servicios Públicos, "*Observatorio Venezolano de Servicios Públicos presentó los resultados del 4to trimestre del 2019,"ACSINERGIA*, 5 de febrero de 2020, disponible en: https://acsinergia.org/2020/02/05/observatorio-venezolano-de-servicios-publicos-presento-los-resultados-del-4to-trimestre-del-2019/.

22 Objetivo de Desarrollo Sostenible N° 7 (ODS) de la Organización de las Naciones Unidas (ONU) garantizar el acceso universal a una energía asequible, segura, sostenible y moderna.

23 Foro Económico Mundial, *Índice Global de Transición Energética 2023*, citado en "Venezuela ocupa el puesto 103 en el índice global de transición energética del Foro Económico Mundial," *Finanzas Digital*, disponible en: https://finanzasdigital.com/venezuela-ocupa-el-puesto-103-en-el-indice-global-de-transicion-energetica/.

24 Álvaro Yáber, "*Transformando con Visión de Futuro: Propuesta para la recuperación, transición y transformación de la Industria Eléctrica de Venezuela*" (Caracas, noviembre de 2018), disponible en: https://www.scribd.com/document/399833794/Transformando-Con-Vision-de-Futuro-al-sector-electrico-venezolano.

implementó un sistema de reserva en cabeza del Estado y de gestión eléctrica socialista y con una sola empresa estatal integrada verticalmente para todo el país y sin posibilidad de participación del sector privado en ninguna de las actividades.

Así el modelo implementado ha resultado en un modelo inviable desde el punto de vista técnico[25], económico y financiero, ya que las tarifas están congeladas desde hace muchos años, no se genera utilidad por la empresa operadora y prestadora del servicio eléctrico, no se invierte en nuevas plantas de generación eléctrica, ni se invierte en su mantenimiento y se subsidia plenamente el servicio eléctrico. Por lo cual se hace necesario un cambio.

IV. CAMBIO DEL MARCO REGULATORIO Y LA NECESARIA PARTICIPACIÓN PRIVADA EN LA ACTIVIDAD DE GENERACIÓN ELÉCTRICA COMO PRIMER PASO PARA MEJORAR EL SUMINISTRO ELÉCTRICO

Se hace imperioso en Venezuela, garantizar el suministro eléctrico, promover la participación e inversión privada mediante nuevos operadores, la libre competencia y concurrencia a los fines de mejorar la prestación del servicio eléctrico, todo ello con fundamento en la economía social de mercado, de acuerdo con los artículos 112, 115, 117, y 299 de la Constitución de 1999, la libertad de acceso a las redes de nuevos operadores, así como de clientes, usuarios y grandes comercializadores[26].

Para este nuevo cambio en el sector eléctrico hace falta una modificación importante del vigente modelo de regulación que ha promovido y establecido la centralización y la estatización de todas las empresas que actúan en el sector eléctrico (LOSSE 2010). Esto es, establecer un sistema que promueva e incentive la competencia y derogue la regulación que promueve el monopolio, así como tomar una serie de medidas en primer lugar en la actividad de generación para lograr la concurrencia[27], lo cual implica modificar la estructura del mercado, la incorporación de nuevos agentes en el mercado, la privatización de empresas y la formación competitiva de precios[28]. Se hace necesario igualmente la incorporación de un nuevo concepto de servicio público que permita la participación privada para la satisfacción del interés general en el sector eléctrico. Abandonando así la noción de servicio público tradicional y la noción de reserva y dar paso a la expresa "Garantía de Suministro" a todos los demandantes del servicio eléctrico dentro del territorio nacional[29].

---

25 Por ejemplo: las acciones se separaron de los criterios técnicos para la planificación del sistema (instalación de más de mil megavatios 1000 MW de generación distribuida no previsto en el plan indicativo), se entregaron grandes proyectos sin las especificaciones técnicas.

26 Véase los artículos de: Cárdenas Miranda, Elva Leonor, Víctor R. Hernández-Mendible, y Rafael M. Plaza Reveco.Aproximaciones comparadas sobre el sector eléctrico en Iberoamérica. México: Universidad Nacional Autónoma de México, Instituto de Investigaciones Jurídicas, 2021, 3-47.

27 Consúltese: Hernández González, José Ignacio. *Derecho Administrativo y Regulación Económica.* Colección Estudios Jurídicos N° 83. Caracas: Editorial Jurídica Venezolana, 2006 y Ariño Ortiz, Gaspard. *Principios de Derecho Público Económico. Modelo de Estado, Gestión Pública, Regulación Económica.* Bogotá: Universidad del Externado de Colombia, 2003.

28 Cruz Ferrer, Juan. *La Liberalización de los Servicios Públicos y el Sector Eléctrico. Modelos y Análisis de la Ley 54/1997.* Madrid: Marcial Pons, 1999, pp. 17 y ss; Muñoz Machado, Santiago. *Servicio Público y Mercado.* Madrid: Editorial Civitas, 1998. El Sistema Eléctrico y Martín Mateo, Ramon. *El marco público de la economía de mercado.* Madrid: Trivium, 1999, pp. 170 y ss.

29 Ariño Ortiz, Gaspard. *Principios de Derecho Público Económico.* Bogotá: Universidad del Externado de Colombia, 2003, p. 695 y Parejo Alfonso, Luciano. "Servicio Público y Sector Eléctrico" en VI Jornadas Internacionales de Derecho Administrativo "Allan Randolph Brewer-Carías" *El Nuevo Servicio Público. Actividades Reservadas y Regulación de Actividades de Interés General.* Caracas: FUNEDA, 2002, pp. 327 y ss.

Se ha señalado por un sector de la doctrina venezolana[30] que los intentos puestos en el cambio de regulación en los decretos y leyes dictadas en 1999 y 2001, fracasaron porque se siguió excesivamente el modelo diseñado para la apertura del mercado eléctrico en Europa sin tener en cuenta, suficientemente, la realidad que ofrece el mercado eléctrico venezolano. Debemos indicar que esa realidad ha cambiado y más aún se ha agravado, ya que no existen empresas privadas en el sector eléctrico venezolano, ya que todas las actividades de generación, transmisión, distribución y comercialización de energía eléctrica está en manos del estado, y porque la LOSSE 2010 reservó todas las actividades del servicio eléctrico en favor del Estado (art 8 LOSSE2010); y los subsidios a la energía ascienden a más de 36 mil millones dólares para el año 2013 que representó el 16 % del Producto Interno Bruto del país[31]. Esto es, no ha existido voluntad política para tener un sector eléctrico eficiente y productivo, sino signado por una reserva al Estado y una gestión socialista, que ha llevado a un modelo centralizado, técnico y financieramente inviable. Así las cosas, no sólo bastará un cambio radical en el sector para establecer la defensa de la competencia y promoverla (cambio formal-legal en la regulación), sino un cambio necesario en la estructura del mercado, que permita la participación privada, que desconcentre la actividad de generación y se efectué un proceso de privatización de diversas empresas públicas. que permita la "*garantía de suministro*" para la satisfacción de todos los demandantes de servicio eléctrico en el país.

Ahora bien, planteamos esta liberalización, sólo como una primera fase, en la actividad de generación, y no en todas las actividades que constituyen la industria, debido al deterioro de la industria en Venezuela, así como las características del sector eléctrico y la situación político- económica.

V. CAMBIOS NECESARIOS PARA TRANSFORMAR EL SECTOR ELÉCTRICO EN VENEZUELA

De conformidad con la LOSSE 2010 el estado acumula las funciones de regulación y prestación del servicio eléctrico. Dichas funciones están en manos 100 % del estado venezolano. En efecto, de conformidad con el articulo 17 LOSSE 2010 *corresponde al Ejecutivo Nacional, a través del Ministerio con competencia en materia de Energía Eléctrica,* la formulación de políticas, la planificación y el ordenamiento de las actividades del Sistema Eléctrico Nacional para la prestación del Servicio Eléctrico, en los términos establecidos en el Plan Económico y Social de la Nación y, el Plan de Ordenación del Territorio y en la Política de Integración Energética.

Por su parte, la vigente ley establece que el *operador y prestador del Servicio* será la Corporación Eléctrica Nacional S.A. o el ente encargado para tal fin adscrito al Poder Popular con competencia en materia de energía eléctrica, quien estará encargado de la realización de actividades de generación, transmisión, distribución y comercialización en todo el territorio nacional (art. 28 de la LOSSE 2010). De tal manera que en la actualidad no se permiten otros actores distintos a las empresas del Estado, que además han tenido una muy mala gestión con deficiencia en el suministro eléctrico en muchas ciudades y regiones del país de calidad, con una ausencia total de un regulador independiente.

Conocemos que la desregulación de la industria eléctrica tiene cinco pilares fundamentales, en relación con los cuales desarrollamos las siguientes propuestas:

---

30 Hernández González, José Ignacio. *Derecho Administrativo y Regulación Económica*. Caracas: Editorial Jurídica Venezolana, 2006, 445.

31 Balza, Lenin, Ramón Espinasa, y Tomás Serebrisky. *Lights On? Energy Needs in Latin America and the Caribbean to 2040.* Washington, D.C.: Banco Interamericano de Desarrollo, 2016.

A.- Entidad regulatoria autónoma.

B.- Reestructuración del sector: Desconcentración horizontal y desintegración vertical.

C.- Apertura de la competencia en mercado de mayoristas y minoristas (estos últimos en fase posterior).

D.- Derogatoria de la reserva y apertura al sector privado en actividades "competitivas": Generación, y progresivamente en distribución y comercialización (Hoja de Ruta)

E.- Establecimiento de un nuevo concepto del servicio público y servicio de suministro eléctrico. Requiriéndose además un *operador del mercado* (como se estableció en la ley del 2001 La Comisión Nacional de Energía Eléctrica) y un operador del sistema como se previó en el caso del Centro Nacional de Gestión del Sistema eléctrico (CNGSE) en LOSE 2001.

Sin embargo, dada la estructura del mercado venezolana y con visión de futuro, se pueden ir sugiriendo y dando cambios en la regulación y en la estructura del mercado por fases o etapas.

1. *Cambio en el marco regulatorio:*

Por ello, se hace necesario en una nueva regulación para abrir el mercado ("regulación para la competencia" en palabras del profesor Gaspard Ariño), dar apertura a la libre concurrencia y a la competencia, y así posibilitar -como un primer paso- que las empresas privadas se encarguen de las actividades en las cuales sea factible la competencia, por ejemplo, en la actividad de generación, así como en una fase posterior, dada la situación de crisis del sector eléctrico en Venezuela, en las actividades de distribución y comercialización a la competencia.

Así como es imprescindible que se cree un órgano técnico, autónomo, independiente, con patrimonio propio e independiente del Fisco Nacional con autonomía financiera, administrativa y funcional, esto es: el *operador del mercado y operador* del sistema, por ejemplo: como lo fue, la *Comisión Nacional de Energía Eléctrica*, que tenga a su cargo por delegación del Ministerio Competente, la regulación supervisión, fiscalización y control de las actividades que constituyen el servicio eléctrico, tal y como fue previsto en la LOSSE 2001 en relación a la denominada *Comisión Nacional de Energía Eléctrica* y a la cual se le atribuyeron, entre otros, los siguientes principios y funciones Art 16 y 17 de la LOSSE 2001[32].

Así se sugiere, en esta "hoja de Ruta", dada la situación multifactorial de Venezuela y de la industria eléctrica en particular, abrir a la competencia la actividad de generación. Prever una regulación de competencia en dicha actividad y de insertar el modelo de "comprador único" (ente del estado), previendo la libertad de acceso a la red de transmisión por parte de los generadores de energía eléctrica. Esto de forma transitoria, para luego, incorporar la competencia en la actividad de distribución y comercialización.

---

32 Artículo 16: La Comisión Nacional de Energía Eléctrica deberá actuar bajo los principios siguientes: (…)

(…) 4) Promover la competencia en la generación y en la comercialización de electricidad y 5) Garantizar el libre acceso de terceros a los sistemas de transmisión y distribución. (…)

Artículo 17: Corresponde a la Comisión Nacional de Energía Eléctrica: 1)Identificar la mejor teoría, métodos y modelos de asignación óptima para la formación de los precios en los nodos de intercambio del sistema eléctrico nacional, que regirán la formación de sus precios, así como de así como de cuidar de su permanente discusión pública y de su actualización cuando así hubiere lugar; (2) Identificar la mejor teoría, métodos y modelos para la fijación de tarifas a ser aplicadas por las empresas que realizan actividades reguladas en el servicio eléctrico, así como cuidar de su permanente discusión pública y de su actualización cuando así hubiere lugar, (…) 12). Definir las modalidades, condiciones y garantías que regirán el desempeño tanto del Mercado Mayorista de Electricidad como el Mercado con Tarifas Reguladas. (…) 17) Dictar las normas que regirán el acceso a la capacidad de transporte de las redes de transmisión y distribución de energía eléctrica.

2. *Se requiere inversión privada y financiación:*

Permitir la inversión privada en la actividad de generación y la privatización de empresas públicas ineficientes. Incentivar nuevas empresas privadas para crear un "Mercado Eléctrico" competido, concurrido con diversos operadores, lo cual inicialmente implicará el transcurso del tiempo hasta que se logre satisfacer la demanda por parte de los productores independientes de energía (PIE) y otros generadores. Ello redundará en un mejor suministro eléctrico en el país, en favor de los ciudadanos y para el desempeño de las actividades de las empresas.

3. *Seguridad jurídica para los inversionistas:*

Crear u otorgar seguridad jurídica para los inversionistas y garantizar el respeto al mecanismo para el retorno de su inversión, así como el respeto a los mecanismos de cobro establecidos. Garantizar la libertad de entrada y de inversión en las actividades competitivas, así como la libertad de contratación y formación competitiva de precios[33].

4. *Implementación de la separación de actividades:*

Dada la concentración vertical de actividades. Se precisa el establecimiento e implementación de la separación de actividades y en una primera etapa separar la actividad de generación. Y luego las actividades de transmisión, distribución y comercialización, así como se sugiere la separación jurídica y contable.

Dada la integración vertical que ocurre en el mercado eléctrico venezolano se ha sugerido la desintegración vertical de las actividades envueltas en el suministro de electricidad, a fin de que el mercado se desarrolle en condiciones mínimas de segmentación que pueda permitir a los operadores competir en igualdad de condiciones, evitando así las concentraciones económicas y se prevengan eventuales abusos de posiciones de dominio[34]. Así las cosas, dada la estructura de mercado que existe en el sector eléctrico venezolano, se hace imprescindible- como fue intentado en las leyes dictadas en Venezuela en 1999 y en el 2001- un cambio en cuanto al modelo de gestión del sector tradicionalmente reservado al Estado, lo cual fue ratificado e intensificado en la LOSSE 2010 y consolidándose así, situaciones monopólicas en las empresas del Estado. La sugerencia, como se hizo en el 2001 es poner fin a esa situación y dar paso a la libre concurrencia con diversos operadores, al establecimiento de la libre competencia, para así mejorar el servicio de suministro eléctrico en las poblaciones y ciudades del país.

A. *Separación de actividades*

Así se sugiere a los efectos de incentivar la competencia y crear mayor transparencia en la gestión de las actividades económicas de las empresas, escindir en primer término la actividad de generación del resto de las actividades transmisión, gestión del Sistema Eléctrico Nacional y distribución de energía eléctrica, la cuales no podrán ser ejercida por una misma empresa (art. 6 de la LOSE 2001). La separación de la actividad de generación permitirá igualmente determinar los costos, así como la definición de las tarifas aplicables en esa actividad del sistema.

---

33 Ariño Ortiz, *Principios de Derecho Público Económico*, 683 y ss.

34 Araujo Juárez, José, y Oscar Pacanins Rodríguez. "Un nuevo derecho de electricidad." En *Leyes sobre los servicios públicos domiciliarios: Agua, Electricidad y Gas*. Colección Textos Legislativos N° 23. Primera edición. Caracas: Editorial Jurídica Venezolana, 2001, pp. 49 y ss, Badell Madrid, Rafael, David Quiroz, y José Ignacio Hernández. *Régimen Jurídico del Servicio Eléctrico en Venezuela*. Caracas: Editorial Jurídica Venezolana, 2002, pp. 101 y ss.

Por ejemplo, en la LOSE 2001 estableció en el artículo 6:

"El ejercicio de dos o más de las siguientes actividades: generación, transmisión, gestión del Sistema Eléctrico Nacional y distribución no podrá ser desarrollado por una misma empresa".

Por tanto, cada uno de los agentes que participen en la prestación del servicio eléctrico deberá realizar únicamente una sola de las actividades señaladas. Sin embargo, ha sido previsto que la actividad de comercialización pueda ser desarrollada también por los generadores y/o distribuidores o empresas especializadas.

B. *Separación jurídica*

De igual manera, se plantea la separación jurídica de la actividad de generación con la finalidad de modificar la estructura, y crear una nueva que sirva de fundamento para la promoción y establecimiento de la libre competencia, así como en beneficio de una mayor transparencia en la gestión lo cual permita facilitar el control, la fiscalización, y el ejercicio del establecimiento de tarifas por parte del Estado[35].

C. *Separación contable*

Igualmente fue previsto por la LOSE 2001, realizar la separación contable hasta que no aconteciera la separación jurídica de actividades hasta por un plazo máximo de 2 años.

Esta separación de actividades que fuera prevista en la LOSE 2001 implicó desde el punto de vista jurídico formal: i) Que la generación eléctrica podía ser desarrollada por una empresa cuyo objetivo fuese esa actividad o la comercialización de energía eléctrica ii) Que la actividad de transmisión sólo podía ser desarrollada por una empresa cuya actividad fuese la actividad de transmisión; iii) Que la distribución sólo podía ser desarrollada por una empresa cuyo objeto exclusivo fuese esa actividad o la comercialización y iv) La comercialización fuese desarrollada por una empresa cuyo objeto social fuese ese o la generación[36]. Sin embargo, en el 2006 fue señalado por un sector de la doctrina, otras técnicas menos restrictivas en sustitución de la separación de actividades, ya que dicha técnica es instrumental y dependerá de la estructura del mercado[37] y que presenta desventajas ya que puede implicar costos desproporcionados en atención al fin perseguido, denunciándose así que la separación de actividades puede atentar contra el principio de eficacia económica.

Sin embargo, hoy por hoy, para el 2025, en Venezuela, todo está estatizado, el servicio eléctrico es prestado controlado y supervisado por el Estado. Lo anterior lo resaltamos, ya que, de verificarse el cambio en cuanto a la separación de actividades, esos costos deben ser asumidos por el Estado. Sobre este particular, expertos han calculado que una primera fase de recuperación de la industria eléctrica en Venezuela (entre tres y cinco años) puede alcanzar una inversión estimada de 15.000 a 20.000 millones de dólares, ello en las condiciones del 2022.[38], aunque algunos proyectos actuales estiman una cifra base de 5.000 millones de dólares base para estabilizar el sistema[39]. Los costos de implementar una nueva regulación y su

---

35 *Ibíd*, p.50.

36 Artículo 3 de la LOSE2001.

37 Ariño Ortiz, Gaspard, y Lucía López de Castro. *El sistema Eléctrico Español, Regulación y Competencia.* Madrid: Montecorvo, 1998, pp. 437 y ss. Hernández González, José Ignacio. *Derecho Administrativo y Regulación Económica*. Caracas: Editorial Jurídica Venezolana, 2006, p. 426.

38 "Recuperar el sistema eléctrico venezolano requiere $15 mil millones en un plazo de 5 años." Correo del Caroní. 18 de octubre de 2022. Disponible en: https://correodelcaroni.com/laboral-economia /recuperar-el-sistema-electrico-venezolano-requiere-15-mil-millones-en-un-plazo-de-5-anos/

39 "Para estabilizar servicio eléctrico en Venezuela: Esta es la cifra mil millonaria que requeriría el Gobierno || Expertos," Noticia al Minuto, 15 de diciembre de 2024, https://noticiaalminuto.

impacto sobre la estructura del sector eléctrico, no conocemos su estimación por parte de la administración pública, pero dichos costos están en cabeza del Estado ya que no existen costos anclados en cabeza de las empresas privadas, ya que como se ha señalado todo fue estatizado.

5. *Generación:*

La actividad de generación como actividad consistente en la producción de energía eléctrica a través de diversas fuentes hidráulica, térmica, nuclear y eólica, además de haber sido reservada al Estado por el artículo 8 de la vigente LOSSE 2010, se establece que será ejercida exclusivamente por el operador y prestador del servicio, es decir CORPOELEC (art. 43 LOSSE 2010).

Ahora bien, es imprescindible atraer capital e inversión privada, así como la entrada de nuevos operadores, Como se ha dicho, esta actividad en Venezuela es únicamente realizada por una empresa del sector público, de capital exclusivo del estado venezolano. La actividad de generación es una de las actividades donde cabe la competencia y en la cual, desde el punto de vista técnico, se puede incentivar la entrada de nuevos operadores y nuevas inversiones, redundando todo ello es un mejor suministro de energía eléctrica para las redes y para los usuarios.

Se ha señalado que el 65% de la capacidad instalada proviene de la capacidad de generación hidroeléctrica, fundamentalmente de la Compañía Electrificación de Caroní EDELCA[40] y así mismo, han sido reservadas por la LOSSE 2001, hoy derogada, las cuencas de los ríos Caroní, Caura y Paragua. No obstante, para lograr la apertura del sector, incentivar la competencia y mejorar la generación de energía eléctrica se hace necesario abrir las actividades de generación hidroeléctrica y termoeléctrica a la participación e inversión privada, así como a los procesos de privatización, en aquellas empresas que no justifique la participación del estado o que por razones de eficiencia y/o para mejorar la capacidad de generación e incrementar el suministro eléctrico se haga necesario.

En todo caso, se plantea que el ejercicio de la actividad de generación este abierto a la competencia, y para las construcciones de nuevas instalaciones de producción se puede elegir entre el sistema de autorización y/o un sistema de acuerdo con las modalidades de selección de contratistas regido por criterios de objetividad, transparencia, no discriminación y publicidad. En todo caso, en la LOSE 2001 se estableció en su art. 24 que se exigiría una autorización administrativa por la autoridad competente (en ese caso La Comisión Nacional de Energía Eléctrica), para el ejercicio de la actividad de generación de energía eléctrica.

En relación con la data que se ha podido obtener[41], para 1999 no había demanda insatisfecha y había un altísimo porcentaje de acceso a la electricidad, 99% de población servida en todo el país. En contraste para el año 2025 por restricciones de generación y con los niveles de demanda reducida de hoy, los niveles de demanda insatisfecha son 3500 MW, habiendo una serie de comercios e industrias cerradas, de tal manera que la reducida demanda es altamente residencial y en consecuencia sin generación de producto interno bruto (PIB), lo cual es muy grave. En efecto, Venezuela está apenas acercándose a los 12 mil MW de generación eléctrica[42].

---

com/para-estabilizar-servicio-electrico-en-venezuela-esta-es-la-cifra-mil-millonaria-que-requeriria-el-gobierno-expertos/.

40 Hernández González, Derecho Administrativo y Regulación Económica, p. 391.

41 Es importante señalar que en Venezuela hay una gran opacidad en cuanto a la información y data oficial y en este sector desde el año 2013 es de difícil obtención.

42 Eléctrica Nacional S.A. (CORPOELEC) y cálculo de expertos.

VI. INSERCIÓN DEL MODELO DE "COMPRADOR ÚNICO" Y ABRIR A LA COMPETENCIA LA ACTIVIDAD DE GENERACIÓN DE ENERGÍA ELÉCTRICA DENTRO DE UNA HOJA DE RUTA PARA LIBERALIZAR EL MERCADO ELÉCTRICO EN VENEZUELA EN UN FUTURO.

1. *Apertura a la competencia en la actividad de generación eléctrica e inserción del modelo de "comprador único"*

De establecerse la separación de actividades y reformar la LOSSEC2010, se sugiere abrir a la competencia la actividad de generación de energía eléctrica requiriendo, en principio, una autorización por la autoridad competente para ejercer esa actividad. Estableciéndose igualmente, el respeto a la autonomía privada empresarial de los operadores en cuanto a la realización de las transacciones dentro de ese mercado, respetando así mismo la metodología acogida (mediante reglamento o acuerdos celebrados con la autoridad administrativa competente) para la determinación de los precios, estableciendo el libre de acceso de los generadores de potencia o enérgica eléctrica a las redes de transmisión y siguiendo en todo caso la asignación bajo el criterio de precio marginal.

El modelo de comprador único autoriza a los productores independientes de energía eléctrica (PIE) del sector privado a generar electricidad y venderla a la compañía eléctrica o a una agencia de compras mayoristas[43]. Este diseño de mercado permite una competencia por el mercado limitada, en el que los generadores privados compiten para suministrar electricidad a los compradores centrales a través de contratos. Este modelo (Single Buyer Model SBM), "es la estructura del mercado eléctrico más utilizada en el mundo: el sector eléctrico de 89 países y territorios funciona de esa manera[44]. Según Ankura los mercados eléctricos a nivel mundial, desde 1989 al 2024, han pasado del modelo verticalmente integrado utilizado por 215 países a ser utilizado por 72 países.

En cuanto a la fijación de precios en el caso del Comprador Único, fue establecido en Venezuela en la LOSE2001 un régimen de precios que distinguió dos mercados: i) El *Mercado Mayorista* regido por la libre competencia. Teniendo a su vez un mercado de balances, donde se establecen las tarifas por bloques horarios (*mercado spot*) y un mercado de contratos y ii) el *Mercado de Tarifa Regulada*, sujeto a regulación.

De allí pues, para aquellas actividades donde opera la competencia, por ejemplo: en la generación, la remuneración deberá ser determinada conforme a los precios libremente fijados, mientras que, en las actividades altamente reguladas, transmisión y distribución, la remuneración es fijada conforme a un sistema regulado.

El mercado eléctrico ha sido definido como "*el conjunto de transacciones comerciales de compra y venta de energía y de otros servicios relacionados con el suministro de energía eléctrica*" [45].En este sentido, La LOSE2001 previó que el Mercado Mayorista, en el marco de la libre competencia, se deben realizar las transacciones "de bloques de potencia y energía eléctrica que ocurran dentro del Sistema Eléctrico Nacional" (art 78 LOSE2001). El funcionamiento de este mercado se rige por un mecanismo de oferta. Así la ley de 2001 previó un mercado mayorista gestionado para ese entonces por el Centro Nacional de Gestión del Sis-

---

[43] Joskow, Paul L. 2008. "Lessons Learned From Electricity Market Liberalization."The Energy Journal 29 (Special Issue): 1-34.

[44] Akcura, Elcin. "Global Power Market Structures Database." The World Bank. Versión julio 18, 2024. Seguimiento de la transformación de los mercados en el mundo. 7/08724.

[45] Fernández Plasencia, Santiago. "El Mercado de Producción de Energía Eléctrica." *Revista de Derecho de las Telecomunicaciones e Infraestructura en Red (REDETI)*, número 4, Madrid, 1999, p. 73.

tema Eléctrico (CNGSE) a quien correspondía casar o conciliar las ofertas y demandas de energía "para cada período de programación", de acuerdo con los precios que resulten de la comparación de ofertas[46].

La ley de 2001 igualmente estableció que las empresas que ejerzan la actividad de generación tenían la obligación de "declarar *y poner a disposición*" del operador del mercado- el CNGSE- la totalidad de la potencia y energía de sus instalaciones y permitir su verificación. En este caso las actividades del mercado son efectuadas por un único ente, "comprador único" –el operador del mercado– a quien los proveedores ceden la electricidad producida. En efecto, ante el desequilibrio importante que existe actualmente en Venezuela entre oferta y demanda de electricidad, y ante la falla del mercado, se da el caso de la intervención del Estado y de la sugerencia de adopción del modelo de "comprador único", que, sin duda, de manera transitoria, realizará la centralización y coordinación entre oferta y demanda, respetando la libertad económica de los participantes, reconociendo en todo cao el criterio de precio marginal.

Por ello, en el caso de establecerse otro cambio regulatorio, posteriormente, y lograr la introducción de la competencia en el sector, la entrada y concurrencia de diversos y nuevos agentes en cada una de las actividades del sector eléctrico, se puede prever con visión de futuro, en esa hoja de ruta, "*una explotación o mercado descentralizado*", en el cual rijan los principios de libre decisión empresarial y libertad de pactos y de precios, reconociendo así a los operadores un margen importante de decisión, conforme a la libre autonomía empresarial para efectuar las transacciones dentro de ese mercado mayorista, asegurando así el funcionamiento coordinado del sistema. En efecto, "cualquier operador podrá acceder al mercado de producción eléctrica y ofertar electricidad. El operador del mercado casará las ofertas producidas con la electricidad demandada, determinando el precio marginal al cual venderá la electricidad".[47]

La tendencia actual apunta a mercados cada vez más descentralizados, digitales y sostenibles. Sin embargo, dada la situación explicitada para el caso venezolano que ha enfrentado graves problemas de infraestructura, así como problemas de suministro eléctrico y el resto de los problemas técnicos y económicos explicados, sugiere la aplicación- de *manera transitoria* - del modelo de comprador único, a los efectos de iniciar la recuperación de la infraestructura deteriorada, abrir la competencia en la actividad de generación y hacer posible en un futuro la apertura del mercado eléctrico, aguas abajo, es decir transmisión, distribución y comercialización.

A. *Razones para insertar el modelo de "comprador único"*

Como se ha explicado la coyuntura permite la justificación de migrar al referido modelo de "comprador único" el cual, en primer lugar, permitiría atraer inversión privada en generación y así modernizar la infraestructura. En este sentido el modelo de "comprador único" a través de contratos con los productores independientes de energía (PIE), permitiría la inversión privada en nuevas plantas de generación, y, esto para el caso venezolano, seria muy importante ya que lo haría depender menos del sistema hidroeléctrico ubicado en el sur del país (Embalse de Guri y Complejo Hidroeléctrico Uribante Caparo). Así mismo, en ese modelo se puede establecer que los generadores de energía eléctrica puedan vender directamente a grandes clientes o usuarios. Así como igualmente, puede permitirse la autogeneración o autoconsumo, destinada al uso exclusivo de una persona natural o jurídica y que opere independiente del sistema eléctrico nacional.

---

46 Hernández González, José Ignacio. *Derecho Administrativo y Regulación Económica.* Caracas: Editorial Jurídica Venezolana, 2006, p. 416.

47 *Ibíd* p. 417

En segundo lugar, el modelo de comprador único permitiría una administración centralizada de recursos y una mejor planificación para recuperar el sistema.

En tercer lugar, dado que existen altas pérdidas de naturaleza técnica y no técnicas en la red eléctrica, el modelo de "comprador único" puede facilitar la mejora y la eficiencia en la generación y distribución antes de la apertura plena del mercado.

En cuarto lugar, como se ha dicho existe un gran desequilibrio de la oferta y demanda eléctrica en Venezuela y la implementación del modelo de "comprador único", estableciendo la competencia a nivel de la generación, pudiese permitir estabilizar la oferta y la demanda antes de pasar a liberalizar integralmente el mercado eléctrico.

En quinto lugar, el modelo de "comprador único" al permitir insertar la competencia en el ámbito de la generación y permitir la participación privada garantizada con modelos estables en cuanto a la determinación de los precios puede mejorar la confiabilidad y estabilidad en cuanto al suministro eléctrico.

En sexto lugar, dado que el sector eléctrico está completamente estatizado en Venezuela y no hay participación privada en ningunas de las actividades no existe la problemática de los costos anclados.

En séptimo lugar, este paso es transitorio o inicial, para abrir al mercado del sector eléctrico en la actividad de generación, dada la situación venezolana implicaría menores modificaciones y el Estado seguiría teniendo el control de la industria eléctrica. Ello, claro está, con una visión de futuro destinada a la liberalización del mercado eléctrico[48].

B. *Condiciones necesarias para la opción del modelo de "comprador único"*

Dado la situación explicada de estatización total, se requiere una reforma de la Ley Orgánica del Sistema y Servicio Eléctrico de 2010, así como de la ley de Reforma Parcial del Decreto N° 5.330 con Rango, Valor y Fuerza de ley de Reorganización del Sector Eléctrico, la cual deberá definir las normas que regulen la operación del comprador único y que garanticen su objetividad, racionalidad y eficiencia.

Así mismo, se necesita la existencia de un ente regulador autónomo que debe supervisar la operación del "comprador único", así como garantizar su transparencia. (regulador del mercado y regulador del sistema).

En tercer término, se aspira la atracción de inversión privada, con lo cual deben diseñarse mecanismos que así lo permitan y ofrecer seguridad a los generadores independientes de energía eléctrica mediante contratos a largo plazo con el "comprador único".

En cuarto término, se precisa revisar y ajustar las tarifas eléctricas para reflejar los costos reales y así poder garantizar la sostenibilidad financiera.

En quinto término, es relevante profesionalizar la gestión del sector eléctrico, así como la reducción de la influencia política en la toma de decisiones técnicas[49].

---

48 Yaber Oltra, Álvaro. "Evolución de los Mercados de Energía Eléctrica: una Perspectiva Global." Presentación en la Comisión de Energía de la Academia Nacional de Ingeniería y Hábitat (CEANIH), marzo de 2005, Caracas, Venezuela consultado en original.

49 *Ibid.*

C. *Ventajas y desventajas de la implementación del "comprador único" en Venezuela*

En primer lugar, permite una transición ordenada para así lograr mercados competitivos. Sin embargo, es claro que puede crear monopsonios estatales si no hay la regulación adecuada.

En segundo término, facilita la inversión privada en generación al garantizar contratos de compra de energía. Pero se debe estar muy atento que la entidad compradora sea eficiente y cumpla los contratos para no generar deudas y afectar a los generadores de energía eléctrica.

En tercer lugar, precisa un mayor control en la asignación de energía, y permite la entrada de diversos operadores o generadores, pero, en una primera etapa, dada la gran demanda y poca oferta, puede existir un intervalo de tiempo donde no exista competencia efectiva hasta que sea satisfecha la demanda.

En cuarto lugar, puede generar eficiencia y reducir pérdidas en el sistema. Pero requiere una reestructuración del sector eléctrico y cambios legislativos.

En quinto término, puede mejorar el equilibrio entre la oferta y la demanda. Pero de no haber transparencia puede derivar en corrupción y mala administración.

Por tanto, el modelo de "comprador único" luce transitoriamente una solución viable para Venezuela pero requiere, sin duda, de ciertas reformas legales y de abrir el mercado a la competencia para recuperar la industria eléctrica. Se trata así, de establecer un régimen de transición progresivo, mediante la realización de la reforma de la LOSSE 2010 con fases determinadas, en donde se asegure la entrada de diversos operadores y ofertantes de energía eléctrica, donde se prevea *el modelo de comprador único",* de manera transitoria, para poder transitar en un futuro a un modelo descentralizado.

2. *Transmisión*

Como se ha destacado se pueden implementar en esta actividad técnicas de intervención o regulación administrativa y no de necesaria reserva al Estado[50] Se precisa así, la regulación a los efectos del libre acceso de terceros a las redes eléctricas[51].Así se ha sostenido[52] que, al menos inicialmente, deben existir normas de regulación sobre la red complementada por normas de regulación sobre las empresas públicas para orientar que su conducta se ajuste a los principios de objetividad, transparencia y no discriminación. Por su parte, debe preverse la obligación de los agentes transmisores de permitir el libre acceso a las redes de transmisión, en la medida de su capacidad técnica y a cambio de una justa remuneración a aquellos agentes que lo soliciten.

3. *Distribución:*

La actividad de distribución ha sido conforme a los arts. 8 y 50 de la vigente Ley de 2010 igualmente reservada al Estado, la cual es ejercida por CORPOELEC.

Se propone en un futuro de manera progresiva, para mejorar el servicio eléctrico, al igual que en el caso de la transmisión, que esta actividad se abra a la participación del sector privado y su ejercicio esté sujeto a concesión otorgada por el Ministerio de Energía Eléctrica.

---

50 Hernández González, *Derecho Administrativo y Regulación Económica*, p. 446.

51 Ha sido sostenido en ocasiones la posibilidad de una única empresa de Transmisión Empresa Nacional de Transporte ENT. Véase programa de transición 1999 citado por Hernández, José Ignacio.

52 Hernández González, *Derecho Administrativo y Regulación Económica*, 446.

Pero como se ha sostenido, dada la situación de precariedad y deterioro de la industria, no es dable ni oportuno hacer la apertura en la actualidad debido a los altos costos que ello implicaría.

4. *Comercialización*

Conforme a la LOSSE 2010 la actividad de comercialización compra y venta de potencia y energía eléctrica, está reservada al Estado (art. 8 LOSSE 2010), el ejercicio de la actividad es ejercido por el operador y prestador del servicio que es CORPOELEC (art. 54 LOSSE2010).

Se propone, igualmente en un futuro, que esta actividad de compra y venta de energía eléctrica que incluya contratos con grandes clientes pueda ser abierta y donde las empresas especializadas en comercialización la ejerzan bajo el régimen de competencia, previa autorización de la autoridad competente para el suministro eléctrico a los usuarios finales y con las limitaciones que sean establecidas en la ley.

Hoy en día, es prácticamente imposible abrirla a la competencia, ya que no existen sistema de medición: no hay sensores ni medidores, y muchos están deteriorados u obsoletos. Los sistemas de gestión comercial no funcionan (registro de clientes y consumo de energía Kilo vatio hora (KVH). La comercialización de electricidad fue atribuida por la LOSSE2010 a la Corporación Eléctrica Nacional (CORPOLEC). De allí pues, se abandonó el sistema de gestión comercial y habrá que implementarlo.

Así para un futuro se requerirá de autorización administrativa para el ejercicio de la actividad con el objeto de garantizar el cumplimiento de las normas que regula la actividad y de las obligaciones genéricas que pueden preverse en la ley a las empresas comercializadoras.

5. *La necesaria apertura e incorporación de energías limpias diferente a la hidroeléctrica respetando el principio de desarrollo sustentable y protección ambiental.*

Venezuela tiene un gran potencial de energía limpias y renovables, especialmente de energía solar, sobre todo en la región norte costera y donde se ubica la gran mayoría de la demanda eléctrica, la mayor parte de la carga, pero la ley no ha incluido estas fuentes de energía, ni existe –hasta la fecha– un plan para la incorporación de energías renovables en la generación eléctrica, apartando la generación hidroeléctrica. De tal manera que, no se ha incorporado energías renovables diferentes a la hidroeléctrica en gran escala. Para complementar las fuentes de energía hidroeléctrica y termoeléctrica es necesario en Venezuela, de acuerdo a las tendencias mundiales y dada las circunstancias venezolanas, es conveniente, la inversión en nuevas formas de energía, menos contaminantes, novedosas y adaptadas al desarrollo sustentable (principio de sostenibilidad) y a la protección del medio ambiente y que pueden contribuir de manera significativa a mejorar el suministro de energía[53], cumpliendo con el paradigma de desarrollo sostenible y la transición energética planteada a nivel global.

CONCLUSIÓN

1.- Venezuela está inmersa en una crisis energética y eléctrica que lo ha llevado a una pobreza energética.

---

53 A finales del 2021 fue iniciado la revisión de un proyecto de Ley de Energías Renovables y Alternativas por la Comisión Permanente de Energía y Petróleo de la Asamblea Nacional (AN). Véase en http://www.asambleanacional.gob.ve/noticias/inicio-revision-del-proyecto-ley-de-energias-renovables- y-alternativas

2. En cuanto a la energía eléctrica el problema más relevante está relacionado con el desbalance de oferta y demanda y no hay suficiente oferta para satisfacer la demanda actual que está deprimida.

3. Por consiguiente, el desarrollo económico y el bienestar de Venezuela están comprometidos por la falta de energía.

4.- Venezuela tiene todas las condiciones y recursos para ser independiente desde el punto de vista energético. Sin embargo, los modelos de gestión y las políticas adoptadas han marcado un retroceso en este objetivo fundamental y gran parte de ello tiene que ver con regulaciones anacrónicas y limitantes a la libertad económica y al desarrollo económico, así como a la estatización y reserva en favor del Estado de todas las actividades del sector eléctrico (generación, transmisión, distribución y comercialización).

5 Se hace necesaria la privatización de muchas empresas ineficientes del Estado, la participación y concurrencia efectiva de nuevos agentes económicos, en generación de energía y potencia eléctrica, para posteriormente insertar regulaciones de competencia en distribución y comercialización.

6.- De igual manera es imprescindible una reforma de la Ley Orgánica del Sistema y Servicio Eléctrico en Venezuela de 2010, incorporando el modelo de "comprador único" e insertando la competencia entre generadores independientes de energía eléctrica.

7.- La inserción del modelo de "comprador único" requerirá de un regulador independiente, así como de un marco regulatorio claro para evitar la creación de nuevos monopolios. Esta inserción del "comprador único" puede atraer la inversión de generadores privados con estipulación de contratos a largo plazo. Se trata como ha sido sostenido de un paso intermedio o evolutivo hacia mercados de generación, distribución y comercialización mas abiertos y donde opere la libre competencia.

8.- Debe existir una política de tarifas realista para garantizar la sostenibilidad financiera, pudiéndose crear subsidios específicos para favorecer a los usuarios de menores ingresos.

9.- Con la inserción del modelo de "comprador único" y el incentivo de generadores independientes pueden mejorar el suministro eléctrico y la calidad del servicio.

10.- Con posterioridad se podrá abrir la competencia al resto de las actividades de la industria eléctrica, creando así un necesario mercado eléctrico- de explotación descentralizada-respetando la autonomía privada empresarial, con libertad de acceso a las actividades competitivas y libertad de contratación y formación competitiva de precios, lo cual redundará en un mejor suministro eléctrico en el país y en favor de las empresas y ciudadanos para mejorar las condiciones para alcanzar un desarrollo económico y social.

11.- Es muy importante la introducción del nuevo servicio público, que se abandone el criterio de la reserva al Estado, permitiendo la participación de empresas privadas, y que exista de igual manera un control de gestión, así como la técnica de control y regulación de las empresas públicas que actúen el sector eléctrico, así como la supervisión de estas, para un mejor desempeño conforme a una actuación ética, eficiente y proba de estas empresas en el sector.

12.- Es necesario incorporar las energías limpias (eólica, solar entre otras) para capitalizar las potencialidades del país y mejorar el suministro eléctrico, estando así de igual manera alineados con la tendencia mundial.

BIBLIOGRAFÍA

Akcura, Elcin. "Global Power Market Structures Database." *The World Bank*, versión julio 18, 2024. Seguimiento de la transformación de los mercados en el mundo. 7/08724.

Anuario Estadístico 2014 del Sector Eléctrico Venezolano. *Ministerio del Poder Popular para la Energía Eléctrica*, Caracas, 2014.

Araujo Juárez, José, y Oscar Pacanins Rodríguez. "Un nuevo derecho de electricidad." En *Leyes sobre los servicios públicos domiciliarios: Agua, Electricidad y Gas*. Colección Textos Legislativos N° 23. Primera edición. Caracas: Editorial Jurídica Venezolana, 2001, pp. 49 y ss.

Ariño Ortiz, Gaspard. *Principios de Derecho Público Económico.* Bogotá: Universidad del Externado de Colombia, 2003, p. 695.

Ariño Ortiz, Gaspard, y Lucía López de Castro. *El Sistema Eléctrico Español, Regulación y Competencia.* Madrid: Montecorvo, 1998, pp. 437 y ss.

Badell Madrid, Rafael, David Quiroz, y José Ignacio Hernández. *Régimen Jurídico del Servicio Eléctrico en Venezuela.* Caracas: Editorial Jurídica Venezolana, 2002, pp. 101 y ss.

Balza, Lenin, Ramón Espinasa, y Tomás Serebrisky. *Lights On? Energy Needs in Latin America and the Caribbean to 2040.* Washington, D.C.: Banco Interamericano de Desarrollo, 2016.

Banco Mundial. "Energía." *Banco Mundial*, Washington D.C., 2025. Disponible en: https://www.bancomundial.org/es/topic/energy/

Blas Herrera Pérez. "¿Cuál es el Estado Actual del Sistema Eléctrico Nacional?" *Pensando en Venezuela con Energía*, 10 de octubre de 2024. Disponible en: https://pensando envenezuelaconenergia.com/cual-es-el-estado-actual-del-sistema-electrico-nacional/

Cárdenas Miranda, Elva Leonor, Víctor R. Hernández-Mendible, y Rafael M. Plaza Reveco. *Aproximaciones comparadas sobre el sector eléctrico en Iberoamérica.* México: Universidad Nacional Autónoma de México, Instituto de Investigaciones Jurídicas, 2021, pp. 3–47.

Correo del Caroní. "Recuperar el sistema eléctrico venezolano requiere $15 mil millones en un plazo de 5 años." *Correo del Caroní*, 18 de octubre de 2022. Disponible en: https://correodelcaroni.com/laboral-economia/recuperar-el-sistema-electrico-venezolano-requiere-15-mil-millones-en-un-plazo-de-5-anos/

Cruz Ferrer, Juan. *La Liberalización de los Servicios Públicos y el Sector Eléctrico. Modelos y Análisis de la Ley 54/1997.* Madrid: Marcial Pons, 1999, pp. 17 y ss.

Diario Las Américas. "Recuperación del sistema eléctrico en Venezuela puede tardar 36 meses." *Diario Las Américas*, Miami, 2019. Disponible en: https://www.diariolasamericas.com/america-latina/recuperacion-del-sistema-electrico-venezuela-puede-tardar-36-meses-n4173814

El Impulso. "Transparencia Venezuela: Más de 40 proyectos adjudicados en el 2014 para mejorar la generación eléctrica tenían sobreprecios." *El Impulso*, Barquisimeto, 2022. Disponible en: https://www.elimpulso.com/2022/04/28/transparencia-venezuela-mas-de-40-proyectos-adjudicados-en-el-2014-para-mejorar-la-generacion-electrica-tenian-sobreprecios-28abr/

Fernández Plasencia, Santiago. "El Mercado de Producción de Energía Eléctrica." *Revista de Derecho de las Telecomunicaciones e Infraestructura en Red (REDETI)*, N° 4, Madrid, 1999, p. 73.

Foro Económico Mundial. *Índice Global de Transición Energética 2023*, citado en "Venezuela ocupa el puesto 103 en el índice global de transición energética del Foro Económico Mundial." *Finanzas Digital.* Disponible en: https://finanzasdigital.com/venezuela-ocupa-el-puesto-103-en-el-indice-global-de-transicion-energetica/

Garrido Rovira, Juan. *Regulación legal del servicio eléctrico.* Distrito Capital: Editores Individuales 3, 2002.

Global Energy Monitor. "Perfil energético: Venezuela." Última modificación 2025. Disponible en: https://www.gem.wiki/Perfil_energ%C3%A9tico:_Venezuela

Guevara Baro, Manuel. "El colapso eléctrico de Venezuela y los desafíos para superarlo." *Debates IESA*, 2020. Disponible en: https://www.debatesiesa.com/el-colapso-electrico-de-venezuela-y-los-desafios-para-superarlo/

Hernández González, José Ignacio. *Derecho Administrativo y Regulación Económica.* Colección Estudios Jurídicos N° 83. Caracas: Editorial Jurídica Venezolana, 2006, pp. 416–446.

Joskow, Paul L. "Lessons Learned From Electricity Market Liberalization." *The Energy Journal* 29 (Special Issue): 1–34, 2008.

Martín Mateo, Ramón. *El marco público de la economía de mercado.* Madrid: Trivium, 1999, pp. 170 y ss.

Ministerio de Energía y Petróleo. *Plan de Desarrollo del Servicio Eléctrico Nacional 2005–2024.* Disponible en: https://fdocuments.es/document/pdsen-plan-de-desarrollo-del-servicio-electrico-nacional-2005-2024.html?page=4

Ministerio del Poder Popular para la Energía Eléctrica. *Plan de Desarrollo del Sistema Eléctrico Nacional (2013–2019).* Disponible en: https://es.slideshare.net/IsmarAdrian/venezuela-plan-eléctrico-2013-2019

Muñoz Machado, Santiago. *Servicio Público y Mercado.* Madrid: Editorial Civitas, 1998.

Noticia al Minuto. "Para estabilizar servicio eléctrico en Venezuela: Esta es la cifra mil millonaria que requeriría el Gobierno || Expertos." *Noticia al Minuto*, 15 de diciembre de 2024. Disponible en: https://noticiaalminuto.com/para-estabilizar-servicio-electrico-en-venezuela-esta-es-la-cifra-mil-millonaria-que-requeriria-el-gobierno-expertos/

Objetivo de Desarrollo Sostenible N° 7 (ODS). Organización de las Naciones Unidas (ONU): "Garantizar el acceso universal a una energía asequible, segura, sostenible y moderna."

Observatorio Venezolano de Servicios Públicos. "Observatorio Venezolano de Servicios Públicos presentó los resultados del 4to trimestre del 2019." *ACSINERGIA*, 5 de febrero de 2020. Disponible en: https://acsinergia.org/2020/02/05/observatorio-venezolano-de-servicios-publicos-presento-los-resultados-del-4to-trimestre-del-2019/

Páez-Pumar H., Eduardo. *La Empresa Privada como prestador del Servicio Eléctrico en Venezuela.* Cavecon, 2021.

Parejo Alfonso, Luciano. "Servicio Público y Sector Eléctrico." En *VI Jornadas Internacionales de Derecho Administrativo "Allan Randolph Brewer-Carías" El Nuevo Servicio Público.* Caracas: FUNEDA, 2002, pp. 327 y ss.

Statista. "Venezuela: electricity generation 2023." *Statista*, junio de 2024. Disponible en: https://www.statista.com/statistics/982829/venezuela-electricity-generation/

Voz de América. "Colapso eléctrico en Venezuela: un ingrediente más de la profunda crisis." Última modificación 2020. Disponible en: https://www.vozdeamerica.com/a/ venezuela_colapso-electrico-en-venezuela-un-ingrediente-mas-de-la-profunda-crisis/6068202.html

Yaber Oltra, Álvaro. "Evolución de los Mercados de Energía Eléctrica: una Perspectiva Global." Presentación ante la Comisión de Energía de la Academia Nacional de Ingeniería y Hábitat (CEANIH), marzo de 2005, Caracas, Venezuela.

Yaber Oltra, Álvaro. *Transformando con Visión de Futuro – Propuesta para la recuperación, transición y transformación de la Industria Eléctrica de Venezuela.* Academia Nacional de Ingeniería y Hábitat, Caracas, 2018. Disponible en: http://www.acading.org.ve/... y https://www.scribd.com/document/399833794/Transformando-Con-Vision-de-Futuro-al-sector-electrico-venezolano

LEGISLACIÓN

Información Legislativa

LEYES, DECRETOS NORMATIVOS, REGLAMENTOS Y RESOLUCIONES DE EFECTOS GENERALES DICTADOS DURANTE EL SEGUNDO SEMESTRE DE 2025

Recopilación y selección
por Gabriel Sira Santana
Profesor Universidad Central de Venezuela

SUMARIO

I. DERECHO DE EXCEPCIÓN[1]

Decreto n° 5.157, mediante el cual se declara el estado de emergencia económica en el territorio nacional, en razón de las circunstancias extraordinarias que afectan gravemente la economía del país, a fin que el Ejecutivo Nacional adopte las regulaciones y medidas urgentes, excepcionales y necesarias para preservar el equilibrio económico y garantizar a la población el pleno disfrute de sus derechos. G.O. n° 6.924 Extraordinario del 08-08-2025.

Decreto n° 5.167, mediante el cual se prorroga por 60 días la vigencia del Decreto n° 5.157, mediante el cual se declaró el estado de emergencia económica en todo el territorio nacional, publicado en la Gaceta Oficial n° 6.924 Extraordinario, de fecha 08-08-2025. G.O. n° 6.931 Extraordinario del 08-10-2025.

Decreto N° 5.190, mediante el cual se declara el estado de emergencia económica, en todo el territorio nacional, en razón de las circunstancias extraordinarias que afectan gravemente la economía del país, de la región y del mundo, a los fines de que el Ejecutivo Nacional adopte las regulaciones y medidas urgentes, excepcionales y necesarias para preservar el equilibrio económico de la República y garantizar a la población el pleno disfrute de sus derechos. G.O. n° 6.944 Extraordinario del 08-12-2025.

II. ORGANIZACIÓN DEL ESTADO

1. *Poder Público Nacional*

A. *Poder Legislativo*

Resolución n° DP-2025-001 de la Asamblea Nacional, mediante la cual se modifica la denominación y actualizan las funciones de la División de Estadísticas, que integra la Dirección de Planificación, adscrita a la Oficina de Planificación y Presupuesto, conforme con la estructura formal de la Asamblea Nacional, aprobada mediante Resolución N° DP-2022-02, que dictó el Reglamento Orgánico Interno de la Asamblea Nacional, publicado en la Gaceta Oficial n° 6.792, extraordinario, de fecha 18-01-2024; por la División de Seguimiento y Evaluación de la Gestión. G.O. n° 43.226 del 02-10-2025.

B. *Poder Ejecutivo*

a. *Empresas del Estado*

Decreto N° 5.178, mediante el cual se autoriza la creación de una Empresa Mixta entre la EDC Network Comunicaciones, S.C.S. y la Empresa del Centro Datos Novin MDC, C.A., bajo la forma de Compañía Anónima, la cual se denominará Venezolana de Fibra C.A. (VENEFIBRA, C.A.), con personalidad jurídica y patrimonio propio, quedando adscrita al Ministerio del Poder Popular para la Energía Eléctrica por Órgano de EDC Network Comunicaciones, S.C.S. G.O. n° 43.250 del 06-11-2025.

---

[1] Se deja constancia que en la G.O. n° 6.896 Extraordinario del 08-04-2025, correspondiente al período anterior y que no había circulado a la fecha de la elaboración de la recopilación publicada en el N° 181-182 de esta Revista, se publicó el "Decreto n° 5.118, mediante el cual se declara el estado de emergencia económica en todo el territorio nacional, en razón de las circunstancias extraordinarias que afectan gravemente la economía del país, de la región y del mundo, a los fines de que el Ejecutivo Nacional adopte las regulaciones y medidas urgentes, excepcionales y necesarias para preservar el equilibrio económico de la Nación y garantizar a la población el pleno disfrute de sus derechos". *Cfr.* Gabriel Sira Santana, "La Gaceta Oficial de la República como fuente de inseguridad jurídica", *Revista de Derecho Público*, n° 163-164 (2020): 423-38.

b. *Fundaciones del Estado*

Decreto n° 5.148, mediante el cual se autoriza la modificación de la denominación de la Fundación Centro de Investigaciones de Astronomía Francisco J. Duarte (CIDA), la cual queda redactada de la siguiente manera: La Fundación es una persona jurídica de carácter público sin fines de lucro y con patrimonio propio que se denominará Centro de Investigaciones de Astronomía y Tecnologías Aplicadas Francisco J. Duarte (CIDATA). G.O. n° 43.161 del 02-07-2025.

Decreto n° 5.151, mediante el cual se autoriza la modificación del objeto y la estructura del órgano de dirección de las Fundaciones para el Desarrollo de la Ciencia y la Tecnología (FUNDACITE) a nivel nacional, en función de adecuarlas de manera uniforme a las nuevas directrices y políticas de orden científico, tecnológico y de innovación. G.O. n° 43.166 del 09-07-2025.

Decreto N° 5.168, mediante el cual se autoriza la creación de una Fundación del Estado, la cual se denominará Fundación Gran Misión Vuelta a la Patria, con personalidad jurídica y patrimonio propio, adscrita a la Vicepresidencia de la República. G.O. n° 43.230 del 08-10-2025.

Providencia n° 1/2025 de la Fundación Gran Misión Barrio Nuevo Barrio Tricolor, mediante la cual se dicta el reglamento interno de organización y funcionamiento de la Fundación Gran Misión Barrio Nuevo Barrio Tricolor. G.O. n° 43.273 del 09-12-2025.

c. *Otro órganos y entes*[2]

Providencia n° SNAT/2025/57 del SENIAT, mediante la cual se reorganiza la Intendencia Nacional de Tributos Internos y las Gerencias que la conforman. G.O. n° 43.204 del 02-09-2025.

Resolución n° 26 del Ministerio del Poder Popular de Economía y Finanzas, mediante la cual se declara concluido el proceso de supresión y liquidación del Centro Nacional de Comercio Exterior, ordenado mediante Decreto N° 5.006 de fecha 19-09-2024, publicado en la Gaceta Oficial n° 6.843 Extraordinario, de la misma fecha. G.O. n° 43.223 del 29-09-2025.

Decreto N° 5.165, mediante el cual se atribuye al Comité de Comercio Exterior la competencia para recibir y tramitar las solicitudes de Régimen Legal 3, Régimen Legal 8 y Régimen Legal 12 interpuestas por los importadores o exportadores para cumplir con lo establecido en el Decreto Constituyente, mediante el cual se dicta la Ley Orgánica de Aduanas y el Decreto n° 4.944 de fecha 24-04-2024, publicado en la Gaceta Oficial n° 6.804 Extraordinario de fecha 25-04-2024, mediante el cual se promulga el Arancel de Aduanas. G.O. n° 43.224 del 30-09-2025.

Resolución n° 101 del Ministerio del Poder Popular para el Ecosocialismo, mediante la cual se crea la Unidad Territorial Ecosocialista (UTEC) en el estado Guayana Esequiba la cual se encargará de planificar, ordenar y gestionar todo lo relacionado en materia ambiental. G.O. n° 43.251 del 07-11-2025.

---

2 Se deja constancia que en la G.O. n° 6.876 Extraordinario del 08-01-2025, correspondiente al período anterior y que no había circulado a la fecha de la elaboración de la recopilación publicada en el N° 181-182 de esta Revista, se publicó el "Decreto n° 5 078. mediante el cual se activan los Órganos de Dirección para la Defensa Integral (ODDI), como instancias de planificación, coordinación, integración y ejecución de todos los poderes del Estado en todos sus niveles, en una integración pueblo-gobierno, a los fines de dar cumplimiento al principio constitucional de corresponsabilidad en el Estado y la sociedad para salvaguardar la independencia la libertad, la democracia, la soberanía, la segundad y defensa integral de la Nación de toda amenaza interna o externa".

Resolución conjunta n° 1 y 48 de los Ministerios del Poder Popular para el Ecosocialismo y para el Transporte, mediante la cual se crea el Comité Técnico Interorgánico Nacional para el Control del Riesgo Aeronáutico por Impacto con Aves o Fauna. G.O. n° 43.278 del 16-12-2025.

C. *Poder Judicial*

Resolución n° DDPG-2025-152 de la Defensa Pública, mediante la cual se dictan las Normas del V Concurso de Credenciales y de Conocimientos de la Carrera Defensoril. G.O. n° 43.178 del 28-07-2025.

Resolución n° 2025-17 de la Sala Plena, mediante la cual establece que ningún tribunal despachará desde el 15-08-2025 hasta el 15-09-2025, ambas fechas inclusive. Durante ese período permanecerán en suspenso las causas y no correrán los lapsos procesales. Ello no impide que se practiquen las actuaciones que fueren necesarias para el aseguramiento de los derechos de alguna de las partes, de conformidad con la ley. G.O. n° 43.186 del 07-08-2025.

Resolución n° 2025-8 de la Sala Plena, mediante la cual se le atribuye la competencia territorial del Juzgado Nacional Contencioso Administrativo de la Región Nor-Oriental, al estado Guayana Esequiba. En virtud de esa extensión, su competencia territorial pasa a comprender los estados Amazonas, Anzoátegui, Bolívar, Delta Amacuro, Monagas, Nueva Esparta, Sucre y Guayana Esequiba. G.O. n° 43.187 del 08-08-2025.

Resolución n° 2025-9 de la Sala Plena, mediante la cual se atribuye transitoriamente la competencia territorial del Juzgado Superior Estadal de la Jurisdicción Contencioso Administrativa del estado Bolívar, al estado Guayana Esequiba. En virtud de esa extensión, su competencia territorial pasa a comprender los estados Bolívar y Guayana Esequiba, y el municipio Independencia del estado Anzoátegui. G.O. n° 43.187 del 08-08-2025.

Resolución n° 2025-10 de la Sala Plena, mediante la cual se crea el Circuito Judicial con competencia en materia de Delitos de Violencia Contra la Mujer en el estado Mérida, Extensión El Vigía. G.O. n° 43.187 del 08-08-2025.

Resolución n° 2025-11 de la Sala Plena, mediante la cual se crean dos Tribunales de Primera Instancia en el Circuito Judicial Laboral de la Circunscripción Judicial del estado Zulia, extensión Santa Bárbara del Zulia del municipio Colón, con competencia territorial en los municipios Jesús María Semprún, Catatumbo, Colón, Francisco Javier Pulgar y Sucre, los cuales estarán conformados por los tribunales que en ella se mencionan. G.O. n° 43.187 del 08-08-2025.

Resolución n° 2025-12 de la Sala Plena, mediante la cual se crea en el Circuito Judicial Laboral de la Circunscripción Judicial del estado Aragua, con sede en la ciudad de La Victoria, un Tribunal Superior del Trabajo, que se denominará Juzgado Superior Cuarto del Trabajo de la Circunscripción Judicial del estado Aragua y tendrá como sede la ciudad de La Victoria. G.O. n° 43.187 del 08-08-2025.

Resolución n° 2025-15 de la Sala Plena, mediante la cual se otorga a los Tribunales en materia de Protección de Niños, Niñas y Adolescentes del Área Metropolitana de Caracas, la competencia territorial especial para tramitar todas las causas surgidas con ocasión al retorno al país de los niños, niñas y adolescentes que estarán incorporándose a la dinámica social, familiar, con motivo del Plan Vuelta a la Patria y las medidas preventivas dictadas por éste máximo tribunal relacionadas con dicho plan. G.O. n° 43.187 del 08-08-2025.

Resolución n° 2025-16 de la Sala Plena, mediante la cual se atribuye transitoriamente a la competencia territorial del Tribunal Superior de lo Contencioso Tributario de la Región Guayana, el estado Guayana Esequiba. En virtud de esa extensión, su competencia territorial pasa a comprender los estados Amazonas, Bolívar, Delta Amacuro y Guayana Esequiba. G.O. n° 43.187 del 08-08-2025.

Resolución n° 2025-18 de la Sala Plena, mediante la cual se crean las coordinaciones regionales de justicia de paz comunal y relaciones con el poder popular, en cada circunscripción judicial del país, dependientes funcionalmente de la Coordinación Nacional de Justicia de Paz Comunal y Relaciones con el Poder Popular. G.O. n° 43.252 del 10-11-2025.

Resolución n° 2025-20 de la Sala Plena, mediante la cual se crea, organiza y pone en funcionamiento la Comisión de seguimiento de causas relacionadas con los delitos de legitimación de capitales y financiamiento al terrorismo. G.O. n° 43.272 del 08-12-2025.

Resolución n° DDPG-2025-162 de la Defensa Pública, mediante la cual se separa las competencias administrativa y contencioso administrativa de la competencia penal, que actualmente tienen atribuidas las Defensorías Públicas Especiales para los funcionarios y funcionarias policiales, en materia administrativa, contencioso administrativa y penal; y se ordena al Director Nacional de Actuación Procesal ampliar la competencia de las defensorías públicas en materia penal ordinario y penal municipal, a nivel nacional, para que conozcan de la competencia especial penal policial; y a las defensorías públicas en materia contencioso administrativa, a nivel nacional, para que conozcan de la competencia especial policial administrativa y contencioso administrativa, a objeto de garantizar un servicio de defensa pública eficiente, eficaz, excelente y especializado. G.O. n° 43.213 del 15-09-2025.

Resolución n° DDPG-2025-199 de la Defensa Pública, mediante la cual se crea el cargo de Defensor Público Auxiliar con competencia para actuar ante las Salas del Tribunal Supremo de Justicia en materia penal, quienes actuarán ante las Salas de Casación Penal, Constitucional y Plena del Máximo Tribunal; y se crea el cargo de Defensor Público Auxiliar con competencia para actuar ante las Salas del Tribunal Supremo de Justicia en materia no penal, quienes actuarán ante las Salas de Casación Social, Casación Civil, Político-Administrativa, Electoral, Constitucional y Plena del Máximo Tribunal. G.O. n° 43.213 del 15-09-2025.

Resolución n° DDPG-2025-253 de la Defensa Pública, mediante la cual se crea la condecoración "Orden David Nieves", en su Única Clase, a los fines de reconocer a las autoridades o personal de las instituciones públicas y privadas nacionales e internacionales, así como a cualquier persona que, sin pertenecer a una institución, se destaquen por sus aportes al sistema de justicia, o en otras áreas donde se distingan por su vocación de servicio, trabajo, valentía, integridad, perseverancia en la lucha social, y la defensa de los derechos fundamentales. G.O. n° 43.273 del 09-12-2025.

D. *Poder Ciudadano*

a. *Ministerio Público*

Resolución n° 1.819 del Ministerio Público, mediante la cual se aprueba el reglamento sobre el régimen de jubilaciones y pensiones del personal de la Fundación Escuela Nacional de Fiscales del Ministerio Público. G.O. n° 43.248 del 04-11-2025.

Resolución n° 1.906 del Ministerio Público, mediante la cual se dicta el reglamento interno de la unidad de auditoría interna de la Fundación Escuela Nacional de Fiscales del Ministerio Público. G.O. n° 43.252 del 10-11-2025.

Resolución n° 1.907 del Ministerio Público, mediante la cual se aprueba el reglamento interno de los estudios de la Escuela Nacional de Fiscales del Ministerio Público. G.O. n° 43.252 del 10-11-2025.

Resolución n° 1.976 del Ministerio Público, mediante la cual se aprueba el Reglamento interno de los estudios de la Escuela Nacional de Fiscales del Ministerio Público. G.O. n° 43.262 del 24-11-2025.

Resolución n° 1.978 del Ministerio Público, mediante la cual se deja sin efecto la Resolución n° 1.907 de fecha 04-11-2025, publicada en la Gaceta Oficial n° 43.252 del 10-11-2025, contentiva del reglamento interno de los estudios de la Escuela Nacional de Fiscales del Ministerio Público. G.O. n° 43.262 del 24-11-2025.

Resolución n° 2.035 del Ministerio Público, mediante la cual se reforma el contenido de la Resolución n° 1.079 de fecha 05-10-2007, publicada en la Gaceta Oficial n° 38.787 de fecha 10-10-2007, mediante la cual se creó la Condecoración "Orden al Mérito Félix Mercádez Vargas", en su única clase. G.O. n° 43.268 del 02-12-2025.

Resolución n° 2.033 del Ministerio Público, mediante la cual se crea la Condecoración "Orden San José Gregorio Hernández", en su Única Clase. G.O. n° 43.277 del 15-12-2025.

b. *Contraloría General de la República*

Resolución n° 01-00-163 de la Contraloría General de la República, mediante la cual se modifica el "Botón al Mérito" a ser entregado a aquellas servidoras y servidores públicos, obreras y obreros, que hayan cumplido cinco años al servicio de la Contraloría General de la República. G.O. n° 43.173 del 18-07-2025.

Resolución n° 01-00-164 de la Contraloría General de la República, mediante la cual se modifica la "Orden al Mérito Gumersindo Torres-Contraloría General de la República", en su Única Clase. G.O. n° 43.173 del 18-07-2025.

Resolución n° 01-00-165 de la Contraloría General de la República, mediante la cual se modifica el Reconocimiento Dr. Clodosbaldo Russián de la Contraloría General de la República, en su Primera y Segunda Clase. G.O. n° 43.173 del 18-07-2025.

Resolución n° 01-00-210 de la Contraloría General de la República, mediante la cual se prorroga desde el 1° hasta el 15-08-2025, el lapso para la presentación de la declaración jurada de patrimonio actualizada, establecido en la Resolución n° 01-00-50 de fecha 11-02-2025, publicada en la Gaceta Oficial de la República Bolivariana de Venezuela n° 43.123 de fecha 08-05-2025, cuya obligación está prevista en el artículo 30 de la Ley Contra la Corrupción. Prórroga valida única y exclusivamente para el presente período fiscal. G.O. n° 43.180 del 30-07-2025.

III. ADMINISTRACIÓN GENERAL DEL ESTADO

1. *Finanzas públicas*

A. *Auditoría y control interno*

Providencia n° 6/2025 de la SUNAI, mediante la cual se corrige por error material los artículos 3 y 6 de la Providencia Administrativa n° 13/2024 de fecha 06-11-2024, publicada en Gaceta Oficial de la República Bolivariana de Venezuela n° 43.031, de fecha 18-12-2024, mediante la cual se dictan las Normas para el Registro en el Sistema Integrado de Gestión de Auditoría y Control Interno (SIGACI) de la Superintendencia Nacional de Auditoría Interna (SUNAI). G.O. n° 43.158 del 27-06-2025.

Providencia n° 7/2025 de la SUNAI, mediante la cual se dicta las normas de control interno aplicables a contrataciones públicas. G.O. n° 43.158 del 27-06-2025.

Providencia n° 39 de la CAMIMPEG, C.A., mediante la cual se dicta el Reglamento Interno de la Unidad de Auditoría Interna de la Compañía Anónima Militar de Industrias Mineras, Petrolíferas y de Gas (CAMIMPEG), C.A. G.O. n° 43.183 del 04-08-2025.

Resolución n° 35 del Ministerio del Poder Popular para el Transporte, mediante la cual se dicta el reglamento interno de la oficina de auditoría interna del Ministerio del Poder Popular para el Transporte. G.O. n° 43.219 del 23-09-2025.

Resolución n° 79 del Ministerio del Poder Popular de Obras Públicas, mediante la cual se dicta el reglamento interno de la oficina de auditoría interna del Ministerio del Poder Popular de Obras Públicas. G.O. n° 43.256 del 14-11-2025.

Resolución n° 124 del Ministerio del Poder Popular para Hábitat y Vivienda, mediante la cual se establece el reglamento interno de la oficina de auditoría interna del Ministerio del Poder Popular para Hábitat y Vivienda. G.O. n° 43.258 del 18-11-2025.

B. *Tributos*

Resolución n° 22-2025 del Ministerio del Poder Popular de Economía y Finanzas, mediante la cual se modifica la columna cinco y seis del artículo 37 del Decreto n° 4.944 de fecha 24-04-2024, mediante el cual se promulga el Arancel de Aduanas. G.O. n° 43.166 del 09-07-2025.

Providencia n° SNAT/2025/60 del SENIAT, mediante la cual se legaliza la emisión y circulación de bandas de garantía para licores. G.O. n° 43.193 del 18-08-2025.

Decreto n° 5.161, mediante el cual se exonera del pago del impuesto al valor agregado en los términos y condiciones previstos en este decreto, a las operaciones de ventas nacionales de los bienes muebles corporales efectuadas dentro del "Plan de dotación y distribución escolar 2025-2026". G.O. n° 43.204 del 02-09-2025.

Decreto n° 5.162, mediante el cual se exoneran del pago del impuesto sobre la renta, los enriquecimientos netos gravables de fuente territorial, obtenidos por las asociaciones cooperativas, constituidas conforme a las disposiciones establecidas en el Decreto con Fuerza de Ley Especial de Asociaciones Cooperativas. G.O. n° 43.206 del 04-09-2025.

Providencia n° SNAT/2025/82 del SENIAT, mediante la cual se autoriza la emisión y circulación de formularios. G.O. n° 43.237 del 17-10-2025.

Providencia n° SNAT/2025/84 del SENIAT, mediante la cual se desincorpora del inventario de la división de especies fiscales adscrita a la Gerencia de Especies Controladas de la Intendencia Nacional de Tributos Internos, los formularios que en ella se señalan. G.O. n° 43.265 del 27-11-2025.

Providencia n° SNAT/2025/91 del SENIAT, mediante la cual se establece el calendario de sujetos pasivos especiales y agentes de retención para aquellas obligaciones que deben cumplirse para el año 2026. G.O. n° 43.273 del 09-12-2025, con reimpresión en n° 43.283 del 23-12-2025.

Providencia n° SNAT/2025/92 del SENIAT, mediante la cual se establece el calendario de sujetos pasivos no calificados como especiales para actividades de juegos de envite o azar a cumplirse en el año 2026. G.O. n° 43.273 del 09-12-2025.

Providencia n° SNAT/2025/93 del SENIAT, mediante la cual se establece el calendario para la declaración y pago de la contribución especial para la protección de las pensiones de seguridad social frente al bloqueo imperialista a cumplirse en el año 2026. G.O. n° 43.273 del 09-12-2025.

Decreto n° 5.196, mediante el cual se suspende la aplicación de las exenciones a la importación previstas en el Decreto con Rango, Valor y Fuerza de Ley que establece el Impuesto al Valor Agregado. G.O. n° 6.952 Extraordinario del 31-12-2025.

Decreto n° 5.197, mediante el cual se dicta el decreto de exoneraciones en materia aduanera. G.O. n° 6.952 Extraordinario del 31-12-2025.

Decreto n° 5.198, mediante el cual se dicta la reforma parcial del Decreto n° 4.944 de fecha 24-04-2024, publicado en la Gaceta Oficial n° 6.804 Extraordinario de fecha 25-04-2024. G.O. n° 6.952 Extraordinario del 31-12-2025.

IV. POLÍTICA, SEGURIDAD Y DEFENSA

1. *Relaciones internacionales*

A. *Leyes aprobatorias*[3]

Ley Aprobatoria del Tratado de Asociación Estratégica y Cooperación entre la República Bolivariana de Venezuela y la Federación de Rusia. G.O. n° 6.930 Extraordinario del 07-10-2025.

B. *Acuerdos e incorporaciones al ordenamiento jurídico*

Resolución n° 188 del Ministerio del Poder Popular para Relaciones Exteriores, mediante la cual se ordena publicar el texto Acuerdo entre el Gobierno de la República Bolivariana de Venezuela y el Gobierno de la Federación de Rusia sobre la cooperación en el ámbito de transporte marítimo. G.O. n° 43.245 del 30-10-2025.

Resolución n° 189 del Ministerio del Poder Popular para Relaciones Exteriores, mediante la cual se ordena publicar el texto Acuerdo entre el Gobierno de la República Bolivariana de Venezuela y el Gobierno de la Federación de Rusia sobre la cooperación en la esfera de la ciencia y tecnología. G.O. n° 43.245 del 30-10-2025.

C. *Cuerpos diplomáticos*

Resolución n° 213 del Ministerio del Poder Popular para Relaciones Exteriores, mediante la cual se crea la Embajada de la República Bolivariana de Venezuela en la República de Ghana. G.O. n° 43.256 del 14-11-2025.

2. *Seguridad y defensa*

A. *Terrorismo y legitimación de capitales*

Providencia n° SCA-001-2025 de la Superintendencia de Cajas de Ahorro, mediante la cual se dicta las normas sobre administración, control y fiscalización de los riesgos relacionados con la legitimación de capitales, financiamiento al terrorismo y financiamiento de la proliferación de armas de destrucción masiva, aplicables a las asociaciones civiles del sector de cajas de ahorro, fondos de ahorro y asociaciones de ahorro similares. G.O. n° 43.226 del 02-10-2025.

3. *Identificación, migración y extranjería*

Resolución n° 209 del Ministerio del Poder Popular para Relaciones Exteriores, mediante la cual se ordena publicar el texto Acuerdo relativo a la exención de visado para los titulares de pasaportes diplomáticos y de servicio entre el Gobierno de la República Bolivariana de Venezuela y el Gobierno de la República de Níger. G.O. n° 43.250 del 06-11-2025.

---

[3] Se deja constancia que en la G.O. n° 6.891 Extraordinario del 13-03-2025, correspondiente al período anterior y que no había circulado a la fecha de la elaboración de la recopilación publicada en el N° 181-182 de esta Revista, se publicó la "Ley Aprobatoria del Acuerdo Marco de Cooperación Agrícola".

V. ECONOMÍA

1. *Correo*

Providencia n° DCJ/33-2025 de IPOSTEL, mediante la cual se autoriza la impresión y circulación de 20.000 hojas de estampillas, alusivas a la emisión Filatélica "Santos Venezolanos, la Fe de nuestro País", compuesta por las especies postales clasificadas en los formatos que en ella se indican. G.O. n° 43.229 del 07-10-2025.

2. *Producción, mercado y servicios*

A. *Normas COVENIN y reglamentos técnicos*

Resolución n° 31 del Ministerio del Poder Popular de Comercio Nacional, mediante la cual se declara como Norma Venezolana COVENIN de carácter nacional la Norma 798:2025 Leche pasteurizada. Requisitos. (4ta. Revisión). G.O. n° 43.261 del 21-11-2025.

Resolución n° 32 del Ministerio del Poder Popular de Comercio Nacional, mediante la cual se declara como Norma Venezolana COVENIN de carácter nacional la Norma 823:2023 Sistemas de detección, alarma y extinción de incendios en edificaciones. Requisitos. (2da. Revisión). G.O. 43.261 del 21-11-2025.

Resolución n° 33 del Ministerio del Poder Popular de Comercio Nacional, mediante la cual se declara como Norma Venezolana COVENIN de carácter nacional la Norma 2282:2025 Alimentos. Determinación del flúor. Método volumétrico. (1ra. Revisión). G.O. 43.261 del 21-11-2025.

Resolución n° 34 del Ministerio del Poder Popular de Comercio Nacional, mediante la cual se declara como Norma Venezolana COVENIN de carácter nacional la Norma 993:2025 Pinturas emulsionadas. Determinación de la resistencia al desgaste por fregado. (5ta. Revisión). G.O. 43.261 del 21-11-2025.

Resolución n° 35 del Ministerio del Poder Popular de Comercio Nacional, mediante la cual se declara como Norma Venezolana COVENIN de carácter nacional la Norma 404:2025 Pinturas y productos afines. Películas menores de 125 micrones (5 mils). Determinación de la adhesión. (2da. Revisión). G.O. 43.261 del 21-11-2025.

Resolución n° 36 del Ministerio del Poder Popular de Comercio Nacional, mediante la cual se declara como Norma Venezolana COVENIN de carácter nacional la Norma 5032:2024 Productos cosméticos. Buenas prácticas de manufactura. G.O. n° 43.262 del 24-11-2025.

Resolución n° 37 del Ministerio del Poder Popular de Comercio Nacional, mediante la cual se declara como Norma Venezolana COVENIN de carácter nacional la Norma 5041:2025 Dispositivos de iluminación con tecnología led. Términos y definiciones. G.O. n° 43.262 del 24-11-2025.

Resolución n° 38 del Ministerio del Poder Popular de Comercio Nacional, mediante la cual se declara como Norma Venezolana COVENIN de carácter nacional la Norma 238:2025 Azúcar. Determinación de la humedad. (2da. Revisión). G.O. n° 43.262 del 24-11-2025.

Resolución n° 39 del Ministerio del Poder Popular de Comercio Nacional, mediante la cual se declara como Norma Venezolana COVENIN de carácter nacional la Norma 5040:2025 Salsas a base de mayonesa. Requisitos. G.O. n° 43.262 del 24-11-2025.

Resolución n° 40 del Ministerio del Poder Popular de Comercio Nacional, mediante la cual se declara como Norma Venezolana COVENIN de carácter nacional la Norma 3482-1:2025 Minerales de hierro y productos siderúrgicos. Mineral de hierro y reducción directa. Parte 1: términos y definiciones. (1ra. Revisión). G.O. n° 43.262 del 24-11-2025.

Resolución n° 45 del Ministerio del Poder Popular de Comercio Nacional, mediante la cual se declara como Norma Venezolana COVENIN de carácter nacional la Norma 869-1:2025 Aceites lubricantes de uso automotor. Clasificación según la viscosidad. Parte 1: motores de combustión interna. (5ta. Revisión). G.O. n° 43.272 del 08-12-2025.

Resolución n° 46 del Ministerio del Poder Popular de Comercio Nacional, mediante la cual se declara como Norma Venezolana COVENIN de carácter nacional la Norma COVENIN 3395:2025 Minerales de hierro y productos siderúrgicos. Briquetas. Requisitos. (2da. Revisión). G.O. n° 43.280 del 18-12-2025.

B. *Importaciones y exportaciones*

Resolución conjunta n° 22 y 44 de los Ministerios del Poder Popular de Comercio Exterior y para el Transporte, mediante la cual se establecen las disposiciones generales para regular la prestación del servicio "Exporta Fácil Postal" y los productos exportables a través de este servicio. G.O. n° 43.263 del 25-11-2025.

Decreto n° 5.191, mediante el cual se dicta el protocolo unificado para las exportaciones no petroleras, postales y actividades conexas. G.O. n° 43.273 del 09-12-2025.

3. *Instituciones financieras, aseguradoras y bursátiles*

Aviso oficial del Banco Central de Venezuela, mediante el cual se informa a las instituciones bancarías, a las casas de cambio y a los proveedores no bancarios de terminales de puntos de venta, los límites máximos de las comisiones, tarifas y/o recargos que podrán cobrar por las operaciones y actividades que en él se mencionan. G.O. n° 43.231 del 09-10-2025, con reimpresión en n° 43.249 del 05-11-2025.

4. *Telecomunicaciones*

Providencia n° 145 de CONATEL, mediante la cual se determinan las porciones del espectro radioeléctrico que serán objeto del procedimiento de oferta pública. G.O. n° 43.177 del 25-07-2025.

Providencia n° 217 de CONATEL, mediante la cual se establece la categorización de los equipos y aparatos de telecomunicaciones sujetos a homologación y certificación por parte de la Comisión Nacional de Telecomunicaciones. G.O. n° 43.208 del 08-09-2025.

VI. DESARROLLO SOCIAL

1. *Educación*

A. *Educación inicial, básica y media*

Resolución n° 49 del Ministerio del Poder Popular para la Educación, mediante la cual se identifica con el Epónimo "230 años del natalicio del Gran Mariscal de Ayacucho Antonio José de Sucre", a las promociones que egresen de las instituciones y centros educativos oficiales dependientes del Ejecutivo Nacional, Estadal, Municipal y las instituciones educativas de gestión privada de los niveles de educación inicial, primaria, media general, media técnica, y en las modalidades de educación de jóvenes, adultas y adultos, INCES y Misión Ribas, en las menciones y especialidades correspondientes, para el período escolar 2024-2025. G.O. n° 43.166 del 09-07-2025.

B. *Educación superior*

Resolución n° 106 del Ministerio del Poder Popular para la Educación Universitaria, mediante la cual se dicta el Reglamento de Organización y Funcionamiento de la Universidad Nacional de las Comunas (UNACOM). G.O. n° 43.222 del 26-09-2025.

Resolución n° 103 del Ministerio del Poder Popular para la Educación Universitaria, mediante la cual se establece el procedimiento para formalizar el registro ante el Ministerio del Poder Popular para la Educación Universitaria de las y los profesionales que así les sea requerido por las distintas leyes que regulan el ejercicio de sus respectivas carreras. G.O. n° 43.233 del 13-10-2025.

Resolución n° 117 del Ministerio del Poder Popular para la Educación Universitaria, mediante la cual se crea el programa nacional de formación avanzada en gestión laboral. G.O. n° 43.235 del 15-10-2025.

Resolución n° 119 del Ministerio del Poder Popular para la Educación Universitaria, mediante la cual se crea el programa nacional de formación en yacimientos de hidrocarburos. G.O. n° 43.238 del 21-10-2025.

Resolución n° 120 del Ministerio del Poder Popular para la Educación Universitaria, mediante la cual se crea el programa nacional de formación en producción y procesamiento de gas. G.O. n° 43.238 del 21-10-2025.

Resolución n° 121 del Ministerio del Poder Popular para la Educación Universitaria, mediante la cual se crea el programa nacional de formación en gestión integral de pozos de hidrocarburos. G.O. n° 43.238 del 21-10-2025.

Resolución n° 122 del Ministerio del Poder Popular para la Educación Universitaria, mediante la cual se crea el programa nacional de formación en geofísica. G.O. n° 43.238 del 21-10-2025.

Resolución n° 123 del Ministerio del Poder Popular para la Educación Universitaria, mediante la cual se crea el programa nacional de formación avanzada en exploración y extracción minera. G.O. n° 43.238 del 21-10-2025.

Resolución n° 124 del Ministerio del Poder Popular para la Educación Universitaria, mediante la cual se crea el programa nacional de formación en petroquímica. G.O. n° 43.238 del 21-10-2025.

Resolución n° 130 del Ministerio del Poder Popular para la Educación Universitaria, mediante la cual se crea el programa nacional de formación en bioanálisis integral comunitario. G.O. n° 43.239 del 22-10-2025.

Resolución n° 132 del Ministerio del Poder Popular para la Educación Universitaria, mediante la cual se crea el programa nacional de formación avanzada en trasplante renal. G.O. n° 43.239 del 22-10-2025.

Resolución n° 133 del Ministerio del Poder Popular para la Educación Universitaria, mediante la cual se crea el programa nacional de formación avanzada en salud y seguridad laboral. G.O. n° 43.240 del 23-10-2025.

Resolución n° 136 del Ministerio del Poder Popular para la Educación Universitaria, mediante la cual se aprueba el rediseño y actualización del programa nacional de formación avanzado en patología forense. G.O. n° 43.240 del 23-10-2025.

Resolución n° 175 del Ministerio del Poder Popular para la Educación Universitaria, mediante la cual se establece el procedimiento para la convalidación de títulos, diplomas y certificaciones de estudios realizados por los miembros de la Fuerza Armada Nacional Bolivariana (FANB), en el exterior, simplificando este trámite. G.O. n° 43.284 del 26-12-2025.

2. *Cultura*

Decreto n° 5.153, mediante el cual se declara el primer sábado del mes de agosto de cada año como Día Nacional de "La Marcha para Jesús", como reconocimiento y exaltación a los hombres, mujeres, pueblos y comunidades que cada año evocan su devoción en esta expresión del sentir espiritual cristiano evangélico venezolano, fecha que servirá, además, para celebrar, enaltecer y divulgar en la República Bolivariana de Venezuela los valores de Jesucristo. G.O. n° 6.923 Extraordinario del 01-08-2025.

Providencia n° 14 del Instituto del Patrimonio Cultural, mediante la cual se declara bien de interés cultural la colección documental del Archivo del Instituto de la Ciudad Universitaria (ICU)-Universidad Central de Venezuela (UCV) 1943-1975. G.O. n° 43.183 del 04-08-2025.

Decreto N° 5.170, mediante el cual se declaran días de júbilo nacional, no laborables, los días 19 y 20-10-2025, a los fines de que los venezolanos y las venezolanas, a lo largo de todo el territorio nacional, puedan incorporarse a las actividades de celebración y eventos alusivos a la canonización del Doctor José Gregorio Hernández Cisneros y la Madre Carmen Elena Rendiles Martínez. G.O. n° 6.933 Extraordinario del 17-10-2025.

Providencia n° 19/2025 del Instituto del Patrimonio Cultural, mediante la cual se declara bien de interés cultural de la Nación la Parranda Central Navideña, en la categoría de registro de patrimonio cultural inmaterial identificada y valorada en la subcategoría de creación artística, con la identificación de las comunidades contenidas bajo la subcategoría de institución social localizadas en los estados Cojedes, Yaracuy y Guárico. G.O. n° 43.237 del 17-10-2025.

Providencia n° 23 del Instituto del Patrimonio Cultural, mediante la cual se declara bien de interés cultural la edificación denominada edificio "Majestic", entre las esquinas La Gorda a Cerradero, al lado del Teatro Junín, parroquia Catedral del municipio Bolivariano Libertador del Distrito Capital. G.O. n° 43.272 del 08-12-2025.

3. *Condecoraciones y premios*

Resolución n° 15 del Ministerio del Poder Popular para el Deporte, mediante la cual se dicta las normas que regulan la creación, imposición y reconocimientos de la Condecoración Orden Honor al Mérito Francisco "Morochito" Rodríguez. G.O. n° 43.225 del 01-10-2025.

Resolución n° 20 del Ministerio del Poder Popular para la Cultura, mediante la cual se crea la Condecoración Orden "César Rengifo". G.O. n° 43.253 del 11-11-2025.

VII. DESARROLLO FÍSICO Y ORDENACIÓN DEL TERRITORIO

1. *Distribución territorial*

A. *Fronteras*

Resolución conjunta n° 60740 y 36 de los Ministerios del Poder Popular para la Defensa y para Relaciones Interiores, Justicia y Paz, mediante la cual se ordena al Comando Estratégico Operacional de la Fuerza Armada Nacional Bolivariana (CEOFANB), que gire instrucciones pertinentes a los Comandantes de las Regiones Estratégicas de Defensa Integral, para establecer estricto control del desplazamiento fronterizo de personas, tanto por vía terrestre, aérea y marítima, así como el paso de vehículos, desde las 12:01 am del viernes 25-07-2025, hasta las 11:59 pm del lunes 28-07-2025, con el objeto de resguardar la inviolabilidad de las fronteras y prevenir actividades de personas que pudiesen representar amenazas a la seguridad de la República Bolivariana de Venezuela con motivo de las elecciones municipales y tercera consulta popular nacional del domingo 27-07-2025. G.O. n° 6.921 Extraordinario del 23-07-2025.

B. *Zonas estratégicas*

Decreto n° 5.164, mediante el cual se crean y activan las Áreas Defensa Integral (ADI) de las Zonas Operativas de Defensa Integral (ZODI), adscritas a las Regiones Estratégicas de Defensa Integral (REDI), en todos los municipios que integren el espacio geográfico nacional, las cuales tendrán como misión conducir las operaciones para la defensa integral en su jurisdicción, a fin de reforzar la seguridad regional. G.O. n° 6.929 Extraordinario del 22-09-2025.

2. *Ambiente, recursos y emergencias naturales*

Providencia n° 62-25 de INPARQUES, mediante la cual se autoriza el catálogo; y se aprueba la creación e implementación del Trámite para el uso de "Ecorutas y Campamentos INPARQUES". G.O. n° 43.267 del 01-12-2025.

3. *Transporte y tránsito*

A. *Acuático*

Resolución n° 60765 del Ministerio del Poder Popular para la Defensa, mediante la cual se edita a partir de la presente fecha la publicación del presente acto administrativo, las cartas náuticas que en ella se indican. G.O. n° 43.182 del 01-08-2025.

Resolución n° 61110 del Ministerio del Poder Popular para la Defensa, mediante la cual se aprueba y certifica la tabla de distancia que contiene la relación tabulada de los puertos y destinos marítimos de la República Bolivariana de Venezuela para calcular la distancia recorrida entre el puerto de salida y puerto de llegada, la cual será empleada por el Servicio Desconcentrado Oficina Coordinadora de Hidrografía y Navegación (OCHINA) para el cobro de tributo que en ella se especifica. G.O. n° 43.190 del 13-08-2025.

Resolución n° 40 del Ministerio del Poder Popular para el Transporte, mediante la cual se implementa el sistema de control de zarpes digitalizado para la gestión de zarpes de buques deportivos y de recreo de bandera nacional y extranjera que hagan tráfico regular dentro de una misma circunscripción acuática y entre circunscripciones acuáticas distintas, así como establecer los lineamientos y condiciones específicas para los pagos por concepto de zarpe a los buques deportivos y de recreo a través de dicho sistema. G.O. n° 43.257 del 17-11-2025.

B. *Aéreo*

Resolución n° 28 del Ministerio del Poder Popular para el Transporte, mediante la cual se dicta el sistema de tarifas e incentivos para los trámites y servicios prestados por los administradores de aeródromos y aeropuertos ubicados en la República Bolivariana de Venezuela. G.O. n° 6.920 Extraordinario del 18-07-2025.

Resolución n° 30 del Ministerio del Poder Popular para el Transporte, mediante la cual se dicta la actualización del sistema de derechos aeronáuticos para los trámites y servicios prestados por el Instituto Nacional de Aeronáutica Civil. G.O. n° 6.920 Extraordinario del 18-07-2025.

Resolución conjunta n° 41, 61232, 32 y 25 de los Ministerios del Poder Popular para Relaciones Interiores, Justicia y Paz, para la Defensa, para el Transporte y de Economía y Finanzas, mediante la cual se prohíbe la operación y circulación aérea en todo el espacio geográfico de la República Bolivariana de Venezuela de aeronaves pilotadas a distancia (RPA), sean aeronaves remotamente pilotadas o no pilotadas y aeromodelos, así como la instrucción, capacitación, adiestramiento, compra, venta, fabricación, distribución, importación y exportación, de los equipos, artefactos o dispositivos, sus partes y componentes. G.O. n° 6.927 Extraordinario del 18-08-2025.

C. *Terrestre*

Exhorto oficial del Ministerio del Poder Popular para el Transporte, mediante el cual se establece la tarifa del pasaje urbano en Bs. 40. En el caso, del sistema de transporte de los metros, ferrocarril y operadoras de transporte público del Estado el pasaje urbano será de Bs. 30. G.O. n° 43.218 del 22-09-2025.

Resolución n° 036 del Ministerio del Poder Popular para el Transporte, mediante la cual se establece la tarifa máxima oficial para las rutas suburbanas a nivel nacional, a ser cobradas por los prestadores del servicio público de transporte terrestre de pasajeras y pasajeros; respectivamente, con la finalidad de concretar y equilibrar tanto a los transportistas como a los usuarios del servicio. G.O. n° 43.218 del 22-09-2025.

Decreto N° 5.171, mediante el cual se transfiere al Ejecutivo Nacional la administración y aprovechamiento de las estaciones recaudadoras de peajes. G.O. n° 6.934 Extraordinario del 20-10-2025.

Exhorto Oficial del Ministerio del Popular para el Transporte, mediante el cual se establece la tarifa del pasaje urbano en Bs. 60. De igual manera, en el caso de los sistemas de transporte como metros, ferrocarril, Corporación Metrobús Venezuela, y las operadoras de transporte públicos operadas por el Estado el pasaje se fija en Bs. 60. G.O. n° 43.284 del 26-12-2025.

Resolución n° 49 del Ministerio del Popular para el Transporte, mediante la cual se establece la tarifa máxima oficial para las rutas suburbanas a nivel nacional, a ser cobradas por los prestadores del servicio público de transporte terrestre de pasajeras y pasajeros, respectivamente, con la finalidad de concretar y equilibrar tanto a los transportistas como a los usuarios del servicio. G.O. n° 43.284 del 26-12-2025.

Comentarios Legislativos

LA DECLARACIÓN DEL "DERECHO A LA PAZ" EN LA "LEY CONSTITUCIONAL CONTRA EL ODIO, POR LA CONVIVENCIA PACÍFICA Y LA TOLERANCIA," SANCIONADA POR LA ASAMBLEA CONSTITUYENTE DE 2017

Allan R. Brewer-Carías

Profesor emérito Universidad Central de Venezuela

Director de la Revista

Resumen: *Este comentario busca poner en evidencia la enorme contradicción de la declaración del derecho a la paz en una Ley que para lo que ha servido es para eliminar el derecho del ciudadano a vivir en paz, por la amenaza constante del Estado contra su tranquilidad y seguridad.*

Palabras Clave: *Derecho a la paz; Seguridad personal; Odio*

Abstract: *This commentary seeks to highlight the enormous contradiction of the declaration of the right to peace in a law that has served to eliminate the right of the citizen to live in peace, due to the constant threat of the State against its tranquility and security.*

Key words: *Right to peace; Personal security; Hate*

En mayo de 2017, el presidente Nicolás Maduro justificó la propuesta de convocar una Asamblea Nacional Constituyente, como quedó expresado en el Decreto No. 2830 del 1 de mayo de 2017, con el "objetivo programático" de lograr "la paz como necesidad, derecho y anhelo de la nación," llegando a afirmar en el mismo Decreto, que:

> "el proceso constituyente es una gran convocatoria a un diálogo nacional para contener la escalada de violencia política, mediante el reconocimiento político mutuo y de la reorganización del Estado, que recupere el principio constitucional de cooperación entre los poderes públicos [...]."

Para asegurar la paz en Venezuela, al contrario de lo que allí afirmó, en realidad, no era necesario proceso constituyente alguno, ni convocar Asamblea Nacional Constituyente alguna, ni reformar al Estado, ni dictar una nueva Constitución. Y menos se podía lograr la paz forzando un proceso constituyente fraudulento,[1] tal y como había quedado demostrado en los meses precedentes a su convocatoria, de violencia y ruptura institucional, ocurridas por el solo hecho de la convocatoria de la Constituyente, que lo que logró, desde el 1° de mayo de

[1] Véase y Carlos García Soto, *Estudios sobre la Asamblea Nacional Constituyente y su inconstitucional convocatoria en 2017* (Compilador y editor, en colaboración con Carlos García Soto), Colección Estudios Jurídicos N° 119, Editorial Jurídica Venezolana, Caracas 2017, 778 pp.; Allan R. Brewer-Carías, *Usurpación Constituyente 1999, 2017. La historia se repite: una vez como farsa y la otra como tragedia*, Colección Estudios Jurídicos, N° 121, Editorial Jurídica Venezolana International, 2018, 654 pp.

2017, fue la multiplicación de la violencia y de la división en el país, incluso dentro del propio seno del gobierno, donde por primera vez se mostraron voces de disidencia.

La escalada de violencia, por lo demás, había sido obra de los agentes del propio Estado, del discurso de odio que desarrollaron, de la incitación a la aniquilación de la disidencia de cualquier tipo, que desde sus trincheras se había propugnado, de la ausencia de reconocimiento de la oposición política, de la eliminación de la separación de poderes y de toda forma de control respecto del ejercicio del poder, y del uso de elementos violentos en las fuerzas de seguridad del Estado acompañados por paramilitares que asesinaron a decenas de ciudadanos a mansalva e impunemente; todo lo cual incluso fue el origen de la investigación iniciada por el Fiscal de la Corte Penal Internacional,

> "para analizar los crímenes presuntamente cometidos en el Estado desde, por lo menos, abril de 2017 en el contexto de las manifestaciones y los disturbios políticos conexos, y recordando que la República Bolivariana de Venezuela es un Estado parte en el Estatuto de Roma de la Corte Penal Internacional."[2]

Con esa forma de actuar desde el gobierno, era materialmente un insulto a la inteligencia llamar a "un dialogo nacional para contener la escalada de violencia" cuando la violencia había sido obra del gobierno, y cuando se sabía que el mismo no tenía ninguna intención de dialogar, sino de imponer a la fuerza a los venezolanos un sistema político por el cual se le negaba el derecho a votar, y que más bien el pueblo rechazó en 2007, al rechazar la propuesta de reforma constitucional para crear un Estado Comunal o del Poder Popular.[3]

Nada de lo referido sobre la paz que se prometía resolver con la Asamblea Constituyente se podía lograr con la misma, y menos cuando lo que se proponía con dicha Asamblea era consolidar un Estado policial-militar en el país, encubierto con el mote de "Estado Comunal," [4] donde los ciudadanos podían definitivamente perder su preciado derecho a vivir en paz, a menos que fuera la paz de los sepulcros.

Por tanto, en lugar de estar planteando la convocatoria a una Constituyente fraudulenta, lo que el gobierno debió haber hecho para garantizar la paz como "necesidad, derecho y anhelo de la nación," era asegurar y garantizarle a los venezolanos el pleno ejercicio de sus derechos constitucionales, entre ellos, ese derecho esencial a la vida y a vivir en paz, para lo cual no era necesario, como se dijo, reformar el Estado ni dictar una nueva constitución, sino cumplir con los mandatos que están en la Constitución.

---

2 Así se dio cuenta en la Resolución 42/25 aprobada por el Consejo de Derechos Humanos de la ONU el 27 de septiembre de 2019 sobre "Situación de los derechos humanos en la República Bolivariana de Venezuela," adoptada con base en el Informe que presentó la Alta Comisionada sobre Derechos Humanos, Michel Bachelet, mediante la cual se creó una Misión Internacional Independiente de determinación de los hechos, "para que investigue las ejecuciones extrajudiciales, las desapariciones forzadas, las detenciones arbitrarias y las torturas y otros tratos crueles, inhumanos o degradantes cometidos desde 2014, a fin de asegurar la plena rendición de 5 cuentas de los autores y la justicia para las víctimas," cuyo funcionamiento ha sido extendido sucesivamente, año a año. Referencia disponible en: htps://documents.un.org/doc/undoc/gen/g19/299/72/pdf/g1929972.pdf

3 Véase Allan R. Brewer-Carías, *La reforma constitucional de 2007* (Comentarios al proyecto inconstitucionalmente sancionado por la Asamblea Nacional el 2 de noviembre de 2007), Colección Textos Legislativos, No. 43, Editorial Jurídica Venezolana, Caracas 2007, 224 pp.

4 Véase Allan R. Brewer-Carías, *Hacia la consolidación de un Estado socialista, centralizado, policial y militarista. Comentarios sobre el sentido y alcance de las propuestas de reforma constitucional 2007*, Colección Textos Legislativos, N° 42, Editorial Jurídica Venezolana, Caracas 2007, 157 paginas.

En todo caso, la Asamblea Constituyente se convocó y se eligió en forma ilegítima y fraudulenta, y usurpando las funciones de la Asamblea Nacional que había sido electa en 2015, sancionó en noviembre de ese mismo año una "Ley Constitucional contra el Odio, por la Convivencia Pacífica y la Tolerancia,[5] con el objeto, como lo dice su artículo primero, de:

> *"contribuir a generar las condiciones necesarias para promover y garantizar el reconocimiento de la diversidad, la tolerancia y el respeto recíproco, así como para prevenir y erradicar toda forma de odio, desprecio, hostigamiento, discriminación y violencia, a los fines de asegurar la efectiva vigencia de los derechos humanos, favorecer el desarrollo individual y colectivo de la persona, preservar la paz y la tranquilidad pública y proteger a la Nación."*

A tal efecto, la Ley reguló formalmente como derecho del pueblo, el "derecho a la paz,"[6] que no está previsto expresamente en la Constitución, como en cambio sí lo está previsto en otras del Continente (como en Colombia), haciendo la siguiente declaración:

> "Artículo 3. El pueblo venezolano tiene el derecho irrenunciable a la Paz, la convivencia pacífica y la tranquilidad pública. Se declara a la República Bolivariana de Venezuela como un territorio de paz, contrario a la guerra y la violencia en todas sus formas, expresiones y manifestaciones.
>
> Se consideran contrarios al derecho humano a la paz cualquier forma de violencia política, odio, discriminaciones e intolerancias."

Siendo, por tanto, en esta forma el derecho a la paz un derecho de todos, es decir, no solo un derecho colectivo de todos los venezolanos, del "pueblo", sino un derecho individual de toda persona, la Ley establece el deber general de todos, y en particular para el Estado, de:

> "promover una la cultura y valores de paz, diversidad, tolerancia, igualdad, respeto mutuo y convivencia solidaria para prevenir y erradicar toda forma de violencia política, odio, discriminación e intolerancias, a los fines de asegurar la efectiva vigencia de los derechos humanos." (arts. 3,7).

Por ello, el derecho a la paz es, ante todo el derecho a vivir en paz, esencialmente vinculado al derecho a la vida que es el primer y más importante de los derechos humanos de toda persona y que el Estado tiene la obligación de garantizar. y que incluso se declara como inviolable, pero que sin embargo, en los últimos lustros ha sido uno de los derecho de las personas más violado en Venezuela.

No sólo porque las huestes militares y para-militares protegidas y armadas por el Estado han asesinado vilmente y a mansalva a ciudadanos que han ejercido su derecho a manifestar y disentir; no sólo porque el Estado y sus agentes había permitido y hasta auspiciado que se hubiera desarrollado una delincuencia incontrolada que convirtió al país en el que más asesinatos callejeros ocurrieron en el mundo, llegando la delincuencia organizada a ser, en ciertos casos, hasta una especie de aberrante "producto de exportación"; sino además, fundamentalmente, por haberle quitado a los venezolanos el derecho a vivir en su propio país, libremente, protegidos, y particularmente, su derecho a vivir en paz.

Porque el derecho a la vida de toda persona no es solo el derecho a la propia existencia, para que ésta no sea extinguida por los agentes del Estado (por eso incluso se prohíbe hasta la pena de muerte) ni por los delincuentes, sino también, el derecho humano a la no impunidad

---

5 Véase en Gaceta Oficial, N° 41.276, de 10 de noviembre de 2017.

6 Véase en general: Allan R. Brewer-Carías, "Algunos aspectos sobre uno de los derechos humanos más olvidados y preteridos en venezuela, el derecho a vivir en paz," en *Libro Homenaje a Cecilia Sosa Gómez* (Coordinadores: Rafael Badell Madrid, Henrique Iribarren Monteverde, Juan Cristobal Carmona Borjas, José Antonio Muci), Academia de Ciencias Políticas y Sociales, Caracas 2021, Editorial Jurídica Venezolana, Tomo I, pp. 381-438.

en el sentido de que si ocurren asesinatos, los delitos cometidos no permanezcan impunes, lo que en definitiva implica el derecho a la justicia, pues sin justicia no hay ni puede haber paz.

Por ello, también es una manifestación del derecho a la vida, el derecho de toda persona y de su familia a vivir en paz o en condiciones de paz, que el Estado también está en la obligación de garantizar. Por eso, precisamente, la prohibición que existe en el Pacto Internacional de Derechos Civiles y Políticos de la ONU y en todas las constituciones contemporáneas, respecto de la propaganda a favor de la guerra y la que implique incitación al odio, a la violencia y al delito, que son incompatibles con la paz, y por supuesto, con la libertad de expresión.

Por ello también, en un Estado de derecho democrático, como se indica en la Carta Democrática Interamericana, la institución militar y los cuerpos de seguridad deben estar subordinados a la autoridad civil, y por supuesto, al cumplimiento de las obligaciones que derivan del derecho internacional, al respeto de los derechos humanos y al derecho internacional humanitario, y a la consecución de la paz; de manera que la disciplina militar y el cumplimiento de órdenes superiores estén siempre subordinados al respeto de esas obligaciones. Por ello la Constitución precisa que la responsabilidad individual de los funcionarios por violación a los derechos humanos no se exonera aun cuando hayan recibido órdenes superiores (art. 25)

En ese contexto, del derecho a la paz, como derivado esencial del derecho a la vida, no sólo implica el derecho humano a la ausencia de todo conflicto armado, lo que el Estado tiene que garantizar y cuyas huestes no pueden aupar o incitar; sino la eliminación de todo tipo de violencia, de cualquier clase, policial, política, económica, cultural e institucional, y en todos los ámbitos, público y privado. Solo cuando se asegure la ausencia de violencia es que puede pensarse en la posibilidad de que se pueda materializar el desarrollo económico, social y cultural de los pueblos, y mediante el mismo, la satisfacción de las necesidades de todos, el debido y efectivo respeto de todos los derechos humanos y en particular, de la dignidad humana de todos.

Ese derecho a la paz, además, como parte esencial del derecho a la vida, tiene que ser un derecho duradero, permanente, que pueda disfrutarse sin ningún tipo de discriminación, basado en la igualdad de derechos y el respeto de las diferencias basadas en el género, de los diferentes valores culturales y creencias religiosas siempre que sean compatibles con los derechos humanos universalmente reconocidos; y en la proscripción del racismo, la discriminación racial, la xenofobia y cualquier forma de intolerancia política, social, o cultural.

Por ello, el derecho a la paz, como derivado esencial del derecho a la vida, además de ser un derecho individual de cada persona, es también a la vez, como se dijo, un derecho colectivo que tiende a asegurar que en su conjunto todas las personas puedan vivir en paz. Y si bien es cierto que bajo esta dimensión colectiva el derecho a la paz también adquiere una connotación internacional que debe condicionar las relaciones entre los Estados, la misma por supuesto no se agota queda allí, cuando se refiere al ámbito nacional en las relaciones de las personas con el Estado del cual son parte.

Con base en todo ello, podría entonces definirse el derecho a la paz, desde la perspectiva del orden interno de los países, como el derecho de toda persona a disfrutar de condiciones sociales, culturales, económicas, ambientales y políticas que le aseguren la posibilidad de vivir en paz, en una sociedad sometida al derecho y a la justicia, libre de violencia y de incitación al odio, y específicamente, libre de violencia institucional, de opresión gubernamental, de persecución a la disidencia, y de discriminación, donde haya un efectivo control a la posesión generalizada e ilegal de armas por las personas.

Esta aproximación al derecho a la paz, como parte del derecho a la vida del derecho de a vivir en paz, por otra parte, implica en esencia, la necesidad de la existencia de condiciones políticas mínimas de una sociedad, que deben ser fomentadas por el Estado, conforme a las cuales la totalidad de sus instituciones, tienen que asumir el rol fundamental de ser los garantes de la paz, y no sus conculcadores.

En este aspecto, que es parte también de la dimensión interna del derecho a la paz, este implica e incluye el derecho ciudadano a que el Estado asuma efectivamente su rol de promover y preservar la paz.

Por tanto, el derecho a la paz simplemente no existe cuando es el propio Estado, sus instituciones y sus funcionarios los que promueven la violencia, mediante un discurso de odio, de carácter guerrerista, discriminatorio, de eliminación de la disidencia, en cuyo caso son los que ejercen directamente violencia institucional sobre las personas, mediante la utilización de los mecanismos e instituciones estatales.

Se trata aquí, por tanto, de la violencia institucional, que es la ejercida directamente sobre los ciudadanos por el propio Estado, sus instituciones y funcionarios, y que además, generalmente deriva en violencia política, en este caso, auspiciada por los mismos. Esta es, sin duda, la más grave manifestación de violencia que los ciudadanos de Venezuela deben soportar, y que lesiona el derecho a vivir en paz, el cual, bajo este ángulo, se conforma por un conjunto de derechos ciudadanos que son indisolubles e interdependientes.

En efecto, en una sociedad democrática, los ciudadanos como parte de su derecho a la vida y de vivir en paz, tienen derecho a que el Estado dedique efectivamente su acción a promover y preservar la paz, lo que implica el derecho a que los gobernantes no inciten a la violencia y al odio.

El tema implica, por tanto, no sólo que todas las personas tienen derecho a oponerse a la propaganda a favor de la guerra y a la incitación a la violencia, sino también a la incitación al odio. No se puede vivir en paz, cuando se permite desde el Estado, incluso desde programas audiovisuales a cargo de funcionarios públicos transmitidos en canales oficiales del propio Estado, la incitación al odio, y más grave aún, cuando es el propio Jefe de Estado, y los altos funcionarios del Estado, incluso militares activos, los que sean el principal motor en la propagación del odio en el país.

El derecho a la paz, en este contexto, por otra parte, también implica el derecho individual de todo ciudadano a no ser considerado o declarado por el Estado como su enemigo y, por tanto, el derecho a no ser excluido y discriminado políticamente, y a no ser perseguido por sus ideas.

Lo contrario, sin embargo, es lo que ha ocurrido en Venezuela desde 1999 donde ha sido política permanente de Estado no solo declarar sino considerar a la oposición como "enemiga" por el propio Estado y sus funcionarios; con calificativos discriminatorios; con discriminaciones masivas desde el punto de vista político respecto de toda persona que haya expresado alguna simpatía por la oposición (quienes han sido estigmatizadas: escuálidos), o que hayan expresado alguna oposición a alguna propuesta del gobierno.

Eso fue lo que ocurrió, por ejemplo, con las más de tres millones de personas que ejercieron su derecho de petición al firmar la solicitud de un referendo revocatorio presidencial en 2004 respecto del mandato de H. Chávez, motivo por el cual fueron excluidos y desplazados de toda relación, así fuese indirecta, con el Estado y la Administración, a través de la famosa lista "Tascón" elaborada por el diputado de ese nombre, que se utilizó oficialmente para discriminar. Actitud del Estado por la cual incluso fue formalmente condenado por la Corte Interamericana de Derechos Humanos en 2018.[7]

Otro aspecto que debe precisarse desde el punto de vista institucional, cuando se habla del derecho a la paz y del derecho a vivir en paz, y de la violencia institucional, que es la antítesis de la situación de paz en el orden interno, es su vinculación estrecha con el derecho a la justicia, siendo la ausencia de justicia y la impunidad, como antes se dijo y precisamente, otras de las manifestaciones de la violencia institucional.

Por ello, con razón, la paz tiene que estar basada en la justicia, siendo por tanto la impunidad, totalmente incompatible no solo con la justicia sino con la paz, siendo más bien propiciadora de la violencia.[8] propiciando incluso a veces a los ciudadanos a hacerse justicia por sí mismos, de manera que la violencia lo que hace es generar más violencia.

Para garantizar el derecho a la paz, por tanto, la condición esencial es la existencia de un Poder Judicial independiente y autónomo. Por ello, lamentablemente, ha sido la ausencia de tal independencia y autonomía del Poder Judicial en Venezuela lo que ha convertido a la Justicia en el principal instrumento de instigación de la violencia institucional contra los ciudadanos, cuando no obtienen justicia de sus pretensiones, o cuando los instrumentos de justicia se utilizan para perseguirlos por sus opiniones, criminalizándose la disidencia. [9]

Por la ausencia de Justicia, por otra parte, en más de una ocasión se ha violado otro de los derechos ciudadanos derivados del derecho a la paz y de vivir en paz, que es el derecho de toda persona a permanecer en su propio país y a no ser forzado por razones políticas o económicas a dejar su propio país. Todo lo cual ha sido una de las causas del mayor éxodo de población ocurrido en toda la historia del mundo occidental, como ha sido el caso en Venezuela.[10]

Para garantizar la inexistencia de un discurso de odio y el derecho a la paz, en consecuencia, hace falta mucho más que solo insertar un artículo en una Ley, y más cuando con la misma, lo que se persiguió fue solo limitar las acciones y manifestaciones de los privados, pero no las del propio Estado y de sus funcionarios, que escapan de las regulaciones de la ley.

Así por ejemplo, el artículo 11 de la Ley está dirigido a los partidos políticos y organizaciones políticas, prohibiendo, con razón, que puedan inscribirse en el Consejo Nacional Electoral, cuando sus:

---

7 Véase el reportaje sobre "La Corte IDH hizo justicia con la lista Tascón," caso Rocío San Miguel Sosa, Magally Chang Girón y Thais Coromoto Peña vs. Venezuela, mayo 31, 2018, en Acceso a la Justicia, 31 de mayo de 2018, disponible en: https://accesoalajusticia.org/la-corte-idh-hizo-justicia-con-la-lista-tascon/

8 Ello, el Observatorio Venezolano de la Violencia (OVV) destacó ya hace unos años que en el caso de Venezuela, el 93% de los casos de crímenes callejeros quedan impunes (el Informe del Observatorio Venezolano de la Violencia (OVV) 2012, disponible en www.codigovenezuela.com/2012/.../observatorio-venezolano-de-violencia-senala-que-en-2012-se-observo-un-incremento-de-delitos

9 Véase Allan R. Brewer-Carías, *La demolición de la independencia y autonomía del Poder Judicial en Venezuela 1999-2021*, Colección Biblioteca Allan R. Brewer-Carías, Instituto de Investigaciones Jurídicas de la Universidad Católica Andrés Bello, N° 7, Editorial Jurídica Venezolana, Caracas 2021, 612 pp.

10 Véase el reportaje sobre lo declarado por el Secretario General de la Organización de Estados Americanos: "OEA: El éxodo venezolano es el más grande que ha existido en la historia del hemisferio occidental," en *RPP*, 29 de Agosto del 2018, disponible en: https://rpp.pe/mundo/actualidad/oea-el-exodo-venezolano-es-el-mas-grande-que-ha-existido-en-la-historia-del-hemisferio-occidental-noticia-1146473

> "declaraciones de principios, actas constitutivas, programas de acción política, estatutos o actividades se funden o promuevan el fascismo, la intolerancia o el odio nacional, racial, étnico, religioso, político, social, ideológico, de género, orientación sexual, identidad de género, expresión de género y de cualquier otra naturaleza que constituya incitación a la discriminación y la violencia."

Sin embargo, nada dice la Ley, cuando esas manifestaciones emanan del propio Estado.

Igualmente sucede con el tipo delictivo de "la promoción o incitación al odio," que se reguló en el artículo 20 de la Ley, sancionando con prisión de diez a veinte años, a:

> "Quien públicamente o mediante cualquier medio apto para su difusión pública fomente, promueva o incite al odio, la discriminación o la violencia contra una persona o conjunto de personas, en razón de su pertenencia real o presunta a determinado grupo social, étnico, religioso, político, de orientación sexual, de identidad de género, de expresión de género o cualquier otro motivo discriminatorio."

Sin embargo, tampoco en este caso se dice nada cuando esas manifestaciones emanan del propio Estado y de sus funcionarios, estableciéndose respecto de los mismos, sanciones solo cuando no persigan a los privados, es decir, cuando "en ejercicio de sus funciones, voluntariamente se abstenga, omita o retarde intervenir para evitar la consumación de cualquiera de los hechos punibles" establecidos en la Ley (art. 24.1).

ANÁLISIS DE LAS RECIENTES REFORMAS A LAS LEYES DEL ESTADO COMUNAL ¿CAMBIOS COSMÉTICOS O DE FONDO?*

*Alí Daniels***

Codirector de la ONG venezolana Acceso a la Justicia.

Resumen: *El documento examina de manera sistemática las reformas recientes a la Ley Orgánica del Poder Popular, la Ley Orgánica de las Comunas y la Ley Orgánica de Justicia de Paz Comunal, destacando que los cambios introducidos no corrigen las deficiencias estructurales del modelo del "estado comunal", sino que profundizan sus contradicciones. El análisis evidencia cómo las modificaciones normativas buscan reforzar el control centralizado del Estado sobre las formas de organización comunitaria, reduciendo los espacios de participación autónoma, eliminando conceptos claves como "comunidad organizada" y privilegiando estructuras formalizadas y subordinadas al Ejecutivo. Entre los elementos más relevantes se identifican la redefinición de los fines del poder popular, el desplazamiento conceptual de la comuna como célula fundamental del modelo, la ampliación de mecanismos de contraloría sobre el sector privado y la incorporación de obligaciones vinculadas a seguridad y defensa en clave de corresponsabilidad militar-civil, sin claridad operativa ni resguardo de garantías.*

Palabras Clave: *Estado comunal; Poder Popular; Plan de la Patria.*

Abstract: *The document systematically examines the recent reforms to the Organic Law of Popular Power, the Organic Law of Communes, and the Organic Law of Communal Justice of Peace, emphasizing that the changes introduced do not remedy the structural deficiencies of the "communal state" model but instead deepen its contradictions. The analysis shows how the regulatory modifications seek to reinforce the centralized control of the State over forms of community organization, reducing spaces for autonomous participation, eliminating key concepts such as "organized community," and privileging formalized structures subordinated to the Executive. Among the most significant elements are the redefinition of the aims of popular power, the conceptual shift whereby the commune is no longer considered the fundamental cell of the model, the expansion of oversight mechanisms over the private sector, and the incorporation of obligations related to security and defense framed as military-civil co-responsibility, without operational clarity or adequate safeguards.*

Key words: *Communal State; Popular Power; Plan de la Patria.*

* https://accesoalajusticia.org/analisis-recientes-reformas-leyes-estado-comunal-cambios-cosmeticos-o-fondo/

** Abogado de la Universidad Católica Andrés Bello; Especialista en Derecho Administrativo de esa misma universidad; Estudios de doctorado en Derecho Administrativo en la Universidad Complutense de Madrid; Codirector de la ONG venezolana Acceso a la Justicia.

INTRODUCCIÓN

El estado comunal nace con la promesa de ser una forma de organización política y social "en la cual el poder es ejercido directamente por el pueblo"[1], es decir, se plantea como un cambio y un contraste con el ejercicio del poder en la tradicional democracia representativa, generando de este modo una percepción de esta última como un sistema defectuoso, y sobre todo, menos democrático.

En consecuencia, las expectativas que se generaron respecto del modelo del estado comunal fueron directamente proporcionales a la elocuencia de sus postulados: más participación ciudadana, más poder ciudadano, más ejercicio directo de la soberanía.

Por ello, escribir sobre el poder popular es al mismo tiempo complejo y sencillo. Complejo porque implica explicar cómo este concepto, el de estado comunal, no está en la Constitución, fue rechazado en el referéndum de 2007, y pese a ello, se encuentra consagrada en una intrincada legislación que inició en el 2006 con la aprobación de la Ley de los Consejos Comunales[2] y que fue seguida con la apresurada y cuestionada aprobación de 6 leyes por parte de un parlamento que se encontraba en sus últimos días de gestión[3]. Comentar su contenido, exigencias y estructuración requerirían mucho tiempo y esfuerzo, sin considerar, además, otras leyes que luego se han dictado y que se suman a las anteriores[4].

Y todo este enorme esfuerzo, como indicáramos, se hizo para establecer un cambio de paradigma en el ejercicio del poder, según el cual el pueblo ejercería directamente el poder[5].

En contraste, para el ciudadano común que ha visto a lo largo de la última década la realidad del poder popular, la explicación del mismo es muy sencilla: es la constitución de estructuras de control social dirigidas por el partido de gobierno, que manejan de forma muy arcaica, y no siempre eficiente, algunos servicios públicos[6] (como el gas doméstico) y que han asumido algunas de las competencias de los municipios (como otorgar constancias de residencia[7]).

---

1 Art. 7.6 de la Ley Orgánica del Poder Popular "**Estado Comunal**: Forma de organización político social, fundada en el Estado democrático y social de Derecho y de Justicia establecido en la Constitución de la República Bolivariana de Venezuela, en la cual el poder es ejercido directamente por el pueblo".

2 Publicada en la Gaceta Oficial N° 5.806 Ext. del 10 de abril de 2006.

3 Dichas leyes fueron las siguientes: la Ley Orgánica del Poder Popular, la Ley Orgánica de Planificación Pública y Popular, la Ley Orgánica de las Comunas, la Ley Orgánica del Sistema Económico Comunal y la Ley Orgánica de Contraloría Social.

4 Entre otros, el Decreto con rango, valor y fuerza de ley orgánica para la gestión comunitaria de competencias, servicios y otras atribuciones (publicada en la Gaceta Oficial N° 6079 Ext. Del 15 de junio de 2012), la Ley de los Consejos Estadales de Planificación y Coordinación de Políticas Públicas, y la Ley de los Consejos Locales de Planificación Pública (ambas publicadas en la Gaceta Oficial N° 6.015 Ext. del 30 de diciembre de 2010).

5 Art. 8.8 de la Ley Orgánica del Poder Popular: "Forma de organización político social, fundada en el Estado democrático y social de derecho y de justicia establecido en la Constitución de la República, en la cual **el poder es ejercido directamente por el pueblo**" (énfasis propio).

6 García-Guadilla, María Pilar (2008). La praxis de los consejos comunales en Venezuela: ¿Poder popular o instancia clientelar? en Revista Venezolana de Economía y Ciencias Sociales V. 14 N° 1 Caracas abr. 2008. Disponible en: https://ve.scielo.org/scielo.php?script=sci_arttext&pid=S1315-64112008000100009

7 https://accesoalajusticia.org/naturaleza-juridica-de-los-consejos-comunales-y-valor-probatorio-de-las-constancias-de-residencias/; https://talcualdigital.com/estos-son-los-requisitos-para-tramitar-una-carta-de-residencia-en-venezuela/

Sin embargo, todas las decisiones de relevancia social siguen tomándose en el poder ejecutivo, por lo que nadie ha visto ninguna determinación de trascendencia nacional tomada por el poder comunal. No se aplica en absoluto el pregonado principio de "mandar obedeciendo"[8]. Sobre todo, para el ciudadano común no hay distinción alguna entre el poder comunal y el resto de las estructuras del estado: todo es uno solo, y ese todo se encuentra supeditado al único poder que ejerce el mando del país.

Esta contradicción entre un tinglado de normas con estructuras complejas, mandatos muy amplios y declaraciones altisonantes constituyen una descripción de la forma de gobernar de las últimas dos décadas en el país, en donde bajo una supuesta sujeción al mandato del soberano, se siguen tomando todas las decisiones desde el mismo sitio.

Así entonces, en este contexto de continuidad en el ejercicio del poder, llama la atención que justamente en el año 2024, en el que se celebraron elecciones presidenciales se haya realizado reformas a tres leyes vinculadas con el poder popular, y por lo mismo, se hace necesario comprender cuáles fueron tales cambios, las posibles razones de ello y la afectación, si la hay, al modelo de estado llevado a cabo hasta el momento. Tal es la motivación de este trabajo.

De este modo, no utilizaremos el orden cronológico de las reformas, sino que tomaremos como criterio de análisis la mayor vinculación con las estructuras del estado comunal de las normas aprobadas, y por tal motivo partiremos de la que establece las bases fundacionales del estado comunal, esto es, la Ley Orgánica del Poder Popular, pasando luego a la reforma de la Ley Orgánica de la Comunas, y finalmente analizaremos lo vinculado a la reforma de la Ley Orgánica de la Jurisdicción Especial de Justicia de Paz comunal.

1. *Reforma a la Ley Orgánica del Poder Popular (LOPP)*

A. *Contexto*

Para comprender mejor el alcance de los cambios realizados, hemos de señalar que en el texto aprobado en el 2010, se establecía que el objeto de la ley era "desarrollar y consolidar el Popular" "para el ejercicio directo del poder" (art. 1). Para ello, el dispositivo legal establecía que los principios que regían dicha estructura de poder eran "los principios y valores socialistas" (art. 5) y la doctrina de Simón Bolívar.

Para lograr la aplicación de estos principios, la ley establecía las llamadas "Instancias del Poder Popular" para el "ejercicio del autogobierno" (art. 15) que estarían conformadas, desde una visión de menor a mayor complejidad, por los consejos comunales, la comuna, la ciudad comunal y los sistemas de agregación comunal.

El orden señalado indica una prelación de constitución, pues el establecimiento de una comuna exige la preexistencia de los consejos comunales, pues varios de sus órganos deben estar constituidos por voceros de los consejos comunales, de modo que para que haya comuna deben existir previamente los consejos, y por otro lado, la ciudad comunal es la unión de varias comunas en un mismo ámbito territorial, mientras que los sistemas de agregación comunal son las asociaciones "que por iniciativa popular surjan entre los consejos comunales y entre las comunas" (art. 15 LOPP).

Así, en términos de estructura, un consejo comunal es la entidad más sencilla del poder popular, pues de acuerdo con el artículo 19 de la Ley Orgánica de los Consejos Comunales (LOCC), un consejo está constituido por: 1) La Asamblea de Ciudadanos y Ciudadanas; 2) El

---

8 https://margaritalopezmaya.com/wp-content/uploads/2022/06/Mandar-obedeciendo-UN-3-01-06.pdf

colectivo de coordinación comunitaria; 3) La Unidad Ejecutiva; 4) La Unidad Administrativa y Financiera Comunitaria; y 5) La Unidad de Contraloría Social.

Por su parte, las Comunas, de acuerdo con la Ley Orgánica de las Comunas, han de estar constituidas por: 1) el Parlamento Comunal, 2) el Consejo Ejecutivo, 3) el Banco de la Comuna, 4) el Consejo de Contraloría Comunal y 5) la Comisión Electoral de la Comuna.

Así entonces, no sólo se trata de que la Comuna tenga más estructuras, sino que además algunas de ellas exigen un grado de especialización y organización mucho mayor que en los Consejos, como sería el caso del Consejo de Planificación, el Banco Comunal y el Consejo de Contraloría. Estas exigencias pusieron de manifiesto que era mucho más fácil constituir un consejo que una comuna y por tal razón estas últimas no tuvieron el éxito de las primeras en cuanto a número y cobertura territorial.

De este modo, el Ministerio de las Comunas indica en su página web que existen registrados en el período 2008-2024 un total de 49.183 consejos comunales[9], de los cuales se afirma que un total 37.576 tienen "vocerías vigentes", esto es, el 76,4% del total. Asimismo, se indica que en el 2024 se renovaron 9.046 consejos, mientras que en el 2023 fueron 14.103[10].

Respecto de las Comunas, de acuerdo con la misma fuente, en el período (2012 - 2024) se registraron 3.663[11], sin que se indique cuantas están vigentes, sólo haciéndose mención de que en 2024 se tenían 26 comunas registradas, sin señalar si eran registradas ese año o eran las vigentes del total antes indicado, dato que ya en sí mismo dice mucho, porque contrasta con lo informado respecto de los consejos.

Luego de tantos años viendo cómo el gobierno maneja la información, es un hecho que cuando este no informa sobre algo es porque lo que no se publica puede afectar negativamente su imagen, en contraste con lo que sí da a conocer, es decir, no se publica lo que es de interés general sino lo que le interesa al estado. Tal es la política gubernamental sobre información pública, muy a pesar de que el artículo 141 de la Constitución señala que la Administración Pública debe regirse por el principio de transparencia y rendición de cuentas.

B. *Estructura de la reforma*

La ley fue publicada en la Gaceta Oficial N° 6.812 Extraordinario del 06 de junio de 2024, que fue difundida por el Servicio Autónomo Imprenta Nacional y Gaceta Oficial (SAINGO), como ya es una lamentable costumbre, más de cuatro meses después, en concreto el 23 de octubre de 2024[12]. La reforma consta de treinta y nueve (39) artículos, de los cuales 9 son artículos nuevos y modificaron las denominaciones de dos capítulos (II y III), suprimiéndose 5 artículos.

De lo expuesto, considerando que el texto original constaba de 32 artículos pone en evidencia un cambio significativo en los términos de la ley originalmente aprobada en el año 2010.

C. *Los fines del poder popular*

En la ley anterior, los fines de la ley estaban en el artículo 4, pero ahora ese artículo se fusionó con el que antes era el artículo 7 con algunos cambios adicionales. De este modo,

---

9 https://roraima.comunas.gob.ve/ambito/organizativo/consejos_comunales/resumen

10 *Idem.*

11 https://roraima.comunas.gob.ve/ambito/organizativo/comunas/resumen

12 https://accesoalajusticia.org/ley-organica-de-reforma-de-la-ley-organica-del-poder-popular/

dicho artículo, que anteriormente tenía 7 numerales, ahora pasa a tener 8, siendo el último una transcripción casi literal del artículo 4 antes mencionado[13].

Entre los cambios sustanciales de los fines del Poder Popular tenemos los siguientes:

- En el numeral 1 se incluyó el "impulsar y fortalecer la democracia participativa" **eliminándose la mención** a la **"democracia protagónica revolucionaria"** pero manteniendo que ello es para siempre para construir "las bases de la sociedad socialista".
- En el numeral 2, respecto de la transferencias de competencias, se amplía lo dicho en el texto anterior y se señala que se debe garantizar que las instancias del Poder Popular "puedan ejercer en el ámbito de su jurisdicción territorial, de manera participativa y protagónica la gestión social y en especial las atribuciones y competencias del autogobierno en las distintas etapas de diagnóstico, planificación, presupuesto, ejecución, contraloría social y administración" lo que es más explícito que en la ley original.
- Llama la atención la **eliminación** del texto completo del numeral 3 original que decía que debía fortalecerse "la cultura de la participación en los asuntos públicos para garantizar el ejercicio de la soberanía popular", expresión que fue sustituida por el establecer las bases "de un Sistema de Economía Comunal centrado en el trabajo asociado".
- Otro cambio llamativo es el del numeral 4 que anteriormente hacía mención a **"Promover los valores y principios de la ética socialista**: la solidaridad, el bien común, la honestidad, el deber social, la voluntariedad, la defensa y protección del ambiente y los derechos humanos" (énfasis propio) **lo que ha sido cambiado por "Promover los valores y principios ecosocialistas**, respeto a las distintas formas de vida, la defensa y protección del ambiente, entre otros" (énfasis propio).
- En el numeral 5 se cambió la coordinación en la ejecución del Plan de Desarrollo Económico y Social de la Nación por el Plan de la Patria.
- En el numeral 6 que es el relativo a la contraloría social, se mantuvo el texto anterior que decía que la misma era para asegurar "la inversión de los recursos públicos" para que esta se realizara de forma eficiente, pero en el caso de las actividades del sector privado en donde se decía que se fiscalizaba las actividades de este sector con incidencia social para que estas se desarrollasen "en el marco de las normativas legales de protección a los usuarios y consumidores", fue cambiado por "fiscalizar las actividades del sector público y **privado con el objeto de que se desarrollen en el marco del interés nacional** en la lucha contra la corrupción y el burocratismo" (énfasis propio).
- Finalmente, el numeral 7 anterior cuyo enunciado era "Profundizar la corresponsabilidad, la autogestión y la cogestión" fue sustituido por "Asumir el compromiso con la soberanía del país, la defensa de la patria y el antiimperialismo"

---

[13] El artículo 4, ahora numeral 8 del artículo 7 dice lo siguiente: "Garantizar la vida y el bienestar social del pueblo, mediante la creación de mecanismos para su desarrollo social y espiritual, procurando la igualdad de condiciones para que todas y todos desarrollen libremente su personalidad, dirijan su destino, disfruten los derechos humanos y alcancen la suprema felicidad social; sin discriminaciones por motivos de origen étnico, religioso, condición social, sexo, orientación sexual, identidad y expresión de género, idioma, opinión política, nacionalidad u origen, edad, posición económica, condición de discapacidad o cualquier otra circunstancia personal, jurídica o social, que tenga por resultado anular o menoscabar el reconocimiento, goce o ejercicio de los derechos humanos y garantías constitucionales".

De los cambios realizados, hemos de destacar la **eliminación de la única vez en que se utilizaba el término "revolucionaria"** o a todos los efectos, cualquier otra forma derivada de la palabra revolución en el texto de la ley[14], esto es, la expresión "democracia protagónica revolucionaria" y se cambiase por un término menos enérgico como lo es la democracia participativa, concepto este último que no tiene nada de revolucionario y que es la normalidad de cualquier estado democrático.

Una modificación de mayor envergadura ocurrió en el numeral 3 con la eliminación de la obligación de fortalecer "**la cultura de la participación en los asuntos públicos para garantizar el ejercicio de la soberanía popular**" (énfasis propio), y que luego no aparece en ninguno de los otros fines del poder popular, y que tanto más llamativo cuando fue sustituida por un fin completamente diferente como lo es el establecimiento de un "**Sistema de Economía Comunal centrado en el trabajo asociado**".

De este modo, aunque el término participación es luego utilizado en la ley, entre otros, en el artículo 7 cuando se hace referencia a la planificación participativa y el presupuesto participativo, lo cierto es que para una instancia que se dice creada para el ejercicio directo de la soberanía, y sobre el ejercicio del poder por parte de los ciudadanos, el que no cuente entre sus fines la participación en los asuntos públicos resulta una evidente contradicción.

No menor que lo anterior es la supresión de la promoción de los llamados valores y principios "de la ética socialista" entre los que señala "la solidaridad, el bien común, la honestidad, el deber social, la voluntariedad, la defensa y protección del ambiente y los derechos humanos" que en realidad no se corresponden, en sí mismos considerados, como pertenecientes a la ideología socialista como lo señala Brewer[15], sino que pueden ser invocados por cualquier estado de derecho con las mínimas bases para ser considerado como tal.

La mayoría de esos llamados principios (menos el bien común) se encontraban en el artículo 5 que se mantiene igual, y quizás a ello se debe su remoción por considerarlo repetitivo, pero lo que si ha de destacarse es **la renuncia a calificar tales principios como parte de una "ética socialista"** pues la palabra ética tiene, de acuerdo con el diccionario una implicación de rectitud y de moralidad[16] que ahora se descarta, independientemente, como hemos indicado, que los principios se sigan invocando, pero sin este carácter ético que no debe ser soslayado.

Aunque de menor magnitud, debe recalcarse que en lo relativo a la Contraloría Social (numeral 6) se amplió el ámbito de la mismas respecto del sector privado, pues donde antes se hacía alusión a que la contraloría social debía aplicarse a aquellas que tuvieran "incidencia social" para la protección de los "usuarios y consumidores", con lo que se aceptaba que había algunas áreas de la actividad privada vedadas a la contraloría del poder popular, ahora tal matiz se eliminó y tal potestad puede ejercerse sobre cualquier actividad privada con la excusa de que esta, en su totalidad debe "desarrollarse en el marco del interés nacional en la lucha contra la corrupción y el burocratismo", lo que a todas luces no se corresponde con racionalidad alguna en la medida en que el amplísimo ámbito de la actividad privada existen áreas en

---

14 De hecho, la palabra "revolución" quedó relegada al párrafo en que se señalan los años de la independencia del país y los que lleva de existencia la revolución bolivariana.

15 "Estos, la verdad, no son valores de ninguna "ética socialista," sino como se ha dicho anteriormente, son valores de la democracia y civilización occidental, propios del Estado Constitucional". *Vid*: Brewer Carías, Allan. Sobre el Poder popular y el estado comunal en Venezuela (O de cómo se impone a los venezolanos un Estado Socialista, violando la Constitución, y en fraude a la voluntad popular). 2011. Disponible en: https://allanbrewerCarías.com/wp-content/uploads/2011/01/78.-Brewer-Carías.-Sobre-el-Estado-Comunal...opular-en-Venezuela-31-12-2010.doc.pdf

16 RAE: "Recto, conforme a la moral". *Vid*: https://dle.rae.es/%C3%A9tico

los que el interés nacional es algo ajeno, sobre todo si dicha actividad se realiza con recursos de los particulares y con fines particulares.

Para terminar con el análisis de los fines establecidos en la reforma de la ley, debemos señalar que el más esperado y evidente es el incluido en el numeral 7 era el de la inclusión de la involucrar al estado popular con la defensa de "la soberanía del país, la defensa de la patria y el antiimperialismo" por tratarse de temas que a los que el discurso oficial recurrente cotidianamente.

D. *Cambios y supresiones conceptuales*

El artículo 8 de la ley derogada que definía algunos conceptos clave del poder popular, ahora pasó a ser el 7, y algunos de esos términos fueron objeto de importantes cambios. De este modo, de las 14 definiciones anteriores, se pasó a un total de 12, suprimiéndose los conceptos de comunidad organizada, control social, instancias del poder popular y organizaciones de base del poder popular. Por el contrario, se incluyeron las definiciones de producción de trabajo asociado y sistema de agregación comunal. Finalmente, ha de acotarse que se reformularon los conceptos de Asamblea de Ciudadanas y Ciudadanos, autogestión, estado comunal, sistema económico comunal y socialismo.

i. Conceptos eliminados:

- Instancias del poder popular

Respecto de los conceptos suprimidos, llama mucho la atención el de "Instancias del Poder Popular" entre los conceptos eliminados, pero considerando dicha estructura se mantiene en el actual artículo 14 (otrora el art. 15) que describe como parte de tales instancias a los consejos comunales, las comunas, las ciudades comunales, las federaciones comunales y las confederaciones comunales, entre otras, nos da la idea de que la eliminación simplemente obedeció a que la determinación de tales instancias era repetitivo.

- Organizaciones de base del poder popular

Respecto del concepto "organizaciones de base del poder popular", todo parece indicar que la ley no pretende incentivar otras formas de organizaciones que las ya establecidas para concentrar esfuerzos, lo que en la práctica implica reconocer como base regular de composición los consejos comunales como estructura usual de estructuración del poder popular.

ii. Comunidad organizada

En la misma línea, consideramos que la eliminación de la idea de "comunidad organizada", que de acuerdo con la ley anterior eran "expresiones organizativas populares, consejos de trabajadores y trabajadoras, de campesinos y campesinas, de pescadores y pescadoras y cualquier otra organización social de base" siempre que las mismas estuvieran registradas en el mismo Ministerio que controla al Poder Popular. En este sentido, **consideramos, como en el caso previo, que la eliminación de este concepto está dirigido a concentrar los esfuerzos de organización del poder popular en las estructuras ya mencionadas y no dispersar otras formas de articulación de las comunidades**, lo que consideramos es una restricción indebida de la libertad de asociación, pues son los miembros de cada comunidad los que deberían tener la total discrecionalidad para determinar cuál es la forma que mejor se amolda a sus condiciones y necesidades.

- Control social

Respecto a la eliminación del concepto de "control social" lo consideramos positivo, pues tal y como estaba en la ley derogada, en realidad hacía alusión a la potestad contralora sobre la actividad pública (que ya está en el artículo 20 mejor definida), pero el enunciado "control social" podía fácilmente ser interpretado como medio de intromisión en la vida de los ciudadanos y sólo por ese posible equívoco consideramos como un avance su eliminación.

iii. Conceptos incorporados

- Producción de trabajo asociado

Por otro lado, se incluyeron las definiciones de producción de trabajo asociado y sistema de agregación comunal, siendo el primero definido como "el modo de organización de las trabajadoras y los trabajadores que se asocian en igualdad de condiciones, basado en el esfuerzo propio y la ayuda mutua; toman decisiones democráticamente para producir y distribuir los excedentes de manera equitativa entre las trabajadoras y trabajadores directos y el resto de la sociedad", con lo cual tenemos una definición del trabajo donde se excluye la posibilidad de explotación del hombre por el hombre al establecer la obligación de que los trabajadores laboren en igualdad de condiciones y donde "los excedentes", que es una manera de denominar a los beneficios o las ganancias que se obtengan de la actividad desarrollada se distribuyan de forma equitativa entre los trabajadores "y el resto de la sociedad", llamando la atención este último agregado en la medida en que si los beneficios se obtienen por las labores de los trabajadores no se entiende cuál es la razón por la que estos deban entregar parte de los "excedentes" o beneficios a terceros, pues si la sociedad o a quienes se definan como tal, son ajenos al esfuerzo realizado, no tendría por qué haber un beneficio sin causa.

De este modo, que se obligue a los que generan la riqueza a la entrega obligatoria de parte de la misma, resulta de algún modo una incoherencia, pues, ante este supuesto, cabe evidentemente que los trabajadores acuerden que parte de los beneficios sean entregados a causas sociales o para grupos con necesidades, lo que no sería ninguna novedad, porque ello también ocurre en la empresa privada, pero igual llama la atención que se haga un señalamiento tan genérico como "el resto de la sociedad" cuando pudo hacerse una indicación que denota más solidaridad y apoyo a causas que ameriten la colaboración de los trabajadores.

Pero concretando, hemos de señalar que no se trata de condiciones de las que pueda prescindirse, pues para ser considerado un trabajo de producción asociado, han de concurrir los supuestos ya expuestos, a saber: trabajar en igualdad de condiciones, con relaciones de colaboración, bajo una toma de decisiones democrática (lo que excluye toda relación de dependencia o subordinación[17]) y con beneficios repartidos de forma equitativa entre los generadores de los mismos y la sociedad.

Tal concepto comporta algunas contradicciones, porque a pesar de no existir una relación de subordinación entre los que realizar las labores, la ley sigue dándoles el carácter de trabajadores, carácter del que carecen, desde un punto de vista jurídico, porque no trabajan por cuenta ajena sino propia, y porque además están involucrados en la toma de decisiones.

Finalmente, el que exista la obligación de dar parte de los beneficios a terceros, lo que no está establecido como algo prescindible o alternativo, resulta una carga que nos parece excesiva en la medida en que habrá circunstancias en las que los miembros de la entidad correspondientes quieran reinvertir los beneficios, por ejemplo, cosa que podrían hacer respecto de su parte, pero no del aporte al resto de la sociedad que no admitiría excepción alguna, lo que puede calificarse entonces como una obligación confiscatoria.

- Sistema de agregación comunal

---

[17] Entre las muchas, y pacíficas, decisiones judiciales al respecto ver: https://accesoalajusticia.org/indicadores-de-la-subordinacion-como-caracteristica-intrinseca-de-una-relacion-laboral/

Pese a ello, tan trascendente como lo anterior, es la incorporación del concepto de Sistema de Agregación Comunal, que en realidad no es otra cosa que la redefinición de lo que son las Instancias del Poder Popular, que ahora son llamadas también como "instancias de organización territorial del Poder Popular, desde las más próximas a las ciudadanas y los ciudadanos y a partir de allí a las agregaciones y articulaciones destinadas ampliar y fortalecer la acción del autogobierno comunal: consejos comunales, comunas, ciudades comunales, federaciones comunales, confederaciones comunales".

De este modo, con la idea de agregación se entienden como estructuras que puede irse acumulando en la medida en que se desarrollan, tal y como lo sugiere el término "agregación", lo que implica no necesariamente tienen que existir todas y cada una de las estructuras que la ley concibe como "instancias de organización territorial" sino que estas pueden irse incorporando según se vayan estructurando el poder popular en el tiempo, lo que es un cambio importante pues es una concepción pragmática a la imposibilidad, al menos en el tiempo presente, de poder configurar todas y cada una de los mecanismos de organización del poder popular.

Así entonces, se concibe al estado comunal como una estructura flexible cuya conformación no exige la total implementación de todos los medios de organización comunal, sino de aquellas que cada realidad permita.

IV. CONCEPTOS REFORMULADOS

Tan importantes, como los previamente analizados, son aquellos cuyo contenido sufrió variaciones, entre los que se encuentran los conceptos de Asamblea de Ciudadanas y Ciudadanos, autogestión, estado comunal, sistema económico comunal y, nada menos, que socialismo.

- Asamblea de Ciudadanos y Ciudadanas

En este caso, nos encontramos con unos de los más importantes cambios estructurales y conceptuales de la reforma, pues de acuerdo con el texto aprobado esta Asamblea, no sólo es **"la máxima instancia de deliberación y decisión para el ejercicio del poder comunitario"** sino que pasa a ser, cuando se lee conjuntamente con la concepción de estado comunal en la **"célula fundamental de conformación"** de este, **sustituyendo como tal célula nada menos que a la comuna.**

Así entonces, y esto es sorprendente, **la esencia del estado comunal no es la comuna, sino la Asamblea de Ciudadanos y Ciudadanas**, situación que en sí misma debería obligar a un cambio en la denominación del estado comunal a estado asambleario para ser más fiel a su elemento fundamental.

Las razones de este cambio no se explican, pues la ley carece de una exposición de motivos que justifique a qué se debe un cambio tan significativo, aunque estimamos, que basado en las dificultades prácticas ya expuestas para la constitución de una comuna, se pretende dar más legitimidad a una entidad dentro de los Consejos Comunales como son las Asambleas, expresiones más genuinas de la organización del poder popular, aunque eso signifique renunciar a la comuna como fin último a nivel de estructuras de participación. **De alguna manera entonces, se trata de una rendición ante la realidad y una manera de disfrazar el fracaso de la comuna ante la mejor fortuna de los consejos comunales**.

- Estado comunal

En este concepto, que es prácticamente igual anterior, sólo se modificó, como ya se indicó, lo relativo a que la célula fundamental del estado comunal es la Asamblea de Ciudadanas y Ciudadanos, por lo que nos remitimos a lo dicho previamente.

- Socialismo

Sobre el concepto de socialismo, el cambio es sobre lo que debe hacerse para llegar a él, ya que en ley derogada para acceder al socialismo era necesario “el desarrollo de la propiedad social sobre los factores y medios de producción básicos y estratégicos”, a lo que ahora se agrega el “desarrollo del modo de producción de trabajadores asociados”. Además, se eliminó la referencia en la ley anterior de que el socialismo “permita que todas las familias, ciudadanos venezolanos y ciudadanas venezolanas posean, usen y disfruten de su patrimonio, **propiedad individual o familiar**” (énfasis propio) y simplemente se hace alusión a que los ciudadanos gocen plenamente de sus derechos.

Respecto modo de producción de trabajadores asociados remitimos a nuestro comentario previo, pero sí quisiéramos enfatizar que se haya eliminado la alusión al disfrute por parte de los ciudadanos de su patrimonio, sea individual o familiar, porque sólo deja dentro del concepto a la propiedad social, sobre la cual no existe legislación alguna que la defina y establezca sus límites o formas de ejercicio, mientras que la que sí está definida legalmente que es la propiedad individual que sin embargo, es eliminada, con lo que ello puede acarrear en un estado donde la protección a la propiedad es tan limitada[18].

E. *Formas de organización sectorial y territorial*

Entre las novedades de la ley, encontramos en los artículos 9 y 10 la posibilidad de que las instancias del poder popular puedan organizarse sectorialmente de acuerdo con los intereses comunes que tengan las estructuras previamente existentes, lo que da la idea que entidades puedan establecer mecanismos de articulación por actividades productivas o de prestación de servicios.

Más cercana a la realidad del poder popular es lo señalado en el artículo 10 que permite la organización según el territorio, haciéndose la aclaratoria de que las organizaciones territoriales pueden ser tanto de instancias del poder popular como movimientos sociales, por lo que se entiende que este modo de organización es más flexible que el sectorial al que no se la da esa posibilidad.

F. *Autonomía del poder popular*

La reforma incorporó el artículo 11 en el que se indica que quienes conforman el poder popular “tendrán autonomía en sus decisiones y estas dependerán de sus ciudadanas y ciudadanos” pero siempre que tales decisiones no contravengan “disposiciones establecidas en la ley”, lo que supone una sujeción a lo que diga el poder legislativo, a lo que debemos unir lo que ya se ha indicado respecto a que la constitución de las instancias del poder popular pasar por la inscripción ante el Ministerio correspondiente, lo que también implica una forma de control sobre el poder popular.

Otro límite a las intervenciones del poder popular lo veremos de seguidas en las políticas de planificación donde se impone lo establecido por el ejecutivo nacional a través del Plan de la Patria.

Así entonces, este supuesto ejercicio directo de la soberanía, este mandato directo del pueblo se encuentra sujeto a la aprobación de su existencia por parte del ejecutivo, a las limitaciones que le imponga el legislativo y a las políticas que defina el primero en la planificación de las acciones del estado.

---

18 *Vid*: Daniels, Alí (2019). Informe especial. Misión vivienda Venezuela ¿es en realidad tu vivienda? Cedice. Caracas. p. 24 y ss. Disponible en: https://accesoalajusticia.org/informe-especial-mision-vivienda-venezuela-es-en-realidad-tu-vivienda/

De ahí entonces que llame la atención que en las leyes del poder popular no encontramos desarrollo alguno a las garantías de autonomía sobre los poderes mencionados, los cuales aun cuando ignoren o desoigan al estado comunal, no sufrirán cambios en sus políticas o decisiones, más allá de alguna amonestación a un funcionario.

G. *Incorporación en la planificación de políticas públicas*

La participación de las instancias del poder popular a la planificación en las políticas públicas se ha mantenido igual que en la ley derogada pues sólo se cambió el hecho de que tal participación debía hacerse en cumplimiento de ""los lineamientos estratégicos del Plan de Desarrollo Económico y Social de la Nación" por el Plan de la Patria.

De este modo, con un simple cambio de nombre del instrumento se ratifica la imposición por parte del Poder Ejecutivo de lo que deben ser las prioridades de las políticas, dejando un ámbito marginal las propuestas del poder popular en la materia.

Se puede argumentar que la participación es respecto a la formación del Plan de la Patria, pero aun cuando sea el caso, no hay manera de saber si las recomendaciones que haya hecho el poder popular son atendidas o no, pues en el Plan de la Patria, que tiene rango de "ley constitucional"[19] por haber sido aprobada por la Asamblea Constituyente, no se dejó constancia de ello.

H. *Economía comunal y tipos de propiedad*

En la conceptualización de la economía comunal, además de la mención en la ley anterior a la constitución de medios producción bajo la forma de propiedad social comunal, se agrega la "propiedad colectiva", añadiéndose además que lo que produzca la economía comunal debe ser "para la satisfacción material y espiritual de la ciudadanía", sin que se indique como se puede evaluar el éxito o el fracaso respecto de este último extremo.

Aprovechamos además, para señalar, que más allá del acuerdo o desacuerdo con el establecimiento de un sistema como el socialismo, lo cierto y concreto es que no existe una legislación que regule y determine el régimen de esa propiedad social y comunal, a saber, como se constituye, se transmite y se administra, y sobre todo, la determinación de quienes son sus titulares y los poderes de disposición que estos tienen, elementos estos que son los que pueden decirnos si efectivamente estamos en presencia de un derecho de propiedad real u otro tipo de figura jurídica.

I. *Introducción de las cartas comunales para las instancias del sistema de agregación comunal*

Hasta la aprobación de la ley objeto de estas líneas, las cartas comunales, de acuerdo con el artículo 4.2 de la Ley Orgánica de las Comunas eran los "Instrumentos donde se establecen las normas elaboradas y aprobadas por los habitantes de la Comuna" con el fin contribuir "en la garantía del orden público, la convivencia y la primacía del interés colectivo sobre el interés particular".

Ahora, tal instrumento también será de obligatorio cumplimiento para las estructuras, que además de la comuna se constituyan de ahora en adelante.

---

19 En la Constitución no se menciona este tipo de leyes, que sin embargo han sido reconocidas como tales por el TSJ. El Plan de la Patria, que en realidad tampoco se llama así sino Proyecto Nacional Simón Bolívar, Tercer Plan Socialista de Desarrollo Económico y Social de la Nación 2019-2025. Plan de la Patria 2025, fue publicado en la Gaceta Oficial Ext. 6.446 del 8 de abril de 2019.

J. *Sistema electoral*

Siguiendo con la línea de incorporar elementos de algunas de las instancias del poder popular al sistema de agregación comunal, se añade al mismo la exigencia de tener una instancia con esa competencia de manera permanente y que debe ser elegida por los ciudadanos y ciudadanas, sin perjuicio de las atribuciones del Consejo Nacional Electoral.

K. *Justicia Comunal*

Se modificó primer párrafo del artículo 22 de la ley para darle más especificidad a lo que antes se denominaba jurisdicción especial comunal y ahora se llama justicia comunal, lo que ahora ha de entenderse como los "medios alternativos de Justicia de paz Comunal que promueven el arbitraje, la conciliación, la mediación, y cualquier otra forma de solución de conflictos" por situaciones derivadas, y esto debemos resaltarlo, del ejercicio del "derecho de participación y a la convivencia comunal" sin que ello implique invasión de las competencias de los tribunales ordinarios.

Desde Acceso a la Justicia siempre hemos abogado por la justicia de paz, un ámbito que se estaba desarrollando con fuerza cuando se realizaron las elecciones de 1.999 en las que fue electo Hugo Chávez, pero que lamentablemente fue abandonado posteriormente, por lo que en principio es algo positivo que se rescaten los medios alternativos de resolución de conflictos[20].

Sin embargo, lo primero que hemos de advertir es que los jueces de paz, deben cumplir con los requisitos de imparcialidad e independencia que deben ser propios de cualquier entidad que resuelva conflictos entre particulares, y por lo mismo **no pueden estar sujetos a ninguna parcialidad política, lo que lamentablemente es algo de lo que no puede prescindirse en el estado comunal, comprometido como está con una ideología política claramente establecida**.

Por ello, llamamos la atención sobre esta competencia inconstitucional dada a la justicia de paz y que puede añadir, si cabe, más inseguridad jurídica a la ya existente.

L. *Seguridad y defensa de la nación*

Si hubo una incorporación que no trajo sorpresa alguna, fue sin duda la de incluir al poder popular en lo atinente a la seguridad y defensa de la nación, tal como se establece el nuevo artículo 23, que establece que "El Poder Popular asume la defensa integral de la Nación y su soberanía en lo económico, social, político, geográfico, ambiental, militar, cultural y en todo ámbito de actuación del Poder Popular. El Sistema Nacional de Agregación Comunal deberá participar, en el marco del principio de corresponsabilidad, en los lineamientos operacionales y tácticos para la Seguridad y Defensa de la Nación en el marco de la Doctrina Militar Bolivariana. La ley desarrollará los mecanismos para su participación."

Esta obligación no se encontraba en el texto anterior, aunque el artículo aprobado no da señalamientos claros de cómo se la operatividad de tales cometidos en el poder popular, el cual, pese a todo, es un poder civil.

M. *Responsabilidad de los servidores públicos en respeto al poder popular*

Hemos de destacar la inclusión del ahora artículo 26 que señala la obligación para los funcionarios públicos de darle "preeminencia en su atención" a las instancias del poder popular, a las que deberán mantener informadas de los asuntos de su competencia, debiéndolas

20 *Vid*: https://accesoalajusticia.org/cinco-motivos-preocupacion-ley-justicia-paz-comunal/

incorporar al diseño y ejecución de las políticas públicas que les correspondan, siendo el incumplimiento de esta obligación ser "sancionada de acuerdo con la ley".

Dada la importancia que en el discurso oficial se da al poder popular tiene sentido esta norma, pero más allá de la sanción disciplinaria a un funcionario, lo establecido es manifiestamente insuficiente e incoherente, pues si se dice que el poder popular es el ejercicio directo del poder por el pueblo, el que se le ignore o no se le preste atención, en los términos de la ley, debería tener otras consecuencias, pues si se toman decisiones o implementan políticas públicas a espaldas, o peor aún, en contra de poder popular, la consecuencia lógica debería ser la nulidad de la decisión que así se haya tomado, pero como vemos, la ley sólo se limita a responsabilizar al funcionario, sin acarrear ninguna consecuencia ni responsabilidad institucional.

N. *Lo más destacado de la reforma*

Aunque los principios del poder popular se mantienen, ya **no se consideran parte de una ética socialista**, y se sustituye este término por los llamados principios "ecosocialistas" sobre los que no hay mayor elaboración.

- La contraloría social sobre el sector privado ya no está justificada en protección de los usuarios y consumidore sino para que el mismo se desarrolle "en el marco del interés nacional en la lucha contra la corrupción y el burocratismo".
- Se **eliminó** la obligación de fortalecer la "cultura de la participación en los asuntos públicos para garantizar el ejercicio de la soberanía popular".
- Al eliminarse los conceptos de "organizaciones de base del poder popular" y "comunidad organizada" se prioriza las estructuras formales del poder comunal en detrimento de otras expresiones de la organización de las comunidades.
- La introducción del término "Producción de trabajo asociado" implica una forma de generación de riqueza que exige de forma concurrente, **la realización del trabajo en igualdad de condiciones, bajo un régimen de toma de decisiones democrático (sin relación de dependencia) y con excedentes (beneficios) repartidos de forma equitativa entre los generadores de mismos y la sociedad**. La conceptualización de esa forma de producción tiene contradicciones implícitas que la hacen de muy difícil verificación en la realidad.
- Se considera al estado comunal no como una estructura rígida en la que deben concretarse todas y cada una de sus posibilidades, sino como elementos puede irse dando o no, dependiendo del grado de organización de cada comunidad. De este modo, **se centraliza la actividad del estado comunal en torno a los consejos comunales quedando el resto de estructuras como algo opcional** o por desarrollar en un futuro.
- Así entonces, **se concibe al estado comunal como una estructura flexible cuya conformación no exige la total implementación de todos los medios de organización comunal**, sino de aquellas que cada realidad permita.
- **Se reduce de este modo al estado comunal a una experiencia local sin trascendencia ni peso en lo nacional.**
- El mayor cambio estructural al poder popular lo tenemos cuando se afirma que **la Asamblea de ciudadanos y ciudadanas es "la máxima instancia de deliberación y decisión para el ejercicio del poder comunitario"** y que pasa a ser, cuando se lee conjuntamente con la concepción de estado comunal, la "célula fundamental de conformación" de este, sustituyendo como tal célula nada menos que a la comuna.

- Así entonces, **la esencia del estado comunal no es la comuna, sino la Asamblea de Ciudadanos y Ciudadanas**, situación que en sí misma debería obligar a un cambio en la denominación del estado comunal a estado asambleario para ser más fiel a su elemento fundamental.

- Llamamos la atención sobre el hecho de que en el concepto de socialismo se eliminó la referencia al disfrute de la propiedad individual y familiar y se alude sólo a la propiedad social, sobre la cual no existe legislación alguna que la defina y establezca sus límites o formas de ejercicio, mientras que la que sí está definida legalmente que es la propiedad individual, sin embargo, es eliminada, con lo que ello puede acarrear en un estado donde la protección a la propiedad es tan limitada.

- Se agregó la seguridad y defensa de la nación como parte de los fines del poder popular en seguimiento del discurso oficial sobre esta materia, dejando el desarrollo de esta competencia a lo que determine la ley correspondiente.

- Aunque la ley incluye que los funcionarios que ignoren o no consulten al poder popular pueden ser objeto de sanciones, estas consecuencias son sólo personales, pues **las políticas o decisiones realizadas en contra o desoyendo al poder popular seguirán siendo válidas, por lo que no hay coherencia sobre la supuesta "preeminencia" del poder popular o el "mandar obedeciendo"** que se pregona en medios oficiales.

2. *Ley de Reforma de la Ley Orgánica de las Comunas*

Esta reforma apareció en la Gaceta Oficial N° 6.872 Ext. del 30 de diciembre de 2024, que no fue divulgada por el Servicio Autónomo Imprenta Nacional y Gaceta Oficial (SAINGO), hasta el 21 de enero de 2025, entrando en vigencia a partir de su publicación, derogando de esta manera la Ley Orgánica de las Comunas publicada en la Gaceta Oficial N° 6.011 del 21 de diciembre de 2010.

A. *Estructura de la reforma*

La reforma consta de 92 artículos, donde se incorporaron dos capítulos nuevos (sobre la constitución de una comuna y sobre la organización de la misma). Se incluyeron 17 artículos nuevos, se modificaron 8 y se eliminaron 16.

B. *Principios y valores*

En el artículo 3 se incluyeron como principios y valores la lucha contra el fascismo, neofascismo, otras expresiones similares y la lucha contra la corrupción. En tal sentido lo que llama la atención de esto, no es la inclusión de tales principios, omnipresentes en el discurso oficial del año 2024, sino que no hayan sido incluidos en la LOPP precedentemente analizada, y una explicación para ello, puede ser que, aunque fue aprobada en junio, su proceso de consideración fue anterior a la elaboración del discurso antifascista y por ello no incluyó tales elementos.

C. *Definiciones*

Entre las nuevas definiciones encontramos las resultantes tiene que ver con una perspectiva que se aprecia a lo largo de la ley y es la de recalcar el control territorial de la comuna, y por ello, se introdujeron los términos de Unidades de Gestión Territorial, Equilibrio Territorial, Armonía Territorial, Correspondencia Territorial y Diversidad Territorial.

El primero de los conceptos está referido a las "unidades de gestión territorial los Distritos Motores de Desarrollo y sus desagregaciones en comunas" mientras que los principios de Equilibrio, Armonía, Correspondencia y Diversidad se muestran como principios de planificación y gestión territorial que considerando los problemas y desequilibrios de cada territorio, deben utilizarse para solucionar los primeros y eliminar los segundos, considerando las diversidades poblacionales, históricas y de otras naturaleza que existan entre las diferentes comunidades.

D. *Finalidad de la Comuna*

Más estructural es el cambio realizado en el artículo 7, donde como primera finalidad de la Comuna estaba el "Desarrollar y consolidar el estado comunal como expresión del Poder Popular y soporte para la construcción de la sociedad socialista" al de "Desarrollar y consolidar el Estado Comunal como forma específica del Estado Democrático y Social de Derecho y de Justicia, soporte para la construcción de la sociedad socialista, que consagra el ejercicio pleno de la soberanía que reside intransferiblemente en el pueblo"

Consideramos que este cambio apunta a incluir tanto al poder popular como al estado comunal como desarrollos del texto actual de la Constitución que afirma en su artículo 2 que "Venezuela se constituye en un Estado democrático y social de Derecho y de Justicia" tratando así de darle a las entidades un carácter constitucional que no tienen. Y no lo tienen porque entonces no hubiese tenido sentido la reforma constitucional propuesta y rechazada en el 2007 en el que se propuso la introducción del estado comunal en el texto constitucional.

Así entonces, que este intento de derivar de los principios constitucionales a la comuna no se corresponde ni con la idea y estructura de Estado que establece la constitución vigente en la que jamás se la menciona, y por tanto es un vano esfuerzo por darle al poder popular y a la comuna una base constitucional de la que carecen.

Más coherencia tiene, por otro lado, la inclusión de la "defensa integral de la patria" ante "amenazas externas e internas que socaven la soberanía" y que también han formado parte cotidiana en el discurso oficial desde hace años, aunque sin atribuciones concretas para las comunas en este sentido.

Lo mismo puede decirse de que se agregase como finalidad de la comuna la promoción de "la disposición de medios de justicia para la convivencia y la paz comunal de acuerdo a la ley respectiva" lo que se compagina con lo establecido en la LOPP y con la ley especial sobre justicia de paz que comentaremos posteriormente.

E. *Constitución de una comuna*

En este ámbito no nos encontramos con cambios sustanciales, sino de una mayor precisión en los aspectos organizativos necesarios para la constitución de una comuna, en los que se nota como la aplicación de la norma anterior sirvió para hacer más claras las normas ahora aprobadas.

De este modo, ya no se remite en el artículo 8 a lo que diga el reglamento de la ley para la determinación del número de consejos comunales para la constitución de una comuna, sino que simplemente se deja a la determinación de las comunidades cuales serían las que sea agregarían como comuna.

Igualmente, en el artículo 10 se exige el nombramiento de 3 voceros que serán los que constituyan la Comisión Promotora y a partir del artículo 11 los lapsos y requerimientos que la misma debe cumplir para la constitución de la comuna y la adquisición de su personalidad jurídica. Lo que ocurre con la inscripción ante el Ministerio con tal competencia, como ya ocurría en la ley anterior (art. 17).

Más significativo es que se incluyó el artículo 18 en el que se establecen los tres supuestos en los que el Ministerio puede negarse a la inscripción de una comuna y sus vocerías, a saber: 1) Cuando tenga por objeto finalidades distintas a las previstas en la Ley; 2) Si la comuna no se ha constituido con la determinación exacta del ámbito geográfico o si dentro de éste ya existiere registrado una Comuna; y 3) Si no se acompañan los documentos exigidos en esta Ley o si éstos presentan alguna deficiencia u omisión.

Pese a ello no se indica un procedimiento de impugnación ni lapso para el mismo, por lo que en tal sentido operarían los establecidos en la Ley Orgánica de Procedimientos Administrativos.

Un punto importante sobre estos temas, es que la ley no exige la emisión de un acto escrito que informe y notifique a los interesados de las razones por las que se rechaza una inscripción, lo que es algo bastante recurrente en la Administración Pública del país, reacia a explicar formalmente las razones de una negativa[21].

Finalmente, en lo que respecta las Cartas Comunales que establecen las normas que regulan la comuna, se eliminó que las mismas fueran aprobadas por dos terceras partes del parlamento comunal y se rebajó tal obligación a la mayoría simple, quedando tal mayoría como la única para la toma de decisiones de este órgano, incluyendo la reforma de las cartas comunales.

F. *Estructura de la Comuna*

Los cambios más significativos de la ley los encontramos en la estructura de la Comuna, pues se eliminaron dos entidades, el Consejo de Planificación y el Consejo de Economía (que pasaron a ser comisiones dentro del Consejo Ejecutivo) y se agregaron otros dos, la Comisión Electoral y el Consejo de Justicia de Paz de la Comuna.

Llama la atención que en la ley derogada no se haya destinado una norma para establecer la estructura de la Comuna, sino que de una vez se pasaba a regular cada una de ellas. Esto se ha subsanado en la reforma, y en el artículo 22 se describe, bajo la denominación "Gobierno de la Comuna" cuales son estas estructuras, a saber:

1. El Parlamento de la Comuna.
2. El Consejo Ejecutivo de la Comuna.
3. El Consejo de Contraloría de la Comuna.
4. El Consejo de Justicia de Paz de la Comuna.
5. La Comisión Electoral de la Comuna.
6. El Banco de la Comuna.

Al mismo tiempo, se incorporó la obligación de que el Gobierno de la Comuna debe reunirse al menos cada tres meses. En la ley anterior, la obligación de reunirse periódicamente sólo se exigía al Consejo Ejecutivo (una vez a la semana, art. 30), mientras que en la ley vigente se establecen reuniones periódicas en varias entidades, como es el caso de las comisiones que dependen del Consejo Ejecutivo a las que se le exige una reunión una vez al mes.

Además de los órganos antes mencionados la nueva ley incorpora la figura de la Mesa delegada, y que operaría para todos los niveles del gobierno de la comuna del acuerdo con el artículo 24, y tendrán como función "la convocatoria, organización de la agenda, registro y

---

[21] Un ejemplo de ello lo tenemos en la aplicación de la Ley de fiscalización, regularización, actuación y financiamiento de las organizaciones no gubernamentales y afines, pues en ese caso los registros no dejan ninguna constancia de las razones del rechazo de la inscripción o actualización de una ONG sino que les piden a los abogados que simplemente tomen nota manuscrita de las observaciones que se les hacen, dejando a las ONG en una completa indefensión.

sistematización de la gestión" por lo que en principio no tienen funciones ejecutivas o de ejercicio directo de las competencias de los órganos de los que emanan, pero el enunciado es lo suficiente difuso como para sembrar dudas respecto a las competencias reales que asumirán estas mesas delegadas.

En cuanto a la composición de estas mesas, la ley señala que, en el supuesto del Consejo Ejecutivo de la Comuna, la mesa delegada estará constituida por un vocero principal con su respectivo suplente de cada una de las comisiones que la integran, y para las demás instancias, una mesa delegada de tres o cinco voceras o voceros.

Decimos lo referente a la posibilidad de ejercicio de potestades directas porque la ley señala que en particular la Mesa delegada del Consejo Ejecutivo de la Comuna deberá reunirse una vez a la semana (art. 32), lo que parece describir un órgano más ejecutivo de lo que su enunciado sugiere.

Otro elemento nuevo que trae la ley es la forma en que las instancias de gobierno deben constituirse válidamente y tomar decisiones, y de este modo se exige, para el primer supuesto la presencia de la mayoría simple de los representantes de los consejos comunales que la conforman, y para decidir, la ley establece que se "priorizará el consenso" o el voto favorable de la mitad más uno de los miembros presentes (art. 25).

G. *Comisiones del Consejo Ejecutivo de la Comuna*

Aunque la ley señala algunas comisiones, se entiende que pueden o no existir, o crearse otras con diferentes competencias, pues el artículo 30 indica que este Consejo Ejecutivo "podrá estar integrado por comisiones de acuerdo a sus necesidades y niveles de organización", dando en este sentido discrecionalidad a la comuna en este respecto.

Pese a ello, dentro de las Comisiones sugeridas, se incluyeron tres nuevas, a saber, la Comisión de Suprema Felicidad Social de la Comuna, la Comisión de los Servicios Públicos de la Comuna y la Comisión de Seguridad y Paz de la Comuna.

A la primera, la ley le atribuye la competencia de "Articular y gestionar la implementación de políticas estructurales que garantice el ejercicio pleno de la vida en sus distintas dimensiones" lo que genera la duda acerca de que exactamente se trata "el ejercicio pleno de la vida" concepto novedoso en el derecho venezolano y cuya concreción, en el supuesto de que esté definido con claridad, pueda tener relación con la "Suprema Felicidad de la Comuna".

Mucho más sentido tiene la Comisión de Servicios Públicos, pues efectivamente este tipo de competencias ha sido asumido por muchos consejos comunales y por tanto es materia relevante para las comunas en los que estos se integren, otorgándosele a este órgano competencias de "dirección, coordinación, ejecución, control y seguimiento en materia de servicios públicos".

En este sentido, hemos de llamar la atención de lo que esto pueda representar para el ciudadano que tenga algún reclamo o sea víctima de una violación a sus derechos humanos por parte de un consejo comunal en cumplimiento de una orden dada por la comuna en la prestación de un servicio público, pues no se establece un mecanismo claro al respecto, a pesar de ser un tema sensible para las comunidades por tratarse de algo tan esencial y vinculado al bien común.

Además debe indicarse que cualquier reclamo derivado de la prestación de un servicio público, por ser una materia de orden público, no puede ser resuelta por la Justicia de Paz Comunal, a la que sólo se le otorgan competencias para mediar en casos de "controversias relacionadas con las actuaciones de los Consejos Comunales, Comunas y organizaciones del Poder Popular" pero donde no se hace mención a lo relativo a los servicios públicos, pues tal competencia corresponde a los Juzgados de Municipio con competencia contencioso administrativos de acuerdo con la Ley Orgánica de la Jurisdicción Contencioso Administrativa (Artículo 26.1)[22]. De este modo, no existe procedimiento en vía administrativa que proteja a los afectado por las fallas o la falta de prestación de un servicio público por parte de una Comuna o un Consejo Comunal.

Finalmente, la Comisión de Seguridad y Paz, de acuerdo con el artículo 43 tiene como competencias:

1. Articular y gestionar la formación a la población de la Comuna en materia de seguridad, paz, derechos humanos y gestión de riesgos.
2. Promover, participar y contribuir, conjuntamente con la Milicia Bolivariana, en la seguridad y defensa integral de la Nación.
3. Elaborar el Mapa de Riesgos y el Plan de Gestión de Riesgos de la Comuna basado en los mapas comunitarios de los consejos comunales que integran la Comuna, en coordinación con la Comisión de Planificación Comunal.

Citamos textualmente las competencias atribuidas porque la preocupación que generan, en primer término porque en lugar de señalar la cooperación con órganos de policía, que son lo que tienen la competencia ordinaria en materia de seguridad, se hace una vinculación con un componente de la Fuerza Armada, que no tiene la competencia primaria en términos de seguridad ciudadana, pues ello en primer lugar es competencia de las policías municipales, estadales o de la policía nacional, y luego, dentro de los términos que establecen las leyes que regulan la materia, la Fuerza Armada, por lo que llama la atención esta vinculación con la milicia que soslaya las competencias de otros órganos como los ya indicados.

Más grave que lo anterior, es la competencia relativa al levantamiento de un "Mapa de Riesgos y el Plan de Gestión de Riesgos de la Comuna basado en los mapas comunitarios de los consejos comunales que integran la Comuna" que puede ser tergiversado con fines diferentes a la seguridad ciudadana.

H. *Consejo de Justicia de Paz Comunal*

El artículo 49 de la ley señala es la instancia de promover los valores y principios de justicia de paz comunal de acuerdo con la ley que regula la materia, aunque luego se indica (art. 51) como una de las competencias de la Comisión Electoral de la Comuna es la proclamar y juramentar a los jueces de paz comunal, lo que en la actualidad está haciendo el Tribunal Supremo[23].

I. *Lapso de adecuación de las Comunas a los cambios establecidos en la Ley.*

De acuerdo con la Disposición Transitoria única de la ley se establece un lapso de 6 meses, contados desde la publicación de la ley, para que las comunas realicen un proceso de adecuación de su documentación y registro ante el Ministerio competente.

Pese a ello, la ley no señala consecuencia alguna por el no cumplimiento de esta adecuación, lo que llama mucho la atención en la medida en que para otros mecanismos de organización y participación de las comunidades, como son las organizaciones no gubernamentales reguladas por la Ley de Fiscalización, Regularización, Actuación y Financiamiento de las Organizaciones no Gubernamentales y Organizaciones Sociales sin Fines de Lucro, donde

---

22 Vivas Roso, Jessica (2024). El contencioso de los servicios públicos en Venezuela: una caja de pandora. Revista de la Facultad de Derecho de México, Tomo 74 (N° 290), pp. 71-100. Disponible en: https://doi.org/10.22201/fder.24488933e.2024.290.88448

23 https://www.telesurtv.net/jueces-de-paz-venezolanos-juramentan-en-toda-la-nacion/

también se establecen cambios estructurales de las mismas, sí se determinaron graves sanciones, incluyendo la nulidad de la inscripción por el incumplimiento en la adecuación de tales exigencias.

Lo dicho pone de manifiesto un claro carácter discriminatorio en el tratamiento legal de las diferentes formas que puede tener la organización popular, en detrimento de aquellas que surjan de la iniciativa ciudadana y sin el amparo de las leyes del poder popular.

J. *Aspectos más destacados de la reforma.*

- Aunque se mantiene la finalidad original de construir el socialismo, ahora se considera a la comuna como "**forma específica del Estado Democrático y Social de Derecho y de Justicia**" siendo esto último tomado del artículo 2 de la Constitución, con lo que se trata de darle a la comuna un origen constitucional que no tiene.
- Tanto la comuna no está en la constitución que se pretendió incluirla en la reforma constitucional rechazada en el 2007.
- Entre los cambios más significativos de la ley los encontramos en la estructura de la Comuna, pues se eliminaron dos entidades, el Consejo de Planificación y el Consejo de Economía (que pasaron a ser comisiones dentro del Consejo Ejecutivo) y se agregaron otros dos, la Comisión Electoral y el Consejo de Justicia de Paz de la Comuna.
- En la nueva ley incorpora la figura de la Mesa delegada, entidad que operaría para todos los niveles del gobierno de la comuna del acuerdo con el artículo 24, y tendrán como función "la convocatoria, organización de la agenda, registro y sistematización de la gestión"
- La mesa delegada estará constituida por un vocero principal con su respectivo suplente de cada una de las comisiones que la integran, y para las demás instancias, una mesa delegada de tres o cinco voceras o voceros. **No queda claro el papel de esta mesa en la operatividad diaria de la comuna.**
- La ley ordena, estructura y detalla mejor la forma de constitución y funcionamiento de la comuna.
- En materia de seguridad ciudadana, se hace una vinculación con un componente de la Fuerza Armada, la milicia, que no tiene la competencia primaria en términos de seguridad ciudadana, pues ello en primer lugar es competencia de las policías municipales, estadales o de la policía nacional, por lo que llama la atención esta vinculación con la milicia que soslaya las competencias de otros órganos como los ya indicados.
- Entre los elementos más preocupantes de la reforma, lo tenemos en la competencia relativa al levantamiento de un "Mapa de Riesgos y el Plan de Gestión de Riesgos de la Comuna basado en los mapas comunitarios de los consejos comunales que integran la Comuna" que puede ser tergiversado con fines diferentes a la seguridad ciudadana.
- De acuerdo con la Disposición Transitoria única de la ley se establece un lapso de 6 meses para que las comunas se adecuen a las exigencias de la ley. Pese a ello, la ley no señala consecuencia alguna por el no cumplimiento de esta adecuación, lo que contrasta con las asociaciones y fundaciones, a las que también por vía legal se les exigen cambios estructurales de las mismas, pero a las que sí se determinaron graves sanciones por el incumplimiento en la adecuación de tales exigencias. **Esto supone un trato discriminatorio a otras formas de organización comunitaria**.

3. *Ley Orgánica de Justicia de Paz Comunal*

A. *Contexto y olvido*

La justicia de paz no es una novedad en el país, pues con la aprobación en 1994 de la Ley Orgánica de la Justicia de Paz[24] se hizo un primer esfuerzo por establecer un mecanismo que llevara a las comunidades medios alternativos de resolución de conflictos, escogiéndose a lo largo de la última década del siglo XX la elección de los primeros jueces de paz, pero con el cambio de gobierno en 1999, lamentablemente no se le dio continuidad a ese esfuerzo y se dejó languidecer la justicia de paz[25] dejando que los períodos de los jueces vencieran sin que se eligieran nuevos.

Posteriormente se aprobó la Ley Orgánica de la Jurisdicción Especial de la Justicia de Paz Comunal en el año 2012[26] en la que se pretendió establecer una justicia de paz estructurada dentro del concepto de estado comunal, pero sin que llegase a implementarse, quedando por tanto un vacío institucional en ese sentido.

Tenemos entonces que la justicia de paz ha sido víctima de dos tipos de olvido por parte del régimen instaurado a partir de 1998: uno debido a ser una herencia del régimen anterior, y otro luego de que dictase una ley en sus propios términos que a pesar de ello nunca cumplió.

Lo expuesto demuestra una posición bastante clara y evidente sobre los apoyos institucionales con que cuenta la justicia de paz en los actuales momentos.

De este modo, doce años después se aprobó la reforma de una ley que nunca fue aplicada, lo que puede ser una de las razones por la que también se le cambió la denominación y pasó a llamarse Ley Orgánica de Justicia de Paz Comunal, manteniendo, como puede apreciarse, una perspectiva similar a la anterior en el sentido de incorporar a la justicia de paz a las estructuras del poder popular.

B. *Estructura de la reforma*

En la Gaceta Oficial N° 6.854 Ext. del 14/11/2024, difundida por el Servicio Autónomo Imprenta Nacional y Gaceta Oficial (SAINGO), el 18/11/2024, se publicó la Ley de Reforma Parcial de la Ley Orgánica de la Jurisdicción Especial de Justicia de Paz Comunal, sancionada por la Asamblea Nacional (AN) el 12/11/2024, con promulgación presidencial fechada 14/11/2024 y entrada en vigencia a partir de su publicación en la Gaceta Oficial.

La reforma consta de 42 artículos, conforme a los cuales se han incorporado 3 artículos, modificándose el título de la ley 21 artículos y suprimiéndose 4.

Respecto al cambio de título de Jurisdicción Especial de Paz a Justicia de Paz Comunal, ha de hacerse el comentario de que la primera denominación sigue subsistiendo en los artículos 1 y 48, así como en la disposición transitoria primera del texto vigente, en lo que parece un error de técnica legislativa.

C. *Definición de Justicia de Paz Comunal*

Se redefine la finalidad de la Justicia de Paz Comunal, en el sentido que comprende el ámbito de la justicia que promueve el arbitraje, la conciliación y la mediación como medios

---

[24] Publicada en la Gaceta Oficial de lo República de Venezuela N° 4.817 extraordinario de fecha 21-12-94.

[25] Zubillaga, María Teresa. La justicia de paz y su evolución, publicado en Cuadernos Unimetanos 11. 2007. Disponible en: https://dialnet.unirioja.es/descarga/articulo/3997618.pdf

[26] Gaceta Oficial de la República Bolivariana de Venezuela N° 39.913 del 02/05/2012.

de resolución de conflictos en el ámbito comunitario, a los fines de favorecer la convivencia solidaria, la paz y el efectivo acceso a mecanismos de justicia responsable, equitativa y expedita, sin dilaciones indebidas, formalismos o reposiciones inútiles (art. 2), eliminándose la alusión que en la ley anterior a las situaciones derivadas "del derecho a la participación ciudadana con relación a las instancias y organizaciones del Poder Popular, así como las generadas como producto del funcionamiento de éstas".

Sin embargo, como veremos, sí está dentro de las competencias de los jueces de paz el intervenir en las controversias que se deriven del funcionamiento de las organizaciones del poder popular y del ejercicio del derecho de participación en la mismas (art. 8.10), por lo que la omisión de este aspecto no tiene relevancia jurídica más allá de considerar de una manera amplia la concepción de la justicia de paz.

Luego en el artículo 3 se indica que la justicia de paz comprende el conocer de los asuntos sometidos a su competencia, el promover y homologar acuerdos entre las partes, y además el "conocer y decidir en todo lo relacionado con las actuaciones de los Consejos Comunales, Comunas y organizaciones del Poder Popular, así como sobre las situaciones, que, en razón del funcionamiento interno de esas instancias, vulneren, afecten o restrinjan el ejercicio del derecho a la participación y al protagonismo popular".

Sobre este último punto, hemos de resaltar, en primer lugar, lo ya comentado previamente respecto a la prestación de servicios públicos por parte de los Consejos Comunales y las Comunas, que los reclamos derivados de todo servicio de esa naturaleza son del conocimiento de los tribunales contencioso administrativos, por lo que no es cierto que la justicia de paz decida sobre "todo lo relacionado" con las Comunas y los Consejos Comunales, y en segundo término, que todo asunto es que esté involucrado el orden público (art. 10), escapa de las competencias de la justicia de paz, por lo que la esfera de actuación de esta es mucho más reducida respecto a las estructuras del poder popular de lo que se indica en la ley.

D. *Incorporación de la Coordinación Nacional de Justicia de Paz Comunal del Tribunal Supremo de Justicia*

De acuerdo con el artículo 5.10 de la ley, la Coordinación es la encargada de diseñar y ejecutar las políticas del Tribunal Supremo, "como órgano rector del gobierno y administración de la Jurisdicción Especial de la Justicia Paz Comunal" sin que se defina cuáles son los límites de esa rectoría, pues posteriormente la ley sólo hace alusión a esta Coordinación para lo relativo a la formación de jueces (art. 20), a que debe remitírsele una copia del informe de gestión de los jueces (art. 11) y al establecimiento de la justicia de paz en las comunidades indígenas (disposición transitoria segunda), por lo que no queda claro en qué consiste esta rectoría que la ley le da a este órgano de coordinación.

De este modo, no se determina que ocurre si la Coordinación tiene preguntas u observaciones sobre el informe de gestión de los jueces, o de si podrá recibir quejas o reclamos por la actuación de los mismos.

Por otro lado, debe señalarse que la ley le confiere al Tribunal Supremo de Justicia y al Ministerio del Poder Popular con competencia en materia de participación ciudadana, la elaboración de los "reglamentos, resoluciones, protocolos e instrumentos requeridos para el funcionamiento de la Jurisdicción Especial de la Justicia de Paz Comunal", en un lapso no mayor de noventa (90) días continuos, contados a partir de la entrada en vigencia de la Ley (disposición transitoria primera).

Ha de acotarse que el aludido lapso ha transcurrido al momento de escribir estas líneas sin que dicha normativa haya sido publicada.

Partiendo de esto último, tenemos entonces que no sólo el Tribunal Supremo tiene un papel rector en la justicia de paz, sino también el Ministerio correspondiente, en tanto tiene también la competencia de regular la normativa sublegal que la regule, sin límites definidos, como se ha visto, para ninguna de las entidades mencionadas.

E. *Jueces paz unipersonales o colegiados*

De acuerdo con la ley es posible que existan jueces que actúen de forma individual o de forma colegiada según se determine en el Reglamento o en las resoluciones que se dicten al efecto, siendo esto último una novedad.

F. *Asuntos en los que se mantuvo la competencia de la justicia de paz*

En el artículo 8 se señalan cuáles son los temas que corresponden al conocimiento de los jueces paz, y se mantuvieron de la ley anterior, las siguientes:

i. Asuntos de contenido patrimonial, el mismo no debe exceder el equivalente en bolívares a mil veces el tipo de cambio oficial de la moneda de mayor valor, publicado por el Banco Central de Venezuela, lo que en la ley anterior se hacía basado en unidades tributarias. De este modo, si el euro fuese la moneda de mayor valor, el asunto no debería exceder los 1000 euros para que fuese del conocimiento de los jueces de paz.

ii. Conocer los conflictos o controversias derivados de la relación arrendaticia o de propiedad horizontal, salvo aquellos asignados a tribunales ordinarios y especiales o autoridades administrativas.

iii. Conocer los conflictos o controversias entre miembros de la comunidad derivados de la aplicación de ordenanzas relativas a la convivencia, cartas comunales, reglamentos de convivencia de los Consejos Comunales o instrumentos de similar naturaleza dictados por organizaciones vecinales.

iv. Coadyuvar con el seguimiento y cumplimiento de las medidas relativas a la convivencia familiar y a la obligación de manutención dictadas por los Tribunales de Protección de Niños, Niñas y Adolescentes.

v. Velar por el respeto a los derechos de los niños, niñas y adolescentes, adultas y adultos mayores, personas con discapacidad y personas en situación de vulnerabilidad, tomando las medidas respectivas conforme a la ley y remitiendo las actuaciones al órgano o ente competente.

vi. Conocer de la acción emanada de la propiedad, tenencia y protección de animales domésticos, comunitarios o en peligro de extinción, prevista en la ley especial que rige la materia, así como las ordenanzas municipales, en materia de control y protección animal

vii. De los conflictos o controversias que se susciten entre los miembros de las organizaciones socio productivas de las comunidades.

viii. Conocer de todas las controversias relacionadas con las actuaciones de los Consejos Comunales, Comunas y organizaciones del Poder Popular, así como de las situaciones, que, en razón del funcionamiento interno de esas instancias, vulneren, afecten o restrinjan el ejercicio del derecho a la participación y el protagonismo popular en el ámbito de su competencia.

ix. Promover campañas educativas en materia de valores ciudadanos, paz, convivencia solidaria, derechos humanos y resolución de conflictos en las comunidades de su ámbito territorial.

x. Solicitar el apoyo de la policía municipal, estadal o nacional, cuando así lo requiera para el efectivo cumplimiento de sus funciones.

Respecto de estas competencias, debemos destacar que las controversias respecto de actuaciones de las entidades del poder popular, están acotadas al derecho de participación, lo cual, considerando las amplias competencias asignadas a los Consejos Comunales y las Comunas, resulta un ámbito muy reducido, pues las discrepancias pueden generarse del ejercicio de muchas de las actividades que realiza el poder comunal, y frente a las cuales los ciudadanos no tienen mecanismos efectivos de reclamo.

Por otro lado, el que se mantuviese la competencia en materia de animales domésticos, comunitarios o en peligro de extinción, si bien positivo, también es una oportunidad perdida por la no inclusión de la tala de árboles, lo que en zonas como Caracas[27], se ha convertido en una calamidad para los vecinos que han visto como verdaderos patrimonios vegetales ha sido cortados sin la menor consideración a su importancia para la comunidad.

Respecto a los conflictos de convivencia, resulta lamentable la omisión de no señalar expresamente aquellos casos que se deriven de los problemas en condominios, los que, aunque pueden considerarse incluidos, no entendemos por qué no se les menciona expresamente.

Finalmente, respecto a la competencia para dirimir conflictos entre los socios de las unidades socio productivas, debemos referirnos a las dudas que sobre el contenido de la llamada propiedad social comunal o familiar, que al carecer de base normativa que lo regule, a diferencia de la propiedad individual o la colectiva, claramente normada en el Código Civil, generarán problemas para los jueces de paz al no contar con una legislación que les permita dilucidar casos, en los que por ejemplo, se establezcan mecanismos para el traslado de esa propiedad social o familiar, sea por defunción de uno de los socios o por otras razones como la separación del socio de la unidad socio productiva, así como muchos otros supuestos que la casuística va a imponer.

Así entonces, se impone a los jueces de paz el intervenir en conflictos donde las soluciones corren el riesgo de ser tan diversas como contradictorias en perjuicio de la justicia que se pretende impartir.

G. *Nuevas competencias*

- Conocer de los conflictos o controversias entre miembros de la comunidad relacionados con el funcionamiento, actuación y administración de organizaciones vecinales.
- Promover la adopción de ordenanzas, cartas comunales, reglamentos de convivencia de los Consejos Comunales o instrumentos de similar naturaleza dictados por organizaciones vecinales, a los fines de favorecer la armonía, la paz y la solidaridad en las relaciones comunitarias.
- Respecto a la competencia para actuar como órgano receptor de denuncias en los casos de violencia de género, en los términos establecidos en la ley especial que regula la materia, con facultad para dictar medidas de protección y seguridad a favor de la víctima o el núcleo familiar, se adicionó: "Seguidamente, deberá remitir el asunto al Ministerio Público, a los fines de continuar con el procedimiento y garantizar el control de las medidas acordadas." (Artículo 8, numeral 5).

Respecto a la primera de las competencias mencionadas, esto es, la de conocer casos que involucren diferencias entre miembros de la comunidad sobre el funcionamiento, actuación y administración de organizaciones vecinales, cabe preguntarse si se considera a los Consejos Comunales y a las Comunas como tales organizaciones o por ser parte de un poder público no tienen tal carácter.

Es nuestro parecer que al ser las estructuras mencionadas parte de un esfuerzo de organización de las comunidades para defender sus intereses, que las mismas sí estarían incluidas,

---

27 *Vid*: https://elestimulo.com/medio-ambiente/2022-04-02/tala-indiscriminada-en-caracas-acaba-con-la-ciudad-verde/

pero el hecho de que en norma aparte se hable de que los jueces de paz tienen competencia en relación con los Consejos Comunales y las Comunas en materia de derecho de participación, podría interpretarse en sentido contrario al expuesto, pero estimamos que lo lógico y natural es que los jueces de paz conozcan de reclamos vinculados a las estructuras más cercanas a los vecinos y las comunidades, precisamente para facilitar la convivencia y proteger a los ciudadanos en su ámbito más cercano.

De otro modo, no tendría sentido que, habiendo unas entidades como los Consejos Comunales con tanta influencia en la cotidianidad de la comunidad, y por tanto, con un poder de afectación importante, pero que los jueces de paz no puedan intervenir a la hora de cualquier discrepancia que pueda ocurrir con los vecinos por el funcionamiento o las actividades de los Consejos Comunales o de las Comunas.

De ahí que debería aceptarse, al menos, a los jueces de paz con papel mediador o conciliador en los conflictos que puedan tener los ciudadanos con las estructuras del poder popular.

Un ejemplo claro lo tendríamos en el supuesto de la distribución de gas doméstico, una de las competencias que normalmente han asumido los Consejos, y donde puede ocurrir que se niegue dicho servicio a un vecino o a un grupo de los mismos razones de discriminación por sus ideas políticas. En tal caso, resultaría necesaria la intervención de un juez de paz que ponga en evidencia la situación y recuerde a los responsables sus obligaciones con los ciudadanos.

Si un caso parecido al expuesto se considera que los jueces de paz no pueden intervenir, el modelo de justicia de paz no tendrá los beneficios que la comunidad necesita.

En relación con la competencia sobre la promoción de normas que promuevan la sana convivencia, lo consideramos positivo, pero estimamos que debió incluirse la obligación de que los jueces de paz tengan acercamiento sea con comunidades que hayan desarrollado casos que puedan catalogarse como de buenas prácticas o con organizaciones sociales, como ONG con experiencia en el campo para tener referencias que les permitan ayudar a las comunidades a generar reglas de convivencia armónicas.

Por otro lado, la competencia en materia de violencia contra la mujer, aunque es positiva, no viene acompañada de otros mecanismos que permitan dar protección a la víctima de violencia, pues como ha señalado Acceso a la Justicia, las fallas estructurales en el ámbito de la lucha contra la violencia son de tal envergadura, que la indefensión de la víctima no disminuye por la atribución de competencia a los jueces de paz[28] que poco pueden hacer sin la existencia de estructuras de apoyo (como refugios por ejemplo) que sirvan para proteger a las mujeres víctimas de violencia.

H. *Competencias suprimidas*

- Celebrar matrimonios de conformidad con la Ley.
- Declarar, sin procedimiento previo y en presencia de la pareja, el divorcio o la disolución de las uniones estables de hecho cuando sea por mutuo consentimiento; los solicitantes se encuentren domiciliados en el ámbito local territorial del juez o jueza de paz comunal; y no se hayan procreado hijos o de haberlos, no sean menores de 18 años a la fecha de la solicitud.

---

[28] *Vid:* https://accesoalajusticia.org/mitos-realidades-violencia-contra-mujer-venezuela-historia-otro-fracaso-poder-judicial-2018-2022/

- La disolución amigable de la comunidad de bienes solicitada por las partes en forma escrita
- Colaborar con los organismos encargados del control y fiscalización de la comercialización y mercadeo de los bienes y servicios de consumo en su ámbito local territorial.

Como puede apreciarse, se eliminaron las competencias vinculadas al registro civil y al estado de las personas, lo que consideramos positivo en la medida en que estos temas exigen una infraestructura y unas exigencias para la clasificación y mantenimiento de archivos que no son propicias en una institución que apenas se está reiniciando y que no cuenta que los mecanismos necesarios para asumir tales fines.

Lo mismo puede decirse respecto a la colaboración en materia de comercialización y mercadeo de bienes, tema regulado por la administración central y con estructuras propias que exigen una especialización temática que no parece compatible con el papel mediador propio de los jueces de paz.

I. *Informe de gestión*

El informe de gestión que debían presentar anualmente los jueces de paz, ante los electores del ámbito local territorial en el cual fueron electos, pasó a ser semestral, a presentarse ante la Asamblea de Ciudadanas y Ciudadanos, de conformidad con lo previsto en la Ley, su Reglamento y las resoluciones que dicte el Tribunal Supremo de Justicia, con copia a la Coordinación Nacional de Justicia de Paz Comunal del Tribunal Supremo de Justicia.

Lamentablemente el legislador no previó medida alguna, sea de seguimiento o de contraloría social sobre la presentación de este informe, o más importe aún, nada dice en el supuesto de que tal informe no se presente. Dado que se trata de una de las obligaciones del juez, consideramos que daría pie para el inicio de un proceso de revocación, pero al mismo tiempo, pone en evidencia la necesidad del establecimiento de un régimen disciplinario del que carecen completamente estos jueces.

J. *Elección y revocatoria de los jueces de paz*

Respecto a la elección de los jueces de paz, la ley introduce cambios respecto de la anterior, pues aunque se mantiene la regla de que los procesos de elección y de revocatoria de los jueces de paz que se desarrollen en el ámbito territorial de la Comuna serán organizados, coordinados, supervisados y realizados por la Comisión Electoral de la Comuna, en articulación con las Comisiones Electorales de los Consejos Comunales; se agrega que los procesos que se desarrollen en otros ámbitos territoriales serán regulados por el Tribunal Supremo de Justicia y el Ministerio del Poder Popular en materia de participación ciudadana. Los referidos procesos de elección y revocatoria podrán contar con la asesoría técnica, apoyo logístico y acompañamiento del Poder Electoral.

K. *Vigencia del mandato de los jueces de paz*

De acuerdo con los términos de la ley aprobada (art. 15), en cada ámbito o entidad territorial se elegirán hasta tres jueces de paz (en vez de un juez y dos suplentes, como lo preveía la Ley anterior), que durarán tres años en el ejercicio de sus funciones (en lugar de los cuatro previstos en la Ley anterior), pudiendo ser reelectos o revocados. Quienes no resultaron electos en la votación correspondiente se desempeñarán como suplentes siguiendo el orden de los resultados.

L. *Requisitos para ser juez de paz*

De las exigencias establecidas en la ley anterior se mantuvo la mayoría, con una notable excepción y se agregaron dos nuevas.

El requisito suprimido en el artículo 18 de la ley vigente es la exigencia de que el juez de paz sepa leer y escribir. La eliminación de este supuesto nos parece sumamente grave en la medida en que resulta esencial para un juez el poder, por ejemplo, poder leer la documentación probatoria que se le presente, o que pueda dirigir escritos a las partes o a entidades públicas, por lo que no se trata de una discriminación a quienes sean analfabetos sino una básica exigencia del cargo.

Quizá una de las razones para eliminar este requisito sea el hecho de que el 2005 el gobierno declaró que en Venezuela se había erradicado el analfabetismo[29], pero la realidad se impone y no hay un estudio posterior que no señale un agravamiento de la situación en esa materia[30], por lo que no se justifica la eliminación de una exigencia que es necesaria para que los ciudadanos puedan tener una justicia de paz efectiva y real.

Por otro lado, de las dos nuevas exigencias introducidas, a saber, el tener una conducta intachable que es traducido como aquella donde no haya habido promoción del odio, la intolerancia, "posturas fascistas, neofascistas o expresiones similares" resultan altamente preocupantes, en la medida en que cada vez más las expresiones de simple crítica al gobierno son consideradas delictivas, por lo que los candidatos a jueces de paz podrían no postularse como tales simplemente por haber hecho una observación a una política gubernamental[31]. La segunda de las novedades es bastante genérica, pues se exige "un profundo conocimiento" del entorno y necesidades del territorio y un compromiso con la justicia social, lo que en términos objetivos no puede traducirse en una exigencia concreta a ser verificada al momento de la postulación.

M. *Se permite el uso de medios telemáticos en la justicia de paz*

Otra novedad es la introducción de la posibilidad de que los jueces de paz usen medios telemáticos para las notificaciones o los traslados (arts. 29 y 35, respectivamente).

A tal respecto ha de acotarse, que si bien esto puede representar una ayuda para facilitar y agilizar los procesos, ello no debe utilizarse más allá de lo expresamente previsto en la ley, pues lamentablemente en el ámbito penal ha habido denuncias de audiencias vía telemática que no tienen las garantías mínimas para los detenidos y por tanto, aunque es una herramienta que debe utilizarse, deben hacerse las advertencias necesarias para que no se convierta en un instrumento de la injusticia[32].

N. *Medidas preventivas de urgencia*

En el artículo 36 de la ley se establece la potestad a los jueces de paz de dictar "en aquellos casos que sean indispensables para prevenir, reducir o eliminar los riesgos de daños irreparables que el conflicto o controversia puedan causar, afectando a los involucrados en el conflicto o transcendiendo a la comunidad y perturbando la convivencia pacífica".

---

29 https://www.workers.org/mo/2005/venezuela-1110/

30 https://revistasenlinea.saber.ucab.edu.ve/index.php/temasdecoyuntura/article/download/3518/3021/11199; https://correodelcaroni.com/sociedad/educacion/aumenta-el-analfabetismo-en-venezuela-tras-agudizacion-de-la-crisis/

31 No se trata de una especulación teórica: una vecina de un sector popular fue imputada por incitación al odio, solamente por escribir la palabra libertad con harina de maíz en el pavimento, y a partir de tal supuesto, cualquier otra acción más crítica está sujeta a las mismas reglas represivas. *Vid.* https://elpitazo.net/centro/miranda-pnb-detienen-a-mujer-por-escribir-libertad-con-harina-del-clap/

32 https://runrun.es/noticias/561664/las-audiencias-de-los-detenidos-en-las-protestas-estan-siendo-telematicas/

Esta norma, que sobre todo en casos donde haya el riesgo de se genere alguna actividad violenta es algo racional y que puede entenderse, pero que lamentablemente, en el caso venezolano, puede también ser utilizado con fines ajenos a la norma. Téngase, por ejemplo, el caso de que un vecino presente un reclamo contra un Consejo Comunal por discriminación o por fallas en la administración de los recursos de la comunidad. En tal supuesto, una medida preventiva de urgencia, que lamentablemente se ha presentado en otras competencias[33], es prohibirle al denunciante que declare en medios o que publique su posición en sus redes sociales, lo que en realidad convertiría la medida en un medio para la censura y así evitar que se conozcan denuncias contra actividades que afecten a las comunidades.

Siendo así entonces, debe entenderse que estas medidas preventivas deben circunscribirse a evitar un daño concreto y racional, y no como mecanismo de represión.

O. *Incomparecencia del solicitante en un arbitraje de equidad*

En el artículo 41, vinculado al proceso de arbitraje de equidad, se señala que si el o la solicitante no se presenta a la audiencia, se entenderá desistido el mismo, como ya ocurría en el texto anterior, pero a ello ahora se agrega que se podrá continuar el proceso "cuando el asunto afecte los intereses de la comunidad y la convivencia pacífica".

Este punto es particularmente relevante en la medida en que una de las características de los mecanismos alternativos de resolución de conflictos es que sean voluntarios, y en este sentido, el que se obligue a alguien a participar contra su voluntad en un proceso de esta naturaleza debe destacarse.

Puede alegarse que ello sólo ocurrirá cuando estén afectados los "intereses de la comunidad y la convivencia pacífica" pero estos son términos tan amplios que fácilmente son aplicables para cualquier conflicto. Así, por ejemplo, en un caso simple de una deuda sin pagar entre dos vecinos, se puede argumentar fácilmente que, aunque sea un tema dinero entre particulares se necesite que el juez de paz conozca del caso, para evitar pleitos violentos entre los involucrados, aunque no haya elementos de convicción que apunten a un riesgo de esta naturaleza.

Con esto queremos señalar lo fácil que es convertir un asunto entre particulares en un asunto que involucre los "intereses de la comunidad y la convivencia pacífica", por lo que resulta preocupante que se haya incluido este cambio que modifica esencialmente la naturaleza de la justicia de paz, tal y como había sido concebida hasta el presente.

P. *Revisión y apelación de la decisión de un arbitraje de equidad*

Aunque se mantiene en general lo dispuesto en la ley derogada sobre la posibilidad de que revise la decisión dada en el procedimiento de arbitraje, lo que corresponde al juez de paz junto con sus suplentes, en el supuesto de apelación, en el que se mantiene las mismas condiciones para que proceda, a saber: que sean asuntos de contenido patrimonial o en que se hayan violado derechos constitucionales, se eliminó la exigencia de que el Juez de Municipio que conozca de la apelación decida en conforme a la equidad.

Esto último lo consideramos una incoherencia por cuanto lo que se ha resuelto por equidad ha de ser decidido en conforme a ella en cuanto sea posible, salvando por supuesto, los casos en los que esté involucrado el orden público (como es el caso de la violación de derechos humanos). De este modo, se desnaturaliza el proceso iniciado en equidad y se convierte en un juicio con las limitaciones y exigencias de un proceso más ante un tribunal ordinario.

33 https://espaciopublico.ong/el-estado-decreto-archivo-judicial-en-el-caso-de-luis-carlos-diaz/

Q. *Revisión por parte del Consejo de Justicia de Paz Comunal*

Otro cambio significativo de la nueva ley lo encontramos en el artículo 45, en el que se otorga la potestad al Consejo de Justicia de Paz Comunal, de revisar una sentencia dictada conforme al procedimiento de arbitraje de equidad, cuando la misma "afecte de manera grave y directa los intereses y la convivencia pacífica de la comunidad" y decidirá conforme a la equidad y escuchando a las partes comprometidas en el conflicto o controversia.

De este modo, se involucra un mecanismo y una instancia nueva, con el agravante además de que no se tiene lapso para solicitarlo, que puede dejar sin efecto la decisión tomada en el arbitraje de equidad y no porque se afecte injustamente a alguno de los involucrados en el caso, sino por la afectación a los intereses de la comunidad, lo cual es sumamente grave, porque entonces las decisiones pueden ser dejadas sin efecto, no porque una de las partes tenga la razón, sino en interés de la colectividad, expresión esta última que puede dar motivo para todo tipo de arbitrariedades por la indefinición de los términos expuestos.

Así entonces, téngase un caso donde en un reclamo por el pago de una deuda se llegue a la decisión del pago de la misma en cuotas considerando un interés legal, pero la comunidad considere que esos pagos son onerosos y por ello contrarios al interés colectivo o la convivencia, y deje sin efecto tal decisión.

Además, llama la atención que en el caso de la apelación se haya eliminado la exigencia de decidir en equidad, pero sí se la mantenga para este procedimiento de revisión.

Finalmente, no dice la ley si contra esta revisión de la decisión puede interponerse recurso de apelación, pero consideramos que el mismo procede en la medida en que puede haber trasgresiones a derechos humanos en esa instancia, y por el principio de control judicial y la tutela judicial efectiva que tiene todo individuo.

R. *Ejecución forzosa de los acuerdos de conciliación y mediación*

De acuerdo con la ley anterior, en los casos de ejecución forzosa de los acuerdos de conciliación o mediación, el juez de paz debía enviar el mandamiento de ejecución al juez de municipio ejecutor de medidas para que este ordenase el cumplimiento y de no ocurrir impusiese "actividades o labores comunitarias" a quienes no acataran lo decidido con el agregado, además, de que esas actividades comunitarias no debían "alterar la vida familiar y social del infractor".

Tal situación cambió en la nueva ley que indica que en los casos de incumplimiento de los acuerdos de conciliación o mediación, son los mismos jueces de paz los que ordenarán la ejecución forzada "pudiendo solicitar el apoyo de los órganos de seguridad ciudadana, así como requerir la colaboración de los diferentes órganos o entes del Poder Público que estén vinculados con la controversia", lo que es un espectro muy amplio de posibilidades que fácilmente a las que debe estarse muy atentos, precisamente, por el riesgo de que se tomen medidas arbitrarias para lograr el cumplimiento de una decisión.

S. *Lo más destacado de la reforma*

- Luego de más de 20 años de olvido institucional se retoma la justicia de paz con una aparente voluntad de aplicarla.
- En el artículo 3 se indica que la justicia de paz comprende el "conocer y decidir en todo lo relacionado con las actuaciones de los Consejos Comunales, Comunas y organizaciones del Poder Popular, así como sobre las situaciones, que, en razón del funcionamiento interno de esas instancias, vulneren, afecten o restrinjan el ejercicio del derecho a la participación y al protagonismo popular", siendo esta última afir-

mación una limitación a la competencia de los jueces de paz, pues por ejemplo, no pueden conocer de casos vinculados a la prestación de servicios públicos.

- Se incorpora la Coordinación Nacional de Justicia de Paz Comunal del Tribunal Supremo de Justicia "como órgano rector del gobierno y administración de la Jurisdicción Especial de la Justicia Paz Comunal" sin que se defina cuáles son los límites de esa rectoría.
- Lo anterior podría colidir con la competencia normativa que también se da al Ministerio del Poder Popular con competencia en materia de participación ciudadana, pues no existen límites precisos entre estas instancias.
- Aunque se mantiene la competencia en materia de animales domésticos, comunitarios o en peligro de extinción, no se incluyó la tala de árboles en la comunidad, lo que es un reclamo sentido en muchas zonas del país.
- Aunque se entiende incluidos, llama la atención que no se mencionase como competencias de los jueces de paz los conflictos en condominios.
- Respecto a la competencia para dirimir conflictos entre los socios de las unidades socio productivas, surgen dudas sobre el derecho a aplicar en el caso de conflictos derivados de la llamada propiedad social comunal o familiar, al carecer de base normativa que lo regule.
- Al menos debería aceptarse un papel mediador de los jueces de pazo con las estructuras del poder popular para facilitar la relación con las comunidades.
- Consideramos positivo que se eliminaran las competencias vinculadas al registro civil y al estado de las personas, pues la justicia de paz carece de los requerimientos estructurales y materiales necesarios para ello.
- Igualmente es positivo que se haya eliminado la competencia en materia de comercialización y mercadeo de bienes, tema regulado por la administración central y que consideramos ajenas a la justicia de paz.
- Lamentablemente el legislador no previó medida alguna, sea de seguimiento o de contraloría social sobre la presentación del informe de gestión de los jueces de paz, o más importante aún, nada dice en el supuesto de que tal informe no se presente.
- Tan preocupante como lo anterior es la inexistencia de un régimen disciplinario para los jueces paz.
- Se establece un lapso de 3 años para el ejercicio del cargo de juez de paz en lugar de los 4 años establecidos en la ley precedente.
- Consideramos injustificado y contrario a las exigencias de un juez de paz que se haya eliminado como requisito el saber leer y escribir.
- Por otro lado, una de las nuevas exigencias introducidas, a saber, el tener una conducta intachable que es traducido como aquella donde no haya habido promoción del odio, la intolerancia, lo que en el contexto actual inhabilitaría a personas con una posición crítica o simplemente independiente del gobierno.
- Consideramos positivo que haya incluido el uso de medios telemáticos en la justicia de paz, siempre que se aplique con respeto a los derechos de los involucrados y con los límites que señala la ley.
- Respecto a la introducción de la potestad de que los jueces de paz puedan dictar medidas preventivas de urgencia, dado el abuso que en algunas competencias se ha

dado a las mismas, esperamos que se dicten criterios que respetan y protejan los derechos humanos de quienes sean obligados por las mismas, y no se utilicen como mecanismos de represión.

- Respecto al cambio introducido en la ley sobre el hecho de que la audiencia de arbitraje puede continuar aun cuando el solicitante no se presente en la misma, siempre que "el asunto afecte los intereses de la comunidad y la convivencia pacífica", lo estimamos sumamente delicado porque altera el elemento esencial de voluntariedad de los mecanismos alternativos de resolución de conflictos.
- Obligar a las partes a continuar un proceso por situaciones que les pueden ser ajenas y basadas en supuestos difusos puede atentar con la confianza que debe tener la comunidad en la justicia de paz, como una estructura imparcial e independiente. Lo expuesto cambia la naturaleza de la justicia de paz.
- Un cambio significativo, y negativo, de la nueva ley es la potestad dada al Consejo de Justicia de Paz Comunal, de revisar una sentencia de arbitraje cuando la misma "afecte de manera grave y directa los intereses y la convivencia pacífica de la comunidad" sin lapso alguno para hacerlo y aun cuando las partes del mismo estén conformes.
- Llama la atención que en el caso de la apelación se haya eliminado la exigencia de decidir en equidad, pero sí se mantenga para el procedimiento de revisión.
- La ley no dice si contra esta revisión de la decisión puede interponerse recurso de apelación, aunque estimamos que debería ser posible en ejercicio del derecho a la tutela judicial efectiva.
- Respecto a la potestad dada a los jueces de paz de ordenar la ejecución forzada "pudiendo solicitar el apoyo de los órganos de seguridad ciudadana, así como requerir la colaboración de los diferentes órganos o entes del Poder Público que estén vinculados con la controversia", es algo preocupante en el contexto actual, por el riesgo de que se tomen medidas arbitrarias para lograr el cumplimiento de una decisión.

4. *A modo de conclusiones generales*

La reforma de estas 3 leyes vinculadas al llamado estado comunal responde a una necesidad de plantear una forma de estado alterno al planteado en la Constitución y al efecto se percibe lo siguiente:

- El estado comunal es visto de forma más limitada y constreñida, tanto en su estructura como en sus cometidos y fines.
- Se presenta un estado comunal con miras limitadas y ajeno a los problemas de interés nacional.
- Se reduce de este modo al estado comunal a una experiencia local, sin trascendencia ni peso en lo nacional.
- Se acepta la realidad de la implementación limitada del estado comunal y se renuncia, al menos en lo inmediato, a que se establezcan todas las estructuras que la ley señala.
- Se cambia el eje del estado comunal, que antes era la comuna y se le da ese carácter a la Asamblea de ciudadanos y ciudadanos, modificando de este modo un paradigma del poder popular.
- Se mantienen los controles de los demás poderes públicos sobre el estado comunal.

- Aunque se habla de un carácter preeminente del poder comunal, si una institución o un funcionario actúan ignorando o contrariando al poder popular, las consecuencias son sólo personales y no se invalidad la decisión o política tomada en tal circunstancia, lo que es una incoherencia con el principio “mandar obedeciendo”.
- Los cambios en la regulación de la comuna, aparte de los ya indicados, se limitan a una más clara regulación de su constitución y funcionamiento.
- Resultan muy preocupantes los alcances de las competencias dadas a la comuna en materia de seguridad ciudadana, pues pueden generar afectación en los derechos humanos y servir como medios de represión.
- La reactivación de la justicia de paz es algo positivo, pero algunos de los cambios introducidos violan elementos esenciales de la misma, al permitir que intereses ajenos a los de las partes se impongan sobre la voluntad de estas.
- Se le otorga un papel rector al TSJ sobre la justicia de paz y también potestades normativas al poder ejecutivo sin una delimitación precisa para uno u otro.
- Consideramos muy negativo la eliminación del requisito de que el juez deba saber leer y escribir, condición esencial para el ejercicio del cargo de juez de paz.
- También puede afectar muy negativamente a la institución la posibilidad de revisión de las decisiones dada a los Consejo de Justicia Paz aun sin contar con la voluntad de las partes y sin lapso alguno para ejercer dicha revisión.
- El otorgamiento de mayores competencias a los jueces de paz, incluyendo la posibilidad del uso de la fuerza pública, en el contexto actual, podría permitir el uso de esta figura con fines represivos, y por tanto, contrarios ya no a la justicia de paz, sino a la justicia.

BREVES COMENTARIOS A LA INCONSTITUCIONALIDAD E ILEGALIDAD DE LA CONTRIBUCIÓN ESPECIAL PARA LA PROTECCIÓN DE LAS PENSIONES (O EL NUEVO CAPÍTULO DE LA IRRACIONALIDAD TRIBUTARIA)

Juan C. Castillo Carvajal
Abogado

Qué tiempos serán los que vivimos,
que es necesario defender lo obvio.
Bertolt Brecht

Resumen: *La Ley de Protección de las Pensiones de Seguridad Social Frente al Bloqueo Imperialista estableció una nueva contribución especial dirigida al financiamiento de las pensiones de la seguridad social. Ahora bien, la creación de este nuevo tributo viola principios constitucionales y contradice disposiciones de otras leyes. El objetivo de estas breves notas es revisar las violaciones de naturaleza constitucional y legal que afectan esta nueva contribución especial.*

Palabras Clave: *Seguridad Social, pensiones, cotizaciones, Seguro Social, patrono, trabajadores, contribución especial.*

Abstract: *The Law for the Protection of Social Security Pensions in the Face of the Imperialist Blockade established a new special contribution aimed at financing social security pensions. However, the creation of this new contribution violates constitutional principles and contradicts provisions of other laws. The objective of these brief notes is to review the constitutional and legal violations that affect this new special contribution.*

Key words: *Social Security, pensions, contributions, Social Security, employer, workers, special contribution.*

INTRODUCCIÓN

La Ley de Protección de las Pensiones de Seguridad Social Frente al Bloqueo Imperialista[1] (LPPSS) que crea la Contribución Especial para la protección de las pensiones (la Contribución) constituye un compendio de violaciones de normas constitucionales y legales. El fundado temor a la imposición de sanciones ha llevado a muchos contribuyentes a realizar la primera declaración y pago de esta Contribución a pesar de sus yerros jurídicos. Sin embargo, nuestra convicción sobre la primacía constitucional y el ánimo de que opere en el futuro una reinstitucionalización del sistema tributario que evite que se incurran en los desaguisados

1 Publicada en la Gaceta Oficial N° 6.806 Extraordinario del 8 de mayo de 2024.

cometidos con la promulgación de esta Ley, nos lleva a insistir en la denuncia de los vicios y patologías de este instrumento normativo, cuestionamientos compartidos por otras asociaciones y gremios empresariales. En este contexto, queremos hacer un necesario inventario de tales vicios.

I. INVENTARIO DE LAS VIOLACIONES CONSTITUCIONALES Y LEGALES QUE AFECTAN LA CONTRIBUCIÓN ESPECIAL PARA LA PROTECCIÓN DE LAS PENSIONES

1. *Aprobación exprés*

La diligencia y premura legislativa no deberían ser en si mismo objeto de críticas. Por el contrario, como ciudadanos deberíamos alabar la disposición de los asambleístas para la discusión y aprobación de las distintas iniciativas legislativas. Sin embargo, la inusual premura en la aprobación de esta Ley impidió que fuese objeto de una amplia consulta como ordena la Constitución, que las observaciones presentadas por la Academia, gremios profesionales y distintas cámaras, entre ellas, los comentarios de la AVDT, se sometieran a una sesuda discusión.[2] Nuevamente, la participación ciudadana en el proceso de elaboración de leyes quedó relegada a recibir nominalmente las observaciones al proyecto de Ley, sin que tuviera lugar un debate plural sobre un tema tan significativo.

2. *Contribución innecesaria y redundante*

La Ley del Seguro Social[3] prevé un sistema de prestaciones de naturaleza dineraria y no dineraria para los trabajadores dirigido para atender las contingencias de maternidad, vejez, sobrevivencia, enfermedad, accidentes, invalidez, muerte, retiro y cesantía o paro forzoso. Este sistema prestacional está financiado con aportes del patrono y los trabajadores. El Reglamento de la Ley del Seguro Social[4] dispone que los empleadores estarán obligados a financiar las prestaciones en dinero de la seguridad social pagando el equivalente al 9%, 10% o 11% -de acuerdo a los riesgos del tipo de trabajo- de los salarios devengados por los trabajadores. En consecuencia, la legislación venezolana ya contaba con un régimen de seguridad social para atender las pensiones de los trabajadores, razón por la cual no se justificaba la creación de una nueva exacción para los mismos fines.

3. *Contradice el artículo 107 de la Ley Orgánica del Trabajo.*

El artículo 7 de la Ley establece que la base imponible de la Contribución estará constituida por el total de los pagos realizados por el contribuyente a los trabajadores por concepto de salario y bonificaciones de carácter no salarial. Ahora bien, el artículo 107 de la Ley Orgánica del Trabajo[5] establece que cuando el patrono o el trabajador estén obligados a pagar una *contribución, tasa o impuesto*, se calculará considerando el *salario normal*. Es decir, la unidad de medida para el cálculo de cualquier tributo vinculado a las relaciones de trabajo es el salario normal. En consecuencia, la LPPSS contradice y viola el mandato contenido en la legislación laboral en relación con la determinación de los tributos vinculados a las relaciones de trabajo. Cabe destacar que, el artículo 2 de la Ley Orgánica del Trabajo dispone que las normas contenidas en dicha ley y *las que deriven de ella*, son de orden público y de aplicación imperativa, obligatoria e inmediata. Por lo tanto, la norma del artículo 107 no tiene un

---

2 El 2 de mayo de 2024, la Asamblea Nacional aprobó el proyecto de Ley en su primera discusión. Escasos cinco días después -el 7 de mayo de 2024- la Asamblea aprobó dicho proyecto en segunda discusión.

3 Publicada en la Gaceta Oficial N° 39.912 del 30 de abril de 2012.

4 Idem.

5 Publicada en la Gaceta Oficial N° 6.076 Extraordinario del 7 de mayo de 2012.

carácter programático, sino que constituye un auténtico mandato para el legislador tributario que fue ignorado por el legislador en la redacción de la LPPSS.

4. *Omite la aplicación del límite de 10 salarios mínimos como monto máximo a pagar por concepto de tributos vinculados a la seguridad social*

La Ley Orgánica del Sistema de Seguridad Social[6] constituye la ley marco en esta materia y tiene por objeto la organización, funcionamiento y financiamiento de la gestión de los distintitos regímenes asistenciales para los trabajadores. El artículo 114 de esta Ley Orgánica del Sistema de Seguridad Social establece que la base contributiva para el cálculo de las cotizaciones tendrá como límite inferior el monto del salario mínimo obligatorio y *como límite superior 10 salarios mínimos obligatorio*. De manera que, cualquier prestación tributaria dirigida al financiamiento de la seguridad social tiene como límites aquellos previstos en esta Ley Orgánica del Sistema de Seguridad Social. Por consiguiente, la LPPSS contradice y colide con lo dispuesto en la Ley rectora del sistema de la seguridad social en cuanto al tope de las cotizaciones por concepto de las prestaciones de la seguridad social que estarían obligados a pagar los sujetos obligados.

5. *La contribución configuraría un tributo al gasto desconociendo con ello la capacidad contributiva de los obligados*

La existencia de una contribución especial al Seguro Social dirigida al financiamiento de las pensiones, el empleo de una medida distinta al salario normal para su cuantificación, el irrespeto al límite superior establecido en la Ley Orgánica del Sistema de Seguridad Social para la determinación de los aportes o cotizaciones, constituyen elementos para estimar que este tributo se aparta del concepto de contribución especial y se inscribiría bajo la figura del impuesto.

En efecto, la necesaria vinculación entre la contribución especial y el financiamiento del servicio o la actividad prestacional se desdibuja en el caso de la Contribución, pues ya existe un mecanismo de financiamiento. En consecuencia, esta nueva obligación podría subsumirse en la especie del impuesto pues los pagos se efectuarían con independencia de la actividad prestacional. Por otra parte, este tributo -de calificarse como impuesto- resultaría violatorio del principio constitucional de capacidad contributiva pues se cifra sobre los desembolsos de naturaleza laboral que son esencialmente gastos. Los gastos no representan utilidad o renta que pueda someterse a imposición. Por el contrario, los salarios constituyen una partida que disminuye los ingresos y, correlativamente, la utilidad. En definitiva, la Contribución se instrumentaría como un inconstitucional impuesto al gasto.

6. *Poca claridad en la definición de la base imponible.*

Una de las deficiencias más significativas de la LPPSS es el empleo de una noción amplísima de salario a los fines de la determinación de la base imponible de la Contribución. Cabe destacar que, el salario no tiene un definición unívoca sino que tiene distintas acepciones y especies. Una de las tareas más complicadas de la jurisprudencia laboral ha sido tratar de delinear aquellas asignaciones de naturaleza remunerativa de aquellas que poseen un carácter de ayuda y que son otorgadas no por la prestación del servicio, sino por la existencia del contrato de trabajo. De manera que, la ausencia de una definición clara y precisa de lo que debe entenderse por salario y bonificaciones no salariales a los fines de la LPPSS, introduce un elemento de inseguridad y falta de certeza en una materia en la cual la claridad conceptual resulta capital en resguardo de los principios de capacidad contributiva y del derecho de propiedad de los contribuyentes.

---

6 Publicada en la Gaceta Oficial N° 39.912 del 30 de abril de 2012.

7. *Invención del concepto de "ingreso mínimo integral indexado" como límite mínimo para las contribuciones*

El artículo 7 de la LPPSS señala que en ningún caso la base del cálculo de los pagos realizados a cada trabajador será menor al ingreso mínimo integral indexado definido por el Ejecutivo Nacional. Cabe destacar que, este concepto no existe jurídicamente sino que resulta una entelequia. En resguardo de la seguridad jurídica, la definición de ingreso mínimo integral indexado tendría que tener fuente legal.

Sin menoscabo de lo expuesto, el artículo 6 del Decreto que estableció el aumento del ingreso mínimo mensual para la protección del pueblo venezolano del año 2023,[7] contempla que la expresión "ingreso mínimo mensual" comprende los pagos por concepto de salario mínimo, el Cestaticket socialista y el bono contra la guerra económica. Esta definición no podría aplicarse con carácter universal pues los trabajadores del sector privado no perciben el llamado bono contra la guerra económica. En todo caso, los funcionarios del SENIAT han señalado que este límite inferior estaría conformado por el salario mínimo de Bs. 1.000,00 el bono contra la guerra económica de US$ 90,00 y el Cestaticket de US$ 40,00.

8. *La Providencia Administrativa que estableció la obligación de declarar y pagar la Contribución respecto de los salarios y bonificaciones no salariales pagados en el mes de mayo viola el régimen de vigencia temporal de las normas tributarias*

La Providencia Administrativa que establece las Normas para la declaración y pago de la Contribución Especial de seguridad social[8] incluyó el calendario para la declaración y pago de acuerdo con el último dígito del RIF. Dicho calendario indica que la primera declaración y pago se efectuará en el mes de junio, atendiendo a los desembolsos salariales y no salariales realizados en el mes de mayo. Ahora bien, el Código Orgánico Tributario[9] ("COT") prevé el régimen de vigencia temporal de las leyes tributarias. El artículo 8 del COT establece que en las leyes creadoras de tributos que se determinen o liquiden por períodos, las normas referentes a la existencia o a la cuantía de la obligación tributaria regirán desde el primer día del período respectivo del contribuyente que se inicie a partir de la fecha de entrada en vigencia de la ley.

En este sentido, la LPPSS entró en vigencia en la oportunidad de su publicación en la Gaceta Oficial el 8 de mayo de 2024. En este sentido, el primer ejercicio mensual luego de su entrada en vigencia corresponde al mes de junio. En consecuencia, la primera declaración y pago debía efectuarse en el mes de julio reflejando los pagos salariales y no salariales realizados en el mes de junio. Observamos con preocupación que, la mayoría de los contribuyentes han optado por presentar la primera declaración y pagar la contribución en el mes de junio respecto de las remuneraciones pagadas en el mes de mayo. Esta posición revela la desconfianza de los contribuyentes en los tribunales, el temor a que este presunto incumplimiento derive en fiscalizaciones y, consecuencialmente, la imposición de sanciones por parte del SENIAT.

9. *Violación de la aplicación principal y excluyente del COT en materia sancionatoria*

El COT constituye la ley especial en materia penal tributaria en Venezuela. El artículo 79 del prenombrado Código señala que las disposiciones en materia penal previstas en dicho Código se aplicarán a *todos* los ilícitos tributarios. En este sentido, el Código se erige como el instrumento legal para tipificar los ilícitos y establecer las sanciones y, en este sentido, cons-

---

7 Publicado en la Gaceta Oficial N° 6.746 Extraordinario del 1° de mayo de 2023.

8 Publicada en la Gaceta Oficial N°. 42.881 de fecha 17 de mayo 2024.

9 Publicado en la Gaceta Oficial N° 6.507 Extraordinario del 29 de enero de 2020.

tituye la garantía de la reserva legal en materia penal. Cabe destacar que, el COT tipifica como ilícitos formales (i) no presentar las declaraciones o presentarlas con un retraso superior a 1 año y (ii) presentar las declaraciones en forma incompleta o con un retraso inferior o igual a 1 año. La multa para el primero de los ilícitos es 150 veces el tipo de cambio oficial de la moneda de mayor valor publicado por el Banco Central (TCMMV) y, para el segundo, 100 veces el TCMMV. Ahora bien, el artículo 13 de la LPPSS -en franca contradicción con lo dispuesto en el COT- señala que la omisión de presentar la declaración o su presentación extemporánea serán sancionadas con una multa de 1.000 veces el TCMMV.

10. *La dictadura del portalismo*

El sistema diseñado por el SENIAT para la declaración y pago en línea de la Contribución no admite reflejar la situación de personas jurídicas que no tienen trabajadores (entidades inactivas o que solo son titulares de activos tales como acciones o inmuebles). En efecto, el contribuyente que desea presentar una declaración "en cero", no puede reflejar dicha información, pues el portal exige -al menos al momento de preparar este memorial de yerros- reflejar al menos un trabajador con una remuneración equivalente al salario mínimo integral indexado. Ya hemos advertido en otra ocasión que, la Administración Tributaria viene imponiendo fórmulas para que los contribuyentes declaren los tributos conforme al criterio del ente recaudador. [10] Estas medidas van desde parametrizar las declaraciones que se presentan en línea hasta dictar normas generales acerca de qué conceptos deben los obligados reconocer fiscalmente, anulando con ello cualquier posibilidad de declarar bajo un criterio distinto al administrativo. La declaración de la Contribución constituye otro infortunado ejemplo del cercenamiento del derecho a la libre autoliquidación de los tributos que consagra el COT. Resulta inaudito que una norma jurídica auspicie que un contribuyente tenga que realizar una falsa atestación, en este caso, sobre el mantenimiento de empleados.

11. *Noción amplísima de contribuyentes*

La LPPSS señala que son contribuyentes las personas jurídicas, así como cualesquiera otras sociedades de personas, incluidas las irregulares o de hecho, de carácter privado, domiciliadas o no en la República Bolivariana de Venezuela, que realicen actividades económicas en el territorio nacional. La LPPSS no define qué debe entenderse por actividades económicas. Algunos comentaristas estiman que el alcance de expresión podría encontrarse en el concepto previsto en la Ley Antimonopolio que define la actividad económica como cualquier manifestación de producción, distribución o comercialización de bienes y de prestación de servicios, dirigida a la satisfacción de las necesidades humanas. Para otros, el significado de esta expresión debería vincularse al ejercicio de una actividad con ánimo de lucro y con un sustrato empresarial en los términos del hecho imponible del Impuesto a las Actividades Económicas.

La ausencia de una definición legal de actividad económica deriva una noción amplísima de contribuyentes, pues cualquier entidad -independientemente de su forma jurídica y su intención o no de lucro- en la medida que produzca, comercialice o consuma bienes o servicios desarrollaría una actividad económica, quedando así bajo el ámbito de la Ley las fundaciones y asociaciones sin fines de lucro, las universidades, las iglesias y las entidades no gubernamentales. En nuestro criterio, la actividad económica que determinaría el carácter de contribuyente es aquella que tenga un sustrato mercantil con fines de lucro -tal como sucede en materia del Impuesto a las Actividades Económicas-.

---

10 https://www.derysoc.com/el-determinismo-y-la-determinacion-tributaria/

12. *Innecesaria y peligrosa mención a la deducibilidad.*

El artículo 10 de la LPPSS establece que la Contribución será deducible como gasto para el cálculo de la declaración definitiva del Impuesto sobre la Renta. Esta mención resulta absolutamente innecesaria. En efecto, el régimen de deducibilidad de los gastos a los fines de la determinación del enriquecimiento neto del Impuesto sobre la Renta constituye una materia que por su especialidad solo puede ser objeto de regulación por la Ley especial de la materia, es decir, la propia Ley de Impuesto sobre la Renta. En este sentido, el artículo 27 de la Ley de Impuesto sobre la Renta señala que serán deducibles los tributos pagados por razón de actividades económicas o de bienes productores de renta, con excepción de los tributos autorizados por la propia Ley de Impuesto sobre la Renta.

La referida mención sugiere que la deducibilidad se habría otorgado graciosamente, como una concesión por parte del legislador, cuando dicha imputación constituye un auténtico derecho de los contribuyentes para representar la auténtica capacidad contributiva de los contribuyentes de aquel impuesto. En otras palabras, así como la LPPSS habría autorizado la deducción de la Contribución, habría podido prohibir su imputación, soslayando lo previsto en la Ley de Impuesto sobre la Renta. Ambas situaciones resultan ilegales e improcedentes. En este contexto, condenamos la tendencia legislativa de prohibir la deducción de determinados tributos en leyes distintas a la Ley de Impuesto sobre la Renta (Impuesto a las Grandes Transacciones Financieras, Impuesto a los Grandes Patrimonios y Aportes al Fondo Nacional del Deporte). En consecuencia, rechazamos que una Ley distinta a la Ley de Impuesto sobre la Renta se inmiscuya en una materia que no es propia, incluso para autorizar la deducción de lo pagado a título de tributos.

13. *Violación de los criterios de interpretación de las normas tributarias previstos en el COT*

En otro exceso del legislador, el artículo 5 de la LPPSS señala que en caso de dudas en su interpretación, se adoptará aquella que más favorezca la protección de las pensiones de seguridad social, desconociendo con ellos las reglas de interpretación previstas en el artículo 5 del COT según el cual las normas tributarias se interpretarán con arreglo a todos los métodos admitidos en derecho, atendiendo a su fin y a su significación económica, pudiéndose llegar a resultados restrictivos o extensivos de los términos contenidos en las normas tributarias. Así, el intérprete tributario goza de la libertad de acudir a cualquiera de los métodos de interpretación -gramatical, histórico o teleológico- para desentrañar el significado de la norma, sin que esté *preordenado* que el resultado de este proceso favorezca el Fisco o al contribuyente. Esta predeterminación interpretativa según la cual en caso de dudas se favorecerá la recaudación constituye la negación de la interpretación al imponer en forma autoritaria los criterios administrativos -que no por administrativos- resultan legales o correctos.

14. *Las alícuotas fijadas por el Ejecutivo Nacional no discriminan el tipo o clase de la actividad económica*

El artículo 7 de la Ley autorizó al Ejecutivo a fijar las alícuotas de la Contribución fijando como límite superior, una alícuota máxima del 15%. Adicionalmente, la Ley ordenó que el Ejecutivo al establecer dicha alícuota tomara en cuenta el *tipo o clase* de actividad económica. En desarrollo de esta atribución, el Ejecutivo dictó el Decreto No. 4.952[11] ("el Decreto") mediante el cual fijó en 9% el monto de la alícuota para la determinación del aporte a título de la contribución especial prevista en la Ley, sin discriminar distintos tipos o clases de actividad.

---

[11] Publicado en la Gaceta Oficial N° 42.880 de fecha 16 de mayo de 2024.

La amplia base imponible escogida por el legislador, sin limitación o techo cuantitativo, hacen que la aplicación de cualquier alícuota a esta masa gravable resulte significativamente onerosa, sin menoscabo de la afectación del principio de la no confiscación de los tributos y del principio de tributar conforme a la capacidad contributiva. En cualquier caso, el Ejecutivo tenía la obligación de morigerar este impacto económico estableciendo alícuotas diferentes en función de la actividad desarrollada por el obligado. Así, el Ejecutivo debió considerar aquellos sectores que requerían algún tipo de protección o estímulo -actividades agrícolas-, o las entidades con vocación no empresarial -colegios, academias, iglesias- o las pequeñas y medianas industrias (pymes) para la fijación de unas alícuotas diferenciales o reducidas. Por el contrario, el Ejecutivo fijó una alícuota única o plana que no se aviene a los distintos contribuyentes que se encuentran obligados por Ley a cumplir con esta Contribución.

15. *Exoneración deficiente e incompleta*

En el Decreto antes referido, el Ejecutivo exoneró del pago de la Contribución a los emprendimientos debidamente registrados ante el Registro de Nacional de Emprendimientos (RNE). Lo primero que habría que observar es que, la Ley para el Fomento y Desarrollo de Nuevos Emprendimientos[12] prevé que el registro inicial de los emprendimientos está dirigido a dos o más personas naturales. Una vez transcurrido el lapso de dos años, el emprendimiento deberá ser inscrito en el Registro Mercantil bajo la forma societaria que se escoja. De manera que, la exoneración está dirigida a un sector que sí requeriría una política fiscal de esta naturaleza, pero cuyo régimen organizativo resulta poco atractivo para los nuevos emprendimientos, pues ese lapso de espera de dos años incidiría negativamente en el desarrollo de los negocios.

16. *Discriminatoria aplicación*

Tal como señalamos previamente, los destinatarios de la Contribución son las personas jurídicas privadas, lo que excluye al Estado de efectuar el pago de la Contribución. Ahora bien, el Estado tiene la rectoría en materia de seguridad social conforme a lo previsto en el artículo 86 de la Constitución.[13] Esta obligación no solo atañe a la creación y funcionamiento del sistema, sino a su financiamiento tanto en su carácter de ente rector, como en su carácter de patrono. En su carácter de patrono, el Estado se encuentra obligado a efectuar los pagos por concepto de las distintas cotizaciones al Sistema de Seguridad Social fijadas en las leyes de los regímenes prestacionales.[14] En consecuencia, el Estado como empleador no podría "autoexcluirse" de este régimen alternativo de financiamiento de las pensiones sin incurrir en

---

12 Publicada en la Gaceta Oficial N° 6.656 Extraordinario del 15 de octubre de 2021.

13 Dispone el artículo 86 lo siguiente: *"Toda persona tiene derecho a la seguridad social como servicio público de carácter no lucrativo, que garantice la salud y asegure protección en contingencias de maternidad, paternidad, enfermedad, invalidez, enfermedades catastróficas, discapacidad, necesidades especiales, riesgos laborales, pérdida de empleo, desempleo, vejez, viudedad, orfandad, vivienda, cargas derivadas de la vida familiar y cualquier otra circunstancia de previsión social. El Estado tiene la obligación de asegurar la efectividad de este derecho, creando un sistema de seguridad social universal, integral, de financiamiento solidario, unitario, eficiente y participativo, de contribuciones directas o indirectas. La ausencia de capacidad contributiva no será motivo para excluir a las personas de su protección. Los recursos financieros de la seguridad social no podrán ser destinados a otros fines. Las cotizaciones obligatorias que realicen los trabajadores y las trabajadoras para cubrir los servicios médicos y asistenciales y demás beneficios de la seguridad social podrán ser administrados sólo con fines sociales bajo la rectoría del Estado. Los remanentes netos del capital destinado a la salud, la educación y la seguridad social se acumularán a los fines de su distribución y contribución en esos servicios. El sistema de seguridad social será regulado por una ley orgánica especial.*

14 Artículo 111 de la Ley Orgánica del Sistema de Seguridad Social.

una violación del principio de la igualdad establecido en el artículo 21 de la Constitución. En efecto, la Ley establece un tratamiento discriminatorio entre dos tipos de patrono: mientras los empleadores del sector privado quedan obligados a esta nueva Contribución, el Estado-empleador- se excluye sin justificación de esta financiación que abarcaría también a los trabajadores y pensionados del sector público.

A MODO DE EPÍLOGO

La contribución para la protección de las pensiones constituye otra manifestación de la violación de los principios constitucionales tributarios, el empleo de las leyes con fines ideológicos, la voracidad fiscal, la ausencia de estudios económicos en la creación de nuevos tributos y la falta de técnica legislativa. Como comentaristas tributarios, nuestra obligación es seguir denunciado los vicios que afectan la integridad del sistema tributario.

UNA NUEVA VUELTA DE TUERCA SOBRE LAS PENSIONES
LAS MULTAS (VIRTUALES) DE ESCRITORIO Y LOS DERECHOS DEL CONTRIBUYENTE

Serviliano Abache Carvajal*
Profesor de la Universidad Central de Venezuela y de la Universidad Católica Andrés Bello

Resumen: *En este ensayo se revisa la situación actual sobre las multas impuestas por supuestos incumplimientos de deberes formales en relación con la contribución especial de la Ley de Protección de Pensiones. En la primera parte, se analizan las cuestiones de forma, sobre el procedimiento aplicado y la motivación de los actos administrativos sancionadores. En la segunda parte, se estudian las cuestiones de fondo, específicamente los períodos revisados y la falta de hecho y base imponible por parte de las personas jurídicas multadas. Finalmente, se concluye sobre las alternativas que manejan los sujetos pasivos y la Administración tributaria.*

Palabras Clave: *Ley de Protección de Pensiones, contribución especial, derecho al debido proceso, derecho a la defensa, multas virtuales, motivación, irretroactividad de la ley tributaria, principio de legalidad, hecho imponible, base imponible, contribuyente.*

Abstract: *This essay reviews the current situation regarding fines imposed for alleged breaches of formal duties in relation to the special contribution of the Pension Protection Law. In the first part, formal issues are analyzed, focusing on the applied procedure and the reasoning behind the administrative fines. In the second part, substantive issues are studied, specifically the audited periods and the lack of taxable event and tax base on the part of the fined legal entities. Finally, conclusions are drawn regarding the alternatives available to taxpayers and the tax authorities.*

Key words: *Pension Protection Law, special contribution, right to due process, right to defense, virtual fines, administrative reasoning, non-retroactivity of tax law, principle of legality, taxable event, tax base, taxpayer.*

I. A MODO DE INTRODUCCIÓN: ¿EN DÓNDE HABÍAMOS QUEDADO? MÁS PREGUNTAS QUE RESPUESTAS

Cuando se publicó la Ley de Protección de Pensiones de Seguridad Social[1] (LPP) nos abocamos –como el resto del medio– a su estudio, con la idea de desentrañar sus particularidades y delimitar sus ámbitos de incidencia. En nuestro caso, plasmamos en un ensayo aca-

[1] Gaceta Oficial N° 6.806 Extraordinario, 8 de mayo de 2024.

démico[2] nuestras consideraciones introductorias sobre sus contenidos normativos, particularmente en relación con los elementos constitutivos de la "contribución especial" (CE), su deducibilidad en el impuesto sobre la renta (ISLR), el tema de los intereses moratorios y las sanciones particulares en caso de incumplimientos relativos a la CE y lo correspondiente a su entrada en vigencia.

En aquel momento, concluimos que la CE adolecía de una "configuración *frankensteiniana*" –en no pocos aspectos tan disforme como la reciente versión de la criatura de Guillermo del Toro–, precisamente por su atécnica confección, a la vez que pronosticamos eventuales arbitrariedades y creatividades que excederían la capacidad de asombro (y contributiva) de no pocos contribuyentes.

Lamentablemente, el tiempo nos dio la razón. Antes sobraban las preguntas sobre múltiples cuestiones de la CE, a la vez que escaseaban las respuestas uniformes sobre esas cuestiones. Ahora, la inseguridad jurídica que desde la publicación de la LPP embargaba a los contribuyentes se ha visto no sólo concretada, sino potenciada, por una oleada de multas virtuales que han aparecido colgadas en las cuentas que las personas jurídicas tienen en el portal de la Administración tributaria nacional, enterándose –por su propia revisión– que han sido sujetos de un "procedimiento sancionador", desconociendo las razones (jurídicas y fácticas) detrás de los mismos y, en no pocos casos, tratándose de entidades en estado de cesación de actividades (*dormant status*) sin empleados en su nómina.

Por lo anterior, decidimos preparar este nuevo y breve ensayo, para abordar –puntualmente–, los problemas de *forma* que se aprecian sobre las multas virtuales referidas, desde las perspectivas de los derechos al debido proceso y a la defensa del contribuyente, así como los problemas de *fondo* que están presentes en las multas, en cuanto a los períodos revisados y la vigencia de la LPP, por un lado, y en relación con la falta de hecho (y base) imponible que se también se aprecian en los casos que referiremos, por el otro. Finalmente, cerraremos con una reflexión sobre la encrucijada en la que se encuentran (o encontraban, como veremos) los sujetos sancionados ante la situación planteada: impugar o no impugnar las multas, por las razones de distinta índole que también se comentarán.

II. A MODO DE (SINTÉTICO) DESARROLLO: ¿CÓMO LLEGAMOS Y DÓNDE ESTAMOS?

1. *¿Cómo llegamos...? La cuestión de forma: los derechos al debido proceso y a la defensa del contribuyente*

Empecemos, entonces, por la cuestión de *forma*, revisando las multas virtuales desde los derechos constitucionales al debido proceso y a la defensa del contribuyente, particularmente en cuanto al "procedimiento sustanciado" y la motivación exigua de la que adolecen las planillas de resolución y liquidación de las sanciones impuestas.

A. *El "procedimiento sustanciado": las multas (virtuales) de escritorio*

Como se permite leer del texto de las planillas de resolución y liquidación que están siendo colgadas en las cuentas de los contribuyentes en el portal de la Administración tributaria nacional, las mismas invocan los artículos 182 y 183 del Código Orgánico Tributario de

---

2 Al respecto, *Vid.* Abache Carvajal, Serviliano, "La seguridad jurídica del contribuyente en jaque. Preguntas (¿y respuestas?) sobre la «contribución especial» de la Ley de Protección de Pensiones", *Revista de Derecho Público*, N° 177-178, Editorial Jurídica Venezolana, Caracas, 2024, p. 75-96.

2020[3] (COT/2020) como "base procedimental" de la imposición de sanciones, los cuales establecen, sabido es, el –ampliamente criticado[4]– "procedimiento de verificación tributaria".

Pues bien, y sin necesidad de entrar en mayores detalles sobre el denominado procedimiento de verificación tributaria, por demás ampliamente conocido en el medio, basta con rápidamente refrescar que el COT/2020 (al igual que sus antecesores) *nada* indica sobre las fases o etapas fundamentales de este "procedimiento", esto es, sobre el cauce formal esencial (*íter*) que debe seguir este "procedimiento administrativo", lo que ha tenido como consecuencia práctica que, en los casos de cierres de establecimientos, los mismos son *notificados, ejecutados y aplicados* en el mismo acto de "revisión" del cumplimiento de los deberes formales del contribuyente; y en los casos de *multas*, al momento de ser *notificadas* al sujeto pasivo es que éste entra en conocimiento por *primera vez*, no sólo de que ha sido sancionado, sino más grave aún, de que se "inició, ejecutó y terminó" un procedimiento sancionador (o penal-tributario) totalmente a sus espaldas, *sin procedimiento previo*, dando pie a evidentes sanciones *de plano*[5].

---

3 Gaceta Oficial N° 6.507 Extraordinario, 29 de enero de 2020.

4 Al respecto, *Vid.* Díaz, Fátima, "El procedimiento de verificación previsto en el COT y la aplicación de las garantías constitucionales consagradas en el artículo 49 de la Constitución", *VII Jornadas Venezolanas de Derecho Tributario*, Asociación Venezolana de Derecho Tributario, Caracas, 2004, p. 283-301; Weffe H., Carlos E., *Garantismo y Derecho penal tributario en Venezuela*, Editorial Globe, Caracas, 2010, p. 503-360; y Andrade Rodríguez, Betty y Weffe H., Carlos E., "Las inspecciones administrativas en materia tributaria: apuntes sobre los procedimientos determinativos oficiosos de tributos", *Manual de práctica forense en inspecciones y procedimientos administrativos especiales*, Editorial Jurídica Venezolana, Colección Práctica Forense N° 2, Caracas, 2010, p. 43-81. Nuestras consideraciones sobre este "procedimiento" en: Abache Carvajal, Serviliano, "Regulación, incongruencias e inconstitucionalidad del procedimiento de verificación tributaria del Código Orgánico Tributario de 2001", *Revista de Derecho Tributario*, N° 111, Asociación Venezolana de Derecho Tributario, Caracas, 2006, p. 227-280; Abache Carvajal, Serviliano, "La responsabilidad patrimonial del Estado «administrador, juez y legislador» tributario venezolano. Especial referencia al paradigmático caso del procedimiento de verificación", *Memorias de las XXV Jornadas Latinoamericanas de Derecho Tributario,* tomo II, Abeledo Perrot - Instituto Latinoamericano de Derecho Tributario - Instituto Colombiano de Derecho Tributario, Buenos Aires, 2010, p. 343-367; Abache Carvajal, Serviliano, "Praxis (administrativa y judicial) en torno al procedimiento de verificación tributaria: estado actual", *Anuario de Derecho Público*, N° 3, Ediciones Funeda, Caracas, 2010, p. 401-417; Abache Carvajal, Serviliano, "La ley como parámetro evaluativo en el test de constitucionalidad y el derecho a la defensa en materia tributaria. Comentario crítico a la sentencia No. 00531/2011", *Cátedra Libre de Derechos Humanos UCV*, abril 2012. Disponible en: http://clvddhhucv.wordpress.com/; Abache Carvajal, Serviliano, "La verificación a los 30 años de codificación tributaria en Venezuela. Crónica de un sinsentido legislativo, administrativo y jurisprudencial", en Baute Caraballo, Pedro (Coord.), *30 años de la codificación del Derecho Tributario venezolano. Memorias de las XI Jornadas Venezolanas de Derecho Tributario*, tomo II, Asociación Venezolana de Derecho Tributario, Caracas, 2012, p. 99-144; y Abache Carvajal, Serviliano, "El procedimiento de verificación de declaraciones y cumplimiento de deberes formales", en Sol Gil, Jesús *et al.* (Coords.), *Manual Venezolano de Derecho Tributario*, Asociación Venezolana de Derecho Tributario, Caracas, 2013, p. 579-591.

5 Sobre la problemática tendencia actual de regular legislativamente e imponer administrativamente en Venezuela *sanciones de plano*, esto es, sanciones *sin procedimiento previo*, *Vid.* Parés Salas, Alfredo, "«Dispare primero y averigüe después». De las sanciones de plano o la perniciosa tendencia a prescindir del procedimiento administrativo constitutivo en el ámbito sancionador", en Canónico Sarabia, Alejandro (Coord.), *Visión actual de los procedimientos administrativos. III Congreso de Derecho Administrativo Margarita 2011*, Centro de Adiestramiento Jurídico "CAJO" - Editorial Jurídica Venezolana, Caracas, 2011, p. 213-237; y sobre su proscripción en los ordenamientos jurídicos contemporáneos, *Vid.* Pesci Feltri, Flavia, *Violaciones del derecho a la defen-*

Con lo anterior, es más que suficiente para entender los graves problemas y vicios de los que adolecen todas y cada una de las sanciones impuestas por la Administración tributaria nacional con base en este "procedimiento". Pero como si ello no fuese suficiente, en esta nueva ola de sanciones virtuales la autoridad fiscal ha ido más allá. Nos explicamos: en los términos que recién comentamos, en los casos de imposición de multas por incumplimientos de deberes formales, la práctica administrativa venía siendo que, junto con la *notificación* del acto administrativo correspondiente, el contribuyente se enteraba de la "apertura, sustanciación y terminación" de un procedimiento del cual había "sido parte". Esto, como ya vimos, es totalmente reprochable por abierta vulneración de los derechos al debido proceso y a la defensa del contribuyente, entre otros. Pero ahora, la Administración tributaria ni siquiera se ha estado molestando, como regla, de notificar a los contribuyentes las referidas multas, sino que ante la revisión de sus cuentas en el portal web de la Administración es que los propios sujetos pasivos se topan con las planillas de resolución y liquidación de multas, de ahí que las califiquemos de "multas virtuales de escritorio".

Ahora el funcionario a cargo no sólo no se levanta de su escritorio para "sustanciar" el "procedimiento" de verificación (de ahí que en el pasado hayan sido rotuladas este tipo de actuaciones como "reparos de escritorio"[6]), sino que tampoco lo hace para siquiera "notificar" la sanción impuesta a los contribuyentes por supuestos incumplimientos de la normativa tributaria. Se observa, así, que la otrora cuestionable práctica administrativa alrededor del "procedimiento" de verificación ha alcanzado, con esta situación, un nuevo e indeseable nivel: ya no sólo le resulta molesto a la Administración tributaria notificar el inicio del procedimiento, así como sustanciarlo con la necesaria participación del sujeto pasivo, sino que tampoco considera que le hace falta notificar su terminación, pretendiendo que el mismo surta *efectos* al margen de lo disciplinado en los artículos 171 y siguientes del COT/2020. Nada más peregrino…

En suma, los sujetos multados enfrentan una nueva y abierta vulneración de sus más elementales derechos constitucionales al debido proceso, defensa, presunción de inocencia, etc., ante la nueva y reprochable práctica administrativa en torno al "procedimiento" de verificación tributaria en la imposición de estas *sanciones virtuales de escritorio*, con ocasión a la aplicación de la LPP, las cuales, salvo que sean notificadas (como algunas lo han sido recientemente), además de inválidas, carecen de eficacia alguna, en los términos comentados.

B. *Las ¿motivadas? "planillas de resolución y liquidación": entre lo exiguo y lo ausente*

Lo anterior, de por sí, da sobrada cuenta de la contrariedad jurídica *formal* que implica la nueva práctica administrativa en comentarios. Pero hay más. Aunado a lo recién señalado, lo cierto es que los actos administrativos contentivos de las planillas de resolución y liquida-

---

sa en el procedimiento sancionatorio venezolano, Editorial Jurídica Venezolana - Centro para la Integración y el Derecho Público, Colección Monografías N° 9, Caracas, 2018, p. 97-105.

6 Antes de la promulgación del Código Orgánico Tributario de 2001 (COT/2001) (Gaceta Oficial N° 37.305, 17 de octubre de 2001), el procedimiento de verificación (de las declaraciones) se llevaba a cabo –exclusivamente– en las propias oficinas de la Administración tributaria, sin que los fiscales tuvieran la necesidad de trasladarse al domicilio fiscal del sujeto pasivo investigado, razón por la cual, recibieron la calificación de "reparos de escritorio" los resultantes de este "procedimiento". Esta situación cambió a raíz del COT/2001, el cual previó (en el parágrafo único del artículo 172), la posibilidad de que el procedimiento de verificación tributaria se desarrollase en el domicilio fiscal del sujeto pasivo. Este cambio tuvo su fundamento en la inclusión que hizo el COT/2001 de la modalidad de "verificación de los deberes formales", en la cual los fiscales de la Administración *deben* necesariamente trasladarse al domicilio fiscal de los sujetos pasivos y requerirles la documentación que evidencie el cumplimiento (o no) de los mismos.

ción de multas también adolecen de una *motivación* insuficiente, apenas pudiendo el contribuyente *inferir* las razones de hecho y de Derecho que "respaldarían" la actuación de la Administración tributaria.

En este sentido, y tampoco siendo necesario desarrollar este comentario con especial detenimiento, basta con leer el "formato" de planilla utilizado para imponer la multa (todas son virtualmente *idénticas*, apenas cambiándose los datos de cada sujeto sancionado y montos de las correspondientes multas), para advertir lo verdaderamente *exiguo* de la pretendida "motivación" que se plasma en las mismas. En efecto, por motivación entienden suficiente apenas indicar algunos artículos del COT/2020, de la LPP, de la Resolución 32[7] y de la Providencia Nº SNAT/2024/000120[8], para "justificar" la imposición de multas por pretendidos incumplimientos de deberes formales, a tenor literal indicándose lo que sigue:

> "Imposición de sanción/liquidación// de conformidad con lo previsto en los artículos 89, 90, 99, 182 y 183 del código orgánico tributario, publicado en la Gaceta Oficial nº 6.507 extraordinario de fecha 29/01/2020, en concordancia con los artículos 6 y 9 de la ley de protección de las pensiones de seguridad social frente al bloqueo imperialista, publicada en la gaceta oficial nº 6.806 extraordinario de fecha 08/05/2024 con el artículo 97 de la resolución nº 32, que establece las atribuciones y funciones del servicio nacional integrado de administración aduanera y tributaria (SENIAT), y con lo establecido en el artículo nº 1 de la Providencia Administrativa nº SNAT/2024/000120 de fecha 26/11/2024, publicada en la Gaceta Oficial Nº 43.032 de fecha 19/12/2024 que establece el calendario para la declaración y pago de la contribución especial en el año 2025, se verificó la omisión de la declaración electrónica de protección de las pensiones, correspondiente a: (CUADRO)// CONCEPTO// LIQUIDACIÓN DE MULTA DE ACUERDO A LO ESTABLECIDO EN EL LITERAL "E" NUMERAL 1 DEL ARTICULO 155 Y ARTICULO 82 DEL COT PUBLICADO EN LA GACETA OFICIAL Nº 6.507 EXTRAORDINARIO DE FECHA 29/01/2020 EN CONCORDANCIA CON EL ARTICULO 13 DE LEY DE PROTECCIÓN DE LAS PENSIONES DE SEGURIDAD SOCIAL FRENTE AL BLOQUEO IMPERIALISTA. VER PLANILLA ANEXA A ESTA RESOLUCIÓN" (sic).

De la simple lectura del extracto citado en su *totalidad* (no se trata de una transcripción parcial, valga la reiteración), salta a la vista la falta de motivación suficiente para justificar la imposición de la sanción pretendida. Indistintamente de ello, y como también es sabido, mucho se ha desarrollado en la doctrina para explicar –a la vez que sobra la jurisprudencia que precisa– en qué consiste el *requisito de motivación* de los actos administrativos, versando esta exigencia fundamental de su confección jurídica en el desarrollo de las *razones* que asisten a la Administración en el despliegue de su actuación (en esencia, el *por qué*), justificaciones éstas que deben versar tanto sobre los hechos como en cuanto al Derecho.

Pues bien, no es suficiente –ni cercanamente– que la Administración tributaria apenas "refiera" o "mencione" algunos artículos para "fundamentar" su actuación, sino que debe *explicitar* las razones, justificaciones o, precisamente, los motivos de su actuación (nuevamente: el *por qué* de su decisión), en el contexto de la situación y actuación del contribuyente que daría pie a la imposición de las sanciones, en fin, que el sujeto pasivo pueda "*conocer con exactitud los motivos que dieron lugar al acto administrativo*"[9], cuestión que, como salta a la vista, no es ni remotamente el caso.

En el formato referido no se justifica (y esto es clave) la *sujeción* a la CE de las personas jurídicas sancionadas, o lo que es igual, por qué X o Y entidad debe pagar la CE, que es

---

7 Gaceta Oficial Nº 4.881 Extraordinario, 29 de marzo de 1995.

8 Gaceta Oficial Nº 43.032, 19 de diciembre de 2024.

9 Sentencia Nº 2.361 de 24 de octubre de 2001, Tribunal Supremo de Justicia, Sala Político-Administrativa, caso *María del Carmen García Heredia v. Consejo de la Judicatura*.

otra forma de decir que dicha persona jurídica lleva a cabo una actividad económica gravada, esto es, que la misma encuadra o se subsume en el hecho imponible tipificado en la LPP, de lo que se seguiría, entonces, que al no presentarse la declaración, se habría configurado el incumplimiento del deber formal correspondiente. Nada de eso se exterioriza (ni siquiera *exiguamente*) en la "motivación" de las planillas de resolución y liquidación, incurriéndose, más bien, en una evidente *petición de principio* o *argumento circular*[10].

La Administración da por satisfecha su obligación de motivación con la referencia aislada de unas normas, sin explicar *por qué*, *cómo* y en *qué medida* y *extensión*, las mismas son (unas) supuestamente desatendidas por el contribuyente, a la vez que (otras) aplicables por la Administración (*motivación jurídica*), tampoco explicando, con anterioridad, la actividad económica que realiza (si acaso realiza actividad alguna) el contribuyente para encuadrar o subsumir su actuación (u omisión) dentro del supuesto de hecho de las normas aplicables (*motivación fáctica*), cuestión que se evidencia, aún más, al reparar en que se trata de un formato electrónico *idéntico en todos los casos*, como si *todos* los contribuyentes sancionados llevasen a cabo actividades económicas (y, de hacerlo, que estuviesen gravadas) y hubiesen actuado de la misma y exacta manera (activa o pasiva), en todos y cada uno de los casos y situaciones objeto de multa. Esto, huelga profundizarlo, carece de sentido alguno.

En fin, la exigua (por no decir inexistente) motivación de la que adolecen las multas virtuales de escritorio en cuestión, afectan nuevamente los derechos al debido proceso y a la defensa, entre otros, de los sujetos sancionados, al no conocerse con exactitud por qué, cómo y en qué medida supuestamente se encuentran sujetos a la CE y, además, desatienden las conductas exigidas a los sujetos pasivos, a la vez que las normas invocadas por la Administración tributaria, con las consecuencias invalidantes que ello supone en relación con dichos actos administrativos sancionadores.

2. *¿... y dónde estamos? La cuestión de fondo: respuestas (administrativas) a algunas preguntas (técnicas) sobre los principios (y derechos) constitucionales a la irretroactividad y a la legalidad tributaria*

Habiendo revisado algunos de los problemas de *forma* más notables, volquemos nuestra atención a la cuestión de *fondo* en torno a las sanciones. En nuestra anterior aproximación al tema presentábamos una serie de preguntas que surgían a propósito de la configuración técnica de los elementos constitutivos de la CE, por un lado, y de la vigencia de la LPP, por el otro. En esta oportunidad, debe volverse sobre ambas cuestiones, habida cuenta las respuestas administrativas que, allende la motivación insuficiente referida de la que adolecen las planillas de resolución y liquidación, se pueden apenas *inferir* sobre los principios (y *derechos*[11]) constitucionales de irretroactividad de la ley tributaria y de legalidad tributaria. Veamos.

---

10 "El argumento circular o petición de principio consiste en un razonamiento que presupone aquello que quiere probar". Martínez Zorrilla, David, *Metodología jurídica y argumentación*, Marcial Pons, Madrid, 2010, p. 216.

11 Derecho N° 71 de la *Carta de derechos del contribuyente para los países miembros del Instituto Latinoamericano de Derecho Tributario (ILADT)*: "Derecho a la irretroactividad y la anterioridad de las normas tributarias materiales o sustanciales, así como a la irretroactividad de los preceptos penales, infracciónales o sancionatorios más gravosos". Disponible en: http://iladt.org/Front End/docs/Carta_Derechos_Contribuyente_ILADT_aprobada_y_Presentacion.pdf; y derecho N° 8 de la *Carta de derechos del contribuyente para los países miembros del Instituto Latinoamericano de Derecho Tributario (ILADT)*: "Derecho a la legalidad de las actuaciones de la Administración tributaria, lo que incluye el derecho a que la Administración no disponga de las posiciones jurídicas de los obligados tributarios sin respeto a la ley". Disponible en: http://iladt.org/FrontEnd /docs/Carta_Derechos_Contribuyente_ILADT_aprobada_y_Presentacion.pdf.

A. *Los períodos revisados: de nuevo sobre la vigencia de la LPP*

Sin explicación alguna, como ya fuera comentado, los actos administrativos contentivos de las sanciones virtuales de escritorio traen unos "cuadros" que hacen mención a "períodos" que, al tener a mano el contexto (y pasado cercano) sobre la posición de la Administración tributaria en relación con la aplicabilidad temporal de la CE, se permite nuevamente *inferir* que tales "períodos" son los verificados y sobre los cuales las personas jurídicas habrían "incumplido" sus deberes formales, todo lo cual, como fuera advertido, partiría de la *suposición* de su sujeción al tributo, esto es, en la ya identificada *petición de principio*.

Pues bien, tales "períodos" empiezan a relacionarse desde el mes de mayo de 2024 o, como a tenor literal lo indican las planillas: "5/2024". Los mismos continúan mes a mes por el resto del año 2024 y durante el 2025 hasta el mes de julio. A nuestros fines, apenas interesa enfocarnos en el mes de inicio ("5/2024"), con la idea de nuevamente *inferir* y, con ello, brevemente comentar, la (ahora reiterada) postura de la Administración tributaria en relación con su "interpretación" sobre la entrada en vigencia de la LPP.

En este sentido, y a modo de refrescamiento, de acuerdo con la "Disposición Final Única" de la LPP: *"Esta Ley entrará en vigencia a partir de su publicación en la Gaceta Oficial de la República Bolivariana de Venezuela"*. Como lo precisamos en nuestra aproximación anterior a este tema, es fácil entender que, según dicho enunciado, la propia LPP delimita la "vigencia inmediata" de su contenido a partir de su publicación en la Gaceta Oficial.

Pero, además, en los términos que también lo precisamos en el ensayo anterior, tal postura normativa estaría "respaldada" por la Providencia Nº SNAT/2024/000042[12] de la Administración tributaria nacional, que estableció las normas para la declaración y pago de la CE, de acuerdo con la cual el 4.6.2024 habría sido la primera fecha para declarar y pagar por parte de los contribuyentes cuyos Registros de Información Fiscal (RIF) terminen con el número 7. Adicionalmente, y en reiteración administrativa de lo anterior, se encuentra la conocida "Consulta Nº DCR-5-93.324" de 14.6.2024[13], que también tuvimos la oportunidad de analizar críticamente en nuestro referido estudio.

Ahora bien, al cifrarse las multas por pretendidos incumplimientos de deberes formales a partir del mes de mayo de 2024, como se desprende de las planillas de resolución y liquidación, entonces se permite apreciar que la Administración tributaria insiste en que la LPP entró en vigencia con su publicación en Gaceta (8.5.2024), inclusive antes de siquiera haberse (mal) dictado la alícuota por el ejecutivo (16.5.24)[14], sancionándose a las personas jurídicas en cuestión bajo una evidente aplicación retroactiva de la ley.

Basta, a estos fines, apenas recordar que de conformidad con los artículos 317[15] de la Constitución[16] y 8[17] del COT/2020, la ley tributaria *debe* fijar su *"lapso de entrada en vigen-*

---

12 Gaceta Oficial Nº 42.881, 17 de mayo de 2024.

13 División de Doctrina Tributaria de la Gerencia de Doctrina y Asesoría de la Gerencia General de Servicios Jurídicos del SENIAT.

14 Decreto Nº 4.952, Gaceta Oficial Nº 42.880, 16 de mayo de 2024.

15 Artículo 317 de la Constitución: "(…) Toda ley tributaria fijará su lapso de entrada en vigencia. En ausencia del mismo, se entenderá fijado en sesenta días continuos".

16 Gaceta Oficial Nº 36.860, 30 de diciembre de 1999. Reimpresa posteriormente con algunas "correcciones" en Gaceta Oficial Nº 5.453 Extraordinario, 24 de marzo de 2000, cuya primera enmienda, así como el texto íntegro de la Constitución, fueron publicados en Gaceta Oficial Nº 5.908 Extraordinario, 19 de febrero de 2009.

17 Artículo 8 COT/2020: "(…) Las leyes tributarias fijarán su lapso de entrada en vigencia. Si no lo establecieran, se aplicarán una vez vencidos los sesenta (60) días continuos a su publicación en la Gaceta Oficial de la República Bolivariana de Venezuela".

cia" y, de no hacerlo, dicho *lapso* (*"tiempo entre dos límites"*[18]) *se entenderá fijado*, es decir, serán efectivas dichas leyes, *vencidos los sesenta días de su publicación* en la Gaceta Oficial, lo cual habría ocurrido, en principio, el 9.7.2024. Sin embargo, por tratarse de un *tributo periódico*, para la fecha indicada (9.7.2024) estaría en curso ese período mensual, por lo que resultaba forzoso aplicar el conocido cuarto aparte del artículo 8 del COT/2020, siendo entonces la LPP aplicable *"(...) desde el primer día del período respectivo del contribuyente que se inicie a partir de la fecha de entrada en vigencia de la ley (...)"*, esto es, a partir del 1.8.2024, por lo que la primera declaración correspondería al mes de septiembre, con base en la información sobre el *"total de los pagos realizados por el contribuyente a las trabajadoras y trabajadores por concepto de salario y bonificaciones de carácter no salarial"* del mes de agosto.

Lo anterior se traduciría, así, en que cualquier y todo potencial incumplimiento de la normativa en cuestión, incluyendo la correspondiente a sus deberes formales, como los sancionados en las planillas de resolución y liquidación de multas, serían en todo caso temporalmente aplicables a los incumplimientos ocurridos a partir del mes de septiembre (no del mes de mayo), resultando improcedentes las sanciones impuestas –por inaplicabilidad temporal de la LPP– para los meses anteriores a su entrada en vigencia. Pensar lo contrario, equivaldría a convalidar la aplicación retroactiva de la LPP, en desatención de las normas indicadas, así como del principio (y *derecho*) a la irretroactividad de la ley tributaria, *ex* artículo 24[19] de la Constitución.

B. *Sin hecho (y base) imponible... no hay paraíso: la falta de actividad económica y trabajadores*

Finalmente, está la cuestión del principio de legalidad y reserva de ley tributaria, a propósito de la ausencia de hecho y base imponibles en todos los casos de sujetos sancionados que no realizan una actividad económica gravada o, que de hacerlo, se encuentran en *estado de cesación de actividades* (*dormant status*). En efecto, la oleada de multas impuestas a través del portal de la Administración tributaria ha recaído, además de sobre los contribuyentes del tributo, en cabeza de personas jurídicas que no llevan a cabo una actividad sujeta a la CE o que, por múltiples razones, han cesado sus actividades (gravadas) en el país. Ello supone, en ambos casos, que no se realiza el hecho imponible de la CE, el cual, de acuerdo con el artículo 6 de la LPP, vendría a ser que dichas personas jurídicas *"de carácter privado, domiciliadas o no en la República Bolivariana de Venezuela, realicen actividades económicas en el territorio nacional"* (subrayado agregado).

Sin entrar en esta oportunidad en mayores consideraciones y detalles sobre el hecho imponible de la CE, para lo cual remitimos a nuestro tantas veces referido trabajo[20], basta en esta oportunidad, por una parte, recordar que no toda actividad estaría sujeta, sino sólo las que se identifiquen –así nos parece[21]– con *actividades económicas mercantiles/industriales* y, por la otra, que al estar la persona jurídica de que se trate en estado de *cesación de actividades*, por definición no realizará actividad económica alguna, con lo cual no se verificará respecto de dicha entidad el hecho imponible y, con ello, no será (no podrá ser) "contribuyente" de la CE. O lo que es igual, al no realizarse el hecho imponible disciplinado en la LPP, porque la actividad económica desplegada no está gravada o por no realizar actividad econó-

---

18 Voz "lapso": *"Tiempo entre dos límites"*. Real Academia Española, *Diccionario de la Lengua Española*, edición del tricentenario, actualizado 2023. Disponible en: https://dle.rae.es/lapso?m=form.

19 Artículo 24 de la Constitución: "Ninguna disposición legislativa tendrá efecto retroactivo, excepto cuando imponga menor pena (…)".

20 *Cf.* Abache Carvajal, Serviliano, *op. cit.*, p. 78-82.

21 *Cf. Ibid.*, p. 80-82.

mica alguna por encontrarse en estado de cesación, entonces simplemente se estará (en ambos casos) en una situación de *no sujeción* y, por tal razón, al estar fuera del ámbito de incidencia de la CE, entonces –lógicamente– tampoco se estaría sujeto al cumplimiento de sus deberes formales.

Lo anterior es uno de los datos distintivos entre la *no sujeción* y la *exención*, precisamente porque en la primera (la *sujeción*), al no haber obligación tributaria por falta de verificación del hecho imponible, tampoco habrá deber formal alguno que cumplir; mientras que en la segunda (la *exención*), con base en una norma nace la obligación al realizarse el hecho imponible, pero por mandato de otra norma se "neutralizan"[22] los efectos del hecho imponible o, como lo establece el COT/2020, tiene lugar una dispensa (total o parcial) del pago de la obligación tributaria, no así del cumplimiento de los deberes formales.

Lo planteado debería ser suficiente para entender, en sana lógica, que ante la no verificación del hecho imponible por personas jurídicas que realizan una actividad no gravada o que se encuentran en estado de *cesación de actividades*, entonces tampoco podría haber base imponible, en tanto en cuanto ésta se traduce en la cuantificación o cifrado de aquél. Ello es evidente: si no hay hecho imponible, tampoco habrá (no puede haber) base imponible.

Sin embargo, dado el patente divorcio conceptual que tiene lugar entre el hecho y la base imponible de la CE, como también lo advertimos[23], entonces pudieran darse (y, en efecto, se dan) situaciones paradójicas, en las que sí se verifica el hecho imponible ante la realización de una actividad económica gravada por la CE, pero no hay base imponible por ausencia de trabajadores. Igualmente a la inversa: al haber trabajadores a los cuales se les pagan sus salarios correspondientes, se pudiera cifrar la base imponible, pero la persona jurídica empleadora no realiza una activividad gravada o no se encuentra realizando actividad económica alguna por estar –precisamente– en situación de cesación de actividades. Aquí "habría base imponible", pero ¿sin hecho imponible? Tamaña contradicción...

Situaciones como las descritas, tienen lugar por razón del comentado divorcio conceptual entre el hecho imponible de la CE (*realización de actividades económicas comerciales/industriales en el territorio nacional*) y la base imponible de la CE (*total de los pagos realizados por el contribuyente a las trabajadoras y trabajadores por concepto de salario y bonificaciones de carácter no salarial*). Y lo que es peor, en lugar de que la Administración tributaria simplemente acepte que (i) o bien no hay hecho imponible, con lo cual se estaría en una situación de no sujeción; (ii) o bien "hay" base imponible, pero sin hecho imponible (la paradoja precisada, que se traduciría en una irracional situación de "no sujeción con base imponible"); (iii) o bien no hay hecho imponible (por ausencia de actividad económica gravada o de actividad en lo absoluto), así como tampoco hay base imponible (por falta de trabajadores); más bien se pretenda que ante la falta de trabajadores, la persona jurídica declare por lo menos un trabajador para "cumplir" con el deber formal de presentar la declaración, allende no estar vinculado por dicho deber formal, en la medida que se encuentra en una situación de *no sujeción* y, con ello, fuera del ámbito de incidencia total (obligación tributaria y deberes formales) de la CE.

En definitiva, lo cierto es que si no se verifica el hecho imponible, no hay (no puede haber) obligación tributaria, precisamente porque se está en una situación de no sujeción y, con ello, al margen del ámbito de incidencia del tributo del que se trate, en este caso, de la CE disciplinada en la LPP. De lo anterior que, como forzosa consecuencia, todas las multas

---

22 *Cf.* Fraga-Pittaluga, Luis, *Principios constitucionales de la tributación*, Editorial Jurídica Venezolana, Colección Estudios Jurídicos N° 95, Caracas, 2012, p. 57.

23 *Cf.* Abache Carvajal, Serviliano, *op. cit.*, p. 83.

liquidadas e impuestas a personas jurídicas que no realizan una actividad económica *gravada* o se encuentran en *estado de cesación*, con lo cual no realizan actividades económicas en lo absoluto –y/o tampoco tienen, en paralelo, trabajadores en su nómina–, estarían en desatención del principio (y *derecho*) de legalidad y reserva de ley tributaria (particularmente del estándar de tipicidad tributaria), incurriendo en patentes falsos supuestos de hecho y de Derecho, con lo que ello supone de cara a su invalidez jurídica.

III. A MODO DE REFLEXIÓN FINAL: ¿A DÓNDE VAMOS? IMPUGNAR O NO IMPUGNAR... ÉSA ES (¿O ERA?) LA PREGUNTA: ENTRE LA TERMINACIÓN (OPORTUNA) EN SEDE ADMINISTRATIVA O LA CONTINUACIÓN (PROLONGADA) EN SEDE JUDICIAL

Lo brevemente planteado ha puesto a no pocas personas jurídicas ante un dilema: impugnar o no impugar las planillas de resolución y liquidación de sanciones por incumplimiento de deberes formales, dado el monto (estándar) de las multas, las cuales ascienden a unos 8.000,00 euros en promedio. Recuérdese, nuevamente, que buena parte de los sujetos sancionados, además de los que no realizan actividades económicas gravadas, se encuentran en estado de cesación de actividades, con lo cual cualquier y toda multa resulta cuantitativamente relevante. A ello habría que sumar los costos que deben asumir las personas jurídicas para hacer valer sus derechos, bien sea mediante la preparación, interposición y seguimiento de recursos jerárquicos ante la propia Administración tributaria o de recursos contencioso tributarios ante los Tribunales Tributarios, por apenas mencionar los dos remedios procesales usualmente empleados.

Sin embargo, lo que hace unas semanas se presentaba como una pregunta en cabeza de las personas jurídicas que *no realizan actividades gravadas* y de las entidades en *estado de cesación* que no llevan a cabo actividad económica alguna, hoy las decisiones parecieran inclinarse hacia la opción de ejercer los recursos de ley y, con ello, impugnar las multas de escritorio virtualmente impuestas en los términos comentados.

Ahora la pregunta que surge ya no está del lado de los sujetos sancionados que han decidido hacer valer sus derechos frente a tales multas, sino más bien del lado de la Administración tributaria, quien tiene en sus manos la posibilidad de terminar oportunamente estos procedimientos en sede administrativa al *estimar* los recursos jerárquicos presentados con base en las cuestiones de forma y fondo comentadas, entre otras, o *desestimar* dichas impugnaciones e innecesariamente prolongar y escalar esta situación a la sede judicial. Como se suele decir en el medio deportivo: *la pelota está de su lado*. Ya veremos cómo decide actuar.

BIBLIOGRAFÍA

Abache Carvajal, Serviliano, “La seguridad jurídica del contribuyente en jaque. Preguntas (¿y respuestas?) sobre la «contribución especial» de la Ley de Protección de Pensiones”, *Revista de Derecho Público*, N° 177-178, Editorial Jurídica Venezolana, Caracas, 2024.

______ “El procedimiento de verificación de declaraciones y cumplimiento de deberes formales”, en Sol Gil, Jesús *et al.* (Coords.), *Manual Venezolano de Derecho Tributario*, Asociación Venezolana de Derecho Tributario, Caracas, 2013.

______ “La verificación a los 30 años de codificación tributaria en Venezuela. Crónica de un sinsentido legislativo, administrativo y jurisprudencial”, en Baute Caraballo, Pedro (Coord.), *30 años de la codificación del Derecho Tributario venezolano. Memorias de las XI Jornadas Venezolanas de Derecho Tributario*, tomo II, Asociación Venezolana de Derecho Tributario, Caracas, 2012.

______ "La ley como parámetro evaluativo en el test de constitucionalidad y el derecho a la defensa en materia tributaria. Comentario crítico a la sentencia No. 00531/2011", *Cátedra Libre de Derechos Humanos UCV*, abril 2012. Disponible en: http://clvddhhucv.wordpress.com/.

______ "Praxis (administrativa y judicial) en torno al procedimiento de verificación tributaria: estado actual", *Anuario de Derecho Público*, N° 3, Ediciones Funeda, Caracas, 2010.

______ "La responsabilidad patrimonial del Estado «administrador, juez y legislador» tributario venezolano. Especial referencia al paradigmático caso del procedimiento de verificación", *Memorias de las XXV Jornadas Latinoamericanas de Derecho Tributario,* tomo II, Abeledo Perrot - Instituto Latinoamericano de Derecho Tributario - Instituto Colombiano de Derecho Tributario, Buenos Aires, 2010.

______ "Regulación, incongruencias e inconstitucionalidad del procedimiento de verificación tributaria del Código Orgánico Tributario de 2001", *Revista de Derecho Tributario*, N° 111, Asociación Venezolana de Derecho Tributario, Caracas, 2006.

Andrade Rodríguez, Betty y Weffe H., Carlos E., "Las inspecciones administrativas en materia tributaria: apuntes sobre los procedimientos determinativos oficiosos de tributos", *Manual de práctica forense en inspecciones y procedimientos administrativos especiales*, Editorial Jurídica Venezolana, Colección Práctica Forense N° 2, Caracas, 2010.

Díaz, Fátima, "El procedimiento de verificación previsto en el COT y la aplicación de las garantías constitucionales consagradas en el artículo 49 de la Constitución", *VII Jornadas Venezolanas de Derecho Tributario*, Asociación Venezolana de Derecho Tributario, Caracas, 2004.

Fraga-Pittaluga, Luis, *Principios constitucionales de la tributación*, Editorial Jurídica Venezolana, Colección Estudios Jurídicos N° 95, Caracas, 2012.

Instituto Latinoamericano de Derecho Tributario, *Carta de derechos del contribuyente para los países miembros del Instituto Latinoamericano de Derecho Tributario (ILADT)*. Disponible en: http://iladt.org/FrontEnd/docs/Carta_Derechos_Contribuyente_ILADT_aprobada_y_Presentacion.pdf.

Martínez Zorrilla, David, *Metodología jurídica y argumentación*, Marcial Pons, Madrid, 2010.

Parés Salas, Alfredo, "«Dispare primero y averigüe después». De las sanciones de plano o la perniciosa tendencia a prescindir del procedimiento administrativo constitutivo en el ámbito sancionador", en Canónico Sarabia, Alejandro (Coord.), *Visión actual de los procedimientos administrativos. III Congreso de Derecho Administrativo Margarita 2011*, Centro de Adiestramiento Jurídico "CAJO" - Editorial Jurídica Venezolana, Caracas, 2011.

Pesci Feltri, Flavia, *Violaciones del derecho a la defensa en el procedimiento sancionatorio venezolano*, Editorial Jurídica Venezolana - Centro para la Integración y el Derecho Público, Colección Monografías N° 9, Caracas, 2018.

Real Academia Española, Real Academia Española, *Diccionario de la Lengua Española*, edición del tricentenario, actualizado 2023. Disponible en: https://dle.rae.es/diccionario.

Weffe H., Carlos E., *Garantismo y Derecho penal tributario en Venezuela*, Editorial Globe, Caracas, 2010.

LA EMERGENCIA ECONÓMICA Y LA SUSPENSIÓN DE LA RESERVA LEGAL ANÁLISIS DEL DECRETO Nº 5.157 DE FECHA 8 DE AGOSTO DE 2025

María Amparo Grau

Profesora de la Universidad Central de Venezuela y de la Universidad Católica Andrés Bello

Resumen: *Análisis del Decreto Nº 5.157 de fecha 8 de agosto de 2025, mediante el cual se reedita el contenido del decreto N° 5.118 de 9 de abril de 2025 declara el Estado de Emergencia Económica y consagrando la suspensión de la reserva legal en materia económica, financiera y monetaria.*

Palabras Clave: *Palabras claves: Emergencia económica, suspensión y restricción de garantías, decreto ley, reserva legal.*

Abstract: *Analysis of Decree Nº N° 5.157 dated August 8, 2025 through which the content of Decree N° 5.118 dated April 4, 2025 is reissued, declaring a State of Economic Emergency and stablishing de suspension of the legal reserve guarantee in economic, financial, and monetary matters.*

Key words: *Economic emergency, suspension and restriction of guarantees, decree-law, legal reserve.*

El 8 de agosto de 2025 fue publicado en la Gaceta Oficial Nº Extraordinario 6.924, el Decreto Nº 5.157 de la misma fecha, mediante el cual "*se declara el estado de Emergencia Económica en el territorio nacional, en razón de las circunstancias extraordinarias que afectan gravemente la economía del País, a fin que (sic) el Ejecutivo Nacional adopte las regulaciones y medidas urgentes, excepcionales y necesarias para preservar el equilibrio económico y garantizar a la población el pleno disfrute de sus derechos*". Este, que es el título del Decreto, es el mismo texto del artículo 1 de su contenido.

Además de inscribirse dicho Decreto en la práctica de los últimos tiempos de mantener, por vía de reediciones, restringidas las garantías en el ámbito económico, el decreto reedita la referencia expresa a una "suspensión" –que no es "restricción"– de la reserva legal en materia económica, financiera y monetaria. Por lo tanto, a estos dos aspectos referiremos nuestros comentarios; primero, al límite temporal que la Constitución dispone para los Estados de Excepción y su violación por vía de la reedición del contenido en decretos y prórrogas sucesivas; y en segundo lugar, al alcance de dicha restricción, la ausencia de determinación de los derechos cuyas garantías se estarían restringiendo y cómo la afectación de la reserva legal mediante una "suspensión" inconstitucional sólo puede implicar la habilitación a la regulación vía decretos leyes y no por otros actos del Ejecutivo de rango sub-legal sobre las materias a las que dicha reserva se refiere.

I. LOS ESTADOS DE EXCEPCIÓN COMO MECANISMO DE AUTODEFENSA DEL ESTADO DE DERECHO

Para el análisis de la normativa en materia de estados de excepción hay que tener en cuenta la premisa fundamental de que éstos no son un instrumento de derogación del orden constitucional, ni tienen por finalidad concentrar el poder y eliminar el funcionamiento de los otros órganos del poder público[1]. Se trata de un mecanismo que, salvaguardando la integridad del orden constitucional, permite por vía de excepción que el presidente de la República, ante circunstancias de extrema gravedad, pueda dictar actos que le estarían vedados por virtud del principio de la reserva legal. Se habilita al presidente de la República a dictar, con base a la declaratoria de un estado de excepción, decretos con rango y fuerza de ley respecto de la regulación de aquellos derechos cuya garantía ha quedado temporalmente restringida, así como la posibilidad de que se restrinjan otras garantías que deben ser expresamente señaladas y reguladas en el texto de dicho decreto. Como lo señala el profesor Allan Brewer Carías, "*la Constitución exige expresamente que el Decreto que declare el estado de excepción y restrinja garantías constitucionales, obligatoriamente debe 'regular el ejercicio del derecho cuya garantía se restringe'*" (artículo 339).[2]

De manera que el estado de excepción no debe tener por consecuencia la supresión de los fundamentos del Estado de Derecho, ni de los postulados del Estado republicano: separación de poderes, legalidad, responsabilidad del Estado, reconocimiento y protección de los derechos de los ciudadanos, y la soberanía del pueblo como fuente de toda autoridad en la ley.

II. COMPETENCIAS CONSTITUCIONALES PARA LA CONFIGURACIÓN DEL ESTADO DE EXCEPCIÓN Y DETERMINACIÓN DE LOS DERECHOS CUYAS GARANTÍAS QUEDAN RESTRINGIDAS

La excepcionalidad el estado de excepción y su necesario control para evitar la desviación del mecanismo como medio para modificar el orden constitucional se evidencia en las normas de la Constitución de 1999 que lo regulan, las cuales precisan la competencia de tres de los cinco poderes en su formulación, así como también sus causas, efectos, requisitos y límites.

Desde la perspectiva de las competencias de los órganos del poder público, en su configuración intervienen el poder ejecutivo, legislativo y judicial (artículos 236, ordinal 7, 336, ordinal 6. Así, en las atribuciones del presidente de la República (artículo 236, ordinal 7) se establece su competencia para "*Declarar los estados de excepción y decretar la restricción de garantías en los casos previstos en esta Constitución*". Luego será presentado, dentro de los ocho días siguientes de haberse dictado, a la Asamblea Nacional o a la Comisión Delegada para su consideración y aprobación (artículo 339), en caso de prórroga ésta deberá aprobada por la Asamblea Nacional (artículo 338); y, finalmente se contempla la competencia de la Sala Constitucional del Tribunal Supremo de Justicia para "*Revisar, en todo caso, aun de oficio, la constitucionalidad de los decretos que declaren estados de excepción dictados por el Presidente o Presidenta de la República*" (artículos 336, 6 y 339).

---

1 El artículo 339 expresamente indica que "La declaratoria del estado de excepción no interrumpe el funcionamiento de los órganos del Poder Público."

2 Allan Randolph Brewer Carías, "El Régimen Constitucional de los Estados de Excepción", *Defensa de la Constitución. Libro en reconocimiento al Dr. Germán Bidart Capos,* EDIAR, Buenos Aires, 2003, pp. 1137-1149. Consultado en la página web www.allanbrewerCarías.com

Es evidente que la intervención de los poderes legislativo y judicial se imponen como mecanismos de control político y judicial del estado de excepción declarado por el ejecutivo. La Asamblea Nacional debe ponderar la existencia de tales circunstancias, no bastando que se aleguen genéricamente razones sin precisarlas, en cuyo caso el parlamento debería negar su aprobación. La Sala Constitucional debe revisar la constitucionalidad del acto, que se aleguen causas precisas y que las mismas sean ciertas y extraordinarias, que el decreto haya sido dictado por la autoridad competente, el Presidente de la República y refrendado por el Vicepresidente y los Ministros (parte *in fine* del artículo 236 de la Constitución), que se ajuste al plazo de vigencia dispuesto por la norma constitucional (artículo 338), que se haya sometido a la aprobación del Consejo de Ministros y se indiquen los derechos cuyas garantías están siendo restringidas (artículos 236, ordinal 7 y 339 de la Constitución, el primero, al establecer la competencia del Presidente para "*Declarar los estados de excepción y decretar la restricción de garantías en los casos previstos en esta Constitución*" y el segundo, al indicar lo siguiente: "*El Decreto que declare el estado de excepción, en el cual se regulará el ejercicio del derecho cuya garantía se restringe...*".

El caso es que el Decreto No 5.157 que se comenta no indica cuáles derechos se encuentran afectados por el estado de excepción, ni precisa las garantías que estarían siendo restringidas. Se limita el Decreto a señalar en el artículo 2 que las medidas que el presidente puede tomar estarán relacionadas con la materia económica, en una suerte de confusión entre el estado de excepción y la legislación presidencial dictada con base a la ley habilitante. En la primera, la legislación presidencial, vía decretos leyes, operará sobre los derechos y garantías que señalen en la declaratoria del estado de excepción; en la segunda, sobre las materias que específicamente señale la ley habilitante. Como bien lo establece el artículo 203 de la Constitución, las leyes habilitantes se dictan "*...a fin de establecer las directrices, propósitos y el marco de las materias que se delegan al Presidente o Presidenta de la República, con rango y valor de ley.*" (artículo 203). Cuando el Decreto 5.157 se refiere a materias, en lugar de precisar derechos y garantías incurre en una suerte de delegación legislativa totalmente inconstitucional.

Además, debe destacarse que el Decreto 5.157 persigue objetivos que exceden la atención precisa y concreta de circunstancias extraordinarias, cuando se declara que tales medidas serán las que se consideren necesarias para "*garantizar el desarrollo y el crecimiento económico del país*", lo cual es un fin que, de ordinario, ha de tener el Estado.

Por otra parte, se observa que la expresión del artículo 4 del Decreto estaría ampliando indebidamente el ámbito de la restricción al referirse no sólo al tema económico, sino a "otras medidas de orden social" "*o político que estime convenientes a las circunstancias para la estabilidad económica y social del país frente a la situación mundial*", es decir que podrían verse afectados otros derechos. Sin duda que la falta de definición de los derechos cuyas garantías se restringen unido a estas expresiones dejan en evidencia que el decreto carece de objeto determinado y de allí que esté viciado de inconstitucionalidad también por este motivo.

III. DISTINTOS TIPOS DE ESTADO DE EXCEPCIÓN. CAUSAS Y PLAZOS DE VIGENCIA

Los estados de excepción son de tres tipos: alarma, conmoción interior o exterior y emergencia económica. En el caso del Decreto que se comenta, se trata de la declaratoria de la modalidad de la emergencia económica. El artículo 338 constitucional califica con carácter general como causas válidas para la declaratoria del Estado de excepción las circunstancias de orden social, económico, político, natural o ecológico, que afecten gravemente la seguridad de la nación, de las instituciones y de los ciudadanos, a cuyo respecto resultan insuficientes las facultades de las cuales se disponen para hacer frente a tales hechos. Con carácter particular se refiere la norma a la emergencia económica "*cuando se susciten circunstancias económicas extraordinarias que afecten gravemente la vida económica de la Nación.*"

Ya hemos señalado que el estado de excepción no puede perseguir objetivos que excedan la atención precisa y concreta de circunstancias extraordinarias, lo que ocurre cuando se declara en el Decreto que tales medidas serán las que se consideren necesarias para "*garantizar el desarrollo y el crecimiento económico del país*", lo cual es un fin que, de ordinario, ha de tener el Estado y que se contienen dentro de los considerandos al señalarse: "*Que es deber del Ejecutivo Nacional adoptar todas las medidas a su alcance para garantizar el desarrollo armónico de la economía nacional, proteger a la población y a los sectores productivos del país*".

Esto no constituye una circunstancia extraordinaria que afecte la economía, antes bien y por el contrario se trata de una declaratoria de los fines que debe perseguir en ejecutivo nacional en materia económica, lo cual debe entenderse que ha de realizarlo en el marco de sus competencias y no asumiendo las que de ordinario corresponde al poder legislativo o restringiendo las garantías que la Constitución contempla.

El carácter extraordinario de las circunstancias implica que éstas deben ser inusuales, excepcionales, extrañas, asombrosas[3]; sin embargo, en el caso del Decreto que se comenta se repiten las mismas razones que se han venido aduciendo en las distintas y numerosas declaratorias de emergencia económica previas, por lo cual no puede decirse que se cumpla este requisito constitucional, ni que sea la vía del estado de excepción el medio adecuado para afrontarlas. Cuando por esta vía se pretende hacer frente a circunstancias que por su duración y permanencia en el tiempo pasan a tener el carácter de de ordinarias, se incurre así en una desviación y en contradicción con las regulaciones constitucionales.

Por otra parte, no basta con referencias genéricas de supuestos eventos que, más que circunstancias, constituyen opiniones políticas, como la de alegar una "ofensiva económica" o la "*guerra comercial por parte de potencias extranjeras, su intención de soliviantar la economía del país y generar en distorsiones en el sistema financiero*". Sobre este vicio en la motivación cabe destacar la opinión de Gabriel Sira Santana, refiriéndose al Decreto 5.118, aplicable por ser su texto reeditado, y conforme a la cual este vicio se produce "*...pues su motivación se basa en riesgos no materializados ni actuales lo que impide medir su gravedad y su impacto real en los derechos fundamentales de los venezolanos*."[4]

También la certeza y carácter extraordinario del considerando que indica: "*que la caída de los precios del petróleo en los mercados internacionales, ha afectado los ingresos del País*", resulta cuestionable. En primer lugar, un país más de 100 años de experiencia en la explotación y comercialización de petróleo no puede alegar que la variación de precios constituya una circunstancia extraordinaria, cuando es todo lo contrario; y, en segundo lugar, la veracidad de este argumento se pone en duda si se analizan los precios petroleros de los últimos tiempos. Al respecto en la página web de la Organización de Países Exportadores de Petróleo[5] puede verificarse que, luego de una disminución en el mes de junio 9.45 US$ (de $77.44 a 67.99), en el mes de julio se experimentó un incremento ($75.34), y para el 4 de agosto del año en curso disminuyó a $71.58, denotándose que son variaciones ordinarias que en modo alguno deberían llevar a una emergencia económica que justifique un Estado de Excepción.

---

3 Sinónimos de la palabra "extraordinario" según el diccionario de la Real Academia de la Lengua Española.

4 Gabriel Sira Santana, "La emergencia económica de abril de 2025 y la perversión del derecho de excepción en Venezuela", Agenda Estado de Derecho, 27 de mayo de 2025. Disponible en: https://agendaestadodederecho.com/derecho-de-excepcion-en-venezuela/.

5 Disponible en: https://www.opec.org/opec-basket-price.html?utm_source

Entiéndase entonces que, a la luz del principio de estricta necesidad que rige a los estados de excepción, una adecuada motivación intrínseca constituye un requisito ineludible para su declaratoria. Ello exige que, de manera clara y comprobable, concurran simultáneamente dos supuestos: (i) la existencia de circunstancias fácticas, actuales, concretas y extraordinarias que afecten -y no que hipotéticamente puedan afectar- gravemente la vida económica de la nación; y (ii) la imposibilidad temporal de afrontar tales circunstancias mediante las facultades ordinarias de los órganos del Poder Público. La motivación, en consecuencia, debe estar orientada a explicar la concurrencia de ambos supuestos, de manera que resulte evidente la necesidad de acudir a la vía del estado de excepción, lo que excluye referencias genéricas o consideraciones políticas carentes de soporte fáctico o circunstancias que por su naturaleza tienen carácter ordinario.

IV. DURACIÓN DEL ESTADO DE EXCEPCIÓN

La temporalidad de los Estados de Excepción deriva no sólo de la regulación constitucional, sino que se consagra también en el derecho convencional. La Convención Americana sobre Derechos Humanos ("Pacto de San José"), dispone que:

> En caso de guerra, de peligro público o de otra emergencia que amenace la independencia o seguridad del Estado parte, éste podrá adoptar disposiciones que, en la medida y por el tiempo estrictamente limitados a las exigencias de la situación, suspendan las obligaciones contraídas en virtud de esta Convención, siempre que tales disposiciones no sean incompatibles con las demás obligaciones que les impone el derecho internacional y no entrañen discriminación alguna fundada en motivos de raza, color, sexo, idioma, religión u origen social. (artículo 27).

En eses mismo sentido, la Constitución de 1999 ha introducido plazos de duración para limitar la vigencia de los distintos tipos de estados de excepción. En el caso de la emergencia económica el plazo de duración es de 60 días prorrogables por un plazo igual. Este límite ha sido, sin duda, burlado con la sucesión continua de decretos de emergencia económica sobrepasando los 60 días iniciales y los 60 días de la prórroga mediante la desviada técnica de la reedición; y este Decreto 5.157 no es la excepción, pues es parte de esa práctica inconstitucional de evasión del límite temporal previsto en la Constitución.

De 2016 a la fecha y antes del Decreto 5.157 se habían producido 19 decretos de Estados de Excepción con respectivas prórrogas:

1. Decreto N° 5.118 del 9 de abril de 2025 (G.O. N° 6.896 Extraordinario)
2. Prorrogado por el Decreto N° 5.136 del 9 de junio de 2025 (G.O. N° 43.145).
3. Decreto N° 4.396 del 26 de diciembre de 2020 (G.O. N° 6.606 Extraordinario).
4. Prorrogado el 23 de febrero de 2021 (G.O. N° 6.615 Extraordinario).
5. Decreto N° 431 del 3 de noviembre de 2020 (G.O. N° 6.590 Extraordinario).
6. Prorrogado el 2 de diciembre de 2020 (G.O. N° 6.602 Extraordinario).
7. Decreto N° 4.286 del 6 de septiembre de 2020 (G.O. N° 6.570 Extraordinario)
8. Prorrogado el 5 de octubre (G.O. N° 6.579 Extraordinario).
9. Decreto N° 4.247 del 10 de julio de 2020 (G.O. N° 6.554 Extraordinario).
10. Prorrogado el 8 de agosto de 2020 (G.O. N° 6.560 Extraordinario).
11. Decreto N° 4.194 del 4 de mayo de 2020 (G.O. 6.534 Extraordinario).
12. Prorrogado el 2 de julio de 2020 (G.O. N° 6.551 Extraordinario).
13. Decreto N° 4.160 del 13 de marzo de 2020 (G.O. N° 6.519 Extraordinario).

14. Prorrogado el 12 de abril (G.O. N° 6.528 Extraordinario).
15. Decreto N° 3.980 del 7 de septiembre de 2019 (G.O. N° 6.478 Extraordinario).
16. Prorrogado el 6 de noviembre de 2019 (G.O. N° 6.487 Extraordinario).
17. Decreto N° 3.844 del 10 de mayo de 2019 (G.O. N° 6.456 Extraordinario).
18. Prorrogado el 9 de julio de 2019 (G.O. N° 6.464 Extraordinario).
19. Decreto N° 3.736 del 11 de enero de 2019 (G.O. N° 6.356 Extraordinario).
20. Prorrogado el 12 de marzo de 2019 (G.O. N° 6.433 Extraordinario).
21. Decreto N° 3.610 del 10 de septiembre de 2018 (G.O. N° 41.478).
22. Prorrogado el 9 de noviembre de 2018 (G.O. N° 41.521).
23. Decreto N° 3.413 del 10 de mayo de 2018 (G.O. N° 41.394).
24. Prorrogado el 9 de julio de 2018 (G.O. N° 41.435).
25. Decreto N° 3.239 del 9 de enero de 2018 (G.O. N° 6.356 Extraordinario).
26. Prorrogado el 9 de marzo de 2018 (G.O. N° 41.357).
27. Decreto N° 3.074 del 15 de septiembre de 2017 (G.O. N° 41.237).
28. Prorrogado el 10 de noviembre de 2017 (G.O. N° 41.276).
29. Decreto N° 2.849 del 13 de mayo de 2017 (G.O. N° 6.298 Extraordinario).
30. Prorrogado el 13 de julio de 2017 (G.O. N° 41.192).
31. Decreto N° 2.667 del 13 de enero de 2017 (G.O. N° 41.074).
32. Prorrogado el 13 de marzo de 2017 (G.O. N° 41.112).
33. Decreto N° 2.452 del 13 de septiembre de 2016 (G.O. Extraordinario N° 6.256).
34. Prorrogado el 13 de noviembre de 2016 (G.O. N° 6.272 Extraordinario).
35. Decreto N° 2.323 del 13 de mayo de 2016 (G.O. Extraordinaria N° 6.227).
36. Prorrogado el 12 de julio de 2016 (G.O. N° 40.942).
37. Decreto N° 2.184 del 14 de enero de 2016 (G.O. Extraordinario N° 6.214).
38. Prorrogado el 11 de marzo de 2016 (G.O. N° 6.219 Extraordinario).

Puede decirse, entonces, que el Decreto 5.157 no sólo reedita el Decreto 5.118, sino que reedita también la práctica de prorrogas y decretos sucesivos que constituye una clara burla al límite temporal de los 60 días. Cabe destacar que el constituyente trató de evitar, con el establecimiento de estos límites temporales, lo ocurrido en el pasado cuando la garantía del derecho económico estuvo restringida por 40 años, desde el 8 de enero de 1962 (decreto nº 674, Gaceta Oficial Nº 26.746) hasta el 10 de julio de 1991 (Decreto Nº 1.724, Gaceta Oficial nº 34.752).[6] En la oportunidad de restablecerla se afirmó que habían cesado "las causas que

6 El 8 de enero de 1962 el presidente restituyó algunas de las garantías restringidas, pero se mantuvo la restricción respecto de la libertad expresión, reunión y manifestación y el derecho a la libertad económica. Posteriormente, el congreso mediante Acuerdo de 7 de abril de 1962 (publicado en la Gaceta Oficial N° 26.821) restituyó las garantías de los derechos a la libre reunión y manifestación, pero también mantuvo la restricción a la libertad económica.

motivaron la restricción" (inestabilidad política debido a movimientos y manifestaciones que incitaban el derrocamiento del gobierno), cuando lo cierto es que éstas habían cesado muchos años antes.

Es claro que el mantenimiento de la restricción de la garantía del derecho a la libertad económica por cuarenta años fue una burla a la naturaleza de la institución, pues no se trataba de atender situaciones de emergencia sino dejar abierta la puerta para que el presidente pudiera seguir legislando en materia económica. Lo mismo puede predicarse hoy con estos sucesivos decretos declarativos de estados de excepción, con lo cual a pesar de las buenas intenciones del constituyente el poder logra nuevamente burlar los límites para artificiosamente concentrarlo.

Al final, debe decirse que es el fracaso de los frenos, pesos, contrapesos y controles lo que ha permitido estos excesos. El control parlamentario y el control judicial han fallado: el primero, al dar preferencia a la razón política sobre el orden constitucional; y el segundo al no haber cumplido su función de guardián de la Constitución, omitiendo toda consideración de los evidentes vicios que acarrea la declaratoria de estados de excepción vulnerando los requerimientos sobre sus causas, efectos, límites y más grave aún, subvirtiendo el eje fundamental del Estado de Derecho, que es la separación funcional del poder y la necesidad de la legitimidad democrática de la ley en aquellas materias predeterminadas como es, precisamente, el caso de los derechos del ciudadano.

V. LA SUSPENSIÓN DE LA GARANTÍA CONSTITUCIONAL DE LA RESERVA LEGAL

El artículo 3° del Decreto establece: "*Sin menoscabo de lo señalado en el artículo anterior, se suspende por el período que dure la emergencia económica la garantía constitucional de la reserva legal en materia económica, financiera y monetaria*".

Llama particularmente la atención el artículo 3 del Decreto nº 5.157 cuyo texto es también la reedición del artículo 3 del Decreto 5.118 que lo precedió, y en los cuales se "suspende" la garantía de la reserva legal en materia económica, financiera y monetaria.

En primer lugar, porque a partir de la Constitución de 1999 no se contempla la "suspensión" sino la "restricción", lo cual implica un ámbito de intervención menos amplia o gravosa cara a la protección de los derechos de los ciudadanos y que, en todo caso, el parlamento conserva su facultad de legislar en la materia, pero al mismo tiempo el presidente está igualmente habilitado para ello, mientras dure el Estado de emergencia. Se ha acabado, en efecto, con la distinción entre suspensión y restricción que había llevado a la doctrina a considerar que en la suspensión el Ejecutivo podía dictar medidas contrarias a la ley ordinaria reguladoras de los derechos fundamentales y hasta "*someter a éstos a limitaciones más intensas que las consentidas constitucionalmente en estados de normalidad*", en cambio que en la restricción se "*incide en los derechos sólo en aquello que especifique el decreto que la declare*".[7]

En el marco de la Constitución de 1999 no cabe hablar de "suspensión" de garantías, sino únicamente de su "restricción", lo cual implica una limitación puntual y temporal en los términos expresamente previstos en el decreto que declare el estado de excepción. Ello supone que los derechos no desaparecen ni sus garantías quedan sin efecto, sino que se admite únicamente una reducción en su ejercicio, siempre bajo el cumplimiento estricto de los principios de proporcionalidad, necesidad y temporalidad.

---

7 Jesús María Casal, "Efectos y límites sustanciales de la suspensión o restricción de las garantías", *Revista de la Facultad de Ciencias Jurídicas y Políticas*, N° 96, Universidad Central de Venezuela, Caracas, 1995, p. 20.

En segundo lugar, hay que destacar que la restricción opera respecto de las garantías. La garantía es el mecanismo constitucional de protección de los derechos o el instrumento conducente al ejercicio efectivo de los mismos. Con carácter general los derechos tienen la garantía de la reserva legal. Es uno de los fundamentos del estado de derecho que se combina con el principio de legalidad e impide que por acto sub legal se afecten los derechos de los particulares o puedan los órganos del poder público incidirlos en ausencia de una ley.

De allí que delimitados los derechos queda restringida la garantía de la reserva legal en orden a permitir que pueda el presidente mediante decretos leyes establecer límites y competencias de los órganos del poder público respecto de los derechos señalados en el estado de excepción con el objeto de atender a la circunstancia extraordinaria que lo motiva. Cualquier otra garantía a ser restringida debe ser expresamente mencionada. El decreto no lo hace y por ende no se puede entender que se hayan restringido otras garantías por esta vía por lo que de obviarse, se estaría incurriendo en vías de hecho inconstitucionales que generan responsabilidad del Estado.

De manera que la suspensión, consagrada de forma expresa en el artículo 4 del decreto que se comenta, sólo puede, primero, entenderse como restricción, y en segundo lugar, la misma sólo ha de permitir esta regulación presidencial de primer grado vía decretos leyes, cualquier intención de deslegalizar totalmente la materia económica permitiendo que se regule por actos sub legales, sería totalmente inconstitucional.

En decretos anteriores, aunque no se "suspendía la reserva legal", sí se había establecido que el Ejecutivo podría dictar amplias medidas de orden social, económico, político y jurídico (Decreto N°. 4.396 Gaceta Oficial N° 6.606 del 26 de diciembre de 2020, prorrogado por el Decreto Nro. 4.440 publicado en Gaceta Oficial extraordinaria Nº 6.615 del 23 de febrero de 2021).

Lo cierto es que el Estado de Excepción en relación con los derechos que se indiquen sólo habilita al presidente -y no al Ejecutivo en general-, a dictar decretos con rango y fuerza de ley. Todo otro acto de rango sublegal en materias reservadas a la Ley deberán adecuarse a las normas que de tal rango se dicten, bien por el Presidente bien por la Asamblea Nacional.

Cabe recordar que, bajo la Constitución de 1961, cuando se hacía referencia a los decretos leyes habilitados por el parlamento en materia económica o financiera, la norma constitucional señalaba que el Presidente en ese caso podía dictar "medidas extraordinarias" (artículo 190, ordinal 8) y se precisó en este tema que dichas medidas no podían entenderse como actos particulares sin base legal, sino que debían concretarse en normas contenidas en decretos con rango y fuerza de ley.

En el caso de la restricción también se ha señalado que "*para salvaguardar la seguridad jurídica y prevenir arbitrariedades, las autoridades ejecutivas no deben adoptar medidas individuales sin que antes el presidente de la República haya dictado las de carácter general que les sirvan de base, dejando a salvo no obstante casos extremos*."[8]

De forma que no se deroga con el estado de excepción el principio de legalidad y la necesidad del acto legal previo que, por vía de excepción, se contiene en decretos presidenciales; ello es, como se ha dicho, consecuencia de que el estado de excepción no es un mecanismo abrogatorio del orden constitucional, sino un instrumento para su defensa y para el mantenimiento del Estado de derecho.

En tal sentido, el artículo 7 de la Ley Orgánica de los Estados de Excepción así lo confirma al indicar que "*No podrán ser restringidas, de conformidad con lo establecido en los*

---

8 *Ídem.*

artículos 339 de la Constitución de la República Bolivariana de Venezuela, 4.2 del Pacto Internacional de Derechos Civiles y Políticos y 27.2 de la Convención Americana sobre Derechos Humanos, las garantías de los derechos a: (...) 10. La legalidad y la irretroactividad de las leyes, especialmente de las leyes penales". Conforme a este dispositivo normativo -que tiene fundamento inmediato en el preámbulo constitucional, el principio de legalidad se ubica dentro del catálogo de garantías que no pueden ser objeto de suspensión ni de restricción. Si bien dicha exclusión se señala con particular énfasis en materia penal, ello no debe entenderse como una limitación exclusiva a ese ámbito, pues el principio de legalidad tiene carácter transversal y se proyecta sobre la totalidad de los derechos fundamentales, en cuanto opera como límite al ejercicio del poder público.

De ese principio de legalidad se deriva, precisamente, la exigencia de la *reserva legal*, en virtud de la cual ninguna restricción al goce y ejercicio de los derechos fundamentales puede producirse sino a través de actos con rango y fuerza de ley. Es claro que el acto con rango legal que pretenda limitar derechos fundamentales no puede dictarse de manera arbitraria, sino que debe sujetarse a los requisitos que impone la propia noción de legalidad. En efecto, la reserva legal supone que únicamente pueden imponerse restricciones mediante normas expresas que autoricen la intervención estatal: ser normas escritas (*lex scripta*), anteriores al hecho regulado (*lex previa*), y con contenido claro y preciso (*lex certa*); y supone también que tales normas no puedan ser aplicadas mediante interpretaciones analógica, extensivas o retroactivas, sino únicamente en el sentido de que sean más favorables a los derechos y libertades de los ciudadanos.

La necesidad de una norma previa deriva además de la "igualdad" ante la ley que está contemplada en el elenco de derechos intangibles, de conformidad con lo previsto en el numeral 4 del referido artículo 7 *ejusdem*. De allí que es necesaria una norma que, con carácter general, disponga las limitaciones al derecho y esa norma debe tener rango legal, incluso en los estados de excepción.

Respecto de otras garantías asociadas a los derechos constitucionales, distintas a la reserva legal -apunta Casal- que "*no son propiamente garantías, es decir, salvaguardias externas al mismo, sino elementos que lo integran*" poniendo como ejemplo el tema de la prohibición de la censura previa en el caso del derecho a la libertad de expresión.[9] Esto no significa que no existan otras garantías, el tema es que de existir hay que analizar si son susceptibles de ser restringidas. Por ejemplo, el principio de irretroactividad de la ley es una garantía que no puede restringirse porque así expresamente lo prohíben las normas anteriormente citadas, pero si se tratare de otro tipo de garantías no excluidas, las mismas, conforme a los principios antes indicados, deben precisarse y regularse en la normativa de excepción que regirá a los fines únicos de atender a la emergencia.

El caso es que el Decreto no sólo tiene una total indefinición acerca de los derechos cuyas garantías se afectan, sino que se no contiene mención expresa de garantía alguna distinta a la de la reserva legal ni se identifican derechos sino materias y se refiere a fines generales. Se constata así la pretensión del Ejecutivo de darse a sí mismo una carta en blanco al establecer que dicho decreto se dicta para que éste "*adopte las regulaciones y medidas urgentes, excepcionales y necesarias para preservar el equilibrio económico y garantizar a la población el pleno disfrute de sus derechos*" (artículo 1 y título del Decreto) y disponer que "*Como consecuencia de la declaratoria del estado de Emergencia Económica a que se refiere este Decreto, el Presidente de la República podrá dictar todas las medidas que considere necesarias para garantizar el desarrollo y el crecimiento económico del país, incluyendo las siguientes:...*" (artículo 2), y además extenderlo a la posibilidad que el Presidente de la Repú-

9 *Ibidem*, p. 22.

blica dicte "*...otras medidas de orden social, económico o político que estime convenientes a las circunstancias para la estabilidad económica y social del país frente a la situación mundial*" (artículo 4).

Estas auto habilitaciones exceden, sin duda, el tema de los estados de excepción desde la perspectiva de su constitucionalidad, ya que, como bien lo indica el profesor Brewer-Carías:

> (...) el decreto de estado de excepción que se reguló en la Constitución, no es un acto para que el Ejecutivo se pueda autorizar a sí mismo para dictar medidas diversas. El decreto de emergencia debe ser el que contenga las medidas a dictar; no puede ser un simple anuncio de medidas imprecisas y futuras. Su texto tiene que contener las medidas que se consideren necesarias; es decir, el decreto de estado de excepción "es" el acto que debe contener las medidas que se estime son necesarias para afrontar las circunstancias excepcionales, que no pueden atenderse con las facultades de las cuales se disponen para hacer frente a tales hechos, que se consideren insuficientes..."[10]

Respecto de su contenido, límites y requisitos, la Constitución de 1999 dispone que el estado de excepción es un paso previo a la restricción de las garantías. No basta entonces con decretarse el estado de excepción, sino que debe el Presidente definir cuáles son los derechos cuyas garantías quedarían restringidas, y respecto de la reserva legal tal restricción únicamente implica que por vía de excepción queda el Presidente habilitado para dictar actos normativos mediante decretos con rango y fuerza de ley.

V. CONCLUSIONES

5.1 El Decreto Nº 5.157 está viciado de inconstitucionalidad porque carece de objeto determinado, desde que no se señalan los derechos cuyas garantías estarían restringidas, sino que se refiere de forma genérica a la materia económica, financiera y monetaria. Esta referencia enseña que se ha incurrido en una indebida confusión entre los parámetros de una ley habilitante y los que debe contener un decreto de estado de excepción. En la legislación presidencial, vía decretos leyes, el presidente está imitado a las materias que se le deleguen, en tanto que en el caso de los estados de excepción lo estará por los derechos y garantías que restrinjan.

5.2. El Decreto Nº 5.157 se refiere a causas que carecen del necesario carácter extraordinario por cuanto se repiten las mismas razones que se han venido aduciendo en las distintas y numerosas declaratorias de emergencia económica previas.

5.3. El Decreto Nº 5.157 se basa en referencias genéricas de supuestos eventos que, más que circunstancias, constituyen opiniones políticas, como la referencia a una "ofensiva económica", "*guerra comercial por parte de potencias extranjeras, su intención de soliviantar la economía del país y generar en distorsiones en el sistema financiero*", lo cual no constituye una fundamentación precisa como exige la Constitución para su procedencia.

5.4. El Decreto Nº 5.157 aduce sobre la caída de los precios petroleros lo cual es una causa de cuestionable veracidad, ya que no sólo un país de más de 100 años de experiencia petrolera no puede alegar que la variación de precios constituya una circunstancia extraordinaria, sino que los precios petroleros de los últimos tiempos demuestran que, luego de una

---

10 Allan R. Brewer-Carías, "La usurpación definitiva de la función de legislar por el ejecutivo nacional y la suspensión de los remanentes poderes de control de la Asamblea con motivo de la declaratoria del Estado de Excepción y Emergencia Económica", en *Revista de Derecho Público*, Nº 145-146, (enero-junio 2016), Editorial Jurídica Venezolana, Caracas, 2016, pp.. 444-468.

disminución en el mes de junio, en el mes de julio se experimentó un incremento, y para el 4 de agosto disminuyó una disminución menor, lo que verifica variaciones ordinarias que en modo alguno deberían llevar a una emergencia económica que justifique un Estado.

5.5. El Decreto Nº 5.157 es una reedición del Decreto N° 5.118, por tanto, configura un mecanismo para violentar el límite temporal de la Constitución que sólo permite el estado de excepción por emergencia económica por un plazo de sesenta días y prorrogable sólo una vez por el mismo período de tiempo, repitiéndose una práctica inconstitucional en este sentido en el pasado reciente y de forma contraria al derecho convencional de los derechos humanos que establece el necesario al respeto del límite temporal en esta materia.

5.5. El decreto Nº 5.157 se inscribe en una práctica inconstitucional de convertir al presidente de la República en legislador ordinario, vulnerando los principios constitucionales de separación de los poderes y legalidad.

5.6. La suspensión de la reserva legal es inconstitucional porque la Constitución de 1999 eliminó esta posibilidad prevista en la Constitución de 1961 permitiendo sólo la "restricción" de las garantías más no la "suspensión" de la misma.

5.7. La pretendida suspensión de la reserva legal, unida a la atribución prevista en el Decreto Nº 5.157 para que el Ejecutivo dicte "todas las medidas necesarias", no puede conducir a la derogatoria del orden constitucional ni de la necesidad de un acto normativo legal previo en las materias de la reserva, ya que el estado de excepción no deroga el principio de la legalidad conforme al cual todo acto de rango sublegal en estas materias tendrá que realizarse ejecutando una norma legal dictada por el parlamento o por el presidente de la República mediante decretos leyes normativos.

5.8. La necesidad de actos legales normativos previos deriva del carácter intangible del derecho a la igualdad, y, por ende, la norma general es prerrequisito de cualquier actuación administrativa de afectación de las esferas jurídico-subjetivas particulares, incluso en caso de estados de excepción, la diferencia estriba en que este prerrequisito puede cumplirlo el propio ejecutivo mediante decretos leyes dictados por el presidente de la República.

LA CONTINUA EMERGENCIA ECONÓMICA DE 2025 EN VENEZUELA[*]

Cosimina Pellegrino[**] y Laura Louza[**]

Abogadas

Resumen: *El artículo analiza el nuevo decreto de excepción por emergencia económica dictado por el Ejecutivo venezolano y expone por qué resulta especialmente preocupante: la ampliación de poderes presidenciales sin controles efectivos; la suspensión de la reserva legal que permite al Gobierno actuar en materia económica sin marco normativo previo; el grave incremento de la recentralización tributaria en detrimento de estados y municipios, la vaguedad y contradicciones en sus disposiciones, y la persistente opacidad en su aprobación y publicación. Además, evidencia que esta medida reincide en un patrón utilizado entre 2016 y 2021, cuando numerosos decretos de emergencia -avalados siempre por el Tribunal Supremo de Justicia- otorgaron al Ejecutivo nacional amplias potestades sin resultados efectivos para frenar el colapso económico. En conjunto, el decreto implica una fuerte erosión del Estado federal descentralizado, debilita la separación de poderes y perpetúa un régimen de excepcionalidad que permite al Gobierno reescribir normas legales y actuar sin contrapesos institucionales.*

Palabras Clave: *Estado de excepción, Estado de emergencia económica, Sala Constitucional del Tribunal Supremo de Justicia.*

Abstract: *The article analyzes the new state of emergency decree for economic emergency issued by the Venezuelan Executive and sets out why it is particularly concerning: the expansion of presidential powers without effective oversight; the suspension of the principle of legal reserve, which allows the Government to act in economic matters without a prior regulatory framework; the severe increase in tax recentralization to the detriment of states and municipalities; the vagueness and internal contradictions of its provisions; and the persistent opacity surrounding its approval and publication. It additionally shows that this measure repeats a pattern used between 2016 and 2021, when numerous emergency decrees -always endorsed by the Supreme Court of Justice- granted the national Executive broad powers without producing effective results to halt the economic collapse. Taken together, the decree entails a significant erosion of the decentralized federal State, weakens the separation of powers, and perpetuates a regime of exceptionality that enables the Government to rewrite legal norms and act without institutional checks and balances.*

Key words: *State of Economic Emergency, State of Exception, Constitutional Chamber of the Supreme Court of Justice.*

---

[*] https://accesoalajusticia.org/pasos-emergencia-economica-venezuela-2025/

[**] Abogada, Especialista en Derecho Administrativo y Doctora en Ciencias, mención en Derecho, de la Universidad Central de Venezuela. Profesora de pregrado y doctorado de la Universidad Central de Venezuela. Publicaciones en revistas reconocidas y ponente en numerosas charlas y conferencias de alto nivel.

[***] Abogada de la Universidad Católica Andrés Bello; Especialista en Derecho Administrativo de la Universidad Pantheon-Assas (París II); Magister en Derecho, Economía y Políticas Públicas del Instituto Ortega y Gasset de la Universidad Complutense de Madrid; Fundadora y directora ejecutiva de la ONG venezolana Acceso a la Justicia, https://accesoalajusticia.org

El Gobierno venezolano volvió a recurrir en 2025 como entre 2016 y 2021 al estado de excepción por emergencia económica[1], una herramienta que, lejos de responder a una crisis súbita o imprevisible, ha terminado consolidándose como otra de las formas inconstitucionales de gestión del poder. Aunque el Ejecutivo ha alegado razones externas —la guerra arancelaria anunciada por Estados Unidos[2] o las nuevas sanciones petroleras[3]—, lo cierto es que la medida repite un patrón institucional conocido: decretos casi idénticos, prórrogas poco transparentes, falta de controles y una creciente concentración de facultades en manos del presidente de la República. El año casi termina, mientras la excepcionalidad se ha convertido, una vez más, prácticamente en la regla.

LA CRONOLOGÍA: DECRETOS NUEVOS, PRÓRROGAS IMPLÍCITAS Y UN PROCESO OPACO

El 9 de abril de 2025, mediante el decreto n.° 5.118, el Ejecutivo declaró el primer estado de emergencia económica del año[4], cuya vigencia constitucional de 60 días culminó el 7 de junio. Este decreto obtuvo la aprobación de la Asamblea Nacional (AN) y fue declarado constitucional por la Sala Constitucional del Tribunal Supremo de Justicia (TSJ) mediante sentencia n° 533 del 11 de abril de 2025[5].

Sin embargo, durante el período en que ya había vencido esa primera declaratoria, el Gobierno dictó dos instrumentos vinculados a la emergencia económica: el decreto n.° 5.143, publicado en Gaceta Oficial n° 6.917 Extraordinario del 25 de junio y el n.° 5.145, publicado en Gaceta Oficial n.° 6.918 Extraordinario del 30 de junio[6].

La emisión de estas normas durante un lapso en el que formalmente no existía un decreto de excepción vigente revela que, en la práctica, se produjo una prórroga tácita o no formalizada, lo cual contraviene la Constitución que exige aprobación expresa de cada extensión.

Tras casi dos meses sin información oficial sobre la continuidad del régimen excepcional, el 8 de agosto se dictó un nuevo decreto, el n° 5.157, publicado en la Gaceta Oficial Extraordinario n° 6.924[7]. Este nuevo instrumento, pese a su numeración distinta, contenía prácticamente el mismo texto del decreto anterior[8], lo que evidencia que más que una medida nueva se trataba de una reedición del decreto de abril. Este nuevo decreto, que en realidad daba continuidad a la emergencia económica dictada en abril, no fue aprobado por la AN, pero sí fue declarado constitucional por el TSJ, mediante sentencia n.° 1.460 del 11 de agosto de 2025 de la Sala Constitucional[9].

---

1 https://www.youtube.com/watch?v=VaR0PQ2_5XU

2 https://www.bbc.com/mundo/articles/c5y6gple752o

3 https://www.swissinfo.ch/spa/ee.uu.-pone-fin-a-la-licencia-de-chevron-en-venezuela-y-le-da-un-mes-para-salir-del-pa%C3%ADs/88962676

4 Publicada en Gaceta Oficial n.° 6.896 del 9 de abril de 2025, https://accesoalajusticia.org/decreto-que-declara-el-estado-de-emergencia-economica/.

5 https://accesoalajusticia.org/sc-declaro-la-constitucionalidad-decreto-n-5118-que-establece-el-esta do-de-excepcion-de-emergencia-economica-por-60-dias/

6 https://declaraciones.seniat.gob.ve/portal/page/portal/MANEJADOR_CONTENIDO_SENIAT /04 ADUANAS/TIPOS_DE_CAMBIO/REFORMA_DECRETO5146_GO6918.pdf

7 https://accesoalajusticia.org/prorrogado-por-60-dias-el-estado-de-emergencia-economica-declarado-el-08-08-2025/

8 https://accesoalajusticia.org/aspectos-clave-nuevo-estado-emergencia-economica-venezuela/

9 https://accesoalajusticia.org/sc-declaro-la-constitucionalidad-del-decreto-que-impone-un-nuevo-estado-de-emergencia-economica-en-el-pais/

El ciclo continuó el 8 de octubre, cuando se emitió otra medida, el decreto nº 5.167, publicado en Gaceta Oficial nº 6.931 Extraordinario de esa fecha[10], que prorrogaba por 60 días adicionales la emergencia declarada en agosto. Sin embargo, esta prórroga no se conoció en ese momento a través de los canales oficiales del Ejecutivo nacional ni por la publicación inmediata en Gaceta Oficial, sino únicamente gracias a la sentencia nº 1.562 del 9 de octubre de la Sala Constitucional del Tribunal Supremo de Justicia[11], que declaró en tiempo récord su constitucionalidad y reprodujo su contenido. Así, una medida que afecta derechos de los ciudadanos se dio a conocer únicamente por vía judicial, lo cual confirma la opacidad que rodeó todo el procedimiento. A esto se añade que tampoco fue aprobada por la AN.

En ejecución de la nueva prórroga de la emergencia económica, se dictó el decreto el decreto nº 5.167, publicado el 20 de octubre en Gaceta Oficial n. 6.934 Extraordinario, que transfirió al Ejecutivo nacional la administración y aprovechamiento de las estaciones recaudadoras de peajes[12].

Finalmente, el 8 de diciembre se publicó en Gaceta Oficial nº 6.944 Extraordinario el decreto nº 5.190[13], que tampoco fue aprobado por la AN, pero sí declarado constitucional por la Sala Constitucional del TSJ mediante sentencia nº 1959 del 9 de diciembre de 2025[14].

En conjunto, la secuencia de decretos, prórrogas implícitas y reediciones revela que la emergencia económica volvió a prolongarse más allá del límite máximo de 120 días establecido en la Constitución, reproduciendo el esquema observado entre 2016 y 2021, cuando Venezuela permaneció bajo régimen excepcional durante cinco años continuos.

SUSPENSIÓN DE LA RESERVA LEGAL

La reserva legal es un principio constitucional que atribuye al Poder Legislativo la competencia exclusiva para regular materias que afectan directamente los derechos y garantías de los ciudadanos. Aunque de ello se trata la declaratoria de un estado de excepción: que el Ejecutivo nacional legisle mediante decretos, es importante que no suspenda derechos; solo puede restringirlos y bajo ninguna circunstancia podrá restringir las garantías fundamentales consagradas en el artículo 7 de la LOEE, como el derecho a la vida, la igualdad ante la ley, la libertad personal y el debido proceso.

Al respecto, el artículo 337 del texto constitucional dispone lo siguiente:

> «podrán ser restringidas temporalmente las garantías consagradas en esta Constitución, salvo las referidas a los derechos a la vida, prohibición de incomunicación o tortura, el derecho al debido proceso, el derecho a la información y los demás derechos humanos intangibles».

Uno de los puntos preocupantes del decreto de abril y sus sucesivas versiones o prórrogas es que permite la suspensión de la reserva legal en materias tributaria, financiera y monetaria. Al hacerlo, el Ejecutivo nacional se atribuye facultades para legislar por decreto en estas áreas críticas, sin un marco legal previo y específico que delimite su actuación.

---

10 https://accesoalajusticia.org/prorrogado-por-60-dias-el-estado-de-emergencia-economica-declarado-el-08-08-2025/

11 https://accesoalajusticia.org/constitucionalidad-de-la-prorroga-por-60-dias-del-estado-de-emergencia/

12 https://accesoalajusticia.org/decreto-mediante-el-cual-se-transfiere-al-ejecutivo-nacional-la-administracion-de-los-peajes/

13 https://accesoalajusticia.org/se-declara-un-nuevo-estado-de-emergencia-economica-en-todo-el-territorio-nacional/

14 https://accesoalajusticia.org/sc-declaro-la-constitucionalidad-del-nuevo-decreto-que-extiende-el-estado-de-emergencia-economica/

Así, podrá dictar normas (que no deberían extender su vigencia más allá del tiempo que dure la emergencia económica) que se aplicarán de manera preferente sobre lo establecido en leyes de carácter económico como la de bancos, del Impuesto Sobre La Renta y de endeudamiento, sin importar que apenas sean decretos, es decir, actos a los que por su propia naturaleza no les corresponde regular esas materias reservadas al legislador.

Esta disposición no solo atenta contra principios básicos del derecho, sino también contra los principios de separación de poderes (artículo 136 de la Constitución) y de legalidad (artículo 137), máxime si se tiene en cuenta que desnaturaliza las funciones de legislación y de control sobre el Ejecutivo conferidas a la AN.

Igualmente, representa una usurpación de funciones del Poder Judicial, que es el único constitucionalmente facultado para desaplicar normas en el caso de que estas sean incompatibles con la carta magna.

Asimismo, es preocupante la afectación de la emergencia económica por la forma en que ha sido decretada a la autonomía en materia tributaria de los estados y municipios (artículos 164.4 y 168 de la Constitución, respectivamente), lo que es otra violación más al principio de separación de poderes.

Otro tema fundamental es que los decretos dictados en ejecución del estado de excepción tienen vigencia mientras dure la emergencia, no por más tiempo, a menos que haya una prórroga. Esto es relevante, porque dos decretos, el n.° 5.143 del 25 de junio de 2025 (Gaceta Oficial n.° 6.917 extraordinario) y el n.° 5.145 del 30 de junio de 2025 (Gaceta Oficial n.° 6.918 extraordinario) que en teoría se emitieron en el marco de la primera emergencia decretada en abril, aunque esta ya había vencido el 7 de junio, por lo que no deberían haberse aplicado a menos que vuelvan a ser dictados en el marco de la nueva emergencia o ratificada su vigencia, lo que nunca ocurrió.

En el caso del decreto n.° 5.145 se añade otra irregularidad: se otorgan dos exoneraciones sobre 1.445 subpartidas arancelarias nacionales (que, por cierto, no se conocen) por un período de 1 año, pero este supera la vigencia de la emergencia, con lo cual tampoco debería tener validez legal esta normativa, sin embargo, se mantiene su aplicación fáctica.

INCUMPLIMIENTO DE OBLIGACIONES INTERNACIONALES

El artículo 339 constitucional exige que los decretos de excepción respeten, entre otros, los estándares del Pacto Internacional de Derechos Civiles y Políticos (PIDCP). Entre las obligaciones en este sentido destaca la necesidad de que el Estado que decrete un estado de excepción notifique inmediatamente a la comunidad internacional de ello a través del secretario general de la Organización de las Naciones Unidas (ONU). Esto es significativo, pues no es una simple notificación burocrática, sino que se trata de informar a la comunidad internacional que en el país se están limitando los derechos humanos y las razones en que se fundamenta esa restricción.

Así, esta obligación de informar, que parece muy básica y poco importante, o incluso una mera formalidad, en realidad implica que no se pueden limitar derechos humanos sin explicar a la comunidad internacional las razones para ello. Incluso puede decirse que es un derecho de los ciudadanos sujetos a estas restricciones que el mundo se entere de lo que les está sucediendo.

Existe una página web en la que la ONU publica todas las comunicaciones que recibe de los Estados sobre la ejecución de los tratados que suscriben y no aparece notificación alguna este año de Venezuela[15].

REFLEXIONES FINALES

La emergencia económica de 2025, más que una respuesta técnica a un entorno económico complejo, constituye un paso adicional en la consolidación de un régimen que opera al margen de los límites constitucionales. La expansión de facultades presidenciales, la suspensión de garantías legales, la recentralización tributaria y las irregularidades procedimentales debilitan aún más el Estado federal descentralizado y la separación de poderes. La excepcionalidad se normaliza, la transparencia se reduce y el margen de actuación ciudadana y parlamentaria se estrecha, mientras el país continúa sin una estrategia clara para afrontar sus problemas estructurales.

15 https://treaties.un.org/Pages/CNs.aspx?cnTab=tab1&clang=_en

EL NUEVO INTENTO DE REFORMA CONSTITUCIONAL EN 2025, PARA LA CREACIÓN DE UN ESTADO COMUNAL CENTRALIZADO EN SUSTITUCIÓN DE LA REPÚBLICA DEMOCRÁTICA REPRESENTATIVA Y DESCENTRALIZADA, QUE NO LLEGÓ SIQUIERA A FORMULARSE COMO PROYECTO

Allan R. Brewer-Carías
Profesor emérito, Universidad Central de Venezuela
Director de la Revista

Resumen: *Este comentario analiza el propósito y contenido de la reforma constitucional anunciada por Nicolás Madurto en enero de 2025, para la creación de un Estado Comunal centralizado, en sustitución del Estado de derecho democrático y descentralizado regulado en la Constitución de 1999 que, sin embargo, ni siquiera no llegó a formularse como proyecto.*

Palabras Clave: *Reforma constitucional; Estado Comunao; Democracia representativa; Participación.*

Abstract: *This commentary analyzes the purpose and content of the constitutional reform proposed by Nicolás Maduro in January 2025, for the creation of a centralized Communal State, replacing the democratic and decentralized rule of law regulated in the 1999 Constitution, which, however, was not even formulated as a project.*

Keywords: *Constitutional reform; Communal State; Representative democracy; Participation.*

I. EL NUEVO INTENTO DE ACOMETER UNA "REFORMA CONSTITUCIONAL" PARA CREAR EL ESTADO COMUNAL (2025)

La Asamblea Nacional de Venezuela celebró el 15 de febrero de 2025 una sesión solemne para celebrar los 206 años de la instalación del Congreso de Angostura de 1819, el cual, bajo la conducción del Libertador Simón Bolívar, sancionó la muy importante Constitución del Estado de Venezuela de 11 de agosto de 1819,[1] la cual fue la segunda Constitución en la historia política del país.

Mediante la misma, se reconstituyó el Estado independiente que se había establecido en 1811 al declararse las Provincias de Venezuela como independientes de la Corona de España, y regularse el nuevo Estado en la Constitución Federal de las Provincias Unidas de Venezue-

1 Véase Allan R. Brewer-Carías, *Angostura 1819. La reconstitución y la desaparición del Estado de Venezuela,* (Con prólogo de Humberto Romero Muci), Colección Estudios N° 115, Academia de Ciencias Políticas y Sociales, Editorial Jurídica Venezolana, Caracas 2019.

la del 21 de diciembre de 1811.[2] La destrucción del recién creado Estado por la invasión del territorio del nuevo Estado por los ejércitos de la Corona española en 1812, como la devastadora guerra de liberación de Venezuela que condujo el mismo Libertador Bolívar (1813-1819), originó precisamente, ocho años después, el proceso constituyente de Angostura.

Para dicha sesión solemne, celebrada con toda suntuosidad en el Salón Elíptico del Palacio Federal Legislativo en Caracas, donde reposa el original del Acta de la Independencia del 5 de julio de 1811, la Asamblea Nacional designó como Orador de Orden a quien ejercía sin legitimidad democrática alguna la presidencia de la República en Venezuela, el Sr. Nicolás Maduro. El mundo entero sabía que a pesar de haber perdido la elección presidencial de julio de 2024, había sido instalado en el ejercicio de la presidencia de la República, primero por el Consejo Nacional Electoral y el Tribunal Supremo de Justicia, y luego por la propia Asamblea Nacional, que cohonestaron el fraude democrático.

En todo caso, en los últimos veinte minutos del largo discurso de más de dos horas,[3] lleno de menciones históricas, se refirió al "momento fundacional" de la República, y en medio del simbolismo que resultaba del momento y sitio del acto, el Orador anunció el inicio de una propuesta para una reforma de la Constitución de 1999, en cumplimiento del compromiso que había adquirido para efectuar "una gran reforma de la Constitución de 1999", y de "convocar un proceso popular constituyente" para definir una Constitución para un "nuevo modelo de país", una "nueva sociedad," un "nuevo humanismo," un "nuevo bolivarianismo," e incluso, el momento para "definir qué sociedad aspiramos hacia el futuro," con cuál "nuevo modelo económico de país", y en fin, la "actualización jurídica, constitucional y política de todo el engranaje de la Constitución de 1999," y adaptarla "a la nueva realidad del país."

Los anuncios, conceptualmente, no fueron poca cosa, y aun cuando no presentó proyecto alguno, el ilegítimo presidente dijo que ya tenía un texto de 80 artículos, que había sido elaborado por una Comisión reducida (integrada por el Fiscal General de la República, Tarek William Saab, la Vice Presidenta de la República, Delcy Rodríguez, y los diputados Hermann Escarrá y Cilia Flores), que tocaba cuatro grandes temas, aun cuando tres eran los sustanciales, y que resumió en la forma siguiente

El *primer tema,* se refería a la "ampliación y perfeccionamiento de la democracia participativa, protagónica y de la democracia directa;" establecer "un Estado democrático, una sociedad democrática, ampliar las bases" para transformar el sistema de distribución del poder actual que existe "en tres niveles" el "poder nacional, el poder regional y el poder municipal;" e incluir "con esta reforma en forma expresa, tácitamente y ampliamente el poder comunal, el poder territorial, el poder de la base, el poder popular." Para quien ejercía la Presidencia de la República en Venezuela, "serían cuatro instancias de poder, donde la base fundamental sería social, comunal y popular." Para ello, propuso "democratizar el Consejo Federal de Gobierno, ampliarlo" y "democratizar y trasformar de raíz las estructuras de las viejas gobernaciones, de las viejas Alcaldías, de los viejos Consejos Municipales, de los viejos Consejos Legislativos, *voltearlos como una media*, y establecerlos sobre dos parámetros de funcionamiento."[4]

---

2 Véase Allan R. Brewer-Carías, *Los inicios del proceso constituyente hispano y americano. Caracas 1811 – Cádiz 1812,* (Prólogo de Asdrúbal Aguiar), Editorial bid & co. Editor, Colección Historia, Caracas 2012, p. 110-151

3 Véase el video completo del acto y del discurso del Sr. Maduro en: https://www.youtube.com/watch?v=I3xyS2A7vWA

4 Por ello, en el mismo discurso, Maduro se refirió, no sin cierta burla, a aquellos presentes en el acto "con cara de candidatos" para las elecciones de gobernadores y alcaldes fijadas entonces por

El *segundo tema* se refirió a la definición de "qué sociedad nosotros queremos construir hacia el futuro," "cuales son los valores, los principios, los parámetros" para la "construcción de una nueva modernidad, de una nueva sociedad," desde el "humanismo, desde el nacionalismo revolucionario, desde el bolivarianismo, desde las ideas de igualdad, desde las ideas de justicia; cómo nos integramos al mundo" que es cada vez más multicéntrico, pluripolar" en el que estamos, y que se identifiquen "los peligros, las acechanzas del fascismo," de manera que en la Constitución "debe quedar claro que Venezuela no tolerará ninguna amenaza fascista", las cuales deberán ser penadas "de la manera más draconiana" que se pueda.

El tercer tema, de carácter "estructural," se refirió al diseño de un "nuevo modelo económico," "diversificado," "no dependiente, autosuficiente", para "la construcción de una nueva economía", "en un mundo que está cambiando.

Y el *cuarto tema* se refirió, en general, a la "actualización de la Constitución, en los términos jurídico, constitucional y político de todo el engranaje constitucional" precisamente "a la luz de los nuevos términos globales."

Finalizó su discurso, afirmando su decisión de "convocar un proceso popular constituyente para rehacer a Venezuela, a través de una reforma incluyente, democrática, convocante, nacional que permita un gran consenso nuevo, un gran consenso de avance hacia el futuro;" para lo cual decretó la creación de una "Comisión Nacional amplia e incluyente, que se encargaría de la consulta y elaboración del proyecto constituyente para su presentación ante el pueblo." Estableciéndole un "plazo de 90 días para que la comisión presentase un proyecto que impulsase una gran reforma en el país."

Como ocurrió con la Comisión Constitucional designada por Hugo Chávez para el proyecto de reforma constitucional de 2007, la Comisión designada por Maduro también quedó integrada por altos integrantes de los Poderes Públicos entre ellos la Vicepresidenta de la República, Delcy Rodríguez, el Presidente de la Asamblea Nacional, la Presidenta del Tribunal Supremo de Justicia, el Fiscal General de la República, Tarek William Saab, quien presidía la Comisión, el Presidente del Consejo Nacional Electoral, el Procurador General de la República, el Ministro de la Defensa y algunos diputados y otros ciudadanos.[5]

---

el Consejo Nacional Electoral para 27 abril de 2025; y que unos días después, el 19 de febrero de 2025, el mismo Consejo pospuso para el 25 de mayo de 2025. Véase la reseña de la noticia en "Se posponen las elecciones legislativas y de gobernadores en Venezuela por falta de candidatos," en *El País*, 19 de febrero de 2025, disponible en: https://elpais.com/america/2025-02-20/se-posponen-las-elecciones-legislativas-y-de-gobernadores-en-venezuela-por-falta-de-candidatos.html. Y es que en efecto, si la propuesta de reforma constitucional es para "voltear como una media" a las "viejas" gobernaciones, consejos legislativos, alcaldías y consejos municipales, ¿qué sentido tendría realizar una elección para esos cargos, si los mismos desaparecerían?

5 Véase además del video del acto y discurso, las siguientes reseñas del mismo en la prensa: Por ejemplo: la de *Associated Press*: "Presidente de Venezuela presenta propuesta de reforma constitucional ante la Asamblea Nacional," 15 de febrero de 2025, disponible en: https://es-us.noticias.yahoo.com/presidente-venezuela-presenta-propuesta-reforma-013054065.html; la de *TeleSur*: "Presidente de Venezuela convoca a un gran debate nacional para reformar la Constitución de 1999," 15 de febrero de 2025, disponible en: https://www.telesurtv.net/presidente-de-venezuela-convoca-a-un-gran-debate-nacional-para-reformar-la-constitucion-de-1999/: *El Universal*: "Presidente Nicolás Maduro entregó propuesta de reforma constitucional a la Asamblea Nacional. La propuesta abarca tres temas principales y cuatro temas de modificación," 15 de febrero de 2025, disponible en: https://www.eluniversal.com/politica/201648/presidente-nicolas-maduro-entrego-propuesta-de-reforma-constitucional-a-la-asamblea-nacional; *Albertonews*: "Maduro presentó proyecto de reforma constitucional: propone incluir el Poder Comunal y nuevo modelo económico autosuficiente," 15 de febrero de 2024, disponible en https://albertonews.com/nacionales/ultima-hora-maduro-presenta-proyecto-de-reforma-constitucional-ante-la-asamblea-nacional/

De lo anunciando era claro que la propuesta formulada, además de apuntar hacia el establecimiento de un sistema de pensamiento único,[6] apuntaba a la estructuración de un Estado Comunal o del Poder Popular, eliminándose la democracia representativa, sustituyéndola por una supuesta democracia participativa y directa, y desmantelándose el sistema de distribución vertical del poder basado en la descentralización política de la Federación hacia Estados y Municipios, como se ha había venido tratando de hacer desde 2007.

Sobre ello, en el mismo sentido como lo habíamos denunciado durante los últimos lustros,[7] José Miguel Matheus precisó, con razón, que la reforma propuesta en enero era:

> "una estrategia calculada para consolidar su poder autoritario, eliminar el Estado democrático de derecho y de justicia, y aniquilar el sistema federal venezolano para instaurar un modelo comunal. [...]
>
> Es un ataque directo contra los principios fundamentales de la Constitución de 1999 para enterrar la soberanía popular. Su verdadero propósito también apunta a la eliminación del pluralismo político, la concentración absoluta del poder y la disolución de los últimos vestigios de institucionalidad que aún resisten. [...]
>
> Crearía un sistema donde el poder no emana de la soberanía popular ejercida a través del sufragio directo, sino de estructuras organizativas controladas por el régimen. Se trata de un retroceso que aniquilaría cualquier posibilidad de alternancia en el poder. Pues la representación popular dejaría de tener un papel determinante en la conducción del Estado. [...]
>
> Se busca sustituir por completo la estructura constitucional vigente, eliminando la descentralización y el poder de los gobiernos locales y regionales elegidos por el pueblo. En otras palabras, la reforma avizora pretender reemplazar la democracia representativa por un sistema de control político absoluto sin origen popular del poder.[...]
>
> La intención es clara: desmantelar el sistema federal y reemplazarlo por un esquema en el que el poder fluya únicamente desde la cúspide del régimen."[8]

De ello, lo que estaba claro era que con la reforma propuesta se buscaba transformar elementos esenciales de la estructura del Estado, que exigían, ante todo, dilucidar si dichas transformaciones se podían hacer o no mediante una "reforma constitucional" como se proponía, con la sola participación de un órgano controlado por el régimen como era la Asamblea Nacional.

Por supuesto había que esperar que la Comisión presentase la propuesta de modificación constitucional definitiva, oportunidad en la cual debía dilucidarse, antes de que pudiera continuarse con el proceso, cuál era el procedimiento constitucional que debía seguirse para

---

6 Sobre ello, por ejemplo, Miguel Henrique Otero observó que mediante la reforma propuesta se "quiere cambiar la Constitución para erradicar la libertad de pensamiento y establecer un Estado bajo el modelo de pensamiento único, de postración unánime al régimen, de modo que el mismo se eternice en el poder." Véase Miguel Henrique Otero, "La supra dictadura que Maduro quiere," en *El Nacional*, 23 de febrero de 2025, disponible en: https://www.elnacional.com/opinion/la-supra-dictadura-que-maduro-quiere/

7 Véase Allan R. Brewer-Carías, *Estudios sobre el Estado Comunal o del Poder Popular. O de cómo se desconstitucionaliza al Estado, en fraude a la Constitución y a la voluntad popular*, Colección Biblioteca Allan R. Brewer-Carías, Instituto de Investigaciones Jurídicas de la Universidad católica Andrés Bello, N° 8, Caracas 2021.

8 Véase José Miguel Matheus, "Entre la reforma y el Estado comunal en Venezuela. El concepto del Estado comunal elimina la descentralización y los gobiernos locales y regionales. Reemplaza la democracia representativa por un sistema de control político absoluto sin origen popular." En *Diálogo Político*, 18 de febrero de 2025, disponible en: https://dialogopolitico.org/agenda/estado-comunal-venezuela/

hacer realidad los mismos, en los términos que se consagran en la Constitución de 1999,[9] si es que se la quería respetar. Dicha oportunidad nunca llegó, pues la Comisión nunca presentó un proyecto concreto de reforma.

II. LA INCONSTITUCIONALIDAD DE LA NUEVA PROPUESTA DE "REFORMA CONSTITUCIONAL" PARA TRANSFORMAR EL ESTADO EN UN ESTADO COMUNAL

Sobre el contenido que se pudo deducir de la "reforma constitucional" que se proyectaba, sin embargo, debía recordarse que la propia Constitución de 1999, que se buscaba reformar, fue aprobada por una Asamblea Nacional Constituyente que fue convocada al margen de las previsiones de la Constitución de 1961,[10] lo que precisamente originó la inclusión en su texto de una precisa regulación del tratamiento de su propia rigidez, estableciendo tres procedimientos específicos para la revisión de la Constitución, todos con la participación del pueblo, que se distinguen *según la intensidad de las transformaciones que se proponen*, y que son los procedimientos de Enmienda Constitucional, de Reforma Constitucional y de la Asamblea Nacional Constituyente.

Cada uno de estos procedimientos tiene su sentido y ámbito de aplicación *según la importancia de las modificaciones propuestas* a la Constitución, habiendo la Sala Constitucional del Tribunal Supremo de Justicia señalado que:

> "Cada uno de estos mecanismos de reforma tiene sus peculiaridades, los cuales con una somera lectura del texto constitucional se puede apreciar que, por ejemplo, el procedimiento de *enmienda*, va a tener por objeto la *adición o modificación de uno o varios artículos* de la Constitución, tal como lo señala el artículo 340 de la Carta Magna. Por su parte, la *reforma constitucional*, se orienta hacia *la revisión parcial de la Constitución, así como la sustitución de una o varias de sus normas* (artículo 342). Ambos mecanismos, están limitados por *la no modificación de la estructura fundamental del texto constitucional*, y por un referéndum al cual debe estar sometido para su definitiva aprobación, Ahora bien, *en el caso de que se quiera transformar el Estado, crear un nuevo ordenamiento jurídico y redactar una nueva Constitución, el texto constitucional vigente consagra la posibilidad de convocatoria a una Asamblea Nacional Constituyente* (Artículo 347 *eiusdem*)."[11].

De lo anterior resulta que no puede utilizarse uno de los procedimientos de revisión constitucional para fines distintos a los regulados en la propia Constitución, pues de lo contrario, se incurriría en un fraude constitucional,[12] tal como ocurrió con la "reforma constitu-

---

9 Véase Allan R. Brewer-Carías, *La Constitución de 1999. Derecho Constitucional Venezolano,* presentación de Jesús María Casal y prólogo de Jesús María Alvarado Andrade), (5ª Edición, Reedición ajustada de la edición de 2004 (que fue aumentada y anotada con la jurisprudencia del Tribunal Supremo de Justicia hasta ese año), con referencias a la legislación sancionada hasta 2011), (Con el texto oficial de la Constitución publicado en la *Gaceta Oficial* N° 5908 Extra. del 19-2-2009), Academia de Ciencias Políticas y Sociales, Editorial Jurídica Venezolana, Caracas, 2022.

10 Véase Allan R. Brewer-Carías, *Golpe de Estado y proceso constituyente en Venezuela*, Universidad Nacional Autónoma de México, México 2002; *Golpe de Estado Constituyente, Estado Constitucional y Democracia, Colección Tratado de Derecho Constitucional, Tomo VIII,* Fundación de Derecho Público-Editorial Jurídica Venezolana, Caracas, 2015; Allan R. Brewer-Carías *Asamblea Constituyente Y Proceso Constituyente 1999, Colección Tratado de Derecho Constitucional, Tomo VI,* Fundación de Derecho Público, Editorial Jurídica Venezolana, Caracas, 2013.

11 Véase sentencia N° 1140 de la Sala Constitucional de 05-19-2000, en *Revista de Derecho Público*, N° 84, Editorial Jurídica Venezolana, Caracas, 2000.

12 La Sala Constitucional del Tribunal Supremo de Justicia en la sentencia N° 74 de 25-01-2006 señaló que un *fraude a la Constitución* ocurre cuando se destruyen las teorías democráticas "mediante el procedimiento de cambio en las instituciones existentes aparentando respetar las formas y procedimientos constitucionales", o cuando se utiliza "del procedimiento de reforma constitucio-

cional" con el mismo fin de crear un Estado del Poder Popular o Estado Comunal propuesto por el Presidente Hugo Chávez en 2007, y que fue sancionada por la Asamblea Nacional el 2 de noviembre de 2007.[13]

Dicha "reforma," en realidad, tenía por objeto *transformar al Estado* mediante la creación de dicho "Estado Comunal" o del "Poder Popular,"[14] lo mismo que fue rechazado por voto popular en el referendo del 2 de diciembre de 2007;[15] y era lo mismo que se pretendía hacer de nuevo en 2025, con motivo del anuncio efectuado por quien ejercía la Presidencia de la República Nicolás Maduro, el 15 de febrero de 2025.

Se trataba, entonces, de un nuevo intento de pretender transformar el Estado democrático de derecho descentralizado que regula la Constitución en un Estado Comunal centralizado, en el cual se elimina la democracia representativa para la conducción del gobierno.

Conforme a las propuestas de transformación del Estado que fueron anunciadas, para determinar si las mismas podía efectuarse mediante una "reforma constitucional" o más bien resulta necesario realizar un proceso constituyente mediante la convocatoria de una Asamblea Nacional Constituyente, y entender la magnitud del fraude constitucional que se podría producir una vez elaborado el proyecto de reforma, al pretenderse utilizar una vía inadecuada, estimamos que debe precisarse, ante todo, con toda claridad, los tres mecanismos de revisión constitucional dispuestos en la Constitución,[16] y determinar si, entre otros aspectos, la *creación de un Estado Comunal* que afecta de raíz el principio democrático representativo y la distribución vertical del poder, tanto en 2007 como en 2025, podían realizarse mediante el procedimiento de "reforma constitucional"[17] tal como en 2007 se propuso y fracasó y en 2025, de nuevo se formuló.

---

nal para proceder a la creación de un nuevo régimen político, de un nuevo ordenamiento constitucional, sin alterar el sistema de legalidad establecido, como ocurrió con el *uso fraudulento de los poderes* conferidos por la ley marcial en la Alemania de la Constitución de *Weimar*, forzando al Parlamento a conceder a los líderes fascistas, en términos de dudosa legitimidad, la plenitud del poder constituyente, otorgando un poder legislativo ilimitado"; y que un *falseamiento de la Constitución* ocurre cuando se otorga "a las normas constitucionales una interpretación y un sentido distinto del que realmente tienen, que es en realidad una modificación no formal de la Constitución misma", concluyendo con la afirmación de que "*Una reforma constitucional sin ningún tipo de límites, constituiría un fraude constitucional*". Véase en *Revista de Derecho Público,* N° 105, Editorial Jurídica Venezolana, Caracas 2006, pp. 76 ss.

13 Véase Allan R. Brewer-Carías, *La reforma constitucional de 2007 (Comentarios al Proyecto inconstitucionalmente sancionado por la Asamblea Nacional el 2 de noviembre de 2007*), Colección Textos Legislativos, N° 43, Editorial Jurídica Venezolana, Caracas 2007

14 Véase Allan R. Brewer-Carías, *Hacia la consolidación de un Estado Socialista, Centralizado, Policial y Militarista. Comentarios sobre el sentido y alcance de las propuestas de reforma constitucional 2007*, Colección Textos Legislativos, No. 42, Editorial Jurídica Venezolana, Caracas 2007.

15 Véase Allan R. Brewer-Carías, "La proyectada reforma constitucional de 2007, rechazada por el poder constituyente originario", en *Anuario de Derecho Público 2007,* Año 1, Instituto de Estudios de Derecho Público de la Universidad Monteávila, Caracas 2008, pp. 17-65

16 Véase Allan R. Brewer-Carías, *Reforma constitucional y fraude a la Constitución (1999-2009),* Academia de Ciencias Políticas y Sociales, Caracas 2009

17 Véase Allan R. Brewer-Carías "Modelos de revisión constitucional en América Latina" en Walter Carnota y Patricio Marianello (Directores), *Derechos Fundamentales, Derecho Constitucional y Procesal Constitucional*, Editorial San Marcos, Lima, 2008. pp. 210-251; Allan R. Brewer-Carías "Modelos de revisión constitucional en América Latina" en *Boletín de la Academia de Ciencias Políticas y Sociales*, N° 141, enero-diciembre 2003, Caracas, 2004, pp. 115-156; Allan R. Brewer-Carías "Los procedimientos de revisión constitucional en Venezuela" en Eduardo Rozo Acuña (Coord.), *I Procedimenti di revisione costituzionale nel Diritto Comparato, Atti del Convegno In-*

Y evidentemente que no se podía, para lo cual basta con repasar las previsiones de la Constitución para la reforma constitucional, que como lo indica el artículo 342 de la Constitución, tienen por objeto exclusivamente efectuar una revisión parcial de la Constitución y la sustitución de una o varias de sus normas *que no modifiquen la estructura y principios fundamentales* del texto constitucional.

De lo anterior resulta por ejemplo, que la diferencia entre la Enmienda y la Reforma es muy sutil: aquella tiene por objeto "la adición o modificación de uno o varios artículos de la Constitución, *sin alterar su estructura fundamental*"; y ésta tiene por objeto, "la sustitución de una o varias de sus normas *que no modifiquen la estructura y principios fundamentales* del texto constitucional." En cambio, ambos procedimientos se distinguen del de l Asamblea Nacional Constituyente que es el único mediante el cual, conforme al artículo 347, se puede proceder a "*transformar al Estado, crear un nuevo ordenamiento jurídico y redactar una nueva Constitución*"[18] para establecer un Estado Comunal, que es lo que se busca, según los anuncios, con la propuesta de reforma de enero de 2025, siendo inconstitucional proponer que eso se haga mediante el procedimiento de "reforma constitucional" cuando solo puede hacerse convocando una Asamblea Nacional Constituyente que solo el pueblo puede convocar.

III. LA CREACIÓN DEL ESTADO COMUNAL COMO PROPUESTA DE 2025, REVIVIENDO LA VIEJA PROPUESTA DE CHÁVEZ DE 2007, RECHAZADA POR EL PUEBLO

Como se indicó al inicio, el 15 de febrero de 2025, quien entonces ejercía ilegítimamente la Presidencia de la República, Nicolás Maduro, anunció por última vez el inicio de un proceso constituyente popular para una reforma constitucional para la constitucionalización, entre otros aspectos, del Estado Comunal que luego de haber sido rechazado por el pueblo en referendo de diciembre de 2007, durante los últimos lustros fue inconstitucional y progresivamente implementado mediante leyes diversas.

Este anuncio de la reforma constitucional en febrero de 2025, en todo caso, concretaba lo que había venido progresivamente anunciando Nicolás Maduro en los meses anteriores, desde el 6 de julio de 2024, sobre la convocatoria a una "consulta popular" para el 25 de agosto de 2024, sobre proyectos comunales;[19] y luego, el 18 de noviembre de 2024, sobre su propuesta de un "plan de la trasformación camino al futuro (2025-2031)," consistente en "la concepción y el plan para la *fundación de un nuevo Estado, que supere los vicios del viejo Estado burgués*," afirmando que "Hoy estamos más preparados, en Venezuela *prevalecerá el nuevo Estado comunal* y la paz incluyente para todas y todos los venezolanos."[20]

---

ternazionale organizzato dalla Facoltà di Giurisprudenza di Urbino, 23-24 aprile 1997, a cargo del Prof., Università Degli Studi di Urbino, pubblicazioni della Facoltà di Giurisprudenza e della Facoltá di Scienze Politiche Urbino, Italia , 1999. pp. 137-181; Allan R. Brewer-Carías "Los procedimientos de revisión constitucional en Venezuela" en *Boletín de la Academia de Ciencias Políticas y Sociales*, N° 134, 1997, pp. 169-222

18 Véase lo expuesto en Allan R. Brewer-Carías, *Poder Constituyente originario y Asamblea Nacional Constituyente*, Caracas 1999; Allan R. Brewer-Carías "El desequilibrio entre soberanía popular y supremacía constitucional y la salida constituyente en Venezuela en 1999," en *Revista Anuario Iberoamericano de Justicia Constitucional,* N° 3, 1999, Centro de Estudios Políticos y Constitucionales, Madrid , 2000, pp. 31-56.

19 Véase el discurso de Nicolás Maduro en Barquisimeto, 6 de julio de 2024, disponible en: https://search.app/b9rtCD57CWHWdJSt8

20 Véase "Presidente venezolano reafirma que prevalecerá el nuevo Estado comunal en Venezuela," *Telesur,* 18 de noviembre de 2024, disponible en https://www.telesurtv.net/presidente-venezolano-reafirma-que-prevalecera-el-nuevo-estado-comunal-en-venezuela/

Además, en el programa de gobierno denominado "Plan de las Siete Transformaciones (7T)," que presentó ante la Asamblea Nacional al juramentarse para el período 2025-2031, "resultado" supuestamente "de un proceso consultivo que involucró a más de 63 mil asambleas populares," se destacaba la quinta transformación sobre "Transformación política: poder popular y consenso" que buscaba "*consolidar el Poder popular.*"[21] Además, en la página web de la Asamblea Nacional, se informó de la entrega por parte del Sr. Maduro de un Proyecto de Reforma Constitucional, pero cuyo contenido no se hizo público.[22]

Pues bien, ese Estado Comunal o del Poder Popular, centralizado y militarista que en fraude a la voluntad popular se había venido implementando inconstitucionalmente desde 2008, en paralelo a la destrucción sistemática de todas las instituciones y principios democráticos, era el que entonces se pretendía volver a tratar de constitucionalizar con la nueva propuesta de reforma constitucional anunciada en febrero de 2025 por Nicolás Maduro,[23] para acabar con la democracia representativa, en nombre de una supuesta democracia participativa, sobre lo cual, de inmediato, además de los ya reseñados, hubo pronunciamientos diversos.

Por ejemplo, los representantes del partido *Movimiento al Socialismo MAS*, expresaron lo siguiente:

> "El MAS instó a la oposición a dar pasos firmes para lograr la unidad y diseñar una estrategia sólida que impida al oficialismo avanzar sin contrapesos en la imposición de una reforma constitucional que podría alterar el concepto de Estado concebido en el pacto social de los venezolanos [se] pretende incluir en la Constitución el llamado «Poder Comunal» sin que se conozca su contenido ni los alcances que podría tener en el actual escenario político.[24]

Por su parte el dirigente político César Pérez Vivas expresó:

> "Maduro anunció la supuesta "ampliación y perfeccionamiento de la democracia participativa y protagónica", lo que, en realidad, no es más que la implementación de un modelo autoritario basado en el poder comunal, social y popular. Este es el mismo esquema utilizado en Cuba para eliminar la democracia real y sustituirla por una estructura burocrática subordinada al partido-Estado, que niega el pluralismo y centraliza aún más el poder.
>
> En la práctica, esta medida reducirá las competencias de los poderes regionales y locales, fortaleciendo el control del poder central bajo la fachada de "decisiones emanadas de las bases del poder popular". Es altamente probable que se establezcan elecciones de segundo grado para elegir al presidente de la República, evitando así una nueva derrota como la sufrida el 28 de julio de 2024.

---

21 Véase "Plan 7T: Las siete transformaciones que definirán el nuevo mandato en Venezuela 2025-2031." en *Telesur*, 10 de enero de 2025, disponible en: https://www.telesurtv.net/plan-7t-las-siete-transformaciones-que-definiran-el-nuevo-mandato-en-venezuela-2025-2031/

22 Véase Mayerlin González y Dinorat Menessini, "AN recibe proyecto de reforma constitucional", *Telesur*, 10 de enero de 2025, disponible en: https://www.telesurtv.net/plan-7t-las-siete-transfor maciones-que-definiran-el-nuevo-mandato-en-venezuela-2025-2031/

23 Véase el comentario sobre "Lo que hay tras la reforma constitucional," en *Insight Analítico*, No. 195, 17 al 23 de febrero de 2025, disponible en www.analitica.com

24 Véase; "MAS alerta sobre intención del gobierno de imponer el «Poder Comunal» en la Constitución," en *TalCual*, 17 de febrero de 2025, disponible en https://talcualdigital.com/mas-alerta-sobre-intencion-del-gobierno-de-imponer-el-poder-comunal-en-la-constitucion/

> No se trata de adaptar la Constitución a principios democráticos modernos, sino de lo contrario: Se reforzará el poder presidencial, eliminando cualquier límite efectivo. Se consolidará el militarismo y la "alianza cívico-militar-policial", formalizando el Estado policial que oprime a la ciudadanía. Se profundizará la desaparición de la descentralización y la federación, bajo la excusa de una supuesta "democracia comunitaria". [25]

En sentido similar se expresaron varios especialistas, como lo destacó el diario *El Tiempo,* en la siguiente reseña:

> "Alí Daniels, de *Acceso a la Justicia*, advirtió que la reforma lo que está buscando es cambiar la manera de elegir, cambiar el sistema electoral para hacerlo irrelevante e intrascendente…" y además, establecer el modelo del Estado comunal que es el que Chávez propuso en la fallida reforma constitucional de 2007, cuyo objetivo "es centralizar aún más el poder en el Ejecutivo nacional, crear formas de propiedad distintas a la privada y aumentar el control social."
>
> Mientras que, respecto a las elecciones de segundo grado, tal como ocurre en Cuba o como se dio en la época soviética, buscan que los ciudadanos elijan a delegados y estos a su vez "escojan" los cargos públicos, garantizando así el control del oficialismo a través del Consejo de Estado.
>
> Esta es una de las aristas que tendría esta reforma, que, de hecho, ya se hizo un ensayo parecido en 2017 con la elección de la Asamblea Nacional Constituyente, de la que salió la Ley contra el Odio, que –similar al modelo represivo nicaragüense– ha servido para perseguir a la disidencia.
>
> Pero, en ese momento, recuerda Daniels, a nivel electoral se hizo una especie de división que escogía indirectamente a los constituyentes, algo no aplicado en Venezuela.
>
> "Esto es muy peligroso, pues busca implementar la elección en segundo grado del cargo de presidente de la República o Consejo de Estado como en Cuba, es una manera de hacerse con la totalidad y control del Parlamento, que sería la instancia que elige el presidente, a través de los delegados comunales", explica a este diario el politólogo Carlos Zambrano.
>
> Para Zambrano, las figuras de gobernadores y alcaldes dejarían de existir para ser sustituidas por los designados por el Consejo de Estado.
>
> Mientras que, para Rafael Uzcátegui, defensor de derechos humanos y director de la ONG Laboratorio de Paz, lo que se busca es "constitucionalizar" la figura de las comunas como división política y territorial del país y de los consejos comunales como la mayor expresión de "participación popular", sumando, por supuesto, las elecciones de segundo grado para elegir funcionarios públicos.[26]

Finalmente, el constituyentista de 1999, Froilán Barrios, en relación con la propuesta de constitucionalizar el Estado Comunal, destacó que la misma pretende sustituir:

---

[25] Véase Cesar Pérez Vivas, "Golpe a la Constitución en Venezuela," 17 de febrero de 2025, en *Morfema*, disponible en https://morfema.press/opinion/golpe-a-la-constitucion-en-venezuela/

[26] Véase las reseñas en Jhoan Melendez, "Lo que advierten los expertos sobre le proyecto de reforma constitucional presentado por Maduro," en Asna Rodríguez Brazón, *El Tiempo*, 15 de febrero de 2025, disponible en: https://www.eltiempo.com/mundo/venezuela/nicolas-maduro-presenta-proyecto-de-reforma-constitucional-estos-son-los-temores-que-lo-rodean-3427365; en *Aporrea.com*, 17 de febrero de 2025, disponible en: https://www.aporrea.org/ideologia/n401332.html; y en *Sumarium*, 17 de febrero de 2025, disponible en: https://sumarium.info/2025/02/16/lo-que-advierten-los-expertos-sobre-le-proyecto-de-reforma-constitucional-presentado-por-maduro/

"mediante su propuesta de «democracia directa» el voto universal, directo y secreto, reemplazado por la representación indirecta de delegados de organismos sociales, como los consejos comunales, parlamento comunal, cooperativas, consejos de trabajadores, cuyos delegados en asamblea nacional serían los capacitados para elegir las autoridades nacionales."[27]

Venezuela, sin duda, en 2025, y particularmente desde 2024, luego de la destrucción sistemática de todas las instituciones democráticas del país realizada desde el propio gobierno del régimen que desató una guerra larga contra el propio Estado y la Administración pública,[28] contra la población cada vez más desasistida y empobrecida, contra los servicios públicos que fueron desmantelados, contra la economía pública y privada que han sido quebradas y destrozadas, contra los derechos humanos y colectivos que han sido sistemáticamente violados y, en fin, contra la democracia y sus valores esenciales,[29] concluyendo en 2025 con el secuestro burdo de los resultados de la elección presidencial del 28 de julio de 2024,[30] puede decirse que ya para ese momento estaba en un momento constituyente que le imponía a los venezolanos la necesidad de acometer cambios profundos en las instituciones del Estado, las cuales habían sido destruías y degradadas.

Para ello, había que tener claro que la democracia había sido secuestrada, y solo el pueblo, bajo una conducción unitaria de todos quienes querían y quieren la restitución de la democracia, podría rescatarla. Como lo destacó el padre Luis Ugalde, haciendo un llamado "a la "unidad" para "restitución democrática en Venezuela," lo que implicaba "sumar fuerza, incluso con quien no se está de acuerdo", considerando "que es hora de una unidad entre los distintos factores que aspiran a la restitución democrática en Venezuela." El padre Ugalde con razón, expresó "que el venezolano no busca la violencia ni se ha planteado una salida por la vía armada;" e indicó que:

"Estamos en un momento en el cual es imprescindible que tanto los civiles como los militares nos hagamos la idea de que no hay más remedio que salir de este callejón sin salida y entendernos, incluso entre quienes han podido ser rivales muy enfrentados."[31]

Esa necesaria unidad, sin embargo, en ningún caso se podía lograr participando en nuevas farsas electorales, como la que fue anunciada para gobernadores y alcaldes, primero para abril de 2025 y ahora para mayo de 2025, que debían rechazarse pues no eran otra cosa sino un mecanismo para promover, no solo un voto inútil, en el cual ni el régimen creía, sino la corrupción;[32] sobre todo cuando sobre las mismas, el propio Sr. Maduro en su discurso del 15

---

27 Véase Froilán Barrios, "El objetivo de la reforma constitucional de Maduro: El entierro de la CRBV," en *El Nacional*, 19 de febrero de 2025, disponible en: https://www.elnacional.com/opinion/objetivo-de-la-reforma-constitucional-de-maduro-el-entierro-de-la-crbv/

28 Allan R. Brewer-Carías, *Los embates del autoritarismo contra el derecho administrativo y la administración pública*, con Prólogo de Eduardo Jorge Prats y Presentación de Olivo Rodríguez Huertas, Editorial Librería Jurídica Internacional SRL Santo Domingo, República Dominicana, 2024.

29 Véase Allan R. Brewer-Carías, "El caso de Venezuela: un Estado depredador en guerra contra el país, sus instituciones, sus habitantes y sus ciudadanos," en *Boletín de la Academia de Ciencia Políticas y Sociales,* Nº *173, julio-septiembre 2023, Homenaje a Hildegard Rondón de Sansó,* Caracas 2024, pp. 771-808.

30 Véase Allan R. Brewer-Carías, *Crónica constitucional sobre el secuestro de la elección presidencial del 28 de julio de 2024*, Colección de Crónicas constitucionales para la Memoria Histórica, No 10, Biblioteca Allan R. Brewer-Carías, Universidad Católica Andrés Bello, Caracas 2024.

31 Véase Nota de Prensa: "Exrector de la UCAB llama a la "unidad" para restitución democrática en Venezuela," en *Runrunes*, 18 de febrero de 2025, disponible en: https://runrun.es/noticias/573309/exrector-de-la-ucab-llama-a-la-unidad-para-restitucion-democratica-en-venezuela/

32 Tal como lo ha señalado el profesor Víctor Rodríguez Cedeño, "Algunos interesados en desconocer el 28 de julio y el triunfo de Edmundo González y de María Corina Machado anuncian con la

de febrero en el cual propuso su reforma, se burló de las mismas al mencionar, luego de anunciar que a esas "viejas" gobernaciones y alcaldías las iba a voltear como "como una media" que, sin embargo, veía en la audiencia personas con "cara de candidatos" a las mismas; unas elecciones que se realizan en el marco de una Ley como la Ley Orgánica Libertador Simón Bolívar contra el Bloqueo Imperialista y en Defensa de la República Bolivariana de Venezuela de 2024 que declaraba como "actuaciones y acciones que ponen en riesgo la soberanía, independencia, autodeterminación e integridad territorial de Venezuela y que vulneran los valores y los derechos irrenunciables de la Nación," entre otras, "el desconocimiento de los Poderes Públicos legítimamente instaurados en la República Bolivariana de Venezuela, de sus actos o sus autoridades," (art. 7.2) como sería, por ejemplo, desconocer las actuaciones del Consejo Nacional Electoral en relación con la elección presidencial del 28 de julio.

Ante todo esto, afortunadamente, la unidad comenzó a expresarse en cuanto al rechazo a participar en las referidas elecciones de las autoridades estadales y municipales,[33] y así lo expresaron, entre otros, por ejemplo, además de María Corina Machado,[34] Andrés Velázquez de la Causa R,[35] y el Partido Comunista de Venezuela.[36]

---

mayor desfachatez su apoyo a la "farsa electoral" que monta el régimen para el 27 de abril. Conservar espacios es la justificación, sabiendo todos que esos espacios son personales y nunca en favor de los intereses colectivos y que los mismos están limitados en el tiempo y en su forma cuando poco después que le atribuya el CNE los votos que le hacen "merecedor" del cargo y de la confianza provisional de la tiranía se designe el protector que neutralizará su "independencia" y controlará sus actos, garantía de la sumisión a la tiranía. Es más vergonzoso que lamentable que algunos políticos que una vez tuvieron algún respaldo de los venezolanos se presten a esta farsa electoral y me refiero a Capriles, a Rosales y a otros que justifican la participación en "elecciones" sin cerrar la página del 28 de julio, el gran triunfo de los venezolanos y de su auténtico liderazgo. Saben, como todos, que los resultados están ya elaborados y que obtendrán una migaja política que les permitirá, eso sí, obtener sus beneficios personales." Véase "Víctor Rodríguez Cedeño, "La unidad entre la traición y la corrupción," en *El Nacional,* 18 de febrero de 2025, disponible en https://www.elnacional.com/opinion/la-unidad-ante-la-traicion-y-la-corrupcion/#google_vignette

33 Incluso como ha expresado Humberto García Larralde, una forma de "conservar y potenciar, aún más, la contundente fuerza mayoritaria" que se manifestó el 28 de julio de 2024. Véase Humberto García Larralde, "¿Para qué sirven las elecciones convocadas para el 27 de abril?" en *El Nacional*, 18 de febrero de 2025, disponible en: https://www.elnacional.com/opinion/para-que-sirven-las-elecciones-convocadas-para-el-27-de-abril/#google_vignette i

34 Así reseñó *CNN* sus declaraciones: "La líder opositora venezolana María Corina Machado dijo este domingo que "no procede" participar en más elecciones en ese país hasta que se acaten los resultados de las que, según la oposición, ganó Edmundo González Urrutia. "Las elecciones son para elegir y no para lavarle la cara a la tiranía", explicó Machado en un video publicado en redes sociales. "El pueblo eligió y derrotó al régimen con sus propias reglas. El resultado debe y va a ser respetado." Véase en Marlon Sorte, "Machado dice que "No procede" participar en elecciones hasta que no entre en vigor la victoria de Edmundo González," en *CNNenespañl,'* 19 de enero de 2025, disponible n: https://cnnespanol.cnn.com/2025/01/19/venezuela/maria-corina-machado-no-procede-participar-en-elecciones-orix

35 Dijo" «A los que andan convocando a votar el 27A. Tengan presente que el voto que no elige es voto inútil. Oigan al pueblo que votó el 28J. No habrá votos para nadie. Es el mismo CNE que proclamó a Maduro sin actas. Para participar debes reconocer el fraude. Sin derecho a reclamo»," en Andrés Velásquez: A los que andan convocando a votar el 27A, voto que no elige no es útil. «No le voy a seguir el juego a la dictadura de participar en elecciones simuladas, dónde el voto no vale nada», anunció el opositor," en *EfectoCocuyo*, 6 de febrero de 2025, disponible en: https://efectococuyo.com/politica/andres-velasquez-a-los-que-andan-convocando-a-votar-el-27a-voto-que-no-elige-no-es-util/

36 Así lo reseñó *El Nacional*: "El Partido Comunista de Venezuela (PCV) no participará en las elecciones legislativas y regionales convocadas por el Consejo Nacional Electoral para el próximo 27 de abril, al considerar que no hay garantías ni transparencia tras las presidenciales de julio de

Igualmente se pronunció la Plataforma Unitaria, indicando que "la ruta electoral fue destruida por el régimen al desconocer la decisión soberana del pueblo," por lo que la reconstrucción de esa ruta "pasa por la recuperación de condiciones políticas, institucionales, y garantías electorales reales en materia electoral" para que pueda haber una "verdadera elección"[37]

En toda esta perspectiva, entonces, frente a la reforma constitucional propuesta por el régimen y frente a unas elecciones regionales que no eran y fueron sino una banalización del voto,[38] la opción políticas única que tenía el régimen autoritario que asaltó el poder desde 1999, y que había pasado a controlar todos los hilos del mismo, en un país donde podía decirse que como lo describió Luis Beltrán Guerra, "la democracia está alborotada,"[39] era solo

---

2024, cuando se proclamó a Nicolás Maduro como ganador, sin aún mostrar las actas electorales. «De manera ilegal e inconstitucional, Maduro asumió un gobierno de facto sin que el Consejo Nacional Electoral (CNE) presentara los resultados de las elecciones presidenciales del 28 de julio, desagregados por mesa de votación, tal y como establecen las leyes», señaló el Partido Comunista de Venezuela en una nota de prensa difundida hoy, que recogió las conclusiones de las del XV Pleno del Comité Central del PCV, celebrado el sábado. El PCV explicó que decidió no participar en las elecciones de abril ante lo que consideró como el auge del autoritarismo y de la represión, así como por las que tachó de «normas arbitrarias para obstaculizar la participación política»" en "Partido Comunista de Venezuela no participará en las elecciones de abril," en *El Nacional*, 19 de febrero de 2025, disponible en https://www.el nacional.com/venezuela/partido-comunista-de-venezuela-no-participara-en-las-elecciones-de-abril/

37 Así se reseñó en los medios: Sobre las elecciones "fijadas por el Poder Electoral primero para el 27 de abril y luego cambiadas al 25 de mayo – la Plataforma Unitaria Democrática (PUD) se pronunció para condicionar la postulación de candidaturas, al respeto a la voluntad popular expresada en las presidenciales 2024 y a la preservación de la tarjeta de la MUD." Véase "Las condiciones que pone la Plataforma Unitaria para participar en las elecciones de gobernadores y de la AN," en *EfectoCocuyo*, 19 de febrero de 2025, disponible en: https://efecto cocuyo.com/politica/condicio nes-plataforma-unitaria-participar-elecciones-gobernadores-an/ Véase además, la reseña "La defensa del voto" en *El Nacional*, 23 de febrero de 2025, disponible en: https://www.elnacional.com/opinion/la-defensa-delvoto-2/?utm_source=Twitter&utm_médium=social&utm_campaign=social

38 Como lo ha destacado Sylvie Páez al referirse a la elección secuestrada del 28 de julio: "La voluntad de cambio se impuso, las comunidades no solo se informaron, sino que actuaron de modo coordinado, todos a la vez, votaron por un cambio, bajo una participación excepcional. El desafío se asumió y la gente lo superó. Lo dicho: un régimen no democrático frente a una ciudadanía democrática llevó a un triunfo ganado palmo a palmo, programado, participativo, en contracorriente, que puso de relieve la decisión de la mayoría absoluta que el régimen no respetó." Y frente a ello Páez se pregunta con razón: "*¿Se puede convocar a quienes se organizaron y lucharon con determinación a participar en un proceso electoral sin primero honrar la previa voluntad mayoritaria del pueblo*?" Siendo su respuesta clara, la siguiente: "Este es el punto, la instalación de la farsa electoral pasa por la clara estrategia de banalizar el voto. Hoy estamos frente a un voto sin fuerza ni determinación, la voz de la tiranía apaga todo instrumento que nos pueda llevar al cambio, a subvertir el orden opresor e injusto. Un voto banalizado, no tiene sustancia, es trivial, fútil, superficial, insignificante, irrelevante, intrascendente. No genera cambios, por tanto, al ejercerlo se fortalece al sistema que lo impone. En las comunidades populares venezolanas, hay conciencia de esto, la banalización del voto ha sido un proceso, empezó con las grandes elecciones, falseada, luego pasó a lo comunal hasta llegar al desconocimiento absoluto basado en un acto totalmente arbitrario de parte del sistema de dominación: se dan unos resultados sin comprobación ni evidencias, sin adulterarla, simplemente robada." Véase Sylvie Páez, "De la farsa electoral a la banalidad del voto," en *La Gran Aldea*, 17 de febrero de 2025, disponible en: https://laldea.site/2025/02/17/de-la-farsa-electoral-a-la-banalidad-del-voto/

39 En su estado actual, dice: "no hay dudas con respecto al alboroto, entiéndase bien, de "alborotar" para la RAE, inquietar, alterar, conmover, perturbar, alebrestarse, embochicar. Venezuela no escapa de la conceptualización. Negarlo no tiene sentido, para el gobierno, ni en lo que respecta a aquellos que desean sustituirlo. Véase Luis Beltrán Guerra, "¿Estará la democracia alborotada?, en *PanamPost,* 22 de febrero de 2025, disponible en: https://panampost.com/luis-beltran/2025/02/22/democraciaalborotada/

una, y no otra que eliminar definitivamente la camisa de fuerza que era la Constitución de 1999, con todos sus sistemas de distribución vertical y horizontal del poder, de control del mismo y sus exigencias democráticas representativas que se diseñaron en 1999, con el propósito de establecer el control absoluto de la sociedad y de las instituciones.

Y ello, a pesar de que la Constitución había sido sistemáticamente violada y mutada, a discreción, con la ayuda de las instituciones del propio Estado que controlaba, en particular, del Juez Constitucional.[40]

Por ello, y particularmente porque ya no contaban votos, como quedó demostrado en la elección presidencial del 28 de julio,[41] tenían que suplantar definitivamente la democracia representativa, es decir, el sufragio universal, directo y secreto, por una supuesta democracia participativa y protagónica directa, que no era otra cosa sino un medio para asegurar el control político centralizado y directo de todas las instituciones y de la población, y eliminar todo vestigio de descentralización política del poder, que es la esencia de la reforma constitucional propuesta.

Por ello, a esos "estorbos" de los cuales se querían deshacer, se unía la necesidad que tenía el régimen de consolidar en nuevas instituciones centralizantes a los efectos de la destrucción institucional efectuada, y terminar de eliminar los principios esenciales de la Constitución como son la democracia representativa, la separación de poderes, el federalismo y la distribución territorial del poder, el entramado de control del ejercicio del poder, el garantismo de los derechos humanos, el control judicial de todas las acciones del gobierno, y el sometimiento de la autoridad militar a la autoridad civil.

Esa fue precisamente la opción que asumió el régimen al plantear de nuevo a partir de enero de 2025 la vía de una "reforma constitucional" para establecer un Estado Comunal, centralista, policial, militarista y de ideología única "socialista-bolivariana" que se había venido implementando inconstitucionalmente en los últimos lustros, y así "constitucionalizar" toda la destrucción realizada.

Esta fue la opción de la "reforma constitucional" planteada por el régimen que, en definitiva, no parece sino como uno de los últimos estertores de un régimen agotado

---

40 Véase Allan R. Brewer-Carías, *El Juez Constitucional y la aniquilación del Estado Democrático. Algunas claves "explicativas" encontradas en una Tesis "secreta" hallada en Zaragoza, Colección de* Crónicas constitucionales para la Memoria Histórica, N° 4, Biblioteca Allan R. Brewer-Carías, Universidad Católica Andrés Bello, Caracas 2024.

41 Como lo ha destacado Rafael Simón Jiménez, "Si hubiera que calificar la orfandad de apoyo popular y por supuesto de votos en que se haya el régimen de Maduro, bastaría con devolverles el término de «escuálidos», palabreja despreciativa acuñada por Chávez a sus adversarios en tiempos en que exhibía un innegable y gran liderazgo social, con el que lograba derrotar limpiamente a sus desconcertados contendientes. Los resultados, pero sobre todo el descarado y brutal escamoteo consumado el pasado 28 de julio y que ha quedado en evidencia frente a Venezuela y el mundo, delatan un claro "encogimiento" de su votación, superada en casi 4 millones de sufragios por la inmensa voluntad de cambio acumulada en el país, agrupada en las diversas y variopintas expresiones de cambio, que se manifestaron con claridad y contundencia en los pasados comicios presidenciales.[…] hoy en día en cualquier contienda electoral, por desigual, abusadora y ventajista que sea, como todas donde se compite con el gobierno, sus apoyos están mucho más disminuidos y achicopalados y por tanto es imposible que puedan ganar cualquier elección." Véase Rafael Simón Jiménez, "¿Cuántos votos le quedan al oficialismo?, en *El Nacional,* 21 de febrero de 2025, disponible en: https://www.elnacional.com/opinion/cuantos-votos-le-pueden-quedar-al-oficialismo/

JURISPRUDENCIA

Información Jurisprudencial

Jurisprudencia Administrativa y Constitucional (Tribunal Supremo de Justicia y Cortes de lo Contencioso Administrativo): Segundo Semestre de 2025

Selección, recopilación y notas
por Mary Ramos Fernández
Abogada
Secretaria de Redacción de la Revista

SUMARIO

I. ORDENAMIENTO CONSTITUCIONAL Y FUNCIONAL DEL ESTADO

1. *Estado de excepción emergencia económica*

TSJ-SC (1460) **11-8-2025**

Ponencia Conjunta

Caso: Solicitud para que esta Sala se pronuncie la Constitucionalidad del Decreto N° 5.157 de fecha 8 de agosto de 2025, publicado en la Gaceta Oficial de la República Bolivariana de Venezuela N° 6.924 Extraordinario de la misma fecha, mediante el cual se declara el Estado de Emergencia Económica en todo el Territorio Nacional, de conformidad con la Constitución de la República Bolivariana de Venezuela y su ordenamiento jurídico, por un lapso de sesenta (60) días, publicado en la Gaceta Oficial de la República Bolivariana de Venezuela N° 6.924, Extraordinario del 8 de agosto de 2025

....Al respecto, examinado el contenido del instrumento jurídico-constitucional remitido a esta Sala del Tribunal Supremo de Justicia, se observa sumariamente que se trata de un Decreto cuyo objeto es, a tenor de su artículo 1, que el Ejecutivo disponga de la atribución para adoptar las medidas oportunas que permitan atender eficazmente la situación excepcional, extraordinaria y coyuntural por la cual atraviesa la economía venezolana, y que permita asegurar a la población el disfrute pleno de sus derechos y el libre acceso a bienes y servicios fundamentales, e, igualmente, mitigar los efectos de la guerra comercial, ocasionada por la política arancelaria del Gobierno de los Estados Unidos, que genera un gran riesgo de recesión mundial con el correspondiente desplome de los precios internacionales de las materias primas, incluyendo el petróleo y el gas, así como también contrarrestar los efectos de recientes acciones y amenazas de agresión económica contra Venezuela, mediante la adopción de nuevas medidas coercitivas unilaterales y otras medidas restrictivas o punitivas, dirigidas a reducir y limitar severamente los ingresos externos de la República con el objetivo de privar al pueblo venezolano del acceso a bienes esenciales para su subsistencia.

Particularmente, observa esta Sala Constitucional que el presente instrumento está compuesto de la siguiente forma:

La fundamentación jurídica, la cual expresa los dispositivos constitucionales y legales en que se basan las competencias que está ejerciendo el ciudadano Presidente de la República en Consejo de Ministros, entre los cuales se invocan los artículos 226 y 236, numerales 1, 2 y 7 Constitucionales, que aluden esencialmente a la acción de gobierno y a la facultad para dictar estados de excepción, en concordancia con los artículos 337, 338 y 339 *eiusdem*, normas que a su vez fueron concatenadas con los artículos 10, 11 y 12 de la Ley Orgánica sobre Estados de Excepción, todos los cuales refieren diversos aspectos atinentes a su régimen jurídico.

Los acápites intitulados como *"considerando"*, los cuales expresan las condiciones fácticas que han sido observadas por el Ejecutivo Nacional para ejercitar las competencias antes reseñadas.

El cuerpo del Decreto, luego del mencionado artículo 1, cuyo texto manifiesta el objeto esencial del mismo, continúa con el artículo 2, que contiene la facultad del Ejecutivo Nacional para dictar todas las medidas que considere necesarias para garantizar el desarrollo y el crecimiento económico de Venezuela. El artículo 3 que suspende por el período que dure la emergencia económica la garantía constitucional de la reserva legal en materia económica, financiera y monetaria. El artículo 4 que establece la potestad del Presidente de la República de dictar otras medidas de orden social, económico o político que estime conveniente.

El artículo 5 dispone que los Poderes Públicos, los órganos de Seguridad Ciudadana y Policía Administrativa, así como la Fuerza Armada Nacional Bolivariana, están obligados a colaborar con el cabal cumplimiento de las medidas a que se refiere el Decreto. El artículo 6 contempla una vigencia de sesenta (60) días, prorrogables por sesenta (60) días más, para la ejecución de los objetivos plasmados en el Decreto. El artículo 7 señala que el Decreto será remitido a la Sala Constitucional del Tribunal Supremo de Justicia, con el objeto de que se pronuncie sobre su constitucionalidad, de conformidad con el artículo 31 de la Ley Orgánica sobre Estados de Excepción. Por último, el artículo 8, determina la entrada en vigencia del Decreto, a partir de su publicación en la Gaceta Oficial de la República Bolivariana de Venezuela.

Ahora bien, señalado el contenido del referido Decreto, esta Sala estima pertinente efectuar algunas nociones sobre la naturaleza, contenido y alcance de los estados de excepción, como uno de los regímenes del derecho constitucional de excepción que, una vez satisfechos los presupuestos fijados por el constituyente, puede ser declarado de manera facultativa por el Presidente de la República, y en virtud del cual éste queda investido de facultades excepcionales para dirimir y controlar los hechos que condujeron a su decreto, conforme a los artículos 337, 338 y 339 de la Constitución de la República Bolivariana de Venezuela; configurándolo como un acto con proyección política, reglado por ésta.

En tal sentido, los artículos 337 y 338 de la Constitución de la República Bolivariana de Venezuela disponen lo siguiente:

> *"**Artículo 337.** El Presidente o Presidenta de la República, en Consejo de Ministros, podrá decretar los estados de excepción. Se califican expresamente como tales las circunstancias de orden social, económico, político, natural o ecológico, que afecten gravemente la seguridad de la Nación, de las instituciones y de los ciudadanos y ciudadanas, a cuyo respecto resultan insuficientes las facultades de las cuales se disponen para hacer frente a tales hechos. En tal caso, podrán ser restringidas temporalmente las garantías consagradas en esta Constitución, salvo las referidas a los derechos a la vida, prohibición de incomunicación o tortura, el derecho al debido proceso, el derecho a la información y los demás derechos humanos intangibles".*

> *"**Artículo 338.** Podrá decretarse el estado de alarma cuando se produzcan catástrofes, calamidades públicas u otros acontecimientos similares que pongan seriamente en peligro la seguridad de la Nación o de sus ciudadanos y ciudadanas. Dicho estado de excepción durará hasta treinta días, siendo prorrogable hasta por treinta días más.*

> *Podrá decretarse el estado de emergencia económica cuando se susciten circunstancias económicas extraordinarias que afecten gravemente la vida económica de la Nación. Su duración será de hasta sesenta días, prorrogable por un plazo igual.*

> *Podrá decretarse el estado de conmoción interior o exterior en caso de conflicto interno o externo, que ponga seriamente en peligro la seguridad de la Nación, de sus ciudadanos y ciudadanas, o de sus instituciones. Se prolongará hasta por noventa días, siendo prorrogable hasta por noventa días más.*

> *La aprobación de la prórroga de los estados de excepción corresponde a la Asamblea Nacional. Una ley orgánica regulará los estados de excepción y determinará las medidas que pueden adoptarse con base en los mismos".*

Así pues, en general, la Constitución de la República Bolivariana de Venezuela consagra la posibilidad de que el Presidente de la República en Consejo de Ministros decrete estados de excepción, en sus distintas formas: estado de alarma, estado de emergencia económica, estado de conmoción interior y estado de conmoción exterior, conforme a lo previsto en sus artículos 337 y 338.

Igualmente, los referidos artículos constitucionales establecen los escenarios que deben considerarse para decretar los estados de excepción, es decir, *i)* el estado de alarma, *ii)* el estado de emergencia económica y *iii)* el estado de conmoción interior o exterior en caso de conflicto interno o externo; así como el tiempo por el que puede ser instaurado cada uno de ellos, y la enumeración taxativa de los supuestos de hecho en los cuales procedería la declaratoria de los referidos estados de excepción.

En este sentido, el artículo 339 *eiusdem* dispone que el Decreto que declare el estado de excepción, en el cual se regulará el ejercicio del o de los derechos relacionados, será presentado, dentro de los ocho (8) días siguientes de haberse dictado, a la Asamblea Nacional, para su consideración y aprobación, y a la Sala Constitucional del Tribunal Supremo de Justicia, para que se pronuncie sobre su constitucionalidad.

De otra parte, el desarrollo legislativo de esta figura jurídica extraordinaria de orden constitucional está regulado en la Ley Orgánica sobre Estados de Excepción, publicada en Gaceta Oficial de la República Bolivariana de Venezuela, bajo el n° 37.261 del 15 de agosto de 2001, la cual establece, entre otros tópicos, los supuestos para que se configuren los estados de excepción.

Ese instrumento legal estatuye en su artículo 2 que los Estados de Excepción son circunstancias de orden social, económico, político, natural o ecológico, que afecten gravemente la seguridad de la Nación, de sus ciudadanos o de sus instituciones, al tiempo que dispone los principios rectores de los mismos.

En tal sentido, puede afirmarse que los estados de excepción son circunstancias de variada índole, que pueden afectar la seguridad de la nación, de las instituciones o de los ciudadanos, para cuya atención no serían totalmente suficientes ni adecuadas a los fines del restablecimiento de la normalidad, las facultades de que dispone ordinariamente el Poder Público, y ante las cuales el ciudadano Presidente de la República, en Consejo de Ministros, está investido de potestades plenas para declarar tal estado en los términos que contemple en el Decreto respectivo, con los límites y bajo el cumplimiento de las formalidades estatuidas en el Texto Fundamental, pero siempre en la búsqueda de garantizar la independencia y soberanía de la República en todos sus atributos y aspectos.

Respecto de las circunstancias que ameritarían la activación de tal mecanismo excepcional y extraordinario, ciertamente, tal como lo propugna la doctrina antes mencionada, destacan los conceptos de heterogeneidad, irresistibilidad o rebase de las facultades ordinarias del Poder Público y de lesividad, por la producción potencial o acaecida de daños a personas, cosas o instituciones. De éstos, esta Sala Constitucional estima pertinente aludir a la heterogeneidad, puesto que, en efecto, las condiciones que pueden presentarse en el plano material, sean de origen natural, económico o social en general son de enorme diversidad e índole y en esa medida, los estados de excepción reconocidos por Decreto del Presidente de la República, pueden versar sobre hechos que tradicionalmente se asocian a este tipo de medidas; empero, por igual, pueden referirse a situaciones anómalas que afecten o pretendan afectar la paz, la seguridad integral, la soberanía, el funcionamiento de las instituciones, la economía y la sociedad en general, a nivel nacional, regional o local.

Igualmente, los estados de excepción solamente pueden declararse ante situaciones objetivas de suma gravedad que hagan insuficientes los medios ordinarios de que dispone el Estado para afrontarlos. De allí que uno de los extremos que ha de ponderarse se refiere a la proporcionalidad de las medidas decretadas respecto de la *ratio* o las situaciones de hecho acontecidas, en este caso, vinculadas al sistema socio-económico nacional, las cuales inciden de forma negativa y directa en el orden público constitucional. De tal modo que las medidas tomadas en el marco de un estado de excepción, deben ser, en efecto, proporcionales a la situación que se quiere afrontar en lo que respecta a gravedad, naturaleza y ámbito de aplicación, en virtud de lo dispuesto en el artículo 4 de la Ley Orgánica sobre Estados de Excepción.

En cuanto a la naturaleza propiamente del Decreto que declara el estado de excepción, la Ley Orgánica sobre Estados de Excepción señala en su artículo 21, que éste suspende temporalmente, en las leyes vigentes, los artículos incompatibles con las medidas dictadas en dicho Decreto.

Por su parte, artículo 22 *eiusdem* dispone que el mismo tendrá rango y fuerza de Ley, y que entrará en vigencia una vez dictado por Presidente de la República, en Consejo de Ministros. Igualmente, prevé que deberá ser publicado en la Gaceta Oficial de la República Bolivariana de Venezuela y difundido en el más breve plazo por todos los medios de comunicación social.

Por otra parte, el lapso de vigencia del mencionado instrumento jurídico-constitucional está supeditado a los parámetros que dispone la Constitución de la República Bolivariana de Venezuela.

De acuerdo a lo expuesto, el Decreto que declara el estado de excepción es un acto de naturaleza especial, con rango y fuerza de ley, de orden temporal, con auténtico valor que lo incorpora al bloque de la legalidad y que está, por tanto, revestido de las características aplicables de los actos que tienen rango legal ordinariamente, y más particularmente, concebido en la categoría de actos de gobierno. Ello tendría su asidero en las especialísimas situaciones fácticas bajo las cuales es adoptado y los efectos que debe surtir con la inmediatez que impone la gravedad o entidad de las afectaciones que el Poder Público, con facultades extraordinarias temporales derivadas del propio Decreto, está en la obligación de atender.

En idéntico orden de ideas, esta Sala se ha pronunciado en sentencia n° 3.567 del 6 de diciembre de 2005 (caso: *Javier Elechiguerra y otros*), y en sentencia n° 636 del 30 de mayo de 2013 (Caso: *Juan José Molina*), en la que se ha analizado el marco constitucional aplicable a los Estados de Excepción, como uno de los mecanismos cardinales dirigidos a resguardar la eficacia del Texto Constitucional, precisando lo siguiente:

"La lectura de las normas transcritas [artículos 333, 334, 335, 336, 337, 338 y 339 de la Constitución de la República Bolivariana de Venezuela], da cuenta de una diversa gama de instrumentos, instituciones y medidas que la propia Constitución estatuyó, en salvaguarda del orden fundamental normativo que de ella dimana, como expresión del consenso básico del pueblo que legitimó su dictado. Así, por ejemplo, en ellas se instaura la jurisdicción constitucional y las principales herramientas de justicia constitucional; se perfilan los regímenes de excepción y -a la vez- se imponen límites y controles al ejercicio de tal facultad como mecanismo de interdicción de los actos de fuerza y arbitrariedad (interior o exterior) o imprevistos calamitosos que amenacen menoscabar el orden estatal.

(...)

Como se podrá notar, el dominador común de los reseñados mecanismos es uno solo: brindar continuidad al orden normativo fundamental que impone la Constitución; garantizar, pues, con vocación de permanencia, «los valores de la libertad, la independencia, la paz, la solidaridad, el bien común, la integridad territorial, la convivencia y el imperio de la ley para ésta y las futuras generaciones; asegure el derecho a la vida, al trabajo, a la cultura, a la educación, a la justicia social y a la igualdad sin discriminación ni subordinación alguna», tal y como postula el preámbulo de nuestra Carta Magna.

II

Los estados de excepción en particular, como una de estas herramientas, y por primera vez en nuestra tradición constitucional, encuentran un vasto desarrollo en la Constitución de la República Bolivariana de Venezuela, en la que se definen expresamente las circunstancias que originan cada una de sus modalidades (estado de alarma, de emergencia económica, de conmoción interior o exterior), al tiempo que le impone precisos límites en aras de minimizar su grado de afectación, no sólo en la esfera de actuación de los órganos del Poder Público, sino en la vida de los ciudadanos, en cuyo favor no sólo se instaura un catálogo abierto de derechos no susceptibles de restricción (como se infiere de la frase «derechos humanos intangibles»), sino que se preserva -aun en tales condiciones de excepción- el principio de responsabilidad de los órganos que estructuran al Poder Ejecutivo.

Se reconoce, por tanto, la existencia de un derecho de necesidad con miras a enfrentar aquellas «circunstancias de orden social, económico, político, natural o ecológico, que afecten gravemente la seguridad de la Nación, de las instituciones y de los ciudadanos y ciudadanas, a cuyo respecto resultan insuficientes las facultades de las cuales se disponen para hacer frente a tales hechos» (artículo 337).

Para ello, se le otorga al Presidente de la República la excepcionalísima potestad de restringir temporalmente derechos y garantías constitucionales, salvo los denominados dere-

chos humanos intangibles, lo que si bien supone un reforzamiento de las potestades brindadas en condiciones de normalidad al Poder Ejecutivo, encuentra justificación «cuando concurran elementos de necesidad y urgencia derivados de circunstancias fácticas que requieran una pronta intervención normativa que se dicte y aplique con una celeridad que supere al tiempo en que se tarda el riguroso proceso de formulación de las leyes» (stc. n° 1507/2003, caso: María Ríos Oramas). Aunque ello deba siempre efectuarse respetando las restricciones de nuestro ordenamiento constitucional, incluyendo aquellas preceptuadas por los principales instrumentos de derechos humanos suscritos por la República: el Pacto Internacional de Derechos Civiles y Políticos (artículo 4.1) y la Convención Interamericana de Derechos Humanos (artículo 27.1)".

Se trata entonces de un límite legítimo a algunos derechos y garantías constitucionales reconocido por el Constituyente de 1999, fundado en razones excepcionales, cuyo único propósito es establecer un orden alternativo, temporal y proporcional dirigido a salvaguardar la eficacia del Texto Constitucional y, por ende, la eficacia de los derechos y garantías, en situaciones de anormalidad de tal entidad que comprometan la seguridad o la vida económica de la Nación, de sus ciudadanos y ciudadanas, de sus instituciones o el normal funcionamiento de los Poderes Públicos y de la sociedad en general.

Asimismo, busca alcanzar los fines esenciales del Estado previstos en el artículo 3 constitucional, y persigue la intención de permitir la continuidad y desarrollo de los objetivos generales y estratégicos previstos en el Plan de la Patria de las 7T, *"Las Grandes Transformaciones, rumbo al 2030"* que establece una profunda transformación económica orientada a superar el modelo rentista petrolero y construir un nuevo sistema productivo soberano, diversificado, justo e incluyente, que garantice la satisfacción de las necesidades del pueblo y genere riqueza nacional, orientado al impulso de la economía comunal, el financiamiento accesible, la reingeniería del sistema financiero, el fortalecimiento de la soberanía alimentaria y la sustitución estratégica de importaciones, junto con el desarrollo de cadenas productivas, zonas económicas especiales, servicios públicos e infraestructura moderna a través de la economía del mantenimiento como doctrina eficiente, la descolonización tecnológica, el ecosocialismo como modelo sustentable, y una ética cultural centrada en el trabajo, la solidaridad y la justicia social, todo enmarcado en un horizonte estratégico hacia el socialismo bolivariano.

Ahora bien, para que el acto de gobierno sometido al examen sea controlable constitucionalmente, requiere al menos de un fundamento objetivo, lo cual, en el caso de los estados de excepción o de necesidad, se traduce en la invocación directa de las normas constitucionales y legales -contenidas en la Ley Orgánica sobre Estados de Excepción-, que habilitan al Presidente de la República para ejercer esa potestad, y el establecimiento de medidas razonables y proporcionales a la situación que se pretende controlar, que justifiquen la injerencia del Estado en el ámbito de los derechos y garantías constitucionales de sus ciudadanos.

Al respecto, por lo que atañe a la base jurídica invocada por el ciudadano Presidente de la República para dictar el Decreto *sub examine*, resaltan el artículo 226 de la Constitución de la República Bolivariana de Venezuela, el cual reconoce que "[e]*l Presidente o Presidenta de la República es el Jefe o Jefa del Estado y del Ejecutivo Nacional, en cuya condición dirige la acción del Gobierno*"; el numeral 7 del artículo 236 del mismo Texto Constitucional, que alude a la competencia específica del Presidente de la República para declarar los estados de excepción en los casos previstos en esta Constitución; y los artículos 337, 338 y 339 *eiusdem*, así como los artículos 2 al 7, 10, 17 y 23 de la Ley Orgánica sobre Estados de Excepción, que dan cuenta de una diversa gama de medidas oportunas que permitan atender eficazmente las situaciones coyunturales, sistemáticas, inéditas y sobrevenidas. Tal basamento jurídico, además de constar de forma clara en el Decreto, ha sido ampliamente difundido por el Presidente de la República en diversas alocuciones, y discutido con las organizaciones de base del Poder Popular, organizaciones sindicales y cámaras empresariales.

Al respecto, el Decreto sometido al control de esta Sala Constitucional, plantea desde su primer artículo que el mismo tiene como objeto que el Ejecutivo disponga de la atribución para adoptar las medidas oportunas que permitan atender eficazmente la situación excepcional, extraordinaria y coyuntural por la cual atraviesa la economía venezolana, y que permita asegurar a la población el disfrute pleno de sus derechos y el libre acceso a bienes y servicios fundamentales e igualmente, mitigar los efectos de la guerra comercial, ocasionada por la irresponsable política arancelaria del Gobierno de los Estados Unidos que representa un riesgo significativo de recesión a escala mundial, lo que provocó una fuerte caída en los precios internacionales de materias primas como el petróleo y el gas. Además, esta política se suma a recientes acciones y amenazas de agresión económica contra Venezuela, manifestadas a través de nuevas medidas coercitivas unilaterales y otras restricciones punitivas orientadas a limitar de forma severa los ingresos externos del país, restringiendo de esta manera el acceso del pueblo venezolano a bienes esenciales para su subsistencia. Esta situación, ampliamente documentada por medios de comunicación nacionales e internacionales, ha sido reconocida por esta Sala como un hecho público, notorio y comunicacional.

De acuerdo al panorama económico global antes descrito, resulta claro que existe una situación fáctica que el Ejecutivo Nacional debe afrontar para la protección de la población venezolana. Por ello, es evidente para esta Sala Constitucional que el presente Decreto, responde al deber de cumplir con postulados constitucionales que garanticen en favor de la población el ejercicio de sus derechos económicos consagrados en los artículos 112, 117, 299 y 320 de la Constitución de la República Bolivariana de Venezuela:

Al respecto, los artículos 112 y 117 *eiusdem*establecen lo siguiente:

*"**Artículo 112**. Todas las personas pueden dedicarse libremente a la actividad económica de su preferencia, sin más limitaciones que las previstas en esta Constitución y las que establezcan las leyes, por razones de desarrollo humano, seguridad, sanidad, protección del ambiente u otras de interés social. El Estado promoverá la iniciativa privada, garantizando la creación y justa distribución de la riqueza, así como la producción de bienes y servicios que satisfagan las necesidades de la población, la libertad de trabajo, empresa, comercio, industria, sin perjuicio de su facultad para dictar medidas para planificar, racionalizar y regular la economía e impulsar el desarrollo integral del país".*

*"**Artículo 117.** Todas las personas tendrán derecho a disponer de bienes y servicios de calidad, así como a una información adecuada y no engañosa sobre el contenido y características de los productos y servicios que consumen, a la libertad de elección y a un trato equitativo y digno. La ley establecerá los mecanismos necesarios para garantizar esos derechos, las normas de control de calidad y cantidad de bienes y servicios, los procedimientos de defensa del público consumidor, el resarcimiento de los daños ocasionados y las sanciones correspondientes por la violación de estos derechos".*

Por su parte, los artículos 299 y 320 del Texto Fundamental estipulan lo siguiente:

*"**Artículo 299.** El régimen socioeconómico de la República Bolivariana de Venezuela se fundamenta en los principios de justicia social, democracia, eficiencia, libre competencia, protección del ambiente, productividad y solidaridad, a los fines de asegurar el desarrollo humano integral y una existencia digna y provechosa para la colectividad. El Estado conjuntamente con la iniciativa privada promoverá el desarrollo armónico de la economía nacional con el fin de generar fuentes de trabajo, alto valor agregado nacional, elevar el nivel de vida de la población y fortalecer la soberanía económica del país, garantizando la seguridad jurídica, solidez, dinamismo, sustentabilidad, permanencia y equidad del crecimiento de la economía, para lograr una justa distribución de la riqueza mediante una planificación estratégica democrática participativa y de consulta abierta".*

*"**Artículo 320.** El Estado debe promover y defender la estabilidad económica, evitar la vulnerabilidad de la economía y velar por la estabilidad monetaria y de precios, para asegurar el bienestar social".*

Así pues, observa esta Sala Constitucional, que el Decreto mediante el cual se declara el estado de emergencia económica en todo el Territorio Nacional, atiende de forma prioritaria aspectos de seguridad económica, que encuentra su razón, en el contexto económico latinoamericano y global actual, resultando proporcional, pertinente, útil y necesario para el ejercicio y desarrollo integral del derecho constitucional a la protección social por parte del Estado, ineludible para la construcción de una sociedad justa y amante de la paz, para la promoción de la prosperidad y bienestar del pueblo, conforme a lo previsto en el artículo 3 Constitucional.

El artículo 4 de la Ley Orgánica sobre Estados de Excepción establece exigencias de justificación o razonabilidad de las medidas dispuestas para resolver la situación de hecho que afecta la seguridad de la Nación, de sus ciudadanos y sus instituciones. Por tanto, esta Sala Constitucional constata, luego del análisis conducente, que se verifican los extremos de necesidad, idoneidad y proporcionalidad de las medidas de excepción decretadas, las cuales se juzgan necesarias, adecuadas y proporcionales al restablecimiento de las condiciones socioeconómicas que permitan la estabilización económica del país y mitigar los efectos de la inflación inducida.

De allí que se estime ajustado al orden constitucional y, por ende procedente, que el Ejecutivo Nacional, con vista en las circunstancias presentadas en todo el Territorio nacional, emplee las herramientas que la Constitución de la República Bolivariana de Venezuela ha dispuesto, en cumplimiento –tal como lo manifiesta el Decreto– del deber irrenunciable e ineludible del Estado Venezolano de garantizar el acceso oportuno de la población a bienes y servicios básicos y de primera necesidad, así como el disfrute de sus derechos en un ambiente pleno de tranquilidad y estabilidad.

Ello así, se observa que el Decreto objeto de examen de constitucionalidad, preserva y ratifica la plena vigencia de los derechos y garantías constitucionales y demás previstos en el ordenamiento jurídico, desprendiéndose de ello la configuración de otro elemento en el examen de constitucionalidad, a favor de la plena adecuación a los preceptos y límites que se coligen del Texto Fundamental, a ser observados cuando el Jefe del Estado ejercita las facultades de declaratoria de Estados de Emergencia Económica. El Decreto, asimismo, resguarda y no implica restricción de aquellos derechos cuyas garantías no pueden ser limitadas por expreso mandato constitucional, a saber, las referidas a los derechos a la vida, prohibición de incomunicación o tortura, el derecho al debido proceso, el derecho a la información y los demás derechos humanos intangibles, tal como lo disponen los artículos 337 del Texto Fundamental y 7 de la Ley Orgánica sobre Estados de Excepción.

Esta Sala Constitucional considera atinado referir que la Constitución de la República Bolivariana de Venezuela, así como la Ley Orgánica sobre Estados de Excepción, disponen de normas precisas en cuanto a la materia de deberes generales de la ciudadanía, y, particularmente, bajo la vigencia de un estado de excepción decretado conforme al Texto Fundamental, destacando que toda persona natural o jurídica, de carácter público o privado, está obligada a cooperar con las autoridades competentes para la protección de personas, bienes y lugares.

En este sentido, se estima oportuno citar el criterio asentado en sentencia n° 1158 del 18 de agosto de 2014, en la que esta Sala Constitucional realizó una interpretación de las normas constitucionales sobre el modelo de Estado Constitucional, la finalidad del mismo y su relación con el aspecto socioeconómico nacional:

> "*En tal orden, resulta necesario hacer mención al modelo de Estado consagrado en la Constitución de la República Bolivariana de Venezuela, el cual de manera clara e indubitable instituye a nuestro Estado como un "***Estado democrático y social de Derecho y de Justicia,** *que propugna como* **valores superiores de su ordenamiento jurídico y de su actuación, la vida, la libertad, la justicia, la igualdad, la solidaridad, la democracia, la responsabilidad social y en general, la preeminencia de los derechos humanos, la ética y el pluralismo político***", como de manera expresa es indicado en el artículo 2 constitucional.*

*En consecuencia de ello, el propio Texto Constitucional en su artículo 3, se encarga de señalar expresamente los propósitos últimos a los que debe estar orientada la actuación integral del Estado, estatuyendo que "**El Estado tiene como fines esenciales la defensa y el desarrollo de la persona y el respeto a su dignidad**, el ejercicio democrático de la voluntad popular, **la construcción de una sociedad justa y amante de la paz, la promoción de la prosperidad y bienestar del pueblo y la garantía del cumplimiento de los principios, derechos y deberes reconocidos y consagrados en esta Constitución…** (omissis)"*

Partiendo de dicho marco conceptual y ontológico, la concepción del Estado Social Constitucional, comporta una verdadera reconfiguración y redimensionamiento del mismo, implicando una vinculación concreta y específica de todos y cada uno de los componentes y factores que en él existen, conllevando una relación normativa de alto nivel por parte de la integralidad de sus componentes, al contenido y dimensiones de dicho modelo, lo que traerá como consecuencia, que la cláusula consagratoria de este modelo de Estado despliegue sus efectos jurídicos plenos, como parámetro hermenéutico tanto en la serie de postulados constitucionales y legales, es decir, en la exégesis del orden jurídico de nuestro país, y desde luego, en la configuración de políticas y acciones de los poderes públicos.

Por ello, resulta incuestionable para esta Sala sostener que la consagración constitucional de la cláusula del Estado Social, contenida en el caso de nuestro país en el artículo 2 de la Constitución de la República Bolivariana de Venezuela, comporta verdaderos efectos normativos y por ende, de necesaria y vinculante observación, con la significación y trascendencia que las normas constitucionales implican para el Estado, en todos y cada uno de sus componentes.

De esta manera, el precepto constitucional en el que se consagra la forma de Estado Social determina el despliegue de sus efectos en el valor de la hermenéutica del ordenamiento jurídico, tal y como acertadamente lo postula el autor español Enrique Álvarez Conde, al enseñar que para que 'los poderes públicos puedan desarrollar e interpretar adecuadamente aquellos preceptos constitucionales y de legislación ordinaria que son su desarrollo… --la cláusula del Estado Social- …viene a constituir el último criterio interpretativo, aparte de su propia eficacia jurídica, pues no hay que olvidar que, como norma jurídica, se convierte en un auténtico parámetro de constitucionalidad.' (Álvarez Conde, Enrique: "Curso de Derecho Constitucional". Volumen I. Editorial Tecnos. Madrid. 2003. p. 116).

*En razón de ello, el paradigma de Estado Social comporta un cambio en la manera en la que el Estado debe actuar y desenvolverse, tanto en su fuero interno como en el externo, lo cual desde luego, acarrea repercusiones de diversa índole en las relaciones del mismo con sus ciudadanos, estableciendo deberes de actuación estatal en los distintos órdenes de la vida social, para asegurar la procura existencial de los ciudadanos, en función de lo que el Estado asume la responsabilidad de intervenir de manera activa, precisamente para consolidar dicho objetivo, asumiendo para sí la gestión de determinadas prestaciones, actividades y servicios, así como también, haciéndose responsable y garante de las necesidades vitales requeridas por los ciudadanos para su existencia digna y armónica, lo cual, vale destacar, ha sido puesto de manifiesto por esta Sala Constitucional, expresado en decisiones trascendentales para la vida social de nuestro país, dentro de la que destaca la sentencia N° 85 del 24 de enero de 2014, expediente N° 01-1420, (caso "**ASOCIACIÓN CIVIL DEUDORES HIPOTECARIOS DE VIVIENDA PRINCIPAL (ASODEVIPRILARA),**"*

omissis

Es precisamente en ese orden, en el que este Tribunal Supremo de Justicia, actuando en Sala Constitucional, observa que una de las consecuencias fundamentales que la cláusula del Estado Social implica, en el desarrollo y ejercicio de las funciones del Poder Público, se encuentra en la necesaria armonía que debe existir entre la concepción del Estado y la actividad llevada a cabo por la función legislativa y de desarrollo normativo.

En efecto, según se ha tenido la oportunidad de señalar supra, la concepción de determinado Estado como social, implica un redimensionamiento de la conducta que el mismo debe asumir frente a las dinámicas sociales, a los efectos de sopesar las desigualdades presentes en toda sociedad, y garantizar de esta manera la satisfacción de las necesidades esenciales de los ciudadanos para alcanzar condiciones o estándares de vida digna. Por tales motivos, el

Estado tendrá como una de sus principales herramientas, para materializar y asumir el rol que le impone su configuración, al conjunto de normas y textos legales que conforman su ordenamiento jurídico, los cuales se estructuran como implementos indispensables para acometer los fines de su esencia de contenido social.

En este orden, la conformación de un Estado bajo una noción social, requiere necesariamente que el entramado normativo que define su ordenamiento jurídico, lleve a cabo una regulación que comporte un desarrollo sistemático y progresivo de las diversas actividades que implican el rol que el mismo se encuentra llamado a desarrollar en el ámbito de las relaciones sociales, es decir, la actividad legislativa entra a desempeñar un papel de fundamental importancia, en cuanto se presenta como herramienta vital para que el Estado pueda satisfacer la misión social que constituye su esencia, por mandato constitucional.

Lo anterior comporta tanto para la concepción de los derechos de rango constitucional como los de rango legal, un auténtico cambio en la formulación de los mismos, que impone que no puedan estar circunscritos a simples e irrestrictos parámetros de libertad para los ciudadanos, o representar normas permisivas, bajo una postura en sentido negativo o abstencionista del Estado, en los términos verificados bajo una concepción liberal de aquél; sino que las normas y la actividad de producción normativa, pasan a ser materializadas en términos de imposición de derechos imprescindibles y vitales para la vida de los ciudadanos, con el correspondiente correlativo de los deberes impuestos al Estado en la tutela y en el alcance de los mismos.

De esta manera, se configura una nueva manera de concebir la interpretación normativa, partiendo de la conciencia de la dimensión dentro de la cual el elemento normativo pasará a desempeñarse, esto es, dentro de un Estado de naturaleza social; y a su vez, de que el Estado detenta una serie de deberes ineludibles, que no quedan a su mero arbitrio o capacidad discrecional, sino que por el contrario, comportan un imperativo del más alto nivel, que debe encontrar reflejo y sustento en preceptos normativos en los que el Estado, se encuentre igualmente obligado al cumplimiento de la dimensión de su fin social.

No obstante ello, debe necesariamente dejar claro esta Sala, que la reformulación en la concepción de los derechos y de la concepción normativa a la que aquí se alude, no supone en modo alguno, un desconocimiento o menoscabo de los derechos de libertad de los ciudadanos, ya que el Estado Social "sigue siendo un Estado de derecho, esto es, un Estado garantista del individuo frente al poder y en el intercambio con los demás ciudadanos, pero es también un Estado Social, esto es un Estado comprometido con la promoción del bienestar de la sociedad y de manera muy especial con la de aquellos sectores más desfavorecidos de la misma." (Pérez Royo, Javier: "Curso de Derecho Constitucional." Editorial Marcial Pons. Madrid. 2003. p. 202.)

Por tal motivo, la concepción de los derechos y del orden jurídico en general, que se impone en razón de la concepción social del Estado, implica una articulación entre los derechos sociales, y por tanto de prestación positiva para el Estado, con los denominados derechos de libertad, para lograr una coexistencia armónica entre los mismos, en la cual los derechos de libertad pasan a ser regulados y canalizados por las normas, con la finalidad de armonizarlos y adecuarlos a la concepción de Estado, evitando la degeneración o distorsión de estos, para tornarse en instrumentos para el atropello, el abuso, y para la generación de asimetrías sociales, que en forma última comportan el desconocimiento y cercenamiento de otros derechos y libertades de la población, así como de los principios y valores estatuidos en el texto constitucional.

En este contexto, los derechos relativos a las libertades económicas, se encuentran sujetos a una regulación que determina y canaliza su ejercicio en sociedad, en aras de garantizar una adecuada convivencia social y su articulación dentro del todo armónico que debe representar el Estado; encontrándose por ende sometidos a una serie de limitaciones para su adecuado ejercicio; limitaciones éstas que vienen impuestas y determinadas en la Constitución y las Leyes, y por razones de desarrollo humano y de interés social, lo que permite que el Estado posea un régimen de intervención en la economía, resultando ello del todo comprensible, bajo el entendido de que precisamente el conjunto de actividades de tal naturaleza, implican una de las principales formas a través de las cuáles éste alcanza su desarrollo y la consecución de sus fines.

Ese régimen de intervención que posee el Estado, comprende lógicamente el desarrollo económico establecido en el artículo 299 de la Constitución de la República Bolivariana de Venezuela, la promoción de la iniciativa privada mediante la cual se obliga al Estado en el artículo 112 eiusdem, garantizando la creación y justa distribución de la riqueza, así como la producción de bienes y servicios que satisfagan las necesidades de la población, la libertad de trabajo, la libertad de empresa, la libertad de comercio, la libertad de industria, sin perjuicio de su facultad para dictar medidas para planificar, racionalizar y regular la economía e impulsar el desarrollo integral del país, bajo el entendido de que en definitiva el Estado, en su condición de principal garante del orden público, del interés general, de la paz y de la justicia, detenta una serie de deberes respecto de sus habitantes, concebidos como cuerpo social, con miras hacia la consecución de los altos fines que rigen y condicionan su existir, en función de la consolidación de una sociedad justa, próspera y digna.

De esta manera, en el contexto del sistema económico bajo la concepción del Estado Social, el Estado debe no tan sólo intervenir en la dinámica económica para regular y fiscalizar las relaciones que tengan lugar en el seno de la misma, así como los derechos de los ciudadanos; sino también, se encuentra obligado a la creación de las condiciones y a la adopción de medidas de acción, que sean necesarias para establecer la vigencia de sus postulados, y configurar un nuevo orden en las relaciones económicas, que responda a los valores de igualdad, justicia, responsabilidad social, humanismo y dignidad, entre otros, que es en definitiva la finalidad de las normas contempladas en los artículos 2, 3, 112, 113, 114, 115, 117, 299, 300 y 301 de la Constitución de la República Bolivariana de Venezuela.

Precisamente en razón de ello, esta Sala observa que el propio artículo 112 constitucional, establece los parámetros sobre los cuáles el Estado desempeña su actuación en relación con el derecho de la libertad económica, cuando de manera expresa señala que "El Estado promoverá la iniciativa privada, garantizando la creación y justa distribución de la riqueza, así como la producción de bienes y servicios que satisfagan las necesidades de la población, la libertad de trabajo, de empresa, de comercio, industria...". Esto además comporta, como también lo expresa el artículo en referencia, el que en base a la serie de factores recién mencionados, el Estado se encuentre en la capacidad de "...dictar medidas para planificar, racionalizar y regular la economía e impulsar el desarrollo integral del país."

De igual manera, también bajo esta óptica, el texto constitucional consagra la severa pena frente a la verificación de ilícitos económicos, de especulación, acaparamiento, usura, cartelización y otros delitos conexos, como expresamente lo indica el artículo 114 constitucional; así como también se indica de manera diáfana en la Ley Fundamental que 'Todas las personas tendrán derecho a disponer de bienes y servicios de calidad, así como a una información adecuada y no engañosa sobre el contenido y características de los productos y servicios que consumen, a la libertad de elección y a un trato equitativo y digno. La ley establecerá los mecanismos necesarios para garantizar esos derechos, las normas de control de calidad y cantidad de bienes y servicios, los procedimientos de defensa del público consumidor, el resarcimiento de los daños ocasionados y las sanciones correspondientes por la violación de estos derechos' (Artículo 117)".

En este orden, debido a la obligación del Presidente de la República de restaurar el sistema socioeconómico y asegurar los derechos constitucionales del pueblo, este decreto se considera una medida justificada. Se basa en razones excepcionales para garantizar la seguridad nacional y la paz social, frente a las circunstancias económicas extraordinarias que afectan al país. El decreto en cuestión permite que el Ejecutivo Nacional tome acciones urgentes y necesarias para proteger los derechos de la población, especialmente en el contexto de un bloqueo económico, sanciones y aranceles impuestos por el gobierno de Estados Unidos, que limitan el desarrollo de la economía venezolana. Por lo tanto, la Sala Constitucional considera que este decreto se ajusta a los principios y normas de la Constitución, los tratados internacionales de derechos humanos y la Ley Orgánica sobre Estados de Excepción.

En fuerza de las anteriores consideraciones, esta Sala Constitucional declara la constitucionalidad del Decreto N° 5.157, mediante el cual se declara el Estado de Emergencia Económica en todo el Territorio Nacional, de conformidad con la Constitución de la República

Bolivariana de Venezuela y su ordenamiento jurídico, por un lapso de sesenta (60) días, en la medida en que cumple los extremos de utilidad, proporcionalidad, tempestividad, adecuación, estricta necesidad para solventar la situación presentada y de completa sujeción a los requisitos constitucionales, el cual viene a apuntalar con sólido basamento jurídico y con elevada significación popular, la salvaguarda del pueblo y su desarrollo armónico ante factores inéditos y extraordinarios adversos en nuestro país, de conformidad con la Constitución de la República Bolivariana de Venezuela; sin perjuicio del control posterior que pueda efectuar esta Sala de conformidad con sus atribuciones constitucionales.

Finalmente, se ordena la publicación de la presente decisión en la Gaceta Oficial de la República Bolivariana de Venezuela, en la Gaceta judicial y en la página web de este Tribunal Supremo de Justicia.

2. *Estado de excepción emergencia económica. Prorroga*

TSJ-SC (1562) **9-10-2025**

Ponencia Conjunta

Caso: Solicitud para que esta Sala se pronuncie sobre la Constitucionalidad del Decreto N° 5.157, Mediante el cual se declara el Estado de Emergencia Económica, en todo el Territorio Nacional, de conformidad con la Constitución de la República Bolivariana de Venezuela y su Ordenamiento Jurídico por un lapso de sesenta (60) días, , publicado en la Gaceta Oficial de la República Bolivariana de Venezuela N° 6.924, Extraordinario del 8 de agosto de 2025.

.....De acuerdo al texto transcrito, el Decreto N° 5.167 de fecha 8 de octubre de 2025 publicado en la Gaceta Oficial de la República Bolivariana de Venezuela N.° 6.931. Extraordinario de la misma fecha, mediante el cual prorroga por sesenta (60) días el plazo establecido en el Decreto N° 5.157, dictado por el Presidente de la República Bolivariana de Venezuela, mediante el cual se declaró el Estado de Emergencia Económica en todo el Territorio Nacional, encuentra su justificación en el deber que tiene el Presidente de atender y restaurar el funcionamiento del sistema socioeconómico para garantizar los derechos constitucionales de la población venezolana, y representa una ponderación legítima del ejercicio de derechos y garantías constitucionales en materia económica fundado en razones excepcionales a fin de garantizar la seguridad de la nación, dadas las circunstancias extraordinarias en el ámbito económico que afectan el orden constitucional y la paz social a fin de que el Ejecutivo Nacional adopte las medidas urgentes, efectivas, excepcionales y necesarias para asegurar al pueblo el disfrute pleno de sus derechos, en un contexto socioeconómico latinoamericano y global enmarcado por un bloqueo económico, medidas coercitivas unilaterales y la imposición arbitraria de aranceles por parte del gobierno estadounidense que obstaculizan el libre desarrollo de la economía del país; siendo además ajustado al orden constitucional esta medida tomada por el Ejecutivo Nacional, pues se insiste, el Presidente de la República Bolivariana de Venezuela constató que se mantienen vigentes en todo el Territorio Nacional, las circunstancias antes señaladas que ameritan atender de forma prioritaria la seguridad económica.

Siendo ello así, esta Sala Constitucional considera que el Decreto de prórroga en cuestión cumple con los principios y normas contenidos en la Constitución de la República Bolivariana de Venezuela, en tratados internacionales sobre derechos humanos válidamente suscritos y ratificados por la República, y en la Ley Orgánica sobre Estados de Excepción.

En fuerza de las anteriores consideraciones, esta Sala Constitucional declara la constitucionalidad del Decreto N° 5.167 de fecha 8 de octubre de 2025, publicado en la Gaceta Oficial de la República Bolivariana de Venezuela N° 6.931. Extraordinario de la misma fecha,; mediante el cual Presidente de la República prorroga por sesenta (60) días la vigencia del

Decreto N° 5.157, dictado por el Presidente de la República Bolivariana de Venezuela, mediante el cual se declaró el Estado de Emergencia Económica en todo el Territorio Nacional, de conformidad con la Constitución de la República Bolivariana de Venezuela y su ordenamiento jurídico; toda vez que el Decreto de prórroga servirá para continuar solventando la situación social y económica presentada; todo ello, en salvaguarda del pueblo y su desarrollo armónico ante factores inéditos y extraordinarios adversos en nuestro país, de conformidad con la Constitución de la República Bolivariana de Venezuela.

Finalmente, se ordena la publicación de la presente decisión en la Gaceta Oficial de la República Bolivariana de Venezuela, en la Gaceta judicial y en la página web de este Tribunal Supremo de Justicia.

TSJ-SC (1959) **9-12-2025**

Ponencia Conjunta

Caso: Solicitud para que esta Sala se pronuncie sobre la Constitucionalidad del Decreto N° 5.157, Mediante el cual se declara el Estado de Emergencia Económica, en todo el Territorio Nacional, de conformidad con la Constitución de la República Bolivariana de Venezuela y su Ordenamiento Jurídico por un lapso de sesenta (60) días, , publicado en la Gaceta Oficial de la República Bolivariana de Venezuela N° 6.924, Extraordinario del 8 de agosto de 2025.

Al respecto, examinado el contenido del instrumento jurídico-constitucional remitido a esta Sala del Tribunal Supremo de Justicia, se observa sumariamente que se trata de un Decreto cuyo objeto es, a tenor de su artículo 1, que el Ejecutivo disponga de la atribución para adoptar las medidas oportunas que permitan atender eficazmente la situación excepcional, extraordinaria y coyuntural por la cual atraviesa la economía venezolana, y que permita asegurar a la población el disfrute pleno de sus derechos y el libre acceso a bienes y servicios fundamentales, e igualmente, mitigar los efectos de la guerra comercial, ocasionada por la política arancelaria del Gobierno de los Estados Unidos, que genera un gran riesgo de recesión mundial con el correspondiente desplome de los precios internacionales de las materias primas, así como también contrarrestar los efectos de recientes acciones y amenazas de agresión económica contra Venezuela, mediante la adopción de nuevas medidas coercitivas unilaterales y otras medidas restrictivas o punitivas, dirigidas a reducir y limitar severamente los ingresos externos de la República con el objetivo de privar al pueblo venezolano del acceso a bienes esenciales para su subsistencia.

Particularmente, observa esta Sala Constitucional que el presente instrumento está compuesto de la siguiente forma:

> La fundamentación jurídica, la cual expresa los dispositivos constitucionales y legales en que se basan las competencias que está ejerciendo el ciudadano Presidente de la República en Consejo de Ministros, entre los cuales se invocan los artículos 226 y 236, numerales 1, 2 y 7 Constitucionales, que aluden esencialmente a la acción de gobierno y a la facultad para dictar estados de excepción, en concordancia con los artículos 337, 338 y 339 *eiusdem*, disposiciones estas que a su vez fueron concatenadas con los artículos 10, 11 y 12 de la Ley Orgánica sobre Estados de Excepción, las cuales refieren diversos aspectos atinentes a su régimen jurídico.

Los acápites intitulados como *"considerando"* expresan las condiciones fácticas que han sido observadas por el Ejecutivo Nacional para ejercitar las competencias antes reseñadas.

El cuerpo del Decreto, luego del mencionado artículo 1, cuyo texto manifiesta el objeto esencial del mismo, continúa con el artículo 2, que contiene la facultad del Ejecutivo Nacional para dictar todas las medidas que considere necesarias para garantizar el desarrollo y el crecimiento económico de Venezuela. El artículo 3 que suspende por el período que dure la emergencia económica la garantía constitucional de la reserva legal en materia económica, financiera y monetaria. El artículo 4 que establece la potestad del Presidente de la República de dictar otras medidas de orden social, económico o político que estime conveniente.

El artículo 5 dispone que los Poderes Públicos, los órganos de Seguridad Ciudadana y Policía Administrativa, así como la Fuerza Armada Nacional Bolivariana, están obligados a colaborar con el cabal cumplimiento de las medidas a que se refiere el Decreto. El artículo 6 contempla una vigencia de sesenta (60) días, prorrogables por sesenta (60) días más, para la ejecución de los objetivos plasmados en el Decreto. El artículo 7 señala que el Decreto será remitido a la Sala Constitucional del Tribunal Supremo de Justicia, con el objeto de que se pronuncie sobre su constitucionalidad, de conformidad con el artículo 31 de la Ley Orgánica sobre Estados de Excepción. Por último, el artículo 8, determina la entrada en vigencia del Decreto, a partir de su publicación en la Gaceta Oficial de la República Bolivariana de Venezuela.

Ahora bien, señalado el contenido del referido Decreto, esta Sala estima pertinente efectuar algunas nociones sobre la naturaleza, contenido y alcance de los estados de excepción, como uno de los regímenes del derecho constitucional de excepción que, una vez satisfechos los presupuestos fijados por el constituyente, puede ser declarado de manera facultativa por el Presidente de la República, y en virtud del cual éste queda investido de facultades excepcionales para dirimir y controlar los hechos que condujeron a su decreto, conforme a los artículos 337, 338 y 339 de la Constitución de la República Bolivariana de Venezuela; configurándolo como un acto con proyección política, reglado por ésta.

En tal sentido, los artículos 337 y 338 de la Constitución de la República Bolivariana de Venezuela disponen lo siguiente:

> *"**Artículo 337.** El Presidente o Presidenta de la República, en Consejo de Ministros, podrá decretar los estados de excepción. Se califican expresamente como tales las circunstancias de orden social, económico, político, natural o ecológico, que afecten gravemente la seguridad de la Nación, de las instituciones y de los ciudadanos y ciudadanas, a cuyo respecto resultan insuficientes las facultades de las cuales se disponen para hacer frente a tales hechos. En tal caso, podrán ser restringidas temporalmente las garantías consagradas en esta Constitución, salvo las referidas a los derechos a la vida, prohibición de incomunicación o tortura, el derecho al debido proceso, el derecho a la información y los demás derechos humanos intangibles".*
>
> *"**Artículo 338.** Podrá decretarse el estado de alarma cuando se produzcan catástrofes, calamidades públicas u otros acontecimientos similares que pongan seriamente en peligro la seguridad de la Nación o de sus ciudadanos y ciudadanas. Dicho estado de excepción durará hasta treinta días, siendo prorrogable hasta por treinta días más.*
>
> *Podrá decretarse el estado de emergencia económica cuando se susciten circunstancias económicas extraordinarias que afecten gravemente la vida económica de la Nación. Su duración será de hasta sesenta días, prorrogable por un plazo igual.*
>
> *Podrá decretarse el estado de conmoción interior o exterior en caso de conflicto interno o externo, que ponga seriamente en peligro la seguridad de la Nación, de sus ciudadanos y ciudadanas, o de sus instituciones. Se prolongará hasta por noventa días, siendo prorrogable hasta por noventa días más.*
>
> *La aprobación de la prórroga de los estados de excepción corresponde a la Asamblea Nacional. Una ley orgánica regulará los estados de excepción y determinará las medidas que pueden adoptarse con base en los mismos".*

Así pues, en general, la Constitución de la República Bolivariana de Venezuela consagra la posibilidad de que el Presidente de la República en Consejo de Ministros decrete estados de excepción, en sus distintas formas: estado de alarma, estado de emergencia económica, estado de conmoción interior y estado de conmoción exterior, conforme a lo previsto en sus artículos 337 y 338.

Igualmente, los referidos artículos constitucionales establecen los escenarios que deben considerarse para decretar los estados de excepción, es decir, *i)* el estado de alarma, *ii)* el estado de emergencia económica y *iii)* el estado de conmoción interior o exterior en caso de conflicto interno o externo; así como el tiempo por el que puede ser instaurado cada uno de ellos, y la enumeración taxativa de los supuestos de hecho en los cuales procedería la declaratoria de los referidos estados de excepción.

En este sentido, el artículo 339 *eiusdem* dispone que el Decreto que declare el estado de excepción, en el cual se regulará el ejercicio del o de los derechos relacionados, será presentado, dentro de los ocho (8) días siguientes de haberse dictado, a la Asamblea Nacional, para su consideración y aprobación, y a la Sala Constitucional del Tribunal Supremo de Justicia, para que se pronuncie sobre su constitucionalidad.

De otra parte, el desarrollo legislativo de esta figura jurídica extraordinaria de orden constitucional está regulado en la Ley Orgánica sobre Estados de Excepción, publicada en Gaceta Oficial de la República Bolivariana de Venezuela, bajo el n° 37.261 del 15 de agosto de 2001, la cual establece, entre otros tópicos, los supuestos para que se configuren los estados de excepción.

Ese instrumento legal estatuye en su artículo 2 que los Estados de Excepción son circunstancias de orden social, económico, político, natural o ecológico, que afecten gravemente la seguridad de la Nación, de sus ciudadanos o de sus instituciones, al tiempo que dispone los principios rectores de los mismos.

En tal sentido, puede afirmarse que los estados de excepción son circunstancias de variada índole, que pueden afectar la seguridad de la nación, de las instituciones o de los ciudadanos, para cuya atención no serían totalmente suficientes ni adecuadas a los fines del restablecimiento de la normalidad, las facultades de que dispone ordinariamente el Poder Público, y ante las cuales el ciudadano Presidente de la República, en Consejo de Ministros, está investido de potestades plenas para declarar tal estado en los términos que contemple en el Decreto respectivo, con los límites y bajo el cumplimiento de las formalidades estatuidas en el Texto Fundamental, pero siempre en la búsqueda de garantizar la independencia y soberanía de la República en todos sus atributos y aspectos.

Respecto de las circunstancias que ameritarían la activación de tal mecanismo excepcional y extraordinario, ciertamente, tal como lo propugna la doctrina antes mencionada, destacan los conceptos de heterogeneidad, irresistibilidad o rebase de las facultades ordinarias del Poder Público y de lesividad, por la producción potencial o acaecida de daños a personas, cosas o instituciones. De éstos, esta Sala Constitucional estima pertinente aludir a la heterogeneidad, puesto que, en efecto, las condiciones que pueden presentarse en el plano material, sean de origen natural, económico o social en general son de enorme diversidad e índole y en esa medida, los estados de excepción reconocidos por Decreto del Presidente de la República, pueden versar sobre hechos que tradicionalmente se asocian a este tipo de medidas; empero, por igual, pueden referirse a situaciones anómalas que afecten o pretendan afectar la paz, la seguridad integral, la soberanía, el funcionamiento de las instituciones, la economía y la sociedad en general, a nivel nacional, regional o local.

Igualmente, los estados de excepción solamente pueden declararse ante situaciones objetivas de suma gravedad que hagan insuficientes los medios ordinarios de que dispone el Estado para afrontarlos. De allí que uno de los extremos que ha de ponderarse se refiere a la proporcionalidad de las medidas decretadas respecto de la *ratio* o las situaciones de hecho acontecidas, en este caso, vinculadas al sistema socio-económico nacional, las cuales inciden de forma negativa y directa en el orden público constitucional. De tal modo que las medidas tomadas en el marco de un estado de excepción, deben ser, en efecto, proporcionales a la situación que se quiere afrontar en lo que respecta a gravedad, naturaleza y ámbito de aplicación, en virtud de lo dispuesto en el artículo 4 de la Ley Orgánica sobre Estados de Excepción.

En cuanto a la naturaleza propiamente del Decreto que declara el estado de excepción, la Ley Orgánica sobre Estados de Excepción señala en su artículo 21, que éste suspende temporalmente, en las leyes vigentes, los artículos incompatibles con las medidas dictadas en dicho Decreto.

Por su parte, artículo 22 *eiusdem* dispone que el mismo tendrá rango y fuerza de Ley, y que entrará en vigencia una vez dictado por el Presidente de la República, en Consejo de Ministros. Igualmente, prevé que deberá ser publicado en la Gaceta Oficial de la República Bolivariana de Venezuela y difundido en el más breve plazo por todos los medios de comunicación social.

Por otra parte, el lapso de vigencia del mencionado instrumento jurídico-constitucional está supeditado a los parámetros que dispone la Constitución de la República Bolivariana de Venezuela.

De acuerdo a lo expuesto, el Decreto que declara el estado de excepción es un acto de naturaleza especial, con rango y fuerza de ley, de orden temporal, con auténtico valor que lo incorpora al bloque de la legalidad y que está, por tanto, revestido de las características aplicables de los actos que tienen rango legal ordinariamente, y más particularmente, concebido en la categoría de actos de gobierno. Ello tendría su asidero en las especialísimas situaciones fácticas bajo las cuales es adoptado y los efectos que debe surtir con la inmediatez que impone la gravedad o entidad de las afectaciones que el Poder Público, con facultades extraordinarias temporales derivadas del propio Decreto, está en la obligación de atender.

En idéntico orden de ideas, esta Sala se ha pronunciado en sentencia n° 3.567 del 6 de diciembre de 2005, caso: *Javier Elechiguerra y otros*, y en sentencia n° 636 del 30 de mayo de 2013 (Caso: *Juan José Molina*), en la que se ha analizado el marco constitucional aplicable a los Estados de Excepción, como uno de los mecanismos cardinales dirigidos a resguardar la eficacia del Texto Constitucional, precisando lo siguiente:

> *"La lectura de las normas transcritas [artículos 333, 334, 335, 336, 337, 338 y 339 de la Constitución de la República Bolivariana de Venezuela], da cuenta de una diversa gama de instrumentos, instituciones y medidas que la propia Constitución estatuyó, en salvaguarda del orden fundamental normativo que de ella dimana, como expresión del consenso básico del pueblo que legitimó su dictado. Así, por ejemplo, en ellas se instaura la jurisdicción constitucional y las principales herramientas de justicia constitucional; se perfilan los regímenes de excepción y -a la vez- se imponen límites y controles al ejercicio de tal facultad como mecanismo de interdicción de los actos de fuerza y arbitrariedad (interior o exterior) o imprevistos calamitosos que amenacen menoscabar el orden estatal.*
>
> *(...)*
>
> *Como se podrá notar, el dominador común de los reseñados mecanismos es uno solo: brindar continuidad al orden normativo fundamental que impone la Constitución; garantizar, pues, con vocación de permanencia, «los valores de la libertad, la independencia, la paz, la solidaridad, el bien común, la integridad territorial, la convivencia y el imperio de la ley para ésta y las futuras generaciones; asegure el derecho a la vida, al trabajo, a la cultura, a la educación, a la justicia social y a la igualdad sin discriminación ni subordinación alguna», tal y como postula el preámbulo de nuestra Carta Magna.*
>
> *II*
>
> *Los estados de excepción en particular, como una de estas herramientas, y por primera vez en nuestra tradición constitucional, encuentran un vasto desarrollo en la Constitución de la República Bolivariana de Venezuela, en la que se definen expresamente las circunstancias que originan cada una de sus modalidades (estado de alarma, de emergencia económica, de conmoción interior o exterior), al tiempo que le impone precisos límites en aras de minimizar su grado de afectación, no sólo en la esfera de actuación de los órganos del Poder Público, sino en la vida de los ciudadanos, en cuyo favor no sólo se instaura un catálogo abier-*

to de derechos no susceptibles de restricción (como se infiere de la frase «derechos humanos intangibles»), sino que se preserva -aun en tales condiciones de excepción- el principio de responsabilidad de los órganos que estructuran al Poder Ejecutivo.

Se reconoce, por tanto, la existencia de un derecho de necesidad con miras a enfrentar aquellas «circunstancias de orden social, económico, político, natural o ecológico, que afecten gravemente la seguridad de la Nación, de las instituciones y de los ciudadanos y ciudadanas, a cuyo respecto resultan insuficientes las facultades de las cuales se disponen para hacer frente a tales hechos» (artículo 337).

Para ello, se le otorga al Presidente de la República la excepcionalísima potestad de restringir temporalmente derechos y garantías constitucionales, salvo los denominados derechos humanos intangibles, lo que si bien supone un reforzamiento de las potestades brindadas en condiciones de normalidad al Poder Ejecutivo, encuentra justificación «cuando concurran elementos de necesidad y urgencia derivados de circunstancias fácticas que requieran una pronta intervención normativa que se dicte y aplique con una celeridad que supere al tiempo en que se tarda el riguroso proceso de formulación de las leyes» (stc. n° 1507/2003, caso: María Ríos Oramas). Aunque ello deba siempre efectuarse respetando las restricciones de nuestro ordenamiento constitucional, incluyendo aquellas preceptuadas por los principales instrumentos de derechos humanos suscritos por la República: el Pacto Internacional de Derechos Civiles y Políticos (artículo 4.1) y la Convención Interamericana de Derechos Humanos (artículo 27.1)".

Se trata entonces de un límite legítimo a algunos derechos y garantías constitucionales reconocido por el Constituyente de 1999, fundado en razones excepcionales, cuyo único propósito es establecer un orden alternativo, temporal y proporcional dirigido a salvaguardar la eficacia del Texto Constitucional y, por ende, la eficacia de los derechos y garantías, en situaciones de anormalidad de tal entidad que comprometan la seguridad o la vida económica de la Nación, de sus ciudadanos y ciudadanas, de sus instituciones o el normal funcionamiento de los Poderes Públicos y de la sociedad en general.

En este sentido, el decreto igualmente se orienta a materializar los fines superiores del Estado contemplados en el artículo 3 de la Constitución, en armonía con los lineamientos del Plan de la Patria de las 7T, concebido como ruta estructural hacia el año 2030. Dicho Plan proyecta la consolidación de un modelo económico renovado, sustentado en la superación definitiva de la dependencia petrolera y en la construcción de un sistema productivo robusto, diversificado y con plena capacidad de innovación. Tal visión implica promover la economía social y comunal, generar mecanismos de financiamiento inclusivo, modernizar el aparato financiero nacional, fortalecer la soberanía alimentaria y avanzar en procesos de sustitución productiva que reduzcan vulnerabilidades externas. Asimismo, contempla el impulso de cadenas de valor estratégicas, el desarrollo de zonas económicas especiales, la recuperación eficiente de los servicios públicos y la modernización de la infraestructura mediante prácticas de gestión sustentable, acompañadas de una política firme de independencia tecnológica, protección ambiental y consolidación de una ética pública basada en la cooperación, el esfuerzo productivo y la justicia social, todo ello alineado con la proyección histórica hacia el socialismo bolivariano.

Del estudio de los elementos aportados, se infiere que la situación descrita por el Ejecutivo no se corresponde con fluctuaciones económicas comunes, sino con un escenario que compromete la estabilidad general de la economía y, por ende, el goce de derechos sociales básicos. La complejidad del contexto, marcada por la contracción de sectores productivos, distorsiones en mecanismos de abastecimiento y dificultades estructurales en sistemas financieros, justifica la activación de un régimen jurídico extraordinario, siempre que se ajuste a los parámetros constitucionales.

Ahora bien, para que el acto de gobierno sometido al examen sea controlable constitucionalmente, requiere al menos de un fundamento objetivo, lo cual, en el caso de los estados de excepción o de necesidad, se traduce en la invocación directa de las normas constitucionales y legales -contenidas en la Ley Orgánica sobre Estados de Excepción-, que habilitan al Presidente de la República para ejercer esa potestad, y el establecimiento de medidas razonables y proporcionales a la situación que se pretende controlar, que justifiquen la injerencia del Estado en el ámbito de los derechos y garantías constitucionales de sus ciudadanos.

Al respecto, por lo que atañe a la base jurídica invocada por el ciudadano Presidente de la República para dictar el Decreto *sub examine*, resaltan el artículo 226 de la Constitución de la República Bolivariana de Venezuela, el cual reconoce que *"*[e]*l Presidente o Presidenta de la República es el Jefe o Jefa del Estado y del Ejecutivo Nacional, en cuya condición dirige la acción del Gobierno"*; el numeral 7 del artículo 236 del mismo Texto Constitucional, que alude a la competencia específica del Presidente de la República para declarar los estados de excepción en los casos previstos en esta Constitución; y los artículos 337, 338 y 339 *eiusdem*, así como los artículos 2 al 7, 10, 17 y 23 de la Ley Orgánica sobre Estados de Excepción, que dan cuenta de una diversa gama de medidas oportunas que permitan atender eficazmente las situaciones coyunturales, sistemáticas, inéditas y sobrevenidas. Tal basamento jurídico, además de constar de forma clara en el Decreto, ha sido ampliamente difundido por el Presidente de la República en diversas alocuciones, y discutido con las organizaciones de base del Poder Popular, organizaciones sindicales y cámaras empresariales.

La Sala observa que la situación económica que motiva la emisión del decreto se encuentra estrechamente vinculada a la dinámica actual de las relaciones entre Venezuela y los Estados Unidos, marcada por la imposición de medidas coercitivas unilaterales, restricciones financieras y limitaciones operativas a sectores estratégicos de la economía nacional. Estas acciones han generado obstáculos significativos para el normal desenvolvimiento de la actividad productiva, al afectar el acceso del país a mercados, financiamiento internacional, insumos tecnológicos y canales logísticos indispensables para su crecimiento. Tal escenario, ampliamente documentado en informes públicos y reflejado en el ámbito comunicacional, incide de manera directa en las capacidades del Estado para impulsar políticas de desarrollo, diversificación productiva y estabilidad económica, configurando así una circunstancia excepcional que exige la adopción de medidas oportunas y proporcionales por parte del Poder Ejecutivo.

De acuerdo al panorama económico global antes descrito, resulta claro que existe una situación fáctica que el Ejecutivo Nacional debe afrontar para la protección de la población venezolana. Por ello, es evidente para esta Sala Constitucional que el presente Decreto, responde al deber de cumplir con postulados constitucionales que garanticen en favor de la población el ejercicio de sus derechos económicos consagrados en los artículos 112, 117, 299 y 320 de la Constitución de la República Bolivariana de Venezuela:

Al respecto, los artículos 112 y 117 *eiusdem* establecen lo siguiente:

> ***"Artículo 112****. Todas las personas pueden dedicarse libremente a la actividad económica de su preferencia, sin más limitaciones que las previstas en esta Constitución y las que establezcan las leyes, por razones de desarrollo humano, seguridad, sanidad, protección del ambiente u otras de interés social. El Estado promoverá la iniciativa privada, garantizando la creación y justa distribución de la riqueza, así como la producción de bienes y servicios que satisfagan las necesidades de la población, la libertad de trabajo, empresa, comercio, industria, sin perjuicio de su facultad para dictar medidas para planificar, racionalizar y regular la economía e impulsar el desarrollo integral del país".*

> ***"Artículo 117.*** *Todas las personas tendrán derecho a disponer de bienes y servicios de calidad, así como a una información adecuada y no engañosa sobre el contenido y características de los productos y servicios que consumen, a la libertad de elección y a un trato equita-*

tivo y digno. La ley establecerá los mecanismos necesarios para garantizar esos derechos, las normas de control de calidad y cantidad de bienes y servicios, los procedimientos de defensa del público consumidor, el resarcimiento de los daños ocasionados y las sanciones correspondientes por la violación de estos derechos".

Por su parte, los artículos 299 y 320 del Texto Fundamental estipulan lo siguiente:

*"**Artículo 299.** El régimen socioeconómico de la República Bolivariana de Venezuela se fundamenta en los principios de justicia social, democracia, eficiencia, libre competencia, protección del ambiente, productividad y solidaridad, a los fines de asegurar el desarrollo humano integral y una existencia digna y provechosa para la colectividad. El Estado conjuntamente con la iniciativa privada promoverá el desarrollo armónico de la economía nacional con el fin de generar fuentes de trabajo, alto valor agregado nacional, elevar el nivel de vida de la población y fortalecer la soberanía económica del país, garantizando la seguridad jurídica, solidez, dinamismo, sustentabilidad, permanencia y equidad del crecimiento de la economía, para lograr una justa distribución de la riqueza mediante una planificación estratégica democrática participativa y de consulta abierta".*

*"**Artículo 320.** El Estado debe promover y defender la estabilidad económica, evitar la vulnerabilidad de la economía y velar por la estabilidad monetaria y de precios, para asegurar el bienestar social".*

En consecuencia, esta Sala aprecia que el decreto que declara el estado de emergencia económica en todo el territorio nacional se dirige fundamentalmente a resguardar la estabilidad y seguridad económica de la República, en atención al complejo panorama regional y global que incide de manera directa en la dinámica interna del país. La adopción de tales medidas excepcionales se presenta como adecuada, razonable y estrictamente necesaria para garantizar la efectividad del derecho a la protección social que corresponde al Estado, en tanto constituye un elemento esencial para el desarrollo de una sociedad equilibrada, orientada a la justicia, la paz y al bienestar colectivo, en concordancia con los principios rectores consagrados en el artículo 3 de la Constitución de la República Bolivariana de Venezuela.

El artículo 4 de la Ley Orgánica sobre Estados de Excepción establece exigencias de justificación o razonabilidad de las medidas dispuestas para resolver la situación de hecho que afecta la seguridad de la Nación, de sus ciudadanos y sus instituciones. Por tanto, esta Sala Constitucional constata, luego del análisis conducente, que se verifican los extremos de necesidad, idoneidad y proporcionalidad de las medidas de excepción decretadas, las cuales se juzgan necesarias, adecuadas y proporcionales al restablecimiento de las condiciones socioeconómicas que permitan la estabilización económica del país y mitigar los efectos de la inflación inducida.

Por ello, esta Sala considera conforme al marco constitucional, y por tanto jurídicamente procedente, que el Ejecutivo Nacional, frente a las circunstancias extraordinarias que afectan al territorio de la República, haga uso de los mecanismos y facultades excepcionales previstos en la Constitución de la República Bolivariana de Venezuela. Ello responde al deber indeclinable del Estado de asegurar a toda la población el acceso oportuno, adecuado y continuo a los bienes y servicios esenciales para la vida cotidiana, así como de garantizar el ejercicio efectivo de sus derechos en un entorno de paz, estabilidad y protección integral, tal como se expresa en el propio decreto sometido a examen.

Ello así, se observa que el Decreto objeto de examen de constitucionalidad, preserva y ratifica la plena vigencia de los derechos y garantías constitucionales y demás previstos en el ordenamiento jurídico, desprendiéndose de ello la configuración de otro elemento en el examen de constitucionalidad, a favor de la plena adecuación a los preceptos y límites que se coligen del Texto Fundamental, a ser observados cuando el Jefe del Estado ejercita las facultades de declaratoria de Estados de Emergencia Económica. El Decreto, asimismo, resguarda y no implica restricción de aquellos derechos cuyas garantías no pueden ser limitadas por expreso mandato constitucional, a saber, las referidas a los derechos a la vida, prohibición de incomunicación o tortura, el derecho al debido proceso, el derecho a la información y los demás derechos humanos intangibles, tal como lo disponen los artículos 337 del Texto Fundamental y 7 de la Ley Orgánica sobre Estados de Excepción.

Esta Sala Constitucional considera atinado referir que la Constitución de la República Bolivariana de Venezuela, así como la Ley Orgánica sobre Estados de Excepción, disponen de normas precisas en cuanto a la materia de deberes generales de la ciudadanía, y, particularmente, bajo la vigencia de un estado de excepción decretado conforme al Texto Fundamental, destacando que toda persona natural o jurídica, de carácter público o privado, está obligada a cooperar con las autoridades competentes para la protección de personas, bienes y lugares.

En este sentido, se estima oportuno citar el criterio asentado en sentencia n.° 1158 del 18 de agosto de 2014, en la que esta Sala Constitucional realizó una interpretación de las normas constitucionales sobre el modelo de Estado Constitucional, la finalidad del mismo y su relación con el aspecto socioeconómico nacional:

> *"En tal orden, resulta necesario hacer mención al modelo de Estado consagrado en la Constitución de la República Bolivariana de Venezuela, el cual de manera clara e indubitable instituye a nuestro Estado como un '***Estado democrático y social de Derecho y de Justicia,*** que propugna como* ***valores superiores de su ordenamiento jurídico y de su actuación, la vida, la libertad, la justicia, la igualdad, la solidaridad, la democracia, la responsabilidad social y en general, la preeminencia de los derechos humanos, la ética y el pluralismo político****', como de manera expresa es indicado en el artículo 2 constitucional.*
>
> *En consecuencia de ello, el propio Texto Constitucional en su artículo 3, se encarga de señalar expresamente los propósitos últimos a los que debe estar orientada la actuación integral del Estado, estatuyendo que '***El Estado tiene como fines esenciales la defensa y el desarrollo de la persona y el respeto a su dignidad****, el ejercicio democrático de la voluntad popular,* ***la construcción de una sociedad justa y amante de la paz, la promoción de la prosperidad y bienestar del pueblo y la garantía del cumplimiento de los principios, derechos y deberes reconocidos y consagrados en esta Constitución…*** *(omissis)'.*
>
> *Partiendo de dicho marco conceptual y ontológico, la concepción del Estado Social Constitucional, comporta una verdadera reconfiguración y redimensionamiento del mismo, implicando una vinculación concreta y específica de todos y cada uno de los componentes y factores que en él existen, conllevando una relación normativa de alto nivel por parte de la integralidad de sus componentes, al contenido y dimensiones de dicho modelo, lo que traerá como consecuencia, que la cláusula consagratoria de este modelo de Estado despliegue sus efectos jurídicos plenos, como parámetro hermenéutico tanto en la serie de postulados constitucionales y legales, es decir, en la exégesis del orden jurídico de nuestro país, y desde luego, en la configuración de políticas y acciones de los poderes públicos.*
>
> *Por ello, resulta incuestionable para esta Sala sostener que la consagración constitucional de la cláusula del Estado Social, contenida en el caso de nuestro país en el artículo 2 de la Constitución de la República Bolivariana de Venezuela, comporta verdaderos efectos normativos y por ende, de necesaria y vinculante observación, con la significación y trascendencia que las normas constitucionales implican para el Estado, en todos y cada uno de sus componentes.*
>
> *De esta manera, el precepto constitucional en el que se consagra la forma de Estado Social determina el despliegue de sus efectos en el valor de la hermenéutica del ordenamiento jurídico, tal y como acertadamente lo postula el autor español Enrique Álvarez Conde, al enseñar que para que 'los poderes públicos puedan desarrollar e interpretar adecuadamente aquellos preceptos constitucionales y de legislación ordinaria que son su desarrollo... –la cláusula del Estado Social– ...viene a constituir el último criterio interpretativo, aparte de su propia eficacia jurídica, pues no hay que olvidar que, como norma jurídica, se convierte en un auténtico parámetro de constitucionalidad.' (Álvarez Conde, Enrique: 'Curso de Derecho Constitucional'. Volumen I. Editorial Tecnos. Madrid. 2003. p. 116).*

*En razón de ello, el paradigma de Estado Social comporta un cambio en la manera en la que el Estado debe actuar y desenvolverse, tanto en su fuero interno como en el externo, lo cual desde luego, acarrea repercusiones de diversa índole en las relaciones del mismo con sus ciudadanos, estableciendo deberes de actuación estatal en los distintos órdenes de la vida social, para asegurar la procura existencial de los ciudadanos, en función de lo que el Estado asume la responsabilidad de intervenir de manera activa, precisamente para consolidar dicho objetivo, asumiendo para sí la gestión de determinadas prestaciones, actividades y servicios, así como también, haciéndose responsable y garante de las necesidades vitales requeridas por los ciudadanos para su existencia digna y armónica, lo cual, vale destacar, ha sido puesto de manifiesto por esta Sala Constitucional, expresado en decisiones trascendentales para la vida social de nuestro país, dentro de la que destaca la sentencia N° 85 del 24 de enero de 2014, expediente N° 01-1420, (caso '**ASOCIACIÓN CIVIL DEUDORES HIPOTECARIOS DE VIVIENDA PRINCIPAL (ASODEVIPRILARA')".***

omissis

Es precisamente en ese orden, en el que este Tribunal Supremo de Justicia, actuando en Sala Constitucional, observa que una de las consecuencias fundamentales que la cláusula del Estado Social implica, en el desarrollo y ejercicio de las funciones del Poder Público, se encuentra en la necesaria armonía que debe existir entre la concepción del Estado y la actividad llevada a cabo por la función legislativa y de desarrollo normativo.

En efecto, según se ha tenido la oportunidad de señalar supra, la concepción de determinado Estado como social, implica un redimensionamiento de la conducta que el mismo debe asumir frente a las dinámicas sociales, a los efectos de sopesar las desigualdades presentes en toda sociedad, y garantizar de esta manera la satisfacción de las necesidades esenciales de los ciudadanos para alcanzar condiciones o estándares de vida digna. Por tales motivos, el Estado tendrá como una de sus principales herramientas, para materializar y asumir el rol que le impone su configuración, al conjunto de normas y textos legales que conforman su ordenamiento jurídico, los cuales se estructuran como implementos indispensables para acometer los fines de su esencia de contenido social.

En este orden, la conformación de un Estado bajo una noción social, requiere necesariamente que el entramado normativo que define su ordenamiento jurídico, lleve a cabo una regulación que comporte un desarrollo sistemático y progresivo de las diversas actividades que implican el rol que el mismo se encuentra llamado a desarrollar en el ámbito de las relaciones sociales, es decir, la actividad legislativa entra a desempeñar un papel de fundamental importancia, en cuanto se presenta como herramienta vital para que el Estado pueda satisfacer la misión social que constituye su esencia, por mandato constitucional.

Lo anterior comporta tanto para la concepción de los derechos de rango constitucional como los de rango legal, un auténtico cambio en la formulación de los mismos, que impone que no puedan estar circunscritos a simples e irrestrictos parámetros de libertad para los ciudadanos, o representar normas permisivas, bajo una postura en sentido negativo o abstencionista del Estado, en los términos verificados bajo una concepción liberal de aquél; sino que las normas y la actividad de producción normativa, pasan a ser materializadas en términos de imposición de derechos imprescindibles y vitales para la vida de los ciudadanos, con el correspondiente correlativo de los deberes impuestos al Estado en la tutela y en el alcance de los mismos.

De esta manera, se configura una nueva manera de concebir la interpretación normativa, partiendo de la conciencia de la dimensión dentro de la cual el elemento normativo pasará a desempeñarse, esto es, dentro de un Estado de naturaleza social; y a su vez, de que el Estado detenta una serie de deberes ineludibles, que no quedan a su mero arbitrio o capacidad discrecional, sino que por el contrario, comportan un imperativo del más alto nivel, que debe encontrar reflejo y sustento en preceptos normativos en los que el Estado, se encuentre igualmente obligado al cumplimiento de la dimensión de su fin social.

No obstante ello, debe necesariamente dejar claro esta Sala, que la reformulación en la concepción de los derechos y de la concepción normativa a la que aquí se alude, no supone en modo alguno, un desconocimiento o menoscabo de los derechos de libertad de los ciuda-

danos, ya que el Estado Social 'sigue siendo un Estado de derecho, esto es, un Estado garantista del individuo frente al poder y en el intercambio con los demás ciudadanos, pero es también un Estado Social, esto es un Estado comprometido con la promoción del bienestar de la sociedad y de manera muy especial con la de aquellos sectores más desfavorecidos de la misma.' (Pérez Royo, Javier: 'Curso de Derecho Constitucional.' Editorial Marcial Pons. Madrid. 2003. p. 202.)

Por tal motivo, la concepción de los derechos y del orden jurídico en general, que se impone en razón de la concepción social del Estado, implica una articulación entre los derechos sociales, y por tanto de prestación positiva para el Estado, con los denominados derechos de libertad, para lograr una coexistencia armónica entre los mismos, en la cual los derechos de libertad pasan a ser regulados y canalizados por las normas, con la finalidad de armonizarlos y adecuarlos a la concepción de Estado, evitando la degeneración o distorsión de estos, para tornarse en instrumentos para el atropello, el abuso, y para la generación de asimetrías sociales, que en forma última comportan el desconocimiento y cercenamiento de otros derechos y libertades de la población, así como de los principios y valores estatuidos en el texto constitucional.

En este contexto, los derechos relativos a las libertades económicas, se encuentran sujetos a una regulación que determina y canaliza su ejercicio en sociedad, en aras de garantizar una adecuada convivencia social y su articulación dentro del todo armónico que debe representar el Estado; encontrándose por ende sometidos a una serie de limitaciones para su adecuado ejercicio; limitaciones éstas que vienen impuestas y determinadas en la Constitución y las Leyes, y por razones de desarrollo humano y de interés social, lo que permite que el Estado posea un régimen de intervención en la economía, resultando ello del todo comprensible, bajo el entendido de que precisamente el conjunto de actividades de tal naturaleza, implican una de las principales formas a través de las cuáles éste alcanza su desarrollo y la consecución de sus fines.

Ese régimen de intervención que posee el Estado, comprende lógicamente el desarrollo económico establecido en el artículo 299 de la Constitución de la República Bolivariana de Venezuela, la promoción de la iniciativa privada mediante la cual se obliga al Estado en el artículo 112 eiusdem, garantizando la creación y justa distribución de la riqueza, así como la producción de bienes y servicios que satisfagan las necesidades de la población, la libertad de trabajo, la libertad de empresa, la libertad de comercio, la libertad de industria, sin perjuicio de su facultad para dictar medidas para planificar, racionalizar y regular la economía e impulsar el desarrollo integral del país, bajo el entendido de que en definitiva el Estado, en su condición de principal garante del orden público, del interés general, de la paz y de la justicia, detenta una serie de deberes respecto de sus habitantes, concebidos como cuerpo social, con miras hacia la consecución de los altos fines que rigen y condicionan su existir, en función de la consolidación de una sociedad justa, próspera y digna.

De esta manera, en el contexto del sistema económico bajo la concepción del Estado Social, el Estado debe no tan sólo intervenir en la dinámica económica para regular y fiscalizar las relaciones que tengan lugar en el seno de la misma, así como los derechos de los ciudadanos; sino también, se encuentra obligado a la creación de las condiciones y a la adopción de medidas de acción, que sean necesarias para establecer la vigencia de sus postulados, y configurar un nuevo orden en las relaciones económicas, que responda a los valores de igualdad, justicia, responsabilidad social, humanismo y dignidad, entre otros, que es en definitiva la finalidad de las normas contempladas en los artículos 2, 3, 112, 113, 114, 115, 117, 299, 300 y 301 de la Constitución de la República Bolivariana de Venezuela.

Precisamente en razón de ello, esta Sala observa que el propio artículo 112 constitucional, establece los parámetros sobre los cuáles el Estado desempeña su actuación en relación con el derecho de la libertad económica, cuando de manera expresa señala que 'El Estado promoverá la iniciativa privada, garantizando la creación y justa distribución de la riqueza, así como la producción de bienes y servicios que satisfagan las necesidades de la población, la libertad de trabajo, de empresa, de comercio, industria…'. Esto además comporta, como también lo expresa el artículo en referencia, el que en base a la serie de factores recién mencionados, el Estado se encuentre en la capacidad de '…dictar medidas para planificar, racionalizar y regular la economía e impulsar el desarrollo integral del país.'

De igual manera, también bajo esta óptica, el texto constitucional consagra la severa pena frente a la verificación de ilícitos económicos, de especulación, acaparamiento, usura, cartelización y otros delitos conexos, como expresamente lo indica el artículo 114 constitucional; así como también se indica de manera diáfana en la Ley Fundamental que 'Todas las personas tendrán derecho a disponer de bienes y servicios de calidad, así como a una información adecuada y no engañosa sobre el contenido y características de los productos y servicios que consumen, a la libertad de elección y a un trato equitativo y digno. La ley establecerá los mecanismos necesarios para garantizar esos derechos, las normas de control de calidad y cantidad de bienes y servicios, los procedimientos de defensa del público consumidor, el resarcimiento de los daños ocasionados y las sanciones correspondientes por la violación de estos derechos' (Artículo 117)".

En este contexto, y atendiendo al deber constitucional que recae sobre el Presidente de la República de preservar el orden socioeconómico y garantizar la vigencia plena de los derechos fundamentales, esta Sala estima que la adopción del decreto bajo análisis responde a una causa excepcional plenamente justificada. Su emisión obedece a la necesidad de asegurar la estabilidad nacional y la paz social ante las circunstancias económicas extraordinarias que inciden sobre el país, particularmente derivadas de medidas coercitivas unilaterales, restricciones financieras y políticas arancelarias impuestas por el Gobierno de los Estados Unidos, cuyos efectos obstaculizan el normal desenvolvimiento y desarrollo de la economía venezolana. En virtud de ello, el decreto faculta al Ejecutivo Nacional para adoptar acciones inmediatas, idóneas y proporcionales dirigidas a proteger los derechos de la población y garantizar la continuidad de la gestión pública en condiciones adversas. Por consiguiente, esta Sala Constitucional concluye que dicho instrumento se ajusta a los principios, valores y mandatos de la Constitución, así como a los estándares establecidos en los tratados internacionales de derechos humanos y en la Ley Orgánica sobre Estados de Excepción.

En fuerza de las anteriores consideraciones, esta Sala Constitucional declara la constitucionalidad del Decreto N° 5.190, mediante el cual se declara el Estado de Emergencia Económica en todo el Territorio Nacional, de conformidad con la Constitución de la República Bolivariana de Venezuela y su ordenamiento jurídico, por un lapso de sesenta (60) días, en la medida en que cumple los extremos de utilidad, proporcionalidad, tempestividad, adecuación, estricta necesidad para solventar la situación presentada y de completa sujeción a los requisitos constitucionales, el cual viene a apuntalar con sólido basamento jurídico y con elevada significación popular, la salvaguarda del pueblo y su desarrollo armónico ante factores inéditos y extraordinarios adversos en nuestro país, de conformidad con la Constitución de la República Bolivariana de Venezuela; sin perjuicio del control posterior que pueda efectuar esta Sala de conformidad con sus atribuciones constitucionales.

Finalmente, se ordena la publicación de la presente decisión en la Gaceta Oficial de la República Bolivariana de Venezuela, en la Gaceta judicial y en la página web de este Tribunal Supremo de Justicia.

II. DERECHOS Y GARANTÍAS CONSTITUCIONALES

1. *Derechos sociales de la familia*

A. *Derechos Laborales: Inamovilidad laboral por fuero maternal*

TSJ-SPA (727) **12-8-2025**

Magistrado Ponente: Juan Carlos Hidalgo Pandares

Caso: Claudia Liliana Contreras Delgado

...Sin embargo, advierte la Sala que la apoderada de la demandante señaló que la Comisión Judicial del Tribunal Supremo de Justicia no tomó en consideración la situación de inamovilidad por fuero maternal en la que se encontraba, en virtud que "(…) *al momento de dictarse el acto administrativo* (…) [su] *representada se encontrada en estado de gravidez, ya que para esa fecha, en la cual tenía un periodo de embarazo de aproximadamente 3 meses, la Comisión Judicial del Tribunal Supremo de Justicia estaba en perfecto conocimiento de su condición* (…) [por lo que] *se encontraba protegida por el fuero maternal a tenor de lo señalado en el artículo 18 de la Ley para la Protección de las Familias, la Maternidad y la Paternidad y el artículo 420, numeral 1, del Decreto con Rango, Valor y fuerza de Ley Orgánica del Trabajo, los Trabajadores y las Trabajadoras* (…)". (Agregados de esta Máxima Instancia).

En este sentido, resulta pertinente señalar que el derecho a la protección de la familia está previsto en la Constitución de la República Bolivariana de Venezuela de la siguiente forma:

> *"**Artículo 75.- El Estado protegerá a las familias como asociación natural de la sociedad** y como el espacio fundamental para el desarrollo integral de las personas. Las relaciones familiares se basan en la igualdad de derechos y deberes, la solidaridad, el esfuerzo común, la comprensión mutua y el respeto recíproco entre sus integrantes. **El Estado garantizará protección** a la madre, **al padre o a quienes ejerzan la jefatura de la familia** (...)". (Resaltado de la Sala).*
>
> *"**Artículo 76.- La maternidad y la paternidad son protegidas integralmente, sea cual fuere el estado civil de la madre o del padre**. Las parejas tienen derecho a decidir libre y responsablemente el número de hijos o hijas que deseen concebir y a disponer de la información y de los medios que les aseguren el ejercicio de este derecho. **El Estado garantizará asistencia y protección integral a la maternidad, en general a partir del momento de la concepción, durante el embarazo, el parto y el puerperio, y asegurará servicios de planificación familiar integral basados en valores éticos y científicos** (...)". (Resaltado de la Sala).*

Las referidas normas consagran el deber del Estado de proteger a la familia como asociación natural de la sociedad, espacio fundamental para el desarrollo integral del ser humano. En este orden, se establece expresamente que la **maternidad** y la paternidad deben ser integralmente protegidas (ver sentencias números 00999 y 00478 dictadas por esta Sala el 9 de agosto de 2017 y 10 de mayo de 2018, [**Véase:** ***Revista de Derecho Público*** **Nº 153-154 enero-junio 2018 pp. 333 y ss**] respectivamente).

En igual sentido, la Ley Orgánica del Trabajo, los Trabajadores y Trabajadoras, publicada en la Gaceta Oficial de la República Bolivariana de Venezuela número 6.076 Extraordinario de fecha 7 de mayo de 2012, regula la figura de la inamovilidad por fuero maternal, de la siguiente manera:

> ***"Artículo 331***
>
> ***Protección a la maternidad***
>
> *En el proceso social de trabajo y desde cada entidad de trabajo, se protegerá la maternidad y se apoyará a los padres y las madres en el cumplimiento de criar, formar, educar, mantener y asistir a sus hijos e hijas."*
>
> ***"Artículo 335***
>
> ***Protección especial***
>
> *La trabajadora en estado de gravidez, gozará de protección especial de inamovilidad desde el inicio del embarazo y hasta dos años después del parto, conforme a lo previsto en la ley. La protección especial de inamovilidad también se aplicará a la trabajadora durante los dos años siguientes a la colocación familiar de niñas o niños menores de tres años."*
>
> ***"Artículo 420***
>
> ***Protegidos por inamovilidad***

Estarán protegidos y protegidas por inamovilidad laboral:

1.- Las trabajadoras en estado de gravidez, desde el inicio del embarazo hasta dos años después del parto (...)".

Precisada la normativa aplicable al caso, esta Sala estima pertinente destacar el criterio expresado en su sentencia número 00143 publicada el 15 de marzo de 2022, mediante la cual determinó:

"(...) Las disposiciones antes señaladas establecen que están protegidas por la inamovilidad laboral las trabajadoras en estado de gravidez desde el inicio del embarazo y hasta por un lapso de dos (2) años luego de haber ocurrido el parto, asimismo, dispone el artículo 418 eiusdem la prohibición de despedir, trasladar o desmejorar a una trabajadora que se encuentre amparada por dicho fuero sin junta causa previamente calificada por el Inspector o Inspectora del Trabajo.

En esa línea de consideraciones y respecto a la protección de la maternidad, esta Máxima Instancia ha señalado que su finalidad tiende principalmente al amparo de los hijos o las hijas, esto es, para proveer una protección esencial a la condición humana de un niño o una niña y de su madre como elemento integrador de la sociedad.

Igualmente este Máximo Tribunal ha señalado que la inamovilidad por fuero maternal está orientada a garantizar la obligación por parte del Estado en brindar protección a los niños, niñas y a los y las adolescentes, incluyendo dentro de esta protección la seguridad socioeconómica para su desarrollo integral, en virtud del interés superior de dichos sujetos, de tal manera que resulta indiscutible que la pérdida del empleo de la madre afectará el ingreso económico de la familia e incidirá en el cumplimiento del mencionado derecho de protección.

Es por tal razón que a través del fuero maternal lo que pretende el Estado es garantizar el sustento económico del niño, niña o adolescente por medio del sueldo o salario devengado por su progenitora y no la permanencia de la funcionaria en el cargo dentro de la institución, es decir, la protección del Estado derivada de dicho fuero va dirigida al niño, niña o adolescente y no a la estabilidad de la funcionaria en el puesto de trabajo. (Vid. Sentencia de esta Sala Nro. 01537 del 15 de diciembre de 2016).

Ahora bien, resulta claro que la Comisión Judicial del Tribunal Supremo de Justicia tiene la potestad para dejar sin efecto la designación de aquellos funcionarios cuya naturaleza de sus cargos sea provisional, los cuales no gozan de estabilidad en el ejercicio de sus funciones, no obstante, debe continuar con el pago de los salarios, beneficios y demás asignaciones laborales durante el transcurso de los dos (2) años establecido en el numeral 1 del artículo 420 la Ley Orgánica del Trabajo, los Trabajadores y las Trabajadoras.

(...)

De lo anterior se constata que para el momento en que se dictó el acto por el que se dejó sin efecto la designación de la demandante en el cargo de (...) Jueza Provisoria del Tribunal Primero de Primera Instancia en Funciones de Juicio del Circuito Judicial Penal del Estado Cojedes (...), ésta se encontraba en período de inamovilidad laboral derivada de la protección prevista en los artículos 335 y 420 numeral 1° de la Ley Orgánica del Trabajo, los Trabajadores y las Trabajadoras que confiere a la trabajadora en estado de gravidez una condición de inamovilidad desde el inicio del embarazo y hasta por dos (2) años luego de sucedido el nacimiento.

En ese sentido, la Sala estima pertinente precisar que el fuero maternal de la actora comenzó desde el 15 de marzo de 2018 (concepción) hasta el 24 de noviembre de 2020, oportunidad en la que vence el período de inamovilidad dado que el nacimiento de su menor hijo ocurrió el 24 de noviembre de 2018, lapso éste que la Comisión accionada debió dejar transcurrir a los efectos de tomar la decisión que acá se impugna.

Conforme a lo dilucidado precedentemente, procede a favor de la actora el pago de los sueldos dejados de percibir ***a partir de la fecha en la que tuvo conocimiento del acto impugnado (9 de abril de 2018)*** *hasta el* ***24 de noviembre de 2020****, fecha en la que terminó la inamo-*

vilidad que por maternidad le corresponde a la demandante de autos, así como los beneficios pecuniarios dejados de percibir que no requieran la prestación efectiva del servicio durante dicho período. Así se determina (…)". (Resaltado de la Cita).

….Igualmente este Máximo Tribunal ha señalado que la inamovilidad por fuero maternal está orientada a garantizar la obligación por parte del Estado en brindar protección a los niños, niñas y a los y las adolescentes, incluyendo dentro de esta protección la seguridad socioeconómica para su desarrollo integral, en virtud del interés superior de dichos sujetos, de tal manera que resulta indiscutible que la pérdida del empleo de la madre afectará el ingreso económico de la familia e incidirá en el cumplimiento del mencionado derecho de protección.

Es por tal razón que a través del fuero maternal lo que pretende el Estado es garantizar el sustento económico del niño, niña o adolescente por medio del sueldo o salario devengado por su progenitora y no la permanencia de la funcionaria en el cargo dentro de la institución, es decir, la protección del Estado derivada de dicho fuero va dirigida al niño, niña o adolescente y no a la estabilidad de la funcionaria en el puesto de trabajo. (*Vid.*, sentencia de esta Sala número 0.1537 del 15 de diciembre de 2016)….

…..De los documentos antes mencionados, se evidencia que la Comisión Judicial del Tribunal Supremo de Justicia si bien podía dejar sin efecto la designación de la abogada Claudia Liliana Contreras Delgado, *ut supra* identificada, como Jueza Provisoria del Tribunal Séptimo de Primera Instancia en Funciones de Control del Sistema de Responsabilidad Penal del Circuito Judicial Penal del Área Metropolitana de Caracas, debió considerar que la demandante se encontraba amparada por la protección de inamovilidad por fuero maternal establecida en el precitado artículo 335 de la Ley Orgánica del Trabajo, los Trabajadores y las Trabajadoras, en virtud que sus hijas tenían seis (6) meses de nacidas, para el momento de su notificación.

,,,Conforme a lo dilucidado precedentemente, procede a favor de la actora el pago de los salarios y demás beneficios que no requirieran la prestación efectiva del servicio hasta el vencimiento del período de dos (2) años establecido en el citado artículo, el pago de los sueldos dejados de percibir desde el **29 de agosto de 2024** -oportunidad en la que fue notificada del acto impugnado- hasta el **1° de febrero de 2026**, fecha en la cual vence el período de inamovilidad laboral que por maternidad le corresponde a la demandante de autos, así como los beneficios pecuniarios dejados de percibir que no requieran la prestación efectiva del servicio durante dicho período. **Así se determina**….

Así pues, bajo la óptica de lo indicado se declara procedente el pago de este beneficio a favor de la demandante desde el **29 de agosto de 2024** (fecha en la que tuvo conocimiento del acto dictado por la Comisión accionada), hasta la culminación de la licencia por maternidad (**1° de febrero de 2026**). (*Vid.*, sentencia de esta Sala número 00235 del 1° de septiembre de 2021). **Así se determina**

III. EL ORDENAMIENTO ORGÁNICO DEL ESTADO

1. *Poder Judicial*

A. *Tribunal Supremo de Justicia.*

a. *Facultad de Avocamiento*

TSJ-SC (327) **10-4-2025**

Magistrada Ponente: Michel Adriana Velasquez Grillet

Caso: Iván Enrique Harting Villegas

Determinada la competencia para emitir pronunciamiento sobre el caso sometido a cognición de esta Sala, se procede a decidir sobre la solicitud de avocamiento *sub examine*, para lo cual se estima pertinente hacer notar que la figura del avocamiento de las distintas Salas que conforman el Máximo Tribunal de la República, se encuentra previsto y regulado en la Ley Orgánica del Tribunal Supremo de Justicia, es así como el ya citado artículo 107 de ese texto normativo dispone que: "[e]*l avocamiento será ejercido con suma prudencia y sólo en caso de graves desórdenes procesales o de escandalosas violaciones al ordenamiento jurídico que perjudiquen ostensiblemente la imagen del Poder Judicial, la paz pública o la institucionalidad democrática*".

Ahora bien, de la lectura de las actas procesales que conforman el presente asunto, se evidencia la solicitud por una parte, del *avocamiento de esta Sala* a varias causas en los que presuntamente se violaron derechos constitucionales de la solicitante, siendo así, esta Sala debe reiterar que el artículo 49 del Código de Procedimiento Civil, establece que la acumulación procede siempre que "*hubiere conexión por el objeto de la demanda o por el título o hecho de que dependa*". En este sentido, es posible acumular en una sola demanda varias pretensiones contra distintas personas, en razón de la conexión que existe entre ellas; ya sea por el objeto que se pretende o por la razón que motiva la pretensión.

Sin embargo, el artículo 78 del Código de Procedimiento Civil, prohíbe la concentración de pretensiones en una misma demanda en los casos en que las pretensiones se excluyan mutuamente o que sean contrarias entre sí; cuando, por razón de la materia, no correspondan al conocimiento del mismo tribunal; y en los casos en que los procedimientos sean incompatibles_(ver sentencias de esta Sala números 108/2002, del 29 de enero, 684/2010, del 9 de julio; 118/2012, del 17 de febrero; y 1.220/2012, del 14 de agosto, entre otras); de modo que toda acumulación de pretensiones realizada en contravención a lo dispuesto por la mencionada ley adjetiva, es lo que la doctrina denomina inepta acumulación; y en aquéllos casos en que dichas pretensiones se excluyan mutuamente o cuyos procedimientos sean incompatibles, constituye causal de inadmisibilidad de las demandas o solicitudes que se intenten ante este Tribunal Supremo de Justicia, según lo previsto en el artículo 133 (numeral 1) de la Ley Orgánica del Tribunal Supremo de Justicia, que dispone:

> *"Artículo 133. Se declarará la inadmisión de la demanda:*
>
> *1. Cuando se acumulen demandas o recursos que se excluyan mutuamente o cuyos procedimientos sean incompatibles."*

Sobre este particular, ha sido criterio reiterado de esta Sala, que en aquellos supuestos en los cuales, si bien las actuaciones aun cuando puedan guardar relación entre sí, pero no emanan del mismo órgano o ente, se verifica una inepta acumulación; más aún si se trata de pretensiones cuyos supuestos de procedencia y procedimientos son distintos.

En consecuencia, al verificar que la accionante pretende el avocamiento de esta Sala al conocimiento de unas causas, cuyo trámite debe gestionarse conforme lo previsto en los artículos 106 y siguientes de la Ley Orgánica del Tribunal Supremo de Justicia, siempre y cuando se presuma violación al orden público constitucional y que además no exista sentencia definitivamente firme, efectuado una indebida aplicación de una norma o principio constitucional; o producido un error grave en su interpretación; o por falta de aplicación de algún principio o normas constitucionales, así como la violación de principios jurídicos fundamentales que estén contenidos en la Constitución de la República Bolivariana de Venezuela, tratados, pactos o convenios internacionales suscritos y ratificados válidamente por la República o cuando incurran en violaciones de derechos constitucionales; la Sala considera que la solicitante incurrió en una inepta acumulación al ejercer diversas pretensiones, que por su conocimiento y tramitación resultan, incompatibles en un mismo libelo, dirigidas contra diferentes decisiones emanadas de distintos órganos jurisdiccionales; en razón de lo cual, la solicitud planteada debe declararse **INADMISIBLE** por inepta acumulación de pretensiones. *Así se decide.*

IV. LA ACTIVIDAD ADMINISTRATIVA

1. *Acto Administrativo: Definición*

TSJ-SPA (1184) **10-12-2025**

Magistrado Ponente: Malaquías Gil Rodríguez

Caso: GRUPO POPAC 2011, C.A.

….Por su parte, esta Sala ha definido los actos administrativos indicando que "*tanto la doctrina más calificada en la materia, como la jurisprudencia de este Máximo Tribunal, han definido a los 'actos administrativos' -en términos generales- como toda declaración de voluntad, de juicio o de conocimiento, emanadas de los órganos que integran la Administración,* ***en ejercicio de una potestad administrativa*** *distinta a la potestad reglamentaria, que producen efectos de derecho, generales o individuales en la esfera jurídica de los administrados*". (Ver sentencias de esta Sala Nros. 697 del 21 de mayo de 2002, 1051 del 30 de septiembre de 2015 y 444 del 11 de agosto de 2022).

Asimismo ha establecido que la "*noción de acto administrativo prevista en la norma antes citada constituye una definición restringida, pues califica como tal la declaración de voluntad emanada de 'los órganos' de la Administración Pública, sin incluir otras categorías como lo serían los actos emanados de otros órganos del Poder Público distintos a la Administración en sentido orgánico, siempre que actúen en ejercicio de la función administrativa, como lo ha reconocido la doctrina patria desde tiempos remotos*". (Ver sentencia Nro. 1428 del 2 de noviembre de 2011 y 307 del 28 de mayo de 2024).

Adicionalmente, respecto a los actos administrativos impugnables, el artículo 85 de la Ley Orgánica de Procedimientos Administrativos expresamente dispone lo siguiente:

> "***Artículo 85****. Los interesados podrán interponer los recursos a que se refiere este capítulo contra todo acto administrativo que ponga fin a un procedimiento, imposibilite su continuación, cause indefensión o lo prejuzgue como definitivo, cuando dicho acto lesione sus derechos subjetivos o intereses legítimos, personales y directos*". (Negrillas de la Sala).

Ahora bien, de la revisión de los citados actos, de las normas y jurisprudencia citadas, se deriva que el "*acta de entrega*" y el documento denominado "*asignación de bien inmueble*" no cumplen con los requisitos formales y esenciales previstos, entre otros, en los artículos 7, 9 y 18 de la Ley Orgánica de Procedimientos Administrativos. Tampoco se trata de actos que pongan fin a un procedimiento, imposibiliten su continuación, causen indefensión o prejuzguen como definitivos. Con fundamento en todas las consideraciones expuestas, la Sala concluye que los actos impugnados no son actos administrativos. **Así se decide.**

Al respecto debe señalarse, que si los actos mencionados que fueron consignados como instrumentos fundamentales de la demanda no son actos administrativos, ello implica por una parte que no se consignaron los instrumentos fundamentales de la demanda (uno o varios actos administrativos impugnables) numeral 4 del artículo 35 de la Ley Orgánica de la Jurisdicción Contencioso Administrativa, y por la otra implicaría, que la demanda de nulidad no sería la vía idónea para atacar dichos "*actos*", ambas circunstancias conducen a la inadmisibilidad de la demanda.

En este sentido se reitera, que en el caso de autos, se ejerció una demanda de nulidad contra dos "*actos*" suscritos por el Director de Asuntos Especiales de la Dirección General de Contrainteligencia Militar (DGCIM), del Ministerio del Poder Popular para la Defensa, identificados como "*acta de entrega*" y "*asignación de bien inmueble*", referidos a la entrega material a un tercero, de un inmueble de la presunta propiedad de la parte actora, siendo que si bien es cierto que la demandante, consignó el 6 de agosto de 2025, ante la Unidad de Recepción y Distribución de Documentos (U.R.D.D.) de los Juzgados Nacionales Primero y

Segundo Contencioso Administrativo de la Región Capital, conjuntamente con el libelo de la demanda los anexos antes referidos marcados "*B* y *C*", cuya presunta ausencia originó que el Juzgado remitente declarara inadmisible la demanda, no es menos cierto que esta Sala al pasar a revisar dichos *"actos"* determinó que los mismos no cumplen con los requisitos para ser considerados como actos administrativos que puedan ser objeto de nulidad tal y como ha sido expresado en las líneas que anteceden, lo cual conduce a declarar igualmente inadmisible la presente demanda.

En atención a todas las consideraciones expuestas, esta Sala declara sin lugar el presente recurso de apelación incoado por el abogado Moisés Amado, en su carácter de apoderado judicial de la sociedad mercantil Grupo Popac 2011, C.A., ya identificados, contra la decisión Nro. 2025-0407 de fecha 17 de septiembre de 2025, dictada por el Juzgado Nacional Segundo Contencioso Administrativo de la Región Capital y **confirma** la sentencia apelada en los términos expuestos. **Así se decide.**

.....Finalmente, resulta menester para esta Máxima Instancia precisar que la Sala Plena del Tribunal Supremo de Justicia en aras de garantizar la consecución de los postulados consagrados en los artículos 2, 26, 49 y 257 de la Constitución de la República Bolivariana de Venezuela, reconoció la preponderancia de la ciencia, la tecnología y los servicios de información como elementos de interés público, destacando el deber del Poder Público -y concretamente de los órganos jurisdiccionales- de valerse de los avances tecnológicos para su optimización, procediendo en consecuencia a dictar la Resolución Nro. 2021-0011 de fecha 9 de junio de 2021, contentiva de las normas generales que regularán la suscripción y publicación de decisiones con firma digital, práctica de citaciones y notificaciones electrónicas y la emisión de copias simples o certificadas por vía electrónica relacionadas con los procesos seguidos ante esta Sala Político-Administrativa.

Visto que los artículos 38 de la Ley Orgánica de la Jurisdicción Contencioso Administrativa y 3 de la Resolución en comento, establecen la posibilidad de practicar las citaciones y notificaciones por correo electrónico o cualquier otro medio que utilice tecnologías de la información y la comunicación, este Máximo Tribunal con miras a procurar la mejora continua del servicio de administración de justicia, **ordena** efectuar un análisis de las actas que conforman el expediente de la causa, a los efectos de determinar si las partes cuentan o no con los medios telemáticos suficientes para hacer efectiva dicha actuación procesal y, de ser el caso, proceder a practicar las notificaciones a las que haya lugar por medios electrónicos; en el entendido de que la falta de indicación en autos de algunos de los elementos digitales previamente señalados, dará lugar a que se practique la notificación de acuerdo a lo preceptuado en el artículo 5 de la aludida Resolución y en las leyes. **Así se dispone.**

V. LA JUSTICIA CONSTITUCIONAL

1. *Recurso de Revisión Constitucional*

TSJ-SC (945) **17-6-2025**

Magistrada Ponente: Michel Adriana Velásquez Grillet

Caso: Lucia Antonieta Cammiero Murgano

Determinada la competencia para emitir pronunciamiento sobre el presente asunto, la Sala procede a pronunciarse sobre la solicitud de revisión sometida a su conocimiento, para lo cual se estima pertinente realizar las consideraciones siguientes

En el caso bajo examen se pretende la revisión del acto de juzgamiento contenido en la sentencia definitivamente firme dictada el 7 de febrero de 2019, por el Juzgado Octavo de Primera Instancia en lo Civil, Mercantil, Tránsito y Bancario de la Circunscripción Judicial del Área Metropolitana de Caracas, que declaró:

*"**Primero: SIN LUGAR** la falta de cualidad alegada por la representación judicial de la co-demandada LUCÍA ANTONIETA GAMMIERO MURGANO, venezolana, mayor de edad y titular de la cédula de identidad No. V-6.973.762.*

***Segundo: CON LUGAR** la demanda de daños y perjuicios que incoara el ciudadano JEAN MANUEL CRISPÍN FERNÁNDEZ, venezolano, mayor de edad de este domicilio y titular de la cédula de identidad N° V-13.125.213, y la sociedad mercantil DISTRIBUIDORA ICE CARS 2005 C.A., de este domicilio, debidamente inscrita por ante el Registro Mercantil V de la Circunscripción Judicial del Distrito Capital y Estado Miranda en fecha 12 de septiembre de 2005 C.A., de este domicilio, debidamente inscrita por ante el Registro Mercantil V de la Circunscripción Judicial del Distrito Capital y Estado Miranda en fecha 12 de septiembre de 2005, bajo el N° 66, Tomo 174-A-Qto., en contra de los ciudadanos LUCÍA ANTONIETA GAMMIERO MURGANO y MUHARREM HAYTA, titulares de las cédulas de identidad N° V-6973.762 y E-84.555.259, respectivamente, así como de la sociedad mercantil IMPORTACIONES ESTAMBUL,C.A., titular del Registro de Información Fiscal (R.I.F.) J-29646339-5, y como consecuencia de ello, se condena a la parte demandada a pagar al ciudadano JEAN MANUEL CRISPÍN FERNÀNDEZ, la cantidad de CINCO MILLONES DE BOLÍVARES (Bs. 5.000.000,00), siendo hoy, la cantidad de CINCUENTA BOLÍVARES SOBERANOS (Bs. 50,00), por concepto de indemnización.*

***Tercero:** A pagar a la sociedad mercantil DISTRIBUIDORA ICE CAR'S 2005, C.A. la cantidad de QUININENTOS CUARENTA Y SIETE MIL QUINIENTOS VEINTE Y TRES BOLÍVARES CON VEINTE CÉNTIMOS (Bs. 547.523,20), siendo hoy, la cantidad de CINCO BOLÍVARES SOBERANOS CON CUARENTA Y OCHO CÉNTIMOS (Bs. 5,48) por concepto de daño emergente.*

***Cuarto:** A pagar a la sociedad mercantil DISTRIBUIDORA ICE CAR'S 2005 C.A., la cantidad de DOS MILLONES QUINIENTOS MIL BOLÍVARES (Bs. 2.500.000,00) siendo hoy, la cantidad de VEINTICINCO BOLÍVARES SOBERANOS (Bs. 25,00) por concepto de lucro cesante.*

***Quinto:** La indexación o corrección monetaria de los montos señalados en los particulares segundo, tercero y cuarto, desde la fecha del auto de admisión de la demanda (14 de enero de 2015), hasta que la presente sentencia quede definitivamente firme, para lo cual se ordena practicar experticia complementaria del fallo conforme al artículo 249 del Código de Procedimiento Civil.*

***Sexto:** De conformidad con lo establecido en el artículo 274 del Código de Procedimiento Civil, se condena en costas a la parte demandada por haber resultado vencida en el presente proceso.*

***Séptimo:** De conformidad con lo establecido en el artículo 251 eiusdem, se ordena la notificación de las partes". (Mayúsculas y negrillas del fallo).*

....Preliminarmente, es importante aclarar que esta Sala, al momento de ejecutar su potestad de revisión de sentencias definitivamente firmes, está obligada, de acuerdo con una interpretación uniforme de la Constitución y en consideración a la garantía de la cosa juzgada, a guardar la máxima prudencia en cuanto a la admisión y procedencia de solicitudes que pretendan la revisión de sentencias que han adquirido el carácter de cosa juzgada judicial; de allí que posea la facultad de desestimación de cualquier solicitud de revisión, sin ningún tipo de motivación, cuando en su criterio compruebe que la revisión que se solicita en nada contribuye a la uniformidad de la interpretación de normas y principios constitucionales, en virtud del carácter excepcional y limitado que posee la revisión.

Asimismo, la Sala advierte que es imprescindible reiterar el criterio establecido en su sentencia n.° 44 del 2 de marzo de 2000, caso: *"Francia Josefina Rondón Astor"*, ratificado en el fallo n.° 714 del 13 de julio de 2000, caso: *"Asociación de Propietarios y Residentes de la Urbanización Miranda"*, entre otras decisiones, conforme al cual la discrecionalidad que se atribuye a la facultad de revisión constitucional no debe ser entendida como una nueva instancia y, por tanto, dicha solicitud se admitirá solo a los fines de preservar la uniformidad de la interpretación de normas y principios constitucionales, o cuando exista una deliberada violación de preceptos fundamentales, lo cual será analizado por esta Sala, siéndole siempre facultativo la procedencia de este mecanismo extraordinario.

Igualmente, de manera pacífica se ha sostenido que la labor tuitiva del Texto Constitucional mediante la revisión de sentencias no se concreta de ningún modo de forma similar a la establecida para los recursos ordinarios de impugnación, destinados a cuestionar la sentencia definitiva.

En igual sentido, debe insistirse en que la revisión no constituye una tercera instancia, ni un medio ordinario que pueda ser intentado bajo cualquier fundamentación, sino una potestad extraordinaria, cuya finalidad es la unificación de criterios de interpretación constitucionales, para la garantía de la supremacía y eficacia de las normas y principios constitucionales, lo cual conduce a la seguridad jurídica.

TSJ-SC (1181) 23-7-2025

Magistrado Ponente: Luis Fernando Damiani Bustillos

Caso: AGROPECUARIA POGABAN, C.A.

Determinada la competencia de esta Sala para conocer del asunto sometido a su conocimiento, por auto nro. 0299 del 18 de octubre de 2024, y previo al pronunciamiento que debe efectuarse respecto a la procedencia o no de la solicitud de revisión formulada, se aprecia que en el presente asunto no se encuentra presente ninguna de las causales de inadmisibilidad previstas en el artículo 133 de la Ley Orgánica del Tribunal Supremo de Justicia, aplicables a cualquier tipo de recurso, demanda o solicitud que se intente ante la Sala Constitucional, por lo cual pasa esta Sala de seguidas a pronunciarse sobre la revisión propuesta y, al efecto, debe reiterar que en sentencia No. 93 del 6 de febrero de 2001 (caso: *"Corpoturismo"*), señaló que la facultad de revisión es *"una potestad estrictamente excepcional, extraordinaria y discrecional"*, por ello "*en lo que respecta a la admisibilidad de tales solicitudes de revisión extraordinaria esta Sala posee una potestad discrecional de admitir o no admitir el recurso cuando así lo considere*", de tal manera que "*la Sala puede en cualquier caso desestimar la revisión 'sin motivación alguna, cuando en su criterio, constate que la decisión que ha de revisarse, en nada contribuya a la uniformidad de la interpretación de normas y principios constitucionales'* (…)".

En este sentido, debe destacarse que la solicitud de revisión no se configura como una nueva instancia de la cual disponen los ciudadanos para fundamentar los posibles errores de juzgamientos en que incurran los jueces, sino que se constituye como un medio extraordinario y excepcional de control de la Sala sobre la interpretación de principios y normas constitucionales, que atenten de tal modo contra los derechos de los justiciables que hagan factible su revisión y posterior nulidad de la sentencia revisada por parte de la Sala; por tanto, esta se admitirá sólo a los fines de preservar la uniformidad de la interpretación de normas y principios constitucionales o cuando exista una deliberada violación de preceptos de ese rango, así como cuando se contraríen los criterios vinculantes de esta Sala, lo que será determinado por este órgano jurisdiccional en cada caso, siendo siempre facultativo de ésta su procedencia.

…..Por tanto, puede afirmarse con apego a la reiterada doctrina de esta Sala, referida a la potestad discrecional, excepcional y extraordinaria de revisión, que la solicitud planteada en el presente caso, se subsume en los supuestos previstos para su procedencia. En consecuencia, esta Sala declara ha lugar la solicitud de revisión de la sentencia nro. 0199 dictada por la Sala de Casación Social del Tribunal Supremo de Justicia el 21 de octubre de 2022, que declaró: *i)* inadmisible el recurso de apelación interpuesto por el abogado Iván Marino Bolívar Carrasquel, *ii)* "***FIRME*** *el precitado fallo*"; *iii)* e impuso multa al abogado Iván Marino Bolívar Carrasquel y, por vía de consecuencia, se declara la nulidad del aludido fallo. Así se decide.

DECISIÓN

Por las razones antes expuestas, esta Sala Constitucional del Tribunal Supremo de Justicia, administrando justicia en nombre de la República Bolivariana de Venezuela y por autoridad de la Ley, declara:

1. COMPETENTE para conocer y decidir la solicitud de revisión planteada.

2. HA LUGAR la solicitud de revisión constitucional formulada por el abogado Luis Abraham Rizek Rodríguez, actuando con el carácter de apoderado judicial de la sociedad mercantil AGROPECUARIA POGABAN, C.A., de la sentencia nro. 0199 dictada por la Sala de Casación Social del Tribunal Supremo de Justicia el 21 de octubre de 2022, que declaró: *i)* inadmisible el recurso de apelación interpuesto por el abogado Iván Marino Bolívar Carrasquel, *ii)* "*FIRME el precitado fallo*"; *iii)* e impuso multa al abogado Iván Marino Bolívar Carrasquel…

TSJ-SPA (1697) 29-11-2025

Magistrada Ponente: Michel Adriana Velazquez Grillet

Caso: Uralci Jose Betancourt Fajardo

…..Determinada la competencia para emitir pronunciamiento sobre el presente asunto, la Sala procede a pronunciarse sobre la solicitud de revisión sometida a su conocimiento, para lo cual se estima pertinente realizar las consideraciones siguientes:

En el caso bajo examen se pretende la revisión del acto de juzgamiento contenido en la sentencia definitivamente firme dictada el 28 de mayo de 2025, por la Sala de Casación Civil de este Máximo Tribunal, que declaró:

> *"**PRIMERO: CON LUGAR** el **recurso extraordinario de casación** anunciado y formalizado por la representación judicial de la **co-demandada A5 Inversiones, C.A.**, contra la sentencia proferida por el Juzgado Superior en lo Civil, Mercantil, del Tránsito, Bancario, Marítimo y Aeronáutico del Segundo Circuito de la Circunscripción Judicial del estado Bolívar, con sede en la ciudad de Puerto Ordaz, de fecha **26 de abril de 2024**, en el marco de la incidencia de fraude procesal, en consecuencia, **CASA TOTAL** y **SIN REENVÍO** y se **DECRETA LA NULIDAD ABSOLUTA** del fallo recurrido.*
>
> ***SEGUNDO: SIN LUGAR** la denuncia de fraude procesal, ejercida por el ciudadano **URALCI JOSÉ BETANCOURT FAJARDO**, anteriormente identificado.*
>
> ***TERCERO: CON LUGAR** el **recurso extraordinario de casación** anunciado y formalizado por la representación judicial de la **co-demandada A5 Inversiones, C.A.**, contra la sentencia de mérito proferida por el Juzgado Superior en lo Civil, Mercantil, del Tránsito, Bancario, Marítimo y Aeronáutico del Segundo Circuito de la Circunscripción Judicial del estado Bolívar, con sede en la ciudad de Puerto Ordaz, de fecha **26 de abril de 2024**, en consecuencia, **CASA TOTAL** y **SIN REENVÍO** y se **DECRETA LA NULIDAD ABSOLUTA** del fallo recurrido.*
>
> ***CUARTO: CON LUGAR** la apelación ejercida por la representación judicial de la **codemandada A5 Inversiones, C.A.**, contra la sentencia dictada por el Juzgado Segundo de Primera Instancia Civil, Mercantil, Bancario y Tránsito del Segundo Circuito de la Circunscripción Judicial del estado Bolívar, con sede en la ciudad de Puerto Ordaz, en fecha **12 de diciembre de 2023**, y en consecuencia se **REVOCA** el mencionado fallo de primera instancia.*
>
> ***QUINTO: EL DECAIMIENTO DEL OBJETO** de la demanda por disolución anticipada de sociedad mercantil, ejercida por el ciudadano URALCI JOSÉ BETANCOURT FAJARDO, contra los ciudadanos ANIS SALLUM BITAR, CONO GIOVENNY GUMINA, SCANDRA JOSEFINA SAADO y DRIVA RODRÍGUEZ de DOMMAR, así como la sociedad mercantil A5 INVERSIONES, C.A., todos anteriormente identificados.*

Quedan de esta manera ***CASADA*** *y* ***SIN REENVÍO*** *las sentencias impugnadas.*

NO SE HACE CONDENATORIA EN COSTAS*, del recurso de casación, ni del proceso, dada la naturaleza del presente fallo.".* (Destacado, mayúsculas y negrillas del fallo).

Preliminarmente, es importante aclarar que esta Sala, al momento de ejecutar su potestad de revisión de sentencias definitivamente firmes, está obligada, de acuerdo con una interpretación uniforme de la Constitución y en consideración a la garantía de la cosa juzgada, a guardar la máxima prudencia en cuanto a la admisión y procedencia de solicitudes que pretendan la revisión de sentencias que han adquirido el carácter de cosa juzgada judicial; de allí que posea la facultad de desestimación de cualquier solicitud de revisión, sin ningún tipo de motivación, cuando en su criterio compruebe que la revisión que se solicita en nada contribuye a la uniformidad de la interpretación de normas y principios constitucionales, en virtud del carácter excepcional y limitado que posee la revisión.

Asimismo, la Sala advierte que es imprescindible reiterar el criterio establecido en su sentencia n° 44 del 2 de marzo de 2000, caso: *"Francia Josefina Rondón Astor"*, ratificado en el fallo n° 714 del 13 de julio de 2000, caso: *"Asociación de Propietarios y Residentes de la Urbanización Miranda"*, entre otras decisiones, conforme al cual la discrecionalidad que se atribuye a la facultad de revisión constitucional no debe ser entendida como una nueva instancia y, por tanto, dicha solicitud se admitirá solo a los fines de preservar la uniformidad de la interpretación de normas y principios constitucionales, o cuando exista una deliberada violación de preceptos fundamentales, lo cual será analizado por esta Sala, siéndole siempre facultativo la procedencia de este mecanismo extraordinario.

Igualmente, de manera pacífica se ha sostenido que la labor tuitiva del Texto Constitucional mediante la revisión de sentencias no se concreta de ningún modo de forma similar a la establecida para los recursos ordinarios de impugnación, destinados a cuestionar la sentencia definitiva.

En igual sentido, debe insistirse en que la revisión no constituye una tercera instancia, ni un medio ordinario que pueda ser intentado bajo cualquier fundamentación, sino una potestad extraordinaria, cuya finalidad es la unificación de criterios de interpretación constitucionales, para la garantía de la supremacía y eficacia de las normas y principios constitucionales, lo cual conduce a la seguridad jurídica.

2. *Acción de Amparo constitucional*

A. *Objeto*

TSJ-SC (1712) **4-11-2025**

Magistrada Ponente: Tania D'amelio Cardiet

Caso: BOHAI DRILLING SERVICE VENEZUELA, S.A.,

Analizado el escrito de solicitud de amparo y declarada como ha sido la competencia de esta Sala Constitucional para conocer la presente acción de amparo, seguidamente se procede a la comprobación del cumplimiento de los requisitos de forma contemplados en el artículo 18 de la Ley Orgánica de Amparo sobre Derechos y Garantías Constitucionales, denotándose a tales efectos, que el escrito contentivo de la pretensión de tutela constitucional presentado ante la Secretaría de esta Sala, cumple con estas exigencias formales que contiene la referida norma.

De igual forma se advierte, que dicha acción no se encuentra incursa en alguna causal de inadmisibilidad prevista en el artículo 133 de la Ley Orgánica del Tribunal Supremo de Justicia, en concordancia con el artículo 6 de la referida Ley Orgánica de Amparo sobre Derechos y Garantías Constitucionales, en particular la prevista en el numeral 5, por cuanto la decisión impugnada no es susceptible de recurso alguno (casación o control de la legalidad), al ser dictada por un tribunal en segundo grado de jurisdicción, conforme al procedimiento regulado por la Ley Orgánica de la Jurisdicción Contencioso Administrativa, cuya decisión declaró con lugar el recurso de apelación interpuesto por la parte demandante y ordenó la reincorporación del trabajador a su puesto de trabajo, así como la cancelación de los salarios caídos y demás conceptos laborales dejados de percibir hasta la materialización efectiva de dicha reincorporación; todo ello, en el marco del juicio de nulidad de providencia administrativa, incoado por el ciudadano Javier Alexander Barreto, contra la sociedad mercantil Bohai Drilling Service Venezuela, S.A.

Por otra parte, esta Sala prescindirá del trámite correspondiente, previsto en la sentencia N° 7, dictada por esta Sala en fecha 1 de febrero de 2000, caso: *José Amando Mejía;* por las razones que se expresan a continuación:

Respecto a la acción de amparo contra actos jurisdiccionales, esta Sala ha considerado que se trata de un mecanismo procesal de impugnación con particulares características que lo diferencian de las demás acciones de amparo, así como de las otras vías existentes para atacar dichos actos jurisdiccionales. Así, para dicha acción, se han establecido especiales presupuestos de procedencia, cuyo incumplimiento acarrea la desestimación de la pretensión, incluso *in limine litis*, pues, resulta inoficioso y contrario a los principios de celeridad y economía procesal, la sustanciación de un procedimiento cuyo único resultado final es la declaratoria sin lugar.

Al respecto, el artículo 4 de la Ley Orgánica de Amparo sobre Derechos y Garantías Constitucionales, dispone lo siguiente:

> *"(...) Igualmente procede la acción de amparo cuando un Tribunal de la República, actuando fuera de su competencia, dicte una resolución o sentencia u ordene un acto que lesione un derecho constitucional.(...)."* (Subrayado de la Sala).

En ese sentido, esta Sala ha señalado que la anterior disposición normativa debe interpretarse en el sentido de considerar la procedencia del amparo constitucional contra una decisión judicial, cuando: *i) el tribunal haya actuado con abuso de autoridad, usurpación de funciones o que se haya atribuido funciones que la ley no le confiere; y ii) cuando su actuación signifique la violación directa de derechos o garantías constitucionales.*

Igualmente, en reiteradas ocasiones esta Sala, ha definido el alcance que se le ha dado al concepto de incompetencia en estos casos, la cual no debe entenderse en un sentido procesal estricto (por la materia, valor o territorio), sino más bien, en el aspecto constitucional, ya que *"obrar fuera de su competencia"* como requisito fundamental para la protección constitucional del derecho que se denuncia como vulnerado, significa usurpar funciones por parte del juzgador que, por la ley, no le han sido conferidas.

Al respecto esta Sala, estableció en su decisión N° 127, del 6 de febrero de 2001, (caso: *Licorería El Buchón, C.A),* **[Véase: *Revista de Derecho Público* N° 85-86-87-88 enero-diciembre 2001 pp.441 y ss]** que la procedencia de la acción de amparo contra sentencia, de conformidad con el artículo 4 de la Ley Orgánica de Amparo sobre Derechos y Garantías Constitucionales *"(...) es un mecanismo especial de protección constitucional que surge cuando el juez, actuando fuera de su competencia, lesiona un derecho o garantía constitucional y no como un mecanismo para que el juez de alzada del que dictó la decisión conozca, nuevamente de los vicios que mediante el recurso ordinario de apelación fueron alegados. Es decir, sólo procede el amparo, conforme al citado artículo 4, contra las sentencias que dicten los tribunales en segundo grado de jurisdicción, cuando se denuncien violaciones a derechos o garantías constitucionales no juzgadas en cualquiera de las dos instancias (...)"*.

Así las cosas, esta Sala observa que la representación judicial de la accionante en amparo, alegó en su escrito que el Juzgado Segundo Superior del Nuevo Régimen Procesal del

Trabajo de la Circunscripción Judicial del Estado Monagas, al emitir la decisión impugnada en amparo, lo hizo en franca violación de las disposiciones previstas en los artículos 94 y siguientes de la Ley Orgánica del Trabajo, los Trabajadores y las Trabajadoras, al usurpar la facultad de calificar el despido y ordenar el reenganche y pago de salarios caídos del ex trabajador Javier Alexander Barreto, al ser esta una facultad exclusiva de la Inspectoría del Trabajo competente por el territorio, cuando el trabajador es despedido estando investido de inamovilidad laboral, lo que indica, -según dicha representación- que el referido Juzgado Superior, solo debió limitarse a declarar con o sin lugar el recurso de apelación sometido a su conocimiento, al tratarse de un procedimiento de nulidad de providencia administrativa, violándose con ello, la garantía del debido proceso y derecho a la defensa de su representada.

Por su parte, el referido Juzgado Superior del Trabajo, en su decisión del 13 de noviembre de 2024, declaró con lugar el recurso de apelación interpuesto por la representación judicial de la parte actora y ordenó la reincorporación del trabajador a su puesto de trabajo, así como la cancelación de los salarios caídos y demás conceptos laborales dejados de percibir hasta la materialización efectiva de dicha reincorporación, modificando con ello, la sentencia dictada el 28 de noviembre de 2022, por el Juzgado de la Primera Instancia, que declaró con lugar la demanda de nulidad y ordenó la reposición de la causa para que la Inspectoría del Trabajo del Estado Monagas, dictara otra providencia administrativa.

A tales efectos, consideró el mencionado órgano jurisdiccional que al ordenarse la reposición de la causa al estado de que la Inspectoría del Trabajo del Estado Monagas, dictara una nueva providencia administrativa, se contrarió el criterio jurisprudencial que en materia del contencioso administrativo ha establecido el Tribunal Supremo de Justicia.

Ahora bien, esta Sala en sentencia N° 2629, del 23 de octubre de 2002, respecto a la amplitud que tienen los jueces de la jurisdicción contencioso administrativa, como función subjetiva y de tutela judicial para los administrados, sostuvo lo siguiente:

> Así tenemos que, de la simple lectura de las atribuciones que el artículo 259 de la Constitución otorga a la jurisdicción contencioso-administrativa, se aprecia que los justiciables pueden accionar contra la Administración a los fines de solicitar el restablecimiento de situaciones jurídicas subjetivas lesionadas por la actividad de la Administración aunque se trate de vías de hecho o de actuaciones materiales. El referido precepto constitucional señala como potestades de la jurisdicción contencioso-administrativa, no solo la anulación de actos administrativos, la condena de pago de sumas de dinero por concepto de indemnización de daños y perjuicios y el conocimiento de las reclamaciones relativas a la prestación de los servicios públicos, sino también, el restablecimiento de situaciones jurídicas subjetivas lesionadas por la actividad material o jurídica de la Administración.
>
> *Resulta claro que la jurisdicción contencioso-administrativa, no está limitada a asegurar el respeto de la legalidad en la actuación administrativa, ya que el artículo 26 de la Constitución concibe a toda la justicia, incluyendo a la contencioso-administrativa, como un sistema de tutela subjetiva de derechos e intereses legítimos, por lo tanto, a partir de la Constitución de 1999, la jurisdicción contencioso-administrativa no puede concebirse como un sistema exclusivo de protección de la legalidad objetiva a que está sometida la administración -a pesar de que la ley Orgánica de la Corte Suprema de Justicia, regula procedimientos objetivos, cuya finalidad es declarar la nulidad del acto impugnado - sino un sistema de tutela de situaciones jurídicas subjetivas, que no permite reducir, limitar o excluir las lesiones producidas por actuaciones materiales o vías de hecho*". (Subrayado añadido).

El referido criterio, ha sido ratificado por esta Sala, mediante decisiones números: 325, del 20 de febrero de 2003, 872, del 23 de abril de 2003; 1524, del 6 de junio de 2003; 2751, del 22 de octubre de 2003; 971, del 24 de mayo de 2004; 1029, del 27 de mayo de 2004, 1850, del 20 de julio de 2005; 2033, del 28 de julio de 2005 y 989, del 16 de julio de 2013; entre otras.

Del criterio antes referido, se desprende que las potestades que tienen los jueces de la jurisdicción contencioso administrativa, no se limitan a la anulación de actos administrativos, condenas de pago de sumas de dinero por concepto de indemnización de daños y perjuicios y al conocimiento de las reclamaciones relativas a la prestación de los servicios públicos, sino también, pueden ordenar el restablecimiento de situaciones jurídicas subjetivas lesionadas por la actividad material o jurídica de la Administración, por cuanto sus potestades, no permiten a que subsanen los errores cometidos por la Administración, reponiendo nuevamente el procedimiento administrativo. En ese caso, una situación de esta índole sería desproporcionada para aquellos administrados, que hayan procurado demostrar el incorrecto obrar de los entes y órganos del Estado. A su vez, se estaría incurriendo en la posibilidad de que la Administración pueda reeditar sus actos, vicio éste que ha permanecido inveteradamente proscrito por la jurisprudencia contencioso administrativo.

En ese sentido, esta Sala en sentencia N° 1268, del 15 de agosto de 2023, ratificó el criterio establecido en la decisión N° 334, del 2 de mayo de 2016, que señaló *"(...) que ante la nulidad de la providencia administrativa que negó el reenganche, la consecuencia de este pronunciamiento es el reenganche de la trabajadora (...) a su puesto de trabajo y el pago de los salarios caídos y demás beneficios"*, por tanto, incluso ante la omisión en el dispositivo, se debe aplicar el derecho a la ejecución de las sentencias en el sentido más favorable a la ejecución, lo cual tomó en consideración la decisión impugnada.

Por tanto, a juicio de esta Sala, en el caso bajo estudio, contrario a lo señalado por la representación de la accionante, el Juzgado Segundo Superior del Nuevo Régimen Procesal del Trabajo de la Circunscripción Judicial del Estado Monagas, al emitir la decisión impugnada en amparo, actuó ajustado a derecho en el marco de su competencia, al ordenar la reincorporación del trabajador a su puesto de trabajo, con el pago de sus salarios caídos y demás conceptos dejados de percibir, en lugar de confirmar la decisión recurrida que había ordenado la reposición de la causa para que la Inspectoría del Trabajo del Estado Monagas, emitiera otra providencia administrativa, es decir, que actuó sin abuso de poder, extralimitación o usurpación de funciones, toda vez que su decisión se fundamentó en el criterio jurisprudencial establecido por esta Sala, del cual se hizo referencia *ut supra*, razón por la cual concluye esta Sala, que en el presente caso, no se encuentran satisfechos los extremos legales previstos en el artículo 4 de la Ley Orgánica de Amparo sobre Derechos y Garantías Constitucionales, por lo que en aras del principio de celeridad y economía procesal, se desestiman las denuncias formuladas por la accionante y se declara improcedente *in limine litis* la acción de amparo constitucional propuesta. Así se declara.

VI. PROPIEDAD Y EXPROPIACIÓN

1. *Expropiación. Solicitud. procedencia*

TSJ-SPA (429) **19-6-2025**

Magistrado Ponente: Malaquias Gil Rodríguez

Caso: Solicitud de expropiación y ocupación previa sobre un inmueble propiedad del ciudadano Manuel Francisco Do Espíritu Santo Jardín.

Corresponde a esta Sala, resolver la solicitud de expropiación planteada por la República, respecto de un inmueble propiedad del ciudadano Manuel Francisco Do Espíritu Santo Jardín, ya identificado, según consta de certificación de gravámenes de fecha 19 de julio de 1971, emanada de la Oficina Subalterna de Registro del Departamento Vargas del Distrito Federal, constituido por una casa y el área de terreno en la cual se encuentra construida, con una superficie de ciento quince metros cuadrados con veinticinco centímetros (115,25 m^2), que forma parte del fundo Catia Adentro, ubicado en la Calle Sucre del Barrio Santa Eduvigis, Parroquia Catia La Mar del entonces Departamento Vargas del Distrito Federal -hoy Estado La Guaira-, dentro de la zona especialmente afectada por la construcción del "*Aero-*

puerto Internacional de Maiquetía", obra del Ministerio de Obras Públicas, actualmente Ministerio para el Poder Popular de Obras Públicas, según consta del Decreto de Expropiación Nro. 249 del 18 de febrero de 1970, publicado en la Gaceta Oficial de la República de Venezuela Nro. 29.149 del 19 del mismo mes y año, y en tal sentido, son pertinentes las siguientes precisiones:

La expropiación es"*una institución jurídica del Derecho Público, a través de la cual el Estado adquiere forzosamente, para la satisfacción de fines de utilidad pública o de interés social, el derecho de propiedad sobre determinado bien, siguiendo el procedimiento legalmente establecido y previo el pago de una justa indemnización (...) el medio a través del cual la Administración logra coactivamente la adquisición de los bienes que requiere para la ejecución de las obras de interés social que como gestor de la cosa pública está llamado a realizar, siguiendo las pautas de un procedimiento especial y pagando una previa y justa indemnización* (...)". (Ver sentencia de esta Sala Nro. 03400 de fecha 26 de mayo de 2005).

Ahora bien, teniendo en cuenta que la presente solicitud de expropiación, fue planteada y sustanciada bajo la vigencia de la Ley de Expropiación por Causa de Utilidad Pública o Social, publicada en la Gaceta Oficial de los Estados Unidos de Venezuela Nro. 22.458 de fecha 6 de noviembre de 1947, será en aplicación de las disposiciones de dicho cuerpo normativo, que corresponde decidir este asunto.

En este orden de consideraciones, se advierte que los artículos 20, 21, 22, 23, 24, 25 y 29 de la mencionada ley, establecen:

*"**Artículo 20**. La solicitud de expropiación indicará la cosa objeto de ella y los elementos que contribuyan a su identificación. También indicará el nombre y apellido del propietario o propietarios, poseedores o arrendatarios, si fueren conocidos.*

***Artículo 21**. La autoridad judicial ante quien se introduzca la solicitud y dentro del tercer día de su presentación, pedirá a la Oficina u Oficinas de Registro respectivas, cuando no hubieran sido acompañados a la solicitud, todos los datos concernientes a la propiedad y gravámenes relativos a la finca que se pretende expropiar, los cuales deberán ser remitidos a la brevedad posible.*

***Artículo 22**. Conforme a los datos suministrados por el Registro y tan pronto como se reciban, se emplazará a los dueños, poseedores, arrendatarios, acreedores y en general, a todo el que tenga algún derecho en la finca que se pretenda expropiar. La solicitud de expropiación y el auto de emplazamiento se publicará en un periódico de los de mayor circulación de la ciudad de Caracas y en alguno de la localidad si lo hubiere, por tres veces durante un mes con intervalos de diez días entre una y otra publicación. La autoridad judicial remitirá al Registro respectivo tres ejemplares de los periódicos que contengan la primera publicación, para que sean fijadas la solicitud y el emplazamiento en la puerta de su Oficina. El Registrador acusará recibo y cumplimiento de esta formalidad.*

***Artículo 23**. Dentro de los diez días siguientes a la fecha de la última publicación las personas emplazadas conforme al artículo anterior, comparecerán al Tribunal por sí o por medio de apoderados; y a los que no comparecieren vencido este término se les nombrará defensor, con quien se entenderá la citación (...).*

***Artículo 24.** La contestación a la solicitud de expropiación se verificará en la tercera audiencia siguiente al vencimiento del lapso fijado en el artículo precedente (...).*

***Artículo 25.** Si al contestarse la solicitud de expropiación se hiciere oposición, se abrirá un lapso de quince días para promover y evacuar las pruebas que fueren pertinentes.*

(...Omissis...)

***Artículo 29**. En la audiencia siguiente al vencimiento del lapso probatorio, el Juez comenzará necesariamente la relación de la causa, la cual continuará sin interrupción hasta su terminación, (...) El mismo día en que termine la relación el Tribunal fijará la segunda audien-*

cia para oír los informes de las partes, los que continuarán, si fuere el caso, en audiencias sucesivas hasta su fin. La sentencia se dictará dentro de los tres días siguientes a la terminación de los informes". (Negrillas de la Sala).

Conforme se aprecia de las normas anteriormente citadas, a través de ellas está regulada la llamada **fase inicial** del procedimiento expropiatorio, que nace con la consignación de la solicitud de expropiación ante el órgano jurisdiccional competente, en la que deben ser señalados los datos referidos al inmueble afectado por la misma, el correspondiente requerimiento al Registrador Subalterno del lugar de la ubicación del mismo, el emplazamiento de las personas que tengan algún derecho que hacer valer en el proceso, la contestación de la solicitud (oportunidad en que habría lugar a formular oposición por los motivos expresamente previstos en la ley), el lapso de promoción y evacuación de pruebas y finalmente la sentencia definitiva.

Precisado lo anterior y circunscribiendo el análisis a este asunto, se advierte que la solicitud de expropiación planteada en el presente caso por la República, reúne los requerimientos exigidos por el citado artículo 20, esto es, la identificación del inmueble afectado, así como el nombre y apellido del propietario del mismo, a saber el ciudadano Manuel Francisco Do Espíritu Santo Jardín.

De igual modo aprecia la Sala, que fue requerida al correspondiente Registro Subalterno, la información sobre los datos concernientes a la propiedad y gravámenes relativos al señalado inmueble, así como que fue ordenado el emplazamiento del prenombrado ciudadano y el de todos aquellos que pudieran tener algún derecho en los términos del artículo 22, anteriormente transcrito. Norma esta última respecto a la cual se advierte que fueron cumplidas las formalidades en ellas previstas, toda vez que la parte actora consignó las publicaciones de la solicitud de expropiación y del auto de admisión, las cuales fueron realizadas en el periódico "*El Nacional*", garantizado así el derecho a la defensa de la parte afectada.

Adicionalmente se observa, que el ciudadano Manuel Francisco Do Espíritu Santo Jardín, se hizo parte en el juicio en fecha 14 de marzo de 1974. Y durante la audiencia de contestación llevada a cabo en fecha 2 de abril de ese mismo año, expuso "*Concurro en este acto sin asistencia de abogado, en virtud de que por cuanto no tengo ninguna objeción que formular al presente proceso y conforme consta en el expediente, ya he convenido en la demanda y en el precio, tampoco tengo solicitud procesal alguna que formular*", lo cual implica que no tuvo lugar el lapso de promoción y evacuación de pruebas y el proceso entró en el estado de dictar la correspondiente sentencia de mérito.

Asimismo, se evidencia que en fecha 30 de abril de 2025, compareció la abogada Vanessa Isadora Manrique Perea, ya identificada, actuando en su carácter de apoderada judicial de parte accionante, y previa notificación de esta Sala, manifestó su interés en que se declare procedente la presente solicitud de expropiación.

Ahora bien, constatado como fue el efectivo cumplimiento de los aspectos procedimentales anteriormente referidos, pasa esta Sala a verificar si resulta procedente declarar la expropiación del inmueble anteriormente descrito y al respecto interesa **constatar la existencia de una causa de utilidad pública o social**.

En este orden de ideas, es oportuna la cita de los artículos 2, 3 y 10 de la Ley de Expropiación por Causa de Utilidad Pública o Social (Gaceta Oficial de los Estados Unidos de Venezuela Nro. 22.458 de fecha 6 de noviembre de 1947), aplicable *ratione temporis*, los cuales disponen:

*"**Artículo 2**. Se considerarán como obras de utilidad pública, las que tengan por objeto directo proporcionar a la Nación en general, a uno o más Estados o Territorios, a uno o más pueblos o regiones, cualquiera usos o mejoras que cedan en beneficio común, bien sean eje-*

cutadas por cuenta del Gobierno de la Unión, de los Estados, de las Municipalidades, los Institutos Autónomos, o de particulares, o empresas debidamente autorizadas.

Artículo 3*. No podrá llevase a efecto la expropiación de bienes inmuebles sino mediante los requisitos siguientes:*

1. Disposición formal que declare la utilidad pública.

2. Declaración de que su ejecución exige indispensablemente que se ceda o enajene el todo o parte de la propiedad (...).

(...Omissis...)

Artículo 10*. El Congreso Nacional declarará que una obra es de utilidad pública siempre que en todo o en parte haya de ejecutarse con fondos nacionales, o se le considere de utilidad nacional. Durante el receso de las Cámaras Legislativas, la Comisión Permanente del Congreso Nacional puede hacer dichas declaratorias, siempre que se trate de una obra urgente en cualquier ramo de la Administración Nacional, debiendo en estos casos dar cuenta al Congreso en su sesiones ordinarias siguientes. De igual modo procederán las Asambleas legislativas de los Estados y en su receso, y en casos urgentes, el Poder Ejecutivo de los mismos, cuando se trate de obras que correspondan a la administración de éstos. En las Municipalidades, la declaratoria de utilidad pública o social, es siempre atribución del respectivo Concejo".* (Negrillas de la Sala).

Conforme se aprecia del contenido de las normas anteriormente citadas, se considerarán como obras de utilidad pública, las que tengan por objeto directo proporcionar cualesquiera **usos o mejoras que procuren el beneficio común**, y en tal sentido se advierte que en el Decreto Nro. 249 de fecha 18 de febrero de 1970 (publicado en la Gaceta Oficial de la República de Venezuela Nro. 29.149 de fecha 19 del mismo mes y año), se lee:

"(...) Artículo 1. Se declara como zona especialmente afectada con motivo de la obra del nuevo Aeropuerto Internacional de Maiquetía, la superficie de terreno y las bienhechurías en ella levantadas, necesaria para construcción de la citada obra, ubicada en jurisdicción de la Parroquia Maiquetía, Departamento Vargas del Distrito Federal y comprendida dentro del área limitada por la poligonal cuyos vértices y coordenadas, referidas a Loma Quintana de la Red de Cartografía Nacional, son las siguientes:

PUNTO	*NORTE*	*ESTE*
1	*11.580,00*	*5.040,00*
2	*11.465,00*	*5.172,00*
3	*11.465,00*	*4.852,00*
4	*11.387,00*	*4.592,00*
5	*11.327,00*	*4.538,00*
6	*11367,00*	*4.320,00*
7	*11400,00*	*4.212,00*
8	*11405,00*	*4.120,00*
9	*11.362,00*	*4.092,00*
10	*11.365,00*	*3.872,00*
11	*11.310,00*	*3.810,00*
12	*11.090,00*	*3.765,00*
13	*11.020,00*	*4.070,00*
14	*11.068,00*	*4.248,00*
15	*10.963,00*	*4.359,00*
16	*10.910,00*	*1.545,00*
17	*10.427,00*	*4.533,00*
18	*10.550,00*	*4.762,00*
19	*10.420,00*	*4.887,00*
20	*10.348,00*	*5.062,00*
21	*11250,00*	*5.648,00*
22	*9.985,00*	*6.666,00*
23	*9.928,00*	*8.372,00*
24	*10.665,00*	*8.947,00*
25	*11.050,00*	*8.960,00*
26	*11.040,00*	*9.375,00*
27	*11.070,00*	*9.375,00*
28	*11.065,00*	*9.790,00*
29	*11.277,00*	*10.017,00*
30	*11.385,00*	*10.020,00*
31	*11.385,00*	*10.790,00*
32	*11.390,00*	*10.790,00*
33	*11.410,00*	*10.020,00*
34	*11.675,00*	*10.025,00*
35	*12.020,00*	*9.715,00*
36	*11.977,00*	*9.290,00*
37	*11.777,00*	*9.200,00*
38	*11.755,00*	*9.210,00*
39	*11.370,00*	*9.205,00*
40	*11.374,00*	*8.965,00*
41	*11623,00*	*8.088,00*

(...) Artículo 2. Procédase a efectuar las negociaciones y expropiaciones totales o parciales según el caso, de aquellos inmuebles y bienhechurías de propiedad particular, comprendidos dentro del área descrita en el artículo anterior y que sean necesarios para la ejecución de la obra en cuestión.

Artículo 3. Los gastos que ocasione la ejecución del presente Decreto serán cubiertos con cargo al Presupuesto del Ministerio de Obras Públicas.

Artículo 4. El Ministro de Obras Públicas queda encargado de la ejecución del presente Decreto (...)". (Mayúsculas de la cita).

Como se observa del contenido del Decreto de Expropiación anteriormente citado, la naturaleza de la obra a ser ejecutada, esto es, el "*Aeropuerto Internacional de Maiquetía"*, actualmente denominado "*Aeropuerto Internacional de Maiquetía Simón Bolívar*", considerado como uno de los más importantes de Latinoamérica por su ubicación geográfica y estratégica, **constituye sin duda, una obra de utilidad pública que se ajusta a las previsiones contempladas en el citado artículo 2 de la Ley de Expropiación por Causa de Utilidad Pública o Social**, aplicable *ratione temporis,* ya que la función del referido aeropuerto está dirigida al tráfico regular de aviones a los fines del embarque y desembarque de mercancías, pasajeros y equipajes, garantizando el beneficio común exigido en la comentada disposición.

Por otra parte, aprecia esta Sala que los datos de identificación del inmueble cuya expropiación es solicitada, es decir, una casa y el área de terreno "*que tiene una superficie aproximada de ciento quince metros cuadrados con veinticinco decímetros cuadrados (M2. 115,25)* (sic), *el cual forma parte del fundo Catia Adentro, ubicado en la calle Sucre del Barrio Santa Eduvigis, Parroquia Catia La Mar, Departamento Vargas del Distrito Federal, y está comprendido dentro de los siguientes linderos: Norte, en seis metros con cuarenta centímetros (6,40 mts.) con terrenos que son o fueron de la Sucesión Pérez Velázquez; Sur, en diez metros con treinta centímetros (10, 30 mts.) con calle Sucre; Este, en trece metros con ochenta centímetros (13,80 mts.) con terrenos que son o fueron de la Sucesión Pérez Velázquez, hoy casa del Ministerio de Obras Públicas N° 440; y Oeste, en trece metros con ochenta centímetros (13,80 mts.) con callejón Porlamar. El inmueble descrito pertenece al ciudadano Manuel Francisco Do Espíritu Santo Jardín por documento protocolizado en la Oficina Subalterna de Registro del Departamento Vargas del Distrito Federal el 14 de noviembre de 1967, bajo el N° 57, folio 188 vuelto del Protocolo 1º, Tomo 4*", se corresponde con lo señalado en el documento de propiedad inscrito ante la Oficina Subalterna de Registro del Departamento Vargas del Distrito Federal (antes referido), tan es así que en la certificación de gravámenes que fuera remitida por dicho Registro (folio 18), se lee:

> "(...) *Que del examen practicado en los Protocolos y Libros Auxiliares, llevados en esta Oficina, durante el lapso indicado, no aparece vigente ninguna clase de gravamen, que le haya sido impuesto al inmueble propiedad del ciudadano MANUEL FRANCISCO DO ESPÍRITU SANTO JARDÍN, formado por una casa y el área de terrero en la cual se encuentra construida, situado en el Barrio Santa Eduvigis, jurisdicción de la Parroquia Catia La Mar, Departamento Vargas del Distrito Federal; y comprendido bajo los linderos y medidas siguientes: NORTE, 6,40 mts. con terrenos de la Sucesión Pérez Velázquez; SUR, 10,30 mts. que es su frente, con Calle Sucre; ESTE, en 13,80 mts. con terrenos de la Sucesión Pérez Velázquez; y OESTE, en 13,80 mts. con callejón Porlamar. Igualmente certifico: Que no existen Medidas de Prohibición de Enagenar (sic) y Gravar, Medidas de Embargos, que hayan sido comunicadas a esta Oficina, en relación con el inmueble objeto de la presente certificación y persona propietaria del mismo*". (Mayúsculas de la cita).

De modo que, teniendo en cuenta que la obra de utilidad pública por la cual se inició este proceso se encuentra enmarcada dentro de los supuestos establecidos en la ley especial que rige la materia y visto asimismo que no se formuló oposición, resulta forzoso declarar con lugar la expropiación planteada por la República respecto del inmueble descrito con detalle en los párrafos precedentes. **Así se decide.**

En consecuencia, se ordena remitir el expediente al Juzgado de Sustanciación, a objeto que continúe el procedimiento, de conformidad con lo dispuesto en la Ley de Expropiación por Causa de Utilidad Pública o Social. (Ver, entre otras, sentencia de esta Sala Nro. 0856 del 5 de abril de 2006. Expediente Nro. 1971-0310). **Así se determina.**

Finalmente, resulta menester para esta Máxima Instancia precisar que la Sala Plena del Tribunal Supremo de Justicia en aras de garantizar la consecución de los postulados consagrados en los artículos 2, 26, 49 y 257 de la Constitución de la República Bolivariana de Venezuela, reconoció la preponderancia de la ciencia, la tecnología, y los servicios de información como elementos de interés público, destacando el deber del Poder Público -y concretamente de los órganos jurisdiccionales- de valerse de los avances tecnológicos para su optimización, procediendo en consecuencia a dictar la Resolución Nro. 2021-0011 de fecha 9 de junio de 2021, contentiva de las normas generales que regularán la suscripción y publicación de decisiones con firma digital, práctica de citaciones y notificaciones electrónicas y la emisión de copias simples o certificadas por vía electrónica relacionadas con los procesos seguidos ante esta Sala Político-Administrativa.

Por tanto, visto que los artículos 38 de la Ley Orgánica de la Jurisdicción Contencioso Administrativa y 3 de la Resolución en comento, consagran la posibilidad de practicar las citaciones y notificaciones por correo electrónico o cualquier otro medio que utilice tecnologías de la información y la comunicación, este Máximo Tribunal con miras a procurar la mejora continua del servicio de administración de justicia, ordena efectuar un análisis de las actas que conforman el expediente de la causa, a los efectos de determinar si las partes cuentan o no con los medios telemáticos suficientes para hacer efectiva dicha actuación procesal y, de ser el caso, proceder a practicar las notificaciones a las que haya lugar por medios electrónicos; en el entendido de que la falta de indicación en autos de algunos de los elementos digitales previamente señalados, dará lugar a que se practique la notificación conforme a lo establecido en el artículo 5 de la aludida Resolución y en las leyes. **Así se decide.**

VI

DECISIÓN

En virtud a los razonamientos antes expuestos, esta Sala Político-Administrativa del Tribunal Supremo de Justicia, administrando justicia en nombre de la República por autoridad de la Ley, declara **CON LUGAR**, la solicitud de expropiación planteada por la **REPÚBLICA BOLIVARIANA DE VENEZUELA**, respecto a una casa y el área de terreno en la cual está construida "*que tiene una superficie aproximada de ciento quince metros cuadrados con veinticinco decímetros cuadrados (M2. 115,25)* (sic), *el cual forma parte del fundo Catia Adentro, ubicado en la calle Sucre del Barrio Santa Eduvigis, Parroquia Catia La Mar, Departamento Vargas del Distrito Federal, y está comprendido dentro de los siguientes linderos: Norte, en seis metros con cuarenta centímetros (6,40 mts.) con terrenos que son o fueron de la Sucesión Pérez Velázquez; Sur, en diez metros con treinta centímetros (10, 30 mts.) con calle Sucre; Este, en trece metros con ochenta centímetros (13,80 mts.) con terrenos que son o fueron de la Sucesión Pérez Velázquez, hoy casa del Ministerio de Obras Públicas N° 440; y Oeste, en trece metros con ochenta centímetros (13,80 mts.) con callejón Porlamar. El inmueble descrito pertenece al ciudadano Manuel Francisco Do Espíritu Santo Jardín por documento protocolizado en la Oficina Subalterna de Registro del Departamento Vargas del Distrito Federal el 14 de noviembre de 1967, bajo el N° 57, folio 188 vuelto del Protocolo 1º, Tomo 4*", el cual a su vez está situado dentro de la zona especialmente afectada por la construcción del "*Aeropuerto Internacional de Maiquetía*", obra del Ministerio de Obras Públicas, hoy Ministerio del Poder Popular para la Infraestructura, según consta del Decreto de Expropiación Nro. 249 del 18 de febrero de 1970, publicado en la Gaceta Oficial Nro. 29.149 del 19 de febrero del mismo año.

En consecuencia, se ordena remitir el expediente al Juzgado de Sustanciación, a objeto que continúe el procedimiento, de conformidad con lo dispuesto en la Ley de Expropiación por Causa de Utilidad Pública o Social.

Comentarios Jurisprudenciales

VEINTICINCO AÑOS DE JUSTICIA CONSTITUCIONAL Y CONTROL DE CONVENCIONALIDAD EN BOLIVIA (1999 - 2024). UNA MIRADA EN RETROSPECTIVA A LOS HITOS MÁS RELEVANTES DE LA JURISPRUDENCIA CONSTITUCIONAL BOLIVIANA*

Alan E. Vargas Lima**

Miembro de la Academia Boliviana de Estudios Constitucionales

Resumen: *El trabajo desarrolla algunos antecedentes sobre la creación del primer Tribunal Constitucional en Bolivia, para luego examinar la configuración constitucional del sistema de control plural de constitucionalidad de acuerdo a las normas previstas en la Constitución aprobada el año 2009, revisando el notable desarrollo jurisprudencial de algunos institutos jurídicos previstos en la misma Ley Fundamental, a través de las sentencias más relevantes emitidas por el guardián de aquella - ahora denominado Tribunal Constitucional Plurinacional-; ello con la finalidad de resaltar las principales líneas jurisprudenciales diseñadas y moduladas por el máximo órgano contralor de la constitucionalidad en el país, siempre en la búsqueda de una mejor protección efectiva de los derechos humanos y fundamentales en Bolivia.*

---

* Este trabajo, constituye un resumen desarrollado sobre la base de algunos capítulos expuestos en el libro de mi autoría: *Justicia Constitucional En Bolivia* (1999 - 2019), Tomos I y II, editados con el apoyo de la Academia Boliviana de Estudios Constitucionales (ABEC), el Instituto Latinoamericano de Investigación y Capacitación Jurídica – LATIN IURIS (Bolivia), y publicado en Cochabamba, Bolivia: Grupo Editorial Kipus, 2019. Una versión preliminar, fue remitida al II CONGRESO INTERNACIONAL DE JUSTICIA CONSTITUCIONAL "Constitucionalización del Derecho", evento organizado por la Asociación Colombiana de Justicia Constitucional, que se realizó los días 23 al 25 de octubre de 2019, en la ciudad de Bogotá, Colombia. Asimismo, dicho texto conmemorativo de los 20 años de Justicia Constitucional y Control de Convencionalidad en Bolivia, fue incluido en la obra colectiva de: Astudillo Reyes, César, y Eto Cruz, Gerardo (Coords.). *Los Tribunales Constitucionales*. Estudios conmemorativos en el centenario del modelo kelseniano de jurisdicción constitucional. Tomo I. América. México: Editorial Tirant Lo Blanch, 2024. Para esta edición, se presenta una nueva versión revisada y actualizada del trabajo de investigación jurisprudencial.

** Abogado Especialista en Derecho Constitucional y Procedimientos Constitucionales (UMSA). Miembro de la Academia Boliviana de Estudios Constitucionales; del Instituto Iberoamericano de Derecho Procesal Constitucional – Sección Nacional (Bolivia), del Instituto Latinoamericano de Investigación y Capacitación Jurídica (LATIN IURIS – Bolivia), y de la Asociación Euroamericana de Derechos Fundamentales (ASDEFUN – Bolivia). Miembro Honorario del Consejo Académico de la Sociedad Filosofía y Estado Constitucional APEX IURIS (Perú); Director adjunto del Centro Iberoamericano de Investigaciones Jurídicas y Sociales CIIJUS (México) – Capitulo Bolivia; Secretario Académico de la Asociación Boliviana de Derecho Procesal Constitucional, y miembro del grupo de expertos en Estado de Derecho del World Justice Project (WJP). Docente invitado a nivel pregrado y posgrado en distintas Universidades bolivianas. Autor de distintos Libros sobre Derecho Constitucional, Derecho Procesal Constitucional y Derechos Humanos. E-mail: alanvargas4784@gmail.com

Palabras Clave: *Control de convencionalidad, control plural de constitucionalidad, principios constitucionales, tribunal constitucional plurinacional, amparo constitucional, bloque de constitucionalidad.*

Abstract: *The work develops some background on the creation of the first Constitutional Court in Bolivia and then examines the constitutional configuration of the plural constitutional control system according to the norms provided in the Constitution approved in 2009, reviewing the notable jurisprudential development of some institutes. legal provisions provided for in the same Fundamental Law, through the most relevant rulings issued by its guardian - now called the Plurinational Constitutional Court -; This with the purpose of highlighting the main jurisprudential lines designed and modulated by the highest body that controls constitutionality in the country, always in search of better effective protection of human and fundamental rights in Bolivia.*

Key words: *Control of conventionality, plural control of constitutionality, constitutional principles, plurinational constitutional court, constitutional amparo, constitutionality block.*

I. INTRODUCCIÓN

Debemos comenzar señalando que una breve revisión de las reformas y modificaciones del sistema constitucional boliviano, en cuanto se refiere a la configuración del sistema de control de constitucionalidad, nos permite afirmar que el ahora Estado Plurinacional de Bolivia, en su desarrollo histórico-legislativo adoptó los diferentes modelos que se conocen en la doctrina del Derecho Procesal Constitucional.

Así en un primer momento de su vida republicana (*1826 – 1861*), bajo la influencia del liberalismo francés, configuró un *modelo político de control de constitucionalidad* a través de un Consejo de Estado; en una segunda etapa (*1861 – 1994*) adoptó el modelo americano, es decir, *el sistema jurisdiccional difuso de control de constitucionalidad* a través de la Corte Suprema de Justicia; en la tercera etapa (*1994 – 2009*) adoptó el modelo europeo, es decir, *el sistema jurisdiccional concentrado de control de constitucionalidad* con la atribución exclusiva del control a un órgano especializado proveniente del modelo europeo, que fue denominado Tribunal Constitucional[1]; y finalmente, en la cuarta etapa *(2009 hacia adelante)*, se ha

---

Años más tarde, el texto de este capítulo fue presentado y expuesto en el II Congreso Internacional de Derecho Procesal Constitucional: Miradas Dialógicas, Reflexiones, Retos y Desafíos de la Jurisdicción Constitucional *"En conmemoración al Centenario de las primeras Salas Constitucionales"*, organizado por el Tribunal Constitucional Plurinacional de Bolivia, y realizado en formato virtual los días 8 al 10 de octubre de 2020.

1 Un breve análisis exhaustivo sobre las bases doctrinales y las experiencias de los sistemas de control de constitucionalidad predominantes en el mundo, así como los antecedentes del control jurisdiccional en el caso boliviano, con especial énfasis sobre los alcances, implicaciones, y consecuencias del modelo de control político, así como del modelo de control jurisdiccional de constitucionalidad, y su evolución en Bolivia desde 1826 hasta 1967 puede verse en: GALINDO DE UGARTE, Marcelo. *¿Tribunal Constitucional o Corte Suprema? Una contribución al debate*. La Paz, Bolivia: Fundación Milenio – Producciones Cima, 1994. Por otro lado, los antecedentes del Debate Nacional sobre la creación del Tribunal Constitucional en Bolivia, así como las tesis favorables y contrarias acerca de su implementación en el país, se encuentran ampliamente detalladas en el trabajo de: GALINDO DECKER, Hugo. *Tribunal Constitucional*. La Paz, Bolivia: Editorial Jurídica Zegada, 1994. Asimismo, para constatar la evolución del control de constitucionalidad en Bolivia de acuerdo a su configuración constitucional, es de utilidad consultar el ilustrativo ensayo de: RIVERA SANTIVAÑEZ, José Antonio. *El Control de Constitucionalidad en Bolivia*. En: Revista del Tribunal Constitucional. Número 1. Sucre, Bolivia: Editorial Judicial, 1999. p. 45-86. Respecto a la evolución normativa, doctrinal y jurisprudencial que ha tenido el modelo americano

configurado constitucionalmente un *sistema predominantemente concentrado y plural de constitucionalidad en Bolivia*, según el entendimiento desarrollado por la jurisprudencia del Tribunal Constitucional Plurinacional, a partir de la interpretación de las normas establecidas por la Constitución aprobada el año 2009[2].

En atención a la delimitación temática del presente ensayo, en esta oportunidad únicamente nos interesará desarrollar con mayor amplitud, algunos antecedentes sobre la creación del primer Tribunal Constitucional en Bolivia, la configuración constitucional del control plural de constitucionalidad de acuerdo a las normas previstas en la Constitución aprobada el 7 de febrero de 2009, y finalmente, el notable desarrollo jurisprudencial de algunos institutos jurídicos previstos en la Constitución, a través de las sentencias más relevantes emitidas por el Tribunal Constitucional Plurinacional.

II. ANTECEDENTES DE LA CREACIÓN DEL TRIBUNAL CONSTITUCIONAL EN BOLIVIA

En principio –y recordando las ideas del maestro mexicano Jorge Carpizo(†)–, cabe señalar que la existencia de la jurisdicción constitucional, que incluye tribunales o cortes especializadas, incluso salas generalmente calificadas de constitucionales, *"a pesar de sus pro-*

---

de control jurisdiccional difuso en Bolivia, es muy útil consultar el trabajo de: URCULLO REYES, Jaime. *El control jurisdiccional de revisión judicial o difuso en Bolivia*. En: TRIBUNAL CONSTITUCIONAL DE BOLIVIA. *La Justicia Constitucional en Bolivia 1998 – 2003*. p. 65-99. Asimismo, un estudio sobre el *Sistema de Control de Constitucionalidad vigente en Bolivia*, fue ampliamente analizado y expuesto hace más de una década atrás, por el ex Magistrado Decano del Tribunal Constitucional Dr. Willman R. Durán Ribera(†), en un Seminario Internacional sobre Justicia Constitucional. *Cfr.* VI SEMINARIO INTERNACIONAL: *Justicia Constitucional y Estado de Derecho* (Sucre, 26 y 27 de junio de 2003). Memoria N° 7. Sucre, Bolivia: Editorial Tupac Katari, 2003. p. 187-202. Finalmente, cabe considerar que un interesante ensayo donde se analiza la evolución histórica de los modelos de control de constitucionalidad, examinando la progresiva expansión de la jurisdicción constitucional y su funcionalidad en los regímenes democráticos, la obra del Juez Marshall y la doctrina de la *"judicial review"*, así como la evolución del control político de constitucionalidad de las leyes en Francia y la jurisdicción constitucional en la Europa de entreguerras (con especial referencia al pensamiento kelseniano y el modelo austríaco de control autónomo de la constitucionalidad), puede encontrarse en el trabajo de: FERNÁNDEZ SEGADO, Francisco. *Evolución histórica y modelos de control de constitucionalidad*. En: Revista Pensamiento Constitucional, Vol. 4, N° 4, 1997. Disponible en: http://bit.ly/2b9Zxa5 Prosiguiendo con su análisis, el mismo autor español escribió también un estudio explicativo acerca del control de constitucionalidad en Latinoamérica, realizando un recorrido desde la temprana afiliación de los países latinoamericanos al modelo de control político, la posterior recepción y difusión del modelo norteamericano de revisión judicial de constitucionalidad, hasta la aparición de los primeros Tribunales Constitucionales Latinoamericanos (1945-1979), lo cual puede verse detallado en: FERNÁNDEZ SEGADO, Francisco. *El Control de Constitucionalidad en Latinoamérica: del control político a la aparición de los primeros Tribunales Constitucionales*. En: *Revista Derecho PUCP*, Núm. 52, 1999. Disponible en: http://bit.ly/2b6RU2L

2 Un breve análisis exhaustivo sobre: *"La Evolución Histórica del Control de Constitucionalidad en Bolivia y su proyección hacia un modelo plural"*, fue presentado como ponencia en el Primer Congreso Nacional de Historia del Derecho y Educación Jurídica, que se desarrolló los días 26 y 27 de octubre del año 2017, en la Facultad de Derecho de la Pontificia Universidad Católica del Perú (PUCP). Posteriormente, el texto fue publicado en la Revista Precedente 2018, Vol. 13 / Julio-Diciembre, 81-118. Cali – Colombia. Disponible en: https://bit.ly/3seI3jl Años más tarde, el texto fue presentado y expuesto en el II Congreso Internacional de Derecho Procesal Constitucional: Miradas Dialógicas, Reflexiones, Retos y Desafíos de la Jurisdicción Constitucional *"En conmemoración al Centenario de las primeras Salas Constitucionales"*, organizado por el Tribunal Constitucional Plurinacional de Bolivia, y realizado en formato virtual los días 8 al 10 de octubre de 2020. La memoria del evento, se encuentra disponible en: https://bit.ly/4g4OVZy

blemas y debilidades, es hasta nuestros días el mejor sistema que se ha creado para asegurar la supremacía de la ley fundamental como norma decidida por el Poder Constituyente, para impedir que los poderes constituidos rebasen la competencia y atribuciones que expresamente les señala la propia Constitución, y para la protección real de los derechos humanos. En una palabra, es la mejor defensa del orden constitucional". De ahí que, sin importar la denominación que reciba (Tribunal o Corte Constitucional), *"es el instrumento de la jurisdicción creado para conocer y decidir en última instancia sobre los conflictos de interpretación de la Ley Fundamental a través de las garantías constitucional-procesales. El Tribunal goza de jerarquía superior respecto a los órganos constituidos secundarios y debe tener asegurada su independencia para que realmente defienda a la Constitución"* (Carpizo, 2017: 31).

En el caso boliviano, y entre los antecedentes normativos de la implementación del control constitucional a través de un órgano especializado, debemos recordar que en virtud de la Ley Nº 1585 de Reforma a la Constitución Política del Estado, promulgada en fecha 12 de agosto de 1994, se introdujeron diversas modificaciones al texto constitucional que se hallaba vigente sin cambio alguno desde el año 1967 hasta ese entonces, incluyendo la creación por mandato constitucional, de un *Tribunal Constitucional* en la vida institucional republicana.

En este sentido, mediante dicha reforma constitucional efectuada en 1994, se reformaron aproximadamente treinta y cinco (35) artículos de la Constitución boliviana; dichas modificaciones pueden resumirse en lo siguiente: **a)** *Inserción de los pueblos originarios y comunidades indígenas a la estructura social del Estado,* a cuyo efecto se definió la estructura social como multiétnica y pluricultural, así como de las bases de su organización como son la unión y la solidaridad; **b)** *Modificaciones en el sistema electoral,* cambiando el requisito de la edad para el ejercicio de la ciudadanía de 21 años que regía hasta entonces, a 18 años; **c)** *Fortalecimiento del entonces Poder Legislativo,* a través de la reforma del sistema de elección de los Diputados para devolverles legitimidad y representatividad, con la introducción del sistema del doble voto en circunscripciones uni y plurinominales; **d)** *Estabilidad y gobernabilidad en el ejercicio del gobierno nacional,* reformando las reglas para la elección congresal del Presidente y Vicepresidente de la República, en aquellos casos en los que ninguno de los candidatos obtenga mayoría absoluta de votos en las elecciones generales; **e)** *Plena vigencia y protección de los derechos humanos* como base del orden democrático constitucional, a cuyo efecto se ha creado la Defensoría del Pueblo con la misión de velar por la vigencia y cumplimiento de los derechos y garantías de las personas con relación al sector público; **f)** *Fortalecimiento de los gobiernos locales autónomos* como unidades básicas del desarrollo sostenible sobre la base de la planificación participativa y el control social; **g)** *Seguridad jurídica y fortalecimiento del orden constitucional* reformando la estructura del entonces Poder Judicial (actual Órgano Judicial), mediante la creación del *Tribunal Constitucional* como máximo intérprete jurisdiccional de la Constitución, asignándole la función del control concentrado de constitucionalidad (Rivera, 2002)[3].

Ahora bien, revisando los antecedentes de creación de ésta institución –y según nos recuerda el ex Magistrado René Baldivieso Guzmán–, la idea de crear un Tribunal Constitucional resultó polémica en Bolivia, ya que diferentes instituciones cívicas, políticas, forenses, académicas y otras representativas de la opinión pública, recibieron con algún escepticismo

---

3 A ello se debe agregar, que dicha reforma constitucional indudablemente se constituye en un hecho trascendental con una importancia histórica sin precedentes dentro de la evolución del sistema constitucional boliviano, puesto que en aquella oportunidad, y por vez primera en la historia republicana del país, se reformó la Ley Fundamental dando cumplimiento a los mecanismos y procedimientos especialmente previstos al efecto por la propia Constitución, vale decir, que se aprobó, sancionó y promulgó la Ley de Reforma Constitucional de 1994, en observancia de las normas previstas por los artículos 230 al 232 del texto constitucional vigente en ésa época.

la iniciativa. Inclusive los órganos jerárquicos del entonces Poder Judicial (actual Órgano Judicial) sumaron su disidencia y protesta por la creación del Tribunal Constitucional[4].

Así por ejemplo, en un documento emitido por la Corte Suprema de Justicia en fecha 29 de marzo de 1993, se sostuvo que:

"(...) *Significaría en los hechos, un inaudito atentado contra el régimen de la juridicidad puesto que la Corte Suprema quedaría reducida, en su función específica, a una rutinaria labor de tribunal de casación o para la solución de los recursos de nulidad en los trámites ordinarios, olvidando que la Corte Suprema no es sólo el más alto Tribunal de Justicia de la República, sino el custodio de la moral pública que debe proteger a la sociedad de los abusos del poder, el respeto a la ley y el imperio del Derecho.*

No deja de llamar la atención en este documento -agrega Baldivieso- que se haga referencia a una rutinaria labor de tribunal de casación, siendo así que esa labor jurisdiccional del más alto tribunal en materia de justicia ordinaria implica, por el contrario, el estudio meditado y responsable de cada caso para sentar una jurisprudencia que no puede ser producto precisamente de la rutina, sino de interpretaciones creativas de la ley". (Baldivieso, 2006).

De ahí que la creación del Tribunal Constitucional en Bolivia no fue fácil, pues tuvo que enfrentar muchos obstáculos como la reacción de oposición cerrada e irracional de la entonces Corte Suprema de Justicia, así como algún sector del foro de Abogados, llegando inclusive a considerar como un *"Golpe de Estado"* la propuesta de su creación como organismo independiente de los demás órganos de poder, lo que inevitablemente dio lugar a que su configuración institucional en la Constitución no fuera óptima, y con el tiempo, se constituyó en uno de los factores que debilitó la eficacia de sus actividades[5].

Sin embargo, la oposición radical de la Corte Suprema y las críticas "doctrinales" opositoras a la creación de un Tribunal Constitucional como un órgano de control constitucional independiente de los demás órganos de poder, nunca tuvieron asidero jurídico válido; en su lugar, el legislador constituyente, a través de la Reforma Constitucional del año 1994, y considerando la importancia de la creación del nuevo órgano de control de constitucionalidad, así como la necesidad de promover la defensa de los derechos humanos en el país, creó el Tribunal Constitucional –que comenzó a ejercer sus funciones jurisdiccionales en el mes de junio de 1999[6]–, incorporándolo como parte constitutiva del entonces denominado "Poder Judi-

---

4 *"En esas circunstancias parecía improbable hacer realidad el Tribunal Constitucional; sin embargo pudo más el oportuno sentido de responsabilidad legislativa y su afán renovador, de manera que el 12 de agosto de 1994 se promulga la Constitución reformada en la que se incorpora al Tribunal Constitucional, juntamente con otras dos instituciones: el Consejo de la Judicatura y el Defensor del Pueblo. Cada una de ellas cuenta ahora con su propia ley reguladora de su funcionamiento. No cabe duda que este tríptico: Tribunal Constitucional, Consejo de la Judicatura y Defensor del Pueblo, puede considerarse como un hito fundamental en la tarea de reformas constitucionales en Bolivia. Como antecedente destacable, señalamos también que el Tribunal Constitucional fue conformado recién el 5 de agosto de 1998 para que luego de su "vacatio legis" de casi un año, inicie sus labores jurisdiccionales desde el 1 de junio de 1999"*. (Baldivieso, 2002)

5 Ciertamente, las críticas y la oposición llegaron al extremo de calificar la decisión del legislativo como un Golpe de Estado, dando lugar a que el constitucionalista español Francisco Fernández Segado, en su trabajo sobre "La Jurisdicción Constitucional en Bolivia", expresara la siguiente opinión: *"de modo realmente absurdo y disparatado, llegaba a advertir que con la constitucionalización del Tribunal se estaría vulnerando flagrantemente toda la estructura constitucional a través de un verdadero golpe de Estado con el objeto indisimulado de dividir la autoridad de la Magistratura Suprema"*. (Rivera, 2008: 47-48).

6 En el solemne acto de inicio de las labores jurisdiccionales, el ex Presidente del Tribunal Constitucional de Bolivia, Dr. Pablo Dermizaky(†), afirmó enfáticamente: *"El Tribunal hablará a través de sus fallos y no hará declaraciones que no sean constitucionales. Estará atento a las inquietudes*

cial", vale decir, como uno de sus órganos jurisdiccionales especializados, encargado de realizar el control de constitucionalidad, debiendo ejercer dicho control sobre todos los actos, resoluciones y decisiones de los demás órganos de poder, con independencia de cualquier otra autoridad estatal, en su labor jurisdiccional, es decir, colocado fuera del alcance de los poderes públicos cuyos actos controla, estando sometido solamente a la Constitución.

Por otro lado, en cuanto se refiere al modelo de control de constitucionalidad vigente, cabe hacer notar que, en opinión de algunos autores, el sistema de control de constitucionalidad adoptado por el Estado boliviano en la reforma constitucional efectuada el año 1994 (y que se mantuvo en la reforma del año 2004) no era en esencia un sistema de control concentrado puro, sino por el contrario, un sistema en el que concurrían los elementos del modelo *americano* como también del *europeo*[7]; sin embargo, interpretando el verdadero alcance de las normas que consagran el sistema de control de constitucionalidad que nació en la citada reforma constitucional de 1994, vale decir, de las competencias que la Constitución le asignaba al recientemente creado Tribunal Constitucional, se extrae con toda claridad que el legislador constituyente, le encomendó a éste órgano jurisdiccional, las tres funciones esenciales que el control de constitucionalidad representa: 1) *el control normativo de constitucionalidad*, 2) *el control de los límites del ejercicio del poder político*, 3) *el control sobre la salvaguarda de los derechos y garantías*; debiendo considerarse que la idea que subyace al modelo de control concentrado de constitucionalidad que nació en la reforma de 1994[8], fue

---

políticas y sociales que tengan relación con su labor, pero no aceptará presiones interesadas ni críticas subjetivas. Se colocará por encima de las pasiones, de las rencillas parroquiales y de los intereses subalternos. Será austero y discreto; pero reclamará el sitial que corresponde a la dignidad de la Constitución. A la legalidad de su elección tratará de agregar la legitimidad de su actuación, para merecer la confianza de las sociedades política y civil, requisito indispensable para cualquier obra de trascendencia nacional. Puesto que tenemos una misión muy alta que cumplir, nos revestiremos con la humildad del misionero; pero seremos inflexibles en el cumplimiento del deber. Y como esta misión será ardua y compleja, es posible que nos equivoquemos; pero no nos desviaremos. En otras palabras: puede que no seamos infalibles; pero seremos insospechables"; y es que, ciertamente, la labor que desarrolla el Tribunal Constitucional (ahora Plurinacional) en Bolivia, demanda en todo tiempo, de esa magnitud de probidad en sus Magistrados. (Poder Judicial, 2000: 181-187).

7 En este sentido se ha pronunciado el ex Magistrado del Tribunal Constitucional, José Antonio Rivera Santivañez, quien desarrollaba su tesis sosteniendo que: *"por un lado, a través de la referida reforma constitucional* (de 1994)*, se ha creado el Tribunal Constitucional como el órgano encargado del control concentrado de constitucionalidad y máximo intérprete de la Constitución, lo que encuadra el sistema adoptado en el modelo europeo. Pero por otra parte, el Constituyente no modificó el texto del artículo 228 de la Constitución reformada, por cuyo mandato los tribunales y jueces, al revolver un caso concreto dentro de un proceso judicial, tienen la obligación de no aplicar las disposiciones legales que sean contradictorias o incompatibles con las normas previstas en la Constitución, lo cual constituye un acto de control de constitucionalidad y se encuadra en el modelo americano del 'judicial review' o revisión judicial"*. (Rivera, 2002: 583-603).

8 Se debe recordar que inicialmente, el profesor Jorge Asbun, en su estudio dedicado a analizar la evolución y perspectivas del Control Constitucional en Bolivia, afirmó de manera inequívoca que: *"En Bolivia, la reforma de 1994, incorporó a la Constitución a través de los artículos 116 y siguientes el modelo de control concentrado de constitucionalidad, encargando al Tribunal Constitucional, mediante el artículo 119, las siguientes atribuciones: control de constitucionalidad, defensa de los derechos fundamentales, conflictos de competencia interorgánicas y demandas respecto a procedimientos de reforma constitucional"*. (Asbun, 1999: 149-150). Años más tarde, estas ideas serían confirmadas por autores internacionales estudiosos de la jurisdicción constitucional en Latinoamérica; así por ejemplo, el profesor chileno Humberto Nogueira llegó a afirmar que *"en Bolivia existe un sistema de control constitucional centralizado en un único órgano especializado, integrado por letrados, con un ámbito amplio de competencias, que ejerce dicha jurisdicción con plena independencia de todo otro órgano, tanto respecto de normas como de actos in-*

confirmada en la Ley de desarrollo constitucional, es decir la anterior Ley N° 1836 del Tribunal Constitucional (LTC), que estableció como fines de este Tribunal, ejercer el control de constitucionalidad y garantizar la primacía de la Constitución, el respeto y vigencia de los derechos y garantías fundamentales de las personas, así como la constitucionalidad de las convenciones y tratados (artículo 1.II), disponiendo expresamente en su artículo 44, que: *"Los poderes públicos están obligados al cumplimiento de las resoluciones pronunciadas por el Tribunal Constitucional. Las sentencias, declaraciones y autos del Tribunal Constitucional, son obligatorias y vinculantes para los Poderes del Estado, legisladores, autoridades y tribunales"*; en consecuencia, todos los tribunales, jueces y autoridades públicas, estaban obligados por Ley, a aplicar en sus decisiones la interpretación adoptada por el Tribunal Constitucional (artículo 4).

Dichas normas estuvieron plenamente vigentes en Bolivia, hasta antes de la entrada en vigor de la Ley N° 27 del Tribunal Constitucional Plurinacional (Ley del TCP), que en sus artículos 2 y 8 establece que la justicia constitucional será ejercida por el Tribunal Constitucional Plurinacional y tiene la finalidad de velar por la supremacía de la Constitución Política del Estado, ejercer el control de constitucionalidad y precautelar el respeto y vigencia de los derechos y garantías constitucionales; y que además las decisiones y sentencias del Tribunal Constitucional Plurinacional son de carácter vinculante y de cumplimiento obligatorio, y contra ellas no cabe recurso ordinario ulterior alguno; ello en concordancia con los establecido por los arts. 196 y 203 de la Constitución Política del Estado vigente desde el año 2009.

III. LA CONFIGURACIÓN CONSTITUCIONAL DEL SISTEMA DE CONTROL DE CONSTITUCIONALIDAD EN BOLIVIA

Actualmente, y según la norma prevista por el artículo 179, parágrafo III de la Constitución Política del Estado aprobada el año 2009, la justicia constitucional será ejercida por el Tribunal Constitucional Plurinacional (TCP)[9], órgano jurisdiccional que por mandato del artículo 196 del mismo texto constitucional, debe velar por la supremacía de la Constitución, ejerciendo el *control de constitucionalidad*, y precautelando el respeto y la vigencia de los derechos fundamentales y las garantías constitucionales.

En virtud de lo dispuesto por las referidas normas constitucionales, es posible inferir - según Rivera Santivañez- que el Constituyente ha decidido mantener el modelo concentrado (europeo – kelseniano) de control de constitucionalidad, encomendando dicha labor a un organismo especializado cual es el Tribunal Constitucional Plurinacional, aunque con algunos rasgos del modelo americano de "revisión judicial"; *"(...) empero, ha introducido importantes reformas a la estructura institucional del mencionado órgano de control de constitucionalidad, al ámbito de sus funciones y atribuciones, asimismo a la configuración procesal de los procesos constitucionales que debe conocer y resolver; reformas que en el futuro podrían anular el control de constitucionalidad y, en su caso, permitir se instrumentalice la Justicia Constitucional para garantizar el proyecto de ejercicio hegemónico del poder político"* (Rivera, 2009: 43).

---

constitucionales, por vía de acción y de excepción, teniendo sus sentencias efectos de cosa juzgada, sin existencia de recurso ulterior. Existe así en Bolivia un auténtico Tribunal Constitucional". (Nogueira, 2006: 129).

9 Es importante resaltar que la voz: *"Tribunal Constitucional Plurinacional"*, ha sido incluida en el Diccionario de Derecho Procesal Constitucional, en donde se describe su naturaleza, estructura, organización y funciones, de acuerdo al marco constitucional y legal que regula dicha institución. (Ferrer, 2014).

En efecto, Rivera Santivañez sostiene su tesis señalando que en el ámbito del control de constitucionalidad de las normas, el Tribunal Constitucional Plurinacional tiene el monopolio para anular y expulsar del ordenamiento jurídico, las disposiciones legales infraconstitucionales que sean incompatibles con la Constitución, por contradecir e infringir sus preceptos; empero, en esa labor participan los jueces y tribunales de la jurisdicción ordinaria, promoviendo la Acción de Inconstitucionalidad concreta. De otro lado, en el ámbito del control de constitucionalidad sobre el ejercicio del poder político, el Tribunal Constitucional Plurinacional tiene el monopolio de esa función, a través del conocimiento y resolución de las acciones de conflictos de competencia; sin embargo, en el ámbito de control tutelar de los derechos fundamentales, la labor es realizada por los jueces y tribunales de garantías constitucionales en primera instancia, y el Tribunal Constitucional Plurinacional interviene posteriormente, conociendo y resolviendo las acciones tutelares en grado de revisión de oficio (Rivera, 2010).

El mismo autor señala que uno de los fundamentos para sostener la tesis de que el modelo adoptado por el Estado Plurinacional de Bolivia es el europeo – kelseniano, con resabios del modelo americano de control de constitucionalidad, lo que equivale a un *sistema de control mixto* (Rivera, 2010), se encuentra en las normas previstas por el artículo 410, parágrafos I y II de la Constitución, por cuyo mandato, todas las personas, naturales y jurídicas, así como los órganos públicos, funciones públicas e instituciones, se encuentran sometidos a la Constitución, que es la norma suprema del ordenamiento jurídico boliviano y goza de primacía frente a cualquier otra disposición normativa.

Según el citado autor, el modelo adoptado por el Estado Plurinacional de Bolivia, no es un modelo puro, sino que mantiene los resabios del modelo americano, conocido clásicamente como el modelo de control jurisdiccional difuso, porque las normas previstas por el artículo 410 de la Constitución, al proclamar el principio de la supremacía constitucional y el principio de la jerarquía normativa, implícitamente faculta a los jueces y tribunales a inaplicar la ley, decreto o resolución cuyas normas sean contrarias a la Constitución. De ahí que, Rivera Santivañez concluye:

> "*Por consiguiente, todo juez o tribunal ordinario, que tenga la seguridad de que la norma legal sobre cuya base deberá dictar su resolución o sentencia, es contraria a la Constitución, tiene la obligación de no aplicar dicha norma por inconstitucional, y sólo en aquellos casos en los que tenga duda y no certeza, o pretenda que la disposición legal sea anulada a través de una sentencia constitucional con efecto erga omnes, deberá promover el recurso indirecto o incidental de inconstitucionalidad*" (Rivera, 2011)[10].

---

[10] En sentido similar se pronunciaba el profesor argentino Néstor Pedro Sagüés, quien luego de visibilizar algunas "ventanas" para el ejercicio del control difuso de constitucionalidad de normas en Bolivia, concluye señalando que: *"En el caso boliviano, la nueva constitución de 2008/9 parece inclinarse hacia un sistema de control concentrado, es decir, no difuso, monopolizado por el Tribunal Constitucional. No obstante, existen algunos párrafos constitucionales, y el art. 15 de la Ley del Órgano Judicial, que abonan la posibilidad de un cierto control difuso o desconcentrado. El tema es complejo y opinable, y será bueno que resulte definido prontamente por el Tribunal Constitucional Plurinacional"*. (Sagüés, 2010: 51-62). No obstante, compartimos el criterio del profesor Jorge Asbun, cuando aclara que en el caso boliviano, se instituyó un Tribunal Constitucional (ahora Plurinacional), al cual se le atribuyó la potestad para proteger la Constitución, y cuyos pronunciamientos tienen calidad de cosa juzgada; *"(...) Esto no constituye un obstáculo para que Jueces y Tribunales Departamentales conozcan las Acciones de Defensa como la Acción de Amparo, Acción de Libertad y otras; e incluso, de que sus resoluciones deban ser cumplidas inmediatamente (artículo 40.I del Código Procesal Constitucional) o que inicialmente resuelvan conflictos de competencia (artículo 102 del Código Procesal Constitucional) o que dependa de ellos promover o no la acción de inconstitucionalidad concreta (artículo 80.II del Código Procesal Constitucional). Pero, a partir de allí, no puede afirmarse de manera alguna que el modelo*

Aquella postura, ciertamente concuerda con la posición adoptada por el jurista español Fernández Segado, cuando señala que una opinión doctrinal muy generalizada, subraya la existencia de una clara tendencia convergente entre los dos clásicos modelos; vale decir, que actualmente ya no es posible hallar modelos "puros" de control de constitucionalidad adoptados en los países de Iberoamérica, no pudiendo señalarse que en determinado país predomine sólo el modelo difuso o impere únicamente el modelo concentrado de control de constitucionalidad, dado que la tendencia actual en el mundo contemporáneo, respecto al control jurisdiccional de las leyes y su funcionamiento, revela que ambos modelos se hallan en vías de llegar a su progresiva unificación, sin perjuicio de los mecanismos propios de justicia constitucional que se han configurado en varios países de Latinoamérica (Fernández, 2004).

No obstante lo anterior, consideramos necesario aclarar que la Ley Nº 27 del Tribunal Constitucional Plurinacional (Ley del TCP), ciertamente mantiene en su contenido algunas normas que llegan a sustentar el control concentrado de constitucionalidad en Bolivia, de acuerdo a lo siguiente:

El artículo 109 de la Ley del TCP, establecía que la Acción de Inconstitucionalidad Concreta, *procederá en los procesos judiciales o administrativos cuya decisión dependa de la constitucionalidad o inconstitucionalidad de una Ley, Estatuto Autonómico, Carta Orgánica, Decreto y todo género de Ordenanzas y Resoluciones no judiciales aplicables a aquellos procesos* (norma derogada por el Código Procesal Constitucional, que en su artículo 73, numeral 2, contiene similar previsión), debiendo ser promovida la acción de inconstitucionalidad, por el juez[11], tribunal o autoridad administrativa, de oficio o a instancia de parte, de acuerdo a lo previsto por el artículo 79 del mencionado Código.

Lo referido anteriormente, determina claramente que ningún juez, tribunal u órgano administrativo está autorizado para inaplicar norma jurídica alguna, dado que en caso de duda sobre la constitucionalidad de una norma del ordenamiento a ser aplicada al caso concreto que ha de resolver, debe promover inmediatamente el incidente de inconstitucionalidad ante el Tribunal Constitucional Plurinacional, y éste entendimiento interpretativo concuerda plenamente con lo establecido en el artículo 5 de la misma Ley del TCP, cuando establece que *se presume la constitucionalidad de toda ley, decreto, resolución y actos de los Órganos del Estado en todos sus niveles, hasta tanto el Tribunal Constitucional Plurinacional resuelva y declare su inconstitucionalidad.*

---

boliviano sea mixto y tampoco que sea difuso, porque en este caso los pronunciamientos de jueces y tribunales departamentales no causan estado, solamente tienden a proteger de forma pronta a los ciudadanos". (Asbun, 2014).

[11] En este sentido el Auto Constitucional Nº 0062/2012-CA de la Comisión de Admisión del Tribunal Constitucional estableció que todo juez al que se le solicite promueva un incidente de inconstitucionalidad, debe: "*(...) 1. Admitir el incidente mediante auto motivado, cuando considere que efectivamente existe una duda razonable sobre la constitucionalidad de la norma porque no admite ninguna interpretación constitucionalmente adecuada (...) 2. Rechazar el incidente mediante auto motivado cuando considere que no existe una duda razonable sobre la constitucionalidad de la norma porque admite al menos una interpretación constitucionalmente adecuada; vale decir, entiende que la ley es constitucional porque cabe hacer de ella una interpretación conforme a la Constitución*"; entendiendo dicho Auto Constitucional, que si un juez rechaza un incidente de inconstitucionalidad por encontrar que la norma impugnada admite al menos una interpretación constitucional independientemente a la revisión que efectúe al Comisión de Admisión del Tribunal Constitucional Plurinacional debe: "*...aplicar la norma que considera constitucional con los fundamentos de interpretación que asumió en la resolución de rechazo...*", pues no puede ser incongruente entre el argumento que sostuvo a tiempo de rechazar el incidente de inconstitucionalidad y la resolución de fondo de la problemática.

Como se puede ver, la norma de desarrollo constitucional reconoce que el Tribunal Constitucional Plurinacional, en su calidad de máximo guardián y supremo intérprete de la Constitución, es el único órgano autorizado para inaplicar normas o dejar sin efecto los actos de los órganos del Estado cuando éstos se hallaren en abierta contradicción con los principios y valores constitucionales, todo lo cual es plenamente incompatible con un sistema de control "difuso"[12]; razón por la cual, si bien es respetable la posición del profesor Rivera Santivañez, no es posible compartirla plenamente.

A lo indicado, debe agregarse que la misma Constitución boliviana aprobada el año 2009, consagra como atribución del Tribunal Constitucional Plurinacional, absolver *las consultas de la Presidenta o del Presidente de la República, de la Asamblea Legislativa Plurinacional, del Tribunal Supremo de Justicia o del Tribunal Agroambiental sobre la constitucionalidad de proyectos de ley*, en cuyo caso la decisión del Tribunal Constitucional es de cumplimiento obligatorio.

A su vez, tiene la atribución de absolver inclusive *las consultas de las autoridades indígenas originario campesinas sobre la aplicación de sus normas jurídicas aplicables a un caso concreto*, y en consecuencia, la decisión del Tribunal Constitucional es obligatoria, lo que corrobora el entendimiento interpretativo expuesto, de que la misma Constitución como Ley Fundamental del ordenamiento jurídico, encomienda el control de constitucionalidad de manera exclusiva al Tribunal Constitucional Plurinacional[13].

En definitiva, y de acuerdo a su configuración constitucional, el Tribunal Constitucional Plurinacional ha sido instituido como el *máximo guardián y supremo intérprete de la Constitución*[14], y por lo mismo, tiene como funciones principales: *velar por la supremacía de la*

---

12 A su vez, este criterio concuerda plenamente con la posición adoptada en la X Conferencia Iberoamericana de Justicia Constitucional, en donde a raíz de algunas cuestiones formuladas por la Secretaría Permanente a los Magistrados de los países asistentes al evento, y en relación a si el control jurisdiccional de la Constitución es concentrado, difuso o mixto, se estableció que: *"Los modelos de control constitucional se pueden dividir en dos grandes grupos: (i) puramente concentrado y (ii) mixto, y estos, a su vez, pueden ser, tanto en uno como en otro, a priori y a posteriori. Entre los países que enviaron sus respuestas, ninguno posee un sistema de justicia constitucional exclusivamente difuso. Dentro de los que su sistema de justicia constitucional es puramente concentrado se encuentran Bolivia, Costa Rica, Chile, Perú, Paraguay, Andorra y Panamá. En Bolivia, la competencia del control de la constitucionalidad recae sobre el Tribunal Constitucional Plurinacional, y «no existe previsión normativa que autorice a jueces o autoridades administrativas a inaplicar una norma que se considere inconstitucional». En caso de que en el curso de un proceso judicial se plantee la inaplicación de una norma por vicios de inconstitucionalidad, la autoridad juzgadora deberá promover la acción ante el Tribunal Constitucional Plurinacional para que sea este el que resuelva la cuestión"*. (Conferencia, 2014).

13 Este análisis normativo, se basa en el razonamiento expuesto por el ex Magistrado Decano del Tribunal Constitucional, Dr. Willman R. Durán Ribera(†), en su interesante trabajo sobre: *El Sistema de Control de Constitucionalidad vigente en Bolivia*, tema ampliamente analizado y presentado en el Seminario Internacional sobre Justicia Constitucional y Estado de Derecho. (Durán, 2003: 187-202).

14 El Tribunal Constitucional de Bolivia, se constituye en el defensor de la Constitución y del régimen democrático, y se encarga de la protección efectiva e idónea de los derechos fundamentales de las personas; por ello es el máximo guardián y último intérprete de la Constitución, así se infiere de las normas previstas por la Ley Fundamental. *"Es el máximo guardián de la Constitución, porque el constituyente le ha encomendado la labor de resguardar la supremacía de la Constitución frente al ordenamiento jurídico ordinario, desarrollando el control especializado y concentrado de la constitucionalidad de las disposiciones legales, emitiendo sentencias con efecto general o erga omnes, anulando la disposición legal incompatible con la Constitución y expulsándola del ordenamiento jurídico del Estado. Dada la naturaleza jurídica de la función que desempeña,*

Constitución, ejercer el control de constitucionalidad y precautelar el respeto y la vigencia de los derechos y garantías constitucionales (artículo 196.I CPE), garantizando así la primacía de la Ley Fundamental del Estado, la plena validez del orden constitucional y democrático, así como el respeto y vigencia plena de los derechos fundamentales y garantías constitucionales de las personas, a la luz de las normas del Bloque de Constitucionalidad (Artículo 410.II CPE).

IV. EL NUEVO MODELO DE CONTROL PLURAL DE CONSTITUCIONALIDAD EN BOLIVIA. DESARROLLO JURISPRUDENCIAL[15]

Por otro lado, y para comprender la reciente transformación que se ha verificado en el sistema de control de constitucionalidad boliviano, cabe señalar que como consecuencia de la aprobación de la Constitución Política del Estado en el año 2009, se ha producido una reconfiguración del Estado boliviano, diseñándolo como un Estado Plurinacional, al abrigo de un modelo constitucional basado en el pluralismo, la interculturalidad y la descolonización (Attard, 2012), marcando así la era de lo que Attard califica como la *"última generación del constitucionalismo boliviano"* con rasgos y particularidades específicas que lo caracterizan y diferencian de los demás modelos constitucionales, especialmente de aquellos con raíces en el constitucionalismo europeo.

Es así que se ha llegado a configurar un *sistema plural de control de constitucionalidad*, con bases notorias en el sistema jurisdiccional concentrado de control constitucional, que estuvo vigente hasta antes de la aprobación del nuevo texto constitucional de 2009 en Bolivia; empero, esta vez, se agrega un componente *plural* (por el reconocimiento de la estructura societal diversa) e *inclusivo* (acorde al principio de igualdad y no discriminación), cuyo objetivo es precisamente asegurar la vigencia del pluralismo como elemento fundante del Estado y también con la finalidad de garantizar a través de la interpretación constitucional, el modelo de constitucionalismo fuerte basado en la justicia e igualdad.

1. *Configuración Normativa del Órgano Encargado del Control*

El sistema jurisdiccional plural de control de constitucionalidad se caracteriza por contener elementos del sistema concentrado de control de constitucionalidad, pero además se inspira en los postulados del pluralismo, la interculturalidad y la descolonización, como factores de definición del modelo de Estado.

En ese marco, y de acuerdo a lo señalado precedentemente, haciendo una radiografía del sistema se puede señalar que el mismo está diseñado, en un análisis vertical, por tres compartimentos específicos: **a)** la base del sistema está compuesta por las autoridades jurisdiccionales, las autoridades administrativas, las autoridades de las naciones y pueblos indígena originario campesinos (NPIOCs) y los particulares, quienes son los primeros garantes del bloque de constitucionalidad y de los derechos fundamentales; **b)** el compartimento intermedio que

es el supremo intérprete de la Constitución, lo cual no significa que el resto de los órganos del poder público en general, los jueces y tribunales en particular, estén impedidos de realizar la interpretación de la Constitución para resolver el caso concreto sometido a su conocimiento; lo que sucede es que, si bien todas las autoridades y funcionarios públicos interpretan la Constitución, quien cierra el proceso realizando una interpretación que vincula a todos los órganos del poder público, autoridades y particulares es el Tribunal Constitucional, por ello se convierte en el último intérprete de la Constitución. (...)". (Rivera, 2007: 58-59).

15 Este acápite, se encuentra desarrollado en el libro de mi autoría: *La Justicia Constitucional en el Estado Plurinacional. Bases del modelo de control concentrado y plural de constitucionalidad en Bolivia*; editado con el apoyo de la Academia Boliviana de Estudios Constitucionales (ABEC), y publicado en Cochabamba, Bolivia: Editorial Kipus, 2017.

comprende a los jueces y tribunales de garantías constitucionales que conocen y resuelven las acciones tutelares; y, **c)** el compartimento superior que alberga al último y máximo garante del bloque de constitucionalidad y de los derechos fundamentales: el Tribunal Constitucional Plurinacional.

En efecto, el Tribunal Constitucional Plurinacional se encuentra en la cúspide del Sistema Jurisdiccional Plural de Control de Constitucionalidad, y se configura como el último y máximo garante tanto del bloque de constitucionalidad como de los derechos fundamentales. Sus roles y diseño, debe consolidar una materialización no solamente de la Constitución como texto escrito, sino esencialmente de los valores plurales supremos para consolidar así el *Vivir Bien*; pero además, en base a los antecedentes y presupuestos de la refundación del Estado, una de sus tareas consiste en asegurar los derechos colectivos de las naciones y pueblos indígena originario campesinos, materializando así el *corpus iure de derechos de los pueblos indígenas* descritos y contextualizados a los ideales y procesos de *restitución*, *igualación* y *reconstitución*, todo en el marco de una convivencia armónica y equilibrada al interior de las naciones y pueblos indígena originario campesinos, entre estos y en relación a toda la sociedad en su conjunto.

Es importante que este diseño sea analizado en base a un elemento esencial: su *composición plural*, para asegurar así una interpretación que consagre la interculturalidad plural que, en términos de descolonización, se plasmen procesos constitucionales interculturales para una real materialización del bloque de constitucionalidad.

En la normativa, el artículo 196 de la Constitución de 2009, crea el Tribunal Constitucional Plurinacional, con el rol descrito en su numeral primero, por lo que de acuerdo al mandato emanado de la función constituyente, esta instancia vela por la supremacía de la Constitución, ejerce el control de constitucionalidad y precautela el respeto y la vigencia de los derechos y garantías constitucionales.

El artículo 197 de la Constitución, disciplina la organización del Tribunal Constitucional Plurinacional, estableciendo en el primer parágrafo que los magistrados y magistradas del Tribunal Constitucional, serán electos con criterios de plurinacionalidad, con representación del sistema ordinario y del sistema indígena originario campesino. Además, el art. 198 de la Constitución, señala que las magistradas y magistrados del Tribunal Constitucional Plurinacional, se elegirán mediante sufragio universal.

Asimismo, es necesario señalar que de acuerdo al artículo 199 del texto constitucional, como puntuación adicional para la calificación de méritos de los aspirantes a magistrados y magistradas, se tomará en cuenta el haber ejercido la calidad de autoridad originaria bajo su sistema de justicia. Además, el numeral segundo del referido artículo, establece que los candidatos podrán ser propuestos por organizaciones de la sociedad civil y naciones y pueblos indígena originario campesinos.

Por su parte, la Ley Nº 27 del Tribunal Constitucional Plurinacional, de fecha 6 de julio de 2010, que regula la estructura y organización del máximo contralor de constitucionalidad en el Estado Plurinacional de Bolivia, inicialmente establecía en su artículo 13 numeral 1, que esta instancia estaría conformada por siete magistradas y magistrados titulares y siete magistradas y magistrados suplentes.

Sin embargo, dicha disposición fue modificada posteriormente por Ley Nº 929 de fecha 27 de abril de 2017, en virtud de la cual se ha dispuesto ampliar el número de miembros del Tribunal, estableciendo expresamente que: *"El Tribunal Constitucional Plurinacional estará conformado por nueve (9) Magistradas y Magistrados titulares y nueve (9) Magistradas y Magistrados suplentes"*; a cuyo efecto, la misma Ley dispone que la Asamblea Legislativa Plurinacional, por voto de dos tercios de sus miembros presentes, realizará la preselección de cuatro postulantes para cada departamento, en dos listas separadas de mujeres y hombres. Finalmente, se ha previsto también que: *"La Asamblea Legislativa Plurinacional garantizará que el cincuenta por ciento (50%) de las personas preseleccionadas sean mujeres y al menos una persona de origen indígena originario campesino, por auto identificación personal"*, modificando de esta manera el artículo 19 parágrafo III de la citada Ley Nº 27 del Tribunal Constitucional Plurinacional, y privilegiando la equidad de género en el acceso a la función judicial.

Ahora bien, la referencia normativa antes citada es importante toda vez que la real materialización del bloque de constitucionalidad, en el marco de la visión del modelo de Estado boliviano, encontrará razón de ser en un aspecto esencial: la composición plural, es decir que los magistrados y magistradas del Tribunal Constitucional Plurinacional, no solamente deben tener una visión de la justicia construida desde *occidente*, sino también de aquella que emana de las normas y procedimientos ancestrales de las naciones y pueblos indígena originario campesino, para que a través de una interpretación intercultural de las problemáticas a ser conocidas, opere el principio de complementariedad a través de una interculturalidad plural que irradiará todo el ordenamiento jurídico en el Estado Plurinacional de Bolivia.

2. *Desarrollo jurisprudencial del modelo plural de control constitucional*

Acerca del control plural de constitucionalidad diseñado en la Constitución Política del Estado aprobada el año 2009, la jurisprudencia constitucional reciente, ha señalado que el reconocimiento transversal de los derechos de las naciones y pueblos indígena originario campesinos, abarca también al campo jurídico, pues existe un reconocimiento del pluralismo jurídico igualitario que deriva del reconocimiento constitucional de la igual jerarquía de la jurisdicción indígena originaria campesina con la ordinaria (art. 179.II de la CPE) y del sistema jurídico ordinario con el sistema indígena originario campesino.

Entonces, el reconocimiento del pluralismo jurídico igualitario parte de un dato real: la coexistencia dentro del territorio boliviano de diferentes sistemas jurídicos, que tienen sus propias normas, instituciones, autoridades encargadas de administrar justicia y procedimientos para la resolución de sus conflictos, que tiene como base valores, principios y lógicas distintas a la occidental.

La jurisdicción indígena originaria campesina, de acuerdo al artículo 179 de la CPE, forma parte del Órgano Judicial, haciendo efectivo el derecho de las naciones y pueblos indígena originario campesinos a que sus instituciones sean parte de la estructura general del Estado (art. 30.II.5 de la CPE) y, en ese ámbito, al gozar de igual jerarquía que la jurisdicción ordinaria, ésta no puede revisar las resoluciones pronunciadas por la jurisdicción indígena originara campesina y tampoco ésta de aquella; es más, toda autoridad pública o persona debe acatar las decisiones de esta jurisdicción, pudiendo las autoridades solicitar el apoyo de los órganos competentes del Estado (art. 192 de la CPE).

No obstante lo señalado, la jurisdicción indígena originaria campesina, al igual que las demás jurisdicciones, se encuentra limitada por el respeto de los derechos fundamentales a la vida, a la defensa, y demás derechos y garantías establecidas por la Norma Fundamental (art. 190.II de la CPE), debiendo añadirse, además, a los derechos contenidos en los tratados internacionales sobre derechos humanos que forman parte del bloque de constitucionalidad.

Conforme a ello, la Constitución Política del Estado, sobre la base del carácter plurinacional del Estado y el principio de interculturalidad, ha diseñado la justicia constitucional a través del Tribunal Constitucional Plurinacional, como la institución encargada de ejercer el control constitucional sobre la actividad de todas las jurisdicciones y, en general sobre todos los órganos del poder público, a partir del diálogo intercultural que se entable en este órgano, que tiene la representación de los dos sistemas de justicia: el ordinario y el indígena originario campesino.

En ese ámbito, el *pluralismo jurídico* cobra un nuevo sentido y extensión, pues se reconceptualiza a partir del relacionamiento e influencia permanente de ambos sistemas, a partir de la coordinación y cooperación que debe existir entre las diferentes jurisdicciones que conforman el Órgano Judicial (ordinaria, indígena originaria campesina, agroambiental y especializadas); así como el *principio de unidad* de la función judicial (art. 179 de la CPE), por el cual todas las jurisdicciones tienen como denominador común, el respeto a los derechos fundamentales, a las garantías constitucionales, y la obediencia a la Constitución Política del Estado, encontrando la unidad en la interpretación final que efectúe el Tribunal Constitucional Plurinacional tanto de los derechos y garantías como de las propias normas constitucionales, pues, por el carácter vinculante de sus resoluciones, todos los jueces y autoridades, están vinculados a la interpretación efectuada por este órgano.

En ese sentido, *debe señalarse que la Constitución boliviana ha diseñado un sistema de control de constitucionalidad plural, pues no solamente se ejerce el control sobre normas formales, sino también sobre las normas de las naciones y pueblos indígena originario campesinos, además de conocer los conflictos de competencias entre las diferentes jurisdicciones y de revisar las resoluciones pronunciadas por la jurisdicción indígena originaria campesina cuando se considere que estas normas son lesivas a los derechos fundamentales y garantías constitucionales*. Estas facultades fueron introducidas en la actual Constitución Política del Estado, en mérito al reconocimiento expreso a los derechos de los pueblos indígenas originario campesinos, a la igualdad jerárquica de sistemas jurídicos y jurisdicciones; pero además debe considerarse que la Ley Fundamental fue el resultado de un proceso dialógico en el que intervinieron los diferentes sectores de la población boliviana y, claro está, también las naciones y pueblos indígena originario campesinos, que tuvieron un rol protagónico para la consolidación del Estado Plurinacional. Conforme a ello, el Tribunal Constitucional Plurinacional, ejerce el control de constitucionalidad de manera plural en tres dimensiones:

> *1) Control del respeto a los derechos fundamentales y garantías constitucionales o ámbito tutelar:* A través de éste se verifican si las autoridades, funcionarios públicos o particulares, amenazaron con lesionar o lesionaron los derechos fundamentales y garantías constitucionales. Este control comprende a las *acciones de defensa*: de libertad, de amparo constitucional, de protección a la privacidad, de cumplimiento y popular. También se encuentra dentro de este ámbito de control el *recurso contra resoluciones de la asamblea legislativa plurinacional*, que afecten a uno o más derechos; sin embargo, en este caso el recurso se presenta directamente ante el Tribunal Constitucional Plurinacional.
>
> *2) Control de competencias:* Dentro de este ámbito de protección, el Tribunal Constitucional Plurinacional conocerá: a) Los conflictos de competencias y atribuciones entre órganos del poder público; b) Los conflictos de competencias entre el gobierno plurinacional, las entidades territoriales autónomas y descentralizadas y entre éstas; c) El recurso directo de nulidad; y, d) Los conflictos de competencia entre la jurisdicción indígena originaria campesina y la jurisdicción ordinaria y agroambiental.
>
> *3) Control normativo de constitucionalidad:* por el cual se verifican las condiciones de validez formal y material de las normas jurídicas con las disposiciones constitucionales y de las normas que conforman el bloque de constitucionalidad. El control normativo de constitucionalidad es ejercido a través de diferentes acciones, siendo una de ellas la *acción de inconstitucionalidad*, que puede asumir la forma abstracta o concreta (Cfr. Sentencia Constitucional Plurinacional N° 0300/2012, de fecha 18 de junio de 2012).

Cabe agregar, por otro lado, que las Sentencias Constitucionales Plurinacionales N° 1227/2012 y N° 2143/2012, entre otras, establecieron con claridad que *el Estado Plurinacional de Bolivia, adoptó a partir de la aprobación de la Constitución Política del Estado del año 2009, un sistema jurisdiccional plural y concentrado de control de constitucionalidad.*

En efecto, de manera detallada, la Sentencia Constitucional Plurinacional N° 2143/2012, de 8 de noviembre, para establecer el sistema de control de constitucionalidad imperante, desarrolló, las características tanto del sistema de control político de constitucionalidad como del sistema jurisdiccional de control de constitucionalidad. El citado entendimiento señaló, que *a partir de la reforma constitucional de 1994, Bolivia adoptó un sistema preeminentemente concentrado de control de constitucionalidad en manos del Tribunal Constitucional*, el cual, ejerció roles preventivos y reparadores de control de constitucionalidad, cuyo ejercicio fue desarrollado orgánica y competencialmente por la Ley N° 1836 de 1° de abril de 1998, denominada Ley del Tribunal Constitucional.

Asimismo, la Sentencia Constitucional Plurinacional antes aludida, precisó también que luego de la "reforma constitucional de 2009"(sic), el Estado Plurinacional de Bolivia, adopta un *sistema jurisdiccional concentrado y plural de control de constitucionalidad*, en manos del Tribunal Constitucional Plurinacional, instancia que ejerce sus roles propios del control plural de constitucionalidad a partir de la posesión de sus Magistradas y Magistrados con composición plural y electos por sufragio popular.

En el marco de lo señalado, se establece que el control plural de constitucionalidad, cuya máxima instancia está encomendada al Tribunal Constitucional Plurinacional, ejerce todos los roles jurisprudenciales disciplinados en la parte orgánica de la Constitución, de manera específica en el art. 202.1 de la CPE, concordante con el art. 196.I de la Norma Suprema; por tanto, al existir una instancia imparcial, independiente y especializada en justicia plural constitucionalidad, se colige que *en el Estado Plurinacional de Bolivia, impera un sistema jurisdiccional plural y concentrado de control de constitucionalidad*, instancia a la cual la función constituyente encomendó tanto el cuidado del bloque de constitucionalidad como el resguardo a los derechos fundamentales, en su faceta de derechos individuales o derechos con incidencia colectiva (Cfr. Sentencia Constitucional Plurinacional N°0778/2014, de fecha 21 de abril de 2014).

Finalmente, cabe agregar que años más tarde se puso en vigencia la Ley N° 1104 de 27 de septiembre de 2018, que tiene por objeto crear Salas Constitucionales dentro de la estructura de los Tribunales Departamentales de Justicia, con dependencia funcional del Tribunal Constitucional Plurinacional; a cuyo efecto, y actuando como *tribunales de garantías constitucionales*, son competentes para conocer y resolver: a) Acción de Libertad; b) Acción de Amparo Constitucional; c) Acción de Protección de Privacidad; d) Acción de Cumplimiento; e) Acción Popular; f) Otras previstas en la Ley N° 254 que aprueba el Código Procesal Constitucional, para jueces y tribunales de garantías, teniendo presente además que: *"Por mandato constitucional, las Acciones de Libertad también podrán ser interpuestas ante jueces y tribunales en materia penal"*. En todo caso, la misma Ley prevé que la tramitación de las Acciones de Defensa ante las Salas Constitucionales, Tribunales o Juzgados competentes, se efectuará conforme al procedimiento establecido en la Constitución Política del Estado y el Código Procesal Constitucional, así como la remisión de los antecedentes al Tribunal Constitucional Plurinacional.

V. EL DESARROLLO EVOLUTIVO DE LA JURISPRUDENCIA CONSTITUCIONAL EN BOLIVIA. HITOS JURISPRUDENCIALES RELEVANTES

A continuación, consideramos necesario brindar un panorama ilustrativo mínimo acerca del desarrollo y la evolución que ha tenido la jurisprudencia constitucional en Bolivia, haciendo énfasis únicamente en algunos de los temas que son relevantes y que resultan verdaderos hitos jurisprudenciales del Tribunal Constitucional Plurinacional, a fin de dar cuenta sobre su enorme labor de defensa, control e interpretación de la Constitución en Bolivia.

1. *El nuevo sistema procesal penal en Bolivia*

Uno de los aportes más trascendentales del Tribunal Constitucional boliviano en su primera época (1999 - 2007), fue el establecimiento de las líneas jurisprudenciales básicas que marcaron el tránsito procesal del modelo *inquisitivo* al modelo *acusatorio*, a través de una interpretación de la Ley procesal penal boliviana, desde y conforme a la Constitución, situándose así como uno de los principales promotores para la consolidación del cambio procesal en nuestro país.

De ahí que, resulta imprescindible hacer referencia a la famosa Sentencia Constitucional N°1036/2002-R, de 29 de agosto (en la cual, el Dr. Willman Durán Ribera(†) como Magistrado relator, interpretó desde la Constitución, la tendencia político criminal del Código de Procedimiento Penal de 1999), que estableció entre sus fundamentos jurídicos, lo siguiente:

> "(...) *la Etapa Preparatoria (...) se halla integrada por tres fases: 1) Actos iniciales; 2) Desarrollo de la etapa preparatoria, y 3) Conclusión de la etapa preparatoria. 1) La primera fase, es decir, los actos iniciales o de la investigación preliminar (arts. 284 y siguientes CPP), comienza con la denuncia, querella o con la noticia fehaciente que reciben las autoridades llamadas por ley (Policía-Fiscalía), sobre la comisión de un delito. 2) La segunda fase, esto es, el desarrollo de la etapa preparatoria, empieza con la imputación formal (arts. 301.1 y 302 CPP), y representa el inicio del proceso penal. Los supuestos 2), 3) y 4), que acoge el art. 301 no hacen al desarrollo de la Etapa Preparatoria, pues son opciones alternativas a la imputación formal. 3) La tercera fase se denomina conclusión de la etapa preparatoria, y está constituida por los 'actos conclusivos', entre los cuales se encuentra la presentación de la acusación por el fiscal al juez o presidente del Tribunal (art. 323 CPP)*".

Sobre la base de esa delimitación de las fases que integran la etapa preparatoria del proceso penal, el Tribunal Constitucional interpretó la norma prevista por el primer párrafo del art. 134 desde y conforme a la Constitución, aplicando los principios de la unidad y la concordancia práctica; en ese orden se debió armonizar la norma interpretada con las normas procesales que están orientadas a resguardar y proteger, de un lado, los derechos y garantías de los imputados; y, de otro, de las víctimas, además de preservar la eficacia de la aplicación efectiva de la coerción penal, de manera tal que se pueda lograr un equilibrio entre la búsqueda de la eficiencia y la salvaguarda de los derechos y garantías, para que el Estado pueda cumplir eficazmente las tareas de defensa social.

Con esas consideraciones, y efectuada la labor hermenéutica, el Tribunal Constitucional concluyó que la solución acorde con el sistema procesal penal y el orden constitucional era que el proceso penal se inicia con el acto procesal por el cual el Juez Cautelar pone en conocimiento del encausado o imputado, la imputación formal presentada por el Ministerio Público; así lo expresó en la Sentencia objeto de análisis: *"De lo anterior se extrae que, aunque la ley no lo diga claramente, el proceso penal se inicia con la imputación formal, a partir de la cual corre el término de los seis meses de duración de la Etapa Preparatoria establecida por el párrafo primero del art. 134 CPP, cuando textualmente dice: 'La etapa preparatoria deberá finalizar en el plazo máximo de seis meses de iniciado el proceso' (...) Queda claro que, razones de 'técnica legislativa' no permitieron que esto quedara explícitamente establecido, sino de manera implícita"*.

En consecuencia, a través de dicha Sentencia Constitucional fundante, el Tribunal Constitucional creó la subregla que define el inicio del proceso penal, extrayéndola de la norma implícita del primer párrafo del artículo 134 del Código de Procedimiento Penal; de manera que creó un precedente obligatorio con el que se definió de manera clara y precisa el inicio del proceso penal y el momento en que se inicia el cómputo del plazo de duración máxima de la etapa preparatoria del juicio oral, poniendo fin a las diversas interpretaciones que se venían realizando de la norma procesal al respecto[16]; asumió una solución que armonizó la finalidad garantista de salvaguarda de los derechos fundamentales del nuevo sistema con la eficacia del ejercicio de la potestad del *ius puniendi* del Estado como defensa social; porque como sostuvo el Tribunal Constitucional, en la citada Sentencia:

> *"De lo expresado, resulta predecible que la aplicación pura de cualquiera de las dos tendencias (se refiere al sistema inquisitivo y al sistema acusatorio), conduce a resultados previsiblemente insatisfactorios. Así, un modelo procesal penal que persiga la eficacia de la aplicación efectiva de la coerción penal en sacrificio de los derechos y garantías que resguardan la libertad y dignidad humana, sólo es concebible en un Estado autoritario. Del mismo modo, un modelo procesal de puras garantías convertiría a los preceptos penales en meras conminaciones abstractas sin posibilidad real de aplicación concreta, dado que la hipertrofia de las garantías neutralizaría la eficacia razonable que todo modelo procesal debe tener.*
>
> *De ahí que la tesis que propugna el equilibrio entre la búsqueda de la eficiencia y la salvaguarda de los derechos y garantías, se constituye en la síntesis que busca cumplir eficazmente las tareas de defensa social, sin abdicar del resguardo de los derechos y garantías del imputado; bajo esta concepción político-criminal han sido configurados los más recientes códigos procesales de nuestro entorno (República Dominicana: 1984, Costa Rica: 1996, Paraguay: 1998 y Bolivia: 1999, entre otros)".*

De la jurisprudencia glosada, es posible concluir en sentido de que la política criminal diseñada por la Constitución, se sustenta básicamente en el equilibrio entre la búsqueda de la eficiencia de la persecución penal y la salvaguarda de los derechos y garantías que la Constitución proclama; por tanto, al ser la Constitución el instrumento jurídico fundamental del país (*parámetro normativo superior que preside la interpretación*), los preceptos procesales descritos por ésta constituyen el marco general básico, tanto para los legisladores como para los operadores jurídicos; consiguientemente, el entendimiento jurisprudencial aludido será la línea rectora que informe la interpretación que se haga sobre el régimen de la detención preventiva y sus medidas sustitutivas, previstas en el Código de procedimiento penal.

No obstante lo señalado, conviene añadir también que la jurisprudencia constitucional reciente ha precisado que si bien la SC 1036/2002-R, desarrolló su razonamiento e interpretación sobre lo establecido en el Código de Procedimiento Penal (arts. 300, 301 y 302 del CPP), sin embargo, no es menos cierto que esta normativa fue modificada a partir de la vigencia de la Ley N° 007 de "Modificaciones al Sistema Normativo Penal", diseñada por el legislador, bajo una nueva coyuntura y política criminal reflejada en la realidad social que atraviesa el país, además, cuando la nueva Ley Fundamental estaba vigente.

---

16 Ciertamente, en la aplicación de las normas procesales glosadas emergieron problemas de interpretación con relación a los siguientes temas: a) el momento en que se considera iniciado el proceso a los fines del cómputo del plazo de duración máxima de la etapa preparatoria (SC 1036/2002-R); b) a partir de qué momento se computa el plazo cuando existe una pluralidad de imputaciones formuladas sucesivamente (SC 173/2003-R); c) oportunidad en que debe presentarse la imputación formal (SC 1036/2002-R), y d) si la extinción se opera de hecho o de derecho (SC 764/2002-R). Estos aspectos, son analizados y explicados con bastante claridad en el trabajo de: (Rivera, 2006). Posteriormente, y complementando el entendimiento sobre los alcances de la etapa preparatoria en el proceso penal, el Dr. Willman Durán Ribera(†) relató la Sentencia Constitucional N° 0760/2003-R, de 4 de junio, en donde estableció algunas precisiones necesarias sobre la remisión física del imputado ante el Juez; sobre las exigencias de fundamentación de la imputación formal; el significado de imputar y los elementos necesarios de una imputación formal; el momento oportuno en que el Fiscal debe realizar dicha imputación formal; los efectos de la imputación formal; y el requisito indispensable de la audiencia en que se dispone la detención preventiva: *la presencia del imputado para garantizar el derecho a la defensa y la vigencia de la inmediación y oralidad que rige el nuevo proceso penal.*

Consiguientemente, nos encontramos con una nueva normativa procesal penal que modifica el término de la investigación preliminar, estableciendo un plazo superior para el efecto, otorgando más tiempo a la Policía Boliviana para que realice las investigaciones preliminares bajo dirección funcional del Fiscal de Materia, razón por la cual, la jurisprudencia que interpretó esta situación, ya no tiene efecto alguno, justamente porque ya fue modificada, correspondiendo en todo caso, considerar los nuevos plazos procesales y si los mismos, se encuentran compatibles con la Constitución y si son razonables para su aplicación.

> *"Consecuentemente, a partir de la vigencia de la Ley 007, el plazo para que el Fiscal presente la imputación formal debe ser entendida, cuando conozca el informe y las diligencias realizadas por la Policía Boliviana, investigación que de ninguna manera puede superar los veinte días; en su caso, noventa días y finalmente en casos complejos previa justificación fundamentada, puede requerirse por un prórroga razonable; aspecto jurídico que debe ser atendido a cabalidad por el Ministerio Publico y los Jueces cautelares de todo el Estado Plurinacional" (Cfr. Sentencia Constitucional Plurinacional N° 1128/2013, de 17 de julio de 2013).*

2. *Amparo constitucional contra sentencias judiciales con aparente calidad de cosa juzgada*

Para comprender la evolución de la jurisprudencia constitucional acerca de los alcances de la protección que brinda el Amparo Constitucional, resulta pertinente recordar las enseñanzas del profesor Dr. Pablo Dermizaky(†)[17], quien en su interesante ensayo sobre: *"Justicia Constitucional y Cosa Juzgada"*, abordaba algunos aspectos referidos a la fuerza normativa de la Constitución, la Justicia Constitucional y su diferencia con la justicia ordinaria, la Justicia Constitucional y los derechos fundamentales, llegando a considerar al Amparo Constitucional como garantía universal para la reparación de los derechos desconocidos, vulnerados o amenazados (mostrando la configuración de esta garantía en la legislación comparada), la Cosa Juzgada Constitucional, y la Seguridad Jurídica; todo ello para finalmente concluir que el Amparo Constitucional –como garantía jurisdiccional universal para la defensa y protección de los derechos fundamentales–, extiende su protección *"contra los actos ilegales o las omisiones indebidas de los funcionarios o particulares* (sin excepción) *que restrinjan, supriman o amenacen restringir o suprimir los derechos y garantías de la persona reconocidos por la Constitución y las leyes"*, y que en consecuencia, no existe *cosa juzgada* en la justicia ordinaria, cuando en el juicio se han vulnerado derechos fundamentales y el debido proceso, porque tales violaciones vician de nulidad absoluta el procedimiento en que se basa la sentencia, en cuyo caso, la cosa juzgada constitucional llega a ser la única definitiva e inmutable (Dermizaky, 2004)[18].

---

17 Ante el sensible fallecimiento del notable constitucionalista Dr. Pablo Dermizaky Peredo (1923-2015), y con el único afán de resaltar la vida, obra y pensamiento de este insigne jurista boliviano, se ha editado un trabajo de investigación, para presentarlo en el ámbito boliviano, bajo el título: "El pensamiento de Pablo Dermizaky y su aporte al desarrollo del constitucionalismo boliviano. (Homenaje Póstumo)"; que se halla publicado en: Revista de la Biblioteca y Archivo Histórico de la Asamblea Legislativa Plurinacional – Fuentes. Año 14, Volumen 9, Número 41. La Paz, Bolivia: Diciembre 2015. p. 17-34; y también ha sido incluido en: Anuario de Estudios Bolivianos, Archivísticos y Bibliográficos – Archivo y Biblioteca Nacionales de Bolivia. Número 21. Sucre, Bolivia: ABNB 2015. p. 635-668.

18 El criterio de la invalidez de la cosa juzgada en caso de vulneración de derechos y/o garantías, fue sostenido desde la primera época de la jurisprudencia del Tribunal Constitucional de Bolivia, al haberse establecido expresamente que aún en aquellos casos en que la decisión judicial (auto o sentencia) se encuentre ejecutoriada (cosa juzgada); si en la tramitación del proceso que dio lugar a la decisión, o en la dictación de la sentencia o resolución misma se evidencia la vulneración de

Bajo esta premisa, es posible deducir que en los albores del control reforzado de constitucionalidad bajo el modelo concentrado en el Tribunal Constitucional, no se aceptaba la posibilidad de la procedencia del antes denominado "recurso" de amparo constitucional contra resoluciones judiciales; sin embargo, a través de la jurisprudencia, este órgano contralor de constitucionalidad, cambió el criterio inicial y a partir de la Sentencia Constitucional N°0111/1999-R de 6 de septiembre, fundó una nueva línea jurisprudencial cuya *ratio decidendi* de forma taxativa señaló: *"Cuando una resolución ilegal y arbitraria, afecta al contenido normal de un derecho fundamental (el de propiedad en este caso), no se puede sustentar su ilegalidad bajo una supuesta "cosa juzgada"; en cuyo caso inexcusablemente se abre el ámbito de protección del amparo constitucional; consagrado por el art. 19 de la Constitución Política del Estado".*

En el mismo sentido se pronunció la Sentencia Constitucional N° 504/01 de 29 de mayo de 2001, en cuyos fundamentos se indicaba lo siguiente: *"resulta imprescindible aclarar que cuando una resolución ilegal afecta al contenido esencial de un derecho fundamental, no se puede sustentar su ilegalidad bajo una supuesta cosa juzgada, en cuyo caso se abre el ámbito de aplicación del Amparo Constitucional"*, pues en criterio del Tribunal Constitucional, los actos o decisiones que de manera ilegal o indebida restrinjan o supriman un derecho fundamental o garantía constitucional están viciados de nulidad. Así también, en la Sentencia Constitucional N° 338/01-R, a tiempo de fundamentar su decisión, el Tribunal señaló que: *"los actos de los recurridos se encuentran viciados de nulidad y atentan contra los derechos del recurrente a la seguridad jurídica, la legítima defensa y al debido proceso, sin que su supuesta ejecutoria impida la tutela de los derechos conculcados".*

Como se puede evidenciar, a partir de la jurisprudencia glosada, de manera uniforme se ha reconocido la procedencia del amparo constitucional frente a decisiones judiciales que vulneren derechos fundamentales; sin embargo, dicho entendimiento ha sido complementado y reconducido a los requisitos y postulados señalados en la Sentencia Constitucional N° 0668/2010-R, de 19 de julio, que entre sus fundamentos jurídicos ha establecido expresamente que la procedencia del recurso de amparo constitucional contra sentencias judiciales, operará siempre y cuando se cumplan los siguientes requisitos específicos:

a) Que el afectado agote todos los mecanismos internos idóneos para el cuestionamiento a decisiones judiciales establecidos por ley, observando de forma precisa la vulneración a los derechos o garantías fundamentales alegados como vulnerados.

b) La vulneración a los derechos o garantías fundamentales denunciadas como vulneradas, no deben ser provocadas ni consentidas por el afectado, ya que la justicia constitucional no puede reparar la negligencia o dejadez de la parte afectada.

Cabe aclarar que estos requisitos establecidos por vía jurisprudencial, deben ser entendidos dentro de las causales de improcedencia del amparo constitucional, disciplinados ahora por el artículo 53 del Código Procesal Constitucional (CPCo).

Como se puede evidenciar, a partir de la jurisprudencia citada, de manera uniforme se ha reconocido la procedencia del amparo constitucional frente a decisiones judiciales que vulneren derechos fundamentales; sin embargo, este entendimiento, ha sido complementado y reconducido a los requisitos y postulados señalados en la Sentencia Constitucional N°0668/2010-R.

---

derechos fundamentales o garantías constitucionales, procede el *Amparo Constitucional* para revisar dichas decisiones o resoluciones, no siendo atendible el argumento de la existencia de cosa juzgada para consumar el acto o hecho ilegal e indebido. Una profundización sobre este tema, puede consultarse en (Rivera, 2003).

Por lo expuesto, en mérito a la línea jurisprudencial expresada supra, se evidencia que frente a decisiones emanadas de la entonces Corte Suprema de Justicia (ahora Tribunal Supremo de Justicia) no existe instancia ulterior, por tanto, corresponde a través del amparo constitucional analizar las vulneraciones a los derechos fundamentales que sean alegadas en un caso concreto.

3. *El bloque de constitucionalidad y su redimensionamiento en la jurisprudencia constitucional*

La Constitución Política del Estado Plurinacional de Bolivia aprobada en fecha 7 de febrero de 2009 (que al presente ha cumplido una década de vigencia), dispone expresamente que: "el bloque de constitucionalidad está integrado por los Tratados y Convenios internacionales en materia de Derechos Humanos y las normas de Derecho Comunitario, ratificados por el país. (...)" (Artículo 410, parágrafo II constitucional).

Éste precepto referido al Bloque de Constitucionalidad, ciertamente constituye una reivindicación de las líneas jurisprudenciales establecidas con bastante anterioridad por la jurisprudencia constitucional[19], dado que el Tribunal Constitucional, en su primera época, en los Fundamentos Jurídicos de la Sentencia Constitucional N° 0045/2006 de 2 de junio, había precisado que la teoría del bloque de constitucionalidad surgió en Francia, extendiéndose luego a los países europeos, siendo asimilada en Latinoamérica; entendiendo que dicha teoría, expone que aquellas normas que no forman parte del texto de la Constitución, pueden formar parte de un conjunto de preceptos que por sus cualidades intrínsecas se deben utilizar para develar la constitucionalidad de una norma legal; así, las jurisdicciones constitucionales agregan, para efectuar el análisis valorativo o comparativo, a su Constitución, normas a las que concede ese *valor supralegal* que las convierte en parámetro de constitucionalidad.

De ahí que, la jurisdicción constitucional boliviana ha concedido al bloque de constitucionalidad un alcance perceptible en la Sentencia Constitucional N° 1420/2004-R, de 6 de septiembre, estableciendo lo siguiente: *"(...) conforme ha establecido este Tribunal Constitucional, a través de su jurisprudencia, los tratados, convenciones o declaraciones internacionales sobre derechos humanos a los que se hubiese adherido o suscrito y ratificado el Estado boliviano forman parte del bloque de constitucionalidad y los derechos consagrados forman parte del catálogo de los derechos fundamentales previstos por la Constitución."* Dicho entendimiento, ratifica lo expresado en la Sentencia Constitucional N° 1662/2003-R, de 17 de noviembre, en la cual el Tribunal Constitucional: *"(...) realizando la interpretación constitucional integradora, en el marco de la cláusula abierta prevista por el art. 35 de la Constitución* (de 1994), *ha establecido que los tratados, las declaraciones y convenciones internacionales en materia de derechos humanos, forman parte del orden jurídico del sistema constitucional boliviano como parte del bloque de constitucionalidad, de manera que dichos instrumentos internacionales tienen carácter normativo y son de aplicación directa, por lo mismo los derechos en ellos consagrados son invocables por las personas y tutelables a través de los recursos de hábeas corpus y amparo constitucional conforme corresponda"*.

---

19 Desde el año 2001, el Tribunal Constitucional de Bolivia, asumiendo una posición de activismo judicial respecto a la protección de los derechos humanos, ha definido que *los tratados, convenciones o pactos internacionales sobre derechos humanos forman parte del bloque de constitucionalidad*, por lo que, los derechos humanos consagrados en dichos instrumentos forman parte del catálogo de derechos fundamentales previsto por la Constitución; de manera que en ese contexto pueden ser invocados por las personas y tutelados por las autoridades (*Cfr.* Sentencias Constitucionales: SC 95/01, SC 1662/2003-R y SC 0102/2003). Cabe anotar, que una primera sistematización de la jurisprudencia constitucional más relevante (en el ámbito tutelar), establecida por el Tribunal Constitucional de Bolivia en sus primeros años de labor jurisdiccional (1999-2002), puede encontrarse en (Durán, 2003).

De la jurisprudencia glosada, se deduce que el bloque de constitucionalidad en Bolivia lo conforman, además del texto de la Constitución, los tratados, las declaraciones y convenciones internacionales en materia de derechos humanos, ratificados por el país; entonces, queda claro que no todo tratado, declaración, convención o instrumento internacional es parte del bloque de constitucionalidad, sino sólo aquellos que habiendo sido previamente ratificados por el Estado boliviano, estén destinados a la promoción, protección y vigencia de los derechos humanos[20], constituyéndose en un parámetro efectivo de constitucionalidad.

Años más tarde, y ampliando los criterios jurisprudenciales precedentemente expuestos respecto a los elementos del Sistema Interamericano de Derechos Humanos que también conforman el Bloque de Constitucionalidad en Bolivia, el Tribunal Constitucional pronunció la **Sentencia Constitucional Nº 110/2010-R, de 10 de mayo**, a través de la cual entendió que los elementos normativos y las decisiones jurisdiccionales que emanen de este sistema no son aislados e independientes del sistema legal interno, dado que la efectividad en cuanto a la protección de los derechos fundamentales, solamente está garantizada en tanto y cuanto el orden interno asuma, en lo referente a su contenido, los alcances y efectos de estas normas y decisiones emergentes del Sistema Interamericano de Protección de Derechos Humanos. En este sentido, el Tribunal sostuvo lo siguiente:

> "*En efecto, la doctrina del bloque de constitucionalidad reconocida por el art. 410 de la CPE, contempla como parte del mismo a los Tratados Internacionales referentes a Derechos Humanos, entre los cuales inequívocamente se encuentra el Pacto de San José de Costa Rica, denominado también Convención Interamericana de Derechos Humanos, ratificado por Bolivia mediante Ley 1599 de 18 de octubre de 1994, norma que por su esencia y temática se encuentra amparada por el principio de supremacía constitucional, postulado a partir del cual, se sustenta el eje estructural de la jerarquía normativa imperante en el Estado Plurinacional de Bolivia.*
>
> *El Pacto de San José de Costa Rica, como norma componente del bloque de constitucionalidad, está constituido por tres partes esenciales, estrictamente vinculadas entre sí: la primera, conformada por el preámbulo, la segunda denominada dogmática y la tercera referente a la parte orgánica. Precisamente, el Capítulo VIII de este instrumento regula a la Corte Interamericana de Derechos Humanos, en consecuencia, siguiendo un criterio de interpretación constitucional "sistémico", debe establecerse que este órgano y por ende las decisiones que de él emanan, forman parte también de este bloque de constitucionalidad (...)*".

Finalmente, el Tribunal concluyó estableciendo en su pronunciamiento, que al ser la Corte Interamericana de Derechos Humanos el último y máximo garante en el plano supranacional del respeto a los Derechos Humanos, el objeto de su competencia y las decisiones que en ejercicio de ella emanan, constituyen piedras angulares para garantizar efectivamente la

---

[20] La citada Sentencia Constitucional Nº 0045/2006, aclaraba que dicha comprensión era posible -en el anterior marco constitucional-, por la cláusula abierta prevista por el artículo 35 de la CPE abrogada, *"ya que tal como la doctrina de otros países de la región concibe, sólo es posible aceptar a las normas internacionales dentro del bloque de constitucionalidad, cuando existe una permisión expresa en la Constitución; así la Sentencia C-401/05, de 14 de abril de 2005, de la Corte Constitucional de Colombia, expresa lo siguiente: "la incorporación de una norma al bloque de constitucionalidad debe tener fundamento expreso en la Carta. Es lo que ocurre con los tratados de derechos humanos, los cuales fueron integrados expresamente por la Constitución al bloque de constitucionalidad al señalar que sus normas prevalecen en el orden interno y al prescribir que los derechos y deberes constitucionales serán interpretados de conformidad con los tratados de derechos humanos ratificados por Colombia (...). Con todo, la Constitución colombiana no señala en ninguna de sus disposiciones que el conjunto de los tratados ratificados por Colombia debe ser tenido en cuenta por la Corte al examinar la constitucionalidad de las leyes. Esto significa, si se sigue el principio que permite identificar la normatividad que conforma el bloque de constitucionalidad, que no todos los tratados internacionales forman parte de él*".

vigencia del "Estado Constitucional", que contemporáneamente se traduce en el "Estado Social y Democrático de Derecho", y que tiene como uno de sus ejes principales, entre otros, precisamente la vigencia de los Derechos Humanos y la existencia de mecanismos eficaces que los hagan valer.

Es por esta razón, que las Sentencias emanadas de la Corte Interamericana de Derechos Humanos (Corte IDH), ahora también forman parte del bloque de constitucionalidad y fundamentan no solamente la actuación de los servidores públicos, sino también subordinan en cuanto a su contenido a toda la normativa infra-constitucional vigente, de acuerdo al siguiente entendimiento:

> "*(...) En el marco del panorama descrito, se colige que inequívocamente las Sentencias emanadas de la CIDH, por su naturaleza y efectos, no se encuentran por debajo ni de la Constitución Política del Estado tampoco de las normas jurídicas infra-constitucionales, sino por el contrario, forman parte del bloque de constitucionalidad y a partir del alcance del principio de supremacía constitucional que alcanza a las normas que integran este bloque, son fundamentadoras e informadoras de todo el orden jurídico interno, debiendo el mismo adecuarse plenamente a su contenido para consagrar así la vigencia plena del 'Estado Constitucional' enmarcado en la operatividad del Sistema Interamericano de Protección a Derechos Humanos". (Cfr. Sentencia Constitucional N° 110/2010-R, de fecha 10 de mayo de 2010)*[21].

Posteriormente, la Sentencia Constitucional Plurinacional N° 1227/2012, de fecha 7 de septiembre de 2012, a la luz de la Constitución Axiomática y en el marco de los principios de pluralismo e interculturalidad, como elementos de construcción estructural del Estado, llegó a considerar que era imperante realizar un redimensionamiento y una interpretación extensiva del bloque de constitucionalidad disciplinado por el art. 410.II de la Constitución:

> *"por tanto, para una real materialización de la Constitución Axiomática, se tiene que este bloque, amparado por el principio de supremacía constitucional, estará conformado por los siguientes compartimentos: i) Por la Constitución como texto escrito; ii) Los tratados internacionales vinculados a Derechos Humanos; iii) las normas de derecho comunitario ratificadas por el país; y, iv) En una interpretación sistémica, extensiva y acorde con el valor*

---

21 Con bastante anticipación a este entendimiento, el anterior Tribunal Constitucional ya había dejado establecido que la jurisprudencia emanada de la Corte Interamericana de Derechos Humanos tiene fuerza vinculante para el Estado boliviano y sus autoridades; así, en la Sentencia Constitucional N° 0491/2003-R, de 15 de abril, a tiempo de resolver una problemática referida a la vulneración del derecho al juez natural, señaló lo siguiente: "uno de los elementos esenciales de la garantía del debido proceso es el derecho al juez natural competente, independiente e imparcial; debiendo entenderse por Juez competente aquel que de acuerdo a las normas jurídicas previamente establecidas, conforme criterios de territorio, materia y cuantía, es el llamado para conocer y resolver una controversia judicial; Juez independiente aquel que, como se tiene referido, resuelve la controversia exenta de toda injerencia o intromisión de otras autoridades o poderes del Estado; y Juez imparcial aquel que decida la controversia judicial sometida a su conocimiento exento de todo interés o relación personal con el problema, manteniendo una posición objetiva al momento de adoptar su decisión y emitir la resolución. El cumplimiento de estos requisitos que hacen al juez natural permite garantizar la correcta determinación de los derechos y obligaciones de las personas; de ahí que la Corte Interamericana de Derechos Humanos, cuya jurisprudencia es vinculante para la jurisdicción interna, en su Sentencia de 31 de enero de 2001 (Caso Tribunal Constitucional del Perú, párrafo 77), ha establecido que 'toda persona sujeta a juicio de cualquier naturaleza ante un órgano del Estado deberá contar con la garantía de que dicho órgano sea competente, independiente e imparcial' (…)". De la misma forma se procedió, al momento de evaluar la constitucionalidad de una disposición legal, cuando a tiempo de analizar el principio de igualdad jurídica, la Sentencia Constitucional N° 0058/2003, de 25 de junio, estableció entre sus fundamentos jurídicos lo siguiente: "La noción de igualdad se desprende directamente de la unidad de naturaleza del género humano y es inseparable de la dignidad esencial de la persona, como reconoce la Opinión Consultiva 4/84 de 19 de enero de 1984 de la Corte Interamericana de Justicia. (…)".

axiomático de la Constitución, se establece además que el Bloque de Constitucionalidad, debe estar conformado por un compartimento adicional: los principios y valores plurales supremos inferidos del carácter intercultural y del pluralismo axiomático contemplado en el orden constitucional imperante.

Ahora bien, en este estado de cosas, de acuerdo a los compartimentos antes referidos, corresponde precisar que este bloque de constitucionalidad es directamente aplicable en cuanto a la parte dogmática de la Constitución, los derechos humanos insertos en Tratados Internacionales y los principios plurales supremos; empero, la parte orgánica de la Constitución, comprendida como elemento del bloque de constitucionalidad, no es directamente aplicable, sino que para su materialización, se necesitan leyes orgánicas de desarrollo".

En el mismo sentido, y sobre los elementos que forman parte del bloque de constitucionalidad, la **Sentencia Constitucional Plurinacional (SCP) 0137/2013 de 5 de febrero**, precisó que el bloque de constitucionalidad se encuentra disciplinado por el art. 410.II de la CPE, y al respecto estableció de manera expresa, lo siguiente:

"En el marco de una pauta exegética o gramatical de interpretación constitucional, se tiene que el bloque de constitucionalidad imperante en el Estado Plurinacional de Bolivia, está compuesto por los siguientes compartimentos: **i)** La Constitución Política del Estado como norma positiva; **ii)** Los tratados internacionales referentes a derechos humanos; y, **iii)** Las normas comunitarias; sin embargo, en el marco de una interpretación progresiva, acorde al principio de unidad constitucional y enmarcada en las directrices principistas del Estado Plurinacional de Bolivia, en mérito de las cuales, se estructura la concepción de la Constitución axiomática, descrita en el Fundamento Jurídico III.1 de la presente Sentencia Constitucional Plurinacional, debe establecerse, además, que los valores plurales supremos del Estado Plurinacional de Bolivia, como ser el vivir bien, la solidaridad, la justicia, la igualdad material entre otros, forman parte del bloque de constitucionalidad en un componente adicional, el cual se encuentra amparado también por el principio de supremacía constitucional.

De igual manera, es imperante precisar que de acuerdo a la SC 0110/2010-R de 10 de mayo, en mérito a una labor hermenéutica armónica con los roles del Sistema Interamericano de Protección de Derechos Humanos, deben también ser incorporados al bloque de constitucionalidad, todas las sentencias, opiniones consultivas y demás decisiones emergentes del referido sistema protectivo supranacional de derechos humanos, conclusión interpretativa que ya fue asumida por el Tribunal Constitucional Plurinacional[22].

Por lo expuesto, se colige que la interpretación del bloque de constitucionalidad, en una concepción extensiva y en armonía con los mandatos constitucionales establecidos en el art. 13.IV y 256.I y II de la CPE, en tópicos vinculados a derechos humanos, comprende además la pauta de interpretación 'desde y conforme al bloque de convencionalidad', razón por la cual, en mérito a una interpretación progresiva, los derechos amparados por el principio de supremacía constitucional, están integrados por los expresamente disciplinados en el texto constitucional y todos aquellos reconocidos por el bloque de convencionalidad, en el ámbito de una aplicación siem-

[22] Este entendimiento interpretativo, fue asumido previamente en la Sentencia Constitucional Plurinacional 0003/2013, de 3 de enero, que entre sus fundamentos jurídicos desarrolla los siguientes ejes temáticos: **a)** El modelo de Estado asumido a partir de la reforma constitucional de 2009; **b)** Los alcances del bloque de constitucionalidad y la interpretación conforme al bloque de convencionalidad; **c)** El *ne bis in ídem* en el bloque de constitucionalidad y su triple dimensionamiento constitucional; **d)** El principio del *ne bis in ídem* y la determinación de su "contenido esencial"; **e)** El contenido esencial del principio *ne bis in ídem* en su componente material; **f)** La irradiación del contenido esencial del principio *ne bis in ídem* en su faceta material al ejercicio de la función legislativa; y, **g)** El test de constitucionalidad y la activación del control normativo de constitucionalidad, a cuyo efecto se desarrollarán los siguientes aspectos: **1)** La descomposición de los elementos fáctico-normativos del art. 28.I.num. 2) de la Ley 060; y, **2)** La interpretación "desde y conforme al bloque de constitucionalidad y al bloque de convencionalidad del art. 28.I.2 de la Ley 060.

pre guiada a la luz del principio de favorabilidad. En este orden, debe precisarse que el bloque de convencionalidad está compuesto por todos los instrumentos supranacionales vinculados a derechos humanos, cuyo origen sea el Sistema Universal de Protección de Derechos Humanos o el Sistema Interamericano de Protección de Derechos Humanos.

De acuerdo a lo señalado, es pertinente precisar que en virtud a estos componentes del bloque de constitucionalidad, opera el fenómeno de constitucionalización del ordenamiento jurídico[23], es decir, la irradiación de contenido en toda la vida social, por tanto, los derechos fundamentales insertos en el bloque de constitucionalidad, que se configuran como límites objetivos al ejercicio de la potestad administrativa sancionatoria, serán desarrollados en esta perspectiva, es decir, a partir de la delimitación de su contenido esencial inferido del bloque de constitucionalidad imperante, el cual, como ya se dijo, integra también al bloque de convencionalidad en el marco del principio de favorabilidad" (énfasis añadido por la Sentencia Constitucional Plurinacional 0577/2022-S2, de 22 de junio)[24].

---

23 El proceso de constitucionalización del ordenamiento jurídico, que según Guastini consiste en "un proceso de transformación de un ordenamiento al término del cual el ordenamiento en cuestión resulta totalmente 'impregnado' por las normas constitucionales"; requiere a su vez de la concurrencia de varias condiciones, entre las que se pueden mencionar: 1) La existencia de una Constitución rígida que consigna principios constitucionales que no pueden ser modificados en modo alguno, ni siquiera mediante el procedimiento de revisión constitucional; 2) La garantía jurisdiccional de la Constitución, que posibilite el control de la compatibilidad de las leyes con la Ley Fundamental del Estado; 3) La fuerza vinculante de la Constitución, lo que supone que las normas de la Constitución regulan directamente las relaciones entre el Estado y los ciudadanos, pues son normas jurídicas genuinas, vinculantes y susceptibles de producir efectos jurídicos; 4) La sobreinterpretación de la Constitución, lo que significa que las normas de la Constitución deben ser interpretadas de manera extensiva, extrayendo normas implícitas a la luz de los valores supremos y principios fundamentales, para regular cualquier aspecto de la vida social y política; 5) La aplicación directa de las normas constitucionales, para moldear las relaciones sociales, lo que implica que las normas de la Constitución deben y tienen que ser aplicadas directamente, previa interpretación, para resolver los conflictos o controversias entre los particulares o de éstos con el Estado; 6) La interpretación conforme de las leyes, lo que supone que las disposiciones legales ordinarias deben ser adecuadas, armonizadas y compatibilizadas con la Constitución mediante la interpretación, eligiendo aquel significado normativo del enunciado dispositivo que evite toda contradicción de la Ley con la Constitución; y 7) La influencia de la Constitución sobre las relaciones políticas, lo que supone que las relaciones políticas emergentes del ejercicio del poder del Estado deben subordinarse a la Constitución; lo que implica la judicialización de las cuestiones políticas a través del control jurisdiccional del ejercicio del poder político para resguardar la distribución de funciones y competencias efectuada por la Constitución (Rivera, 2012).

24 La referida Sentencia, ha precisado que el bloque de constitucionalidad "está constituido por las normas e instrumentos internacionales sobre derechos humanos y la propia Constitución Política del Estado, siendo establecido en la jurisprudencia constitucional (SC 1662/2003-R de 17 de noviembre); y actualmente, se encuentra expresado en el art. 410.II de la Norma Suprema. La Constitución Política del Estado y las normas del bloque de constitucionalidad constituyen una unidad que fundamenta el sistema jurídico boliviano y que no pueden ser separadas al momento de realizar el control de constitucionalidad. Además, la SC 0061/2010-R de 27 de abril, sostuvo que las reglas, principios y directrices de derechos humanos emitidas por el sistema universal forman parte del bloque de constitucionalidad, más tarde, la SC 0110/2010-R de 10 de mayo, al interpretar el citado precepto constitucional, estableció que también son parte de dicho bloque no solamente los tratados internacionales referentes a derechos humanos, sino también la interpretación que sobre los mismos a efectuado la Corte IDH; entendimiento que debe ser extendido también al Sistema Universal de Derechos Humanos, a partir del principio de favorabilidad contenido en el art. 256 de la CPE". La importancia de esta Sentencia Constitucional, radica en que sobre la base de los fundamentos expuestos en la Opinión Consultiva OC-24/17 de 24 de noviembre de 2017, emitida por la Corte IDH, el TCP dispuso dejar sin efecto una Resolución del Servicio de Registro Cívico (SERECI), que confirmaba la decisión de dicha entidad, de rechazar la solicitud de registro de

En resumen, y conforme se ha detallado en la Declaración Constitucional Plurinacional Nº 0003/2013 de fecha 25 de abril de 2013, el bloque de constitucionalidad imperante en el Estado Plurinacional de Bolivia, está compuesto por los siguientes compartimentos: 1) La Constitución como norma positiva; 2) Los tratados internacionales referentes a Derechos Humanos; y 3) Las Normas Comunitarias; sin embargo, en el marco de una interpretación progresiva, acorde al principio de unidad constitucional y enmarcada en las directrices principistas del Estado Plurinacional de Bolivia, debe establecerse además que los valores plurales supremos del Estado Plurinacional de Bolivia, como ser *el vivir bien, la solidaridad, la justicia, la igualdad material*, entre otros, forman parte del bloque de constitucionalidad en un componente adicional, el cual se encuentra amparado también por el Principio de Supremacía Constitucional.

Conforme a lo expuesto, se puede inferir que la jurisprudencia constitucional ha realizado un redimensionamiento del bloque de constitucionalidad y del Estado Constitucional de Derecho a la luz del pluralismo y la interculturalidad, dado que la inserción en el Bloque de Constitucionalidad de valores plurales y principios supremos rectores del orden constitucional, tiene una relevancia esencial, ya que merced al principio de supremacía constitucional aplicable al bloque de constitucionalidad boliviano, operará el fenómeno de *constitucionalización*, no solamente en relación a normas supremas de carácter positivo, sino también en relación a valores y principios supremos rectores del orden constitucional, aspecto, que en definitiva consolidará el carácter axiomático de la Constitución Política del Estado aprobada en 2009.

En este redimensionamiento del bloque de constitucionalidad y del Estado Constitucional de Derecho, se colige que a la luz del vivir bien, la justicia y la igualdad como principios y valores plurales supremos que forman parte del bloque de constitucionalidad imperante, irradiarán de contenido todos los actos de la vida social, consagrando así los postulados propios del Estado Constitucional de Derecho (Cfr. SCP 0683/2013, de 3 de junio; línea jurisprudencial reiterada posteriormente en la SCP 0782/2014, de 21 de abril)[25].

---

unión libre a personas del mismo sexo. Asimismo, ha exhortado a la Asamblea Legislativa Plurinacional, a que adecúe la norma interna que regula los derechos de personas LGBTI, a los estándares de protección establecidos en los instrumentos internacionales sobre Derechos Humanos ratificados por el Estado Plurinacional de Bolivia.

25 "En el marco de lo señalado –agrega la citada Sentencia–, a la luz del Estado Constitucional de Derecho, el resguardo del bloque de constitucionalidad, el cual reconoce y garantiza un catálogo de derechos fundamentales, entre los cuales se encuentran el derecho a la libertad y al debido proceso, cuya tutela ha sido encomendada por la función constituyente al Control Plural de Constitucionalidad en su brazo tutelar, rol que en última instancia lo ejerce el Tribunal Constitucional Plurinacional de Bolivia. En efecto, el Estado Constitucional de Derecho, sustenta entre sus pilares esenciales el respeto a los derechos fundamentales, los cuales, en esta nueva concepción, tal cual manda el art. 109.1, concordante con el art. 13.III de la Constitución, son iguales en jerarquía y además directamente aplicables y justiciables. En este orden, un mecanismo de directa justiciabilidad del derecho a la libertad física y el derecho al debido proceso cuando esté vinculado con ella, es la Acción de Libertad disciplinada expresamente por el art. 125 de la CPE (…). En el contexto descrito, la Acción de Libertad, se configura como una verdadera garantía jurisdiccional destinada a través de procedimientos rápidos, oportunos y guiados por el principio de informalismo, a resguardar derechos fundamentales vinculados con los presupuestos taxativamente descritos en el art. 125 de la CPE; quedando también claramente establecido que, el debido proceso es objeto de tutela vía acción de libertad -en el proceso penal- aun los hechos denunciados no se encuentren vinculadas directamente con el derecho a la libertad." (el subrayado corresponde a la SCP 0782/2014, de 21 de abril).

En definitiva, y en una interpretación sistemática, extensiva y acorde con el valor axiomático de la Constitución desarrollado por la jurisprudencia constitucional, es posible concluir que el bloque de constitucionalidad imperante en el Estado Plurinacional de Bolivia, actualmente está compuesto –de manera enunciativa y no limitativa– por los siguientes elementos:

> **i)** La Constitución como norma jurídica; **ii)** Los tratados y convenciones internacionales destinados a la protección de los Derechos Humanos; **iii)** Las normas de Derecho Comunitario ratificadas por el país; **iv)** Las sentencias y opiniones consultivas emitidas por la Corte Interamericana de Derechos Humanos como máximo garante del respeto a los derechos humanos en el plano supranacional; y, **v)** Los principios y valores plurales supremos inferidos del carácter intercultural y del pluralismo axiomático contemplado en el orden constitucional (Vargas, 2018).

En consecuencia, considerando que las Sentencias emitidas en los casos contenciosos que conoce la Corte Interamericana de Derechos Humanos forman parte de nuestro bloque de constitucionalidad, y en mérito a que el ejercicio del control de convencionalidad supone utilizar los pronunciamientos que emite dicha instancia supranacional en ejercicio de su competencia consultiva –como un instrumento efectivo para la protección eficaz de los derechos fundamentales a nivel interno–, ello significa indudablemente que *tanto las Sentencias como las Opiniones Consultivas de la Corte IDH, son vinculantes y de cumplimiento obligatorio para todas las autoridades públicas del Estado Plurinacional de Bolivia, así como para todos los habitantes del país*, en virtud del principio de supremacía constitucional, y la fuerza normativa de la Constitución boliviana que impone el criterio de aplicación preferente de los instrumentos internacionales sobre derechos humanos, lo cual incluye al *corpus juris* interamericano.

4. *La doctrina de la aplicación del estándar más alto de protección de la jurisprudencia constitucional*[26]

La expresión *"estándar más alto de la jurisprudencia constitucional"*, pretende resaltar aquélla o aquéllas decisiones del Tribunal Constitucional que hubieran resuelto un problema jurídico recurrente y uniforme, pero de manera progresiva a través de una interpretación que tiende a efectivizar y materializar de mejor manera los derechos fundamentales y garantías constitucionales previstas en la Constitución y en los Tratados Internacionales de Derechos Humanos que forman parte del bloque de constitucionalidad. El método de identificación del estándar más alto en la jurisprudencia constitucional, es a través de un examen o análisis integral de la línea jurisprudencial, de tal forma que el precedente constitucional en vigor se constituirá en aquél que resulte de dicha comparación.

Sobre el análisis dinámico de la jurisprudencia constitucional a través de las líneas jurisprudenciales, la Sentencia Constitucional Plurinacional N° 0846/2012 de 20 de agosto, estableció que:

> *"No es suficiente la identificación del precedente constitucional, a través del análisis estático de la jurisprudencia, se debe analizar la jurisprudencia constitucional también a través de un análisis dinámico, es decir, se debe apreciar de manera sistemática el desarrollo de la jurisprudencia, para ubicar el precedente constitucional en vigor en la línea jurisprudencial. Las líneas jurisprudenciales, son la técnica para hacer el análisis dinámico de la jurispru-*

---

26 Este acápite, corresponde al principal fundamento jurídico expuesto en la Sentencia Constitucional Plurinacional N° 2233/2013, de 16 de diciembre de 2013, cuya parte resolutiva dispuso además lo siguiente: *"Por Secretaría General se proceda a remitir copias de la presente Sentencia Constitucional a todos los Tribunales Departamentales de Justicia, a efecto de que se comunique a todos los jueces y tribunales de garantías, para que se aplique en las acciones que son de su conocimiento el estándar más alto a fin de tutelar derechos fundamentales"*.

dencia constitucional. Son las respuestas o soluciones que la jurisprudencia ha dado a determinado problema jurídico, está conformada por un conjunto de sentencias que abordaron determinada temática.

La jurisprudencia constitucional al ser en esencia evolutiva, se van modulando, ya sea extendiendo, o en su caso, restringiendo sus alcances, de ahí que es preciso hacer un recorrido entre las sentencias básicas o creadoras de líneas, sentencias moduladoras de líneas, sentencias confirmadoras o reiteradoras de línea, sentencias mutadoras o cambiadoras de línea y sentencias reconductoras de línea, porque sólo con este análisis dinámico de las sentencias que conforman la línea jurisprudencia se identifica el precedente constitucional en vigor".

En este sentido, el uso del estándar más alto de la jurisprudencia constitucional al menos tiene dos consecuencias prácticas:

i) Provoca que un juez o tribunal en caso de contar con dos sentencias constitucionales contradictorias elija de acuerdo a las particularidades de cada caso el entendimiento que tutele de manera más adecuada los derechos fundamentales que llega a ser el estándar más alto.

ii) Asimismo, de existir diversos entendimientos jurisprudenciales no antagónicos sino progresivos los mismos deben armonizarse para la resolución más adecuada del caso en atención a los derechos fundamentales obteniéndose –vía integración de jurisprudencia– el estándar más alto.

Este entendimiento tiene su fundamento en lo establecido por los arts. 13.IV y 256 de la CPE, que configuran la obligación de interpretación más favorable en materia de Derechos Humanos, teniendo como parámetros las cláusulas de interpretación contenidas en los Tratados y Convenios Internacionales sobre la materia, entre ellas, el principio *pro homine*, que establece que el juzgador debe aplicar aquellas normas y criterios de interpretación que resulten más favorables al respeto y goce de los derechos constitucionales de las personas.

A. *La fuerza vinculante del precedente constitucional con relación al estándar jurisprudencial más alto*

El Tribunal Constitucional Plurinacional, a través de la **SCP 0120/2020-S1** de 22 de julio -entre otras-, precedida por el **Voto Aclaratorio a la SCP 0040/2018-S2** de 6 de marzo, desarrolló el siguiente entendimiento:

El art. 196.I de la Constitución Política del Estado (CPE) establece que: "El Tribunal Constitucional Plurinacional vela por la supremacía de la Constitución, ejerce el control de constitucionalidad, y precautela el respeto y la vigencia de los derechos y las garantías constitucionales"; conforme a ello, una de las funciones que tiene mayor incidencia sobre los ciudadanos, es la tutela vinculada a la protección de los derechos fundamentales y garantías constitucionales a través de la resolución de las acciones de defensa; por ende, este Tribunal está obligado a maximizar el acceso a la justicia constitucional, efectuando una interpretación favorable de las causales de procedencia de las diferentes acciones tutelares, a partir de las normas constitucionales previstas en los arts. 13 y 256 de la CPE, que exigen que, entre varias interpretaciones o normas jurídicas aplicables a un caso concreto, se debe elegir aquella que resulte más favorable al derecho o garantía constitucional.

Este criterio de interpretación está contenido en el art. 2 del Código Procesal Constitucional (CPCo), que reitera los criterios de interpretación que deben ser utilizados por el Tribunal Constitucional Plurinacional en su labor jurisdiccional descritos en el art. 196.II de la CPE, referidos a la voluntad del constituyente, de acuerdo a sus actas y resoluciones -interpretación histórica- al tenor literal del texto de la Constitución Política del Estado -interpretación gramatical-; haciendo además referencia a otros criterios, como la aplicación de la interpretación sistemática de la Norma Suprema; y, de la interpretación según los fines establecidos en los principios constitucionales -interpretación teleológica-.

El art. 2.II.2 del CPCo reitera los criterios específicos de interpretación de los derechos humanos que están señalados expresamente en los arts. 13 y 256 de la CPE, conforme quedó indicado precedentemente; así, establece que el Tribunal Constitucional Plurinacional podrá aplicar:

Los derechos reconocidos en la Constitución Política del Estado, de acuerdo con los Tratados y Convenios Internacionales de Derechos Humanos ratificados por el país, cuando éstos prevean normas más favorables. En caso de que esos tratados declaren derechos no contemplados en la Constitución Política del Estado se considerarán como parte del ordenamiento constitucional.

Por otra parte, el art. 3.5 del citado cuerpo legal, hace referencia a los principios procesales de la justicia constitucional, entre los que se encuentra el **principio de no formalismo**, por el cual "…sólo podrán exigirse aquellas formalidades estrictamente necesarias para la consecución de los fines del proceso"; siendo los fines del proceso, en armonía con las funciones del Tribunal Constitucional Plurinacional que fueron detalladas en el art. 196 de la CPE, antes referido, precautelar el respeto y vigencia de los derechos fundamentales y de las garantías constitucionales; consecuentemente, haciendo efectivos los principios constitucionales, procesales y la finalidad de la justicia constitucional, corresponde que este Tribunal propugne una protección efectiva de los derechos y garantías, exigiendo las mínimas formalidades para impartir una justicia constitucional pronta, efectiva y sin obstáculos, que respondan a las necesidades de la o el ciudadano.

Lo anotado cobra mayor relevancia en las acciones de libertad, que dada su naturaleza jurídica, tienen entre sus características al informalismo, que supone la carencia de requisitos formales para su interposición y se manifiesta en la posibilidad de presentar esta acción de manera escrita u oral, sin requerir de la concurrencia de un abogado; la permisión de interponerla a nombre de otra persona, sin necesidad de mandato; la posibilidad de proteger hechos conexos no expresamente denunciados; y, de salvar los aspectos de derecho que fueron omitidos por la o el accionante, entre otros aspectos, conforme lo establece reiteradamente la propia jurisprudencia constitucional[27].

Ahora bien, el Tribunal Constitucional Plurinacional, en el marco de los principios de favorabilidad y progresividad, pronunció las Sentencias Constitucionales Plurinacionales 2233/2013 de 16 de diciembre y 0087/2014-S3 de 27 de octubre, en las que se estableció que el precedente constitucional en vigor o vigente, resulta aquél que acoja el estándar más alto de protección del derecho fundamental o garantía constitucional invocada, esto es, aquella decisión que hubiera resuelto un problema jurídico de manera más progresiva, a través de una interpretación que tienda a efectivizar y materializar de mejor manera los derechos fundamentales y garantías constitucionales previstas en la Constitución Política del Estado y en los Tratados Internacionales de Derechos Humanos que forman parte del bloque de constitucionalidad; estándar, que se escoge después del examen o análisis integral de la línea jurisprudencial, ya no solamente a partir del criterio temporal de las sentencias constitucionales -si fue anterior o posterior- que hubiere cambiado, modulado o reconducido un determinado entendimiento jurisprudencial, sino sobre todo, aquél que sea exponente del estándar más alto de protección del derecho.

Consiguientemente, a partir de las Sentencias anotadas, el Tribunal Constitucional Plurinacional está obligado a elegir los precedentes que contengan el estándar jurisprudencial más alto en los diferentes temas que analice, vinculados a derechos fundamentales o garantías constitucionales. Así, tratándose de acciones de libertad en las que se denuncie un supuesto procesamiento indebido, corresponde la aplicación **del entendimiento más favorable para el acceso a la justicia constitucional** desarrollado por este Tribunal.

V.4.2. El estándar jurisprudencial más alto en cuanto al derecho al debido proceso y su protección vía acción de libertad

---

27 La línea jurisprudencial sobre el principio de informalismo que rige a la acción de libertad, desarrollada en diferentes tópicos, puede ser encontrada en la sistematización de la jurisprudencial 2012-2015, efectuada por el Tribunal Constitucional Plurinacional; disponible en: https://jurisprudencia.tcpbolivia.bo/Fichas/fichaResultado/3954

El Tribunal Constitucional Plurinacional a través del **Voto Aclaratorio de la SCP 0040/2018-S2 de 6 de marzo y Voto Disidente de la SCP 0204/2018-S2 de 22 de mayo**, cuyos entendimientos fueron consolidados en las **SSCCPP 0490/2019-S2 de 9 de julio y 0306/2020-S1 de 12 de agosto** -entre otras-, desarrolló el siguiente razonamiento:

El debido proceso es una garantía procesal que busca confirmar la legalidad y correcta aplicación de las leyes dentro de un marco de respeto mínimo a la dignidad humana, a los derechos y garantías constitucionales, dentro de cualquier tipo de proceso, entendido éste como "...aquella actividad compleja, progresiva y metódica, que se realiza de acuerdo con reglas preestablecidas, cuyo resultado será el dictado de la norma individual de conducta (sentencia), con la finalidad de declarar el derecho material aplicable al caso concret*o...*"[28].

En el proceso penal, que es el medio por el cual se investigan hechos delictivos -para garantizar el resultado del mismo y su acervo probatorio-, se permite establecer algunas restricciones a la libertad del procesado, dentro de ciertos límites previamente establecidos por la ley y sobre la base del principio de proporcionalidad, teniendo siempre en cuenta, el respeto del derecho a la libertad a partir del principio de presunción de inocencia. Ello justificó que se hayan establecido, para el proceso penal, una serie de garantías más amplias que para otro tipo de procesos en los que por su propia naturaleza, no le serían aplicables.

En ese sentido, el tratamiento que la Convención Americana sobre Derechos Humanos le da al debido proceso, está contemplado fundamentalmente en su art. 8, que desarrolla algunos principios del debido proceso penal asumidos por los sistemas penales y procesales penales actualmente en vigencia. Dichos principios apuntan hacia un garantismo del ciudadano frente a un poder casi ilimitado y más fuerte que él, el del Estado que realiza la función de investigar los actos que afectan la normal y armónica convivencia social. Siendo por ello, necesaria la existencia de un justo equilibrio entre el ciudadano y el Estado, donde las garantías procesales adquieran sentido y actualidad, al evitar la arbitrariedad e inseguridad que provocaría en la sociedad una carencia de reglas en la investigación policial y judicial, en las que queden de lado los intereses del individuo para proteger el interés general de la averiguación de la verdad real y el éxito de la administración de justicia.

Existe una estrecha relación entre los derechos humanos y el proceso penal que se genera en la propia naturaleza de este tipo de proceso, donde se compromete la libertad personal del imputado. Como aspectos generales, el derecho de defensa en materia penal, debe ser no solo formal, sino también material; es decir, ejercido de hecho, plena y eficazmente, lo cual implica además, el derecho de hacer uso de todos los recursos legales o razonables de defensa, sin exponerse a sanción ni censura algunas, por ese ejercicio.

Las exigencias del principio del debido proceso se extreman en el campo del proceso penal, en el cual se manifiestan, entre otros, los principios de legalidad, de juez natural, de inocencia, *in dubio pro reo*, de doble instancia y los derechos de defensa en sí, a una sentencia justa, a la cosa juzgada, a la valoración razonable de la prueba, a la fundamentación de las resoluciones, etc.

Ahora bien, ante la lesión de los elementos que componen la garantía del debido proceso, es posible acudir a la justicia constitucional, a través de las acciones de defensa, denunciando el acto ilegal lesivo de dicha garantía; sin embargo, respecto a qué acción de defensa es la idónea para su tutela, no existe unanimidad de criterios en la jurisprudencia constitucional, en especial en cuanto a su protección a través de la acción de libertad.

Efectivamente, sobre la protección del debido proceso vía acción de libertad, cabe mencionar como antecedente a la SC 0024/2001-R de 16 de enero[29], la cual estableció que la protección

---

28 Rodríguez Rescia, Víctor Manuel, *El Debido Proceso Legal y la Convención Americana Sobre Derechos Humanos.* Recuperado desde: http://www.corteidh.or.cr/tablas/a17762.pdf

29 El último Considerando, señala: "Que la protección que brinda el art. 18 de la Constitución Política en cuanto al debido proceso se refiere, no abarca a todas las formas en que el mismo puede ser infringido, sino sólo a aquellos supuestos en los que está directamente vinculado al derecho a la libertad personal o de locomoción, por operar como causa para su restricción o supresión, quedando

al debido proceso a través del entonces recurso de habeas corpus, era viable solamente en aquellos casos en los cuales exista directa causalidad con la libertad personal o de locomoción; es decir, cuando los actos u omisiones denunciados sean la causa directa para la restricción o supresión del derecho a la libertad.

Posteriormente, la SC 1865/2004-R de 1 de diciembre[30], señaló que las lesiones al debido proceso están llamadas a ser reparadas por los mismos órganos jurisdiccionales que conocen la causa, lo que implica que quien fue objeto de esa lesión, debe pedir la reparación a los jueces y tribunales ordinarios, a través de los medios y recursos que prevé la ley y solo agotados éstos, es posible acudir a la justicia constitucional a través del entonces recurso de amparo constitucional, al ser el medio idóneo para precautelar las lesiones al debido proceso, salvo que se constate que a consecuencia de dichas violaciones, se colocó al accionante en absoluto estado de indefensión, lo que no le permitió impugnar los supuestos actos ilegales y que recién tuvo conocimiento del proceso al momento de la persecución o la privación de la libertad.

Los criterios señalados fueron sistematizados en la SC 0619/2005-R de 7 de junio[31], señalando que para la tutela del debido proceso a través del entonces recurso de hábeas corpus, debían concurrir los siguientes requisitos: **i)** Los actos u omisiones denunciados debían estar vinculados con la libertad y ser causa directa para su supresión o limitación; y, **ii)** Debía existir absoluto estado de indefensión, impidiéndoles impugnar los supuestos actos lesivos dentro del proceso.

Este entendimiento fue seguido por la jurisprudencia constitucional hasta su modulación por la SCP 0217/2014 de 5 de febrero[32], en la que, a partir de una interpretación sistemática y te-

---

por tanto las demás bajo la tutela que brinda el art. 19 constitucional, que a diferencia del Hábeas Corpus, exige para su procedencia el agotamiento de otras vías o recursos idóneos para lograr la reparación inmediata del acto o la omisión ilegal."

30 El FJ III.2, indica: "De lo dicho se concluye que en los procesos instaurados de acuerdo al ordenamiento jurídico boliviano, en el sentido del orden constitucional, las lesiones al debido proceso están llamadas a ser reparadas por los mismos órganos jurisdiccionales que conocen la causa, lo que implica que quien ha sido objeto de esa lesión, debe pedir la reparación a los jueces y tribunales ordinarios, asumiendo activamente su rol dentro del proceso, a través de los medios y recursos que prevé la ley, y sólo agotados éstos, se podrá acudir ante la jurisdicción constitucional a través del recurso de amparo constitucional, que, como se ha señalado, es el recurso idóneo para precautelar las lesiones a la garantía del debido proceso; a no ser que se constate que a consecuencia de las violaciones al debido proceso invocadas, se colocó al recurrente en absoluto estado de indefensión, lo que no le permitió impugnar los supuestos actos ilegales y que recién tuvo conocimiento del proceso al momento de la persecución o la privación de la libertad".

31 El FJ III.1, refiere: "Consiguientemente, a partir de la doctrina constitucional sentada en la SC 1865/2004-R de 1 de diciembre, para que la garantía de la libertad personal o de locomoción pueda ejercerse mediante el recurso de hábeas corpus cuando se denuncia procesamiento ilegal o indebido deben presentarse, en forma concurrente, los siguientes presupuestos: a) el acto lesivo, entendido como los actos ilegales, las omisiones indebidas o las amenazas de la autoridad pública, denunciados, deben estar vinculados con la libertad por operar como causa directa para su restricción o supresión; b) debe existir absoluto estado de indefensión, es decir, que el recurrente no tuvo la oportunidad de impugnar los supuestos actos lesivos dentro del proceso y que recién tuvo conocimiento del mismo al momento de la persecución o la privación de la libertad".

32 El FJ III.1, expresa: "Los razonamientos citados precedentemente, han permitido la tutela del debido proceso mediante la acción de libertad siempre y cuando se encuentre directamente vinculado con el derecho a la libertad; sin embargo, de una interpretación sistemática y teleológica de los arts. 115.II, 125, 178.I y 180.I de la CPE, con relación al art. 46 del Código de Procedimiento Penal (CPCo), a la luz del principio de favorabilidad y la fuerza expansiva de los derechos fundamentales, corresponde efectuar un cambio de línea jurisprudencial respecto a la tutela del debido proceso mediante la acción de libertad.

A este efecto corresponde extraer las partes esenciales de los precitados preceptos legales; en consecuencia, se tiene que el art. 125 de la Constitución, establece que: 'Toda persona que considere que su vida está en peligro, que es ilegalmente perseguida, o indebidamente procesada o privada leológica de los arts. 115.II, 125, 178.I y 180.I de la Constitución Política del Estado (CPE), con relación al art. 46 del Código Procesal Constitucional (CPCo), a la luz del principio de favorabilidad y la fuerza expansiva de los derechos fundamentales, establece en su Fundamento Jurídico III.1, que:

Efectivamente, debe considerarse, por un lado, que los supuestos de procedencia de la acción de libertad señalados en el art. 125 de la CPE y el art. 47 del CPCo, y cuando se hace referencia al indebido procesamiento, en ningún momento se condiciona la procedencia la vinculación directa con el derecho a la libertad física o personal.

En ese entendido, bajo una interpretación literal de dichas normas, pero también atendiendo a una interpretación teleológica de las mismas, debe señalarse que la garantía del debido proceso en materia penal es tutelable por la acción de libertad, aún no exista una vinculación directa con el derecho a la libertad física o personal, siendo suficiente la existencia de una relación indirecta con dicho derecho ante la amenaza de privación de libertad que el proceso penal supone (Resaltado añadido).

Asimismo, la referida Sentencia señala que: "*...las lesiones al debido proceso en materia penal en aquellos casos en los que se colocó al accionante en absoluto estado de indefensión o cuando éste agotó los medios de impugnación intra procesales, son susceptibles de la tutela constitucional que brinda la acción de libertad*".

Sin embargo, posteriormente la SCP 1609/2014 de 19 de agosto[33], recondujo la línea al criterio restrictivo; es decir, a la exigencia de la directa causalidad entre el acto u omisión denunciados como lesivos con la libertad y la existencia de absoluto estado de indefensión.

---

de libertad (...), podrá interponer Acción de Libertad (...) ante cualquier juez o tribunal competente en materia penal, y solicitará (...) se restablezcan las formalidades legales...'; lo cual implica expresamente que, la acción de libertad se podrá activar en los siguientes supuestos: 1) Cuando se encuentre en peligro la vida; 2) Cuando exista o se denuncie persecución ilegal; 3) Cuando exista o se denuncie procesamiento indebido; y, 4) Cuando exista amenaza o privación efectiva de la libertad; es decir que, en cualquiera de estos supuestos, podrá acudirse a la acción constitucional a efectos de que los derechos vulnerados sean protegidos o restituidos, no siendo imprescindible la concurrencia simultánea de dos o más de estos presupuestos para activar la presente acción tutelar y tampoco que se encuentren vinculados directamente con el derecho a la libertad o se desprendan de ella".

33 El FJ III.3, refiere: "Conforme a dicho razonamiento, la exigencia de vinculación entre el derecho a la libertad y el debido proceso, como presupuesto exigible para su tutela a través de la acción de libertad, desaparecía; sin embargo, el Tribunal Constitucional Plurinacional considera que, partiendo de la propia naturaleza jurídica de la acción de libertad, desarrollada en el Fundamento Jurídico anterior y cuyo principal objetivo es precisamente tutelar de manera específica el derecho a la libertad, no puede modificarse su esencia y ampliar su espectro de acción a aquellos asuntos netamente procedimentales que, aún cuando devengan del área penal, no se hallen en vinculación con el derecho a la libertad; en consecuencia, mediante la presente Sentencia Constitucional Plurinacional, se hace necesario reconducir el anterior entendimiento y restablecer la jurisprudencia constitucional previa, respecto a la exigencia de vinculación entre el derecho a la libertad y el debido proceso.

Este entendimiento, emerge precisamente de la interpretación literal y teleológica del art. 125 CPE, que establece la procedencia de la acción de libertad, cuando se produzca una restricción o amenaza de restricción ilegal o indebida a los derechos fundamentales a la vida y a la libertad física a raíz de una persecución ilegal o un indebido procesamiento; en consecuencia, tratándose de la procedencia de la acción de libertad en relación al debido proceso, debe entenderse que la inobservancia a éste -debido proceso-, ha sido la causal principal para la afectación del bien jurídico libertad; pues, de lo contrario, si los actos emergentes del procesamiento no ponen en riesgo la libertad y no ocasionan su restricción, no podrán ser evaluados y considerados a través de la acción de libertad, correspondiendo su tratamiento, una vez agotados todos los medios intra procesales, a la acción de amparo constitucional, como medio de defensa idóneo en el jurisdicción constitucional

Ahora bien, debe considerarse que una de las principales funciones de la justicia constitucional es la tutela de derechos y garantías fundamentales; en consecuencia, **debe ser una premisa en esta su labor, el garantizar un real acceso a la justicia constitucional**; por consiguiente, cuando se trate de acciones de libertad en las que se denuncie un supuesto procesamiento indebido, debe aplicarse el estándar jurisprudencial más alto, que es el entendimiento más favorable al acceso a la justicia constitucional, que fue desarrollado por el Tribunal Constitucional Plurinacional en las Sentencias Constitucionales Plurinacionales 2233/2013 de 16 de diciembre[34] y 0087/2014-S3 de 27 de octubre[35], a partir de los arts. 13 y 256 de la CPE, en las que se establece que el precedente constitucional en vigor o vigente resulta aquél que acoja el estándar más alto de protección del derecho fundamental o garantía constitucional invocada, esto es, aquella decisión que hubiera resuelto un problema jurídico de manera más progresiva a través de una interpretación que tiende a efectivizar y materializar de mejor manera los derechos fundamentales y garantías constitucionales previstas en la Constitución Política del Estado y en los Tratados Internacionales de Derechos Humanos que forman parte del bloque de constitucionalidad; estándar que se escoge después del examen o análisis integral de la línea jurisprudencial, ya no solamente a partir del criterio temporal de las sentencias constitucionales -si fue anterior o posterior- que hubiere cambiado, modulado o reconducido un determinado entendimiento jurisprudencial, sino sobre todo, aquél que sea exponente del estándar más alto de protección del derecho.

A partir de lo señalado y efectuado el examen de la línea jurisprudencial en cuanto al procesamiento indebido en las acciones de libertad, **el estándar jurisprudencial más alto se encuentra contenido en la SCP 0217/2014, por cuanto no limita la protección de la garantía del debido proceso vía acción de libertad a la existencia de indefensión absoluta y vinculación directa con el derecho a la libertad**, sino -como se tiene señalado-, determina que es posible la protección de la garantía del debido proceso, dentro de los procesos penales, aún no exista una vinculación directa con el derecho a la libertad, siempre que se hubieren agotado los medios intraprocesales de impugnación, salvo los supuestos de indefensión absoluta, en los cuales no se exige el agotamiento previo de las vías de impugnación existentes.

Identificado el estándar jurisprudencial más alto, se tiene que ese debe ser el criterio rector en la presente Sentencia Constitucional Plurinacional, tomando en cuenta que el debido proceso es una garantía procesal establecida por la Constitución Política del Estado, que tiene como objetivo proteger los derechos constitucionales que de él emergen y en ese proceso controlar la capacidad punitiva del Estado, que en su momento, puede afectar la libertad personal y la presunción de inocencia de aquellos que se encuentran involucrados en una contienda judicial penal.

De conformidad a lo anotado, la subregla que debería ser aplicable en materia de procesamiento indebido vía acción de libertad es la siguiente: La garantía del debido proceso en materia penal, es tutelable por la acción de libertad, cuando: **a)** Exista vinculación directa o indi-

---

para reparar y subsanar los defectos procesales en que pudieran haber incurrido tanto servidores públicos como personas particulares.

En este contexto, corresponde reconducir al entendimiento asumido anteriormente por las SSCC 0219/2004-R de 19 de octubre y 1865/2004-R de 1 de diciembre.

34 Tribunal Constitucional Plurinacional, *Sistematización de la Jurisprudencia Constitucional,* SCP 2233/2013. Ficha Disponible en: https://jurisprudencia.tcpbolivia.bo/Fichas/fichaResultado/16 434

35 El FJ III.1, indica: "Esta forma de identificación del precedente constitucional en vigor a través de la lectura contextualizada de la línea jurisprudencial que requería como única condición el criterio temporal del precedente, resultando el último en términos de fecha de emisión por el Tribunal Constitucional (que hubiere cambiado, modulado o reconducido un determinado entendimiento) tuvo una evolución significativa, por cuanto a partir de la SCP 2233/2013-de 16 de diciembre, la justicia constitucional entendió que el precedente constitucional en vigor, resulta aquél que acoja el estándar más alto de protección del derecho fundamental o garantía constitucional invocado, provocando con ello, que la invocación y aplicación de un precedente sea escogido dentro del contexto de la línea jurisprudencial ya no solamente fijándose el criterio temporal del mismo, sino sobre todo aquél que sea exponente del estándar más alto de protección del derecho".

recta con el derecho a la libertad física o personal, ante la amenaza de privación de libertad que el proceso penal supone; y, **b)** Se hubieren agotado los medios de impugnación dentro del proceso penal, siempre que estos sean **idóneos, específicos y aptos para restituir, de forma inmediata, los derechos que se encuentran en el ámbito de protección de la acción de libertad**[36]; salvo indefensión absoluta del accionante, supuesto en el cual, la acción de libertad podrá ser formulada de manera directa.

5. *La fundamentación y motivación de las resoluciones y el principio de congruencia como elementos de la garantía del debido proceso*

El Tribunal Constitucional Plurinacional a través de la **SCP 0014/2018-S2** de 28 de febrero, reiterada por las **SSCCPP 0349/2018-S2** y **0353/2018-S2** ambas de 18 de julio -entre otras- desarrolló el siguiente razonamiento:

El derecho a una resolución fundamentada y motivada, como elementos del debido proceso, reconocido como derecho fundamental, garantía jurisdiccional y derecho humano en las

---

36 La SC 160/2005-R de 23 de febrero, que es fundadora de la línea jurisprudencial referida a la subsidiariedad excepcional de la acción de libertad, estableció en el FJ III.1, que: "De lo anterior se extrae, que la existencia de la garantía constitucional en análisis, no implica que todas las lesiones al derecho a la libertad tengan que ser necesariamente reparadas de manera exclusiva y excluyente a través del hábeas corpus; pues no se trata de una garantía que tenga la vocación de reparar, en exclusiva, todas las formas de lesión a la libertad que pudieran invocarse, sino la de dotar a la persona de un medio de defensa sencillo, eficaz y oportuno, para restablecer la lesión sufrida.

En consecuencia, en los supuestos en que la norma procesal ordinaria de manera específica prevea medios de defensa eficaces y oportunos para resguardar el derecho a la libertad supuestamente lesionado, estos deben ser utilizados, previamente, circunstancia en la que excepcionalmente, el recurso de habeas corpus operará de manera subsidiaria.

El entendimiento interpretativo aludido guarda compatibilidad con los instrumentos internacionales de protección de los derechos humanos. En efecto, lo que exigen tales instrumentos, es que los países partes, provean en sus ordenamientos, un medio de defensa efectivo; esto es pronto y eficaz, contra actos que lesionen los derechos fundamentales, entre ellos, el derecho a la libertad. Conforme a esto, el art. 8 de la Declaración Universal de Derechos Humanos, proclama que `Toda persona tiene derecho a un recurso efectivo ante los tribunales nacionales competentes, que la ampare contra actos que violen sus derechos fundamentales reconocidos por la constitución o por la ley´. En lo regional, el art. 7.6 de la Convención Americana de Derechos Humanos o Pacto de San José de Costa Rica, con más especificidad, proclama que 'Toda persona privada de libertad tiene derecho a recurrir ante un juez o tribunal competente, a fin de que éste decida, sin demora, sobre la legalidad de su arresto o detención y ordene su libertad si el arresto o la detención fueran ilegales. En los Estados partes cuyas leyes prevén que toda persona que se viera amenazada de ser privada de su libertad tiene derecho a recurrir a un juez o tribunal competente a fin de que éste decida sobre la legalidad de tal amenaza, dicho recurso no puede ser restringido ni abolido. Los recursos podrán interponerse por sí o por otra persona'.

Como se puede apreciar, lo que persiguen los pactos internacionales sobre derechos humanos, es garantizar la existencia de un recurso sumario, pronto y eficaz, al que pueda acudir toda persona, para que ésta sin demora, decida sobre la lesión a la libertad alegada, recurso que no necesariamente tiene que ser, el hábeas corpus.

Consiguientemente, como el ordenamiento jurídico no puede crear y activar recursos simultáneos o alternativos con el mismo fin sin provocar disfunciones procesales no queridas por el orden constitucional, se debe concluir que el proceso constitucional del hábeas corpus, únicamente se activa cuando los medios de defensa existentes en el ordenamiento común, no sean los idóneos para reparar, de manera urgente, pronta y eficaz, el derecho a libertad ilegalmente restringido. No es posible acudir a este recurso, cuando el ordenamiento jurídico prevé medios de impugnación específicos y aptos para restituir el derecho a la libertad, en forma inmediata. Conforme a esto, solamente una vez agotado tal medio de defensa y ante la persistencia de la lesión, se podrá acudir a la jurisdicción constitucional, invocando la tutela que brinda el hábeas corpus".

normas contenidas en los arts. 115.II y 117.I de la CPE; 8 de la Convención Americana sobre Derechos Humanos (CADH); y, 14 del Pacto Internacional de Derechos Civiles y Políticos (PIDCP), fue desarrollado en la amplia jurisprudencia constitucional, siendo uno de los antecedentes, el entendimiento contenido en la SC 1369/2001-R de 19 de diciembre[37]; la cual establece como exigencia del debido proceso, que toda resolución debe exponer los hechos y el fundamento legal de la decisión, de manera que en caso de omisión, se vulnera dicho derecho. Posteriormente, en la SC 0946/2004-R de 15 de junio[38], se aclara que dicha garantía es aplicable también en procesos administrativos y disciplinarios.

Posteriormente, en el Fundamento Jurídico III.3 de la SC 0871/2010-R de 10 de agosto, se establecieron los requisitos que debe contener toda resolución jurisdiccional o administrativa, con la finalidad de garantizar el derecho a la motivación y fundamentación como elementos configurativos del debido proceso, como ser:

> **a)** Debe determinar con claridad los hechos atribuidos a las partes procesales, **b)** Debe contener una exposición clara de los aspectos fácticos pertinentes, **c)** Debe describir de manera expresa los supuestos de hecho contenidos en la norma jurídica aplicable al caso concreto, **d)** Debe describir de forma individualizada todos los medios de prueba aportados por las partes procesales, **e)** Debe valorar de manera concreta y explícita todos y cada uno de los medios probatorios producidos, asignándoles un valor probatorio específico a cada uno de ellos de forma motivada, **f)** Debe determinar el nexo de causalidad entre las denuncias o pretensiones de las partes procesales, el supuesto de hecho inserto en la norma aplicable, la valoración de las pruebas aportadas y la sanción o consecuencia jurídica emergente de la determinación del nexo de causalidad antes señalado.

En cuanto a los requisitos que debe contener una resolución administrativa en segunda instancia, la SCP 0275/2012 de 4 de junio[39], precisó que dicho fallo debe exponer los hechos

---

37 El Cuarto Considerando, indica: "...el derecho al debido proceso, que entre su ámbito de presupuestos exige que toda Resolución sea debidamente fundamentada. Es decir, que cada autoridad que dicte una Resolución debe imprescindiblemente exponer los hechos y al margen de ello, la fundamentación legal que sustenta la parte dispositiva de la misma.

...consecuentemente cuando un Juez omite la motivación de una Resolución, no sólo suprime una parte estructural de la misma, sino también en los hechos toma una decisión arbitraria y dictatorial que vulnera de manera flagrante el citado derecho que otorga a las partes saber el porqué de la parte dispositiva de un fallo o Resolución".

38 El FJ III.3, refiere: "...la garantía del debido proceso no es únicamente aplicable en el ámbito judicial, sino también en el administrativo y disciplinario, cuanto tenga que determinarse una responsabilidad disciplinaria o administrativa e imponerse una sanción como ha ocurrido en el presente caso".

39 El FJ III.2.3, señala: "Toda autoridad administrativa que emita una resolución en segunda instancia, debe mínimamente exponer en la resolución: 1) Los hechos, citando las normas que sustentan la parte dispositiva de la resolución, efectuando la relación de causalidad entre los hechos y la norma aplicable; 2) Pronunciamiento sobre todos y cada uno de los aspectos impugnados en el recurso de alzada, actuando en *mínima petita*, considerando cada aspecto de manera puntual y expresa, desarrollando una valoración lógica de los puntos impugnados, efectuar lo contrario, elimina la parte fundamental de la resolución, lesionando efectivamente el debido proceso, derivando en el extremo inaceptable que los procesados no puedan conocer cuáles son las razones del fallo y cuál es la posición del tribunal de alzada en relación con los puntos impugnados.

En tanto y en cuanto, las resoluciones administrativas de segunda instancia conlleven insertas en su texto de manera expresa, las respuestas a todos los aspectos cuestionados en el recurso de impugnación, el sujeto sometido al proceso disciplinario, tendrá la plena convicción respecto a que la decisión asumida por la autoridad administrativa es a todas luces justa. Esta afirmación nos lleva a concluir que no le está permitido a la autoridad administrativa, reemplazar una adecuada y sustanciosa fundamentación por una elemental relación de antecedentes".

y citar las normas que sustentan la decisión, además de pronunciarse sobre todos y cada uno de los aspectos impugnados en el recurso.

Por su parte, la SC 0802/2007-R de 2 de octubre[40], se refirió a la fundamentación como sustento de una resolución disciplinaria; empero, es la SCP 2221/2012 de 8 de noviembre[41], la que desarrolla el contenido esencial del derecho a una resolución fundamentada, señalando que el mismo está dado por sus finalidades implícitas, como son: **1) El sometimiento a la Constitución Política del Estado y al bloque de constitucionalidad; 2) Lograr el convencimiento de las partes que la resolución no es arbitraria; es decir, que observa el valor justicia, los principios de interdicción de la arbitrariedad, de razonabilidad y de congruencia; 3) Garantizar la posibilidad del control de la resolución por medio de los recursos; 4) Permitir el control social de la resolución en mérito al principio de publicidad; y, 5) La observancia del principio dispositivo, que implica la otorgación de res-**

---

40 El FJ III.4, expresa: "Consiguientemente, aplicando los principios informadores del derecho sancionador, las resoluciones pronunciadas por el sumariante y demás autoridades competentes deberán estar fundamentadas en debida forma, expresando lo motivos de hecho y de derecho en que basan sus decisiones y el valor otorgado a los medios de prueba. Fundamentación que no podrá ser reemplazada por la simple relación de los documentos y presentación de pruebas o los criterios expuestos por las partes, y en los casos en los que existan coprocesados, resulta primordial la individualización de los hechos, las pruebas, la calificación legal de la conducta y la sanción correspondiente a cada uno de ellos en concordancia con su grado de participación o actuación en el hecho acusado".

41 El FJ III.1, manifiesta: "En ese marco, se tiene que **el contenido esencial del derecho a una resolución fundamentada y motivada** (judicial, administrativa, o cualesquier otra, expresada en una resolución en general, sentencia, auto, etc.) que resuelva un conflicto o una pretensión **está dado por sus finalidades implícitas, las que contrastadas con la resolución en cuestión, dará lugar a la verificación de su respeto y eficacia. Estas son: (1)** El sometimiento manifiesto a la Constitución, conformada por: **1.a)** La Constitución formal; es decir, el texto escrito; y, **1.b)** Los Tratados Internacionales sobre Derechos Humanos que forman el bloque de constitucionalidad; así como a la ley, traducido en la observancia del principio de constitucionalidad y del principio de legalidad; **(2)** Lograr el convencimiento de las partes que la resolución en cuestión no es arbitraria, sino por el contrario, observa: El valor justicia, los principios de interdicción de la arbitrariedad, de razonabilidad y de congruencia; **(3)** Garantizar la posibilidad de control de la resolución en cuestión por los tribunales superiores que conozcan los correspondientes recursos o medios de impugnación; y, **(4)** Permitir el control de la actividad jurisdiccional o la actividad decisoria de todo órgano o persona, sea de carácter público o privado por parte de la opinión pública, en observancia del principio de publicidad. Estos elementos se desarrollarán a continuación:

(…)

(2) Lograr el convencimiento de las partes que la resolución en cuestión no es arbitraria, sino por el contrario, observa: El valor justicia, los principios de interdicción de la arbitrariedad, de razonabilidad y de congruencia.

(…)

b) En correspondencia con lo anterior, la arbitrariedad puede estar expresada en: **b.1)** Una 'decisión sin motivación', o extiendo esta es **b.2)** Una 'motivación arbitraria'; o en su caso, **b.3)** Una 'motivación insuficiente'.

(…)

c) La arbitrariedad también se expresa en la falta de coherencia, o incongruencia de la decisión (principio de congruencia), cuando el conjunto de las premisas, -formadas por las normas jurídicas utilizadas para resolver el caso, más los enunciados fácticos que describen los hechos relevantes- no son correctas, fundadas y si, además, su estructura también no lo es. Esto, más allá si la resolución que finalmente resuelva el conflicto es estimatoria o desestimatoria a las pretensiones de las partes. Es decir, como señala Robert Alexy, se trata de ver si la decisión se sigue lógicamente de las premisas que se aducen como fundamentación".

puestas a las pretensiones de las partes -quinta finalidad complementada por la SCP 0100/2013 de 17 de enero-[42].

Respecto a la segunda finalidad, tanto la SCP 2221/2012 como la SCP 0100/2013, señalan que la **arbitrariedad puede estar expresada en una decisión: i) Sin motivación, cuando la resolución no da razones que la sustenten; ii) Con motivación arbitraria, cuando se basa en fundamentos y consideraciones meramente retóricas o deviene de la valoración arbitraria, irrazonable de la prueba, o en su caso, de la omisión en la valoración de la prueba aportada en el proceso; iii) Con motivación insuficiente, cuando no se da razones de la omisión de pronunciamiento sobre los planteamientos de las partes; y, iv) Por la falta de coherencia del fallo, se da: iv.a) En su dimensión interna, cuando no existe relación entre las premisas -normativa y fáctica- y la conclusión -por tanto-; y, iv.b)** En su dimensión externa, implica que la resolución debe guardar correspondencia con lo pedido o impugnado por las partes. Ambos entendimientos, sobre la coherencia interna y externa, tienen su antecedente en la SC 0863/2003-R de 25 de junio[43], así como en la SC 0358/2010-R de 22 de junio[44], **estableciendo que en el ámbito procesal, el principio de congruencia se entiende no solo como la correspondencia que debe existir entre lo peticionado y lo resuelto, sino que además implica la concordancia del fallo; es decir, su**

---

42 El FJ III.2, establece: "A las cuatro finalidades implícitas que determinan el contenido esencial del derecho a una resolución fundamentada o derecho a una resolución motivada (judicial, administrativa, o cualesquier otra, expresada en una resolución en general, sentencia, auto, etc.) que resuelva un conflicto o una pretensión cuáles son: 1) El sometimiento manifiesto a la Constitución, conformada por: 1.a) la Constitución formal, es decir, el texto escrito; y, 1.b) los Tratados Internacionales sobre Derechos Humanos que forman el bloque de constitucionalidad; así como a la ley, traducido en la observancia del principio de constitucionalidad y del principio de legalidad; 2) Lograr el convencimiento de las partes que la resolución en cuestión no es arbitraria, sino por el contrario, observa: el valor justicia, el principio de interdicción de la arbitrariedad, el principio de razonabilidad y el principio de congruencia; 3) Garantizar la posibilidad de control de la resolución en cuestión por los tribunales superiores que conozcan los correspondientes recursos o medios de impugnación; 4) Permitir el control de la actividad jurisdiccional o la actividad decisoria de todo órgano o persona, sea de carácter público o privado por parte de la opinión pública, en observancia del principio de publicidad (SCP 2221/2012 de 8 de noviembre, se suma un quinto elemento de relevancia constitucional; y, 5) La exigencia de la observancia del principio dispositivo.

5) La observancia del principio dispositivo, implica la exigencia que tiene el juzgador de otorgar respuestas a las pretensiones planteadas por las partes para defender sus derechos".

43 El FJ III.3, expresa: "Que, al margen de ello, también cabe reiterar que el art. 236 CPC, marca el ámbito de contenido de la resolución a dictarse en apelación, pues estipula que la misma, deberá circunscribirse precisamente a los puntos resueltos por el inferior y que además hubieran sido objeto de apelación y fundamentación, de manera que el Juez o tribunal ad-quem, no puede ir más allá de lo pedido, salvo en los casos en que los vicios de nulidad constituyan lesiones a derechos y garantías constitucionales como cuando la nulidad esté expresamente prevista por ley".

44 El FJ III.3.1, señala: "De esa esencia deriva a su vez la congruencia como principio característico del debido proceso, entendida en el ámbito procesal como la estricta correspondencia que debe existir entre lo peticionado y lo resuelto, en materia penal la congruencia se refiere estrictamente a que el imputado no podrá ser condenado por un hecho distinto al atribuido en la acusación o su ampliación; ahora bien, esa definición general, no es limitativa de la congruencia que debe tener toda resolución ya sea judicial o administrativa y que implica también la concordancia entre la parte considerativa y dispositiva, pero además esa concordancia debe mantenerse en todo su contenido, efectuando un razonamiento integral y armonizado entre los distintos considerandos y razonamientos emitidos por la resolución, esta concordancia de contenido de la resolución y su estricta correspondencia entre lo pedido, lo considerado y lo resuelto, conlleva a su vez la cita de las disposiciones legales que apoyan ese razonamiento que llevó a la determinación que se asume. En base a esos criterios se considera que quien administra justicia debe emitir fallos motivados, congruentes y pertinentes".

coherencia interna, entendimiento que fue reiterado en la SCP 1915/2012 de 12 de octubre[45], entre otras. Por su parte, respecto a la congruencia de las resoluciones de segunda instancia, la SC 0682/2004-R de 6 de mayo[46], señaló que el pronunciamiento debe guardar correspondencia con los agravios de la apelación y la contestación de alzada.

La jurisprudencia contenida en la SCP 2221/2012 como en la SCP 0100/2013 citadas anteriormente fue modulada por la **SCP 0014/2018-S2 de 28 de febrero**; la cual, entendió que únicamente es posible conceder la tutela y disponer la nulidad de la resolución judicial o administrativa, ordenando se emita otra nueva, ante la denuncia de arbitraria o insuficiente fundamentación, previo análisis de la incidencia de dicho acto supuestamente ilegal en la resolución que se está cuestionando a través de la acción de amparo constitucional; es decir, previo análisis de su relevancia constitucional; por cuanto, si no tiene efecto modificatorio en el fondo de la decisión, la tutela concedida por este Tribunal, únicamente tendría como efecto el que se pronuncie una nueva resolución con el mismo resultado; en ese sentido, **en el Fundamento Jurídico III.1,** estableció que:

> Ahora bien, la jurisprudencia precedentemente citada debe ser complementada a partir de la **relevancia constitucional** que tenga la alegada arbitraria o insuficiente fundamentación y motivación de las resoluciones, es decir, que deberá analizarse la incidencia de dicho acto supuestamente ilegal en la resolución que se está cuestionando a través de la acción de amparo constitucional; pues, si no tiene efecto modificatorio en el fondo de la decisión, la tutela concedida por este Tribunal únicamente tendría como efecto el que se pronuncie una nueva resolución con el mismo resultado; consiguientemente, a partir de una interpretación previsora, si bien la arbitraria o insuficiente fundamentación, aún carezca de relevancia, deberá ser analizada por el Tribunal Constitucional Plurinacional; empero, corresponderá denegar la tutela por carecer de relevancia constitucional, con la aclaración que este entendimiento es únicamente aplicable a la justicia constitucional que no exigirá para efectuar el análisis, que la o el accionante cumpla con carga argumentativa alguna.

En resumen, de acuerdo a la jurisprudencia constitucional glosada, **una resolución será arbitraria cuando carezca de motivación o cuando ésta sea arbitraria o insuficiente; asimismo, cuando la resolución no tenga coherencia o congruencia interna o externa,**

---

45 El FJ III.2, indica: "La abundante jurisprudencia del extinto Tribunal Constitucional, ha señalado con relación al principio de congruencia -que es determinante en cualquier proceso judicial o administrativo- como la estricta correspondencia que debe existir entre lo peticionado y lo resuelto, que implica la concordancia entre la parte considerativa y dispositiva, que debe mantenerse en todo su contenido, efectuando un razonamiento integral y armonizado entre los distintos considerandos y juicios de valor emitidos por la resolución, esta concordancia de contenido de la resolución y su estricta correspondencia entre lo pedido, lo considerado y lo resuelto, conlleva a su vez la cita de las disposiciones legales que apoyan la razón que llevó a la determinación que se asume (SC 1619/2010-R de 15 de octubre). Bajo ese razonamiento, el principio de congruencia forma parte de derecho-garantía-principio del debido proceso, contemplado en el art. 115.I de la CPE".

46 El FJ III.1, refiere: "Además de ello, toda resolución dictada en apelación, no sólo por disposición legal sino también por principio general, debe sujetarse a los puntos de apelación expuestos por la parte apelante, que se entiende deben estar relacionados con lo discutido ante el juez *a quo*. Para el mismo objetivo -resolver la apelación-, también el juez *ad quem*, si se trataran de varias apelaciones y deba resolverlas en una sola resolución deberá individualizar a las partes, lo que supone también, la individualización de sus pretensiones y resolverlas de la misma forma; pues en el único caso que podrá dirigirse en su fundamentación a dos o más apelantes, será cuando éstos hubieran coincidido en sus argumentos al presentar su apelación, o varios hubieran presentado apelación en forma conjunta. Ahora bien, la misma obligación que tiene el juez *ad quem* frente a los apelantes, también debe cumplirla frente a la parte adversa, para el caso de que el procedimiento aplicable admita que la misma pueda responder al recurso, pues omitir las consideraciones a la respuesta igual que no responder a los puntos de apelación, resulta arbitrario y por lo mismo, daría lugar a una omisión indebida plasmada en la resolución que resuelve la apelación".

cuya tutela por vía de amparo procederá siempre y cuando tenga relevancia constitucional.

6. *El control de convencionalidad*

Considerando que las Sentencias de la Corte Interamericana de Derechos Humanos son vinculantes para el Estado Plurinacional de Bolivia y forman parte del bloque de constitucionalidad, corresponde hacer una breve referencia a la naturaleza y alcance de la doctrina del control de convencionalidad establecida precisamente por la jurisprudencia interamericana, para verificar su aplicación en el contexto boliviano.

En ese sentido, la Corte IDH ha transitado un largo camino para precisar el contenido y alcance de esta obligación internacional; de ahí que, la evolución de la jurisprudencia interamericana nos muestra que la figura del control de convencionalidad, como herramienta eficaz para el cumplimiento de las obligaciones del Estado, tiene como principales características, las siguientes:

a) Consiste en verificar la compatibilidad de las normas y demás prácticas internas con la CADH, la jurisprudencia de la Corte IDH y los demás tratados interamericanos de los cuales el Estado sea parte;

b) Debe ser realizado de oficio, por toda autoridad pública;

c) Su ejercicio debe ser realizado en el ámbito de competencias de cada autoridad, por tanto, su ejecución puede implicar la supresión de normas contrarias a la CADH, o bien su interpretación conforme a la CADH;

d) La obligación que está siempre presente tras el control de convencionalidad, es la de realizar un ejercicio hermenéutico que haga compatibles las obligaciones del Estado con sus normas internas;

e) Constituyen baremo de convencionalidad, la normativa internacional y la jurisprudencia de la Corte IDH, tanto contenciosa como consultiva;

f) La obligatoriedad de realizar el control, deriva de los principios del derecho internacional público y de las propias obligaciones internacionales del Estado, asumidas al momento de hacerse parte de la Convención Americana sobre Derechos Humanos (Corte IDH, 2021).

B. *El ejercicio del Control de Convencionalidad según la jurisprudencia del Tribunal Constitucional Plurinacional*

En el marco de nuestro sistema constitucional y la interpretación de los derechos y garantías, la Sentencia Constitucional Plurinacional (SCP) 0487/2014, de 25 de febrero, ha establecido que los jueces, tribunales y autoridades administrativas, tienen el deber de ejercer el control de convencionalidad en nuestro país[47], en virtud de que los derechos fundamentales

---

47 Este entendimiento, tiene su antecedente en un caso en que el Tribunal Constitucional (en período de transición) tuvo que analizar la problemática de los derechos del menor, su protección y el control de convencionalidad, ocasión en la cual señaló que como órgano encargado de la defensa de los derechos humanos, aparte del control de constitucionalidad, realiza también entre sus labores, el Control de Convencionalidad, resguardando la compatibilidad del sistema normativo interno con el bloque de constitucionalidad integrado formalmente al plexo jurídico boliviano; y agregó: *"El menor en cuanto a sus derechos, no sólo encuentra protección en la legislación interna del Estado, sino también en los instrumentos internacionales, a los cuales se ha adherido a través de la suscripción y ratificación de los mismos, cuya aplicación y efectividad en la actualidad se la efectúa a través del denominado 'Control de Convencionalidad'. Este mecanismo se ejerce por los Jueces y Tribunales, respecto a la compatibilidad entre las normas jurídicas internas que aplican en los casos que son de su conocimiento, y la Convención Americana sobre Derechos Humanos; teniendo en cuenta no sólo el tratado, sino también la interpretación que del mismo ha hecho la*

y garantías constitucionales tienen un lugar preeminente en nuestro sistema constitucional, y que además los arts. 13 y 256 de la CPE, introducen dos principios esenciales que deben guiar la interpretación de los derechos fundamentales: La *interpretación pro homine* y la *interpretación conforme* a los Pactos Internacionales sobre Derechos Humanos; habiéndose establecido el siguiente entendimiento:

> "En virtud a la primera (interpretación pro homine), los jueces, tribunales y autoridades administrativas, tiene el deber de aplicar aquella norma que sea más favorable para la protección del derecho en cuestión -ya sea que esté contenida en la Constitución Política del Estado o en las normas del bloque de constitucionalidad- y de adoptar la interpretación que sea más favorable y extensiva al derecho en cuestión; y en virtud a la segunda (interpretación conforme a los Pactos Internacionales), tienen el deber de ejercer el control de convencionalidad, interpretar el derecho de acuerdo a las normas contenidas en Tratados e Instrumentos Internacionales en materia de Derechos Humanos ratificados o a los que se hubiere adherido el Estado, siempre y cuando, claro está, declaren derechos más favorables a los contenidos en la Norma Suprema; obligación que se extiende, además al contraste del derecho con la interpretación que de él ha dado la Corte Interamericana de Derechos Humanos.
>
> En el marco de lo señalado precedentemente, es evidente que al momento de aplicar las leyes, los jueces y tribunales tienen la obligación de analizar la compatibilidad de la disposición legal no sólo con la Constitución Política del Estado, sino también, como lo ha entendido la jurisprudencia de la Corte Interamericana de Derechos Humanos, están obligados a efectuar el control de convencionalidad, a efecto de determinar si esa disposición legal es compatible o no con los Convenios y Pactos Internacionales sobre Derechos Humanos y con la interpretación que de ellas hubiera realizado la Corte Interamericana de Derechos Humanos. En ambos casos, los jueces y tribunales están obligados a interpretar la disposición legal desde y conforme a las normas de la Ley Fundamental y las normas contenidas en Pactos Internacionales sobre Derechos Humanos y, cuando dicha interpretación no es posible, formular, de oficio, la acción de inconstitucionalidad concreta".

Posteriormente, la SCP 0572/2014, de 10 de marzo de 2014, complementa el entendimiento anterior, al establecer expresamente que:

Corte Interamericana, intérprete última de la Convención Americana; toda vez que cuando un Estado ha ratificado un tratado internacional como el referido Pacto de San José de Costa Rica, sus jueces también están sometidos a sus entendimientos, lo que les obliga a velar porque el efecto útil de la Convención no se vea mermado o anulado por la aplicación de leyes contrarias a sus disposiciones, objeto y fin." (*Cfr.* Sentencias Constitucionales N° 1888/2011-R, y N° 1907/2011-R, ambas de 7 de noviembre de 2011). Posteriormente, en la Sentencia Constitucional Plurinacional 1250/2012, de 20 de septiembre, se ha podido observar que el Tribunal Constitucional Plurinacional, a tiempo de realizar el control de constitucionalidad de la norma prevista por el artículo 162 del Código Penal (que tipificaba como delito de desacato la acción de calumniar, injuriar o difamar a un funcionario público en el ejercicio de sus funciones o a causa de ellas), también realizó el control de convencionalidad de dicha norma penal sustantiva; aplicando para ello la interpretación realizada por la Corte Interamericana del artículo 13.2) de la CADH en la Sentencia del *Caso Herrera Ulloa vs. Costa Rica*. De ahí que, en la referida Sentencia Constitucional, el Tribunal Constitucional no solamente ha realizado el contraste de la disposición penal sustantiva impugnada en la Acción de Inconstitucionalidad Concreta, con las normas de la Constitución, sino también con las normas de la Convención Americana sobre Derechos Humanos y la interpretación que del artículo 13.2) realizó la Corte Interamericana; de manera que, si bien no de manera explícita sino implícita, declaró la *inconvencionalidad* de dicha disposición a tiempo de declarar su inconstitucionalidad; pues ello subyace de los fundamentos jurídicos expuestos en la misma Sentencia Constitucional (Rivera, 2016). Los fundamentos de la Sentencia Constitucional Plurinacional 1250/2012, aparecen citados de manera relevante en la extensa obra de (Nogueira, 2016). Asimismo, algunas otras Sentencias del Tribunal Constitucional boliviano, que dan cuenta de la incorporación de los tratados sobre derechos humanos –entre ellos la CADH– junto con la jurisprudencia interamericana al bloque de constitucionalidad, pueden verse citadas en el notable trabajo de investigación de (Ayala, 2013).

> "(…) Entonces, conforme a dicho entendimiento, todas las autoridades, pero sobre todo los jueces, están obligados a analizar si las disposiciones legales que aplicarán son compatibles con los Pactos internacionales sobre Derechos Humanos e, inclusive, con la jurisprudencia emanada de la Corte Interamericana de Derechos Humanos.
>
> En ese sentido, tanto el principio de constitucionalidad (art. 410 de la CPE) como el de convencionalidad (arts. 13.IV y 256 de la CPE), (…) exigen a las autoridades interpretar las normas desde y conforme a la Constitución Política del Estado y a las normas del bloque de constitucionalidad, precautelando el respeto a los derechos fundamentales y garantías constitucionales, las cuales, conforme se ha visto, tienen una posición privilegiada en nuestro sistema constitucional. Los jueces y tribunales, bajo esa perspectiva, en virtud a las características de imparcialidad, independencia y competencia, como elementos de la garantía del juez natural, son quienes deben efectuar un verdadero control de convencionalidad, garantizando el efectivo goce de los derechos y las garantías jurisdiccionales previstas en la Constitución Política del Estado y las normas del bloque de constitucionalidad (…)".

De igual manera, en la SCP 0006/2016, de 14 de enero –a tiempo de precisar los criterios para la interpretación de los derechos fundamentales–, se hizo referencia al Control de Convencionalidad[48] para resolver la problemática planteada en el caso; de ahí que, intentando sistematizar la jurisprudencia más relevante sobre el tema, cita la SCP 0783/2015-S1 de 18 de agosto, que con relación al bloque de convencionalidad señaló:

> "En el orden de ideas expuesto, toda vez que de acuerdo al art. 13.IV de la CPE, los derechos fundamentales deben ser interpretados de acuerdo al bloque de convencionalidad imperante, es decir en el marco del contenido de los tratados internacionales referentes a derechos humanos, es evidente que en virtud a esta pauta, deben aplicarse las mismas de interpretación para derechos plasmados en el artículo 29 de la Convención Americana de Derechos Humanos, disposición que forma parte del Bloque de Constitucionalidad del Estado Plurinacional de Bolivia y que en su contenido esencial, reconoce la esencia jurídica del principio *pro-homine,* pauta a partir de la cual, en el marco de favorabilidad y eficacia máxima de los derechos fundamentales, la teoría constitucional ha desarrollado el principio *pro-actione*, el cual está destinado precisamente a resguardar una vigencia real de los derechos fundamentales, siendo el encargado de ese rol el contralor de constitucionalidad, por ser éste en los estados miembros del Sistema Interamericano de Protección de Derechos Humanos, el último y máximo garante de los derechos fundamentales".

Entonces, conforme a la jurisprudencia constitucional vinculante, todas las autoridades, pero sobre todo los jueces y tribunales, están obligados a analizar si las disposiciones legales que aplicarán en los casos concretos, son compatibles con los Pactos Internacionales sobre Derechos Humanos e inclusive con la jurisprudencia emanada de la Corte Interamericana de Derechos Humanos; vale decir, que deben efectuar un verdadero Control de Convencionali-

---

[48] Cabe señalar que la SCP 0972/2014 de 27 de mayo, sobre el control de convencionalidad, recoge los razonamientos de la SCP 1617/2013 de 4 de octubre, señalando que: "…deben mencionarse a los arts. 13 y 256 de la CPE, que introducen dos principios que guían la interpretación de los derechos fundamentales: La interpretación pro persona (pro homine) y la interpretación conforme a los Pactos Internacionales sobre Derechos Humanos. En virtud a la primera, los jueces, tribunales y autoridades administrativas, tienen el deber de aplicar aquella norma que sea más favorable para la protección del derecho en cuestión -ya sea que esté contenida en la Constitución o en las normas del bloque de constitucionalidad- y de adoptar la interpretación que sea más favorable y extensiva al derecho en cuestión; y en virtud a la segunda (interpretación conforme a los Pactos Internacionales sobre Derechos Humanos), tienen el deber de -ejerciendo el control de convencionalidad- interpretar el derecho de acuerdo a las normas contenidas en tratados e instrumentos internacionales en materia de Derechos Humanos ratificado o a los que se hubiere adherido el Estado, siempre y cuando, claro está, declaren derechos más favorables a los contenidos en la Constitución; obligación que se extiende, además al contraste del derecho con la interpretación que de él ha dado la Corte Interamericana de Derechos Humanos, conforme lo ha entendido la misma Corte en el caso Trabajadores Cesados del Congreso vs. Perú".

dad, garantizando el efectivo goce de los derechos y garantías previstas en la Constitución Política del Estado y las normas del bloque de constitucionalidad.

C. *El supuesto "Control de Convencionalidad" en la Sentencia Constitucional Plurinacional 0084/2017*

Cabe señalar también que se ha pronunciado la Sentencia Constitucional Plurinacional 0084/2017, de 28 de noviembre[49], en uno de cuyos fundamentos se ha precisado la naturaleza jurídica y características del Control de Convencionalidad, así como su desarrollo jurisprudencial a nivel interamericano[50].

No obstante, y en el marco de la temática propuesta en este trabajo, únicamente interesa poner de relieve que el Tribunal Constitucional Plurinacional ha dejado establecido entre sus fundamentos jurídicos, lo siguiente:

> "El reconocimiento de los tratados de derechos humanos dentro del bloque de constitucionalidad, como normas de rango constitucional, no solo implica su reconocimiento de su jerarquía constitucional, sino que existe un mandato imperativo que ordena que aquellos tratados tienen aplicación preferente cuando garanticen de mejor manera la vigencia de los derechos humanos, esto es que los mandatos de la Constitución ceden cuando un Tratado y Convenio internacional en materia de derechos humanos, declaren derechos más favorables a los contenidos en la Constitución; y sirven también como pauta de interpretación cuando prevean normas más favorables, refiriéndose a las de la Constitución (art. 256 CPE). Por ello este Tribunal, los jueces ordinarios y en fin todos los órganos del poder público tienen el mandato imperativo de proteger los derechos fundamentales, a través del control de constitucionalidad y convencionalidad, que no solo alcanza a las normas infra constitucionales sino a la Constitución misma."

En relación a los alcances de la polémica Sentencia Constitucional Plurinacional 0084/2017, y sobre la base de las precisiones anteriormente desarrolladas en este trabajo, acerca

---

[49] Mediante la citada Sentencia Constitucional Plurinacional 0084/2017, emergente de la Acción de Inconstitucionalidad abstracta interpuesta por los miembros de la Asamblea Legislativa Plurinacional, el Tribunal Constitucional Plurinacional (TCP) decidió: 1) De acuerdo a lo dispuesto por el artículo 256 de la Norma Suprema, declarar la APLICACIÓN PREFERENTE del artículo 23 de la Convención Americana sobre Derechos Humanos, por ser la norma más favorable en relación a los derechos políticos, sobre los artículos 156, 168, 285.II, y 288 de la Constitución Política del Estado, en las frases: *"por una sola vez de manera continua"* de los artículos 156 y 168, y *"de manera continua por una sola vez"* de los artículos 285.II, y 288, conforme a los fundamentos jurídico constitucionales expresados en la misma Sentencia; 2) Declarar la INCONSTITUCIONALIDAD de los artículos 52.III en la expresión *"por una sola vez de manera continua"*, 64 inciso d), 65 inciso b), 71 inciso c) y 72 inciso b) en el enunciado *"de manera continua por una sola vez"* de la Ley N°026 del Régimen Electoral, de 30 de julio de 2010.

[50] Para fines didácticos, cabe anotar que la referida SCP 0084/2017, logra precisar la diferencia existente entre el control de constitucionalidad y de convencionalidad, al señalar que: "(…) si bien el control de constitucionalidad, implica la labor de verificación de la compatibilidad o incompatibilidad de las leyes –sentido amplio–, con las normas de la Constitución Política del Estado y su sistema de valores supremos, principios fundamentales, derechos y garantías constitucionales consagrados en su texto; la interpretación de la disposición legal impugnada desde y conforme a la Constitución y en caso de que no resulten conformes con las normas constitucionales, determinar su expulsión del ordenamiento jurídico del Estado. De su lado, el control de convencionalidad, entraña igual faena; empero, respecto de la mismísima Constitución Política del Estado, así como de las leyes, decretos, reglamentos y demás resoluciones, en relación a los tratados e instrumentos internacionales en materia de derechos humanos; en el caso boliviano, con la Convención Americana sobre Derechos Humanos y si emergente de dicha contrastación se advierte la existencia de incompatibilidad entre las normas de la Constitución y demás disposiciones infraconstitucionales con los términos de dicha Convención, corresponde igualmente la aplicación preferente de una norma favorable sobre otra".

del significado y alcance del Control de Convencionalidad, considerando su notable evolución y desarrollo en la jurisprudencia interamericana; cabe señalar que si bien es evidente lo afirmado por Eduardo Ferrer Mac Gregor (en su Voto razonado al caso *Cabrera García y Montiel Flores vs. México* de 2010), en sentido de que el control de convencionalidad en el ámbito interno *"convierte al juez nacional en juez internacional: en un primer y auténtico guardián de la Convención Americana...* (lo que equivale a decir que) *Los jueces nacionales se convierten en los primeros intérpretes de la normatividad internacional"*; ello no puede quedar librado a la discrecionalidad del juez nacional, ni mucho menos puede ser utilizado a conveniencia por un juez constitucional (movido por las circunstancias del caso que le corresponda resolver), porque esa labor interpretativa debe obedecer esencialmente a la necesidad de protección de derechos humanos y fundamentales en un Estado, una vez verificada la incompatibilidad manifiesta entre las normas nacionales y las normas contenidas en la CADH.

Asimismo, no se debe perder de vista, que si bien no existe monopolio alguno en la interpretación de la CADH, quien tiene la calidad de supremo intérprete de la CADH es precisamente la Corte Interamericana de Derechos Humanos (Corte IDH). Por ello, el juez interamericano Ferrer Mac Gregor en su citado Voto razonado, ha dejado establecido que:

> "no existe duda de que el "control de convencionalidad" debe realizarse por cualquier juez o tribunal que materialmente realice funciones jurisdiccionales, incluyendo, por supuesto, a las Cortes, Salas o Tribunales Constitucionales, así como a las Cortes Supremas de Justicia y demás altas jurisdicciones de los veinticuatro países que han suscrito y ratificado o se han adherido a la Convención Americana sobre Derechos Humanos, y con mayor razón de los veintiún Estados que han reconocido la jurisdicción contenciosa de la Corte IDH, de un total de treinta y cinco países que conforman la OEA."

Cabe hacer notar que en el caso de la SCP 0084/2017, el Tribunal Constitucional Plurinacional ha decidido otorgar una aplicación preferente a un instrumento internacional de protección de los derechos humanos, como es la Convención Americana sobre Derechos Humanos (CADH), al amparo de lo dispuesto por los artículos 13 y 256 de la Constitución boliviana:

> A partir de lo que se establece en los arts. 13.IV y 256 de la CPE, los derechos fundamentales que consagra el orden constitucional, deben ser interpretados de acuerdo a lo que determinen los tratados internacionales que en materia de derechos humanos hayan sido ratificados por Bolivia; instrumentos que conforme se verá infra, son de preferente aplicación inclusive respecto a la propia Constitución, en los casos de que prevean normas más favorables para la vigencia y ejercicio de tales derechos, por lo que de acuerdo a lo establecido por nuestra Norma Suprema, las normas del derecho internacional sobre derechos humanos, en Bolivia, adquieren rango supraconstitucional; vale decir, que en las condiciones anotadas, se encuentran por encima de la Constitución, lo cual deriva necesariamente en el control de convencionalidad, con el objeto de establecer la compatibilidad o incompatibilidad de las normas de la Constitución Política del Estado y las leyes (lato sensu), con las normas del sistema internacional de protección de loa derechos humanos, mediante la realización de una labor hermenéutica."

Sin embargo, para lograr su objetivo, únicamente ha expuesto argumentos forzados que tergiversan el verdadero sentido y finalidad del Control de Convencionalidad, dado que entre sus fundamentos jurídicos no ha logrado demostrar con argumentos jurídico constitucionales, que dicho instrumento internacional determine la existencia de un derecho humano a ser reelegido (indefinidamente), como era el propósito de los accionantes; así como tampoco ha evidenciado que exista algún grado de contradicción o incompatibilidad manifiesta entre las normas de la Constitución, y las disposiciones de la CADH, más aún si se considera que de una simple comparación entre el contenido y alcances de los derechos políticos consagrados en la Ley Fundamental del Estado Plurinacional de Bolivia, frente a los derechos políticos consagrados en la CADH, queda claro que las normas de la Constitución resultan mucho más favorables y amplias en sus alcances para asegurar la eficacia de esos derechos que son vitales para el desarrollo democrático de la sociedad.

Entonces, es evidente que los supuestos fácticos en los que se debe activar el control de convencionalidad, no se han sustentado de manera suficiente en la referida Sentencia emitida por el Tribunal Constitucional Plurinacional, que por cierto, fue una decisión emergente del *control normativo* de constitucionalidad activado a través de la Acción de Inconstitucionalidad abstracta, y que tenía por finalidad esencial, verificar las condiciones de validez formal y material de las normas jurídicas con las disposiciones constitucionales y las normas que conforman el bloque de constitucionalidad.

Por ello, resulta irrazonable la conclusión de aplicar preferentemente una norma internacional como la CADH, cuando no se ha demostrado la existencia de incompatibilidad alguna, o que este instrumento determine la existencia de un derecho humano a ser reelegido (indefinidamente), único supuesto fáctico que de encontrarse previsto en esa forma, claramente resultaría mucho más favorable (para los intereses particulares de un caudillo, claro está; pero no así para la democracia).

Sin embargo, ello no ha sucedido en este caso, por lo que, el grado de favorabilidad de este instrumento internacional, no es evidente, y tampoco se ha justificado la necesidad de su aplicación preferente. De ahí que, resulta una falacia lo sostenido en la misma Sentencia objeto de análisis, cuando tratando de justificar lo injustificable, sostiene: *"Ahora bien, respecto a la compatibilidad entre la norma interna, como lo es la Constitución boliviana y la Convención, al ser la segunda de preferente aplicación en cuanto a la protección de derechos humanos por prever ésta, al menos en el presente caso, derechos más favorables a la propia Norma Suprema boliviana, se debe dejar de aplicar la norma interna si ésta es menos favorable"*.

En consecuencia, existen serios fundamentos jurídicos –entre muchos otros–, para sostener que se ha emitido una Resolución contraria a la Constitución y las leyes en el Estado Plurinacional de Bolivia, que además ahora se encuentra en riesgo de ser sujeto de responsabilidad internacional por no haber realizado un control (adecuado, razonable e idóneo) de convencionalidad, quebrantando así el orden constitucional y el sistema democrático (Vargas, 2019).

D. *El Control Difuso de Convencionalidad, y el método de su aplicación según la Sentencia Constitucional Plurinacional 0032/2019*

En esta revisión jurisprudencial, cabe señalar también lo expuesto en la Sentencia Constitucional Plurinacional 0032/2019, de 9 de julio[51], en uno de cuyos fundamentos se ha reconocido expresamente al control de convencionalidad difuso como un elemento indispensable para el respeto y garantía de los derechos.

a. *Tipos de control de convencionalidad*

En este sentido, la referida SCP 0032/2019 precisa por ejemplo, que existen dos tipos de control de convencionalidad:

a) uno es el denominado *control de convencionalidad concentrado*, que es ejercido por los Organismos competentes de la comunidad internacional, encargados de garantizar el cum-

---

[51] Mediante la citada Sentencia Constitucional Plurinacional 0032/2019, emergente de la Acción de Inconstitucionalidad abstracta interpuesta por dos diputados de la Asamblea Legislativa Plurinacional, el Tribunal Constitucional Plurinacional (TCP) decidió lo siguiente: De acuerdo a lo dispuesto por el artículo 256 de la Constitución Política del Estado, declarar la APLICACIÓN PREFERENTE del artículo 23 de la Convención Americana sobre Derechos Humanos, por ser la norma más favorable en relación a los derechos políticos, sobre el artículo 238.3 de la Ley Fundamental, en el texto: *"electivos"* conforme a los fundamentos expresados en la misma Sentencia.

plimiento de los instrumentos internacionales sobre derechos humanos; cuyo objeto es interpretar progresivamente el sentido y alcance de tales instrumentos para resolver contenciones acerca de si un Estado parte ha violado o hace caso omiso a los derechos humanos, ejemplo de esto es el control de convencionalidad realizado por la Corte IDH que, en ejercicio de las atribuciones que le confieren los arts. 1 y 2 de su Estatuto, verifica de manera subsidiaria que las disposiciones internas, conductas y actos de los Estados parte de la Convención Americana sobre Derechos Humanos sean acordes y no vulneren su contenido, imponiendo -en su caso- las sanciones correspondientes;

b) el segundo tipo, es el *control de convencionalidad difuso* que es realizado por las autoridades internas de cada Estado en el ámbito de sus competencias, más allá del control de constitucionalidad; esta especie de control consiste en el deber de realizar un examen de compatibilidad entre las normas nacionales y el "*corpus iuris*" de derechos humanos[52]. Ello, implica reconocer la fuerza normativa de tipo convencional, que se materializa en los criterios jurisprudenciales emitidos por el órgano internacional que los interpreta, tal y como lo expresó la Corte IDH en el párrafo 52 de la Sentencia de 26 de noviembre de 2010, dentro del ***Caso Cabrera García y Montiel Flores vs. México.*** Excepción Preliminar, Fondo, Reparaciones y Costas:

"52. Así, la 'fuerza normativa' de la Convención Americana alcanza a la interpretación que de la misma realice la Corte IDH, como 'intérprete última' de dicho Pacto en el Sistema Interamericano de Protección de los Derechos Humanos. La interpretación emprendida por el Tribunal Interamericano a las disposiciones convencionales adquiere la misma eficacia que poseen éstas, ya que en realidad las 'normas convencionales' constituyen el resultado de la 'interpretación convencional' que emprende la Corte IDH como órgano 'judicial autónomo cuyo objetivo es la aplicación e interpretación' del *corpus juris* interamericano. Dicho en otras palabras, el resultado de la interpretación de la Convención Americana conforma la jurisprudencia de la misma; es decir, constituyen normas que derivan de la CADH, de lo cual se obtiene que gocen de la misma eficacia (directa) que tiene dicho tratado internacional".

---

52 Ahora bien, la Corte Interamericana de Derechos Humanos, en su Opinión Consultiva (OC) 16/1999, ha precisado que *"El corpus juris del Derecho Internacional de los Derechos Humanos está formado por un conjunto de instrumentos internacionales de contenido y efectos jurídicos variados (tratados, convenios, resoluciones y declaraciones)"* (párr. 115). Esto significa, que según esta Opinión Consultiva, el conjunto de instrumentos internacionales o corpus iuris de los derechos humanos, comprende: 1) Los tratados que contienen disposiciones vinculantes para los Estados que los han suscrito; y, 2) Las resoluciones, declaraciones y otros instrumentos adoptados o reconocidos por órganos internacionales que si bien no han sido suscritos por los Estados y, por ende, a prima facie, no tienen fuerza vinculante; empero, al contribuir a la determinación de su contenido, alcance, así como a su interpretación y aplicación; su utilización es imprescindible en la labor interpretativa de los tribunales internacionales y nacionales, es decir, que por su uso, como costumbre internacional, adquieren fuerza vinculante. Esta tesis ya fue adoptada implícitamente por el Tribunal Constitucional anterior, que estableció que no sólo los Tratados Internacionales ratificados por Bolivia son parte del bloque de constitucionalidad y, por ende, de cumplimiento obligatorio, sino también la Declaración Universal de los Derechos Humanos, la Declaración Americana de los Derechos y Deberes del Hombre y otros, como la Declaración de las Naciones Unidas sobre la Eliminación de la Violencia contra la Mujer (SC 1015/2004-R de 2 de julio) y todas las declaraciones sobre derechos humanos (SC 0045/2006 de 2 de junio). Del mismo modo, el Tribunal Constitucional transitorio, en la SC 0061/2010-R de 27 de abril, señaló que las reglas, principios y directrices sobre diferentes temas de derechos humanos, son instrumentos internacionales que: *"...tienen una importancia fundamental para la aplicación de las normas contenidas en tratados internacionales sobre derechos humanos y en la Constitución Política del Estado, pues se constituyen en las directrices para la interpretación de las mismas. En ese sentido todas las normas antes señaladas se encuentran enlazadas entre sí, debiendo ser entendidas de manera integral, acudiendo a los diferentes instrumentos internacionales para precisar los alcances y el contenido de los derechos y garantías"*. (*Cfr.* Sentencia Constitucional Plurinacional 0846/2012, de 20 de agosto. Línea jurisprudencial reiterada en las SSCCPP 0328/2017-S2, de 3 de abril; 1112/2017-S1, de 12 de octubre; y 0165/2018-S3, de 15 de mayo).

Entonces, el deber de ejercer el control de convencionalidad difuso en el Estado Plurinacional de Bolivia, surge de la obligación de dar cumplimiento de buena fe a los tratados internacionales de acuerdo al principio *"pacta sunt servanda"*, cuyo establecimiento se encuentra en los arts. 26 y 27 de la Convención de Viena sobre el Derecho de los Tratados de 1969. Asimismo, el TCP agrega que la declaratoria de obligatoriedad de la Convención Americana sobre Derechos Humanos se debe a que el Estado boliviano ratificó dicho instrumento internacional mediante la Ley N°1430 de 11 de febrero de 1993, reconociendo la competencia de la Comisión Interamericana de Derechos Humanos, conforme a lo establecido en el art. 45 de la CADH; y, disponiendo como obligatoria de pleno derecho, incondicionalmente y por plazo indefinido, la jurisdicción y competencia de la Corte IDH, de acuerdo al art. 62 del mismo instrumento internacional. De esa manera, el Estado Plurinacional de Bolivia quedó vinculado a su contenido y por ende, a dar cabal cumplimiento de buena fe a sus postulados y los de otros instrumentos internacionales en materia de derechos humanos.

b. *Alcances del control difuso de convencionalidad y sus efectos*

En la referida SCP 0032/2019, el TCP pone de relieve las precisiones realizadas por la Corte IDH, cuando definió los posibles alcances del control difuso de convencionalidad en sus efectos, dependiendo de las atribuciones de la autoridad que lo realice, que a saber pueden ser tres:

a) Dejar sin efectos jurídicos aquellas interpretaciones inconvencionales, buscando la interpretación conforme al "corpus iuris" de derechos humanos; **b)** Cuando no pueda lograrse una interpretación convencional, se debe dejar sin efectos jurídicos la norma nacional, implicándola al caso particular; y, **c)** Cuando no pueda lograrse una interpretación convencional, se debe dejar sin efectos jurídicos la norma nacional con efectos generales o "erga omnes", inclusive retroactivos, cuando resulte indispensable para lograr un adecuado goce y disfrute de los derechos humanos; y cabe tener en cuenta que estos efectos fueron definidos por la Corte IDH en los párrafos 53 y 57 de la Sentencia de 26 de noviembre de 2010, dentro del ***Caso Cabrera García y Montiel Flores vs. México.*** Excepción Preliminar, Fondo, Reparaciones y Costas:

"53. Como hemos sostenido al analizar los grados de intensidad del 'control difuso de convencionalidad', **el resultado del examen de compatibilidad entre la norma nacional y el 'bloque de convencionalidad', consiste en dejar 'sin efectos jurídicos' aquellas interpretaciones inconvencionales o las que sean menos favorables**; o bien, cuando no pueda lograrse interpretación convencional alguna, la consecuencia consiste en 'dejar sin efectos jurídicos' la norma nacional, ya sea en el caso particular o con efectos generales realizando la declaración de invalidez de conformidad con las atribuciones del juez que realice dicho control" (las negrillas nos corresponden).

"57. Si bien el citado precepto se refiere a las atribuciones de la Corte IDH, *mutatis mutandi,* debe aplicarse a los jueces nacionales debido a que también son jueces interamericanos cuando realizan el 'control difuso de convencionalidad'. Y ello implica garantizar, en la medida de lo posible, el efectivo goce del derecho o libertad violado. Lo anterior conduce a afirmar que, **en determinados supuestos, deben repararse las consecuencias de la norma inconvencional, lo cual sólo se puede lograr teniendo 'sin efectos' dicha norma nacional desde su vigencia y no a partir de la inaplicación o declaración inconvencional de la misma**. En otras palabras, dicha retroactividad resulta indispensable en algunos casos para lograr un adecuado goce y disfrute del correspondiente derecho o libertad. Esta afirmación, además, es acorde con la propia jurisprudencia de la Corte IDH al interpretar el citado artículo 63.1 del Pacto de San José, toda vez que ha considerado que cualquier violación de una obligación internacional que haya producido daño comparte el deber de repararlo 'adecuadamente'; lo cual constituye 'uno de los principios fundamentales del Derecho Internacional contemporáneo sobre responsabilidad de un Estado".

Sobre la base de lo anterior, el TCP concluyó señalando que el control de convencionalidad es entendido como una vía para que el Estado boliviano cumpla con su deber de adoptar y emprender todo lo que se encuentra a su alcance para materializar el "*corpus iuris*" de derechos humanos y evitar incurrir en responsabilidad internacional, *incluso al grado de inaplicar su propia Norma Suprema*, aplicando preferentemente el "*corpus iuris*" de derechos humanos; todo esto, a partir de los arts. 13.IV y 256 de la CPE, que consagran el efecto útil y la aplicación preferente de los instrumentos internacionales que declaren o desarrollen derechos humanos de manera más favorable, como elementos de interpretación y aplicación, con el objeto de dejar sin efecto jurídico, en el peor de los casos, aquella normativa interna contraria a aquel estándar o parámetro mínimo de reconocimiento y garantía de derechos humanos consagrado por el Sistema Interamericano de Protección de Derechos Humanos.

En este sentido, en la argumentación de la Sentencia, el TCP hizo énfasis en lo siguiente:

"**La obligación del Estado Plurinacional de Bolivia de ejercer el control difuso de convencionalidad recae especialmente en este Tribunal,** en su función de precautelar el respeto y la vigencia de los derechos y las garantías constitucionales establecida en el art. 196.I de la CPE, velando por la supremacía constitucional que, como se explicó líneas arriba, se encuentra irreversiblemente convencionalizada a través del bloque de constitucionalidad; si bien, el examen de compatibilidad de las normas internas con el "corpus iuris" de derechos humanos a efectos de realizar una interpretación conforme o aplicación preferente al caso concreto, puede ser efectuado de oficio por toda autoridad pública en el ámbito de sus competencias, en lo que respecta a dejar una norma interna constitucional o infra-constitucional sin efectos jurídicos "erga omnes" o la supresión de normas contrarias al "*corpus iuris*" de derechos humanos, se tiene que la declaración de aplicación preferente con efectos generales por inconvencionalidad necesariamente la debe realizar este Tribunal a través de las acciones que más concuerden con tal actividad, las cuales no pueden ser otras que las acciones de inconstitucionalidad abstracta y concreta.

El control difuso de convencionalidad es una nueva obligación que emerge del "*corpus iuris*" de derechos humanos, no encontrándose prevista positiva o formalmente como facultad o atribución de ninguna autoridad dentro de las normas orgánicas y procesales de origen nacional; sin embargo, este Tribunal, como órgano especialmente encargado de precautelar el respeto y la vigencia de los derechos humanos en el Estado Plurinacional de Bolivia, necesariamente debe ejercer esta actividad con autonomía procesal 16 en lo que respecta a dejar sin efectos jurídicos "erga omnes" mediante la aplicación preferente del " corpus iuris" de derechos humanos, incluyendo a la propia Constitución Política del Estado; todo esto, para garantizar la máxima protección a los derechos humanos y su vigencia efectiva a través del bloque de constitucionalidad y su aplicación preferente, cumpliendo las obligaciones contraídas ante la comunidad internacional en general y con el Sistema Interamericano de Protección de Derechos Humanos en particular (principio "*pacta sunt servanda*")" (Esta línea jurisprudencial ha sido reiterada en la Sentencia Constitucional Plurinacional 0009/2022, de 21 de febrero).

En definitiva, y de acuerdo a lo expresado en la Sentencia, el Tribunal Constitucional Plurinacional tiene el deber exclusivo de ejercer el control de convencionalidad difuso a objeto de dejar sin efectos jurídicos generales la normativa interna (legal y constitucional) en aplicación preferente del "corpus iuris" de derechos humanos, más allá de la labor interpretativa encargada a toda autoridad jurisdiccional del Estado boliviano, siendo una labor complementaria al ejercicio del control de constitucionalidad, asignado por mandato de la misma Constitución (línea jurisprudencial reiterada en la Sentencia Constitucional Plurinacional 0049/2019, de 12 de septiembre).

c. *Método para el ejercicio de la labor de control difuso de convencionalidad por el TCP*

Por otro lado, considerando que el objeto fundamental del control de convencionalidad difuso a efecto de inaplicar normas internas, consiste en hacer respetar y cumplir el *'corpus iuris'* de derechos humanos, declarando su aplicación preferente; y siendo que no existe una norma que establezca un procedimiento o método para el ejercicio de esta nueva labor, el Tribunal Constitucional Plurinacional ha visto la necesidad de formular un método razonable y lógico que permita una adecuada contrastación entre el *'corpus iuris'* de derechos humanos y la normativa interna, con base en los principios que hacen a la interpretación de los derechos humanos, entendiendo que dicho ejercicio no puede quedar al arbitrio o conveniencia de cada autoridad, originando un sinfín de criterios u omisiones. Por ello, en la citada SCP 0032/2019, señaló que:

"Desarrollando el indicado método, una vez admitida la acción de inconstitucionalidad concreta o abstracta donde se solicite el control difuso de convencionalidad, el **primer paso** es concretar el punto de partida para el análisis, identificando la norma interna que constituya el objeto del control de convencionalidad y procediendo a determinar los contenidos y alcances desarrollados en el "*corpus iuris*" de derechos humanos de todos los derechos involucrados, lo que constituirá aquel estándar o parámetro mínimo de contrastación, más allá de lo alegado por el o los accionantes, de esa forma se acotarán los elementos inmersos en el caso a estudio y se impedirá que se filtren cuestiones innecesarias, o bien, se dejen de contemplar tópicos de trascendencia.

El **segundo paso** consiste en contrastar la norma interna con aquel estándar o parámetro mínimo obtenido del '*corpus iuris*' de derechos humanos, a fin de dar cuenta de si existe concordancia o no, tratando de salvar la norma objeto de control de convencionalidad difuso a través de la interpretación, de lo cual se podrá arribar a tres posibles conclusiones: **1)** La coexistencia armónica total entre la norma interna y el '*corpus iuris*' de derechos humanos; **2)** La posibilidad de que la norma interna sea compleja y admita diferentes interpretaciones debiendo aplicar el principio '*pro homine*' y elegir la interpretación más amplia y garante, ampliando lo favorable y restringiendo lo odioso; es decir, tratándose de restricción de derechos, es menester estar a la más limitada; y, **3)** Percatarse que la norma interna se contrapone totalmente al '*corpus iuris*' de derechos humanos, no pudiendo ser salvada vía interpretación, debiendo ser dejada sin efectos generales mediante la declaración de aplicación preferente, siempre y cuando el parámetro convencional sea más favorable conforme al art. 256 de la CPE.

Si el control difuso de convencionalidad estuviera relacionado al principio de igualdad y no discriminación, dependiendo a la complejidad del caso y si el análisis realmente lo amerita, este Tribunal podrá aplicar complementaria y simultáneamente el test razonabilidad de la desigualdad desarrollado a partir de la SC 0049/2003 de 21 de mayo y el principio de proporcionalidad para el análisis de la limitación a derechos y a la ponderación, en los supuestos en los cuales se encuentren en conflicto dos derechos.

Finalmente, se debe tener en cuenta -en todo momento- que los instrumentos internacionales en materia de derechos humanos, así como la jurisprudencia emanada por la Corte IDH, no son estáticos, más bien tienen una naturaleza dinámica, evolutiva y progresista, de acuerdo al tiempo y las condiciones de vida; por lo que, los estándares y parámetros mínimos de convencionalidad pueden variar en el tiempo" (Línea jurisprudencial reiterada en la Sentencia Constitucional Plurinacional 0009/2022, de 21 de febrero).

CONCLUSIONES

Como se puede advertir, es indudable la importancia de los principios fundamentales consagrados por la Constitución y desarrollados ampliamente por la jurisprudencia constitucional en Bolivia, para su estricto cumplimiento en la administración de justicia; y lo que se ha intentado en el presente trabajo, es sistematizar el desarrollo jurisprudencial que han tenido determinadas materias e institutos jurídicos en el ámbito de la jurisdicción constitucional, seleccionando algunos de los principales pronunciamientos emitidos desde la perspectiva del control, defensa e interpretación de la Constitución, durante estas más de dos décadas de labor jurisdiccional; tarea que con algunos aciertos y otros lamentables retrocesos, ha desarrollado el Tribunal Constitucional Plurinacional, instituido como el *máximo guardián y supremo intérprete de la Constitución*, con la cualidad adicional de defensor de los Derechos Fundamentales, y por lo mismo, su función principal es ejercer en forma exclusiva el control de constitucionalidad con alcance nacional, garantizando la primacía de la Ley Fundamental del Estado, la plena validez del orden constitucional y democrático, así como la vigencia plena de los derechos y garantías constitucionales de todos(as) los(as) ciudadanos(as).

Así también, en el marco de nuestro sistema constitucional y la interpretación de los derechos y garantías, la jurisprudencia ha establecido que los jueces, tribunales y autoridades administrativas, tienen el deber de ejercer el control de convencionalidad en nuestro país, en virtud de que los derechos fundamentales y garantías constitucionales tienen un lugar preeminente en nuestro sistema constitucional, por mandato de los arts. 13 y 256 de la CPE, que introducen dos principios esenciales que deben guiar la interpretación de los derechos fundamentales: La *interpretación pro homine* y la *interpretación conforme* a los Pactos Internacionales sobre Derechos Humanos; habiéndose determinado que en virtud a la primera (interpretación pro homine), los jueces, tribunales y autoridades administrativas, tienen el deber de aplicar aquella norma que sea más favorable para la protección del derecho en cuestión -ya sea que esté contenida en la Constitución Política del Estado o en las normas del bloque de constitucionalidad- y de adoptar la interpretación que sea más favorable y extensiva al derecho en cuestión; y en virtud a la segunda (interpretación conforme a los Pactos Internacionales), tienen el deber de ejercer el control de convencionalidad, interpretar el derecho de acuerdo a las normas contenidas en Tratados e Instrumentos Internacionales en materia de Derechos Humanos ratificados o a los que se hubiere adherido el Estado, siempre y cuando, claro está, declaren derechos más favorables a los contenidos en la Norma Suprema; obligación que se extiende, además al contraste del derecho con la interpretación que de él ha dado la Corte Interamericana de Derechos Humanos.

En ese contexto, al momento de aplicar las leyes, los jueces y tribunales tienen la obligación de analizar la compatibilidad de la disposición legal no sólo con la Constitución Política del Estado, sino también como lo ha entendido la jurisprudencia de la Corte IDH, están obligados a efectuar el control de convencionalidad, a efecto de determinar si esa disposición legal es compatible o no con los Convenios y Pactos Internacionales sobre Derechos Humanos y con la interpretación que de ellas hubiera realizado la Corte Interamericana de Derechos Humanos. En ambos casos, los jueces y tribunales están obligados a interpretar la disposición legal desde y conforme a las normas de la Ley Fundamental y las normas contenidas en Pactos Internacionales sobre Derechos Humanos y, cuando dicha interpretación no es posible, formular, de oficio, la acción de inconstitucionalidad concreta.

En esa perspectiva, resulta muy importante destacar las principales líneas jurisprudenciales creadas con bastante acierto por el máximo órgano contralor de la constitucionalidad en el país; debiendo resaltarse que muchas de ellas se han mantenido incólumes hasta el día de hoy, aunque ciertamente, muchas otras han sido moduladas y superadas en la búsqueda de una mejor protección efectiva de los derechos humanos y fundamentales en Bolivia, más aún si se considera que en la actualidad, por vía jurisprudencial se ha establecido la doctrina del estándar más alto de protección de los derechos humanos, lo que constituye una buena iniciativa que coadyuvará a instaurar el activismo judicial con que se debe ejercer el control de constitucionalidad.

BIBLIOGRAFÍA CONSULTADA

Asbun, Jorge. *"¿Es posible un control difuso de constitucionalidad?"* (La Gaceta Jurídica, 14/10/2014). Disponible en: http://bit.ly/2cs7E3D

______. *Control Constitucional en Bolivia. Evolución y Perspectivas*. En: Revista Constitucional. Número 3. Sucre, Bolivia: Editorial Judicial, 1999.

Attard, María Elena. *Estándares jurisprudenciales, principios y directrices supraestatales vinculados a derechos colectivos y difusos a ser aplicados en el Estado Plurinacional de Bolivia*. Disponible en: http://www.auditoriajudicialandina.org/?p=5729

______. *La última generación del Constitucionalismo: el Pluralismo descolonizador intelectual y sus alcances en el Estado plurinacional de Bolivia*. En: Lex social: revista de los derechos sociales, julio-diciembre 2012. p. 133-162. Disponible en: http://bit.ly/1TS1wRS

Ayala Corao, Carlos. *Del Dialogo Jurisprudencial al Control de Convencionalidad*. Biblioteca Porrúa de Derecho Procesal Constitucional Nº 72. México: Editorial Porrúa, 2013.

Baldivieso, Rene. *Derecho Procesal Constitucional. Tribunal, Procedimientos y Jurisprudencia en Bolivia.* Santa Cruz, Bolivia: Industrias Gráficas Sirena, 2006.

______. Composición y atribuciones del Tribunal Constitucional de Bolivia. *Ius et Praxis* [online]. 2002, vol.8, n.1, pp. 319-326. Disponible en: https://bit.ly/2SERGa3

Carpizo, Jorge. *El Tribunal Constitucional y sus límites*. Segunda edición. Serie: Cuadernos Constitucionales. Lima, Perú: Editora y Librería Jurídica Grijley E.I.R.L. 2017.

CORTE INTERAMERICANA DE DERECHOS HUMANOS. *Cuadernillo de Jurisprudencia de la Corte Interamericana de Derechos Humanos Nº 7: Control de Convencionalidad* (2021). Disponible en: https://bit.ly/3uk5wle

CORTE SUPREMA DE JUSTICIA. *Bolivia hacia una Reforma Constitucional. Debate Nacional sobre la Reforma a la Constitución Política del Estado*. Sucre, Bolivia: Editorial Judicial, 1993.

Dermizaky, Pablo. *Justicia Constitucional y Cosa Juzgada*. En: Anuario de Derecho Constitucional Latinoamericano – 2004. Tomo I. Montevideo – Uruguay: Fundación Konrad Adenauer, 2004. Págs. 291-298. Disponible en el siguiente enlace: http://bit.ly/1C7aN1r.

Durán, Willman. *Las líneas jurisprudenciales básicas del Tribunal Constitucional (en la protección de los derechos fundamentales)*. Santa Cruz, Bolivia: Editorial El País, 2003.

Fernández, Francisco. *La Justicia Constitucional ante el Siglo XXI: La progresiva convergencia entre los sistemas americano y europeo-kelseniano*. Serie Estudios Jurídicos Nº64. México: Instituto de Investigaciones Jurídicas de la Universidad Nacional Autónoma de México, 2004. Disponible en: https://bit.ly/1hADS6u

Ferrer, Eduardo. y otros (Coords.). *Diccionario de Derecho Procesal Constitucional y Convencional*. Tomo II. México: Poder Judicial de la Federación – Instituto de Investigaciones Jurídicas de la Universidad Nacional Autónoma de México, 2014.

Nogueira, Humberto. *La justicia y los Tribunales Constitucionales de Indoiberoamérica del Sur en la alborada del Siglo XXI*. Cochabamba, Bolivia: Editorial Kipus, 2006.

______. *Derechos fundamentales, bloque constitucional de derechos, dialogo interjurisdiccional y control de convencionalidad*. Colección: Derecho Procesal de los Derechos Humanos. Tomo 1. Primera reimpresión. México D.F.: Ubijus, Editorial S.A. de C.V., 2016.

PODER JUDICIAL DE BOLIVIA. *Labores Judiciales 1999*. Sucre, Bolivia: Editorial Judicial, 2000.

Rivera, José Antonio. *Algunos avances en el proceso de judicialización de los derechos humanos en Bolivia*. En: Bazán, Víctor y Nash, Claudio. (editores). *Justicia Constitucional y Derechos Fundamentales. Aportes de Argentina, Bolivia, Brasil, Chile, Perú, Uruguay y Venezuela (2009)*. Montevideo, Uruguay: Fundación Konrad Adenauer, Oficina Uruguay, 2010. p. 33-42. Disponible en: http://bit.ly/2cfpvIO

______. *El Amparo Constitucional contra sentencias judiciales con autoridad de cosa juzgada. Una perspectiva del tema en Bolivia.* En: Anuario de Derecho Constitucional Latinoamericano – 2003. Montevideo – Uruguay: Fundación Konrad Adenauer, 2003.

______. *El Nuevo Sistema Constitucional del Estado Boliviano*. En: ACADEMIA BOLIVIANA DE ESTUDIOS CONSTITUCIONALES (editor). *Estudios sobre la Constitución aprobada en enero de 2009*. Cochabamba, Bolivia: Grupo Editorial Kipus, 2009.

______. *El Precedente Constitucional emanado de la Jurisprudencia del Tribunal Constitucional y su impacto en el ordenamiento jurídico y la actividad de los Órganos Estatales en Bolivia*. En: Revista Estudios Constitucionales, vol. 4, núm. 1, julio, 2006, pp. 33-65, Centro de Estudios Constitucionales de Chile. Disponible en: https://bit.ly/2lCWgWl

______. *El Tribunal Constitucional defensor de la Constitución. Reflexiones sobre la necesidad de su consolidación y fortalecimiento institucional*. Sucre, Bolivia: GTZ – PADEP, Unión Europea, AECI, 2007.

______. *El Tribunal Constitucional: una década transitando un sendero con obstáculos*. En: Revista Opiniones y Análisis N° 90. Los árbitros de la vida institucional boliviana. La Paz, Bolivia: Fundemos, 2008.

______ *Jurisdicción Constitucional. Procesos Constitucionales en Bolivia*. Tercera Edición actualizada con la Constitución y la Ley N°27. Cochabamba, Bolivia: Grupo Editorial Kipus, 2011.

______. *Temas de Derecho Constitucional*. Cochabamba, Bolivia: Editora Olimpo, 2012.

______. *La aplicación del Control de Convencionalidad en Bolivia*. En: FUNDACIÓN OBSERVATORIO DE DERECHOS HUMANOS Y JUSTICIA. Reflexiones y Análisis N°3 (2016). Disponible en: http://bit.ly/2lsGH6m

______. *La justicia constitucional en el nuevo modelo de Estado Boliviano*. En: BOGDANDY, Armin von, FERRER MAC-GREGOR, Eduardo, y MORALES, Antoniazzi (Coords.). *La Justicia Constitucional y su Internacionalización. ¿Hacia un Ius Constitutionale Commune en América Latina?* Tomo I. México: Instituto de Investigaciones Jurídicas de la Universidad Nacional Autónoma de México – Instituto Iberoamericano de Derecho Constitucional, 2010.

______. *Recurso de Inconstitucionalidad en Bolivia*. En: VEGA GOMEZ, Juan y CORZO SOSA, Edgar (Coords.). *Instrumentos de Tutela y Justicia Constitucional. Memoria del VII Congreso Iberoamericano de Derecho Constitucional*. México: Instituto de Investigaciones Jurídicas de la Universidad Nacional Autónoma de México, 2002. Págs. 583-603. Disponible en: https://bit.ly/2LGKqto

______. *Reforma Constitucional en Democracia*. En: ACADEMIA BOLIVIANA DE ESTUDIOS CONSTITUCIONALES (editor). *Análisis de la Reforma a la Constitución Boliviana*. Santa Cruz, Bolivia: Editorial El País, 2002.

Sagüés, Néstor. *El Control Difuso de Constitucionalidad. Su proyección en Bolivia*. En: PROGRAMA DE FORTALECIMIENTO A LA CONCERTACIÓN Y AL ESTADO DE DERECHO (GTZ) – VICEPRESIDENCIA DEL ESTADO PLURINACIONAL DE BOLIVIA (editores). *Hacia la construcción del Tribunal Constitucional Plurinacional*. Memoria de la Conferencia Internacional. La Paz, Bolivia: Editora PRESENCIA, 2010.

Vargas Lima, Alan. *"El pensamiento de Pablo Dermizaky y su aporte al desarrollo del constitucionalismo boliviano. (Homenaje Póstumo)"*; que se halla publicado en: Revista de la Biblioteca y Archivo Histórico de la Asamblea Legislativa Plurinacional – Fuentes. Año 14, Volumen 9, Número 41. La Paz, Bolivia: Diciembre 2015. Págs. 17-34; y también ha sido incluido en: Anuario de Estudios Bolivianos, Archivísticos y Bibliográficos – Archivo y Biblioteca Nacionales de Bolivia. Número 21. Sucre, Bolivia: ABNB 2015.

______. *La Justicia Constitucional en el Estado Plurinacional. Bases del modelo de control concentrado y plural de constitucionalidad en Bolivia*; editado con el apoyo de la

Academia Boliviana de Estudios Constitucionales (ABEC), y publicado en Cochabamba, Bolivia: Editorial Kipus, 2017.

______. *Bloque de Constitucionalidad y Control de Convencionalidad en Bolivia.* En: Anuario de Derecho Constitucional Latinoamericano – 2018. Bogotá, Colombia: Fundación Konrad Adenauer, 2018.

______. *"La Evolución Histórica del Control de Constitucionalidad en Bolivia y su proyección hacia un modelo plural"*, el texto fue publicado en la Revista Precedente 2018, Vol.13 / Julio-Diciembre, 81-118. Cali – Colombia. En: https://www.icesi.edu.co/revistas/index.php/precedente/article/view/3021

______. *Justicia Constitucional en Bolivia (1999 - 2019)*, Tomos I y II, editados con el apoyo de la Academia Boliviana de Estudios Constitucionales (ABEC), el Instituto Latinoamericano de Investigación y Capacitación Jurídica – LATIN IURIS (Bolivia), y publicado en Cochabamba, Bolivia: Grupo Editorial Kipus, 2019.

______. *"Bloque de Constitucionalidad y desarrollo jurisprudencial del Control de Convencionalidad en Bolivia".* En: Revista Estudios Constitucionales, Año 17, Nº 1, 2019, pp. 363-396. Disponible en: https://bit.ly/3iurmvt

VI SEMINARIO INTERNACIONAL: *Justicia Constitucional y Estado de Derecho*, (Sucre, 26 y 27 de junio de 2003). Memoria Nº 7. Sucre, Bolivia: Editorial Tupac Katari, 2003.

X CONFERENCIA IBEROAMERICANA DE JUSTICIA CONSTITUCIONAL: *"Normatividad y Supremacía Jurídica de la Constitución"* (Santo Domingo, 12-15 de marzo de 2014). Disponible en: http://bit.ly/2bnOk4K

LA EXTINCIÓN DE DOMINIO Y EL PRINCIPIO DE PROGRESIVIDAD Y OBJETIVACIÓN DE LA CALIFICACIÓN SOBRE LA ACTIVIDAD ILÍCITA. A PROPÓSITO DE LA SENTENCIA 135/2025 DEL TRIBUNAL CONSTITUCIONAL DEL PERÚ SOBRE LA NULIDAD PARCIAL DEL DECRETO LEGISLATIVO 1373 SOBRE EXTINCIÓN DE DOMINIO

Emilio J. Urbina Mendoza

Doctor en Derecho (Universidad de Deusto)
Profesor del doctorado en Derecho (Universidad Católica Andrés Bello)
Investigador visitante (Universidad de Deusto)

Resumen: *Desde la reforma de la extinción de dominio, en el Decreto Legislativo 1373 de 2018, la aplicación del instituto ha generado fuertes discusiones, sobre todo, en lo relativo al modelo subjetivo de extinción de dominio asumida. En 2024, la Defensoría del Pueblo del Perú, introduce un recurso de inconstitucionalidad del citado DL 1373, alegando, además de la falta de tipicidad constitucional para incorporarlo a la legislación peruana; la amplitud de lo que debía considerarse "actividad ilícita". Esta amplitud responde a los llamados modelos subjetivos, donde, el legislador contempla una cláusula abierta para considerar cuáles actividades son calificadas como "ilícitas", y, por tanto, generadoras de procesos de extinción de dominio. En junio de 2025, el Tribunal Constitucional del Perú dictó fallo en el llamado proceso 0008-2024-PI/TC, declarando parcialmente con lugar la demanda citada. Implícitamente, la dispositiva del fallo, sin hacer mención, aludió a lo que en doctrina se denomina el principio garantista de progresividad y objetivación de la calificación sobre la actividad ilícita en extinción de dominio.*

Palabras claves: *Extinción de dominio, actividad ilícita, derecho común de extinción de dominio, delincuencia económica, justicia constitucional.*

Abstract: *Since the reform of asset forfeiture in Legislative Decree 1373 of 2018, the application of this law has generated heated debate, particularly regarding the subjective model of asset forfeiture. In 2024, the Peruvian Ombudsman's Office filed a constitutional appeal against the aforementioned DL 1373, alleging, in addition to the lack of constitutional definition to incorporate it into Peruvian law, the breadth of what should be considered an "illegal activity." This breadth responds to the so-called subjective models, where the legislator contemplates an open clause to consider which activities are classified as "illegal" and, therefore, trigger asset forfeiture proceedings. In June 2025, the Peruvian Constitutional Court issued a ruling in the so-called case 0008-2024-PI/TC, partially upholding the aforementioned claim. Implicitly, the ruling's operative part, without mentioning it, alluded to what in doctrine is called the guarantee principle of progressiveness and objectification of the qualification of the illicit activity in the forfeiture of assets.*

Key words: *Forfeiture of assets, illicit activity, common law of forfeiture of assets, economic crime, constitutional justice.*

I. CONTEXTO DE LA SENTENCIA 135/2025 DEL TRIBUNAL CONSTITUCIONAL DEL PERÚ

El 27 de junio de 2025, el Tribunal Constitucional de la República del Perú (en adelante TC), dictó la sentencia 135/2025, que resuelve, la demanda de nulidad por inconstitucionalidad parcial, del Decreto Legislativo sobre extinción de dominio[1], introducida por la Defensoría del Pueblo en 2024[2]. Sin embargo, es importante acotar, que, el 9 de mayo de 2025, el Congreso Nacional sancionó la Ley n° 32326 contentiva de la *Ley que modifica el Decreto Legislativo 1373, sobre extinción de dominio*[3], que como su nominalidad indicó, fu para "perfeccionar el proceso de extinción de dominio" en el Perú.

La reforma del Decreto 1373 operó *ipso facto.* No hubo *vacatio legis* ni otro tipo de dispositivo que pospusiera su vigencia en el tiempo. Ante esta situación, la nueva norma también fue impugnada por "inconstitucional", esta vez, por el Ministerio Público del Perú[4]. Por tanto, al momento de la decisión, existían dos recursos contra un mismo texto normativo, aunque no general, pero, si parcialmente identificable los preceptos que, tanto para la Defensoría del Pueblo como para el Ministerio Público, se consideran "inconstitucionales".

De forma que el máximo intérprete de la Constitución peruana se encontraba en lo que procesalmente se denomina acumulación de acciones, visto que, hay identidad en cuanto al acto impugnado y los efectos de una declaratoria estimatoria de la demanda, tendría impacto *erga omnes* sobre el ordenamiento jurídico peruano.

Sobre otros aspectos relativo a las acciones, sobre todo, los atinente a la esfera procesal, obviaremos de emitir opinión, visto que, el sistema procesal constitucional en el Perú requeriría mayores explicaciones que sobresaldrían del objeto propuesto en la presente investigación, que no es más que, el abordaje de los modelos de la extinción de dominio y los límites a su concepción por el legislador, por razones de constitucionalidad.

1. *Control de la constitucionalidad del parcialmente derogado Decreto Legislativo 1373 y la improcedente "sustracción de la materia" objeto de nulidad*

A pesar de las advertencias anteriormente señaladas, es necesario destacar un problema del orden procesal constitucional que siempre conlleva a situaciones donde podría poner en tela de juicio, el principio de la seguridad jurídica. En el caso de marras, como bien lo expusimos en las líneas que preceden, concurrían sobre un mismo acto legislativo dos recursos de nulidad que en un principio no fueron acumulados.

---

[1] Publicado en el Diario oficial *El Peruano,* de fecha 4 de agosto de 2018. Este Diario es el equivalente al Boletín Oficial del Estado (BOE - España) y la Gaceta Oficial de la República Bolivariana de Venezuela (GO - GOE).

[2] Introducido en fecha 2 de agosto de 2024. Expediente 00008-2024-PI/TC.

[3] En efecto, el pasado 9 de mayo de 2025, fue publicada la Ley n° 32326 contentiva de la *Ley que modifica el Decreto Legislativo 1373, Decreto legislativo sobre extinción de dominio, a fin de perfeccionar el proceso de extinción de dominio.* En dicho instrumento, se mixtifica la extinción de dominio con la realidad de ser un Comiso directo solapado, según lo dispone el artículo 2. "(...) Objeto del Decreto. El presente decreto legislativo tiene como objeto regular el proceso de extinción de dominio que procede contra los bienes mencionados en los supuestos de hecho del artículo 1 del Título Preliminar, y cuya procedencia o destino esté relacionado a actividades ilícitas *que tengan previa sentencia judicial penal firme y consentida o laudo*. Para la procedencia también debe observarse el artículo 7, sin importar quien haya adquirido el bien o lo tenga en su poder (...)" (Cursivas nuestras).

[4] Demanda por inconstitucionalidad contra la Ley n° 32326, presentada en fecha 23 de mayo de 2025, por la Fiscal General de la Nación, Delia Milagros Espinoza Valenzuela. Expediente 00011-2025-PI/TC.

El problema no es tanto acumular o no diversos recursos sobre un mismo acto. El problema resalta cuando el segundo acto legislativo impugnado por los mismos motivos de inconstitucionalidad que el primero, derogó expresamente -parcial o total- preceptos objeto del otro recurso. En pocas palabras, la pregunta capital sería ¿puede un Tribunal Constitucional conocer de un recurso de nulidad contra una norma derogada por otra norma?

En el caso venezolano, de haberse suscitado este problema en nuestro país, el primer recurso de nulidad introducido en 2024 por la Defensoría del Pueblo, la Sala Constitucional del Tribunal Supremo de Justicia habría declarado "decaimiento del objeto", visto que, la norma impugnada ya no formaría parte del ordenamiento jurídico vigente[5]. Por tanto, habría operado, en términos del TC, "sustracción de la materia". Esta opinión, sin embargo, no fue la mayoritaria en la sentencia 135/2025, analizada en este trabajo, aunque hubo posturas en los votos singulares, específicamente del Magistrado Luis Gutiérrez Ticse[6].

A pesar de la lógica procesal, la propia sentencia 135/2025, el TC niega la "sustracción de la materia", es decir, procede a analizar la constitucionalidad de los preceptos impugnados por la Defensoría del Pueblo, a pesar, que algunos de ellos, se encontraban formalmente derogados por la nueva Ley n° 32326. En términos del propio fallo *sub iudice,*

> "(…) 4. Pese a ello, este Tribunal Constitucional advierte que no ha operado la sustracción de la materia, debido a que, mientras estas estuvieron en vigor, generaron efectos que incontrovertiblemente persisten en el tiempo, los que, *de ser el caso, deben ser enmendados*. Eso es así porque no toda norma en vigencia es válida ni toda norma derogada se encuentra impedida de ser sometida a juicio de validez. En todo caso, esto último solamente es viable cuando lo permite en el primer párrafo del artículo 1016 del Nuevo Código Procesal Constitucional, que contempla lo siguiente:
>
> Si, durante la tramitación del proceso de inconstitucionalidad, las normas impugnadas fueran derogadas, el Tribunal Constitucional continuará con la tramitación del proceso en la medida en que estas continúen siendo aplicables a los hechos, situaciones o relaciones producidas durante su vigencia. (…)
>
> (…) 6. Por ese motivo, este Tribunal Constitucional juzga que corresponde evaluar la constitucionalidad de las disposiciones ahora derogadas, puesto que, conforme lo prevé el primer párrafo del artículo 106 del Nuevo Código Procesal Constitucional, *mientras estuvieron vigentes, se han aplicado*. De modo que, en efecto, *existen personas (naturales o jurídicas) a las que se le extinguió el dominio de sus bienes en aplicación de tales disposiciones y vienen cuestionando, en sede constitucional, la extinción del dominio de sus bienes mediante procesos de amparo contra resoluciones judiciales* (…)" (cursivas nuestras) (…)"

A pesar del argumento, estimamos que el mismo puede resultar peligroso, ya que, parte de dos supuestos que para nada se asocia a la naturaleza misma de la acción de nulidad contra leyes por inconstitucionalidad. Primero, partimos que toda ley, así esté derogada, generó efectos durante su vigencia y precisamente fue creada para "aplicarse", de forma tal que, de seguir este criterio, entonces, ¿sólo serían objeto de impugnación las leyes que fueron aplicadas durante su vigencia?

Segundo, en el párrafo 6 del fallo existe una situación que va más allá de toda noción de *notoriedad judicial* esgrimida implícitamente, es decir, a pesar de que el TC sustancia y decide acciones de amparo precisamente en materia de extinción de dominio; no todas están

---

5 Véase, sentencia Sala Constitucional del Tribunal Supremo de Justicia, número 0373, de fecha 25 de julio de 2022. También, de la misma Sala, véase sentencia número 524 de fecha 08 de junio de 2000; número 1164 de fecha 10 de octubre de 2000; número 17 de fecha 24 de enero de 2001; número 1210 de fecha 23 de julio de 2008. Es prácticamente doctrina jurisprudencial "pacífica y reiterada".

6 Sentencia 135/2025, página 88, párrafos 2 al 4.

dirigidas hacia un mismo fin. Por tanto, sugiere la sentencia bajo escrutinio que si existen atisbos de restituciones de derechos fundamentales (objeto del mecanismo de amparo constitucional), entonces, ¿habría que detenerse al análisis de la norma derogada? Ni se diga la vedada sugerencia sobre posibles connotaciones resarcitorias patrimonialmente hablando, que incluiría, reparaciones u otras formas de indemnizaciones por aplicación de reglas en extinción de dominio mientras estuvieron vigente.

Pero, existe otro punto, aunado a este de negativa de sustracción, y es el siguiente:

"(…) 9. Ergo, como no existe aquella identidad, este Tribunal Constitucional concluye que no corresponde evaluar esas innovaciones en el ordenamiento jurídico en el presente pronunciamiento, toda vez que el segundo párrafo del artículo 106 del Nuevo Código Procesal Constitucional no lo permite. Por consiguiente, *la evaluación de la constitucionalidad de las modificaciones introducidas por la Ley 32326 va a ser realizada en el marco de la demanda de inconstitucionalidad interpuesta por el Ministerio Público contra el Congreso de la República, tramitada en el Expediente 00011-2025-PI/TC, a la que eventualmente podría acumularse cualquier otra demanda de inconstitucionalidad que interponga cualquier otro sujeto facultado para interponerla, conforme a lo previsto en el artículo 203 de la Constitución* (…)" (cursivas nuestras)

Es decir, que la segunda demanda (contra la Ley n° 32326) se decidirá en otra sentencia, a sabiendas que, la decisión 135/2025 adelantó opinión sobe el objeto de la segunda demanda, como es, la autonomía de la acción de extinción de dominio[7]. En fin, con los lineamientos de la sentencia 135/2025, es racionalmente estimable, que la sentencia del recurso de nulidad parcial contra la Ley n° 32326 también sea declarada parcialmente con lugar. Ante esta situa-

---

[7] Recordemos que la demanda del Ministerio Público, por inconstitucionalidad, de la Ley n° 32326 que modifica el Decreto Legislativo 1373, tiene su centro argumental en que la nueva ley "elimina" esa autonomía de la acción, haciéndola dependiente de una sentencia penal condenatoria. Pues bien, la sentencia bajo análisis hizo un pronunciamiento extenso sobre esta materia, es decir, castigando que el legislador se vaya a los extremos: ni puede crear una acción de extinción de dominio totalmente autónoma de lo penal, así como tampoco, puede concebir una acción sin autonomía. En el párrafo 108, página 37 se puede leer: "(…) 108. Al respecto, este Tribunal Constitucional estima que para que realmente funcione *la extinción de dominio, esta tiene que necesariamente gozar de cierta autonomía respecto del derecho penal. Eso es lo que distingue a la extinción de dominio del simple decomiso, el que no ha demostrado su idoneidad en la desarticulación de las organizaciones criminales. En todo caso, una cosa es garantizarle una autonomía relativa; y otra, muy distinta, una autonomía absoluta. Por ese motivo, no puede perderse de vista que, aunque revestir de autonomía absoluta a la extinción de dominio es insensatamente inconstitucional; dotarla con autonomía relativa sí encuadra dentro de los linderos de lo constitucionalmente permitido* (…)" (cursivas nuestras). En el recurso presentado en mayo de 2025 por la Fiscal General del Perú, precisamente se ataca la falta absoluta de autonomía que regula la Ley n° 32326 sobre extinción de dominio, en específico, la modificación del artículo II, 2.3 que establece: "2.3. Autonomía: el proceso de extinción de dominio es independiente y autónomo, *pero sujeto a una sentencia firme y consentida o de un laudo que se emita en un proceso penal, civil u otro de naturaleza jurisdiccional o arbitral. No se necesita la emisión de una sentencia firme y consentida o de un laudo, si están referidas a las siguientes actividades ilícitas penales: tráfico ilícito de drogas, terrorismo, secuestro, extorsión, trata de personas, contrabando, defraudación aduanera, defraudación tributaria, minería ilegal, estafa y delitos informáticos contra el patrimonio. En estos casos, el trámite del proceso judicial o arbitral no es oponible y el juez rechaza de plano cualquier pedido destinado a la suspensión del proceso. La resolución que resuelve es inimpugnable*" (cursivas nuestras). El artículo impugnado en el segundo recurso, transcrito en su totalidad, prácticamente es inconstitucional por la sentencia, ya que, elimina toda autonomía de la acción de extinción de dominio, así como se extralimita a una tipología delictual que escapa al núcleo duro del concepto de delincuencia económica. Para mayor abundamiento sobre delincuencia económica, véase González Cussac, José Luis (Dir.) y Vidales Rodríguez, Caty (Coord.). *Tratado de Derecho Penal Económico y de la Empresa.* Valencia, Editorial Tirant lo Blanch, 2025, II Tomos.

ción, que pondría en entredicho a los propios magistrados a través de la recusación[8], lo procesalmente operativo y sensato hubiese sido acumular los expedientes y encerrar en una sola sentencia el pronunciamiento de fondo.

2. *Lo declarado parcialmente inconstitucional.*

A pesar de este incidente procesal que pudiera traer consecuencias futuras, sobre todo, al momento de decidir el *expediente 00011-2025-PI/TC,* debemos detenernos en lo que fue declarado inconstitucional del derogado Decreto Legislativo 1373.

La demanda de la Defensoría del Pueblo impugnó, por inconstitucional, los siguientes artículos del Decreto Legislativo 1373:

- Numerales 2.1, 2.3, 2.4, 2.5. y 2.9 del artículo II, del Título Preliminar.
- Numerales 3.10 y 3.11 del artículo III, del Título Preliminar.
- Artículos 7.1.b, 7.1.f, 24, 31.2, 32, 34 y 44.

De dichos artículos, la sentencia 135/2025 declaró inconstitucionales los numerales 2.1 y 2.5 del artículo II por confrontar directamente a los artículos 70 y 103 de la Constitución del Perú de 1993. Mientras que, el resto del articulado identificado *ut supra* fue desestimada la demanda por "infundada".

Como dato especial, antes de la decisión, en febrero de 2025, la Presidente del Tribunal Constitucional había sido enfática en que se decidirían ambos recursos en uno si en el transcurso anterior de la sentencia hubiese operado la modificación al DL 1373 como en efecto ocurrió[9]. Sin embargo, ya hemos visto que el TC ha decidido sentenciar el segundo recurso en otra oportunidad, aunque, como hemos asomado, la sentencia 135/2025 se pronunció -adelantando gravemente opinión sobre el fondo de lo litigado- sobre la materia impugnada en la demanda contra la Ley n° 32326.

3. *La matriz dialéctica: finalidad metodológica asumida por el Tribunal Constitucional*

Dejando a un lado aspectos procesales, es necesario adentrarnos en lo resuelto por el fallo 135/2025 del TC relativo a las normas derogadas sobre extinción de dominio, impugnadas, que contenía el Decreto Legislativo 1373 de 2018 antes de su modificación por la Ley n° 32326. Sin embargo, existe un aspecto metodológico novedoso que asume la decisión analizada, y es trabajar los argumentos esgrimidos por las partes en el proceso a través de una matriz dialéctica. Así, la sentencia resume en cinco cuestionamientos toda la batería de denuncias presentada por la Defensoría del pueblo. La sentencia está motivada en 280 párrafos (81 páginas), dentro de 18 parágrafos o secciones (§), a saber:

- §1 Consideraciones previas.
- §2 Sobre el carácter inviolable del derecho fundamental a la propiedad reconocido expresamente en la Constitución.

---

[8] De haber sido pronunciada esta sentencia en Venezuela, para el segundo recurso de nulidad, los magistrados estarían inhabilitados para pronunciarse, según lo establece el artículo 82, numeral 5 del Código de Procedimiento Civil. Lo más lógico es que proceda una inhibición de quienes suscribieron el fallo 135/2025 para pronunciarse sobre el segundo recurso pendiente.

[9] Véase Rodríguez Jiménez, Luis Felipe. "Presidenta del TC: demanda por extinción de dominio tardaría hasta dos meses en ser resuelta por su complejidad", en: *RPP,* Lima, edición de fecha 24 de febrero de 2025 [en línea] [https://rpp.pe/politica/judiciales/presidenta-del-tc-demanda-por-extincion-de-dominio-tardaria-hasta-dos-meses-en-ser-resuelta-por-su-complejidad-noticia-1618212]

- §3 Sobre el ámbito normativo del derecho fundamental a la propiedad y las intervenciones en el mismo en el marco de una economía social de mercado.
- §4 El deber estatal de desarticular el crimen organizado.
- §5 La regulación de la extinción de dominio en el Perú hasta antes de la publicación de la Ley 32326.
- §6 Sobre las obligaciones internacionales contraídas por el Perú con relación a la extinción de dominio.
- §7 Sobre los orígenes de la extinción de dominio.
- §8 La extinción de dominio como instrumento para desfinanciar organizaciones criminales.
- §9 Sobre la extinción de dominio y los peligros de su aplicación en un país cuya economía es sumamente informal.
- §10 Sobre la alegada eficacia, eficiencia y efectividad de la extinción de dominio.
- §11 Acerca de la muy respetable posición de la Corte Constitucional Colombiana sobre extinción de dominio.
- §12 Problemas en la aplicación del Decreto Legislativo 1373, Decreto Legislativo sobre extinción de dominio.
- §13 Sobre la denunciada inconstitucionalidad formal del Decreto Legislativo 1373, *Decreto Legislativo sobre Extinción de Dominio* [Primer cuestionamiento].
- §14 Sobre la denunciada violación del derecho fundamental a la propiedad [Segundo cuestionamiento].
- §15 Sobre la denunciada violación de los principios de seguridad jurídica e irretroactividad de las normas [Tercer cuestionamiento].
- §16 Sobre la denunciada violación del derecho fundamental a la presunción de inocencia [Cuarto cuestionamiento].
- §17 Sobre la denunciada violación del derecho fundamental de la dimensión material del derecho fundamental al debido proceso, en lo concretamente referido a la alegada autonomía del proceso de extinción de dominio [Quinto cuestionamiento].
- §18 Efecto de la presente sentencia.

Esta agrupación metodológica de temas constitucionales y denuncias del escrito responde el TC al advertirnos:

> "(…) 1. En primer lugar, esta Tribunal Constitucional estima pertinente advertir que, como bien ha sido reseñado en los antecedentes, la parte demandante esboza, en líneas generales, cinco cuestionamientos, que han sido refutados por la parte emplazada. En todo caso, esas alegaciones han sido acomodadas de esa manera con la única intención de expedir una sentencia que tenga una estructura que facilite su comprensión y, de esta manera, legitime su decisión ante la colectividad. En otras palabras: *se ha procedido de esa manera por una finalidad enteramente metodológica* (…)" (cursivas nuestras)

Resulta sumamente didáctica la forma en que el TC establece el estilo de esta sentencia, es decir, al resumir en 280 párrafos el desarrollo de las cinco ideas-fuerza (cuestionamientos constitucionales) formulados por la Defensoría del Pueblo. Una forma que, para Venezuela, pudiera ser beneficiosa en lo referente a la justicia constitucional.

II. EL PROBLEMA DEL DERECHO DE PROPIEDAD Y LA EXTINCIÓN DE DOMINIO: ¿ASUME EL PERÚ LA TESIS DE LA "VERSIÓN FUERTE" DE LA ED?

Tomando como referencia la metodología asumida en la sentencia, que, más allá de esclarecer algunos aspectos que realmente deben ser considerados como válidos a la luz del *ius commune* en extinción de dominio Latinoamericana; encontramos un único descuido; y es que, para poder comprender exactamente la mecánica del instituto, es relevante abordar el problema de la naturaleza jurídica. En ningún párrafo de la sentencia 135/2025 podemos encontrar referencia alguna al *quid* que aporta la clave de lectura que aporta las razones para entender las características de la extinción de dominio (en adelante ED).

Ya hemos venido adelantando sobre la verdadera naturaleza jurídica de la extinción de dominio[10]. Para muchos luce como un estudio baladí, exclusivo para resolver problemas teóricos sino con implicaciones prácticas. Sin embargo, nótese que la omisión en este pronunciamiento también limitó la capacidad del Tribunal Constitucional para entender y desarrollar aspectos que no fueron del todo resuelto, como es, las razones para que en todo el continente se haya optado, de forma unánime y sin reservas, la calificación de *actio in rem.* Hemos explicado hasta la saciedad, el pantano procesal que conlleva juzgar punitivamente los delitos económicos[11], que, se maximiza esta dificultad cuando un tercero -imposible de ser atribuido como responsable del delito- asume la transferencia de activos de procedencia ilícita, sea como persona interpuesta, como testaferros o mediante entramados de empresas o sociedades pantalla[12]. Este mecanismo es más habitual de lo que el promedio estima que ocurra, complicando así las labores de localización de los activos y su decomiso[13].

Pero el aspecto práctico de la extinción de dominio no estriba tanto en sus finalidades o alcance, sino sobre su naturaleza más allá de concebirlo dentro de las etiquetas que operan sobre la base -como reflexiona Burchard- del Derecho penal constitucional[14]. Expone el autor, en esta delicada situación:

> "(...) Por otro lado, es posible sostener que lo contrario también es cierto. Cuando se etiqueta *teleológicamente al decomiso como similar al Derecho Privado o al Derecho Administrativo, generalmente se hace para incrementar las capacidades regulatorias del legislador: en particular, desactivando las garantías específicas asociadas al Derecho Penal y al proceso penal, y activando la protección ordinaria de los derechos de propiedad.* Ello a su vez, con-

---

10 Para más detalles, véase Urbina Mendoza, Emilio J. *La propiedad y los límites de las potestades de corrección patrimonial del Estado.* Buenos Aires, Ediciones Olejnik, 2025. También, véase Jiménez Tapia, Rafael S. y Urbina Mendoza, Emilio J. *Introducción al estudio de la extinción de dominio y sus modelos globales.* Caracas, Editorial Jurídica Venezolana, 2023.

11 La propia sentencia 135/2025 respalda esta afirmación formulada. "(...) 92. En consecuencia, este Tribunal considera imperativo resaltar que el Estado constitucional de derecho debe: [i] dejar de insistir en aquello que la experiencia empírica ha demostrado que no es idóneo para desmontar el crimen organizado, y, [ii] no caer en la tentación de incurrir en un inconducente populismo punitivo, porque *no se enfoca en lo realmente trascendente,* que es en apresar a quienes manejan las organizaciones criminales; sino *en lo intrascendente, es decir, en capturar a quienes se limitan a ejecutar lo ordenado por quienes lo dirigen.* 93. Desde luego, este Tribunal advierte *que serviría de muy poco llenar la cárcel de delincuentes de poca monta, si las organizaciones criminales los van a sustituir por otros.* Y eso es lo que va a suceder, porque mientras en las zonas marginales persistan las condiciones de pobreza, exclusión y falta de oportunidades de superación, va a ser relativamente sencillo que capten jóvenes para que integren sus filas en lugar de los que fueron capturados al cumplir aquello que se les encomendó, toda vez que son fácilmente reemplazables (...)" (cursivas nuestras).

12 Funes Beltrán, Tamara. *El decomiso.* Valencia, Editorial Tirant lo Blanch, 2025, p. 397.

13 Funes Beltrán, Tamara. ... *El decomiso* ..., p. 398.

14 Burchard, Christoph. "¿Decomiso como derecho penal o qué? Sobre cómo el mal enfocado debate acerca de la "naturaleza" jurídica del decomiso confunde lo que realmente debe discutirse", en: *Latin American Legal Studies,* Vol. 4, 2019, p. 57

lleva conveniencia política, y mayor margen de acción del Estado en su lucha contra los delitos graves (…)"[15] (Cursivas nuestras)

Esta activación/desactivación, opera hacia las ramas dogmáticas del Derecho, que, basado en prejuicios, nos arrincona hacia la dialéctica de si es una idea-punitiva o no-retributiva del decomiso que presupone una correspondiente teoría o idea de castigo penal[16].

La doctrina latinoamericana, específicamente la de ED, ha centrado muchas veces el debate sobre este asunto[17], rompiendo la concepción europea que todo lo califica en claroscuros: *o es civil o es penal.* A ello hay que agregarle las equipolencias conceptuales que, en el caso del Tribunal Europeo de los Derechos Humanos, hizo con respecto al modelo europeo de DSC al entenderlo como una forma de *enriquecimiento injusto*[18]. No en vano, parte de la doctrina alemana, analizando este tema, lo califica como una "farsa"[19].

En Latinoamérica, el tema se ha complicado no por dislates del legislador que bien ha calificado apenas una de las aristas de la naturaleza de la ED, como es el carácter civil patrimonial de la acción. La duda se centra en su constitucionalidad, en especial, en los países donde el constituyente no ha contemplado al instituto. El debate en ciertos países ha sido sanguinario. Entre quienes consideran que es una suerte de nueva confiscación y quienes lo conciben como mecanismo de prevención de la delincuencia económica que "todo vale".

Si queremos entender, entonces, algunos aspectos de la sentencia 135/2025 bajo análisis, no podemos cometer el mismo error del reduccionismo metodológico que aniquila las iniciativas, sofoca la heurística y empobrece la praxis. No podemos empecinarnos en reafirmar una naturaleza unitaria, que como bien lo expresó Carrillo del Teso, más que un disparate es un imposible (*reductio ad unum*)[20], que implica agotamiento estéril. Por ejemplo, si

15 Burchard, Christoph. … ¿Decomiso como derecho penal o qué? ..., p. 60.

16 Burchard, Christoph. … ¿Decomiso como derecho penal o qué? ..., p. 56.

17 Santander Abril, Gilmar. "Distinciones esenciales para comprender el Instituto de la extinción de dominio", en: AAVV. *EDAR. Extinción de dominio: Análisis y Reflexiones.* Quito, Dirección de Estudios Penales de la Fiscalía General del Estado del Ecuador, 2023, pp. 1-2. Neira Pena, Ana. "Decomiso: entre garantismo y eficacia. Las presunciones legales sobre el origen ilícito de los bienes", en: Berdugo de la Torre, Ignacio y Rodríguez-García, Nicolás (Edit.). *Decomiso y recuperación de activos. Crime Doesn't pay.* Valencia, Editorial Tirant lo Blanch, 2020, pp. 95-101. Garrido Carrillo, Francisco. *El decomiso. Innovaciones, deficiencias y limitaciones en su regulación sustantiva y procesal.* Madrid, Editorial Dikynson, 2019, pp. 69-70. Fabián Caparrós, Eduardo. "El decomiso y otras consecuencias accesorias", en: Demetrio Crespo, Eduardo y Rodríguez Yagüe, Cristina. (Coord.). *Curso de Derecho penal. Parte general.* Barcelona, Ediciones Experiencia, 2016. FARTO PIAY, Tomás. *El proceso de Decomiso autónomo.* Valencia, Editorial Tirant lo Blanch, 2021, pág. 257. Carrillo del Teso, Ana. *Decomiso y recuperación de activos en el sistema penal español.* Valencia, Editorial Tirant lo Blanch, 2018, pp. 120-128.

18 Por ejemplo, la Jurisprudencia del Tribunal Europeo de los Derechos Humanos (TEDH), en sus sentencias *Cecil Stephen Walsh v. Reino Unido,* de fecha 21 de noviembre de 2006 y *Dassa Foundation and Others v. Liechtenstein,* de fecha 10 de julio de 2007; equipararon el decomiso sin condena europeo como una acción de *enriquecimiento injusto* (sin causa), típica fuente de las obligaciones diferenciadas de la acción de responsabilidad civil extracontractual. En la sentencia *Gogitidze and Others v. Georgia,* de fecha 12 de mayo de 2015, se estableció que al ser el decomiso un proceso civil de enriquecimiento ilícito, no procedía hablarse de violación a las garantías del proceso penal, no siendo aplicable ni la presunción de inocencia ni el *in dubio pro reo.*

19 Burchard, Christoph. … ¿Decomiso como derecho penal o qué? ..., p. 62: "(…) La búsqueda de la naturaleza jurídica del Decomiso parece *ser una farsa.* Por supuesto, *esta farsa está motivada, en muchos casos, por el Derecho mismo, especialmente por el Derecho Penal Constitucional y sus etiquetas clasificatorias* (…)".

20 Carrillo del Teso, Ana. … *Decomiso y recuperación de activos* …, p. 120.

aceptamos que la ED es puramente civil, tendremos críticas sobre la intención de arrinconar todo el contenido garantista constitucional sobre el debido proceso, presunción de inocencia, etc., disfrazando un mecanismo de corrección patrimonial con el ropaje de responsabilidad civil extracontractual *exdelicto.* Como sostiene Garrido Carrillo, una institución:

> "(…) no es civil o penal por la denominación con la que se le califique, sino por el conjunto de propiedades que la hacen formar parte de un determinado ámbito jurídico predeterminado por el propio legislador (…)"[21]

Esto aleja cualquier tentativa de pensar una extinción de dominio unitaria, civil o penal, ya que, además de lo expresado, sería o artificial o inútil. Por ejemplo, imaginemos que el legislador la calificara como de naturaleza penal, como en efecto, ha ocurrido en la reciente reforma peruana del Decreto legislativo 1373[22], texto, que, como apuntamos, será objeto de otro examen constitucional -por separado- al resolverse el recurso de inconstitucionalidad contra la Ley n° 32326. Al materializarse, estaríamos ante una flagrante inconstitucionalidad, visto que, la ED se identifica precisamente por su emancipación de la responsabilidad penal, que, por cierto, la propia sentencia 135/2025, adelanta opinión inclinándose por esta afirmación que hemos realizado. Para evitar estas contradicciones que implica una naturaleza unitaria de la extinción de dominio, se ha calificado a ésta como **sustantivamente (Derecho sustantivo) constitucional**, mientras que, **procesalmente es incuestionablemente una acción civil-patrimonial** (*in rem*).

1. *¿Qué es la versión fuerte de la constitucionalidad en ED?*

Hemos indicado que la sustancialidad de la extinción de dominio es de naturaleza constitucional. Afirmación que para Colombia, México y República Dominicana es una tautología debido a la concreción expresa del constituyente o la postura fehaciente de la justicia constitucional al respecto[23] para evitar confundir la ED con la confiscación. Pero ¿qué ocurre en aquellos países sin pronunciamiento expreso en su texto constitucional? ¿Pudiéramos hablar de constitucionalidad de la extinción de dominio? Y si resulta negativa la respuesta, ¿pudiéramos abordar una buena fe calificada para el instituto?

---

21 Garrido Carrillo, Francisco. … *El decomiso* ..., p. 70. Este autor formula una crítica sobre la posición del legislador español en cuanto al DSC: "(…) por otro lado el hecho de que el decomiso ampliado tenga un carácter patrimonial también no lo sitúa en el ámbito del Derecho civil, recordemos que el carácter *patrimonial también se puede predicar de toda clase de decomiso, así como de la multa como pena pecuniaria. Dicho de otra manera, cuando el Estado procede al decomiso de bienes no hace valer un derecho, sino que ejerce su ius puniendi, la potestad sancionatoria de la que está investido* (…)" (Cursivas nuestras).

22 En efecto, el pasado 9 de mayo de 2025, fue publicada la Ley n° 32326 contentiva de la *Ley que modifica el Decreto Legislativo 1373, Decreto legislativo sobre extinción de dominio, a fin de perfeccionar el proceso de extinción de dominio.* En dicho instrumento, se mixtifica la extinción de dominio con la realidad de ser un Comiso directo solapado, según lo dispone el artículo 2. "(…) Objeto del Decreto. El presente decreto legislativo tiene como objeto regular el proceso de extinción de dominio que procede contra los bienes mencionados en los supuestos de hecho del artículo 1 del Título Preliminar, y cuya procedencia o destino esté relacionado a actividades ilícitas *que tengan previa sentencia judicial penal firme y consentida o laudo*. Para la procedencia también debe observarse el artículo 7, sin importar quien haya adquirido el bien o lo tenga en su poder (…)" (Cursivas nuestras).

23 Sobre la justicia constitucional y el modelaje de la extinción de dominio, véase Urbina Mendoza, Emilio J. "La justicia constitucional y la extinción de dominio en América Latina. Una alta lección para su configuración, a propósito, de la sentencia 315 de 28-04-2023 de la Sala Constitucional del Tribunal Supremo de Justicia", en: *Revista de Derecho Público,* n° 173-174, 2023, pp. 339-362.

En este contexto, de ausencia normativa constitucional, encontramos que 8 países han asumido la extinción de dominio como legislación de integridad, no porque sea un "imperativo" de organizaciones internacionales en forma exclusiva. La controversia entonces se dirige no tanto en aspectos procesales de la acción, sino, sobre las tensiones y peligros contra el derecho de propiedad[24], que perfectamente, la sentencia 135/2025 aborda con prístina visión de un constitucionalismo racional y equilibrado. Visto así, es innegable el carácter constitucional de la sustancialidad de la ED. Ahora bien, dentro del concepto "constitucional", encontramos múltiples instituciones, por las cuales, el problema radicaría en saber cuál es el alcance de la afirmación sobre qué es en sí la naturaleza constitucional de la ED.

Para responder esta interrogante, encontramos que la doctrina se aglutina en tres vías sobre aceptar o no la ED como mecanismo constitucional o no para afectar al derecho de propiedad.

La primera interpretación, la hemos denominado *versión fuerte,* también conocida como la tesis *textualista.* De plano, imposibilita asumir la extinción de dominio porque la Constitución expresamente no la contempla o prohíbe en algunas hipótesis. Para esta corriente lo ideal es modificar la Constitución para adoptar la ED. Como nota resaltante, en la versión fuerte, la ED se identifica como una suerte errática de confiscación sancionatoria a condena penal, donde no se encuentra ningún elemento que diferencie de la confiscación.

La segunda interpretación, se ha denominado *versión débil,* identificada como la tesis *atemperada.* Implica formular el concepto de "confiscación", en el entendido que, si bien ésta existe expresamente en los textos constitucionales, el constituyente no prohibió otra figura que pudiera ser análoga. Inclusive, pudiera ampliarse -erróneamente- el significado de la confiscación, haciendo paralelismo a la terminología proveniente del inglés (*civil forfeiture*). Por tanto, al no estar prohibida en el texto constitucional, mal puede el intérprete (sobre todo el legislador), imponerse una limitación inexistente. En la ED, recordemos, no se somete a proceso la culpabilidad del titular aparente, sino la ilicitud objetiva del bien o patrimonio investigado. Según Choclán Montalvo, lo que distingue la confiscación de las acciones *in rem*, son sus fundamentos de legitimación[25]. En la confiscación resulta *relevante* la vinculación del bien con el titular a quien se le imputa un delito, ya que, lo que importa, es la autoridad del Estado en contra de cualquier interpretación *pro-homine.*

La tercera concepción, intitulada *versión ideal*, es conocida como la tesis de la *corrección patrimonial constitucional del Estado*[26]. En esta, se reconoce de entrada los valores y principios de la propia Constitución (en específico la Constitución Económica[27]), que, interpretados con el conjunto del sistema de derechos fundamentales globalmente aceptados; incorpora a la extinción de dominio como mecanismo también *constitucional* de corrección patrimonial que resguarda el principio general que sólo los bienes y patrimonios obtenidos

---

24 Brewer-Carías, Allan R. "Confiscación, comiso y extinción de dominio. Comentarios a la Ley Orgánica de Extinción de Dominio de 28 de abril de 2023, particularmente sobre su fundamento constitucional y sobre algunas de sus incongruencias inconstitucionales", en: *Revista de Derecho Público,* n° 173-174, 2023, p. 335.

25 Choclán Montalvo, José Antonio. "El comiso y la confiscación: medidas contra las situaciones patrimoniales ilícitas", en: *Estudios de Derecho Judicial,* n° 28, 2000, pp. 345-346.

26 Para más detalles, véase URBINA MENDOZA, Emilio J. … *La propiedad y los límites de la potestad …*, pp. 115-140.

27 Sobre el concepto de Constitución económica, véase Brewer-Carías, Allan R. "Reflexiones sobre la Constitución Económica", en: AAVV. *Estudios sobre la Constitución Española. Homenaje al profesor Eduardo García de Enterría.* Madrid, Editorial Civitas, 1991, pp. 3839-3853.

lícitamente, son los que la propia Constitución reconoce como susceptibles para ser protegidos como derechos vinculados a la propiedad.

De las tres vertientes, la sentencia 135/2025, se decanta por contemplar una *versión fuerte* si leemos aisladamente sólo la sección segunda de la decisión[28]. Es más, una lectura apresurada -y parcializada- de esta primera parte nos centraría en establecer que, si la Constitución de un Estado no contempla la extinción de dominio, el legislador estaría vetado para hacerlo, siendo, cualquier dispositivo legal sobre ED, inconstitucional. Esta sería una conclusión apresurada, si solo leyésemos los siguientes párrafos de la sentencia bajo análisis:

> "(...) 12. De ahí que, a diferencia del marco constitucional colombiano y mexicano, no se ha contemplado explícitamente a la extinción de dominio como una limitación o restricción al carácter inviolable del derecho fundamental a la propiedad. Por consiguiente, este Tribunal Constitucional estima que su desarrollo normativo debe preservar ese carácter. De lo contrario, aquella inviolabilidad quedaría vaciada de contenido.
>
> 13. En concordancia con aquella idea, este Tribunal Constitucional considera que, si se pretende extraer a la extinción de dominio del carácter inviolable de la propiedad, a fin de reforzarla, lo que debería hacerse es una reforma constitucional, tal como ocurrió en los Estados Unidos Mexicanos -en 2008-. Y es que, al haberse garantizado, a nivel constitucional, el carácter inviolable de la propiedad, se ha impuesto al Estado constitucional de derecho, y a la población en general, el ineludible deber de respetar esa característica, lo que apareja, como efecto espejo, proscribir toda actuación estatal o particular que niegue ese carácter. (...)"

Sin embargo, a lo largo del fallo, el Tribunal Constitucional va precisando mejor cuándo debe regularse constitucionalmente la extinción de dominio y cuándo está autorizado el legislador para hacerlo en los casos de su no previsión constitucional. En específico, para entender la sentencia, debemos referirnos obligatoriamente a los llamados "modelos" de la extinción de dominio.

Esta materia la hemos venido desarrollando desde hace algunos años, pues, como indicamos al inicio, no existe "la extinción" de dominio, sino, las "extinciones"[29]. Para ello, se agrupan éstas últimas para establecer exactamente cuáles son las características comunes de todos estos modelos. Primordialmente existen dos tipologías de modelos, tomando como referencia, cómo se aborda lo que debe considerarse como actividad ilícita. Existen los llamados *modelos subjetivos,* en los cuales, la calificación de la actividad ilícita aborda todo tipo de violación a norma jurídica vigente. Este es el caso de Colombia[30], y, del propio Decreto Legislativo peruano 1373, ya que, el artículo precisamente anulado por inconstitucional establecía:

> "(...) Artículo II. Principios y criterios aplicables para la declaración de extinción de dominio.
>
> Para la aplicación del presente decreto legislativo, rigen los siguientes principios y criterios:

---

28 §2 Sobre el carácter inviolable del derecho fundamental a la propiedad reconocido expresamente en la Constitución, páginas 13 a la 22.

29 Véase Urbina Mendoza, Emilio J. "Los modelos de decomisos sin condena y la extinción de dominio en el Derecho comparado latinoamericano. Origen, tendencias y transformaciones por la justicia constitucional", en: *Estudios de Deusto,* Vol. 71/2, 2023, pp. 259-299.

30 Constitución de la República de Colombia, artículo 34. Se prohíben las penas de destierro, prisión perpetua y confiscación.

No obstante, por sentencia judicial, se declarará *extinguido el dominio sobre los bienes adquiridos* mediante enriquecimiento ilícito, en perjuicio del Tesoro público *o con grave deterioro de la moral social.* (cursivas nuestras).

2.1. Nulidad: todos los actos que *recaigan sobre bienes de origen o destino contrario al ordenamiento jurídico*, son nulos de pleno derecho, sin perjuicio de los derechos de terceros de buena fe (…)" (cursivas nuestras)

Es evidente la existencia de una concreción modélica subjetiva, que, escapa realmente a la racionalidad y finalidad para la cual fue concebida la extinción de dominio. En efecto, en estos casos donde lo "ilícito" arropa la violación de todo un ordenamiento jurídico, sólo el constituyente está autorizado para otorgar un poder de semejante calibre al legislador. Es en estos casos, donde, precisamente, la sentencia 135/2025 censura al Decreto legislativo 1373 por su amplitud desmedida, que, repetimos, abre la puerta para vulnerar el carácter inviolable de la propiedad privada.

Mientras que, los llamados *modelos objetivos*, como bien lo dice la palabra, son aquellos donde el legislador se decanta por señalar, como catálogo cerrado, qué debe entenderse por actividad "ilícita", preferiblemente, por delitos que configuran el término genérico de delincuencia económica (corrupción, tráfico ilícito de drogas y delincuencia organizada). En este tipo de modelos se encuentra Venezuela[31], Ecuador[32] y Argentina[33].

La sentencia 135/2025 ordena, en diferentes párrafos, que mientras la Constitución del Perú no contemple a la extinción de dominio, debería interpretarse el Decreto Legislativo 1373 (reformado en la Ley n° 32.326) bajo parámetros de objetivización, es decir, que sólo es posible que el legislador peruano pueda contemplar la ED, si se circunscribe exclusivamente a la persecución financiera de las organizaciones delictuales (delincuencia organizada), para *desfinanciarlas*. En pocas palabras, ceñirse a lo que hemos bautizado como el principio ga-

---

31 Ley Orgánica de Extinción de Dominio, publicada en Gaceta Oficial, extraordinario, número 6.745 de fecha 28 de abril de 2023. Artículo 5. Para los efectos de esta Ley, se entenderá como:

1. Actividad ilícita: Toda actividad tipificada en la legislación contra la corrupción, la delincuencia organizada, el financiamiento al terrorismo, la legitimación de capitales y tráfico ilícito de sustancias psicotrópicas y estupefacientes, aun cuando no se haya dictado sentencia en el proceso penal correspondiente. (cursivas nuestras).

Por eso, hemos venido denunciando la desfiguración del modelo objetivo venezolano con la aprobación tanto de la Ley para la Protección de los Activos, Derechos e Intereses de la República y sus entidades en el extranjero (G.O.E. n° 6.747 de fecha 22 de mayo de 2023) y la Ley Orgánica Libertador Simón Bolívar contra el bloque imperialista y en defensa de la República Bolivariana de Venezuela (G.O.E. n° 6.859 de fecha 29 de noviembre de 2024). Ambas leyes contemplan actividades calificadas como "ilícitas" que no configuran delitos económicos, sino más bien, de orden político. Para más detalles, véase Urbina Mendoza, Emilio J. "Los límites al legislador para la calificación como actividad "ilícita" en la extinción de dominio. El principio de la progresividad y objetivación de la denominada "actividad ilícita", en: *Revista de Derecho Público,* n° 179-180, 2024, pp. 329-342. También del mismo autor, "El modelo civil propio de la extinción de dominio en Venezuela. Desafíos y complementos", en: *Revista Venezolana de Legislación y Jurisprudencia,* n° 22, 2023, pp. 207-238.

32 Ley Orgánica Reformatoria a la Ley Orgánica de Extinción de Dominio. Artículo 3.1. a) Actividad ilícita. Las acciones u omisiones relacionadas con los delitos tipificados en el Código Orgánica Integral Penal principalmente de: concusión, cohecho, peculado, enriquecimiento ilícito, lavado de activos, producción, comercialización o tráfico ilícito de sustancias catalogadas sujetas a fiscalización, tráfico o trata de personas, terrorismo o su financiamiento, asesinato, sicariato, secuestro extorsivo, tráfico de armas, actividad ilícita de recursos mineros y delincuencia organizada. No se necesita la declaración de sentencia penal condenatoria para iniciar la investigación y la fase jurisdiccional de extinción de dominio. en ningún caso se podrá alegar prejudicialidad para impedir que se dicte sentencia de extinción de dominio.

33 Artículo 6 del Anexo I del Decreto de Necesidad y Urgencia 62/2019 del régimen procesal de la acción civil de extinción de dominio.

rantista de progresividad y objetivación de la calificación sobre la actividad ilícita[34]. Pasamos a transcribir íntegramente lo indicado:

> "(...) 55. La criminalidad organizada es sumamente perniciosa, en vista de que aspira a someter a la población a sus reglas paraestatales a *sangre y fuego*, principalmente a quienes se encuentran en menor aptitud de hacerles frente. Para tal efecto, esta clase de organizaciones no tiene el menor rubor en utilizar la violencia exacerbada como modo de coerción -y también en divulgarla-, en aras de precisamente buscar sometimiento de los extorsionados y así incentivar el pago periódico de los cupos que exigen.
>
> 56. Por estas razones, este Tribunal Constitucional considera que resulta imperativo que el Estado constitucional de derecho adopte todas aquellas medidas que resulten necesarias para desbaratar a todas aquellas organizaciones criminales que vienen operando en el territorio nacional. En esa lógica, *atacar su financiamiento, a través de la extinción de dominio, es una opción constitucionalmente válida*, toda vez que esa clase de estructuras criminales requiere de recursos económicos para implementar sus planes delictivos.
>
> 57. La extinción de dominio es un *instrumento destinado para atacar el financiamiento de las organizaciones criminales y, de esta manera, desarticularlas. Así, lo que se busca no es sancionar delincuentes de poca monta; sino desmantelar la estructura criminal que se vale de estos últimos para realizar sus operaciones delincuenciales.* Y es que, al fin y al cabo, no serviría de mucho apresar a delincuentes que simple y llanamente se limitan a ejecutar las órdenes de quienes dirigen la organización criminal, pues estos serán reemplazados con relativa facilidad.
>
> 58. Por tanto, *extender su aplicación para cualquier clase de ilicitud desvirtúa por completo su finalidad, pues únicamente encuentra justificación en el combate de esa puntual forma de delinquir*, por cuanto en la delincuencia organizada no solamente se caracteriza por la espuria finalidad de obtener ganancias delictivas; *sino en que tienen una estructura organizacional piramidal en la que quienes se encuentran más cerca a la cúspide detentan patrimonios millonarios, por lo que para mantenerse en esa situación de poder no tienen mayor reparo en poner en riesgo la integridad de la población o incluso la continuidad del Estado constitucional de derecho.* Y es que, quienes comandan la estructura criminal, son acaudalados delincuentes que tiene el incentivo de hacer todo lo que esté a su alcance para mantener ese estado de cosas.
>
> 59. Es por este motivo que, a criterio de este Tribunal Constitucional, la extinción de dominio no puede ser destinada a meras ilegalidades -en las que ni siquiera se evalúa su gravedad-; sino a "delitos graves" que, a consideración del legislador democrático, sean cometidos por "grupos delictivos organizados". (...)" (cursivas nuestras)

Sin duda alguna, estas motivaciones del TC son emblemáticas para comprender que *per se*, la extinción de dominio no es inconstitucional. Será inconstitucional si en su implementación, se extralimita sobre su instrumentalidad, es decir, si no persigue patrimonialmente la delincuencia económica. Además, si un país no contempla en su Constitución la extinción de dominio, el legislador no puede configurar al instituto bajo un modelo subjetivo, sino, objetivo. De hacerlo, como en efecto ocurrió en el Perú con el numeral 2.1 del artículo II del Decreto legislativo 1373, al ampliar el concepto de "ilicitud" como toda violación al ordenamiento jurídico, sería violentar el principio de progresividad y objetivación de la calificación sobre la actividad ilícita a que nos referiremos más adelante.

2. *La sentencia del TC del Perú y su relación con el derecho de propiedad.*

Frente a la matización de la versión fuerte de la constitucionalidad de ED asumida por el Tribunal Constitucional del Perú, resalta un tema de suma relevancia tanto para la racionali-

---

[34] Para más detalles, véase Jiménez Tapia, Rafael S. y Urbina Mendoza, Emilio J. *Los principios garantistas en la extinción de dominio. Una perspectiva para su comprensión iberoamericana.* Valencia, Editorial Tirant lo Blanch, 2025, pp. 164-171.

dad de la extinción de dominio como de las justas dimensiones del derecho de propiedad. Hacemos referencia a la llamada "inviolabilidad del derecho de propiedad". En esto debemos matizar algunos aspectos, pues, si bien la extinción de dominio puede afectar fundamentalmente este derecho, no todo el mecanismo implica que viole la sustancia de este como ya veremos.

Primero, debemos partir que la extinción de dominio, a pesar de la carga simbólica de su propia nominalidad, "no extingue la propiedad", salvo, que la Constitución así lo contemple, como una forma de extinción. Ni siquiera el Código Civil, como instrumento rector del Derecho patrimonial puede hacer este tipo de distingos, ya que, la extinción de dominio no es ablatoria de la propiedad[35].

Segundo, es importante destacar la revisión que, sobre la propiedad, cada Constitución económica estime concebir como modelo de la economía. En efecto, la sentencia 135/2025 establece:

> "(…) 128. Así las cosas, y sin menospreciar la utilidad del diálogo entre altos tribunales constitucionales y altas cortes constitucionales, este Tribunal Constitucional estima que, en este puntual caso, *no resulta viable trasladar mecánicamente* lo razonado por la Corte Constitucional colombiana en relación con la extinción de dominio a nuestro país, porque lo normado sobre el derecho fundamental a la propiedad por las Constituciones de ambos países no es igual.
>
> 129. Y, además, este Tribunal Constitucional debe tener en cuenta que ambas Constituciones obedecieron a momentos constituyentes diferentes y también a necesidades también diferentes. En todo caso, cabe recordar que toda reforma constitucional culmina con la sustitución de una Constitución necesariamente recoge las demandas y expectativas sociales que legitimaron el *momento constituyente* que motivó su sustitución. Esto, *desde luego, no es un dato menor o intrascendente*.
>
> 130. Ahora bien, en consideración de este Tribunal, eso explica por qué la Constitución colombiana sí incluye la viabilidad de extinguir el dominio de bienes -a fin de "decomisar" el patrimonio ilícitamente obtenido por los cárteles del narcotráfico que en aquel momento estaban en pleno apogeo, como incluso lo reconoce la Corte Constitucional Colombiana en el tercer párrafo del fundamento 4.1. de la Sentencia C-958/14-.
>
> 131. Es más, incluso, así la Constitución vigente de un país y su predecesora contengan una misma disposición; eso no significa que pueda extraerse una misma norma jurídica. Así, por ejemplo, la concepción de *economía social de mercado* recogida en la Constitución 1979 no es la misma que la de 1993. Entonces, *apelar a la literalidad de ambas para concluir que norman un mismo modelo económico es, a juicio de este Tribunal Constitucional, una manifiesta equivocación* (…)" (cursivas nuestras)

Tercero, lo anterior nos lleva a evaluar tanto el concepto de *momento constituyente*, como el relativo al *modelo económico* para entender si un tipo de extinción de dominio afecta la garantía de inviolabilidad del derecho de propiedad. Por momento constituyente entendemos, citando al profesor Brewer-Carías, como la exigencia temporal de cambio ante "la ausencia de un orden constitucional previo o el colapso definitivo del orden constitucional preexisten-

[35] Existe un caso excepcional a la afirmación establecida, y es la concepción del modelo argentino de extinción de dominio, que, lo han calificado unitariamente como civil. De hecho, el DNU 62/2019 modificó el artículo del Código Civil y Comercial que establece las formas de extinguir "derechos patrimoniales y reales". "(…) Artículo 1907. Extinción. Sin perjuicio de los medios de extinción de todos los derechos patrimoniales y de los especiales de los derechos reales, éstos se extinguen, por la destrucción total de la cosa si la ley no autoriza su reconstrucción, por su abandono, por la consolidación en los derechos reales sobre cosa ajena *y por sentencia judicial que así lo disponga en un proceso de extinción de dominio*." (…)" (cursivas nuestras).

te, surgiendo el convencimiento colectivo de sustituirlo por otro"[36]. Y en el caso del modelo económico, la sentencia 135/2025 resalta la influencia del concepto de *economía social de mercado,* que es la opción constitucional económica acogida por la Constitución del Perú en 1993. En efecto, este modelo difiere mucho del concepto económico colombiano, así como, del propio venezolano de 1999.

Cuarto, el Tribunal Constitucional, tomando esta referencia temporal de las diversas Constituciones, reconoce explícitamente la tesis del peligro de imbuirnos, si no se controla la delincuencia económica, en el oscuro concepto de *sospecha patrimonial generalizada.* El estado de sospecha patrimonial podemos entenderlo que, ante las magnitudes de la falta del control por el Estado del origen de la riqueza, ocurre una situación donde todos los que conforman el sistema patrimonial nacional[37], se consideran sospechosos[38]. De esta forma, la llamada "toxicidad patrimonial" ocurre en los casos donde la delincuencia económica asfixia y se inmiscuye con el sistema económico formal, limitando la capacidad de desarrollo económico de un Estado, pues, al no cumplirse los estándares de licitud patrimonial -generalmente contemplados en tratados y convenios internacionales- todo lo que conlleve patrimonialmente hablando quedaría literalmente "contaminado", generándose un rechazo a priori por el simple hecho que tanto uno de los contratantes o el capital provengan de un determinado país o nacionalidad; en especial, cuando ese intercambio ocurre con otros Estados o sus connacionales[39].

Quinto, el TC del Perú, en la sentencia bajo análisis, enfatiza en un problema que muchas veces es obviado en Venezuela relativo a los valores constitucionales que reviste la propiedad para así generar derechos[40].

En específico, el valor del trabajo honesto como motor para legitimar un también honesto derecho de propiedad, tanto en su origen como en su ejercicio. Para ello, es importante que se pondere el valor del concepto "interés general", que, la sentencia, basándose exclusivamente en el modelo constitucional económico de la economía social de mercado, determinó:

> "(...) 43. Así pues, y recapitulando, únicamente resultan constitucionalmente válidas todas aquellas *injerencias estatales en el derecho fundamental a la propiedad que se encuentran plenamente justificadas en cada circunstancia en particular y que, a su vez, sean razonables y proporcionales,* pero siempre que asuman que la propiedad privada es, en principio, inviolable, ya que así lo dispone la Constitución.

---

36 Brewer-Carías, Allan R. *Ruina de la democracia, elección presidencial y momento constituyente en 2024.* Caracas, Editorial Jurídica Venezolana, Colección de Crónicas Constitucionales para la memoria histórica, n° 9, 2024, p. 11.

37 Por Sistema Patrimonial Nacional entendemos como el conjunto de activos y pasivos generales de una Nación, que incluye todos los haberes patrimoniales, públicos y privados, destinados hacia la creación de riqueza. También, puede entenderse como el mecanismo creado por la Constitución económica, mediante el cual, el Estado cohesiona toda la riqueza producida por quienes conforman dicho Estado, sean públicos o privados. Para más detalles, véase Urbina Mendoza, Emilio J. ... *La propiedad y los límites de la potestad ...*, p. 90.

38 Urbina Mendoza, Emilio J. ... *La propiedad y los límites de la potestad ...*, p. 139.

39 Urbina Mendoza, Emilio J. ... *La propiedad y los límites de la potestad ...*, p. 140.

40 Sobre los valores constitucionales de la propiedad, véase Urbina Mendoza, Emilio J. "Los valores constitucionales de la propiedad y la aplicación del concepto «interés general» como fundamento de la potestad constitucional de corrección patrimonial en la extinción de dominio: Una interpretación desde la peculiaridad constitucional venezolana", en: *AIS: Ars Iuris Salmanticensis*, 12(1), 2024, pp. 55-82.

44. De ahí que, en caso el interés privado del propietario se encuentra en tensión con el interés público, tendría que recurrirse a la ponderación, porque, *per se, ninguno está por encima del otro,* por lo que se descarta utilizar la tesis de las libertades preferidas. En tal virtud, este Tribunal advierte *que es un error asumir que la preservación del interés público constitucional habilita al legislador democrático a desconocer el carácter inviolable de la propiedad privada.*

45. En efecto, la represión de la criminalidad organizada por parte del Estado constitucional de derecho, no lo habilita a actuar al margen de la Constitución ni a imponer una suerte de *cultura de la sospecha,* en tanto esta última hunde sus raíces en la irracionalidad. Y es que, si algo propugna la Ley Fundamental, es que la impartición de justicia sea racional.

46. Por todas estas consideraciones, este Tribunal Constitucional estima pertinente advertir que el presente pronunciamiento se va a cimentar en las siguientes conclusiones preliminares en torno al derecho fundamental a la propiedad: [i] no puede ser ejercitado de manera libérrima ni al margen del contenido material y axiológico de la Constitución; [ii] *es perfectamente viable intervenir en su ámbito normativo para reprimir actividades de organizaciones criminales o delitos que, a criterio del legislador democrático, califiquen como sumamente graves y requieran financiamiento para implementar sus operaciones delincuenciales*; [iii] el Estado constitucional de derecho debe, por un lado, abstenerse de conculcarlo, y, por otro, crear las condiciones para su disfrute efectivo en todas las ramas del ordenamiento jurídico; [iv] los bienes no realizan actividades delictivas ni ilícitas, toda vez que estas solamente pueden ser desarrolladas por personas naturales o, de ser el caso, jurídicas; y, personas humanas y el respeto de su dignidad [...]" [cfr. artículo 1 de la Constitución].

51. Por ese motivo, la preocupación ciudadana por el incontrovertible aumento de la inseguridad ciudadana producida por el crimen organizado merece especial atención por parte de este Tribunal Constitucional, en tanto perturba el normal desenvolvimiento de los proyectos personales que cada persona autónomamente adopta, por cuanto constituyen interferencias espurias en el contenido constitucionalmente protegido del derecho fundamental al libre desarrollo de la personalidad, *ya que la proliferación y el aumento del crimen organizado eventualmente podría poner en riesgo la propia continuidad del Estado constitucional de derecho.* Esto, lamentablemente, es *una de las consecuencias perniciosas de la globalización.* Es más, esto ya había sido avizorado en el año 2000, en que se suscribió la Convención de Palermo, en aras de luchar contra la delincuencia organizada transfronteriza (...)" (cursivas nuestras)

Precisamente este último razonamiento del Tribunal resalta lo que hemos venido denunciando, específicamente, en lo relativo a las formas en que la globalización económica no solo conlleva un esquema de desarrollo válido, sino que, al tecnificarse también la delincuencia económica a través del concepto de teoría de la elección racional[41], con ese desarrollo se infiltran capitales provenientes de la delincuencia económica.

3. *¿Es la extinción de dominio una manera de extinguir la propiedad?*

Tras revisar estos aspectos relacionados con el derecho de propiedad, y sobre todo, cómo saber hasta dónde puede la extinción de dominio operar en un Estado que su Constitución no contemple el instituto; es importante respondernos un legítimo cuestionamiento que conlleva toda la sentencia 135/2025, tantas veces citada: ¿extingue la extinción de dominio el derecho de propiedad?

De plano, la extinción de dominio no es una forma de extinción de la propiedad, ni en su sentido clásico del Derecho civil patrimonial de bienes como en sus aristas constitucionales. Sencillamente el vocablo extinción de dominio responde al término *pérdida de dominio o posesión efectiva*, es decir, el cuestionamiento no se realiza sobre si el Estado gana el pulso con respecto al reconocimiento de la propiedad privada. Al contrario. En extinción de domi-

---

41 Al respecto, véase Jiménez Tapia, Rafael S. y Urbina Mendoza, Emilio J. *El comiso autónomo y la extinción de dominio en la lucha contra la corrupción.* Caracas, Editorial Jurídica Venezolana, Colección Biblioteca "Allan R. Brewer-Carías" del Instituto de Investigaciones Jurídicas de la UCAB, n° 3, 2020, pp. 79-86.

nio el Estado verifica, en uso de sus potestades constitucionales otorgadas por la Constitución económica, si la adquisición -o destinación en menor medida- operaron de acuerdo con las formas de licitud, más específicamente, que no provengan o destinen a la delincuencia económica. Si es afirmativa la licitud, comprobada en proceso judicial, entonces, el derecho de propiedad es pleno y queda blindado frente a cualquier otra tentativa de transgredirlo. Si el resultado implica probar judicialmente, contra toda duda razonable, las ilicitudes alegadas por el Ministerio Público, entonces, sencillamente el titular aparente jamás gozó del derecho de propiedad, es decir, nunca se consolidó en cabeza de quien aparecía formalmente como propietario.

A pesar de estos razonamientos, ¿por qué no implica extinguir la propiedad la extinción de dominio? La respuesta no es sencilla. Si bien es sostenible, apriorísticamente, indicar que la extinción de dominio no es una manera de extinguir el derecho de propiedad; requiere la atención de tres aspectos que van consustancialmente con la ED, precisamente, para evitar que sea una confiscación solapada. Hacemos referencia a cuatro ideas-fuerza, que, ponderadas por el legislador, evita desfigurar la extinción de dominio en lo que el profesor Hernández denomina legalismo autocrático de control político[42]. Las ideas-fuerza, reforzadas en la sentencia 135/2025, son:

- Reforzar el núcleo duro de persecución a la delincuencia económica.
- Fortalecimiento de los efectos procesales de la *actio in rem.*
- Precisión en el alcance de los bienes sometidos a extinción de dominio (preferiblemente los de origen ilícito a los instrumentalizados).
- Evitar el concepto elástico y dúctil de ponderación legislativa.

A. *Delincuencia económica como núcleo duro de la ED*

Ya hemos apuntado, citando a Roxin y a la propia sentencia 135/2025, que el proceso penal ha entrado en crisis para el juzgamiento de los llamados delitos económicos, éstos últimos, bien delimitados por la doctrina, jurisprudencia y convenios internacionales especializados[43]. En todos estos documentos y su vinculación con los valores constitucionales de la

---

42 Hernández g., José Ignacio. "La "Ley Bolívar" y la extinción de dominio como instrumento de persecución política", en: *Revista de Derecho Público,* n° 179-180, 2024, pp. 343-348.

43 Al respecto, véase Blanco Cordero, Isidoro. "La aplicación retroactiva del decomiso directo de ganancias", en: *Revista Electrónica de Ciencias Penales y Criminológica,* n° 26-13, 2024, pp. 1-38. También, véase Barroso González, José L. "Los delitos económicos desde una perspectiva criminológica", en: *IUS, Revista del Instituto de Ciencias Jurídicas de Puebla,* n° 35, 2015, pp. 95-122. La sentencia 135/2025, pasa revista sobre este tema, de la interrelación ineludible entre delincuencia económica, extinción de dominio y el régimen jurídico-internacional construido para perseguir a aquélla. "(…) 74. Así las cosas, este Tribunal Constitucional aprecia que la Organización de las Naciones Unidas -ONU- *no contempla la extinción de dominio en los términos en que ha sido adoptada en nuestro país,* pues el carácter autónomo de la misma no es propuesto por esa organización internacional, sino por el Grupo de Acción Financiera Internacional -GAFI-, a través de su representante regional el GAFILAT. La GAFI, a diferencia, de la ONU, no es un sujeto de derecho internacional, sino un organismo de cooperación intergubernamental. 75. Precisamente por ello, la GAFI se limita a suministrar recomendaciones con finalidad estrictamente persuasiva, ya que como su propio nombre en inglés lo reconoce -Financial Action Task Force-, es una "Task Force", o, en nuestro idioma, un "Grupo de Trabajo". Por eso, las recomendaciones expedidas por la GAFI *no son vinculantes. Esa condición solamente la tienen la Convención de Viena, la Convención de Palermo, y la Convención de Mérida*. De manera que, mientras las recomendaciones de la GAFI califican como *soft law;* los citados tratados califican, en cambio, como *hard law.* 76. En ese sentido, este Tribunal Constitucional estima que la incorporación en el derecho interno de la extinción de dominio honra, de buena fe, *la obligación internacional de reprimir el crimen or-*

propiedad, resalta el concepto de "trabajo honesto" como forma exclusiva para hacer legítimo un negocio o acto jurídico traslativo de propiedad, inter vivos o post-mortem. Oneroso o gratuito. Esta exigencia, totalmente objetiva, nos circunscribe en las manifestaciones delictuales en tráfico ilícito de drogas, corrupción administrativa y delincuencia organizada, agravada por el fenómeno de la globalización[44].

Si empleáramos la extinción de dominio fuera de este núcleo duro de ilicitud, entonces, ya no estaríamos en presencia de un mecanismo de corrección patrimonial constitucional, sino, en un vulgar medio confiscatorio que haría nugatorio cualquier garantía vinculada al derecho de propiedad.

Al concebir entonces a la delincuencia económica, no sólo en su dimensión delictiva (teoría del delito), sino como un problema de naturaleza contractual-económica, nos apunta hacia la aplicación propia del régimen jurídico negocial, que es incuestionablemente, el Derecho civil y mercantil. Esto nos abre las puertas para otras lógicas diferentes de la dogmática penal, a pesar de buscar una sanción no penal y ejemplarizante para precisamente radicar en el proceso penal aquello que sea realmente meritorio para su implementación. Además, este giro explicado hacia predios civiles y mercantiles, refuerza en demasía del principio de intervención mínima del Derecho penal, que, repetimos, no es su recorte o arrinconamiento; sino, su aplicación racional y eficiente[45].

---

ganizado, en tanto es una medida mucho más gravosa y robusta para atacar el patrimonio de esta clase de entidades delincuenciales que el decomiso y la incautación; y esto porque, a diferencia de la extinción de dominio, estas últimas no son autónomas del proceso penal (...)" (cursivas nuestras). Sobre estos aspectos de la influencia de los tratados y convenios internacionales, véase Jiménez Tapia, Rafael S. y Urbina Mendoza, Emilio J. ...*El comiso autónomo y la extinción de dominio* ..., pp. 54-71.

44 Como indica Silva Sánchez, Jesús M. *La expansión del Derecho penal. Aspectos de la política criminal en las sociedades postindustriales.* Buenos Aires, Euro Editores, 2011, p. 106: "(…) *El paradigma del Derecho penal de la globalización es el delito económico organizado tanto en su modalidad empresarial convencional, como en las modalidades de la llamada macrocriminalidad. La delincuencia de la globalización es la delincuencia económica, a la que se tiende a asignar menos garantías por la menor gravedad de las sanciones, o es criminalidad perteneciente al ámbito de la clásicamente denominada legislación excepcional, a la que se tiende a asignar menos garantías por el enorme potencial peligros que contiene* (…)". En el mismo sentido, Rodríguez-García, Nicolás. *El decomiso de activos ilícitos.* Navarra, Editorial Aranzadi, 2017, p. 28 apunta que "(…) *se ha favorecido indirectamente una globalización de la delincuencia, que exige de los Estados una globalización de la respuesta penal* (…)".

45 Véase Velásquez Velásquez, Santiago. "Principio de intervención mínima penal", en: Rodríguez Tapia, Ingrid Beatriz; Neira Pena, Ana; Aguirre Castro, Pamela Juliana. (Coord.). *Derecho procesal penal: aspectos probatorios.* Quito, Universidad Espíritu Santo, 2022, pp. 314-328. Magro Servet, Vicente. "El principio de intervención mínima del derecho penal y su aplicación práctica: (Referencia a la reciente STS 185/2023 de 15 de marzo de 2023)", en: *Diario La Ley,* n° 10258, 2023. García-Pablos de Molina, Antonio. "Sobre el principio de intervención mínima del Derecho penal como límite del *ius puniendi"*, en: González Rus, Juan J. (Coord.) *Estudios penales y jurídicos: homenaje al profesor Dr. Enrique Casas Barquero,* Córdova, Servicio de Publicaciones de la Universidad de Córdova, 1996, pp. 249-260. Serrano Tárraga, María D. "La expansión del derecho penal en el ámbito de la delincuencia económica: La tutela penal de los mercados financieros", en: *Revista de Derecho,* Vol. 18, n° 1, 2005, pp. 213-237. RUÍZ VADILLO, Enrique. "Algunas reflexiones sobre justicia penal", en: *Eguzkilore: Cuaderno del Instituto Vasco de Criminología,* n° 3, 1999, pp. 265-268.

B. *Fortalecimiento del concepto de actio in rem.*

La segunda arista que debe reforzarse, no solo en el estudio sino en sus efectos prácticos, es la declaratoria de la naturaleza civil *in rem* de la acción de extinción de dominio. Debemos recordar que lo que se persigue en estas acciones, dentro del marco civil, son los bienes que objetivamente transgreden el ordenamiento jurídico, no las personas; aunque, como pudimos observar, la sentencia 135/2025 está en contra de esta realidad[46]. Esto es lo que permite "extinguir el dominio" de quien nominalmente lo detente, por tanto:

> "(...) no tiene el mismo objeto del proceso penal, no corresponde a una sanción de esa índole. Su carácter autónomo, con consecuencias estrictamente patrimoniales, tiene fundamento en el mismo texto constitucional y corresponde a la necesidad de que el *Estado desestimule la delincuencia económica* (...)"[47] (Cursivas nuestras)

Por estas razones siempre, como constante, tanto para el decomiso sin condena como la extinción de dominio, la jurisprudencia haga énfasis en el concepto *in rem,* puesto que, sobre los bienes no gravitan ningún principio penal ni mucho menos otras garantías propias del proceso criminal como es la presunción de inocencia. Quien alegue que en un juicio *in rem* se viola la presunción de inocencia o se aplica el principio de *in dubio pro-reo,* sencillamente estaría deformando la esencia de la extinción de dominio como proceso declarativo que busca una certeza ante la pregunta ¿cómo se obtuvo el bien?

Por otra parte, la equiparación adjetiva del Decomiso y la ED como persecución patrimonial, es la culminación de una evolución internacional, tal como lo expresa la profesora Benito Sánchez:

> "(...) La estrategia anticorrupción se focalizó tradicionalmente -en los primeros instrumentos normativos internacionales- en la represión penal de las conductas. Posteriormente la estrategia se amplió a la prevención, especialmente, tras la adopción de la Convención de las Naciones Unidas contra la Corrupción, que dedica todo su capítulo segundo a las medidas preventivas. ... La prevención y la sanción de las conductas de corrupción debe completarse en el momento actual con *la neutralización de las ganancias que se derivan de esos delitos, lo que se consigue a través del decomiso o de instituciones jurídicas similares, como la extinción de dominio* ... De este modo se trata de evitar o, al menos dificultar, que los beneficios derivados de las actividades criminales se puedan invertir en nuevas actividades, sean estas ilícitas o lícitas. Es decir, se trata de prevenir que los rendimientos se utilicen, por ejemplo, *para penetrar en la Administración Pública a través del soborno, o para invertirlos en la economía legal, lo que conlleva a una distorsión del funcionamiento del mercado* (...)"[48] (Cursivas nuestras)

Así, la decantación por ubicar a la ED en *actio in rem*, objetiviza al proceso en un espacio donde, como bien lo definió la jurisprudencia peruana especializada: "(...) *litigan los patrimonios pudiendo comparecer a proceso todos los que consideren tener interés en los*

---

46 Párrafo 46, página 21 (...) [iv] los bienes no realizan actividades delictivas ni ilícitas, toda vez que estas solamente pueden ser desarrolladas por personas naturales o, de ser el caso, jurídicas; y, personas humanas y el respeto de su dignidad [...]" [*Cfr.* Artículo 1 de la Constitución]. (...)".

47 Corte Constitucional de Colombia. Sentencia C-409 de fecha 28 de agosto de 1997 (Caso: *M.P. José Gregorio Hernández Galindo*).

48 Benito Sánchez, Demelsa. "Cooperación internacional para la recuperación y restitución de activos", en: Benito Sánchez, Demelsa y OLASOLO, Héctor (Dir. Acad.), Villarraga Zschommler, Luisa y Martínez Agudelo, Ana María (Coord.). *Las respuestas a la corrupción trasnacional desde la cooperación internacional en materia penal.* Valencia, Editorial Tirant lo Blanch, 2024, Vol. 18, pp. 453-454.

mismos (…)"[49]. El *quid*, entonces, estriba en el sometimiento permanente de la propiedad al corolario de la cláusula general del Estado social, y más propiamente, la aplicación del principio de interés general del derecho de propiedad[50].

Por otro lado, y quizá a efectos de garantizar la eficacia en la recuperación de activos ilícitos, el nivel probatorio es menos exigente que el garantista penal. Esto implica la aplicación de mecanismos como el *balance de probabilidades* o preponderancia de la prueba, lo que facilita el alivio de la carga probatoria. Esta arista adjetiva civil será determinante para comprender las razones de la aplicación particular de la ED en cada país que la ha consagrado. Esto dependerá del compromiso del legislador con la calificación *in rem civil patrimonial,* configurando modelos que, dependiendo de su inclinación hacia la esfera civil, se reforzará precisamente el acento en el proceso civil que penal.

C. *Precisión sobre sus alcances en cuanto a los bienes*

Si bien el artículo 8 de la LOED venezolana copia el catálogo de bienes indicados en la Ley Modelo de Extinción de Dominio, la especificación de los bienes tiende a simplificarse con los años. Al hacer referencia a la "simplificación", no es sobre la especie o identidad del bien, sino uno de los puntos polémicos en la extinción de dominio sobre el llamado "comiso por equivalente". Esta ha sido una querella entre quienes han cultivado la extinción de dominio, visto que, quizá para la determinación de la ilicitud por origen no sea tan difícil precisarlo. Sin embargo, en la instrumentalización del bien (ilicitud por derivación), encontramos serios aprietos al momento de establecer hasta dónde puede el juez de extinción de dominio abarcar la cuantía de los bienes en su totalidad, incluyendo, los que nunca fueron empleados para cometer la actividad ilícita.

La jurisprudencia ha sido enfática en establecer los límites hasta donde opera y no la extinción. Esto ha sido vital a los efectos de evitar las excesivas consecuencias de la jurisdicción civil, en donde, no opera el principio de proporcionalidad propio de la jurisdicción penal. Es más, si aplicáramos estrictamente la gradación civil, basta con un solo elemento patrimonial envuelto en ilicitud para contaminar todo el patrimonio de una persona. Sin duda alguna, de maniobrar bajo estas coordenadas, no es distante afirmar que hay confiscación.

Al respecto tenemos dos hipótesis que han morigerado el efecto de una *actio in rem* con respecto a la imputación de consecuencias una vez declarado procedente la extinción de dominio. La primera, cuando se mezclan bienes lícitos con ilícitos en un mismo patrimonio. La segunda, ¿qué debemos entender por valor equivalente?

Con relación a la primera figuración, tenemos:

> "(…) Si se mezclan bienes de procedencia ilícito con otros que fueron adquiridos lícitamente, la *extinción del dominio procederá solo hasta el monto del provecho ilícito*, distinción razonable y necesaria, porque el fundamento de la extinción de dominio está en la adquisición, no ajustada a Derecho (…)"[51] (Cursivas nuestras)

Y, en lo que se entiende por valor equivalente, la jurisprudencia ha señalado que recaen:

---

49 Sala de Apelaciones de La Libertad (Perú), sentencia de fecha 26 de octubre de 2020 (caso: *Clara Elena Vallejos Farfán*), para la cita de la jurisprudencia peruana en extinción de dominio, trabajamos con la compilación elaborada por la Procuraduría General del Estado y el Basel Institute on Governance, intitulada *Compendio de Jurisprudencia de extinción de dominio.* Lima, 2021.

50 Jiménez Tapia, Rafael S. y Urbina Mendoza, Emilio J. (2025). … *Los principios garantistas en la extinción de dominio* …, pp. 175-177.

51 Corte Constitucional de Colombia. Sentencia C-374 de fecha 13 de agosto de 1997 (Caso: *Constitucionalidad de la Ley 333 de 1996*).

> "(...) sobre *bienes de legítima procedencia que tienen un valor igual o equiparable al valor predeterminado de otros bienes de origen ilícito que no se pueden extinguir y que pertenecen al mismo titular; esto es, opera, por un lado, de manera subsidiaria* cuando no es posible perseguir bienes de origen ilícito, y de otro, de forma excepcional, pues solo puede recaer sobre bienes ilícitos hasta por un *valor equivalente del provecho ilícito.*
>
> En este sentido, la configuración de la extinción por valor equivalente pasa por *dos condiciones*: (I) Por una parte, que no sea posible la persecución de bienes que guardan relación con las actividades ilícitas de base; (II) y la otra parte, la extinción solo puede recaer sobre bienes lícitos hasta un valor equivalente del monto del provecho ilícito. (...)"[52] (Cursivas nuestras)

En extinción de dominio, en ninguna circunstancia, debe identificarse los bienes supuestamente ilícitos de forma específica y aislada; si no, tomando en cuenta el patrimonio en general[53]. Debemos recordar que los patrimonios quedan contaminados, por así decirlo, de "ilicitud" en la medida que las ganancias e incrementos *injustificados del mismo,* sean consecuencia de la actividad ilícita. Puede ocurrir, que, durante un tiempo, los bienes o capitales originales "ilícitos" o se pierden o se transforman, dando pie a la creación de actividades que sí son "lícitas" con gananciales que jurídicamente serían "lícitas". Ahora bien, como nos hemos preguntado siempre, ¿en estos casos no sería la perfecta hipótesis de la pérdida de la cosa debida?[54] Y si ésta ya no existe, además de no haber sido objeto de imputación formal de un delito, ¿cómo puede un bien "lícito" ser perseguido por extinción de dominio?[55]

Las interrogantes las volvería a resolver la Corte Constitucional de Colombia, al señalar:

> "(...) No es inconstitucional, como lo afirmaron varios de los demandantes. El legislador ha partido de un supuesto fundado en la realidad: quien adquirió un bien de manera ilícita *buscará muy probablemente deshacerse de él, aprovechando casi siempre la buena fe de otros, y, de todas maneras, si lo consigue, habrá logrado el provecho equivalente*, que estará radicado ahora en el dinero o en otros bienes. Sobre éstos o sobre *los que los sustituyan dentro de su patrimonio cabe la extinción de dominio para hacer realidad el principio según el cual la sociedad no puede premiar el delito ni la inmoralidad.* Establecer lo contrario llevará a aceptar figuras tan corruptoras y dañinas como el lavado de activos, que no están cobijadas por la protección constitucional de la propiedad.
>
> De nuevo en esta norma quedan protegidos los derechos de los terceros de buena fe, por lo cual, si los bienes equivalentes a los ilícitamente adquiridos se traspasan a otra persona, que

52 Juzgado Transitorio Especializado en extinción de dominio, con sede en Lima (Perú). Sentencia número 30 de fecha 02 de mayo de 2023 (caso: *Sociedad conyugal Guevara Ortíz*). En este caso, fue motivado a una imputación realizada por la Fiscalía peruana, en 2009, contra uno de los cónyuges, quien en su condición de oficial del ejército peruano, no logró demostrar las fuentes lícitas del incremento injustificado de su patrimonio, justo en el momento en que había realizado operaciones bancarías en la época en que era Jefe de Economía del DINTE-LIMA, Jefe de Operaciones Externas de Economía del Ejército (Lima) y Jefe de Economía en el Cuartel General COINDE-LIMA entre otros cargos dentro de la institución castrense, encontrándose en situación de retiro desde 2003. La investigación patrimonial se efectuó sobre el período 1995-2002, mientras el citado oficial, ocuparía altos cargos de confianza en el manejo de recursos económicos del ejército peruano.

53 Jiménez Tapia, Rafael S. y Urbina Mendoza, Emilio J. ... *Introducción al estudio de la extinción de dominio* ..., pp. 302-303.

54 Artículo 1344 del Código Civil Venezolano.

55 Jiménez Tapia, Rafael S. y Urbina Mendoza, Emilio J. ... *Introducción al estudio de la extinción de dominio* ..., p. 302.

ha obrado sin dolo ni culpa grave, respecto de ella no tiene lugar la declaración de extinción de dominio. (…)"[56] (Cursivas nuestras)

Procesalmente esta determinación de bienes por equivalente se realiza en dos fases. La primera, en la investigación patrimonial prevista en el artículo 20 de la LOED. Allí el fiscal deberá identificar los bienes de procedencia "ilícita" de los bienes lícitos. Lo importante radicará en saber tomar una fecha referencial, una frontera de la cual el fiscal podrá presumir -basado en el balance de probabilidades- que a partir de allí comenzó la actividad ilícita y por consiguiente la contaminación patrimonial.

La segunda etapa ya ocurre en pleno proceso de extinción de dominio. Identificados los bienes, el juez, una vez comprobada la ilicitud, deberá abarcar también "por equivalente", los bienes de procedencia lícita a los fines de cubrir el daño patrimonial cuantificado. En este punto, la trazabilidad de la línea sucesiva del tiempo es fundamental, ya que, como bien indicó la Corte Constitucional de Colombia en la sentencia C-374-97, la necesidad de deshacerse de los "bienes ilícitos" para así producir gananciales con las cuales se adquirirán bienes "lícitos", marcará un compás temporal de actividades de fácil seguimiento[57].

D. *Límites de la actividad de ponderación del legislador de ED y el lawfare*

Como último de los alcances y desafíos de la potestad correctiva patrimonial del Estado, a través de la extinción de dominio, debemos también dirigirnos permanentemente al legislador. Como hemos apuntado, la concreción de los principios garantistas limita la potestad legislativa en estas materias[58]. El legislador no tiene libertad de ponderación infinita como para indicar que cualquier hecho puede ser "ilícito" en extinción de dominio. Como ya apuntamos, estos mecanismos de naturaleza dual se han concebido para la exclusiva persecución de la delincuencia económica, ésta última, suficientemente identificada en la dogmática penal occidental. La sentencia 135/2025 enfatiza que contemplar una extinción de dominio de modelo subjetivo, requiere, obligatoriamente, la reforma de la Constitución y su inclusión en el articulado. De lo contrario, el legislador de ED, de concebir la actividad ilícita como fue el derogado 2.1 del artículo II del Decreto legislativo 1373, estaría sin cuestionamiento alguno, en el plano de la inconstitucionalidad manifiesta.

Por tanto, calificar más allá de los límites de esta tipología de delitos económicos, facilitaría posteriormente al órgano jurisdiccional la insólita justificación legal de un *lawfare*[59]. En este fenómeno, recordemos, se emplea la jurisdicción para la venganza por motivos políticos contra los "enemigos". Así, si la extinción de dominio sale de sus moldes exclusivos de la delincuencia económica, estaríamos en presencia de la más abyecta de las confiscaciones, motivadas a fútiles argumentos por discrepancia político-ideológica. Un verdadero despropósito.

---

56 Corte Constitucional de Colombia. Sentencia C-374 de fecha 13 de agosto de 1997 (Caso: *Constitucionalidad de la Ley 333 de 1996*).

57 Jiménez Tapia, Rafael S y Urbina Mendoza, Emilio J. … *Introducción al estudio de la extinción de dominio …*, p. 304.

58 Véase Urbina Mendoza, Emilio J. "Los límites al legislador para la calificación como actividad "ilícita" en la extinción de dominio. El principio de la progresividad y objetivación de la denominada "actividad ilícita", en: *Revista de Derecho Público,* n° 179-180, 2024, pp. 329-342

59 Para más detalles, véase Gándara Pizarro, Jaime H. y Gándara Pizarro, Fabián H. "Lawfare", en: *Eunomía: Revista en Cultura de la Legalidad,* n° 22, 2022, pp. 267-287.

4. *Las fronteras entre la extinción de dominio y la confiscación: ampliar la calificación de la "actividad ilícita" fuera del concepto omnicomprensivo de delincuencia económica.*

Queremos hacer énfasis en este aspecto, pues, para el análisis no experto o pleno de prejuicios, sin revisar las justas dimensiones de la extinción de dominio, la primera impresión sería como toparse con una confiscación solapada. Esto nos coloca en el trazado de la frontera, nítida para más señas, entre la extinción de dominio y la confiscación. En otros idiomas, con el prototípico anglosajón -sobre todo el norteamericano[60]-, hablar de *civil forfeiture, seizure* o *non conviction based forfeiture*, es hacer alusión a una forma confiscatoria por motivos objetivos. Sin embargo, como hemos apuntado, todo está circunscrito a problemas de lenguaje. Es terminológicamente imposible hacer una equiparación de la confiscación con la extinción de dominio, ni siquiera, con el decomiso sin condena más radical.

En la extinción de dominio, es imprescindible ese vínculo directo entre el origen y empleo del bien, con un hecho calificado como ilícito, general y deseablemente como racional política criminal, propio de la delincuencia económica (tráfico ilícito de drogas, corrupción, delincuencia organizada y financiamiento al terrorismo). Además, la extinción de dominio en ninguna arista es ablatorio de la propiedad, pues, sencillamente lo que busca como *actio in rem,* es una declaración de certeza judicial de que el bien jamás fue de origen lícito, y, por tanto, el principal efecto es que *nunca se gozó del derecho de propiedad, por tanto, jamás se constituyeron los atributos.*

Esto lo tomamos como referencia del sistema de acciones civiles construidas doctrinalmente por Chiovenda (mero-declarativas, constitutivas y de condena)[61]. Mientras que, en la confiscación, jamás se pone en entredicho si el origen del bien fue lícito o ilícito, pues, es irrelevante. La confiscación siempre será una pena accesoria de naturaleza sancionatoria o punitiva, que, por razones de legalidad y constitucionalidad, exige imprescindiblemente una sentencia condenatoria penal definitivamente firme contra toda duda razonable. En la extinción de dominio, buscamos emanciparnos de esa sentencia penal.

Esta última noción la entiende la sentencia 135/2025, al realizar el exhaustivo análisis sobre la instrumentalización de la extinción de dominio como ariete para "desfinanciar" organizaciones criminales; ya que éstas, han sabido adaptarse a los detalles del sistema económico, detectando, esas debilidades estructurales para precisamente contaminarlo. Afirma el TC:

---

60 Es importante diferenciar dentro del Derecho angloamericano, las diferencias entre los modelos que convergen dentro del concepto de extinción de dominio. Por ejemplo, en los Estados Unidos, el término es *non conviction based forfeiture,* entendida como una acción civil de confiscación por motivos criminales en la que se haya envuelto el bien o el patrimonio. Para más detalles, véase los fallos de la Suprema Corte de Justicia, *The Palmyra,* 25 US (12 Wheat.) 1, 1827; *Austin v. United States,* 509 U.S 602 de 1993; *United States v. Ursery,* 518 U.S. 267 de 1996 (considerado el precedente más emblemático hasta la fecha); *Bennis v. Michigan,* 516 U.S. 442 de 1996; *Timbs v. Indiana,* 586 U.S., de 2019; *Culley v. Marshall,* 601 U.S., de 2024. En el Reino Unido, la tradición judicial británica ha ensayado diferentes tipos de decomisos sin condena. Sin embargo, estos asumen rasgos más característicos de autonomía frente al proceso penal, tímidamente, cuando en 2002 se publicó la *Proceeds of Crime Act (POCA).* Aunque debe resaltarse que el nacimiento de las *Unexplained wealth orders (UWOS),* fueron finalmente concebidas en la *Criminal Finances Act* de 2017. Para más detalles, véase Blanco Cordero, Isidoro. "Contra las ganancias de origen delictivo: especial referencia a las Unexplained Wealth Orders del Reino Unido", en: Berdugo Gómez de la Torre, Ignacio y Rodríguez-García, Nicolás. (Edits.) *Decomiso y recuperación de activos. Crime Doesn't Pay.* Valencia, Edit. Tirant Lo Blanch, 2020, pp. 561-585.

61 Chiovenda, Giuseppe. *Ensayos de Derecho Procesal Civil.* Buenos Aires, Bosch Editores, 1949, p. 143.

"(...) 89. Resulta ahora imperativo explicar por qué es necesario atacar el financiamiento de las corporaciones criminales. Pues bien, para nadie es un secreto que estas han venido perfeccionando paulatinamente el modo en el que operan para, por un lado, evitar ser capturadas, y, por otro, incrementar paulatinamente sus réditos económicos, *lo que presupone que se hayan tomado el tiempo de estudiar los vacíos jurídicos y detectar las debilidades estructurales del Estado constitucional de derecho para aprovecharlos a su favor.*

90. Atendiendo a ello, este Tribunal Constitucional considera que *las organizaciones criminales actúan como genuinas corporaciones dedicadas a la comisión permanente de delitos, tanto es así que son dirigidas por criminales sumamente competentes* en sus actividades delincuenciales y, desde luego, con amplísima experiencia. No son dirigidas por improvisados, *sino por personas con acreditado talento para el crimen, que cada día perfeccionan su actuar delictivo aprendiendo de sus propios yerros; mientras que el Estado constitucional de derecho, en cambio, se caracteriza por su rigidez, porque sus actuaciones se basan en el principio de legalidad.*

90. Esa es la razón por la que la lucha contra el crimen organizado es sumamente complicada, ya que *las corporaciones criminales aprovechan cualquier resquicio de la juridicidad en su favor. Por ello, el derecho penal no es suficiente para desarticularlas.* Se requiere que se adopte, también, otras medidas, como la *extinción de dominio, pero siempre que sean respetuosas del marco constitucional vigente, toda vez que no se puede desconocer el carácter inviolable de la propiedad.* (...)" (cursivas nuestras)

Así, como bien lo indica el TC, y ha sido tesis que siempre hemos resaltado, sólo la persecución de delincuencia económica organizada es la que habilita al Estado constitucional de derecho, más específicamente, al legislador, para concretar una acción de extinción de dominio que sea versátil y eficaz para desfinanciar estas organizaciones que día a día aprenden de los errores y demás "defectos de la organización" tanto social, política, económica y jurídica de los Estados. Ahora bien, salirnos de este molde, en efecto, si no está contemplada expresamente en la Constitución, sí estaríamos en presencia de técnicas o acciones que quebrarían el principio de inviolabilidad de la propiedad, acercándonos a la confiscación.

Prosigue el TC en la sentencia bajo análisis, concluyendo:

"(...) Entonces, este Tribunal Constitucional concluye que atacar el financiamiento de estas empresas criminales mediante *la extinción de dominio es una manera indirecta -pero efectiva- de limitar su actuar delincuencial y de forzarlas a desaparecer, porque para implementar sus operaciones criminales y para escapar de la justicia requieren recursos económicos.*

97. En concordancia con todo lo anterior, este Tribunal Constitucional entiende que el Estado constitucional de derecho tiene un amplio margen de configuración para crear mecanismos jurídicos destinados a combatir el crimen organizado, pero siempre que ello no suponga incumplir sus obligaciones internacionales, ni tampoco violar el contenido material y axiológico de la Constitución, ni los derechos fundamentales ni otros bienes de relevancia constitucional. *Ergo, la incorporación de la extinción de dominio en el derecho interno nacional no constituye un incumplimiento de aquellas obligaciones internacionales ni tampoco resulta, per se, inconstitucional; por el contrario, es una imperiosa necesidad.*

98. De modo que, para este Tribunal Constitucional *la extinción de dominio es un instrumento que, normado y utilizado respetando la Constitución, los derechos fundamentales y otros bienes de relevancia constitucional, es sumamente útil para desarticular el crimen organizado, así como otros delitos que, como ha sido recogido en la Convención de Palermo, el legislador democrático califique como graves y, además, requieran de financiamiento para implementar sus planes criminales* (...)" (cursivas nuestras)

Este último párrafo otorga un parámetro de frontera entre confiscar y extinguir el dominio, ya que, como hemos indicado en forma reiterada, la extinción no es ablatoria del derecho de propiedad, sino, es declarativa de certeza, que si un bien ha sido obtenido a través de recursos provenientes de la delincuencia económica (ilícitos), entonces, una vez comprobado en el proceso mero-declarativo de certeza, se puede afirmar que nunca el titular aparente fue propietario. Mientras que, con la confiscación, jamás se pone en entredicho si el origen del bien o patrimonio es ilícito. Es más, esta última cuestión es irrelevante, pues, se confisca un bien y punto.

El tratadista argentino, Marienhoff, define la confiscación como "*el apoderamiento, por el Estado, de todos los bienes de una persona, sin compensación alguna a favor de ésta, apoderamiento realizado a título de supuesta sanción al comportamiento o conducta del titular de los bienes confiscados, pero en realidad a título de represalia o venganza*"[62]. Si bien puede compartir con la extinción el apoderamiento final por el Estado de los bienes declarados como tal[63], aquélla no está vinculada en modo alguno con la culpabilidad del titular, sino que, como el bien es de origen ilícito, jamás configuró el derecho de propiedad sobre el titular aparente.

Por tanto, ambas figuras son diametralmente opuestas, a pesar de compartir la consecuencia de desposesión (pérdida del dominio), la confiscación nunca dejará ser un "apoderamiento arbitrario"[64], mientras que, la extinción de dominio es una consecuencia de un proceso con plenas garantías constitucionales y judiciales, incluyendo, el derecho a la tutela judicial efectiva. Como nota adicional, debemos indicar que la confiscación sólo puede ser regulada por el constituyente, nunca por el legislador, so pena de inconstitucionalidad[65].

De esta manera, podemos responder que la extinción de dominio no es una forma de extinguir la propiedad, ya que, ¿cómo extinguimos un derecho si éste nunca nació en cabeza del titular aparente?

5. *El principio de progresividad y objetivación de la calificación sobre la actividad ilícita*

Finalmente, la sentencia, en términos generales, hace alusión al denominado principio de progresividad y objetivación de la calificación sobre la actividad ilícita. Considerado un principio garantista en el proceso de extinción de dominio[66], es conexo con el principio de reserva judicial. Recordemos que toda institución que afecte el derecho de propiedad está enlazada y limitada a lo que la teoría de los derechos fundamentales establece como principio de la progresividad del derecho. Esto implica que una vez que evoluciona las manifestaciones de protección jurídica del derecho en cuestión, está prohibido al Estado retrotraerse hasta etapas superadas donde la efectividad del cumplimiento de éste estaba limitada[67].

---

62 Marienhoff, Miguel S. *Tratado de Derecho Administrativo.* Buenos Aires, Editorial Abeledo-Perrot, 1978, Vol. IV, p. 495.

63 Artículo 5, numeral 3 de la Ley Orgánica de Extinción de Dominio de Venezuela.

64 Corte Constitucional de Colombia. Sentencia número C-459-11 de fecha 01 de junio de 2011 (caso: *Juan Pablo Cardona González*).

65 Véase Tribunal Supremo de Justicia/Sala Constitucional, sentencia número 319 de fecha 29 de marzo de 2005 (caso: *Servicios Campesinos Guanarito, C.A.*).

66 Véase Jiménez Tapia, Rafael S. y Urbina Mendoza, Emilio J. … *Los principios garantistas en la extinción de dominio* …, p. 164.

67 La expresión más gráfica de este principio la encontramos en el artículo 26 de la Convención Americana sobre Derechos Humanos: "(…) Los Estados partes se comprometen a adoptar providencias, tanto a nivel interno como mediante la cooperación internacional, especialmente económica y técnica, para lograr progresivamente la plena efectividad de los derechos que se derivan de las normas económicas, sociales y sobre educación, ciencia y cultura, contenidas en la Carta de la Organización de los Estados Americanos, reformada por el Protocolo de Buenos Aires, en la medida de los recursos disponibles, por vía legislativa u otros medios apropiados (…)".

Como estamos ante un caso de verificación de certeza sobre la consolidación o no del derecho de propiedad, en razón de la ilicitud del bien (sea por su origen o destinación), retrotraer la acción en su arista constitucional hacia manifestaciones superadas, implicaría una violación flagrante del artículo 26 de la Convención Americana de los Derechos Humanos, así como, un evidente menoscabo al interés general que atañe a todos el hecho de no tolerar bienes que hayan sido producto de actividades ilícitas y deshonestas.

Precisamente, este tipo de situaciones, acaecidas con las reformas o redacción del Decreto legislativo 1373, fue advertida por nosotros antes de la publicación de la sentencia 135/2025. Como lo advertimos en una de nuestras obras, sobre lo suscitado en el Perú:

> "(...) Si en su origen la ED en un Estado basaba su concepto de actividad ilícita en un catálogo cerrado de conductas reprochables, por ejemplo, en la tipicidad de legislación penal, debía concebirse que se había conciliado con los modelos denominados "objetivos" o de número taxativo. Ahora bien, ese concepto puede perfectamente evolucionar en futuras reformas legítimas de dicho Estado, siempre que, *el nuevo instrumento fuera mucho más eficaz y eficiente que el superado.* Y una vez contemplado una lista abierta, como es el caso del Decreto Legislativo 1373 de 2019, pudiera considerarse atentatorio del principio de progresividad este tipo de modificaciones, *lo que abriría la puerta para que, la justicia constitucional peruana, se encargara de declarar la nulidad de la reforma por ser contraria a las disposiciones inviolables del principio de la progresividad.* (...)"[68] (cursivas nuestras).

Pues bien, la sentencia 135/2025, confirmaron nuestras sospechas, otorgándonos la razón ante la advertencia formulada desde principios de 2025, seis (06) meses antes de la publicación de la sentencia.

III. RECAPITULACIÓN Y RETROSPECTIVA.

Tras la lectura exhaustiva de la sentencia comentada, aunado a los razonamientos planteados en este complejo caso peruano, debemos hacer una retrospectiva sobre lo resuelto por la justicia constitucional peruana, y que, de forma directa o indirecta, termina por influir en el *ius commune* latinoamericano de extinción de dominio. Para ello dividiremos en dos esta recapitulación, a saber:

- ¿Qué establece el fallo como sentencia interpretativa?
- ¿Qué omitió el TC respecto a los argumentos sobre la retrospectividad de la acción de extinción de dominio?

1. *¿Qué establece el fallo como sentencia interpretativa?*

El TC hace hincapié, en varios párrafos del fallo 135/2025 sobre el carácter interpretativo de la sentencia, visto que, existen más de 6000 procesos de extinción de dominio que por disposición de esa misma sentencia, se ordenó:

> "(...) 198. Sin perjuicio de lo anterior, y del modo en que el legislador democrático ha acotado el numeral 2.1 del artículo II del Título Preliminar del Decreto Legislativo 1373, *Decreto Legislativo sobre extinción de dominio,* este Tribunal Constitucional conmina a los jueces del Subsistema Nacional de Extinción de Dominio a *archivar ipso facto todas las demandas de extinción de dominio sustentadas en ilícitos no penales y en delitos no comprendidos en la modificación introducida con posterioridad a la interposición de la presente demanda.*
>
> 199. Y es que, para este Tribunal Constitucional, teniendo en cuenta la interpretación de observancia obligatoria antes reseñada, es constitucionalmente válido extinguir el dominio de bienes adquiridos con recursos directamente provenientes del crimen organizado o de delitos

[68] Véase Jiménez Tapia, Rafael S. y Urbina Mendoza, Emilio J. ... *Los principios garantistas en la extinción de dominio ...*, p. 171.

que, a criterio del legislador democrático, califiquen como graves, *conforme a lo señalado en la Convención de Palermo, y requieran de grandes cantidades de dinero para operar, ya que la extinción de dominio ataca la financiación de esta clase específica de ilícitos penales*. Ese mismo criterio también es aplicable para justificar la constitucionalidad de la extinción del dominio de bienes utilizados para la comisión de tales delitos.

200. De modo que, para este Tribunal Constitucional, y más allá de lo que puntualmente establezca el derecho civil patrimonial, *sería absurdo que el patrimonio obtenido por este tipo de organizaciones criminales tenga la misma protección que el generado honradamente*, pues mientras este último es fruto del esfuerzo personal y/o familiar; *el otro tiene origen en actividades delictivas que el legislador ha previsto observando los criterios orientadores antes expuestos.* (…)" (cursivas nuestras).

Precisamente esos criterios orientadores previstos en la sentencia serían:

Primero: El TC asume como válido, en los países sin concreción constitucional de la ED, el modelo objetivo y no el subjetivo. Por ello, censura de inconstitucional el artículo II, numeral 2.1 del Decreto Legislativo 1373.

Segundo: Para asumir un modelo subjetivo de extinción de dominio (fuera de la delincuencia económica), debe necesariamente consagrarse expresamente en la Constitución, ya que, violentaría el principio de inviolabilidad del derecho de propiedad.

Tercero: Se entiende que constitucionalmente, como principio garantista en extinción de dominio, opera el principio *de progresividad y objetivación de la calificación sobre la actividad ilícita.*

Cuarto: La sentencia 135/2025 reconoce la denominada teoría de la elección racional en la lógica de la delincuencia económica, es decir, que las organizaciones criminales operan con la más diligente y dinámicas reglas de racionalidad económica. Esto implica que las vías estáticas de control punitivo resultan no sólo ineficientes, sino, hasta propiciadoras de la delincuencia económica.

Quinto: Advierte el TC sobre la *inutilidad* de centrarnos en las vías punitivas penales y la tentación del populismo punitivo, que "llenaría las cárceles" pero mantendría intacta las organizaciones del crimen organizado.

Sexto: La esencia fundamental de mecanismos como la extinción de dominio, como vía patrimonialista, es la desbaratar el financiamiento de empresas criminales, para cortar con los recursos que serían empleados para otros delitos en desmedro de la sociedad y del propio Estado constitucional de derecho.

Séptimo: La ED no puede extenderse, sin una reforma constitucional, a supuestos que ni siquiera califican como delito, en cuyo caso, no se justifica, en modo alguno aplicar la ED.

Octavo: Para ser efectiva, el TC reconoce que la extinción de dominio debe poseer una autonomía relativa en relación con la sentencia penal condenatoria y del propio proceso penal. Establece que no puede concebirse ni una acción absolutamente autónoma o el otro extremo, subordinada al resultado de un proceso penal.

Noveno: Precisa el TC que hubo "abusos" por el Subsistema Nacional de Extinción de Dominio, recalentándolo, pues, se persiguió bienes de empresas formales cuyo personal o clientes sólo habían cometido infracciones administrativas, trasmutando las funcionalidades de la ED en un subsistema recaudatorio, casi, de naturaleza tributaria. Como bien afirmó el TC:

> "(…) 188. Así las cosas, este Tribunal Constitucional no entiende de qué forma la extinción de dominio cumpliría la función para la que ha sido creada en estos otros supuestos. Por aquella razón, la utilización de la extinción de dominio para otros fines *es irrazonable y desproporcionada*, porque si el propio ordenamiento jurídico no siquiera tipificó estos supuestos

como delitos que no importan pena privativa de la libertad con el carácter de efectiva; eso significa que, en virtud del principio de intervención mínima, el legislador democrático ni siquiera los consideró demasiados dañinos para la convivencia social (...)" (cursivas nuestras)

Décimo: El desempeño fiscal no puede ser medido en función del monto de los bienes extinguidos a favor del Estado, toda vez que la extinción de dominio carece de una finalidad recaudatoria.

2. *¿Qué omitió el TC respecto a los argumentos de la retrospectividad de la acción de extinción de dominio?*

Hemos dejado para el final los razonamientos sobre la inconstitucionalidad de la retrospectividad como característica de la acción de extinción de dominio, prevista en el anulado artículo II, numeral 2.5 del Decreto legislativo 1373. El TC sobre la cuestión indica:

"(...) 250. Por consiguiente, este Tribunal Constitucional concluye que este extremo de la demanda resulta fundado, por lo que, a fin de minimizar el impacto de la expulsión de esa norma en el ordenamiento jurídico, corresponde interpretar que solo resulta constitucional, *en tanto regule situaciones posteriores a su entrada en vigencia.* Y es que, al fin y al cabo, la salvaguarda del derecho fundamental a la propiedad proscribe que los *títulos de propiedad se encuentren permanentemente en tela de juicio a través de una interpretación tendenciosa de la irretroactividad, pues la aplicación retrospectiva de la extinción de dominio no es otra cosa que una velada manera de sacarle la vuelta a la Constitución, lo que principalmente afecta a los terceros adquirientes de buena fe, ya que la extinción de dominio se dirige a los bienes con total prescindencia de quien es su propietario.*

251. En lo concerniente a esto último, este Tribunal Constitucional recuerda que, aunque la extinción de dominio se dirige contra bienes y no contra personas, no se soslaya que esos bienes tienen un propietario, quien tiene un derecho real sobre los mismos, el que, según la Constitución, es inviolable. En este sentido, no se puede obviar que la extinción de dominio de un bien en concreto causa un perjuicio pecuniario a su dueño que, en gran medida, se asemeja a una sanción. Por ello, *utilizar el vocablo retrospectividad constituye un eufemismo para encubrir una inconstitucional retroactividad.* (...)" (cursivas nuestras)

Interpretación tendenciosa de la Constitución y eufemismo para encubrir una inconstitucional retroactividad son los razonamientos centrales para anular la aplicación retrospectiva del instituto. Nos sorprende que el TC no hiciera alusión al concepto de *actio in rem,* que, es recalcada en las 11 legislaciones de extinción de dominio, incluida, la Ley Modelo de las Naciones Unidas.

Como explicamos, esta acción es de naturaleza mero-declarativa de certeza. Es decir, el juez de ED ni condena ni elimina ni constituye propiedad con la sentencia. Sencillamente, siguiendo el esquema de las acciones civiles propuesto por Chiovenda, determina si el hecho incierto fue lícito o ilícito. Como bien determina el derecho procesal de forma incontrovertible, las acciones mero-declarativas ni *prescriben ni pueden circunscribirse a situaciones posteriores a la entrada en vigencia de una ley con los supuestos de ED.* De ser así, entonces, los mismos fundamentos usados por el TC precisados desde el párrafo 219 al 253 (páginas 65 a la 73) serían aplicables a todas las acciones mero-declarativas previstas en la legislación peruana, como, por ejemplo, la acción de simulación.

Sorprende que el análisis para anular el numeral 2.5 del artículo II del Decreto legislativo 1373 sólo hiciera énfasis en las reglas básicas sobre la aplicación o no de la ley en el tiempo, obviando la naturaleza misma de la arista adjetiva de la ED, que, incuestionablemente es civil patrimonial. Ahora se entiende, en esta omisión grave por el TC, las razones por las cuales no se adentró en la revisión de la naturaleza dual de la extinción de dominio, sobre todo, en los debates de obligatorio análisis sobre las consecuencias de la calificación de una acción como civil, tomando en cuenta que, las causas de reprochabilidad deben necesariamente fundamentarse en tipos penales referidos a la delincuencia económica.

EL CASO CAPRILES CONTRA VENEZUELA EN LA CORTE INTERAMERICANA DE DERECHOS HUMANOS[*]

Cosimina Pellegrino[**] y Laura Louza[***]
Abogadas

Resumen: *En 2024, año de elecciones presidenciales en Venezuela, la Corte Interamericana de Derechos Humanos celebró audiencia pública sobre el caso promovido por Henrique Capriles contra el Estado venezolano, en relación con las irregularidades de las elecciones presidenciales de 2013. La demanda se originó tras la negativa del Consejo Nacional Electoral y del Tribunal Supremo de Justicia de atender sus denuncias por prácticas que favorecieron al oficialismo y que vulneraron sus derechos políticos, a la libertad de expresión y al acceso a recursos efectivos, protegidos por la Convención Americana sobre Derechos Humanos. La ausencia de representantes del Estado en el proceso contrastó con la participación de la CIDH, que expuso un patrón de deterioro electoral en Venezuela, evidenciado en el uso de recursos públicos, control institucional y represión a la oposición. La decisión de la Corte podría constituir una hoja de ruta para mejorar las condiciones de los próximos comicios, fijando estándares de transparencia, igualdad y garantías mínimas en procesos electorales en la región.*

Palabras Clave: *Derechos políticos, sistema electoral, elecciones presidenciales.*

Abstract: *In 2024, an electoral year in Venezuela, the Inter-American Court of Human Rights held a public hearing on the case brought by Henrique Capriles against the Venezuelan State concerning irregularities in the 2013 presidential elections. The claim originated after the National Electoral Council and the Supreme Court of Justice failed to address his complaints about practices that favored the ruling party and violated his political rights, freedom of expression, and access to effective remedies, all protected under the American Convention on Human Rights. The absence of State representatives in the proceedings contrasted with the participation of the IACHR, which highlighted a pattern of electoral deterioration in Venezuela, including the misuse of public resources, institutional co-optation, and repression of the opposition. The Court's decision could serve as a roadmap to improve the conditions of upcoming elections, setting standards of transparency, equality, and minimum guarantees in electoral processes across the region.*

Key words: *Political rights, electoral regime, presidential elections.*

---

[*] https://accesoalajusticia.org/caso-capriles-contra-venezuela-corte-interamericana-derechos-humanos/

[**] Abogada, Especialista en Derecho Administrativo y Doctora en Ciencias, mención en Derecho, de la Universidad Central de Venezuela. Profesora de pregrado y doctorado de la Universidad Central de Venezuela. Publicaciones en revistas reconocidas y ponente en numerosas charlas y conferencias de alto nivel.

[***] Abogada de la Universidad Católica Andrés Bello; Especialista en Derecho Administrativo de la Universidad Pantheon-Assas (París II); Magister en Derecho, Economía y Políticas Públicas del Instituto Ortega y Gasset de la Universidad Complutense de Madrid; Fundadora y directora ejecutiva de la ONG venezolana Acceso a la Justicia, https://accesoalajusticia.org.

2024 es un año electoral en Venezuela. En algún momento de los próximos 10 meses deberán celebrarse comicios para elegir al presidente de la República de acuerdo con lo previsto en el artículo 230 de la Constitución. Sin embargo, recientes decisiones como las adoptadas por el Tribunal Supremo de Justicia (TSJ)[1] a finales de enero contra líderes opositores como la candidata de la plataforma unitaria, María Corina Machado, siembran dudas respecto a la voluntad de las autoridades para subsanar las fallas que aquejan al sistema electoral venezolano y que han provocado desconfianza en las últimas votaciones.

Las deficiencias del sistema electoral venezolano fueron debatidas el 6 de febrero en la Corte Interamericana de Derechos Humanos (Corte IDH), durante la audiencia oral y pública relacionada con las irregularidades ocurridas en las presidenciales de 2013. La decisión que el juzgado continental emita en este caso puede constituir una hoja de ruta para que los comicios de este año no corran la misma suerte que los celebrados en el país a partir de 2017.[2]

El proceso ante la Corte IDH se inició luego de que el dos veces candidato presidencial opositor, Henrique Capriles Radonski, acudiera a la Comisión Interamericana de Derechos Humanos (CIDH) para denunciar la violación de sus derechos políticos y judiciales por la manera cómo el Consejo Nacional Electoral (CNE) y el máximo juzgado respondieron a sus denuncias sobre las presuntas irregularidades ocurridas en los comicios celebrados a raíz del deceso de Hugo Chávez, en los cuales oficialmente ganó Nicolás Maduro con una pírrica ventaja de 1,49 % de los votos.

La CIDH le dio la razón al opositor y a finales de abril de 2022 el caso llegó a la Corte, pues el Estado venezolano violó sus derechos políticos, a la libertad de expresión y a un recurso idóneo y efectivo con las debidas garantías que prevén los artículos 23, 13, 8 y 25 de la Convención Americana sobre Derechos Humanos.

SIN LA PRESUNTA VÍCTIMA NI EL PRESUNTO VICTIMARIO

El acto se celebró en la sede del juzgado en San José (Costa Rica)[3] sin la presencia de Capriles, quien estuvo representado por su abogado, Ramón José Medina, y sin representación del Estado venezolano; esto último a pesar de que las autoridades habían ofrecido la declaración de dos peritos y de cuatro testigos para refutar los señalamientos del opositor y probar que los comicios se celebraron en cumplimiento de los preceptos constitucionales y legales, y que sus resultados fueron expresión de la «voluntad popular».

Los testigos ofrecidos eran Eglee Sofia Toro Navas, una electora que participó en los comicios denunciados; y el exfuncionario del Consejo Nacional Electoral (CNE), Omar Roa Veliz, quien expondría sobre las medidas adoptadas para la celebración de esas elecciones y las respuestas dadas a las peticiones realizadas por Capriles.

Los peritos eran Carlos Alberto Álvarez, miembro de la Misión de Observación Electoral de Unión de Naciones Suramericanas (Unasur); y Pedro Contreras, integrante de la organización Proyecto Social y observador nacional, quienes declararían sobre el desarrollo del proceso electoral.

El abogado Federico Fuenmayor, exmagistrado suplente del TSJ y colaborador de la expresidenta del organismo, Gladys Gutiérrez, expondría sobre la regulación de los procesos

1 https://accesoalajusticia.org/tsj-avala-inhabilitacion-contra-maria-corina-machado-sin-publicar-sentencia-fuera-lapso/

2 https://accesoalajusticia.org/elecciones-autocracia-caso-venezolano-2017-2021/

3 https://www.youtube.com/watch?v=iHH0BSNDgeY

electorales en Venezuela. Por último, la abogada Intina Reina López Pérez, declararía sobre la procedencia y trámite del recurso contencioso electoral. Así figuraba en el auto dictado por la presidenta de la Corte, magistrada Nancy Hernández López, el pasado 5 de diciembre.[4]

La ausencia del Estado fue lamentada por la CIDH. «La Comisión subraya que la participación activa de los Estados en estas audiencias permite que este tribunal realice un mejor escrutinio de los argumentos materia del proceso y que posibiliten a su vez un funcionamiento adecuado del sistema interamericano», afirmó el abogado Erick Acuña, en representación del organismo interamericano de protección de derechos humanos.

UNA LARGA LISTA DE IRREGULARIDADES

La CIDH denunció en su exposición que a partir de los comicios de 2013 se ha producido un «serio deterioro de la situación político electoral en Venezuela», el cual ha quedado de manifiesto con «acciones de represalia contra la oposición política y la creación de obstáculos en el ejercicio de derechos políticos de la oposición, así como la falta de independencia del órgano electoral».

El organismo condenó el uso inadecuado de recursos públicos para apoyar la campaña del candidato del Partido Unido Socialista de Venezuela (PSUV), Nicolás Maduro, quien era también el presidente encargado de Venezuela. Asimismo, evidenció

> «la utilización de bienes públicos con fines proselitistas, la participación directa de funcionarios públicos en la campaña electoral, el manejo desproporcionado de los medios de comunicación oficiales en favor de dicho partido político, la presencia de militares con símbolos del partido oficialista en los centros electorales el día de la elección y la represión contra grupos opositores».

Para sustentar sus señalamientos, la CIDH citó los informes del Centro Carter y del Instituto de Altos Estudios Europeos.

En similares términos se pronunció el abogado de Capriles, Ramón José Medina, quien denunció que la cooptación de las instituciones por parte del Gobierno de Chávez impidió que se aplicara «la legislación venezolana y que el Estado de Derecho prácticamente no exista en el país».

Antes, el jurista recordó a los magistrados de la Corte IDH que los miembros del CNE, del TSJ o del Consejo Moral Republicano «han sido funcionarios del Gobierno y miembros activos del partido de Gobierno».

PONIENDO LAS COSAS EN SU SITIO

La CIDH y la defensa de Capriles también coincidieron en sus peticiones a los magistrados. Esto señaló al respecto Erick Acuña:

> «Este caso plantea aspectos de orden público interamericano y en particular permitirá a este tribunal profundizar en los estándares aplicables en el marco de contiendas electorales para garantizar el acceso en condiciones de igualdad a las funciones públicas (…) y el ejercicio de derechos políticos en condiciones de igualdad».

Por su parte, Medina solicitó a la Corte IDH «un señalamiento preciso de las faltas, fallas y evasiones de las disposiciones legales en los procesos electorales que ha sido consuetudinaria en las elecciones en Venezuela desde 1999».

---

4 https://www.corteidh.or.cr/docs/asuntos/capriles_05_12_2023.pdf

Sin embargo, la pregunta del magistrado Humberto Sierra da motivos para preocuparse. «¿Qué esperan de la Corte?», inquirió el funcionario tanto a los representantes de la CIDH como al abogado de Capriles.

El juez manifestó dudas sobre si esperaban que el tribunal formule una serie de recomendaciones o si, por el contrario, creían que se estaba frente a un problema del diseño de la institucionalidad venezolana que escapa de la competencia del organismo.

REFLEXIONES FINALES

Venezuela está cerca de unas elecciones presidenciales, y vistos los antecedentes de los últimos comicios, que no fueron reconocidos por prácticamente ningún país democrático en el mundo y abrieron las puertas al aislamiento internacional del Gobierno, el proceso en la Corte IDH abre las puertas para el debate sobre el funcionamiento del sistema electoral y de las instituciones en general.

Asimismo, esta es una oportunidad para que el juzgado con sede en San José de Costa Rica pueda presentar una serie de medidas administrativas, judiciales y legislativas que permitan avanzar hacia un proceso que reúna las condiciones mínimas de transparencia e igualdad necesarias.

Aunque las actuales autoridades probablemente ignoren dicha sentencia, estas sugerencias pueden ser útiles en el futuro como una guía para lograr elecciones libres, competitivas y transparentes.

EL CASO NOEL CANNING O DE COMO SE VE LA INTERPRETACIÓN CONSTITUCIONAL EN LOS ESTADOS UNIDOS

Los que hacen las reglas no quieren que hablemos nosotros sino las palabras. Rafael Cadenas. Gestiones

Anselmo Coelho Hernández

Abogado

Resumen: *El ensayo presenta un análisis de la sentencia del caso NLRB vs. Noel Canning de la Corte Suprema de los Estados Unidos, centrándose en las especificidades de la interpretación constitucional en el país en cuestión, y en la influencia que tienen las teorías de la interpretación sobre el resultado del caso. En el curso del mismo, se presentan los argumentos de las teorías de interpretación utilizadas por los jueces Breyer y Scalia, quienes escriben, respectivamente, la sentencia mayoritaria y la concurrencia parcial. Luego, se estudia el caso en concreto y las disímiles resoluciones que se alcanzan en cada una de las decisiones, explicando las coincidencias y discrepancias entre ellas.*

Palabras Clave: *Interpretación constitucional, NLRB vs. Noel Canning, teorías de la interpretación, pragmatismo, originalismo.*

Abstract: *The essay presents an analysis of the Supreme Court of the United States' decision in the case of NLRB vs. Noel Canning, focusing on the specifics of constitutional interpretation in the country in question, and the influence that theories of interpretation have on the outcome of the case. Throughout the essay, the arguments of the interpretive theories used by Justices Breyer and Scalia, who respectively write the majority opinion and the partial concurrence, are presented. Then, the specific case and the different resolutions reached in each of the decisions are studied, explaining the similarities and differences between them.*

Key words: *Constitutional interpretation, NLRB vs. Noel Canning, interpretive theories, pragmatism, originalism.*

I. PRELUDIO: INTERPRETACIÓN A LA AMERICANA

La Constitución de los Estados Unidos supera ya los 235 años de existencia. Habiéndose acordado en Filadelfia en 1787[1] e iniciado su vigencia el 4 de marzo de 1789[2], es la norma

1 Las firmas de los miembros de la Convención Constitucional fueron estampadas en el documento en septiembre de 1787, luego de meses de deliberaciones a puerta cerrada. Ver: Akhil Reed Amar. *America's Constitution: A Biography*, Random House, Nueva York, 2006.

2 Corte Suprema (Estados Unidos) Owings vs. Speed, 18 U.S. 420 (1820): «The present Constitution of the United States did not commence its operation until the first Wednesday in March 1789 [...]».

constitucional escrita de mayor antigüedad. Aun así, solo ha sufrido 27 enmiendas[3], con lo cual, la mayor parte de la estructura constitucional[4] original sigue rigiendo sobre la mayor potencia global de nuestro tiempo.

El rol que han tenido las cortes –y, en especial, la Corte Suprema– en la protección y resignificación de la norma fundamental es innegable, pasando de ser el poder *más débil*[5] a asumir un papel protagónico en el devenir político de la nación. Esto ha resultado, también, en que los debates sobre interpretación constitucional, revestidos naturalmente de *politicidad*[6] también adquieran un cariz político. Por ello, el estudio de la interpretación constitucional estadounidense merece algunas apreciaciones introductorias.

La interpretación constitucional como una actividad específica y distinta de la interpretación jurídica ordinaria encuentra fuertes objeciones, en tanto algunos autores observan que los recursos y técnicas para la atribución de significado en materia jurídica ordinaria y en materia constitucional son idénticas[7]. Ahora bien, incluso admitiendo la identidad de recursos, pareciera posible construir la especificidad de la interpretación constitucional por el *objeto.*

Scalia señala que «The problem [of constitutional interpretation] is distinctive, not because special principles of interpretation apply, but because the usual principles are being applied to an unusual text»[8]. En la misma sintonía, Breyer expone «*[The] unique features of the Constitution's structure and purpose often bear on the interpretative analysis*»[9]. Así, es dable pensar que, al menos en los Estados Unidos, la especificidad de la norma constitucional –que es admitida y reconocida por la doctrina jurídica más allá de Estados Unidos[10]– tiene efectos sobre la actividad interpretativa, revistiéndole de especificidad.

Pero, sin lugar a dudas, las discusiones más relevantes en torno a la interpretación constitucional en los Estados Unidos tienen que ver con las *teorías de interpretación.* Usualmen-

---

3 Las primeras 10 fueron adoptadas conjuntamente en diciembre de 1791 y constituyen el *Bill of Rights.* Por otra parte, las enmiendas 13, 14 y 15 son conocidas como las enmiendas de la Reconstrucción, y fueron adoptadas con el fin de la Guerra de Secesión. De allí en más, las enmiendas fueron adoptadas de forma esporádica y para modificar o adicionar normas concretas a la Constitución, como el voto popular para los senadores federales o la sucesión presidencial.

4 E incluso, dado el modo de incorporación de las enmiendas, el texto constitucional original sigue replicándose por entero e inspirando, en buena medida, a la interpretación constitucional. Sobre esto, véase: Richard Albert, «The Constitution America Could Have Had», *University of Pittsburgh Law Review,* vol. 84, Pittsburgh, 2023, pp. 595-600.

5 Alexander Hamilton, «No. 78: The Judiciary Department», *The Federalist Papers (Alexander Hamilton, James Madison, John Jay)*, editado por Clinton Rossiter, Signet Classics, Estados Unidos, 2003, pp. 464.

6 Sobre esto, véase: Raúl Casanova Usera, «Supremo intérprete de la constitución y dinámica democrática» *Constitución y democracia: ayer y hoy. Libro homenaje a Antonio Torres del Moral*, vol. I, coordinado por Yolanda Gómez, et al., Universitas-UNED-CEPC, Madrid, 2012, p. 358.

7 *Cfr.* (i) Ricardo Guastini. *Teoría e ideología de la interpretación constitucional,* Trotta, Madrid, 2008, pp. 54-58 y (ii) Dúber Celis, «Interpretación jurídica ordinaria versus interpretación constitucional», *Anuario Iberoamericano de Justicia Constitucional,* vol. 26, n° 2, Madrid, 2022, pp. 422-426.

8 Antonin Scalia. *A matter of interpretation,* Princeton University Press, Princeton, 2018, p. 37.

9 Stephen Breyer. Reading the Constitution. Why I chose pragmatism, not textualism, Simon and Schuster, Nuev York, 2024, p. 112.

10 Sobre ello, véase: Ramsis Ghazzaoui, «Constitución y método. Aspectos teóricos sobre la interpretación constitucional», *Rechsstaat: Estado de Derecho,* n°7, Mérida, 2022, pp. 28-29.

te, estas discusiones se dan en el nivel prescriptivo que describe Guastini[11], de modo que cada teoría encarna una trinchera desde la cual sus defensores proclaman su titularidad sobre la verdad. Estos debates sobre la *ideología judicial* de los jueces ha sido incluso el centro de las famosas audiencias de confirmación de los últimos candidatos a la Corte Suprema.

Ello no es, en lo absoluto, una casualidad o un deseo de los actores políticos por discutir academicismos con quienes son evaluados para formar parte de la Corte más alta de la nación. Por el contrario, la asunción de una determinada teoría de interpretación, como presupuesto de la actividad interpretativa, tiene efectos claros en el resultado. En los términos de Sunstein: *«[...] if you think the Constitution has meaning, and that it resolves some dispute, you must be applying a theory of some kind»*[12].

Las teorías de interpretación se construyen, de acuerdo con Guastini, alrededor de tres oposiciones doctrinales: (i) ideologías estáticas o dinámicas, (ii) doctrinas universalistas o particularistas y (iii) actitud de autolimitación judicial o activismo judicial[13]. Según se ubique el intérprete en relación con los aspectos señalados, es decir (i) carácter de los significados normativos, (ii) aplicabilidad de reglas generales y abstractas y (iii) rol del juez en la actividad política, asumirá, consciente o inconscientemente una determinada teoría como suya.

Con base en lo anterior, se configura un escenario diverso de teorías de interpretación, y conviven en él algunas que se solapan en ciertos aspectos mientras que difieren en otros como el textualismo, la familia de los originalismos –de intenciones originales, de significado público original o semántico–, el *living constitutionalism,* el tradicionalismo, la teoría moral y demás[14]. Los actores políticos resuelven tratarlas como dos enfoques, uno progresista y otro conservador. Siguiendo esa aproximación binaria, pero desde una perspectiva jurídica, algunos autores separan las teorías entre originalistas y no originalistas[15].

Aunque podemos compartir parcialmente la construcción binaria, es necesario apuntar que su simplismo pasa por alto la riqueza del panorama argumentativo que valora las distinciones entre posiciones que, aunque retienen alguna similaridad, no pueden ser entendidas como idénticas en todo aspecto. Esto es cierto, en la medida en la que, frente a casos concretos y *a posteriori,* teorías que parecieran ser espejos entre sí, alcanzan una misma conclusión, con lo que la contraposición absoluta no refleja fielmente su naturaleza.

I. EL CASO NLRB VS. NOEL CANNING

El caso de la Junta Nacional de Relaciones Laborales contra Noel Canning fue tramitado por la Corte Suprema entre abril de 2013 y junio de 2014, a través de una solicitud de *writ of certiorari* derivada de una sentencia de la corte de apelaciones del Distrito de Columbia. En el caso se presentan cuestiones importantes relativas a la interpretación de una cláusula sobre el poder presidencial de designación de funcionarios y sus mecanismos.

---

11 Ricardo Guastini, *op. cit.*, p. 52: «El punto de vista prescriptivo [...] es el punto de vista de quienes [...] recomiendan a los intérpretes de la constitución, especialmente a los jueces constitucionales, que adopten una técnica (o una serie de técnicas) particular, descartando las otras».

12 Cass Sunstein. *How to interpret the Constitution,* Princeton University Press, Princeton, 2023, p. 21.

13 Ricardo Guastini, *op. cit.,* pp. 59-65.

14 Véase: Cass Sunstein, *op. cit.,* pp. 20-60.

15 Walter Arévalo y Luisa García, «La interpretación constitucional y sus métodos en el sistema jurídico norteamericano, una interacción entre lo político y lo jurídico: Teorías y casos de estudio», *Revista Ius et Praxis,* año 24, n°2, Lima, 2018, pp. 410-415.

1. *Las normas*

La Constitución de Estados Unidos deposita el poder ejecutivo en el presidente de los Estados Unidos[16], y en tal condición, éste dirige el gobierno federal. Su autoridad como titular del ejecutivo implica la responsabilidad de ejecutar fielmente las leyes y de designar al personal de la administración[17]. El poder de designación de los oficiales de los Estados Unidos se configura constitucionalmente del siguiente modo:

> [The President ...] shall nominate, and by and with the Advice and Consent of the Senate, shall appoint Ambassadors, other public Ministers and Consuls, Judges of the supreme Court, and all other Officers of the United States, whose Appointments are not herein otherwise provided for, and which shall be established by Law: but the Congress may by Law vest the Appointment of such inferior Officers, as they think proper, in the President alone, in the Courts of Law, or in the Heads of Departments[18].

De modo que el proceso de designación consta de dos fases: (i) la nominación, realizada por el presidente y (ii) la confirmación, realizada por el Senado[19]. Hamilton justifica este mecanismo aludiendo a la idoneidad de la presidencia –por ser una oficina de un individuo– para seleccionar entre todas las opciones a las personas más aptas, y a la necesidad del control del Senado para prevenir el nombramiento de caracteres inadecuados a oficinas federales[20].

Siendo ese el modo principal de cubrir los principales puestos del gobierno federal, la Constitución también consagra un mecanismo subsidiario de la forma siguiente: *«The President shall have Power to fill up all Vacancies that may happen during the Recess of the Senate, by granting Comissions which shall expire at the End of their next Session»*[21]. Este modo, denominado *recess appointments,* revela su subsidiariedad por encontrar serias limitaciones, en tanto (i) solo puede darse cuando el Senado se encuentra en receso y (ii) la caducidad de los nombramientos se fija para el final de la siguiente sesión –entiéndase, período de sesiones– del Senado.

Para este caso, es necesario traer a colación la Ley Nacional de Relaciones Laborales, únicamente para destacar que el órgano principal en la materia, la Junta Nacional de Relaciones Laborales (NLRB por sus siglas en inglés) está constituido por cinco miembros que son nombrados a través del mecanismo constitucional de nominación y confirmación[22]; y que, para su funcionamiento, la Junta requiere un quórum de tres miembros[23]. Estas normas son relevantes, en tanto la disputa se origina en relación con una decisión de la Junta.

---

16 Constitución de los Estados Unidos (1787), artículo II, §1, cl. 1: «The executive Power shall be vested in a President of the United States of America».

17 *Ibid.*, artículo II, §2 y 3, véase: Thomas Patterson. *We The People: An Introduction to American Government,* 13ª edición, McGraw Hill, Nueva York, 2019, p. 364.

18 Constitución de los Estados Unidos (1787), artículo II, §2, cl. 2.

19 Para conocer, en mayor detalle, como se llevan a cabo las designaciones, véase: Henry Hogue y Maeve Carey. *Appointment and Confirmation of Executive Branch Leadership: An Overview,* Congressional Research Service, Washington D.C., 2021, pp. 2-7.

20 Alexander Hamilton, «No. 76: The Appointing Power of the Executive», en *The Federalist Papers... op. cit.,* pp. 455-456.

21 Constitución de los Estados Unidos (1787), artículo II, §2, cl. 3.

22 Estados Unidos. National Labor Relations Act. 29 U.S.C. §153(a): «[...] the Board shall consist of five [...] members, appointed by the President by and with the advice and consent of the Senate».

23 Ibid., §153(b): «[...] three members of the Board shall, at all times, constitute a quorum of the Board [...]».

2. *Los hechos*

En diciembre de 2010, el sindicato Teamsters Local 760, que funcionaba en el seno de la empresa Noel Canning introdujo una queja ante la Junta Nacional de Relaciones Laborales denunciando prácticas antisindicales por parte de la empresa en relación con la negociación y firma de un convenio colectivo de trabajo de ese mismo año. El trámite se llevó a cabo ante la administración del trabajo de conformidad con la legislación aplicable[24].

En enero y diciembre de 2011, el presidente Barack Obama nominó ante el Senado a tres candidatos a miembros de la Junta Nacional de Relaciones Laborales, Terrence Flynn[25], Sharon Block y Richard Griffin[26]. Ninguna de las tres candidaturas fue considerada por el Senado para su confirmación. El día 17 de diciembre de 2011, el Senado acordó de forma unánime una resolución para suspender *–adjourn–* sus funciones y llevar a cabo sesiones *pro forma*[27] cada martes y viernes hasta el día 23 de enero de 2012[28].

Frente a esto, el presidente Obama anunció que los tres candidatos a la Junta serían designados a través del mecanismo de *recess appointment* el día 4 de enero de 2012[29]. Estas designaciones se realizaron entre las sesiones *pro forma* sostenidas por el Senado los días 3 y 6 de enero de 2012[30]. Así, la Junta obtuvo el quórum legal de funcionamiento con la incorporación de los tres miembros designados directamente.

La Junta en pleno delegó su autoridad para adjudicar la disputa entre Noel Canning y Teamsters Local 760 en un panel de tres de sus miembros, dos de ellos designados por el presidente Obama el día 4 de enero. Este panel, en nombre de la Junta, decidió sobre el caso el día 8 de febrero de 2012, condenando a la empresa por conductas antisindicales relacionadas con la negociación y firma del convenio colectivo, según lo alegado por el sindicato[31].

La empresa solicitó la revisión judicial de la decisión, alegando que las designaciones realizadas por el presidente Obama el 4 de enero de 2012 se habían realizado al margen de la Constitución, en tanto no se había configurado el receso que habilitaría al presidente a adoptar el mecanismo subsidiario. En ese sentido, habiéndose evadido la confirmación del Senado, las designaciones estaban viciadas de nulidad, lo que, a su vez, impedía que la Junta tuviera el quórum necesario de funcionamiento para adjudicar el caso tal como lo hizo.

---

24 El expediente del caso puede consultarse bajo el número 19-CA-032872, son de especial interés la decisión emitida por el juez de la administración (26/09/2011) y la orden de transferencia del asunto a la Junta (26/09/2011). Disponible en: https://www.nlrb.gov/case/19-CA-032872.

25 Esta nominación fue anunciada el 5 de enero de 2011, véase: «President Obama announces another key administration post, 1/5/11», *Obama White House,* acceso en diciembre de 2024. Disponible en: https://obamawhitehouse.archives.gov/the-press-office/2011/01/05/president-obama-announces-another-key-administration-post-1511.

26 Estas nominaciones se anunciaron el 15 de diciembre de 2011, véase: «President Obama nominates two to National Labor Relations Board», *NLRB News & Publications,* acceso en diciembre de 2024. Disponible en: https://www.nlrb.gov/news-outreach/news-story/president-obama-nominates-two-to-national-labor-relations-board.

27 Sobre las sesiones *pro forma,* véase *infra* III.b.

28 Estados Unidos. Journal of the Senate of the United States of America. First Session of the One Hundred Twelfth Congress, Publicaciones del Gobierno Federal, Washington D.C., 2011, p. 923.

29 «President Obama announces recess appointments to key administration posts», *Obama White House,* acceso en diciembre de 2024. Disponible en: https://obamawhitehouse.archives.gov/the-press-office/2012/01/04/president-obama-announces-recess-appointments-key-administration-posts.

30 Véase: Estados Unidos. Journal of the Senate of the United States of America. Second Session of the One Hundred Twelfth Congress, Publicaciones del Gobierno Federal, Washington D.C., 2013, p. 1.

31 La decisión puede consultarse en: Estados Unidos. *Decisions of the National Labor Relations Board*, vol. 358, n°4 (2012): 16-23 (citado 358 NLRB 16).

La intervención de la Corte Suprema deriva de una solicitud de *writ of certiorari* introducido por el procurador general ante la decisión del tribunal de instancia[32].

3. *Las preguntas a resolver*

La Corte identificó, en los alegatos presentados por las partes, tres preguntas a ser respondidas, en relación con la aplicación de la cláusula de *recess appointments.* Dichas cuestiones son:

(i) ¿Cuál es el alcance de la expresión *«recess of the Senate»*? La frase puede limitarse a ser aplicada únicamente en el receso entre los períodos formales de sesiones –receso intersesión– o también a aquellos recesos que ocurren por la suspensión de actividades entre cada sesión –receso intrasesión–.

(ii) ¿Cuál es el alcance de la expresión *«vacancies that may happen»*? Puede referirse únicamente a las vacantes que surjan, es decir, comiencen a existir durante el receso o también a aquellas que surgen antes del receso, pero que continúan existiendo durante el receso.

(iii) ¿Cómo debe calcularse la existencia y longitud de un receso del Senado? La cuestión reside en la validez, para efectos del cálculo del receso del Senado, de las sesiones *pro forma* y en qué momento se puede considerar que el Senado efectivamente está en un receso suficientemente prolongado como para que se haga posible el uso de la cláusula.

Estas tres cuestiones son las que debía resolver la Corte con el fin de determinar la compatibilidad con la Constitución de los nombramientos realizados por el presidente Obama para la Junta Nacional de Relaciones Laborales, lo que resultaría en la validez o invalidez de la decisión adoptada en el caso de la empresa Noel Canning.

II. LA(S) SENTENCIA(S)

Aunque el 26 de junio de 2014 la Corte anunció una decisión unánime de 9 votos a favor de Noel Canning, la realidad es que los magistrados estaban divididos en dos grupos en cuanto al razonamiento. Precisamente por ello, este caso es de interés para el análisis interpretativo, en tanto ambas sentencias, la mayoritaria y la concurrente, alcanzando la misma conclusión, difieren en el razonamiento, lo que encuentra justificación, en buena medida, en la diferencia entre teorías de la interpretación por unos y otros magistrados.

1. *Los autores y las teorías.*

Las dos decisiones del caso estuvieron a cargo de los jueces Stephen Breyer y Antonin Scalia, quienes respectivamente fueron los autores de la mayoría y la concurrencia. Dos jueces que, individualmente, personifican más que cualquier otro una teoría de interpretación. No solo ello, a ambos podría incluso atribuirse la construcción y defensa doctrinaria de sus metodologías, como autores y conferencistas, más allá de su labor en la Corte.

Stephen Breyer se integró a la Corte Suprema en 1994, dada la vacante producida por el retiro de Harry Blackmun. Breyer fue nominado por Bill Clinton y confirmado por un voto de 87-9 en el Senado. Durante su carrera profesional, Breyer había sido profesor universitario, asesor legal del Poder Legislativo y juez de apelaciones del Distrito de Columbia, estando ampliamente calificado para la alta magistratura. Luego de 28 años de servicio en la Corte Suprema, Breyer anunció su retiro en enero de 2022, ejerciendo funciones hasta junio de ese año.

El juez Breyer acuñó el título *pragmatismo* para su teoría de interpretación[33]. Según su propia descripción, al valorar las herramientas para interpretar un texto, su principal foco

---

32 Tal como se evidencia en el expediente, la solicitud fue presentada el 25 de abril de 2013. Véase: «Docket No. 12-1281», Supreme Court of the United States, acceso en diciembre de 2024. Disponible en: https://www.supremecourt.gov/search.aspx?filename=/docketfiles/12-1281.htm.

recae sobre los propósitos de la norma y sobre las consecuencias que tendría una determinada interpretación[34]. Con ello en mente, la teoría que adopta es una en la que el texto, aunque determinante, no es capaz, por sí solo, de arrojar un significado satisfactorio a la norma. En sus propias palabras:

> [...] My discussion sees individual constitutional provisions as embodying certain basic purposes, often expressed in highly general terms [...] It argues that an understanding of, and focus upon, those general purposes will help a judge better to understand and to apply specific provisions. And it identifies consequences as an important yardstick to measure a given interpretation's faithfulness to these democratic purposes[35].

Breyer contrapone su teoría al textualismo, pero su propia descripción no permite calificarla solo como una derivación del *Living Constitution.* Lo que es definitivo en la aproximación de Breyer es que el protagonismo yace en el *subtexto*[36] del tipo normativo, que permite reconocer el objetivo del tipo para poder brindarle el significado más apegado a éste. Al mismo tiempo, la valoración de las consecuencias del resultado sirve como comprobación de fidelidad de cualquier interpretación con respecto al baremo inicial, es decir, los propósitos que inspiran a la norma.

Antonin Scalia asumió su puesto en la Corte Suprema en 1986, con el ascenso de William Rehnquist a magistrado presidente de la corporación. Nominado por Ronald Reagan, el Senado lo confirmó en un voto unánime de 98-0. Antes de su ingreso a la Corte, Scalia había ejercido su profesión en varios puestos de asesoría legal del Poder Ejecutivo, como profesor universitario y, como Breyer, siendo juez de apelaciones del Distrito de Columbia, calificaciones que explican su confirmación unánime. Scalia falleció en febrero de 2016, mientras aun ejercía funciones como juez de la Corte Suprema.

Al juez Scalia se le considera el más prominente teórico del *originalísmo.* Ciertamente, el juez Scalia defendía posiciones textualistas y originalistas según se hablara de interpretación legal o constitucional. En concreto, podríamos señalar a Scalia como un proponente del originalismo de significado público original. Las dos tesis alrededor de las que gira la teoría originalista es (i) que el significado del texto normativo se fijó en el momento de su adopción y (ii) que ese significado es determinado por la comprensión de las expresiones que habrían tenido, en ese momento, los destinatarios de la norma[37].

Este acercamiento a la interpretación constitucional, instrumentalmente, se vale principalmente del texto para encontrar una respuesta. En términos de Scalia: *«The text is the law and it is the text that must be observed»*[38]. Esta teoría descarta el uso de las intenciones o propósitos de los autores de la norma, por considerar que la atribución de significado solo puede extraerse de la comprensión pública del texto en el momento de su adopción, sobre todo cuando el texto, por sí mismo, no es absolutamente claro.

---

33 Stephen Breyer, Reading the Constitution... *op. cit.*

34 *Ibid.*, p. xvi.

35 Stephen Breyer. *Active Liberty. Interpreting our democratic Constitution,* Vintage Books, Nueva York, 2005, p. 115.

36 Por ello debe entenderse *«sentido subyacente o implícito de un texto»*. Véase: «Subtexto», *Diccionario de la Lengua Española – Real Academia Española*, acceso en diciembre de 2024. Disponible en: https://dle.rae.es/subtexto?m=form.

37 Lawrence Solum, «Interpretación constitucional: testeando el nuevo originalismo», *Revista Jurídica de la Universidad de San Andrés,* n° 9, San Andrés, 2020, pp. 124-140.

38 Antonin Scalia, *A matter... op. cit.,* p. 22.

Esta teoría rechaza y se contrapone abiertamente al *Living Constitution* porque descarta la posibilidad de un significado maleable de la norma fundamental. Y aunque la determinación de ese significado original que debe aplicar pueda ser una labor con cierta dificultad, sus defensores entienden que es trazable y que cualquier ejercicio distinto al de su búsqueda sería defraudar su rol en un gobierno democrático. Según la descripción de Scalia:

> [...] There is plenty of room for disagreement as to what original meaning was, and even more ass to how that original meaning applies to the situation before the court. But the originalist at least knows what he is looking for: the original meaning of the text[39].

De modo que el ejercicio de esta teoría de interpretación, tal como propone Scalia, configura una excursión historiográfica del juez, que pretende desentrañar, desde las palabras dispuestas en la disposición jurídica, la norma que originalmente habría sido entendida como consagrada. Así, el objeto de la norma pasa a un segundo plano con respecto a la norma misma, y con independencia del resultado que arroje la interpretación, si la misma está sustentada como el significado público original, ella debe adoptarse sin miramientos.

1. *La opinión mayoritaria a cargo de Breyer*

La opinión de la mayoría en este caso es una perfecta ejemplificación del uso de la teoría pragmatista por parte de Breyer. En ese sentido, para responder las preguntas que surgen de la falta de claridad del texto, se acude a la intención y propósito de las cláusulas, y más aún, el propósito sistemático de la Constitución. En este sentido, en una de sus obras, Breyer hace un señalamiento que bien puede ser el prefacio de esta decisión:

> In sum, our constitutional history has been a quest for workable government, workable democratic government, workable democratic government protective of individual personal liberty[40].

El orden de los factores, en este caso, es sustancial para el producto. Al señalar los fines constitucionales, Breyer se preocupa primero de la *viabilidad* del gobierno, es decir, de la posibilidad de que ese gobierno funcione efectivamente. Esto es sustancial para el caso en cuestión, puesto que al escudriñar el objetivo de este mecanismo subsidiario de conformación del servicio federal, dice: «*The Clause gives the President authority to make appointments during "the recess of the Senate" so that the President can* ***ensure the continued functioning of the Federal Government*** *when the Senate is away*»[41].

Así, las respuestas a cada una de las preguntas están claramente orientada a producir un resultado que asegure la viabilidad de un gobierno funcional y continuado. Pero, además, Breyer es consciente de las posibles consecuencias de uno u otro resultado, y advierte: «*We have not previously interpreted the Clause, and, when doing so for the first time in more than 200 years, we must hesitate to upset the compromises and working arrangements that the elected branches of Government themselves have reached*»[42], con lo que su interpretación, aparte de garantizar un resultado compatible con el fin de la viabilidad gubernamental, también evita alterar el *statu quo*.

---

39 *Ibid.*, p. 45.

40 Stephen Breyer, *Active Liberty... op. cit.*, p. 34.

41 Corte Suprema (Estados Unidos) NLRB vs. Noel Canning, 573 U.S. 513 (2014), sentencia de 26 de junio de 2014, p. 528. Resaltados añadidos.

42 *Ibid.*, p. 526.

Con lo anterior en mente, la primera pregunta se responde interpretando el término *the recess* de la forma más amplia, es decir, tanto los recesos intersesión[43] como los recesos intrasesión. Para sustentar este resultado, Breyer acude a la historia. Indica que, en los tiempos de la independencia, el fenómeno de los recesos intrasesión no tenía relevancia alguna. Pero lo relevante, insiste la sentencia, no es si los *framers* pensaron en esta aplicación, sino si éstos habrían pretendido un ámbito amplio que permitiera la aplicación de la cláusula en circunstancias, aunque medianamente distintas, apropiadas[44]. Esta respuesta trae consigo el dilema que habrá de solventarse con la solución de la tercera pregunta.

En cuanto al segundo aspecto, también se resuelve adoptar la interpretación más amplia, aquella que, aunque el texto no favorece naturalmente, sí permite[45]. Ciertamente, esta lectura podría parecer contraintuitiva, pero habiendo una ambigüedad de acuerdo con la Corte, se alega que: *«the linguistic question here is not whether the phrase can be, but whether it must be, read more narrowly»*[46]. Esta manera de orientar la pregunta está inducida claramente por la teoría de interpretación, que valora no solo lo que *puede* significar la disposición, sino si *debe* ser un significado u otro el que se extraiga de ella.

De nueva cuenta, se trae a colación el propósito de la cláusula, que es garantizar un medio por el cual mantener las funciones del gobierno federal cuando no está disponible el Senado para ejecutar su papel. Bajo esa lectura, aquellas vacantes que *existen, pero no surgen* durante el receso, deben estar cubiertas. Esto, además, es compatible con la práctica aparente de la presidencia y el Senado, con lo que esa tradición entra en el juego y sirve como apoyo a la interpretación. Atendiendo a las consecuencias, como marca su método, Breyer concluye indicando que: *«[The Court is] reluctant to upset this traditional practice where doing so would seriously shrink the authority that Presidents have believed existed and have exercised for so long»*[47].

La última pregunta, como hemos adelantado, tiene dos componentes a ser respondidos, como consecuencia de la primera postura. Lo primero que debe apuntarse es que las sesiones *pro forma* son aquellas en las que el Senado entra en funcionamiento, pero no tramita ningún asunto en su agenda, de modo que en la sesión únicamente se aprueba una nueva resolución de suspensión. La cuestión recae en si dichas sesiones deben ser, o no, valoradas como tal a la hora de calcular un receso.

La respuesta es que sí, y para ello, Breyer aplica una interpretación sistemática de la Constitución: «*The Constitution thus gives the Senate wide latitude to determine whether and when to have a session, as well as how to conduct the session*»[48]. Esta autoridad que la Constitución brinda al Senado para determinar su condición de funcionamiento es crucial para dar respuesta a la pregunta, puesto que, bajo sus propias reglas, el Senado podría tramitar cualquier asunto durante una sesión pro forma, a petición de cualquiera de sus miembros. Teniendo en cuenta esto, concluye que «when the Senate declares that it is in session and possesses the capacity, under its own rules, to conduct business, it is in session [...]»[49].

---

43 La distinción formal en este aspecto reposa en el modo de adopción del receso. Para que se considere al Senado en receso intercesión, este cuerpo debe haber adoptado una resolución de suspensión *–adjournment– sine die,* es decir, sin fecha de regreso. Por el contrario, una resolución de suspensión que tenga una fecha explícita de retorno, únicamente da pie a un receso intrasesión.

44 Corte Suprema (Estados Unidos) NLRB vs. Noel Canning… *op. cit.*, p. 533.

45 *Ibid.*, p. 538.

46 *Ibid.*, p. 540.

47 *Ibid.*, p. 549.

48 *Ibid.*, p. 551.

49 *Ibid.*, p. 552.

Ahora bien, teniendo claro que cualquier sesión en la que el Senado retenga su capacidad de actuar es capaz de interrumpir el receso, debe aún resolverse el tema de la longitud del receso. Para ello, nuevamente, se acude a otras cláusulas de la Constitución para darle un sentido sistemático. Así, se trae a colación la única norma sobre suspensión legislativa que ésta consagra, que impide una suspensión superior a tres días de una cámara sin el consentimiento de la otra[50], concluyendo que una interrupción inferior a tres días no es significativa para el trámite legislativo[51].

Luego, al no recoger de la práctica ningún nombramiento que haya ocurrido en medio de un receso inferior a diez días de duración, se alega que este tiempo superior a tres días, pero inferior a diez es, *presumiblemente* y salvo que haya circunstancias extraordinarias que podrían justificar su consideración, igualmente muy abreviado como para poder activar el mecanismo alternativo de nombramientos[52]. Con ello, se concluye que cualquier receso que se prolongue por más de diez días es, de acuerdo con la práctica, de suficiente entidad como para constituir el presupuesto de la cláusula alternativa de los nombramientos.

Por todo lo anterior, la sentencia concluye que los nombramientos realizados por el presidente Obama estaban viciados de nulidad, al haber sido realizados en recesos en demasía breves, que no eran capaces de servir como presupuesto para el uso de dicho poder. Aun con ello, se validó, en líneas generales, la posibilidad del ejecutivo de seguir realizando nombramientos de receso en las circunstancias descritas, con el objeto de asegurar el funcionamiento del gobierno, garantizando el fin atribuido a la Constitución y, a su vez, alterando lo mínimo posible el entendimiento entre los poderes públicos de la cláusula, evitando la modificación de una práctica histórica reputada como compatible con el ordenamiento jurídico.

2. *La opinión minoritaria a cargo de Scalia*

Aunque Scalia alcanza la misma conclusión para el caso concreto, es decir, determina inconstitucionales los nombramientos realizados por el presidente Obama que estaban en discusión, llega a esa conclusión a través de una interpretación radicalmente distinta, difiriendo de las respuestas que brinda la mayoría a cada una de las preguntas. Su razonamiento, claro está, deriva de la estricta aplicación de su teoría de interpretación.

A modo de introducción, Scalia, en contraposición a Breyer, ubica el objeto de la Constitución no en la existencia de un gobierno eficiente, sino en la protección de la libertad individual. En este punto insiste en dos ocasiones:

> [...] the constitutional structure of our Government is designed first and foremost not to look after the interests of the respective branches, but to protect individual liberty [...]
>
> The Constitution is not a road map for maximally efficient government, but a system of carefully crafted restraints designed to protect the people from the improvident exercise of power[53].

Esta identificación del fin de la Constitución es instrumental. Aunque la teoría originalista rechaza poner atención en el *subtexto* como lo hace el pragmatismo, identificar el propó-

---

[50] Constitución de los Estados Unidos (1787), artículo I, §5, cl. 4: «Neither House, during the Session of Congress, shall, without the Consent of the other, adjourn for more than three days, nor to any other Place than that in which the two Houses shall be sitting».

[51] Corte Suprema (Estados Unidos) NLRB vs. Noel Canning... *op. cit.*, p. 536.

[52] *Ibid.*, p. 538.

[53] Corte Suprema (Estados Unidos) NLRB vs. Noel Canning, 573 U.S. 513 (2014), voto concurrente en la decisión por parte del juez Antonin Scalia, sentencia de 26 de junio de 2014, p. 571 y 601. Comillas omitidas.

sito de la norma sirve para darle un sentido estructural al texto, de modo que la determinación de su significado original también se ubicará al ser éste coherente con la noción que se tiene sobre la estructura general de la Constitución.

El deber de la Corte, entiende Scalia, es interpretar la Constitución de acuerdo con su texto, su estructura y su comprensión original[54]. Dentro de estos parámetros es que puede descubrirse el significado de las disposiciones, por lo que el principal recurso para poder desentrañar la norma es la disección lingüística, si, y solo si, no fuera posible dar con una respuesta a través de su análisis literal, entonces podrán utilizarse recursos como la práctica histórica. Esta idea cristaliza en una frase con la que abre sus conclusiones: *«What the majority needs to sustain its judgment is an ambiguous text and a clear historical practice. What it has is a clear text and an at-best-ambiguous historical practice»*[55].

De acuerdo con la visión originalista, el único receso reconocido por la cláusula es el receso intersesión. Esta conclusión se alcanza, primero, por darle a las palabras *recess* y *session* un sentido formal y concreto, siendo una la contraposición de la otra[56]. De ese modo, la coherencia interna de la cláusula entiende por *session* al período de sesiones, y por *recess* a la interrupción formal de aquel, es decir, el receso intersesión. Sobre esto, además, apunta: *«It is linguistically implausible to suppose –as the majority does– that the Clause uses one of those terms ("Recess") informally and the other ("Session") formally in a single sentence [...]»*[57].

Y si bien esta apreciación bastaría *prima facie* para definir la postura, la claridad textual que blande Scalia en su interpretación también requiere de una visión sistemática, más para descartar una posible interpretación alternativa que para contextualizar su resultado. Así, al observar las demás disposiciones estructurales, identifica que, cuando ellas se refieren a lapsos o plazos, esta los señala específicamente[58], por lo que sería incongruente extraer un plazo temporal específico de una cláusula que no indica uno.

En cuanto a la segunda pregunta, Scalia acude nuevamente al texto como primera fuente. En este caso, el énfasis que pone es en el verbo *happen,* en el que reconoce varios posibles significados, pero solo uno que es, a su juicio, razonable dado el uso común del lenguaje al momento de la adopción de la norma. Este argumento encuentra asidero en el uso de las definiciones brindadas por los diccionarios, pero, además, se vale de una doble presunción, la de un *lector razonable* que rechazaría cualquier interpretación no común y la de un *legislador inteligente* que habría reconocido otras posibilidades más lingüísticamente naturales para alcanzar el resultado que aspira:

> Given those readily available alternative phrasings, the reasonable reader might have wondered, why would any intelligent drafter intending the majority's reading have inserted the words "that may happen" words that, as the majority admits, make the majority's desired reading awkward and unnatural[59].

Habiendo interpretado de forma restringida las dos primeras preguntas, la última no merece respuesta alguna.

---

[54] *Ibid.*, p. 573: «[…] *interpret the Contitution in light of its text, structure and original understanding*».

[55] *Ibid.*, p. 613.

[56] *Ibid.*, pp. 575-576.

[57] *Ibid.*, p. 577.

[58] *Ibid.*, p. 580.

[59] *Ibid.*, p. 595.

Ello, visto que el mecanismo subsidiario previsto en la cláusula solo puede activarse durante recesos intercesión, sin importar su duración, y para cubrir aquellas vacantes que surjan durante el mismo, no aquellas que puedan haber surgido con anterioridad. Teniendo esto presente, Scalia concluye que la norma bajo análisis es un anacronismo[60].

Y aunque en ambos casos Scalia realiza una reseña histórica de la práctica política de nombramientos por esta vía, lo hace sobre todo para rebatir la visión que tiene de estos la mayoría, proveyendo una lectura alternativa que no divisa una práctica incontestable y prolongada de los poderes públicos. Todo ello es, sin embargo, secundario, puesto que su visión es que *«The historical practice of the political branches is, of course, irrelevant when the Constitution is clear»*[61].

Si bien toda la labor interpretativa de Scalia en esta sentencia parece centrarse en un esclarecimiento de las palabras *a través de las palabras,* refutando la práctica histórica en un segundo plano, puesto que la estructura sintáctica otorga todas las respuestas necesarias. En una aparente contraposición a la mayoría, el propósito de la norma y las consecuencias de una interpretación concreta no tiene un protagonismo evidente, pero antes de dar cierre a la sentencia, Scalia revela que ambas ideas están presentes en su interpretación:

> In any event, the limitation upon the President's appointment power is there not for the benefit of the Senate, but for the protection of the people; it should not be dependent on Senate action for its existence. [...]
>
> The real tragedy of today's decision is not simply the abolition of the Constitution's limits on the recess-appointment power and the substitution of a novel framework invented by this Court. It is the damage done to our separation-of-powers jurisprudence more generally [...] Most of the time, the interpretation of [structural] provisions is left to the political branches-which, in deciding how much respect to afford the constitutional text, often take their cues from this Court. We should therefore take every opportunity to affirm the primacy of the Constitution's enduring principles over the politics of the moment. Our failure to do so today will resonate well beyond the particular dispute at hand[62].

IV. APRECIACIONES CONCLUSIVAS

A raíz de lo expuesto, nos podemos permitir esbozar algunas conclusiones en relación con (i) la cuestión interpretativa y su especialidad en el caso de los Estados Unidos, (ii) el efecto que tienen las teorías sobre los intérpretes, (iii) las coincidencias y discrepancias entre teorías contrapuestas y (iv) la relatividad definitiva de esa presunta contraposición.

La interpretación constitucional no es específica por sus recursos o técnicas, sino por su objeto. Aunque la interpretación de cualquier documento normativo se vale de una serie de herramientas comunes, es la naturaleza de la Constitución como norma suprema la que influye a esas herramientas, con lo que su aplicación será, aún sin quererlo, distintiva. Esto es especialmente cierto en el caso de los Estados Unidos, tal como defienden los autores más reputados.

Aun cuando Guastini señala que *«evidentemente una constitución «breve» que contiene sólo normas organizativas, no es susceptible de aplicación jurisdiccional»*[63], el caso que

---

60 *Ibid.*, p. 579:

> The Recess Appointments Clause therefore is, or rather, should be, an anachronism [...] The need it was designed to fill no longer exists, and its only remaining use is the ignoble one of enabling the President to circumvent the Senate's role in the appointment process.

61 *Ibid.*, p. 584.

62 *Ibid.*, p. 614.

63 Ricardo Guastini, *op. cit.*, p. 44.

analizamos, relativo a las denominadas normas estructurales de la Constitución de Estados Unidos demuestra que cualquier provisión constitucional es susceptible de generar un conflicto de interpretación en el que sea necesaria la intervención judicial.

Las teorías de interpretación influyen al intérprete incluso si este no es consciente de que utiliza una para realizar su labor. Más que un mero compendio metodológico, estas teorías son verdaderos *contextos ideológicos* que hacen énfasis en ciertos aspectos de la norma: su propósito, su estructura lingüística, su amplitud, entre otros, para extraer un significado. Según se aplique el énfasis en uno u otro aspecto, la disposición es susceptible de arrojar distintas normas, con lo que la visión exegética de un único y verdadero significado cede ante la realidad de que es posible brindar diversos significados a un texto normativo.

Eso nos lleva a identificar, con este caso como base, las coincidencias y discrepancias que existen al aplicarse dos teorías que son, aparentemente, contrapuestas. En el marco de las coincidencias, podemos destacar el uso de los mismos instrumentos, dígase: definiciones terminológicas, prácticas históricas y lecturas sistemáticas de la Constitución; también es compartida la necesidad de destacar un fin último de la norma fundamental que permita contextualizar su lectura, aunque ciertamente pareciera mucho más relevante en la aproximación pragmática que en la originalista.

Las diferencias entre ambos acercamientos devienen sobre todo de la enfatización de uno u otro aspecto de la norma. Mientras que el pragmatismo subordina el texto al *subtexto,* es decir, al objeto con el que se adoptó una determinada disposición, el originalismo trata de emanar, desde el texto y su plana lectura, un espíritu que sea conforme con éste. El pragmatismo presume un legislador que tenía un fin claro al escribir la norma, y busca serle fiel; el originalismo presume a un lector razonable al momento de la adopción de la norma que conociera la norma que más probablemente había sido adoptada, y lo utiliza como parámetro.

Aun con ello, lo más resaltante es que la contraposición entre teorías es, definitivamente, relativa. Aunque los autores de cada teoría justifiquen su postura generalmente descartando las demás, y diferenciando su aproximación de aquellas, lo cierto es que la coincidencia instrumental resulta por generar una fertilización cruzada entre las teorías que, al compartir los mismos recursos, los utilizan de formas similares para contribuir a su método.

Para visualizarlo, consideremos que mientras que Breyer apunta al propósito de la norma para descubrir su significado, no deja de escudriñar cuáles son las acepciones de los términos, y ante la multiplicidad, selecciona aquella que encaje de mejor manera con la estructura y fin de la norma, pero siempre dentro de los límites lingüísticos de la época de la adopción; Scalia, por su lado, pareciera desdeñar la consideración del propósito de la norma y las consecuencias de la interpretación como factores clave, pero no deja de contextualizar su atribución de significado con la visión general de una norma constitucional que tiene una finalidad identificable, y que la adopción de una interpretación concreta puede tener efectos perniciosos sobre el ordenamiento jurídico en su conjunto.

En síntesis, aunque las teorías de interpretación podrían pretenderse polos opuestos, el mero hecho de que alcancen la misma conclusión en el marco de un caso concreto nos revela que tal contraposición no lo es en términos absolutos. Las distintas teorías y los intérpretes que se valen de ellas se enfrentan a los mismos elementos: unos hechos y un texto normativo, comparten recursos como quien toma herramientas de una caja común, y si bien unos utilizan con más convicción un instrumento, y otros hacen lo propio con sus colaterales, los resultados, en abstracto, serán iguales o suficientemente similares en la mayoría de los casos. Así, podemos clausurar señalando que, ante la ausencia de una verdad interpretativa absoluta, bien podrá servir la coincidencia de distintos intérpretes, utilizando distintas teorías, en un resultado como *law of the land.*

BIBLIOGRAFÍAS

Albert, Richard. «The Constitution America Could Have Had», *University of Pittsburgh Law Review*, vol. 84 (2023): 585-605.

Amar, Akhil Reed. *America's Constitution: A Biography*. Nueva York: Random House, 2006.

Arévalo, Walter y García, Luisa. «La interpretación constitucional y sus métodos en el sistema jurídico norteamericano, una interacción entre lo político y lo jurídico: Teorías y casos de estudio», *Revista Ius et Praxis,* año 24, n° 2 (2018): 393-430.

Breyer, Stephen. *Active Liberty. Interpreting our democratic Constitution*. Nueva York: Vintage Books, 2005.

Breyer, Stephen. *Reading the Constitution. Why I chose pragmatism, not textualism*. Nueva York: Simon and Schuster, 2024.

Casanova Usera, Raúl. «Supremo intérprete de la constitución y dinámica democrática» en *Constitución y democracia: ayer y hoy. Libro homenaje a Antonio Torres del Moral*, vol. I, coordinado por Yolanda Gómez, et al. Madrid: Universitas-UNED-CEPC, 2012.

Celis, Dúber. «Interpretación jurídica ordinaria versus interpretación constitucional», *Anuario Iberoamericano de Justicia Constitucional*, vol. 26, n°2 (2022): 403-429.

Diccionario de la Lengua Española – Real Academia Española, «Subtexto». Acceso en diciembre de 2024. Disponible en: https://dle.rae.es/subtexto?m=form.

Estados Unidos. Corte Suprema. NLRB vs. Noel Canning, 573 U.S. 513 (2014), sentencia de 26 de junio de 2014.

Estados Unidos. Corte Suprema. NLRB vs. Noel Canning, 573 U.S. 513 (2014), voto concurrente en la decisión por parte del juez Antonin Scalia, sentencia de 26 de junio de 2014.

Estados Unidos. Corte Suprema. Owings vs. Speed, 18 U.S. 420 (1820).

Estados Unidos. *Decisions of the National Labor Relations Board*, vol. 358, n° 4 (2012): 16-23 (citado 358 NLRB 16).

Estados Unidos. *Journal of the Senate of the United States of America. First Session of the One Hundred Twelfth Congress*. Washington, DC: Publicaciones del Gobierno Federal, 2011.

Estados Unidos. *Journal of the Senate of the United States of America. Second Session of the One Hundred Twelfth Congress*. Washington, DC: Publicaciones del Gobierno Federal, 2013.

Ghazzaoui, Ramsis. «Constitución y método. Aspectos teóricos sobre la interpretación constitucional», *Rechsstaat: Estado de Derecho*, n° 7 (2022): 9-69.

Guastini, Ricardo. *Teoría e ideología de la interpretación constitucional*. Madrid: Trotta, 2008.

Hamilton, Alexander. «No. 76: The Appointing Power of the Executive», en *The Federalist Papers (Alexander Hamilton, James Madison, John Jay)*, editado por Clinton Rossiter. Estados Unidos: Signet Classics, 2003.

Hamilton, Alexander. «No. 78: The Judiciary Department», en *The Federalist Papers (Alexander Hamilton, James Madison, John Jay)*, editado por Clinton Rossiter. Estados Unidos: Signet Classics, 2003.

Hogue, Henry y Carey, Maeve. *Appointment and Confirmation of Executive Branch Leadership: An Overview*. Washington, DC: Congressional Research Service, 2021.

NLRB News & Publications, «President Obama nominates two to National Labor Relations Board». Acceso en diciembre de 2024. Disponible en: https://www.nlrb.gov/news-outreach/news-story/president-obama-nominates-two-to-national-labor-relations-board.

Obama White House, «President Obama announces another key administration post, 1/5/11». Acceso en diciembre de 2024. Disponible en: https://obamawhitehouse.archives.gov/the-press-office/2011/01/05/president-obama-announces-another-key-administration-post-1511.

Obama White House, «President Obama announces recess appointments to key administration posts». Acceso en diciembre de 2024. Disponible en: https://obamawhitehouse. archives.gov/the-press-office/2012/01/04/president-obama-announces-recess-appointments-key-administration-posts.

Patterson, Thomas. *We The People: An Introduction to American Government*, 13a edición. Nueva York: McGraw Hill, 2019.

Scalia, Antonin. *A matter of interpretation*. Princeton: Princeton University Press, 2018.

Solum, Lawrence. «Interpretación constitucional: testeando el nuevo originalismo», *Revista Jurídica de la Universidad de San Andrés,* n° 9 (2020).

Sunstein, Cass. *How to interpret the Constitution*. Princeton: Princeton University Press, 2023.

Supreme Court of the United States. «Docket No. 12-1281». Acceso en diciembre de 2024. Disponible en: https://www.supremecourt.gov/search.aspx?filename=/docketfiles/12-1281.htm

SOBRE EL RECURSO DE REVISIÓN CONSTITUCIONAL DE SENTENCIAS Y SU DESARROLLO JURISPRUDENCIAL

Allan R. Brewer-Carías
Profesor emérito, Universidad Central de Venezuela
Director de la Revista

Resumen: *Este estudio analiza la evolución jurisprudencial del recurso de revisión constitucional de sentencias, particularmente con referencia a aquellas que se apartan de interpretaciones vinculantes de la Sala Constitucional, y como ello ha conducido a que la misma establezca la doctrina de que sus interpretaciones vinculantes solo son aquellas que expresamente así se califican en la sentencia respectiva conforme a la segunda parte del artículo 335 de la Constitución.*

Palabras Clave: *Control de constitucionalidad de sentencias; Sentencias. Control de constitucionalidad; Interpretaciones constitucionales vinculantes.*

Abstract: *This study analyzes the jurisprudential evolution of the recourse for constitutional review of judicial decisions, with particular reference to those that depart from binding interpretations of the Constitutional Chamber, and how this has led it to establish the doctrine that its binding interpretations are only those that are expressly qualified as such in the respective judgment, in accordance with the second part of Article 335 of the Constitution*

Key words: *Judicial Review of Judicial Decisions; Judgements. Judicial review; Binding Constitucional Interpretations*

I. LA PREVISIÓN CONSTITUCIONAL DE LA REVISIÓN DE SENTENCIAS POR LA JURISDICCIÓN CONSTITUCIONAL

El proceso de la revisión constitucional de sentencias por parte de la Jurisdicción Constitucional en Venezuela,[1] conocido como de la "revisión constitucional de sentencias," se estableció en la Constitución de 1999 como una de las competencias atribuidas a la Sala Constitucional del Tribunal Supremo de Justicia en ejercicio de la Jurisdicción Constitucional (art. 336.10)

---

1 Véase sobre ello Allan R. Brewer-Carías, *Derecho Procesal Constitucional. Instrumentos para la Justicia Constitucional*, Tercera edición ampliada (Con prólogo de Jesús María Alvarado A.), Colección Centro de Estudios de Derecho Procesal Constitucional, Universidad Monteávila, No. 2, Caracas 2014; *La Justicia Constitucional (Procesos y Procedimientos Constitucionales),* Editorial Porrúa/ Instituto Mexicano de Derecho procesal Constitucional, México 2007; *El sistema de Justicia Constitucional en la Constitución de 1999 (Comentarios sobre su desarrollo jurisprudencial y su explicación, a veces errada, en la Exposición de Motivos),* Editorial Jurídica Venezolana, Caracas 2000; *El sistema mixto o integral de control de la constitucionalidad en Colombia y Venezuela*, Universidad Externado de Colombia (Temas de Derecho Público N° 39) y Pontificia Universidad Javeriana (Quaestiones Juridicae N° 5), Bogotá 1995.

En su consagración en el texto fundamental tuve cierta responsabilidad como miembro de la Asamblea Nacional Constituyente, al haber formulado ante la misma en escrito de fecha 31 de octubre de 1999, la idea de que en el régimen de la justicia constitucional a establecerse en el proyecto de Constitución:

> "también debería atribuirse a la Sala Constitucional una competencia para conocer de un recurso extraordinario de revisión que pueda intentarse contra las sentencias de última instancia en las cuales se resuelvan cuestiones constitucionales relativas a las leyes, de conocimiento discrecional por la Sala. En esta forma, en materia de cuestiones de constitucionalidad, la Sala Constitucional de la Suprema Corte, a su juicio, podría tener la última palabra en estas materias y en los casos en los que estime necesario estatuir con fuerza de precedente y uniformizar la jurisprudencia."[2]

Se trató, por tanto, de una propuesta que buscaba establecer un recurso extraordinario de revisión de sentencias en materia constitucional que podía interponerse ante la Sala Constitucional, siguiendo la orientación que en la materia se podía identificar en el derecho comparado, particularmente en los sistemas mixtos o integrales de control de la constitucionalidad[3] que, como el venezolano, combinan el método difuso con el método concentrado de control de constitucionalidad.

En dichos sistemas se habían venido previendo mecanismos extraordinarios para la revisión de sentencias dictadas por los tribunales de instancia en materia constitucional, atribuyéndose el conocimiento de tales recursos de revisión a la Jurisdicción Constitucional, como órgano de control concentrado de constitucionalidad

Esa propuesta plasmada en ese escrito de octubre de 1999, tuvo su origen en la discusión final que se desarrolló en la Comisión Constitucional de la Asamblea Constituyente de la cual fui miembro, el mes anterior, en septiembre de 1999, sobre el conjunto de normas relativas a la justicia constitucional, en la cual planteamos nuestra propuesta sobre este recurso de revisión constitucional de sentencias, incorporando dentro de las sentencias que podían ser objeto la revisión, además de las dictadas en ejercicio del control difuso de constitucionalidad, a las sentencias dictadas en los juicios de amparo constitucional.

De aquella discusión resultó finalmente la norma del artículo 336.10 de la Constitución, en el cual se atribuyó a la Sala Constitucional, competencia para:

> "10. Revisar las sentencias de amparo constitucional y de control de constitucionalidad de leyes o normas jurídicas dictadas por los tribunales de la República, en los términos establecidos por la ley orgánica respectiva."

II. CARACTERÍSTICAS DEL MECANISMO DE REVISIÓN CONSTITUCIONAL DE SENTENCIAS EN EL MARCO DE LA JURISDICCIÓN CONSTITUCIONAL

Así fue sancionado el proyecto constitucional; así fue como se aprobó la Constitución en el referendo de diciembre de 1999, y así fue como se publicó el texto de la Constitución en la *Gaceta Oficial* No 36860 del 30 de diciembre de 1999.

---

2 Véase Allan R. Brewer-Carías, *Debate Constituyente (Aportes a la Asamblea Nacional Constituyente)*, Fundación de Derecho Público, Caracas 1999, Tomo III, p. 105.

3 Para ese momento era el caso, por ejemplo, de Colombia en la Constitución de 1991. Véase Allan R. Brewer-Carías, *El sistema mixto o integral de control de la constitucionalidad en Colombia y Venezuela,* Universidad Externado de Colombia (Temas de Derecho Público N° 39) y Pontificia Universidad Javeriana (*Quaestiones Juridicae* N° 5), Bogotá 1995; y *Constitucional Protection of Human Rights in Latin America. A Comparative Study of Amparo Proceedings*, Cambridge University Press, 2009, pp. 397-415.

Luego vino, la irregular "republicación" del texto de la Constitución en *Gaceta Oficial* No. 5453 Extra de 24 de marzo de 2000, con la cual ilegítimamente se le hicieron cambios sustanciales a muchas normas constitucionales, entre ellas la referida a la revisión de sentencias al agregarse la frase de que las sentencias que podían revisarse eran solo las "definitivamente firmes," que era lo que ha guiado en la práctica el desarrollo de la institución desde entonces.

La expresión, como lo sostuvo la Sala Constitucional en 2001, apunta a las sentencias dictadas cuando se:

> "han agotado todas las instancias judiciales posibles o se han vencido los lapsos para poder acudir a ellas, pues el numeral 10 del artículo 336 constitucional [...] no intenta de manera alguna crear una tercera instancia en los procesos de amparo constitucional o de control de constitucionalidad de leyes o normas jurídicas."[4]

Ahora bien, la propuesta de revisión de sentencias se concibió, tal como lo expusimos en 1999:[5]

Primero, como resultado de la interposición de un "recurso *extraordinario* de revisión." Es decir, de una vía procesal que se configuraba como una excepción al principio de la cosa juzgada que acompaña a las sentencias definitivamente firmes.

Esa vía se concibió como un "*recurso*," pues la potestad de la Sala Constitucional solo se podía ejercer cuando una de las partes en el proceso judicial específico donde se había dictado la sentencia, asumiera la iniciativa de formular la petición o solicitud de revisión ante la Sala, como parte interesada.

Ello descartaba totalmente la posibilidad de que la Jurisdicción Constitucional pudiera revisar sentencias, de oficio, es decir, sin instancia de parte, por la sola iniciativa quizás, por ejemplo, de alguno de sus Magistrados.

Pero además, el recurso extraordinario se estableció como de "*revisión*," porque la potestad de la Jurisdicción Constitucional quedaba limitada a *revisar la sentencia* objeto del recurso, desde el punto de vista estrictamente constitucional, no pudiendo convertirse el mismo en otra nueva instancia en el proceso ya concluido.

Segundo, el objeto del recurso extraordinario de revisión, es decir, las sentencias que podían ser revisadas por la Sala Constitucional debían ser las sentencias definitivas y firmes de última instancia, que no podían ser objeto de recurso judicial alguno, pero con la especificidad de que debían ser dictadas en procesos en los cuales "se resolvieran cuestiones constitucionales relativas a las leyes."

Es decir, las sentencias objeto del recurso extraordinario de revisión, sólo podían ser "sentencias constitucionales" dictadas por la jurisdicción ordinaria, en las cuales se plantearan y resolvieran cuestiones de constitucionalidad de las leyes, como son precisamente las dictadas en los juicios de amparo, que son de contenido esencialmente constitucional, y las

---

4 Véase sentencia de la Sala Constitucional N° 93 del 06-02-2001 (Caso: "Corpoturismo"), citada en sentencia de la Sala de 04-05-2007 (Caso Nelson Mezerhane), Exp. 07-0353).

5 Véase Allan R. Brewer-Carías, *Debate Constituyente (Aportes a la Asamblea Nacional Constituyente)*, Fundación de Derecho Público, Caracas 1999, Tomo III, p. 105. Véase igualmente lo expuesto en: Allan R. Brewer-Carías, "La metamorfosis jurisprudencial y legal del recurso extraordinario de revisión constitucional de sentencias en Venezuela" en Eduardo Andrés Velandia Canosa (Director Científico). *Derecho procesal constitucional.* Tomo III, volumen III. VC Editores Ltda. y Asociación Colombiana de Derecho Procesal Constitucional, Bogotá 2012, p. 269-304

dictadas por cualquier juez cuando para la decisión del caso concreto sometido a su consideración, ejerciera el método difuso de control de constitucionalidad de las leyes, y resolviera desaplicar una ley que estima inconstitucional, aplicando preferentemente la Constitución.

Tercero, como de acuerdo con el artículo 335 de la Constitución, todas y cada una de las Salas del Tribunal Supremo de Justicia, y no sólo la Sala Constitucional, "garantizará la supremacía y efectividad de las normas y principios constitucionales;" y "será el máximo y último intérprete de esta Constitución y velará por su uniforme interpretación y aplicación," por supuesto, en el ámbito de sus respectivas competencias judiciales, la concepción del recurso extraordinario de revisión ante la Sala Constitucional se formuló apuntando a que las sentencias sujetas a revisión eran las dictadas por los tribunales de instancia, y no pensando que las sentencias dictadas por las otras Salas del Tribunal Supremo o por la Sala Plena, que pudieran dictar en su respectivo carácter de "máximo y último intérprete de esta Constitución," en materia constitucional, es decir, en materia de amparo o ejerciendo el control difuso de constitucionalidad (art. 334).

Cuarto, si bien la iniciativa para dar lugar a la revisión de sentencias, conforme al principio dispositivo, se colocaba en cabeza de una parte interesada, que debía haber sido parte en el proceso judicial donde se dictó la sentencia, quien tenía derecho a ejercer el recurso extraordinario de revisión ante la Sala Constitucional, ésta, sin embargo, no estaba obligada a oír el recurso, teniendo la potestad discrecional de decidir oírlo o no, según su apreciación sobre el tema constitucional planteado, la necesidad de formular una interpretación constitucional o propugnar a la uniformización de la jurisprudencia constitucional.

Lo anterior fue precisamente lo que se resumió en el contenido de la norma del artículo 336.10 de la Constitución de 1999, al asignar a la Sala Constitucional competencia:

> "revisar las sentencias definitivamente firmes de amparo constitucional y de control de constitucionalidad de leyes o normas jurídicas dictadas por los tribunales de la República, en los términos establecidos por la ley orgánica respectiva" (art. 336.10).

III. EFECTOS TEMPORALES DE LA CREACIÓN DEL RECURSO DE REVISIÓN CONSTITUCIONAL

Ahora bien, habiéndose previsto este recurso extraordinario por primera vez en el ordenamiento jurídico en la propia Constitución de 1999, que fue publicada en diciembre de ese año, lo primero que se planteó respecto del mismo, fue el tema de los efectos temporales de la norma constitucional, para determinar si la potestad de revisión y el recurso respectivo sólo se podían intentar contra sentencias dictadas con posterioridad a la entrada en vigencia de la nueva Constitución, o también se podría ejercer contra sentencias de amparo o las dictadas en materia de control difuso de constitucionalidad emitidas antes del 31 de diciembre de 1999.

La Sala Constitucional en sentencia No. 1257 de 7 de octubre de 2009 (Caso: Consorcio Precowayss), resumió la jurisprudencia pacífica que tenía establecida desde 2001, en el sentido de la revisión constitucional, dado la garantía de la irretroactividad, solo se podía aplicar a decisiones dictadas durante la vigencia de la nueva Constitución, [6] siendo la excepción solo en "circunstancias en que la propia Constitución permite la retroactividad de una norma jurídica" (sentencia No. 1.695 del 12 de septiembre de 2001 (caso: *Jesús Ramón Quintero*), como sería el caso de una sentencia de carácter penal en la cual se favorezca al reo (sentencia No. 1.760 del 25 de septiembre de 2001 (caso: "*Antonio Volpe González*").

---

6 Véase en *Revista de Derecho Público*, No. 120, Editorial Jurídica Venezolana, Caracas 2009.

IV. LA REVISIÓN CONSTITUCIONAL MEDIANTE EL EJERCICIO DE UN RECURSO EXTRAORDINARIO

En la Constitución, al preverse la potestad revisora de la Sala Constitucional, como ocurrió en todos los casos de las competencias que le fueron asignadas en el mismo artículo 336, no se indicó expresamente que se trataba de una competencia de la Sala Constitucional que debía ejercer cuando se formulara ante la misma un recurso extraordinario, es decir, que debía iniciarse a instancia de parte interesada.

Ello, en realidad, era innecesario, pues se derivaba de la redacción general de la norma en la cual, se da por sentado el principio dispositivo del proceso que es la regla en el ordenamiento jurídico, siendo excepcional la previsión de la potestad de oficio asignada a la Sala Constitucional, lo cual sólo se establece en el artículo 336.6 para la revisión "aun de oficio," de la constitucionalidad de los decretos que declaren estados de excepción.[7]

V. EL CARÁCTER DISCRECIONAL DE LA POTESTAD DE REVISIÓN

Por tanto, esta potestad revisora de sentencias constitucionales asignada a la Sala Constitucional, como lo propusimos a la Asamblea Nacional Constituyente,[8] se concibió para ser ejercida mediante el ejercicio de un recurso extraordinario, es decir, a instancia de parte interesada, que en estos casos es una de las parte en el proceso respectivo donde se hubiese dictado la sentencia, con la precisión, sin embargo, de que el mismo es siempre del conocimiento discrecional por parte de la Sala Constitucional, principio respecto del cual se ha considerado que "todavía el sistema de justicia constitucional venezolano no está preparado para una absoluta discrecionalidad al momento de decidir sobre si se revisa o no un determinado caso."[9]

La propuesta tal como la formulamos, sin embargo, al insistir en el carácter discrecional de la potestad de la Sala tenía por objeto evitar que se pudiera abrir una vía de recurso que pudiera considerarse como de obligatoria admisión y decisión por la Sala, contra todas las sentencias referidas, lo cual sería imposible de manejar por la multitud de casos en los cuales podría interponerse.

Por ello, la doctrina que la propia Sala dejó sentada, en sentencia No. 727 de 8 de abril de 2003, en el sentido de que la norma constitucional al establecer la competencia de la Sala de revisión de sentencias no ha creado "una tercera instancia en los procesos cuyas decisiones son sometidas a revisión."

La norma lo que dispone es "una potestad estrictamente excepcional y facultativa para la Sala Constitucional que, como tal, debe ejercerse con la máxima prudencia en cuanto a la admisión y procedencia de recursos de revisión de sentencias definitivamente firmes,"[10] destinado a "mantener la uniformidad a la interpretación de la norma y principios constitu-

---

7 Allan R. Brewer-Carías, "Régimen y alcance de la actuación judicial de oficio en materia de justicia constitucional en Venezuela", en *Estudios Constitucionales. Revista Semestral del Centro de Estudios Constitucionales,* Año 4, No. 2, Universidad de Talca, Santiago, Chile 2006, pp. 221-250.

8 En cierta forma, el recurso es similar al denominado *writ of cerciorari* del sistema norteamericano, contraste que hace Hernando Babosa en su Tesis. *V.* Allan R. Brewer-Carías, *Judicial Review in Comparative Law*, *op. cit.,* p. 141. Véase los comentarios de Jesús María Casal, *Constitución y Justicia Constitucional*, Caracas 2000, p. 92.

9 Véase Hernando Barboza, *La revisión judicial de sentencias* (Con prólogo de Allan R. Brewer-Carías), Editorial Jurídica venezolana, Caracas 2024.

10 Caso: Revisión de la sentencia dictada por la Sala Electoral en fecha 21 de noviembre de 2002, en *Revista de Derecho Público*, nº 93-96, Editorial Jurídica Venezolana, Caracas 2003.

cionales."[11] En el marco conceptual anterior, como la misma Sala Constitucional lo sostuvo, dicha revisión constitucional tampoco se configuró como:

> "un recurso ordinario concebido como medio de defensa ante las violaciones o injusticias sufridas a raíz de determinados fallos, sino una potestad extraordinaria y excepcional de esta Sala Constitucional cuya finalidad es mantener la uniformidad de los criterios constitucionales en resguardo de la garantía de la supremacía y efectividad de las normas y principios constitucionales, lo cual reafirma otro valor como lo es la seguridad jurídica. (Sentencia No. 1725/2003 del 23 de junio, recaída en el caso: Carmen Bartola Guerra); por lo tanto, no hay ninguna duda sobre el carácter eminentemente discrecional de la revisión y con componentes de prudencia jurídica, estando por tanto destinada a valorar y razonar normas sobre hechos concretos a fin de crear una situación jurídica única e irrepetible.[12]

VI. EL DESARROLLO JURISPRUDENCIAL INICIAL DEL RECURSO DE REVISIÓN EN AUSENCIA DE REGULACIÓN LEGAL CONFORME AL PRINCIPIO DISPOSITIVO

En todo caso, era claro de la norma constitucional del artículo 336.10, que la misma le atribuyó a la Sala Constitucional la potestad para revisar las sentencias indicadas en la norma "en los términos establecidos por la ley orgánica respectiva," lo que exigía que la ley fuera la que estableciera los términos conforme a los cuales se debía realizar la revisión constitucional de sentencias.

Sin embargo, estando consagrada en la previsión constitucional una potestad de la Sala Constitucional de revisar sentencias, por supuesto, a instancia de parte, apenas entró en vigencia la Constitución las peticiones se comenzaron a ejercer y a ser admitidas por la Sala, aún en ausencia de la ley reguladora del Tribunal Supremo o de la Jurisdicción Constitucional.

Por ello, hasta 2004 cuando se dictó la Ley Orgánica del Tribunal Supremo,[13] fue la propia Sala Constitucional la que fue construyendo progresivamente, mediante su labor interpretativa, los contornos de este recurso extraordinario de revisión y el alcance de su potestad revisora.

En esta forma, luego de una intensa labor jurisprudencial, ya para finales de 2000, como consecuencia de las sentencias Nos. 1, 2, 44 y 714 de ese mismo año, la Sala resumió el conjunto de reglas o condiciones que debía presentar una sentencia para que procediera dicho recurso, así como los principios procesales que debían guiar la potestad revisora, en la siguiente forma:

> En esta sentencia, por supuesto, la Sala confirmó el carácter de "recurso" que originaba la revisión constitucional, que la sentencia calificó como "recurso de revisión constitucional" precisando que la revisión constitucional de sentencias nunca podía proceder ni siquiera *ipso iure*, por remisión de la sentencia por el juez que hubiese dictado la decisión, "ya que dependía de la iniciativa de un particular," con lo cual ratificaba el principio dispositivo en la materia.

La Sala Constitucional, por otra parte, en sentencia posterior No. 1259 de 7 de octubre de 2009, al referirse a los "interesados en solicitar la revisión de alguna sentencia definitivamente firme" estableció la doctrina de que "inexorablemente" deben estar asistidos o debidamente representados por un abogado para la interposición del escrito contentivo de dicha solicitud, debiendo ello constar en su contenido, y consignar, junto al libelo, en el caso de

---

[11] Véase sentencia de la Sala Constitucional No. 365 del 10-05-2010 (Caso: Fernando Pérez Amado; Revisión de sentencia de la Sala de Casación Penal del Tribunal Supremo de Justicia), en Revista de Derecho Público, N° 122, Editorial Jurídica Venezolana, Caracas 2010, pp. 189 ss.

[12] *Id.*

[13] Véase Ley Orgánica del Tribunal Supremo de Justicia en *Gaceta Oficial* No. 37.942 de 20-5-2004

apoderados, el documento debidamente otorgado que acredite la representación para esa causa, con el fin de verificar dicho carácter, de conformidad con lo previsto en el aparte quinto del artículo 19 de la Ley Orgánica del Tribunal Supremo de Justicia.[14]

Por otra parte, en cuanto a los requisitos procesales para la admisibilidad del recurso interpuesto por parte interesada, la Sala Constitucional, en sentencia No. 227 de 16 de marzo de 2009, exigió que "quien pide una revisión de sentencia debe presentar copia certificada del fallo a revisarse, no pudiendo suplirse ello, ni siquiera por la vía del artículo 429 del Código de Procedimiento Civil, ya que en materia de revisión no hay contraparte que controle lo aportado por el solicitante."[15]

VII. LA AMPLIACIÓN JURISPRUDENCIAL DEL OBJETO DEL RECURSO DE REVISIÓN

Ahora bien, como antes se ha indicado, el objeto del recurso extraordinario de revisión ante la Sala Constitucional que se previó expresamente en la Constitución se refirió a dos tipos de sentencias nada más, dictadas en materia constitucional, en casos "de amparo constitucional y de control de constitucionalidad de leye*s* o normas jurídicas dictadas por los tribunales de la República" (art. 336.10), previsión que por su naturaleza extraordinaria, podía considerarse como de interpretación restrictiva.

La Sala Constitucional, sin embargo, desde tiempos muy tempranos comenzó a mutar el texto constitucional, produciéndose lo que califiqué como una "metamorfosis"[16] del recurso de revisión, calificado también por Hernando Barboza como de un proceso de "desnaturalización" del mismo, mediante el cual, indica este autor:

> "la Sala Constitucional amplió el alcance de la revisión constitucional para revisar no solo los fallos de control difuso y amparo, sino cualquier sentencia (sea definitivamente firme o no, de cualquier tribunal y tiempo) que contraríe a la Constitución, lo cual puede hacer incluso de oficio. [...]

Agregando que la Sala Constitucional no ha respetado el parámetro definido en la Constitución:

> "y ha considerado que ella puede revisar sentencias de cualquier tribunal (incluyendo otras Salas, entre ellas, a la Sala Plena) y materia (no limitada a amparos y control difuso), lo cual puede hacer no solo a instancia de parte, sino también de oficio; llegando a revisar sentencias no solo definitivamente firmes sino también interlocutorias, sean de este régimen constitucional o del anterior." [17]

---

[14] Véase sentencia de la Sala Constitucional No. 1259 de 07-10-2009 (Caso: *Agropecuaria La Auxiliadora S.A.*), en *Revista de Derecho Público,* N° 120, Editorial Jurídica Venezolana, Caracas 2009. En igual sentido la sentencia de la misma Sala No. 324 de 06-05-2010 (Caso: Jhonathar Monterola vs. Caribbean SPA, S.A.), en *Revista de Derecho Público,* N° 122, Editorial Jurídica Venezolana, Caracas 2010, pp. 185 ss.

[15] *Véase sentencia en el caso* Sonia Herminia Gómez y otros; Revisión de sentencia de la Sala Político Administrativa, en *Revista de Derecho Público,* N° 117, Editorial Jurídica Venezolana, Caracas, 2009, pp. 167 ss.

[16] Véase Allan R. Brewer-Carías, "La metamorfosis jurisprudencial y legal del recurso extraordinario de revisión constitucional de sentencias en Venezuela" en Eduardo Andrés Velandia Canosa (Director Científico). *Derecho procesal constitucional.* Tomo III, volumen III. VC Editores Ltda. y Asociación Colombiana de Derecho Procesal Constitucional, Bogotá 2012, p. 269-304.

[17] Véase Hernando Barboza, *La revisión judicial de sentencias* (Con prólogo de Allan R. Brewer-Carías), Editorial Jurídica Venezolana, Caracas 2024.

Y en efecto, en esa orientación, la Sala comenzó con su primera sentencia fijando una interpretación vinculante de 20 de enero de 2000 (Caso *Mata Millan*), en la cual "reguló" los criterios de la distribución de la competencia de los tribunales de la República en materia de amparo constitucional, a "agregar" como objeto de su potestad de revisión constitucional:

> "cualquier otro fallo que desacate la doctrina vinculante de esta Sala, dictada en materia constitucional, ello conforme a lo dispuesto en el numeral 10 del artículo 336 de la Constitución de la República Bolivariana de Venezuela."[18]

Un año después, mediante la sentencia No. 93 de 6 de febrero de 2001 (Caso: *Olimpia Tours and Travel vs. Corporación de Turismo de Venezuela*), continuó con la ampliación de su propia competencia revisora, agregando como objeto de revisión otras sentencias distintas a las dictadas en materia de amparo o de control difuso de constitucionalidad, y dictadas no sólo por los tribunales de instancia, sino por las otras Salas del propio Tribunal Supremo, afirmando su potestad para revisar, además de estas, las siguientes:

> "3. Las sentencias definitivamente firmes que hayan sido dictadas por las demás Salas de este Tribunal o por los demás tribunales o juzgados del país apartándose u obviando expresa o tácitamente alguna interpretación de la Constitución contenida en alguna sentencia dictada por esta Sala con anterioridad al fallo impugnado, realizando un errado control de constitucionalidad al aplicar indebidamente la norma constitucional.
>
> 4. Las sentencias definitivamente firmes que hayan sido dictadas por las demás Salas de este Tribunal o por los demás tribunales o juzgados del país que de manera evidente hayan incurrido, según el criterio de la Sala, en un error grotesco en cuanto a la interpretación de la Constitución o que sencillamente hayan obviado por completo la interpretación de la norma constitucional. En estos casos hay también un errado control constitucional."[19]

VIII. LA PREVISIÓN JURISPRUDENCIAL DE LA REVISIÓN DE SENTENCIAS QUE SE APARTAN DE LA INTERPRETACIÓN VINCULANTE O PRECEDENTE ESTABLECIDO POR LA SALA CONSTITUCIONAL

Para esta ampliación o "desnaturalización," la Sala Constitucional, luego de analizar la garantía del debido proceso en relación con la revisión extraordinaria de sentencias definitivamente firmes, en esa misma sentencia No. 93 de 6 de febrero de 2001 (Caso: *Olimpia Tours and Travel vs. Corporación de Turismo de Venezuela*), fundó la extensión de su potestad revisora en relación con sentencias que -por supuesto a juicio de la propia Sala- "*se aparten del criterio interpretativo de la norma constitucional que haya previamente establecido la Sal*a," para lo cual se formuló para decidir, simplemente, las siguientes preguntas:

> "¿Puede esta Sala, de conformidad con lo establecido en la Constitución, revisar las sentencias definitivamente firmes diferentes a las establecidas en el numeral 10 del artículo 336 de la Constitución que *contraríen el criterio interpretativo que esta Sala* posee de la Constitución?" [...]
>
> ¿Cómo puede esta Sala ejercer esa potestad máxima de interpretación de la Constitución y unificar el criterio interpretativo de los preceptos constitucionales, si no posee mecanismos extraordinarios de revisión sobre todas las instancias del Poder Judicial incluyendo las demás Salas en aquellos casos que la *interpretación de la Constitución* no se adapte al criterio de esta Sala?

La respuesta a las preguntas las hizo la Sala considerando que

---

18 Véase en *Revista de Derecho Público* No. 81, enero-marzo EJV, Caracas 2000, p. 228

19 Véase sentencia de la Sala Constitucional No. 93 de 06-02-2001, (Caso: *Olimpia Tours and Travel vs. Corporación de Turismo de Venezuela),* en *Revista de Derecho Público*, No. 85-88, Editorial Jurídica Venezolana, Caracas, 2001, pp. 414-415.

"sería inútil la función integradora y de mantenimiento de la coherencia o ausencia de contradicciones en los preceptos constitucionales ejercida por esta Sala, si ésta no poseyera la suficiente potestad para imponer el carácter vinculante de sus interpretaciones establecido expresamente en el artículo 335 de la Constitución o que no pudiera revisar sentencias donde es evidente y grotesca la errónea interpretación."

Y por ello, la respuesta de la misma Sala fue que:

"las demás Salas del Tribunal Supremo de Justicia y los demás tribunales y juzgados de la República están obligados a decidir con base en el criterio interpretativo que esta Sala tenga de las normas constitucionales."[20]

Ello lo ratificó la Sala en sentencia No. 2673 de 14 de diciembre de 2001 (Caso DHL Fletes Aéreos) al expresar claramente que

"Por consiguiente, siendo que lo que se ha solicitado en el presente juicio es la anulación de la sentencia objeto de la presente revisión, esta Sala debe observar que, conforme a la Constitución vigente, la Sala Constitucional como el ente con la máxima potestad para delimitar el criterio interpretativo de la Constitución y hacerlo vinculante para los demás tribunales de la República y las demás Salas del Tribunal Supremo de Justicia, posee discrecional mente la potestad coercitiva para imponer su criterio de interpretación constitucional, cuando así lo considere, en defensa de una aplicación coherente y unificada de la Carta Magna, evitando de esta forma que existan criterios dispersos sobre las interpretaciones de la norma constitucional que distorsionen el sistema jurídico creando incertidumbre e inseguridad en el mismo. En consecuencia, posee esta Sala la potestad de revisar tanto las sentencias definitivamente firmes expresamente establecidas en el numeral 10 del artículo 336 contra aquellas, tal como se dejó sentado anteriormente, así como las sentencias definitivamente firmes que se aparten del criterio interpretativo de la norma constitucional que haya previamente establecido esta Sala Constitucional."[21]

La Sala Constitucional, por otra parte, en sentencia No. 727 de 8 de abril de 2003 continuó ampliando el universo de sentencias que podían ser objeto del recurso extraordinario de revisión, indicando que además de las sentencias de amparo constitucional y las sentencias de control difuso de constitucionalidad de leyes o normas jurídicas fundamentadas en un errado control de constitucionalidad, también pueden ser objeto del recurso de revisión:

"(iii) Las sentencias que de manera evidente hayan incurrido, según el criterio de la Sala, en un error grotesco en cuanto a la *interpretación de la Constitución* o que sencillamente hayan obviado por completo la interpretación de la norma constitucional y

(iv) Las sentencias que hayan sido dictadas por las demás Salas de este Tribunal o por los demás juzgados del país *apartándose u obviando, expresa o tácitamente, alguna interpretación de la Constitución que contenga alguna sentencia de esta Sala* con anterioridad al fallo que sea impugnado."[22]

La antes mencionada sentencia No. 93 del 6 de febrero de 2001 (caso: "*Corpoturismo*"), fue de tal importancia que con posterioridad, en los casos de revisión de sentencias, al analizar su propia competencia, la Sala hizo en general referencia a esa sentencia en la cual "determinó su potestad extraordinaria, excepcional, restringida y discrecional, de revisar" sen-

---

20 Véase en *Revista de Derecho Público*, No. 85-88, Editorial Jurídica Venezolana, Caracas 2001, pp. 410-414.

21 Véase *Revista de Derecho Público*, No 85-88, Editorial Jurídica Venezolana, Caracas 2001, pp. 314-315.

22 Véase la sentencia No. 727 de 8 de abril de 2003, en el Caso: Revisión de la sentencia dictada por la Sala Electoral en fecha 21 de noviembre de 2002, disponible en http://historico.tsj.gob.ve/deci siones /scon/abril/727-080403-03-0002.HTM.

tencias, llegando incluso en 2007 a estimar que también podían ser objeto de revisión constitucional las sentencias de naturaleza interlocutoria, incluidos los proveimientos cautelares, sólo cuando pusieran fin al proceso.[23]

IX. LA CONSOLIDACIÓN DE LA REVISIÓN DE SENTENCIAS DE LAS OTRAS SALAS DEL TRIBUNAL SUPREMO, PARTICULARMENTE POR APARTARSE DE LAS INTERPRETACIONES VINCULANTES O PRECEDENTES ESTABLECIDOS POR LA SALA CONSTITUCIONAL

De la metamorfosis del proceso de revisión constitucional previsto en la Constitución, derivó la decisión de la Sala de incluir entre las sentencias sujetas al mismo, a las dictadas por las demás Salas del Tribunal Supremo, contrariándose el principio de que siendo todas las Salas parte del Tribunal Supremo, sus sentencias no pueden ser revisadas por ninguna otra instancia judicial superior que no existe.[24]

Por lo demás, debe insistirse que de acuerdo con el artículo 335 de la Constitución, *todas las Salas* del Tribunal Supremo y no solo la Sala Constitucional tienen como competencia garantizar "la supremacía y efectividad de las normas y principios constitucionales," pudiendo considerarse a todas como "el máximo y último intérprete de la Constitución" con competencia para velar "por su uniforme interpretación y aplicación" (art. 335).

Es decir, como lo apreció la propia Sala Constitucional, en sentencia No. 158 de 28 de marzo de 2000 (Caso: *Microcomputers Store S.A.*) todas las Salas, "conservan el mismo grado jerárquico y todas representan en el ámbito de sus competencias al Tribunal Supremo de Justicia como máximo representante del Poder Judicial .[25] Lo que confirma que las atribuciones indicadas en la primera parte del artículo 335 de la Constitución no son solo de la Sala Constitucional como se ha llegado a apreciar,[26] por lo que contrariamente a lo afirmado por la propia Sala Constitucional, la misma no tiene "el monopolio interpretativo último de la Constitución,"[27] salvo cuando emita decisiones interpretativas vinculantes, que requieren de decisión expresa. [28]

La metamorfosis del proceso de revisión constitucional de sentencias, que llevó a la Sala Constitucional a extenderlo hasta las dictadas por las otras Salas, incluso excedió la "sugerencia" que se había incluido en forma totalmente contraria a la Constitución en la ilegítima Exposición de Motivos de la Constitución" de marzo de 2000, en el sentido de que "la ley" era la que debía "consagrar un mecanismo de carácter extraordinario mediante el cual la Sala Constitucional pueda revisar los actos o sentencias de las demás Salas del Tribunal Supremo de

---

23 Véase la sentencia de Sala Constitucional de 04-05-2007 (Caso Nelson Mezerhane), Exp. 07-0353)

24 Véase los comentarios de Jesús María Casal, *Constitución y Justicia Constitucional*, *op. cit.*, p. 110.

25 Véase en *Revista de Derecho Público*, No. 81, Editorial Jurídica Venezolana, Caracas, 2000, p. 109.

26 Véase en José Vicente Haro G., "La justicia constitucional en Venezuela y la Constitución de 1999" en *Revista de Derecho Constitucional*, Editorial Sherwood, N° 1, Caracas, sep-dic. 1999, pp. 137 y 146.

27 Véase la sentencia N° 1374 de 09-11-2000, en *Revista de Derecho Público*, N° 84, Editorial Jurídica Venezolana, Caracas, 2000, p. 267.

28 Véase Allan R. Brewer-Carías, "Comentarios sobre la ilegítima "Exposición de Motivos" de la Constitución de 1999 relativa al sistema de justicia constitucional", en *Revista de Derecho Constitucional*, N° 2, Enero-Junio 2000, Caracas 2000, pp. 47-59.

Justicia que contraríen la Constitución o las interpretaciones que sobre sus normas o principios haya previamente fijado la Sala Constitucional."[29]

La Sala, sin embargo, anticipándose a la emisión de la respectiva ley, y sustituyendo a la Asamblea Nacional, procedió como "legislador positivo" a regular el objeto del proceso constitucional de revisión de sentencias,[30] en particular, respecto de las sentencias de los Tribunales e incluso de las Salas del Tribunal Supremo que se aparten de las interpretaciones vinculantes o precedentes establecidos por la Sala Constitucional conforme a la segunda parte del artículo 335 de la Constitución. Y así, por ejemplo, en una sentencia No, 33 de 25 enero 2001 (caso Revisión de la sentencia Sala de Casación Social del Tribunal Supremo de Justicia de fecha 10 de mayo de 2001, caso *Baker Hugher S.R.L*)., al comparar el rol de la Sala Constitucional como Jurisdicción Constitucional, con el que tenía la antigua Corte Suprema de Justicia, expresó:

> "la Sala Plena actuaba como un complemento del Poder Legislativo (único ente propiamente sujeto a la Constitución) en tanto se encargaba de revocar los actos de rango y fuerza de ley que éste dictaba contraviniendo la Constitución. Siendo que ésta no era concebida como un cuerpo jurídico normativo directamente aplicable a los distintos operadores jurídicos, se entendía que las interpretaciones de la Constitución que hiciera la Sala Plena no tenían carácter vinculante, y su influencia estaba asociada al efecto abrogatorio de los fallos de nulidad de actos con rango o fuerza de ley. Muy por el contrario, a esta Sala Constitucional le corresponde no sólo anular actos de esa naturaleza, sino que tiene asignada tanto la interpretación del texto constitucional, con el fin de salvar sus dificultades o contradicciones, como hacer valer el principio jurídico-político según el cual los derechos fundamentales preceden y limitan axiológicamente las manifestaciones del poder. Para ello se le ha puesto al frente del aparato jurisdiccional respecto a su aplicación, al punto de vincular sus decisiones a las demás Salas del Tribunal Supremo de Justicia, no sólo en gracia a su potestad anulatoria, sino como derivación de la función antes apuntada."[31]

X. LA CREACIÓN JURISPRUDENCIAL DE LAS CONDICIONES PARA LA EMISIÓN DE SENTENCIAS CON INTERPRETACIONES VINCULANTES POR LA SALA CONSTITUCIONAL, PARA PODER EJERCER LA REVISIÓN DE SENTENCIAS QUE SE APARTEN DE LAS MISMAS

Ahora bien, al haberse extendido jurisprudencialmente, a partir de 2000, como antes se ha analizado, la potestad de la Sala Constitucional para revisar constitucionalmente las sentencias de los tribunales del país, incluyendo las de las Salas del Tribunal Supremo, *que se aparten "expresa o tácitamente, de alguna interpretación de la Constitución" que contenga alguna sentencia de la Sala Constitucional, dictada con anterioridad al fallo que sea impugnado,* implicó la necesidad de que la Sala, en paralelo, dispusiera también jurisprudencialmente y por evidentes motivos de seguridad jurídica, la forma y manera cómo debían establecerse las interpretaciones vinculantes o precedentes que puedan contener sus sentencias para, precisamente, asegurar que las mismas se puedan identificar y conocer con precisión

---

29 La Sala Constitucional, sin embargo, ignorando que de acuerdo a dicha "Exposición" supuestamente debía eso ser labor del legislador, desarrolló desde el inicio, con base en la "sugerencia," su potestad para revisar de manera extraordinaria sentencias incluso dictadas por las otras Salas. Véase las sentencias de 09-03-2000 (Caso: José Alberto Zamora Quevedo), de 07-06-2000 (Caso: Mercantil Internacional, C.A.), y N° 93 de 06-02-2001 (Caso: Olimpia Tours and Travel vs. Corporación de Turismo de Venezuela), en *Revista de Derecho Público*, N° 85-88, Editorial Jurídica Venezolana, Caracas 2001, pp. 408.

30 Véase Allan R. Brewer-Carías, *Constitucional Courts As Positive Legislators,* Cambridge University Press, New York 2011.

31 Véase en *Revista de Derecho Público* N° 85-86 / 87-88, Editorial Jurídica Venezolana, Caracas 2001 p 401.

por todos los tribunales del país como "precedentes" que deben seguirse, y así poder la Sala Constitucional ejercer la revisión constitucional de las sentencias que se aparten de los mismos cuando ello le sea solicitado mediante el recurso extraordinario.

Por ello, aun cuando la segunda parte del artículo 335 de la Constitución al disponer que "las interpretaciones que establezca la Sala Constitucional sobre el contenido o alcance de las normas y principios constitucionales *son vinculantes para las otras Salas del Tribunal Supremo de Justicia y demás Tribunales de la República*" no establece la forma cómo dichas "interpretaciones vinculantes" deben de expresarse en el texto de la sentencia, por imperativo de seguridad jurídica ha sido la misma Sala Constitucional la que lo ha establecido en sus sentencias, a los efectos de poder exigir no solo que sus "precedentes" se sigan y respeten por los todos los tribunales y las otras Salas del Tribunal Supremo, sino para de ejercer específicamente su potestad de revisión constitucional de las sentencias que se aparten de dichas interpretaciones vinculantes.

Ello implica, por supuesto, que la "interpretación vinculante" cuando se establece esté formalmente expresada pues no todo razonamiento, argumento o interpretación contenida en una sentencia de la Sala Constitucional emitida, como todas las Salas actúan, como "máximo y último interprete de la Constitución," pero en su caso en ejercicio de la Jurisdicción Constitucional, que le es exclusiva (art. 244.1, 334 y 336), tiene carácter de "interpretación vinculante." Dolo son "interpretaciones vinculantes" las así se establecen y declaradas expresamente por la Sala, en el propio texto de la sentencia respectiva, invocando para ello precisamente la potestad para establecer esas "interpretaciones vinculantes" que consagra la segunda parte del artículo 335 de la Constitución.

Solo así, conforme a lo construido jurisprudencialmente por la Sala Constitucional, se pueden identificar las partes de sus sentencias en las cuales ha establecido una interpretación que puede considerar como "interpretaciones vinculantes", y solo así es que la Sala Constitucional podría ejercer su potestad de revisión constitucional de sentencias de otros Tribunales o Salas cuando las mismas que se aparten de dichas interpretaciones vinculantes. Para que esto pueda ocurrir, es necesario que las "interpretaciones vinculantes" o "precedentes" que establezca la Sala, puedan identificarse con claridad.

Precisamente por ello, desde su primera sentencia dictada en enero de 2000, apenas unos días después de que la Constitución de 1199 entró en vigencia, estableciendo una "interpretación vinculante" en ejercicio de la potestad establecida en *la segunda parte* del artículo 335 de la Constitución, la Sala Constitucional ha creado jurisprudencialmente la condición o exigencia de que en el texto de su sentencia se *exprese formal y claramente que en la misma la Sala está estableciendo en relación con el contenido y alcance de una norma o principio constitucional, una "interpretación vinculante,"* declarándolo así expresamente, conforme a la potestad que le otorga la segunda parte del artículo 335 de la Constitución, de manera que la misma se pueda identificar con precisión, para poder ser seguida y respetada por los tribunales, habiendo incluso la Sala en muchos casos ordenado, también por requerimientos de seguridad jurídica, que se publique el texto de la sentencia en la Gaceta Oficial, con la indicación expresa de que se está estableciendo una "interpretación vinculante."

Esta construcción jurisprudencial de la Sala Constitucional se puede apreciar, por ejemplo, de las siguientes sentencias dictadas en los primeros tres años de vigencia de la Constitución (jurisprudencia que se ha seguido invariablemente con posterioridad hasta la actualidad), estableciendo la necesidad de expresar formalmente que se está ejerciendo el poder de establecer una interpretación vinculante conforme a la segunda parte del artículo 335, y que en efecto, se está estableciendo la misma::

- *Sentencia No. 1 de 20 de enero de 2000* (Case: Emery Mata Millán): La Sala Constitucional estableció los criterios para definir la competencia de los Tribunales para conocer de las acciones de amparo constitucional que comenzaron a regir con esa sentencia, en la cual la Sala declaró expresamente que "determinados como han sido los criterios de competencia en materia de amparo que regirán en dicha materia," los mismos "***por imperativo del artículo 335 de la carta magna, es de carácter vinculante para las otras Salas de este máximo organismo jurisdiccional, así como para los demás Tribunales de la República.***"[32]

- Sentencia No. 7 de 1 de febrero de 2000 (Caso José A. Mejía): La Sala Constitucional procedió a "regular" el procedimiento en las acciones de amparo, indicando que "la Sala Constitucional, **obrando dentro de la facultad que le otorga el artículo 335 *ejusdem*, de establecer interpretaciones** sobre el contenido y alcance de las normas y principios constitucionales, **las cuales serán en materia de amparo vinculantes** para los tribunales de la República, **interpreta los citados artículos 27 y 49 de la Constitución** de la República Bolivariana de Venezuela, en relación con el procedimiento de amparo previsto en la Ley Orgánica de Amparo sobre Derechos y Garantías Constitucionales."[33]

- *Sentencia No. 1387 de 21 de noviembre de 2000,* mediante la cual la Sala Constitucional admitió la existencia del recurso autónomo de interpretación abstracta de la Constitución, indicando que: "considera la Sala que dentro de ***la facultad interpretativa con carácter vinculante, que le otorga el artículo 335 de la vigente Constitución***, y por las razones antes expuestas, puede asumir la interpretación, no solo en los procesos contenciosos que decida, sino también mediante este especial "Recurso de Interpretación".[34]

- Sentencia N° 1555 de 8 de diciembre de 2000 (Caso: Yoslena Chanchamire B. v. Instituto Universitario Politécnico Santiago Mariño), en la cual la Sala estableció explícitamente una interpretación vinculante respecto de las reglas de procedimiento judicial y competencia para los juicios de amparo, expresando su carácter vinculante de la siguiente manera; "Para regular la situación creada con anterioridad a esta interpretación, **la cual tiene carácter vinculante**, esta Sala irá resolviendo los conflictos de competencia tomando en cuenta la situación real en que se encontraban las causas de amparo para el momento en que se incoaron, así como los principios aquí expuestos.."[35]

- *Sentencia No. 332 de 14 de marzo de 2001:* La Sala Constitucional en sentencia referida a las acciones de habeas data declaró su propia competencia para conocer de las mismas, expresando: "Existiendo en el país una Sala Constitucional, específica para conocer lo relativo a las infracciones de la Carta Fundamental, no parece lógico, ante el silencio de la ley, atribuir el conocimiento de estas causas a tribunales distintos. ***Tal interpretación es vinculante a partir de esta fecha y así se declara***. Ahora bien, en cuanto a los amparos por infracción del artículo 28 constitucional, se aplican las disposiciones y competencias ordinarias en la materia."[36].

- *Sentencia No 488 de 6 de abril de 2001,* igualmente en materias de procesos de amparo, la Sala Constitucional declaró que: "***con carácter vinculante a partir de la fecha de esta sentencia,*** tanto en las apelaciones como en las consultas, conforme al artículo 35 de la Ley Orgánica de Amparo sobre Derechos y Garantías Constitucionales, los Tribunales de la Segunda Instancia deben recibir copia certificada de todo el expediente contentivo del fallo que será conocido en apelación o consulta, dictado por la primera instancia."[37]

---

32 Véase en *Revista de Derecho Público,* N° 81 enero-marzo /2000, p. 230.

33 Véase en *Revista de Derecho Público,* N° 81, enero-marzo 2000, p. 349.

34 Véase en *Revista de Derecho Público,* N° 84 octubre- diciembre 2000 p. 282.

35 Véase en *Revista de Derecho Público,* N° 84, Editorial Jurídica Venezolana, Caracas 2000, p. 310.

36 Véase en *Revista de Derecho Público* N° 85-86 / 87-88 enero-diciembre 2001, p 492.

37 Véase en *Revista de Derecho Público,* N° 85-86 / 87-88 enero-diciembre 2001, p. 472.

- *Sentencia No. 1013 de 12 de junio de, 2001:* La Sala Constitucional interpretando el sentido del derecho a la libre expresión del pensamiento regulado en el artículo 57 de la Constitución declaró expresamente: "***A continuación pasa la Sala a decidir, lo que será doctrina vinculante en la interpretación de los artículos 57 y 58 de la Carta Fundamental.***"[38]

- *Sentencia No. 1318 de 2 de agosto de 2001:* La Sala Constitucional, decidiendo en materia de competencia de la Jurisdicción Contencioso Administrativa, expresó que: "En tal virtud, los Juzgados del Trabajo cuando conozcan en lo sucesivo de situaciones como la planteada en autos, ***deberán acatar la doctrina contenida en el presente fallo en aras de una efectiva administración de justicia, por tanto, el presente fallo tendrá efectos ex tunc a partir de su publicación, pues las interpretaciones que establezca la Sala Constitucional sobre el contenido o alcance de las normas y principios constitucionales son vinculantes*** para las otras Salas del Tribunal Supremo de Justicia y demás tribunales de la República."[39]

- Sentencia No. 833 de 25 de mayo de 2001: "Debe esta Sala, ***con miras a unificar la interpretación sobre el artículo 334 de la vigente Constitución, y con carácter vinculante, señalar en qué consiste el control difuso, y en qué consiste el control concentrado de la Constitución***.[40][…]

- Sentencia No. 2353 de 23 de noviembre de 2001: "De conformidad con lo expuesto en la presente decisión, lo ***cual debe considerarse como una interpretación vinculante de la Constitución, obligatoria para todos los tribunales del país, incluyendo las demás Salas del Máximo Tribunal de la República***, cuando la acción o recurso se funde en razones de inconstitucionalidad los tribunales declinarán su competencia en la Sala Constitucional del Tribunal Supremo de Justicia sólo en el caso que se trate de la declaratoria de nulidad de una ley, o de un acto del Poder Público dictado en ejecución directa e inmediata de la Constitución." [41]

- *Sentencia No. 2817 de 18 de noviembre de 2002*. En materia relativa a los poderes de veto de la legislación por el Presidente de la República, la Sala Constitucional expresó que: "cumple así la Sala, ***con interpretar, con carácter vinculante, la aplicación del artículo 214 constitucional, por lo que se ordena la publicación de la presente decisión en la Gaceta Oficial*** de la República Bolivariana de Venezuela."[42]

- *Sentencia No. 2862 de 20 de noviembre de 2002*. En materia de competencia de la Jurisdicción Contencioso administrativa para conocer de la nulidad de actos administrativos emanados de autoridades laborales la Sala Constitucional declare que: "con fundamento en las consideraciones que se expusieron, y ***en ejercicio de la facultad de máxima intérprete del Texto Constitucional, esta Sala deja sentado el siguiente criterio, con carácter vinculante para las otras Salas del Tribunal Supremo de Justicia y demás tribunales*** de la República: (i) La jurisdicción competente para el conocimiento de las pretensiones de nulidad de los actos administrativos que dicten las Inspectorías del Trabajo, así como de cualquier otra pretensión –distinta de la pretensión de amparo constitucional- que se fundamente en las actuaciones u omisiones de dichos órganos, es la jurisdicción contencioso-administrativa." [43]

- *Sentencia No*. 727 de 8 de abril de 2003: "En el caso de autos, la Sala reitera –en criterio, ***este sí, vinculante por la materia a la que atañe***- que los derechos al acceso a la justicia,

---

38 Véase en *Revista de Derecho Público,* N° 85-86 / 87-88 , enero-diciembre 2001, p. 117

39 Véase en *Revista de Derecho Público,* N° 85-86 / 87-88, enero-diciembre 2001, p. 265.

40 Véase en *Revista de Derecho Público,* N° 85-86 / 87-88, enero-diciembre 2001, p 369.

41 Véase en Revista de Derecho Público, N° 85-86 / 87-88, enero-diciembre 2001, p. 387.

42 Véase en *Revista de Derecho Público,* N° 89/90 / 91/92, enero-diciembre 2002, p. 175.

43 Véase en *Revista de Derecho Público,* N° 89/90 / 91/92, enero-diciembre 2002, p. 305.

defensa, debido proceso y tutela judicial eficaz son y deben ser protegidos en su globalidad e integridad por todos los tribunales y órganos administrativos, pero, para que esa tutela se active, corresponde también –y en la misma medida- el respeto y aplicación de las reglas predeterminadas en el ordenamiento jurídico, en resguardo de principios igualmente constitucionales y superiores, como lo es, entre otros, la seguridad jurídica. Así se decide." on base en lo anterior, la Sala anula la sentencia nº 176 que dictó la Sala Electoral el 21 de noviembre de 2002, la cual sentenciará de nuevo en acatamiento de los criterios vinculantes de esta Sala que se expusieron, con relación a los artículos 26 y 27 de la Constitución de la República Bolivariana de Venezuela. Así se decide."[44]

- Sentencia No. 1942 de 15 de julio de 2003 (Caso: Elías Santana). En materia de libertad de pensamiento: ***"La Sala señala este criterio de interpretación con carácter vinculante, como un derivado de la libertad de expresión que contiene el artículo 57 constitucional*** y las responsabilidades que la misma norma impone y a las cuales se refiere la sentencia n° 1013 de esta Sala del 12 de junio de 2001."[45]

- *Sentencia No. 2651 de 2 de octubre de 2003*: en la cual la Sala interpretó el artículo 174 de la Constitución en materia de Registro Civil y Electoral considerando que los Alcaldes son la primera autoridad civil en los Municipios con competencia exclusiva en materia de Registro Civil, expresando: "*Esta Sala,* ***en virtud de que el presente fallo fija una interpretación vinculante de normas constitucionales, ordena publicarlo en la Gaceta Oficial de la República Bolivariana de Venezuela, por razones de seguridad jurídica, los efectos de la decisión comenzaran a surgir a partir de esa publicación,*** con lo que esta Sala reconoce expresamente la validez de los actos registrales realizados con anterioridad por prefectos y jefes civiles.." [46]

Conforme esta invariable jurisprudencia de la Sala, en consecuencia, sin duda por razones de seguridad jurídica, a los efectos de que se puedan identificar con claridad las partes de los fallos de la Sala en los cuales se establecen "interpretaciones vinculantes," y en consecuencia, pueda la Sala Constitucional ejercer su potestad de revisión constitucional de sentencias de las otras Salas y de los tribunales que desconozcan o deshacen dichas interpretaciones vinculantes establecidas por la Sala, ésta, siempre que esta ejerciendo el poder de interpretar la Constitución con carácter vinculante, así lo afirma expresamente, indicando que está establecido una interpretación vinculante en ejercicio del poder que se le atribuye en la segunda parte del artículo 335 de la Constitución.

Esa es la jurisprudencia establecida por la propia Sala Constitucional.

XI. EL DESARROLLO JURISPRUDENCIAL DE LA REVISIÓN DE SENTENCIAS DE OFICIO POR LA SALA CONSTITUCIONAL

Otro aspecto de la metamorfosis realizada por la Sala Constitucional en relación con el recurso de revisión constitucional, puede decirse que afectó el principio dispositivo conforme al cual, tratándose de un recurso, el proceso de revisión de sentencias, como antes se explicó, se estableció como una competencia de la Sala atribuida en la Constitución en el marco de los procesos constitucionales, de los cuales solo puede conocer instancia de parte.

---

44 Véase en *Revista de Derecho Público,* N° 93-94/95-96, enero-diciembre 2003, pp. 145-146.

45 Véase en *Revista de Derecho Público,* N° 93-94/95-96, enero-diciembre 2003, p. 169.

46 Véase en *Revista de Derecho Público,* N° 93-94/95-96, enero-diciembre 2003, p. 277.

Sin embargo, la Sala Constitucional pronto comenzó a decidir que de los mismos podía conocer de oficio, arrogándose estos poderes como lo había hecho en otros supuestos,[47] como sucedió con la antes mencionada sentencia No. 93 de 6 de febrero de 2001 (Caso: *Olimpia Tours and Travel vs. Corporación de Turismo de Venezuela*), en la cual la Sala, apartándose del principio dispositivo, dispuso que poseía "la potestad discrecional" de revisar sentencias "*de oficio o a solicitud de la parte afectada,*" "siempre y cuando lo considere conveniente para el mantenimiento de una coherencia en la interpretación de la Constitución en todas las decisiones judiciales emanadas por los órganos de administración de justicia."[48]

Ello llevó al legislador, posteriormente, al dictar la Ley Orgánica del Tribunal Supremo de Justicia de 2004,[49] la cual bien podría considerarse como la ley peor redactada en toda la historia de la legislación venezolana,[50] legalizó la construcción jurisprudencial en una norma relativa al ejercicio del control difuso de la constitucionalidad por los tribunales (artículo 5, párrafo 4°), en la cual se afirmó que respecto de la sentencia que se dictare como consecuencia de ese control, la Sala podía proceder "de oficio o a instancia de parte," a revisar la sentencia y avocarse "a la causa para revisarla cuando ésta se encuentre definitivamente firme."

Ello, por supuesto, desmoronó definitivamente el principio de la cosa juzgada que quedó a merced de los Magistrados de la Sala Constitucional sin que pudiera existir control alguno sobre el órgano controlante.

XII. LA LEGALIZACIÓN DE LA POSIBILIDAD DE LA POTESTAD DE REVISIÓN POR LA SALA CONSTITUCIONAL DE LAS SENTENCIAS DE LAS OTRAS SALAS DEL TRIBUNAL SUPREMO

La Ley Orgánica del Tribunal Supremo de Justicia de 2004, además de la positivización de la actuación de oficio, también reguló expresamente la potestad que se había auto atribuido la Sala para revistar constitucionalmente las sentencias de las otras Salas (artículo 5, párrafo 1°,4); aún cuando solo:

> "cuando se denuncie fundadamente la violación de principios jurídicos fundamentales contenidos en la Constitución de la República Bolivariana de Venezuela, Tratados, Pactos o Convenios Internacionales suscritos y ratificados válidamente por la República, o que haya sido dictada como consecuencia de un error inexcusable, dolo, cohecho o prevaricación; asimismo podrá avocarse al conocimiento de una causa determinada, cuando se presuma fundadamente la violación de principios jurídicos fundamentales contenidos en la Constitución de la República Bolivariana de Venezuela, Tratados, Pactos o Convenios Internacionales suscritos y ratificados válidamente por la República, aun cuando por razón de la materia y en virtud de la ley, la competencia le esté atribuida a otra Sala".

---

47 Véase Allan R. Brewer-Carías, "Régimen y alcance de la actuación judicial de oficio en materia de justicia constitucional en Venezuela", en *Revista IURIDICA,* N° 4, Centro de Investigaciones Jurídicas Dr. Aníbal Rueda, Universidad Arturo Michelena, Valencia, julio-diciembre 2006, pp. 13-40; y en *Estudios Constitucionales. Revista Semestral del Centro de Estudios Constitucionales,* Año 4, N° 2, Universidad de Talca, Santiago, Chile 2006, pp. 221-250. Véase igualmente Allan R. Brewer-Carías, *La patología de la Justicia Constitucional*, Tercera edición ampliada, Fundación de Derecho Público, Editorial Jurídica Venezolana, 2014.

48 Véase en *Revista de Derecho Público*, N° 85-88, Editorial Jurídica Venezolana, Caracas, 2001, pp. 415.

49 Véase Ley Orgánica del Tribunal Supremo de Justicia en *Gaceta Oficial* N° 37.942 de 20-5-2004.

50 Véase lo expuesto sobre dicha Ley en Allan R. Brewer-Carías, *Ley Orgánica del Tribunal Supremo de Justicia. El Tribunal Supremo de Justicia y los procesos y procedimientos constitucionales y contenciosos administrativos,* Colección Textos Legislativos, N° 28, Editorial Jurídica Venezolana, Caracas 2004, 352 pp. Tercera edición corregida y aumentada, 2007.

Sobre esta nueva competencia, la propia Sala Constitucional se hizo eco de inmediato, de manera que por ejemplo, en sentencia No. 1.854 de 28 de noviembre de 2008, haciendo referencia a una previa sentencia de No. 325, del 30 de marzo de 2005 (caso: "*Alcido Pedro Ferreira y otros*"), considerando que en virtud de la entrada en vigencia de la Ley Orgánica del Tribunal Supremo de Justicia, existía la posibilidad de revisar:

> "la sentencias dictadas por las demás Salas integrantes del Tribunal Supremo de Justicia cuando se denuncien: i) violación de principios jurídicos fundamentales contenidos en la Constitución de la República Bolivariana de Venezuela, Tratados, Pactos o Convenios Internacionales suscritos y ratificados válidamente por la República y ii) cuando estas sentencias se hayan dictado con ocasión de: a) error inexcusable, b) dolo, c) cohecho o d) prevaricación y, el último supuesto legal (artículo 5, cardinal 16 de la Ley Orgánica del Tribunal Supremo de Justicia), que se limitó a reproducir lo establecido en el artículo 336, cardinal 10 constitucional, el cual ha sido objeto de un desarrollo exhaustivo por esta Sala en la referida sentencia N° 93/01, entre otras."[51]

En todo caso, la norma de la Ley Orgánica de 2004 no se ajustaba a lo previsto en la Constitución, porque ésta no permitía que una Sala del Tribunal Supremo pudiera revisar las sentencias de otras Salas del mismo Tribunal, ya que todas son iguales. No podía, por tanto, la Sala Constitucional, revisar las sentencias de las otras Salas y menos las sentencias de la Sala Plena en cuyas decisiones participan todos los Magistrados del Tribunal Supremo, incluyendo los de la Sala Constitucional.[52]

Con posterioridad se sancionó la Ley Orgánica del Tribunal Supremo de Justicia de 2010,[53] en la cual se positivizó toda la doctrina jurisprudencial que en ausencia de legislación sobre la materia se había venido estableciendo por la propia Sala Constitucional, estableciéndose en la norma del artículo 25.10 de la Ley de 2010, como competencia general de la Sala Constitucional, sin relación alguna con sentencias de amparo o en las cuales se efectúe el control difuso como lo exige la Constitución, la de:

> "10. Revisar las sentencias definitivamente firmes que sean dictadas por los Tribunales de la República, *cuando hayan desconocido algún **precedente** dictado por la Sala Constitucional*; efectuado una indebida aplicación de una norma o principio constitucional; o producido un error grave en su interpretación; o por falta de aplicación de algún principio o normas constitucionales".

A esta competencia se sumó la indicada en el artículo 25, ordinales 11 y 12 de la misma Ley de 2020, para:

> "11. Revisar las sentencias dictadas por las otras Salas que se subsuman en los supuestos que señala el numeral anterior, así como la violación de principios jurídicos fundamentales que estén contenidos en la Constitución de la República Bolivariana de Venezuela, tratados, pac-

---

51 Véase Caso: *Jesús Ángel Barrios Mannucci; Revisión decisión Sala de Casación del Tribunal Supremo de Justicia*, en *Revista de Derecho Público*, N° 116, Editorial Jurídica Venezolana, Caracas 2008, pp. 242 y ss.

52 Véase Allan R. Brewer-Carías, "La metamorfosis jurisprudencial y legal del recurso extraordinario de revisión constitucional de sentencias en Venezuela" en Eduardo Andrés Velandia Canosa (Director Científico). *Derecho procesal constitucional*. Tomo III, volumen III. VC Editores Ltda. y Asociación Colombiana de Derecho Procesal Constitucional, Bogotá 2012, p. 269-304.

53 Véase Ley Orgánica del Tribunal Supremo de Justicia en *Gaceta Oficial* N° 39.483 de 09-08-2010. Véase sobre esta Ley: "Introducción General al Régimen del Tribunal Supremo de Justicia y de los procesos y procedimientos constitucionales y contencioso electorales," en el libro Allan R. Brewer-Carías y Víctor Hernández Mendible (Coordinadores), *ley orgánica del tribunal supremo de justicia. el tribunal supremo de justicia y los procesos y procedimientos constitucionales y contencioso electorales*, Editorial Jurídica Venezolana, Colección Textos legislativos N° 48, Caracas 2010, pp. 9-164.

tos o convenios internacionales suscritos y ratificados válidamente por la República o cuando incurran en violaciones de derechos constitucionales.

12. Revisar las sentencias definitivamente firmes en las que se haya ejercido el control difuso de la constitucionalidad de las leyes u otras normas jurídicas, que sean dictadas por las demás Salas del Tribunal Supremo de Justicia y demás Tribunales de la República".

En esta forma, el Legislador, en 2010, terminó de "regularizar" en las normas anteriores, la amplísima competencia de revisión que la Sala Constitucional se había ido auto atribuyendo, a las cuales se agregaba la única norma de carácter procesal que se incorporó en la materia (art. 35), normas todas que luego se conservaron en la reforma de la Ley Orgánica del Tribunal Supremo de Justicia de 2022.

XIII. APRECIACIÓN FINAL

Durante diez años, por tanto, desde que se sancionó la Constitución de 1999 hasta que se sancionó la Ley Orgánica de 2010, el proceso de revisión constitucional de sentencias sufrió lo que hemos llamado una "metamorfosis" de manera que:

Primero, el carácter exclusivamente de "recurso" que tenía la vía procesal de revisión constitucional, sujeta a la iniciativa de parte interesada, fue cambiado completamente, asumiendo la Sala Constitucional progresivamente poderes de oficio para revisar sentencias.

Segundo, las sentencias objeto de la revisión constitucional fue progresivamente ampliado, eliminándose la concepción constitucional restringida que sólo y exclusivamente se refiere a las sentencias dictadas en juicios de amparo o por los jueces con ocasión del ejercer el método difuso de control de constitucionalidad de las leyes, asumiendo la Sala Constitucional la revisión de todo tipo de sentencia, lo que se reguló en la Ley Orgánica del Tribunal Supremo, aun cuando conservando el motivo de revisión sólo respecto de cuestiones constitucionales.

Tercero, mediante el desarrollo jurisprudencial de la potestad de revisión constitucional de sentencias por parte de la Sala Constitucional, extendiéndola a las sentencias dictadas por las otras Salas del Tribunal Supremo, incluyendo la Sala Plena, en la cual participan los propios Magistrados de la Sala Constitucional.

Cuarto, en particular, se reguló la potestad de revisión constitucional de las sentencias de los Tribunales y de las otras Salas el Tribunal Supremo que desacaten las "interpretaciones vinculantes" establecidas por la Sala Constitucional en alguna de sus sentencias conforme a la potestad regulada en la segunda parte del artículo 335 de la Constitución.

Quinto, como consecuencia de asumir esa competencia de revisión, por razones de seguridad jurídica, la propia Sala Constitucional reguló en su jurisprudencia la forma y manera cómo la Sala Constitucional debe indicar expresamente en el texto de la sentencia respectiva, que está ejerciendo esa potestad de la segunda parte del artículo 335 constitucional, indicando también expresamente respecto del contenido o alcance de una norma o principio constitucional, que está efectivamente estableciendo una interpretación vinculante. Ello a los efectos de que los Tribunales y las otras Salas del Tribunal Supremo, puedan identificar con precisión cuando se ha establecido una "interpretación vinculante" o precedente que deben acatar.

Sexto, por ello, con frecuencia, la propia Sala Constitucional fue indicando en sus sentencias que establecieron interpretaciones vinculantes, que las mismas debían ser publicadas en la *Gaceta Oficial*, exigencia de publicidad que luego se incluyó expresamente en la Ley Orgánica del Tribunal Supremo de 2010, al exigir en su artículo 126, la publicación en la *Gaceta Judicial*, no solo de las sentencias que declaren la nulidad de normas, sino de las "que *resuelvan demandas de interpretación legal o constitucional fijando el contenido o alcance de la norma* de que se trate."

DE CÓMO UNA NEGATIVA DE LA SALA CONSTITUCIONAL DEL TRIBUNAL SUPREMO DE JUSTICIA A EJERCER SU POTESTAD DE REVISIÓN CONSTITUCIONAL CONVALIDA UNA VIOLACIÓN AL DERECHO DE PROPIEDAD DE LA ARRENDADORA DE UN INMUEBLE

Andrés Álvarez Iragorry*

Abogado

Resumen: *El presente artículo reseña sendos fallos de primera y segunda instancia, dictados con ocasión del ejercicio de una acción de retracto arrendaticio sobre un inmueble de propiedad de un particular, ubicado en el estado Lara, así como el dictado por la Sala Constitucional del Tribunal Supremo de Justicia, la cual, al negarse a revisar la sentencia de segunda instancia, convalidó la violación al derecho constitucional de propiedad causada por los referidos tribunales de instancia.*

Palabras Clave: *Arrendamiento; Preferencia ofertiva; Retracto legal; Derecho de propiedad.*

Abstract: *This article reviews two first and second instance rulings issued with regard to a tenant's legal action to repurchase a private-owned property located in the state of Lara, as well as that issued by the Constitutional Chamber of the Supreme Court of Justice, which by refusing to review the ruling issued by the appeal court, endorsed the violation of the right to property inflicted by the aforementioned first instance and appeal courts.*

Key words: *Lease; Offering preference; Tenant's repurchase right; Property right.*

I. EL MARCO JURÍDICO APLICABLE EN EL PRESENTE CASO

El arrendamiento de inmuebles comerciales en Venezuela se encuentra actualmente regulado por el Decreto con Rango, Valor y Fuerza de Ley de Regulación del Arrendamiento Inmobiliario para el Uso Comercial (Gaceta Oficial Nº 40.418 del 23 de mayo de 2014), cuya Disposición Derogatoria Primera sustrae a los inmuebles comerciales de la aplicación del Decreto con Rango, Valor y Fuerza de Ley de Arrendamiento Inmobiliario (Gaceta Oficial N° 36.845 del 7 de diciembre de 1999).

Este Decreto-Ley, destinado a regular el arrendamiento de inmuebles para uso comercial, prevé la figura de la 'preferencia ofertiva' en los siguientes términos:

---

* Abogado egresado de la Universidad Católica Andrés Bello (1987). Especialista en Derecho Administrativo por la Universidad Católica Andrés Bello (1991). Ganador del Quinto Premio Anual "Procuraduría General de la República" (1991) y "Premio a la Excelencia" otorgado por la Fundación "Gran Mariscal de Ayacucho" (1992). Profesor en el Postgrado de Derecho Administrativo de la Universidad Católica Andrés Bello (2006-2010). Miembro de la Asociación Venezolana de Derecho Administrativo (AVEDA)..

> Artículo 38. En caso de que el propietario del inmueble destinado al uso comercial, o su apoderado, tuviere intención de venderlo, la preferencia ofertiva la tendrá el arrendatario que lo ocupa, siempre que tenga más de 2 años como tal, se encuentre solvente en el pago de los cánones de arrendamiento, de condominio y demás obligaciones contractuales, legales y reglamentarias, y satisfaga las aspiraciones del propietario. El propietario deberá informar directamente al arrendatario, mediante notificación escrita a través de Notaría Pública, su voluntad de vender el inmueble, expresando su derecho de preferencia, indicando el precio justo, condiciones de venta, plazo de sostenimiento de la oferta no menor a tres (03) meses, procedimiento y dirección de notificación de la correspondiente respuesta, documento de propiedad del inmueble, documento de condominio o propiedad colectiva y certificación de gravámenes. El arrendatario deberá notificar por escrito a través de Notaría Pública, al oferente dentro de los quince (15) días calendarios siguientes al ofrecimiento, su aceptación o rechazo; en caso de rechazo o abstención de pronunciamiento, el propietario quedará en libertad de dar en venta el inmueble a terceros.

En virtud de esta disposición, el arrendatario que ocupe un inmueble por más de dos (2) años tiene la preferencia para adquirirlo si el propietario desea venderlo, siempre que el primero esté al día con sus obligaciones como arrendatario y satisfaga las aspiraciones del segundo.

En caso de que esta oferta no se lleve a cabo, o se haga en detrimento de las condiciones establecidas en la norma *supra* citada, el arrendatario podrá ejercer la acción conocida como 'retracto legal arrendaticio', regulada a continuación por el artículo 39 *ejusdem*, en los siguientes términos:

> Artículo 39. En caso de violación de la preferencia ofertiva, o de que la venta a un tercero haya sido en condiciones más favorables que las ofrecidas inicialmente al arrendatario, éste tendrá derecho al retracto legal arrendaticio, que deberá ejercer dentro de un lapso de seis (06) meses, contado a partir de la fecha de la notificación que de la negociación celebrada deberá hacerle el adquiriente, junto con copia certificada del documento contentivo de la negociación.

En consecuencia, el arrendatario tendrá derecho a readquirir el inmueble dado en venta, si ésta se hubiese pactado en condiciones más favorables para el comprador.

Ciertamente, la intención del legislador, al consagrar, tanto el derecho de preferencia ofertiva, como la acción de retracto legal arrendaticio en materia de arrendamiento de inmuebles para uso comercial, es la de permitir la continuidad del arrendatario en el ejercicio de su actividad económica, y evitar que ésta se vea interrumpida intempestivamente por una venta a un tercero, sin que haya habido una oferta previa a dicho arrendatario o, que dicha venta se haya llevado a cabo en condiciones más favorables que las ofrecidas al arrendatario. Ahora bien, ¿puede ejercerse la acción de retracto legal arrendaticio, y más grave aún, declararse ésta con lugar, sin que el inmueble haya sido en efecto vendido a una tercera persona, distinta del arrendador y el arrendatario? Precisamente, a eso se refiere el caso que culmina con la sentencia del Tribunal Supremo de Justicia en Sala Constitucional N° 1192 del 4 de diciembre de 2024[1], objeto del presente comentario.

II. LOS HECHOS PREVIOS AL INICIO DEL DEBATE JUDICIAL

Con fecha 1° de abril de 1998, se inició entre los ciudadanos Felice Panico Amato (fallecido) y José Martinho Agrela Pestana una relación arrendaticia que se hizo constar en un documento privado suscrito por ambos y que luego se extendió mediante un contrato de la misma naturaleza entre las firmas mercantiles Inversiones El Paseo C.A. (representada ahora

---

[1] Disponible en el siguiente enlace: https://historico.tsj.gob.ve/decisiones/scon/diciembre/340031-1192-41224-2024-21-0012.HTML

por Janne Josefina Panico González) y Frigorífico La Mansión del Este C.A. (representada por José Martinho Agrela Pestana), autenticándose este último por ante la Notaría Pública Cuarta de Barquisimeto, estado Lara, en fecha 22 de abril de 1999. Posteriormente, Inversora Jeapa, S.A., administradora de un inmueble propiedad de Janne Josefina Panico González, dio éste en arrendamiento a Inversiones Plaza Los Leones, C.A. y Frigorífico Mansión del Este C.A., autenticándose estos contratos ante la misma notaría en fecha 25 de julio de 2001 y 9 de agosto de 2001, respectivamente.

Inversora Jeapa, S.A. había adquirido su condición de administradora del referido inmueble, según contrato de administración autenticado en 2001, en tanto que otra firma mercantil, de nombre Administradora 73, C.A., ejerció igualmente funciones de administración de parte de este inmueble, sin que en los fallos se indicara contrato alguno que sirviese de soporte para afirmar dicha condición. En todo caso, dicho inmueble fue adaptado a fin de poner en funcionamiento un frigorífico, realizando el arrendatario, a sus propias expensas, las correspondientes modificaciones.

Luego de varios años de relación arrendaticia, la arrendadora instó al arrendatario a que comprara el inmueble objeto de los referidos contratos de arrendamiento. Este último manifestó su interés en llevar a cabo la negociación, pero alegó que la misma no pudo materializarse, dado que sobre dicho inmueble existía una medida judicial de prohibición de enajenar y gravar y adicionalmente, no se había actualizado el registro en cuanto a su titularidad, ya que la venta del inmueble, hecha por el ciudadano Pablo José Mendoza Oropeza (fallecido) a la arrendadora, Janne Josefina Panico González, se había hecho por notaría pública en fecha 9 de junio de 2000, mientras que, para el Registro Público, el titular del inmueble era la firma mercantil Inversiones San Felice C.A.

En consecuencia, al no materializarse la venta, la administradora Inversora Jeapa, S.A. ejerció sendas acciones legales para la resolución y cumplimiento de los contratos, contra las firmas mercantiles Frigorífico La Mansión del Este, C.A. e Inversiones Plaza Los Leones, C.A., respectivamente. Por su parte, estas últimas ejercieron a su vez, acciones de nulidad de los contratos celebrados con las administradoras del inmueble, Inversora Jeapa, S.A. y Administradora 73, C.A. Sin embargo, ninguna de las acciones prosperó, y adicionalmente, la relación arrendaticia continuó, no obstante que durante los juicios, las arrendatarias debieron depositar los cánones de arrendamientos en tribunales.

Años después, con fecha 3 de agosto de 2016, la ciudadana Janne Josefina Panico González ofreció en venta a las empresas arrendatarias, mediante documento autenticado, el inmueble objeto de los referidos contratos de arrendamiento. La suma de las partes del inmueble tenía una superficie aproximada de mil doscientos cincuenta metros cuadrados (1250 mts^2) y la venta se estimó en seis millardos de bolívares (Bs. 6.000.000.000,00). Dicha oferta de venta se fundamentó en la propiedad que la arrendadora tenía sobre el referido inmueble, de conformidad con el mencionado documento notariado de fecha 9 de junio de 2000. fue protocolizado por ante el Registro Público.

No obstante, los arrendatarios rechazaron la oferta realizada por el arrendador, alegando que, para la fecha en que se llevó a cabo la oferta, el referido documento notariado no había sido protocolizado, y no obstante que el trámite de protocolización se llevó a cabo finalmente en fecha 30 de diciembre de 2016, casi cuatro meses más tarde, en fecha 18 de abril de 2017, el ciudadano José Martinho Agrela Pestana, en su carácter de presidente de la firma mercantil Frigorífico La Mansion del Este, C.A. y de director de la firma mercantil Inversiones Plaza Los Leones, C.A. ejerció la acción de retracto legal contra la arrendadora y las empresas administradoras, conocida en primera instancia por el Tribunal Quinto de Municipio Ordinario y Ejecutor de Medidas del Municipio Iribarren de la Circunscripción Judicial del Estado Lara.

III. ALEGATOS DE LAS PARTES Y SENTENCIA DICTADA EN PRIMERA INSTANCIA

El principal alegato de los demandantes consistió en que la arrendadora no presentó su preferencia ofertiva de acuerdo con las exigencias del citado artículo 38 del Decreto con Rango, Valor y Fuerza de Ley de Regulación del Arrendamiento Inmobiliario para el Uso Comercial.

La arrendadora, por su parte, basó su defensa en que los arrendadores habían subestimado el valor del inmueble, por lo que consideró que el tribunal era incompetente en razón de la cuantía, y que el retracto legal no era procedente en este caso, porque no había ocurrido la venta del inmueble a un tercero, en los términos del artículo 39 *ejusdem,* y en todo caso ya habían transcurrido los seis (6) meses a que se refería el artículo 45 del Decreto con Rango, Valor y Fuerza de Ley de Arrendamiento Inmobiliario, disposición legal que la arrendadora invocó, en lugar del artículo 39 del Decreto con Rango, Valor y Fuerza de Ley de Regulación del Arrendamiento Inmobiliario para el Uso Comercial.

No obstante y como punto previo, el tribunal de primera instancia, en su sentencia de fecha 22 de marzo de 2018[2], desestimó los alegatos de incompetencia del tribunal en razón de la cuantía y valoración del inmueble, y afirmó, en cambio, que una venta realizada ante una notaría pública, como la ocurrida conforme al referido documento de fecha 9 de junio de 2000, sólo surtía efectos legales entre las partes contratantes, requiriéndose que la venta sea protocolizada ante una oficina de registro público a fin de que surta efectos legales frente a terceros, para concluir que Janne Josefina Panico González adquirió la cualidad de propietaria del inmueble en fecha 30 de diciembre de 2016, cuando la referida operación de compraventa previamente autenticada fue protocolizada ante una oficina de registro público. Asimismo, el referido tribunal declaró la falta de cualidad de las empresas administradoras para ser demandadas, conforme fuera alegada por éstas, al no ser propietarias del inmueble objeto del litigio.

Seguidamente, el tribunal pasó a analizar el fondo de la controversia, a cuyo efecto, determinó lo siguiente:

1) Que la relación arrendaticia nació en 1998, superando con creces el lapso de dos (2) años previsto en el artículo 38 del Decreto con Rango, Valor y Fuerza de Ley de Regulación del Arrendamiento Inmobiliario para el Uso Comercial. No obstante, ningún pronunciamiento hizo el tribunal sobre si los arrendadores se encontraban solventes en el pago de los cánones de arrendamiento, de condominio y demás obligaciones contractuales, legales y reglamentarias[3].

2) Que la oferta preferencial de fecha 3 de agosto de 2016 no cumplió con los requisitos establecidos en la norma antes mencionada, ya que "para la fecha no se desprendía fehacientemente la propiedad del inmueble por parte de la ofertante", y sólo fue a partir de la protocolización, en fecha 30 de diciembre de 2016, del documento notariado en fecha 9 de junio de 2000, cuando "se materializó la venta de dicho inmueble sin habérsele permitido a la parte arrendataria la posibilidad de adquirirlo al encontrarse ocupando el mencionado bien arrendado", por lo que nacía el derecho al retracto legal arrendaticio en favor del demandante y era procedente en derecho la acción legal ejercida.

---

2 Disponible en el siguiente enlace: https://lara.tsj.gob.ve/DECISIONES/2018/MARZO/2827-22-KP02-V-2017-001077-.HTML

3 La jurisprudencia ha hecho expresa referencia a la solvencia del arrendatario como requisito esencial para que prospere la acción de retracto legal arrendaticio; *Vid.* en tal sentido, la sentencia del Tribunal Supremo de Justicia en Sala de Casación Civil N° 422 del 26 jun. 2017, disponible en el siguiente enlace: https://historico.tsj.gob.ve/decisiones/scc/junio/200316-RC.000422-26617-2017-17-239.HTML

Las afirmaciones del juzgado antes expuestas constituyen, en nuestro criterio, un triple exabrupto jurídico, por las siguientes razones:

a) En primer lugar, se confunde la materialización del contrato de compraventa con la publicidad del mismo, a fin de que surta efecto frente a terceros (*erga omnes*).

La materialización del contrato de compraventa ocurre cuando se cumplen las condiciones establecidas en éste, básicamente, el pago del precio, y a cambio, el traspaso de la propiedad del bien o derecho. La circunstancia de que deba protocolizarse el documento de compraventa a fin de que sea oponible a terceros no convierte a este tipo de contrato, de naturaleza consensual, en un contrato solemne, en el sentido de que carece de todo efecto si no es registrado, como ocurre, por ejemplo, con el contrato de hipoteca (artículo 1879 del Código Civil).

Por otra parte, la afirmación del referido tribunal sobre los efectos legales de la venta ante notaría pública, no es del todo cierta y contradice, en cierta forma, el criterio del propio Tribunal Supremo de Justicia, en Sala de Casación Civil, que mediante sentencias No. 638 del 16 de diciembre de 2010 (*Inversora H9, C.A.*, contra *Productos Saroni, C.A.*) y 98 del 21 marzo de 2023 (*Norys Kenya Briceño Urquiola contra Gonzalo Paz Ersching*), expresó, en relación con el sentido y alcance de los artículos 1920, ordinal 1° y 1924 del Código Civil, que regulan lo relativo a los actos, documentos y sentencias que deben protocolizarse, así como los efectos de la falta de protocolización de aquéllos, lo siguiente[4]:

> El primer párrafo del artículo 1924 del Código Civil establece la consecuencia de que no se dé cumplimiento a la formalidad de la protocolización de aquellos actos, documentos y sentencias a los que se refieren los artículos 1920 y 1921 eiusdem, al disponer que en estos casos, el documento, acto y sentencia, no tienen ningún efecto contra terceros, que por cualquier título, hayan adquirido y conservado legalmente derechos sobre el inmueble.
>
> De donde se deduce que son ciertos y determinados tipo de terceros, es decir, sólo aquellos que por cualquier título hayan adquirido y conservado legalmente derechos sobre el inmueble los únicos a los que no les es oponible el acto, documento o sentencia, por la falta de protocolización, de forma tal que no están comprendidos en el supuesto de hecho de dicha norma los denominados terceros indiferentes, es decir, aquellos que no han adquirido y conservado ningún derecho sobre el bien, a quienes, por argumento en contrario, si le es oponible el acto, documento o sentencia, aun cuando no se haya procedido a dar cumplimiento a la formalidad de su protocolización.

En consecuencia, de conformidad con el citado criterio jurisprudencial sentado por la mencionada Sala de Casación Civil, son válidos los contratos de compraventa autenticados ante una notaría pública, señalando incluso que surten efectos no sólo entre partes, sino también frente a los llamados 'terceros indiferentes', esto es, aquellos que no tienen derechos sobre el bien objeto del negocio jurídico. Ciertamente, dado que la parte demandante tenía, como arrendatario, derecho de uso sobre el inmueble objeto de la sentencia comentada, no le era oponible el referido documento de propiedad sólo autenticado, mas no registrado.

---

4 Véase al respecto: https://accesoalajusticia.org/wp-content/uploads/2023/04/SCC-nro.-0098-21-03-2023.pdf; https://accesoalajusticia.org/la-scc-valida-una-venta-de-inmueble-realizada-a-traves-de-documento-no-registrado/. Nos fue imposible aportar el enlace de esta sentencia en la web oficial del Tribunal Supremo de Justicia, por cuanto, lamentablemente, al momento de escribir estas líneas, la misma se encontraba parcialmente fuera de funcionamiento y sólo había acceso a las sentencias de los tribunales de instancia, mientras que sólo había acceso directo a las sentencias del alto tribunal a través de enlaces externos.

Incluso, es pertinente acotar que, aunque el Servicio Autónomo de Registros y Notarías (SAREN) emitió circular N° DG-CJ-0230-2260-379 de fecha 1° de diciembre de 2016[5], mediante la cual se prohibió la tramitación de documentos de compraventa de inmuebles ante notaría pública, con el fin de evitar que se concreten fines ilícitos y garantizar la cadena de la titularidad de los inmuebles a través del Registro Público, es perfectamente cuestionable la legalidad de dicho acto administrativo, dado que de conformidad con las normas *supra* citadas, y comentadas por la Sala de Casación Civil del Tribunal Supremo de Justicia, no está prohibida la autenticación de documentos de compraventa, sino que se le adjudica a éstos, efectos jurídicos distintos de los documentos protocolizados ante una oficina de registro público.

En todo caso, y contrariamente a lo afirmado por el tribunal de primera instancia, la venta que hizo el ciudadano Pablo José Mendoza Oropeza a la ciudadana Janne Josefina Panico González, arrendadora y demandada en el presente caso, sí se materializó con su autenticación en fecha 9 de junio de 2000, y no con su protocolización en fecha 30 de diciembre de 2016.

b) En segundo lugar, se tomó como contrato de contraventa celebrado en violación de la preferencia ofertiva, el referido contrato autenticado en fecha 9 de junio de 2000, en el que la demandada tenía la cualidad de compradora y no la de vendedora, lo que de suyo, hubiese permitido al juzgador desvirtuar el argumento de los demandantes y que, sin embargo, dio por válido.

c) En tercer lugar, y más grave aún, se declaró con lugar la acción de retracto legal arrendaticio *in commento* cuando, por el contrario, no debió haber prosperado, pues no hubo en este caso un tercero comprador en violación de la referida preferencia ofertiva. Al respecto, la misma Sala de Casación Civil del Tribunal Supremo de Justicia ha señalado que no se cumplen los supuestos para ejercer la acción de retracto legal arrendaticio si el bien no es vendido y no hay transmisión de propiedad[6]. Asimismo, la misma Sala ha afirmado que en este tipo de acción debe demandarse tanto al vendedor que viola la preferencia ofertiva, como al tercero que compra en lugar del arrendatario con derecho de preferencia[7], condiciones que no se dieron en el presente caso, pues la parte actora demandó a la propietaria del bien inmueble y las administradoras de éste, pero no al supuesto tercero comprador.

Al no proceder dicha acción legal, resultaba inoficioso en consecuencia, computar el lapso de caducidad previsto en el artículo 39 del citado decreto-ley, y menos aún, tomando como punto de partida, la fecha en la cual, la parte actora tuvo conocimiento de un documento en el que la ciudadana Janne Josefina Panico González, demandada en su condición de supuesta vendedora infractora, era la compradora del bien que posteriormente ofrecería en venta.

---

5 Referencias sobre esta Circular del Servicio Autónomo de Registros y Notarías en los siguientes enlaces: http://www.producto.com.ve/pro/opini-n/hpcd-prohibici-n-suscribir-documentos-compra venta-inmuebles-mediante-documentos-otorgados; https://confirmado.com.ve/prohiben-tramitar-la -compra-venta-de-inmuebles-en-notarias-publicas/; https://www.tusolucionlegal.com.ve/puedo-ven der-mi-bienhechuria-por-notaria/

6 *Vid.* en particular la sentencia del Tribunal Supremo de Justicia en Sala de Casación Civil N° 124 del 27 mar. 2023, disponible en el siguiente enlace: http://historico.tsj.gob.ve/decisiones/scc/mar zo/323760-000124-27323-2023-22-241.HTML

7 *Vid.* en este sentido: sentencia del Tribunal Supremo de Justicia en Sala de Casación Civil N° 51 del 19 mar. 2021, disponible en https://historico.tsj.gob.ve/decisiones/scc/marzo/311579-RC.0000 51-19321-2021-19-351.HTML Referencias sobre esta sentencia: https://accesoalajusticia.org/en-los-casos-de-acciones-de-retracto-legal-arrendaticio-por-indebida-o-inexistente-oferta-preferencial -debe-demandarse-tanto-al-arrendador-vendedor-como-al-nuevo-comprador/

Al final, lo que ocurrió es que se utilizó el documento autenticado en fecha 9 de junio de 2000 para simular una venta realizada en detrimento del derecho de preferencia del arrendatario, de conformidad con el artículo 38 *ejusdem,* con el avieso propósito de despojar a la propietaria del bien inmueble que pretendía ofrecer en venta, procediendo la sentencia, tal como lo afirma incluso la representación de la parte actora, según se expresa en la sentencia dictada en alzada, a "sustituir" a la ciudadana Janne Josefina Panico González como compradora en el documento notariado en fecha 9 de junio de 2000 y posteriormente protocolizado en fecha 30 de diciembre de 2016.

Pero lo peor vendría con la parte dispositiva de la sentencia, ya que, en su aparte sexto, se ordena al demandante pagar a la demandada la cantidad expresada en el documento de compraventa protocolizado en fecha 30 de diciembre de 2016, es decir, la cantidad de veintiséis mil bolívares fuertes (Bs.F. 26.000), que no era otra cosa que el precio de venta del inmueble expresado en el documento autenticado en fecha 9 de junio de 2000, al cual se le eliminaban tres (3) ceros, en ejecución del Decreto con Rango, Valor y Fuerza de Ley de Reconversión Monetaria (Gaceta Oficial N° 38638 del 6 de marzo de 2007), monto éste que, evidentemente, resultaba irrisorio en relación con el valor real del inmueble para la fecha en que fue dictada la sentencia en primera instancia, en vista de la depreciación continua e ininterrumpida de nuestro signo monetario y la inflación acumulada en un período de casi dieciocho años (desde junio de 2000, mes en el que se materializó la compraventa del inmueble, hasta marzo de 2018, mes en el que se dictó la sentencia en primera instancia).

IV. ALEGATOS DE LAS PARTES Y SENTENCIA DICTADA EN SEGUNDA INSTANCIA

La sentencia del Juzgado Quinto de Municipio Ordinario y Ejecutor de Medidas del Municipio Iribarren de la Circunscripción Judicial del estado Lara fue apelada tanto por la parte actora como por la parte demandada, siendo ambas apelaciones recibidas por el Juzgado Superior Tercero en lo Civil, Mercantil y del Tránsito de la Circunscripción Judicial del Estado Lara en fecha 3 de mayo de 2018, y resueltas en sentencia de fecha 14 de noviembre de 2018[8].

La arrendadora demandada fundamentó su apelación en el hecho de que los accionantes: a) no demostraron que el inmueble se hubiese vendido a un tercero, presupuesto esencial para que procediese el retracto legal arrendaticio; b) no incluyeron en la demanda a los sucesores universales del fallecido vendedor, Pablo José Mendoza Oropeza, por lo que se violó el artículo 244 del Código de Procedimiento Civil sobre el litisconsorcio pasivo necesario[9]; c) subestimaron el valor del inmueble y en consecuencia, ejercieron la acción legal ante un tribunal incompetente en razón de la cuantía; d) ejercieron la acción de retracto y cuando ya había caducado[10].

---

8 Disponible en el siguiente enlace: https://lara.tsj.gob.ve/DECISIONES/2018/NOVIEMBRE/678-14-KP02-R-2018-000147-18-246.HTML

9 Consideramos inconveniente y desacertado este alegato, dado que si previamente se alegó que el inmueble no había sido vendido, a fin de contrarrestar el argumento de una supuesta violación del derecho de preferencia del arrendatario, previsto en el artículo 38 del Decreto con Rango, Valor y Fuerza de Ley de Regulación del Arrendamiento Inmobiliario para el Uso Comercial, exigir la constitución de un litisconsorcio pasivo necesario equivale a convalidar la simulación de venta violatoria de dicha norma hecha por el tribunal de primera instancia, no obstante que en dicha operación, Janne Josefina Panico González no estaba actuando como vendedora, sino como compradora.

10 Consideramos inconveniente y desacertado este alegato, dado que si previamente se alegó que el inmueble no había sido vendido, a fin de contrarrestar el argumento de una supuesta violación del derecho de preferencia del arrendatario, alegar la caducidad de la acción de retracto legal arrenda-

Asimismo, alegó la misma arrendadora demandada que la sentencia recurrida desconoció el principio de consensualidad de la tramitación de la propiedad y demás derechos, a tenor de lo dispuesto en los artículos 1161 y 1924 del Código Civil.

Por su parte, la representación de la parte actora objetó el hecho de que el tribunal de primera instancia declaró la falta de cualidad de las administradoras por no ser las propietarias del inmueble dado en arrendamiento.

Al respecto, el tribunal de segunda instancia se limitó a indicar que, al ser el precio de las ofertas efectuadas al arrendatario, superior al del documento registrado posteriormente por la arrendadora en fecha 30 de diciembre de 2016 -que en realidad, venía siendo el mismo documento notariado de fecha 9 de junio de 2000 en que la ciudadana Janne Josefina Panico González actuaba como compradora del inmueble por el mismo precio- se violó la preferencia ofertiva respecto al precio justo. Asimismo, reiteró el criterio del tribunal *a quo*, en el sentido de que: a) es a partir de la protocolización del referido documento, en fecha 30 de diciembre de 2016, cuando las arrendatarias se habrían enterado de la venta del inmueble en detrimento de su derecho de preferencia ofertiva; b) las empresas administradoras carecían de legitimidad para ser demandadas, al no ser propietarias del inmueble objeto del litigio. Ningún pronunciamiento hizo el tribunal de alzada en relación con el alegato de infracción del carácter consensual del contrato de compraventa por parte de la arrendadora demandada, no obstante constituir uno de los más importantes para entender el agravio causado a Janne Josefina Panico González, titular del inmueble objeto de la acción de retracto legal arrendaticio.

En tal virtud, el tribunal de segunda instancia convalidó y ratificó la simulación de venta urdida por el tribunal de primera instancia, tomando como documento de compraventa violatorio del derecho de preferencia del arrendatario, uno en el que la ciudadana demandada actuaba como compradora, y de paso, agravando su situación jurídica, al eliminarse cinco (5) ceros al monto que el demandante debía pagar, con fundamento en la reconversión monetaria que tuvo lugar en 2018[11], que reducía el valor de su propiedad a apenas veintiséis céntimos de bolívar soberano (Bs.S. 0,26), monto éste incluso inferior a la moneda de menor valor del cono monetario establecido en virtud de dicha reconversión: cincuenta céntimos de bolívar soberano (Bs.S. 0,50).

V. LA SOLICITUD DE REVISIÓN CONSTITUCIONAL Y LA RESPUESTA DE LA SALA CONSTITUCIONAL

Con fecha 26 de mayo de 2021, la arrendadora demandada presentó solicitud de revisión constitucional ante la Sala Constitucional del Tribunal Supremo de Justicia, alegando la

---

ticio por haber transcurrido dieciséis (16) años desde que se materializó la venta del inmueble en 2000 equivale a convalidar la simulación de venta violatoria de dicha norma hecha por el tribunal de primera instancia.

11 Dicho proceso se llevó a cabo, conforme a Decreto N° 3332 del 22 mar. 2018 "Decreto N° 24 en el marco del Estado de Excepción y de Emergencia Económica, mediante el cual se decreta (*sic*) la Reconversión Monetaria" (Gaceta Oficial N° 41366 de la misma fecha), parcialmente reformado por Decreto N° 3445 del 1° jun. 2018 "Decreto N° 25 en el marco del Estado de Excepción y de Emergencia Económica, mediante el cual se decreta (*sic*) la Reconversión Monetaria" (Gaceta Oficial N° 6379-E de la misma fecha), que difirió al 4 ago. 2018 la oportunidad en que deberá reexpresarse la unidad del sistema monetario de la República Bolivariana de Venezuela, en los términos establecidos en el referido Decreto N° 3.332, y a su vez, derogado el Decreto N° 3445 por Decreto N° 3548 del 25 jul. 2018 "Decreto N° 54 en el marco del Estado de Excepción y de Emergencia Económica, mediante el cual se decreta la nueva reexpresión de la unidad monetaria nacional para la Reconversión Monetaria y su vigencia" a partir del 20 ago. 2018 (Gaceta Oficial N° 41446 de la misma fecha).

violación de sus derechos fundamentales al debido proceso, a la defensa y a la tutela judicial efectiva, consagrados en los artículos 26 y 29 del texto constitucional, por desconocimiento de los criterios vinculantes de dicha Sala, No. 779 del 10 de abril de 2002[12], 215 del 8 de marzo de 2012[13] y 23 del 1° de marzo de 2016[14], referidos a la obligación que tiene el juez de verificar y declarar de oficio la inadmisibilidad de la demanda cuando: a) sea contraria al orden público o a disposición expresa de la ley; b) sea ejercida sin tener el demandante derecho de acción o cuando ésta ha caducado; c) se aleguen razones distintas a las que la ley señala para la procedencia de la pretensión hecha valer; d) no se satisfagan los presupuestos procesales requeridos por la ley para la válida constitución de la relación jurídico-procesal.

En relación con este alegato, la recurrente argumentó lo siguiente: a) que la acción de retracto legal arrendaticio ejercida por las firmas mercantiles arrendatarias resultaba contraria a lo dispuesto en los artículos 43 y 48 del Decreto con Rango y Fuerza de Ley de Arrendamientos Inmobiliarios de 1999 -disposiciones éstas que la arrendadora demandada consideró aplicables *ratione temponis* al negocio jurídico celebrado en fecha 9 de junio del 2000- dado que no contenía afirmación de venta a tercero de los bienes arrendados, presupuesto esencial del derecho de retracto legal arrendaticio, según la definición establecida en el mencionado artículo 43 y se basaba en la alegación de hechos irrelevantes que no podían encuadrarse en ninguna de las causales de procedencia del retracto, conforme a lo previsto en el artículo 48 *ejusdem*; b) que la demanda fue ejercida sin tener el demandante derecho de acción, dado que el acto traslativo de propiedad que se pretendió retraer con la demanda tuvo lugar en una época anterior a la fecha en la que los demandantes se constituyeron en arrendatarios de la ciudadana demandada, siendo evidente que la ley no concede acción al inquilino para demandar el retracto de enajenaciones anteriores al nacimiento de la relación arrendaticia que lo vincula al arrendador; c) que, por cuanto el fundamento de la demanda radica en el dato irrelevante de que el título de propiedad de la arrendadora, autenticado *ab origine*, fue registrado después de la fecha en que ésta les ofreció en venta el inmueble arrendado, resulta concluyente que los demandantes alegaron razones distintas a las que el Decreto con Rango y Fuerza de Ley de Arrendamientos Inmobiliarios de 1999 prevé para que proceda la acción de retracto legal arrendaticio.

Adicionalmente, la arrendadora demandada expuso que, con el fallo cuya revisión se solicitaba, se vulneró su derecho de propiedad, amparado por el artículo 115 del texto constitucional, con fundamento en los siguientes argumentos: a) que la juez de segunda instancia alteró del términos del debate, al suplirles a los demandantes, un alegato de hecho que éstos nunca formularon, esto es, que el precio estipulado en las ofertas de venta que la arrendadora les hizo excedía el precio por el cual ésta adquirió el inmueble, y que ello comportaba una violación de la preferencia ofertiva respecto al precio justo, nada de lo cual aparecía en la demanda, con lo que se violaba el principio de congruencia previsto en el artículo 12 del Código de Procedimiento Civil; b) que la misma juez incurrió en un "grotesco error de interpretación" de una norma de orden público como es, el artículo 43 del Decreto con Rango y Fuerza de Ley de Arrendamientos Inmobiliarios de 1999, al sostener que para que proceda el

---

12 http://historico.tsj.gob.ve/decisiones/scon/abril/779-100402-01-0464.htm

13 Nos fue imposible aportar el enlace de esta sentencia, por cuanto, lamentablemente, al momento de escribir estas líneas, la web oficial del Tribunal Supremo de Justicia se encontraba parcialmente fuera de funcionamiento y sólo había acceso a las sentencias de los tribunales de instancia, mientras que sólo había acceso directo a las sentencias del alto tribunal a través de enlaces externos.

14 Nos fue imposible aportar el enlace de esta sentencia, por cuanto, lamentablemente, al momento de escribir estas líneas, la web oficial del Tribunal Supremo de Justicia se encontraba parcialmente fuera de funcionamiento y sólo había acceso a las sentencias de los tribunales de instancia, mientras que sólo había acceso directo a las sentencias del alto tribunal a través de enlaces externos.

retracto, no es necesario que haya habido una venta o dación en pago a tercero del inmueble arrendado, ni que el inquilino tenga que subrogarse en un tercero adquirente pues, según el criterio de la misma juez, el inquilino puede subrogarse en su propia arrendadora; c) con ese "abominable criterio", la juez cometió el atroz desafuero de condenar a la arrendadora a cederle a sus inquilinos el inmueble de su propiedad por el precio de veintiséis céntimos de bolívar soberano (Bs.S. 0,26), lo que comportaba un "espurio decreto de expropiación privada" que usurpaba la exclusiva competencia expropiatoria del Estado, consagrada en el mencionado artículo 115 del texto constitucional, al "contrariar de manera frontal y directa la prohibición expresa contenida en el artículo 547 del Código Civil", cuyo encabezamiento señala que "Nadie puede ser obligado a ceder su propiedad, ni a permitir que otros hagan uso de ella, sino por causa de utilidad pública o social, mediante juicio contradictorio e indemnización previa"[15].

En su fallo n° 1192 del 4 de diciembre de 2024, previamente al pronunciamiento sobre el fondo del asunto, la Sala Constitucional se declaró competente para conocer de la solicitud de revisión constitucional y reiteró el criterio establecido en sus sentencias Ns. 44 del 2 de marzo de 2000 (*Francia Josefina Rondón Astor*) y 714 del 13 de julio de 2000 (*Asociación de Propietarios y Residentes de la Urbanización Miranda*)[16], en el sentido de que la discrecionalidad que se atribuye a la facultad de revisión constitucional no debe entenderse como una nueva instancia. En consecuencia, "dicha solicitud se admitirá sólo a los fines de preservar la uniformidad de la interpretación de normas y principios constitucionales, o cuando exista una deliberada violación de preceptos fundamentales".

A pesar de que ésta hubiese sido una formidable oportunidad para ejercer la potestad de revisión constitucional, y a su vez, contribuir con la seguridad jurídica, la Sala Constitucional se limitó a transcribir un extracto de la sentencia recurrida donde se declaraba jurídicamente procedente la acción de retracto legal arrendaticio, de conformidad con el artículo 38 del Decreto con Rango, Valor y Fuerza de Ley de Regulación de los Arrendamientos Inmobiliarios para el Uso Comercial, para concluir, afirmando lo siguiente:

> …el Juzgado Superior Tercero en lo Civil, Mercantil y del Tránsito de la Circunscripción Judicial del estado Lara, con sede en Barquisimeto, no incurrió en la transgresión del derecho constitucional como lo es derecho a la propiedad, ni menos incidió en quebrantamiento a interpretaciones vinculantes de esta Sala, señalados por la recurrente, pues la misma dejó por sentado, que la demanda cumple con los requisitos exigidos por la ley para declarar el retracto legal arrendaticio.
>
> …la pretensión de la hoy solicitante va dirigido a cuestionar un acto de juzgamiento que resultó adverso a sus intereses, con el fin de obtener una sentencia que se pronuncie sobre cuestiones de fondo que ya fueron analizadas y que esta Sala se constituya en una tercera instancia, lo cual se aparta del objeto de la revisión.

---

15 Consideramos inapropiado e inconveniente este alegato de que la sentencia recurrida mediante la acción extraordinaria de revisión constitucional era un "espurio decreto de expropiación privada", dado que una expropiación requiere de la participación de un ente público expropiante, no existe la figura de la "expropiación privada" y que la expropiación requiere del pago de una justa indemnización, pues de lo contrario sería una confiscación. Podría decirse con mayor corrección, que mediante la sentencia cuya revisión constitucional se solicitaba, se consumó el despojo de una propiedad, tramado y amparado por un tribunal de justicia.

16 Nos fue imposible aportar el enlace de estas dos sentencias, por cuanto, lamentablemente, al momento de escribir estas líneas, la web oficial del Tribunal Supremo de Justicia se encontraba parcialmente fuera de funcionamiento y sólo había acceso a las sentencias de los tribunales de instancia, mientras que sólo había acceso directo a las sentencias del alto tribunal a través de enlaces externos.

En tal virtud, la Sala Constitucional declaró que no había lugar a la revisión constitucional solicitada. Tan inexplicable e insólita resultó esta decisión, que incluso un medio de comunicación afecto al régimen que rige los destinos de Venezuela desde 1999 hasta el presente, como es el diario *Últimas Noticias*, se hizo eco de la denuncia formulada por uno de los apoderados judiciales de la arrendadora, al reseñar la noticia bajo el título "Denuncian que sentencia del TSJ pone en peligro el derecho a la propiedad privada", y en el que el apoderado de la arrendadora demandada expresó, con razón, lo siguiente[17]:

> Esa decisión deja sentado como pernicioso precedente, que, aunque el propietario arrendador no venda ni ceda a favor de terceros la propiedad del inmueble arrendado, el arrendatario puede demandarlo por retracto y obligarlo a que le ceda la propiedad del inmueble por el mismo precio que pagó al comprarlo, pero devaluado por las reconversiones monetarias y sin indexación, lo que es un exabrupto.

VI. COMENTARIO FINAL

Independientemente que tengamos algunas reservas en cuanto a la calidad, tanto de la asesoría jurídica recibida por la propietaria del inmueble, como de algunos de los argumentos legales esgrimidos, consideramos que la Sala Constitucional del Tribunal Supremo de Justicia debió haber declarado con lugar la solicitud de revisión constitucional, en vista de la violación flagrante causada al derecho de propiedad de aquélla, amparado por el artículo 115 del texto constitucional, ante tamaña irregularidad, constituida por la fabricación de un relato fraudulento por el cual, la arrendadora vendió el inmueble en perjuicio del derecho de preferencia del arrendatario, no obstante que en dicha operación, materializada en fecha 9 de junio de 2000, y protocolizada en fecha 30 de diciembre de 2016, la referida ciudadana estaba, no cediendo, sino adquiriendo la propiedad del inmueble, materializándose el traslado de propiedad, no obstante la falta de registro oportuno para que surtiese efectos *erga omnes*. Al final, la parte actora se aprovechó de la pérdida del valor de la moneda de curso legal y de la inflación acumulada en casi dos décadas, y negándosele a la propietaria del inmueble la posibilidad de ajustar el valor de su propiedad a los precios vigentes del mercado.

Casi habría que agradecerle a la Sala Constitucional del Tribunal que no hubiese invocado el Decreto N° 4553 del 6 de agosto de 2021 "Decreto mediante el cual se decreta la Nueva Expresión Monetaria" (Gaceta Oficial N° 42185 de la misma fecha), cuyo artículo 1° ordenó dividir los montos expresados en bolívares soberanos (Bs.S.) entre un millón, por lo cual, el monto que se obligaba al demandante a pagar a la demandada, de acuerdo con el tribunal de segunda instancia, pasaba de veintiséis céntimos de bolívar soberano (Bs.S. 0,26) a la insignificante cifra de ¡veintiséis cien millonésimos de bolívares digitales (Bs.D. 0,00000026)!

---

[17] Artículo firmado por Eligio Rojas, fechado 24 de enero de 2025 y disponible en el siguiente enlace: https://ultimasnoticias.com.ve/noticias/sucesos/denuncian-que-sentencia-del-tsj-pone-en-peligro-el-derecho-a-la-propiedad-privada/

"IMPUESTO JUDICIAL A LA INFLACIÓN" EN TIEMPOS DE HIPERINFLACIÓN EN VENEZUELA

Donde hay poca justicia es un peligro tener razón.
Francisco de Quevedo

Eduardo Meier García*
Abogado

Resumen: *En este artículo, el autor analiza la Sentencia No. 517 del 16 de mayo de 2023 de la Sala Constitucional del Tribunal Supremo de Justicia que declaró pérdida del interés procesal y abandono del trámite que nunca ocurrió, en abierta denegación de justicia y privación de la tutela judicial efectiva y el debido proceso de una evidente inconstitucionalidad del impuesto sobre la renta.*

Palabras Clave: *Inconstitucionalidad, jueces, independencia, impuesto sobre la renta.*

Abstract: *In this article, the author analyzes Judgment No. 517 of May 16, 2023 of the Constitutional Chamber of the Venezuelan Supreme Court of Justice that declared loss of procedural interest and abandonment of the procedure that never occurred, in open denial of justice and in deprivation of effective judicial protection and due process of an evident unconstitutionality of income tax.*

Key words: *Unconstitutionality, judges, independence, income tax.*

I. LA MUERTE DEL *CORPUS IURIS CIVITATIS*

Si el juez Holmes preguntara hoy qué es el Derecho en Venezuela, y nos pidiera que respondiéramos desde su percepción, esto es, la percepción de los *realistas*, para los que "las profecías acerca de lo que los tribunales harán realmente, y nada más pretencioso que eso, es lo que… entiende[n] por Derecho";[1] tendríamos que responderle que el derecho vigente en Venezuela es el derecho del Tribunal Supremo de Justicia: el *derecho de los jueces*.

Diríamos que ese *derecho de los jueces* es una gran mascarada en permanente dislate. Un derecho "vigente" en el que los tribunales colegiados dictan "ponencias conjuntas", sentencias unánimes donde sus integrantes renuncian a sus criterios particulares, votos disidentes o concurrentes, y en general los magistrados responden a premisas discontinuas e incoherentes, dictan sentencias conforme a valoraciones político partidistas antes que jurídicas, que atienden a fidelidades impropias antes que a procesos lógicos, estandarizados y sustentados

* Abogado, Universidad Central de Venezuela (UCV). Doctor en Derecho por la Universidad Carlos III de Madrid. y con Estudios de especialización en Derecho Tributario en la UCV, Universidad de Salamanca y Universidad Internacional de Andalucía (1998-2000). Profesor del Doctorado en Ciencias, Mención Derecho y en la Especialización en Derecho Tributario, UCV. Socio de Meier & Asociados eemeier@hotmail.com

1 Holmes, Jr., Oliver Wendell, *La senda del derecho*, Traducción y estudio preliminar de José Ignacio Solar Cayón, Marcial Pons, Madrid, 2012, p.p. 59-60.

sobre reglas y métodos jurídico-constitucionales apoyados en la fidelidad a la Constitución y en la idea misma de democracia constitucional y supremacía *iusfundamental* de los derechos, que hace incompatible la existencia de poderes absolutos e infalibles.[2]

Entonces, el juez Holmes no tendría problema en percatarse de que en Venezuela el derecho se aplica selectivamente con fines político-partidistas o de control social y político, de control de la disidencia política y social y de aseguramiento de los intereses y la razón político-partidistas. Esto es lo que hace el Tribunal Supremo de Justicia y por conducto de este, todo el Poder Judicial, donde se ha enquistado el fenómeno nefasto de la ***judicialización de la política*** y la ***politización de la justicia***.

Pero como el juez Holmes ni nadie nos ha preguntado nada, conviene comenzar por explicar por qué es importante que todos, legos y expertos, comprendan la naturaleza del asunto. Empezaríamos por precisar que el Derecho es mucho más que lo declarado por los jueces, pero al ser éstos los que tienen la última palabra, los actos sublegales, la ley, incluso la Constitución y los tratados sobre derechos humanos, las opiniones de los juristas, las sentencias y recomendaciones de los sistemas regional y universal de protección y promoción de los derechos humanos; todas, absolutamente todas estas fuentes del Derecho, quedan ***ilegítimamente*** reducidas a la boca nada muda que pronuncia las palabras contrarias a la ley.

No es difícil constatar que en Venezuela el "Derecho" es instrumento del poder, de un poder político partidista -para ser más precisos- que se impone mediante una ***constitución fachada***, plagada de ***positivaciones aparentes*** en la que la divergencia entre el modelo prescriptivo y la realidad es abismal. Los principios y derechos constitucionales están a años luz de la realidad efectiva del derecho "vigente" impuesto por el legislador o por el Ejecutivo Nacional (***legislador absoluto***), o por el denominado ***derecho de los jueces***: una gran mascarada, un sainete que responde a cualquier cosa menos a la razón, al Derecho y a la justicia; y, en el peor de los casos, por un ***poder constituyente en permanente dislate*** y en usurpación de las competencias del legislador.

Porque el problema del Derecho en Venezuela no es, como en otros ordenamientos, un problema de identificación y justificación de la norma aplicable. No es un asunto de indeterminación semántica o vaguedad del lenguaje o de lagunas normativas, que se pueda solucionar aplicando los criterios para la resolución de antinomias (*lex posterior, lex superior*, *lex specialis*, entre otros), o mediante el empleo de argumentos analógicos o de la ponderación.

En Venezuela los criterios de jerarquía, temporalidad y especialidad no funcionan, porque el Derecho se ha trastocado en cuanto estructura normativa que ordena, permite o prohíbe los comportamientos de todos los individuos y de los órganos del poder público. El Derecho ha perdido su condición de "institución" (conjunto de procesos y normas)[3]. El Derecho se ha desquiciado, desestructurado y desinstitucionalizado como método, como procedimiento y como institución.

El Derecho ha perdido su estructura jerárquica, su sistematicidad y con ello no solo ha perdido su corporeidad, su unidad teórica, metodológica y conceptual más o menos coherente, sino que ha dejado de cumplir su finalidad última como instrumento capaz de alcanzar objetivos trascendentales y satisfacer funciones sociales, como la libertad, la igualdad, la seguridad, la paz, la justicia, la rendición de cuentas y el control y la legitimación del poder.

---

[2] Meier García, Eduardo. La eficacia de las sentencias de la Corte Interamericana de Derechos Humanos frente a las prácticas ilegítimas de la Sala Constitucional, Serie Estudios, N° 105, Caracas, 2013, p. 132.

[3] Peces-Barba, G., Fernández, E. y De Asis, R. *Curso de Teoría del Derecho*, con la colaboración de Mª José Fariñas, Ángel Llamas, Javier Ansuátegui, Jesús P. Rodríguez y José Mª Sauca, 2ª edición, Marcial Pons, Madrid-Barcelona, 2000, p. 39.

Muy al contrario de la razón (razón práctica) y de la finalidad del Derecho, en Venezuela las "normas" son fuente de conflicto, las "normas" y las "autoridades" que las interpretan y aplican no son legítimas, sino fraudulentas tanto en su origen como en su desempeño. En los términos el artículo 350[4] de la Constitución de 1999 sobran los ejemplos de situaciones concretas en que el régimen, la legislación, las normas en general y las autoridades –y peor aún, los jueces- contrarían los valores, principios y garantías democráticos y menoscaban los derechos humanos.

En Venezuela se impuso "este Derecho" como precisa Alejandro Nieto, "que ha dejado de ser digno de este nombre, esa pieza tan necesaria para el equilibrio social que está desapareciendo y siendo sustituida -muy especialmente en estos lares- "...por un sucedáneo que, con el mismo nombre, está produciendo efectos devastadores en la Sociedad y en la Política."[5]

Sin embargo, el problema de ese sucedáneo que con el mismo nombre suplantó al Derecho, si requiere de toda nuestra atención, porque en Venezuela se instrumentalizó el derecho púbico así como el derecho privado, en general, el Derecho, que se colocó a la orden del poder, supeditándolo a la política partidista, en ese sentido no es derecho sino un substituto acomodaticio y premoderno, que nos hizo retroceder a finales del siglo XIX, momento en que según García de Enterría, el derecho público del *régne de la loi* triunfó en toda Europa continental e Iberoamérica, fiel seguidora del sistema francés, y comienza su extensión en otros continentes.[6]

Para el momento de la celebración del segundo centenario de la Revolución Francesa, como puntualiza García de Enterría, los principios de su sistema de Derecho Público se han impuesto prácticamente en todo el mundo, pero ese *Corpus iuris civitatis* que ha acertado a articular un sistema de relaciones entre los ciudadanos y los poderes públicos, un Derecho Público de libertad[7] se encuentra postergado, abolido e ilegítimamente desaplicado en Venezuela, es decir, la divergencia deóntica entre el deber ser constitucional y el ser legislativo, judicial o gubernativo del derecho es tan pronunciada que se desanda más de 2 siglos de conquistas de principios, conceptos, instituciones y prácticas de la Declaración de 1789 como: (i) la rendición de cuentas y de responsabilidad[8] (ii) la soberanía popular y la representatividad en el ejercicio del poder[9], (iii) el principio de legalidad,[10] (iv)la autoimposición o el

---

4 Artículo 350 de la Constitución de 1999: El pueblo de Venezuela, fiel a su tradición republicana, a su lucha por la independencia, la paz y la libertad, desconocerá cualquier régimen, legislación o autoridad que contraríe los valores, principios y garantías democráticos o menoscabe los derechos humanos.

5 Nieto, Alejandro, "Contra el Derecho", Sesión del día 1 de diciembre 2009, Anales de la Real Academia de Ciencias Morales y Políticas, N° 87 (2010), p. 124.

6 García de Enterría, Eduardo. La lengua de los derechos. La formación del Derecho Público europeo tras la Revolución Francesa, Civitas, Madrid, 2001, p. 203.

7 *Ibídem*, p. 204-205.

8 Art. 15 de la Declaración de los derechos del hombre y del ciudadano (1789): "La Sociedad tiene derecho a pedir cuentas de su gestión a cualquier Agente público".

9 Art. 3 de la Declaración de los derechos del hombre y del ciudadano (1789): "El principio de toda Soberanía reside esencialmente en la Nación. Ningún cuerpo ni ningún individuo pueden ejercer autoridad alguna que no emane expresamente de ella".

10 Art. 4 de la Declaración de los derechos del hombre y del ciudadano (1789): "La libertad consiste en poder hacer todo lo que no perjudique a los demás. Por ello, el ejercicio de los derechos naturales de cada hombre tan sólo tiene como límites los que garantizan a los demás Miembros de la Sociedad el goce de estos mismos derechos. Tales límites tan sólo pueden ser determinados por la Ley".

consentimiento del impuesto, esto es, la determinación de la justicia y exactitud del ingreso y el gasto público[11] y (v) el embrionario constitucionalismo tal y como se conoce en la actualidad[12].

La Constitución de 1999 puede considerarse como el punto de culminación de la etapa contemporánea de desarrollo y consolidación del derecho público en Venezuela, como lo señala Brewer-Carías. No obstante, aclara "...que fue precisamente durante las casi cuatro décadas de aplicación de este texto de fundamental de 1961, el que más tiempo de vigencia ha tenido en toda la historia del constitucionalismo venezolano de los Siglos XIX y XX, cuando se configuraron los principios fundamentales del derecho público que condicionan tanto al derecho constitucional como al derecho administrativo, y que fueron recogidos por la Constitución de 30 de diciembre de 1999"[13].

Pero esos principios fundamentales del derecho público hoy son positivaciones aparentes y la Constitución de 1999: una constitución fachada. Solo basta constatar el estado actual de los principios fundamentales del derecho público y sus reglas de desarrollo que han sido preteridos. Desde el principio de la supremacía constitucional, la rigidez constitucional y la eficacia normativa y directamente aplicativa de la Constitución, pasando por los principios de jerarquía normativa y legalidad, hasta los principios de la responsabilidad del Estado y universalidad del control judicial de los actos estatales han sido completamente desplazados y sustituidos por la discrecionalidad, la arbitrariedad y el voluntarismo. En concreto, la divergencia deóntica entre el *corpus iuris civitatis* y la realidad del derecho público en nuestro país no necesita confirmación.

Para desentrañar y desenmascarar ese sucedáneo del Derecho, y para que el juez Holmes entienda el fenómeno de las positivaciones aparentes, la constitución fachada y la divergencia entre el modelo prescriptivo y la realidad, nos referiremos al caso de la Sentencia No.

Art. 5 de la Declaración de los derechos del hombre y del ciudadano (1789): " La Ley sólo tiene derecho a prohibir los actos perjudiciales para la Sociedad. Nada que no esté prohibido por la Ley puede ser impedido, y nadie puede ser obligado a hacer algo que ésta no ordene".

Art. 6 de la Declaración de los derechos del hombre y del ciudadano (1789): "La Ley es la expresión de la voluntad general. Todos los Ciudadanos tienen derecho a contribuir a su elaboración, personalmente o a través de sus Representantes. Debe ser la misma para todos, tanto para proteger como para sancionar. Además, puesto que todos los Ciudadanos son iguales ante la Ley, todos ellos pueden presentarse y ser elegidos para cualquier dignidad, cargo o empleo públicos, según sus capacidades y sin otra distinción que la de sus virtudes y aptitudes".

Art. 7 de la Declaración de los derechos del hombre y del ciudadano (1789): "Ningún hombre puede ser acusado, arrestado o detenido, salvo en los casos determinados por la Ley y en la forma determinada por ella. Quienes soliciten, cursen, ejecuten o hagan ejecutar órdenes arbitrarias deben ser castigados; con todo, cualquier ciudadano que sea requerido o aprehendido en virtud de la Ley debe obedecer de inmediato, y es culpable si opone resistencia".

Art. 8 de la Declaración de los derechos del hombre y del ciudadano (1789): "La Ley sólo debe establecer penas estricta y evidentemente necesarias, y tan sólo se puede ser castigado en virtud de una Ley establecida y promulgada con anterioridad al delito, y aplicada legalmente".

11 Art. 14 de la Declaración de los derechos del hombre y del ciudadano (1789): "Todos los Ciudadanos tienen el derecho de comprobar, por sí mismos o a través de sus representantes, la necesidad de la contribución pública, de aceptarla libremente, de vigilar su empleo y de determinar su prorrata, su base, su recaudación y su duración".

12 Art. 16 de la Declaración de los derechos del hombre y del ciudadano (1789): "Una Sociedad en la que no esté establecida la garantía de los Derechos, ni determinada la separación de los Poderes, carece de Constitución".

13 Brewer-Carías, Allan R., *Los principios fundamentales del derecho público (constitucional y administrativo)*, Cuadernos de la Cátedra Allan R. Brewer-Carías de Derecho Administrativo, Universidad Católica Andrés Bello Nº 17, Editorial Jurídica Venezolana, Caracas, 2005, p. 8.

517 del 16 de mayo de 2023[14] dictada por la Sala Constitucional del Tribunal Supremo de Justicia que declaró pérdida del interés procesal y un abandono del trámite que nunca ocurrió, en abierta denegación de justicia[15] en privación o denegación de la tutela judicial efectiva conforme al artículo 26[16] y en grave frustración de la potestad de administrar justicia que emana del pueblo de acuerdo con el artículo 253[17] de la Constitución, máxime en una acción popular de inconstitucionalidad de una ley.

La función jurídico-política de la Justicia es un componente necesario del Estado de derecho. El derecho judicial es imprescindible. La tarea jurídico-política de los tribunales exige un grado especial de contención política y partidista de los jueces. En caso contrario se pone en peligro la confianza en la independencia e imparcialidad de la judicatura.[18]

Ciertamente, "los juristas viven peligrosamente cuando las constituciones y los sistemas políticos cambian. Los juristas están atados o entregados a los gobernantes y al espíritu de cada época, y a menudo ambas cosas.

Sus ocurrencias, y también, por desgracia, sus desvaríos y sus desfallecimientos, se convierten en «derecho válido» por la vía de la aplicación del derecho".[19]

II. DERECHO DEGENERADO

Hablaremos en nombre propio. Como accionante pero en nombre de todas las personas indeterminadas e indeterminables que representaba, al ser una acción popular por inconstitucionalidad, y que vieron quebrantada su expectativa, su derecho de obtener una decisión oportuna, conforme a Derecho, esto es, *secundum legem* y atendiéndose al sistema de fuentes establecido, degenerando en una indebida denegación de la tutela judicial efectiva en la hipótesis en que el

---

14 Sentencia de la Sala Constitucional del Tribunal Supremo de Justicia N° 517 del 16 de mayo de 2023. Caso: *Eduardo Meier García. Recurso de nulidad por inconstitucionalidad de la reforma de la Ley de Impuesto Sobre la Renta de 2015*. Consultada en: http://historico.tsj.gob.ve/ decisiones/scon/mayo/325143-0517-16523-2023-15-0724.HTML

15 **Artículo 19 Código de Procedimiento Civil:** "El Juez que se abstuviere de decidir so pretexto de silencio, contradicción o deficiencia de la ley, de oscuridad o de ambigüedad en sus términos, y asimismo, el que retardare ilegalmente dictar alguna providencia, será penado como culpable de denegación de justicia".

16 **Artículo 26 de la Constitución:** "Toda persona tiene derecho de acceso a los órganos de administración de justicia para hacer valer sus derechos e intereses, incluso los colectivos o difusos; a la tutela efectiva de los mismos y a obtener con prontitud la decisión correspondiente.

17 **Artículo 253 de la Constitución:** "La potestad de administrar justicia emana de los ciudadanos y ciudadanas y se imparte en nombre de la República por autoridad de la ley. Corresponde a los órganos del Poder Judicial conocer de las causas y asuntos de su competencia mediante los procedimientos que determinen las leyes, y ejecutar o hacer ejecutar sus sentencias. El sistema de justicia está constituido por el Tribunal Supremo de Justicia, los demás tribunales que determine la ley, el Ministerio Público, la Defensoría Pública, los órganos de investigación penal, los o las auxiliares y funcionarios o funcionarias de justicia, el sistema penitenciario, los medios alternativos de justicia, los ciudadanos o ciudadanas que participan en la administración de justicia conforme a la ley y los abogados autorizados o abogadas autorizadas para el ejercicio".

18 Rüthers, Bernd, *Derecho degenerado. teoría jurídica y juristas de cámara en el Tercer Reich,* Traducción e introducción de Juan Antonio García Amado, Cátedra de Cultura Jurídica, Marcial Pons, Madrid, 2016, p. 230.

19 *Ibídem*, p. 121.

juzgador, desconociendo la ordenación constitucional y legal sobre el control de normas, quiebra el derecho del justiciable a que su pretensión sea resuelta según aquel sistema.[20]

Como afirma Aharon Barak, ex presidente del Tribunal Supremo israelí desde 1995 hasta su retiro en 2006: "una restricción de un derecho tiene lugar cada vez que se produce una acción del estado que deniega o impide que el titular del derecho lo ejerza de acuerdo a la plenitud del supuesto de hecho del derecho fundamental, ya sea de forma significativa o marginal; ya sea si se relaciona con el núcleo del derecho o con su penumbra; ya sea si ocurre de manera intencional o no; o ya sea si lleva a cabo por un acto o por una omisión...De hecho toda restricción es inconstitucional, a menos que sea proporcional. Solo cuando la disposición legal que restringe el derecho fundamental es proporcional –solo cuando ella cumple con los requerimientos que establece la cláusula restrictiva- podemos decir que la restricción es válida. Solo entonces puede el derecho fundamental coexistir de manera pacífica con su restricción... [y al contrario] una restricción que no es proporcional... es por consiguiente inválida. Cuando la restricción no es válida, decimos que el derecho ha sido vulnerado (o conculcado)" [21]

La Sentencia de la Sala Constitucional del Tribunal Supremo de Justicia No. 517 es en toda regla una ilegítima restricción de mis derechos y de los derechos del universo de interesados en la acción popular de inconstitucionalidad en cuyo nombre interpuse en 2015 esta acción de control concentrado de la constitucionalidad. Es ciertamente una aberrante acción del estado que deniega e impide que los titulares de los derechos a la tutela judicial efectiva, al debido proceso, al acceso a la justicia, a la verdad material, a la legalidad, a la capacidad contributiva real y efectiva y a la igualdad *en* y *ante* la ley, lo ejerzamos de acuerdo a su plenitud. Al ser única y última instancia, solitamos la revocatoria por contrario imperio de la Sentencia No. 517, para lo cual invocamos lo propios criterios[22] de la Sala Constitucional, así como el artículo 206[23] del Código de Procedimiento Civil[24] por identidad de razón con el caso

---

20 Picó I Junoy, Joan, *Las garantías constitucionales del proceso,* Bosch Editor, Barcelona, 2012, p. 79.

21 *Cfr.* Barak, Aharon, *Proporcionalidad: los derechos fundamentales y sus restricciones*, traducido por Gonzalo Villa Rosas, Palestra Editores, Lima 2017, p. 130.

22 "Observa la Sala, al respecto, que aun cuando las decisiones definitivas o interlocutorias sujetas a apelación no pueden modificarse ni revocarse por el tribunal que las haya pronunciado e, igualmente, la revocatoria por contrario imperio sólo es procedente contra aquellas actuaciones o providencias de mera sustanciación o mero trámite cuando atentan contra principios de orden constitucional, aunque no estén sometidas a apelación, si el propio juez advierte que ha incurrido en este tipo de violaciones está autorizado y obligado a revocar la actuación lesiva.

(...) En efecto, razones de economía procesal; la responsabilidad, idoneidad y celeridad que debe garantizar el Estado cuando imparte justicia se imponen para permitirle al Juez revocar una decisión no sólo írrita, desde el punto de vista legal, sino también constitucional. Desde este punto de vista el Juez se encuentra legitimado para revocar su propia sentencia al ser advertido de un error que conduzca a la lesión de un derecho constitucional que agreda a una de las partes o a un tercero, pues no tiene sentido que reconociendo su propio error con el que ha causado un daño y, en consecuencia, haya transgredido normas constitucionales, provoque un perjuicio al justiciable, cuando en sus manos tiene la posibilidad en aplicación inmediata y directa de la Constitución de asegurar la integridad de dicho texto.

Sentencia de la Sala Constitucional N° 2231 del 18 de agosto de 2003, Caso: *Said José Mijova Juárez.* Consultada en: http://historico.tsj.gob.ve/decisiones/scon/agosto/2231-180803-02-1702.HTM

23 Artículo 206 CPC: Los jueces procurarán la estabilidad de los juicios, evitando o corrigiendo las faltas que puedan anular cualquier acto procesal. Esta nulidad no se declarará sino en los casos determinados por la ley, o cuando haya dejado de cumplirse en el acto alguna formalidad esencial a su validez.

sub iudice, para asegurar la integridad supremacía Constitucional en aplicación directa e inmediata de la Constitución. Como era de esperarse la Sala Constitucional no decidió la solicitud de revocatoria.

El caso se inició el 10 de junio de 2015 cuando interpusimos demanda de nulidad por inconstitucionalidad, mediante acción popular contra los artículos 173 y 195 del Decreto con Rango, Valor y Fuerza de Ley de Reforma de la Ley de Impuesto sobre la Renta publicada el 18 de noviembre de 2014 en la Gaceta Oficial Número Extraordinario 6.152, mediante el cual se excluye expresamente a las entidades financieras y de seguros del sistema de ajuste por inflación.

El 29 de octubre de 2015, consignamos escrito de ampliación de la demanda, a fin de interponer, conjuntamente con el recurso de nulidad, acción de amparo constitucional con efectos cautelares y, subsidiariamente, solicitud de medida cautelar innominada de suspensión de efectos de los artículos 173 y 195 del decreto con rango, valor y fuerza de ley de reforma de la Ley de impuesto sobre la renta, así como, la suspensión de efectos *erga omnes* de la providencia administrativa n° SNAT/2015/0021, dictada por el Superintendente del Servicio Nacional Integrado de Administración Aduanera y Tributaria, publicada en Gaceta Oficial de la República Bolivariana de Venezuela N ° 40.744 del 11 de septiembre de 2015, mediante la cual se establecen las "Normas para el ajuste contable de los contribuyentes que realicen actividades bancarías, financieras, de seguros, reaseguros excluidos del sistema de ajuste por inflación".

El 2 de febrero de 2016, consignamos escrito de ampliación de la demanda, a fin de interponer, simultáneamente al recurso de nulidad conjuntamente con amparo constitucional con efectos cautelares, contra la reforma de la Ley de Impuesto sobre la Renta publicada en la Gaceta Oficial N° 6.210 Extraordinaria, de 30 de diciembre de 2015, que amplió la exclusión del sistema de ajuste por inflación a los sujetos pasivos calificados como especiales por el SENIAT, y se reiteró la solicitud de suspensión de efectos *erga omnes* de todos los actos administrativos emanados de la Superintendencia del Servicio Nacional Integrado de Administración Aduanera y Tributaria (SENIAT), dictados o que puedan ser dictados en ejecución directa de los artículos impugnados.

Se trata de una Acción popular por inconstitucionalidad para demandar la nulidad interpuesta conjuntamente con acción de amparo cautelar y subsidiariamente solicitar la suspensión de efectos contra los artículos 171 y 193 del Decreto n° 2.163 con rango, valor y fuerza de Ley de reforma del decreto con rango, valor y fuerza de Ley de impuesto sobre la renta, publicado el 30 de diciembre de 2015 en la Gaceta Oficial n° 6.210 extraordinaria, que modifica la Ley de impuesto sobre la renta publicada en la Gaceta Oficial N° 6.152 de fecha 18 de noviembre de 2014, que por identidad de razón, similar objeto, sujetos y motivos de pretensión de nulidad por inconstitucionalidad y tutela cautelar se solicitó acumularse a la solicitud presentada ante la Sala Constitucional del Tribunal Supremo de Justicia el 10 de junio de 2015, de conformidad con los artículos 7, 19, 22, 25, 299, 334 y 336(3) de la Constitución, en concordancia con los artículos 25(3) y 128 y siguientes de la Ley Orgánica del Tribunal Supremo de Justicia de la República Bolivariana de Venezuela, y ampliada el 29 de octubre de 2015 con la interposición conjuntamente al recurso de nulidad, de acción de amparo constitucional con efectos cautelares y subsidiariamente a la suspensión de los efectos de los artículos 173 y 195 del Decreto con rango, valor y fuerza de Ley de reforma de la ley de impuesto sobre la renta, publicado el 18 de noviembre de 2014 en la Gaceta Oficial número Extraordinario 6.152. La razón de la demanda se puede sintetizar en que las normas cuya

En ningún caso se declarará la nulidad si el acto ha alcanzado el fin al cual estaba destinado.

24 Gaceta Oficial N° 4.209 Extraordinario del 18 de septiembre de 1990.

nulidad se pide *excluyen expresamente* a las entidades financieras y de seguros y a los sujetos pasivos calificados como especiales por la Administración Tributaria del sistema de ajuste integral por inflación en la determinación del Impuesto sobre la renta, lo que constituye un supuesto de patente y manifiesta inconstitucionalidad que lesiona y sacrifica innecesaria y desproporcionadamente los derechos **(i)** a contribuir conforme a su capacidad económica real y efectiva en el impuesto sobre la renta y **(ii)** a no ser discriminados por la Ley, derechos consagrados en los artículos 316 y 21 de la Constitución.

El 6 de julio de 2016, un Banco Universal (en lo sucesivo el "Banco"), solicitó la intervención adhesiva en la demanda de nulidad, que fue acordada el 02 de noviembre de 2016.

En todo momento, manifesté, como lo hizo por su parte la entidad financiera que se adhirió a la causa, el interés procesal y presencia permanente en el proceso, evidenciada por las dos ampliaciones de la demanda de nulidad que presenté, la publicación y consignación de los carteles de emplazamiento, promoción de pruebas y presentación de escrito de fundamentación, esto es, más de 36 diligencias y escritos presentados, además de las 9 actuaciones o más de la representación de los terceros adhesivos a la causa.

Sin embargo, el 16 de mayo de 2023, la Sala Constitucional declaró la pérdida del interés procesal y el abandono del trámite "toda vez que... desde el 13 de marzo de 2020 al 23 de noviembre de 2021, no hubo actuación procesal alguna tendente a impulsar la causa, situación que evidencia la ausencia de actividad procesal por más de un (1) año"

Jamás se configuró la pérdida de interés procesal alegado, ni el abandono del trámite que pudiese derivar en la extinción de la instancia ya que en ningún momento transcurrió un año de inactividad en la causa por parte de los demandantes. Además, tratándose de una acción popular por inconstitucionalidad no podía declararse la pérdida de mi interés procesal, cuando lo que está involucrado es el interés público; tuvo que haberse notificado a la Fiscalía General de la República[25], a la Defensoría del Pueblo[26] y al tercero adhesivo[27].

---

25 Artículo 285 de la Constitución: "Son atribuciones del Ministerio Público: 1. Garantizar en los procesos judiciales el respeto a los derechos y garantías constitucionales, así como a los tratados, convenios y acuerdos internacionales suscritos por la República. 2. Garantizar la celeridad y buena marcha de la administración de justicia, el juicio previo y el debido proceso".

26 Artículo 281 de la Constitución: "Son atribuciones del Defensor o Defensora del Pueblo: 1. Velar por el efectivo respeto y garantía de los derechos humanos consagrados en esta Constitución y en los tratados, convenios y acuerdos internacionales sobre derechos humanos ratificados por la República, investigando de oficio o a instancia de parte las denuncias que lleguen a su conocimiento. 2. Velar por el correcto funcionamiento de los servicios públicos, amparar y proteger los derechos e intereses legítimos, colectivos o difusos de las personas, contra las arbitrariedades, desviaciones de poder y errores cometidos en la prestación de los mismos, interponiendo cuando fuere procedente las acciones necesarias para exigir al Estado el resarcimiento a las personas de los daños y perjuicios que les sean ocasionados con motivo del funcionamiento de los servicios públicos. 3. Interponer las acciones de inconstitucionalidad, amparo, hábeas corpus, hábeas data y las demás acciones o recursos necesarios para ejercer las atribuciones señaladas en los numerales anteriores, cuando fuere procedente de conformidad con la ley. (...) 10. Formular ante los órganos correspondientes las recomendaciones y observaciones necesarias para la eficaz protección de los derechos humanos, en virtud de lo cual desarrollará mecanismos de comunicación permanente con órganos públicos o privados, nacionales e internacionales, de protección y defensa de los derechos humanos".

27 Artículo 380 del Código de Procedimiento Civil: El interviniente adhesivo tiene que aceptar la causa en el estado en que se encuentre al intervenir en la misma, y está autorizado para hacer valer todos los medios de ataque o defensa admisibles en tal estado de la causa, siempre que sus actos y declaraciones no están en oposición con los de la parte principal.

III. PROCESOS SUSPENDIDOS POR LA PANDEMIA DEL COVID-19

Todas las causas judiciales en el país estuvieron suspendidas (incluida la causa en comentarios)[28] durante el período de un año al que alude la sentencia, entre el 13 de marzo de 2020 hasta el 17 de enero de 2021 debido a la propia decisión del Tribunal Supremo de Justicia en Sala Plena de suspender los procesos por causa de las medidas sanitarias por la pandemia del COVID-19, en ejecución de los Decretos de Estado de excepción de Alarma en todo el territorio nacional. La decisión inicial fue prorrogada en seis ocasiones.

Durante el período comprendido entre el 13 de marzo de 2020 y el 30 de septiembre de 2020 no corrieron los lapsos procesales por la suspensión de actividades judiciales. Las actividades judiciales se reanudaron a partir del mes de octubre en las semanas decretadas por el Ejecutivo Nacional como flexibles[29], siendo el caso que solo hubo despacho en la Sala Constitucional por 10 días en octubre (del 5 al 9, y del 19 al 23 de octubre) y 11 días en noviembre de 2020 (del 2 al 6, del 16 al 20 y el 30 de noviembre).

En este sentido, entre el 13 de marzo de 2020 hasta el 23 de noviembre de 2021, fecha de la primera actuación de alguno de los demandantes en el expediente, únicamente transcurrieron 159 días que pudiesen considerarse computables a los efectos del transcurso del año, esto es, los 365 días para decretar la pérdida del interés procesal

Por tal motivo, el plazo desde el 13 de marzo hasta el 17 de enero de 2021 no puede computarse como parte del año de supuesta inactividad y falta de impulso procesal, que según la Sentencia daría lugar a declararse la falta de interés procesal. En ese lapso no es posible que recaigan los efectos de inejecución de actos procesales a cargo de las partes cuando es el propio juez quien suspendió *erga omnes* todos los procesos y lapsos, invocando además una causa de fuerza mayor.

Una vez superado el receso decretado por la autoridad estatal, la Sala Constitucional o su Juzgado de Sustanciación -en beneficio de la objetividad y corrección judicial y para no generar un estado de incertidumbre e indefensión- debió proceder a la debida notificación de las partes, y así reordenar el proceso. Al tratarse de una acción popular de inconstitucionalidad, es una acción de orden público que afecta no solo a las partes, por lo que debió notificarse tanto a la Fiscalía General de la Republica como a la Defensoría del Pueblo[30].

---

28 Resolución 2020-0001 de la Sala Plena del Tribunal Supremo de Justicia: PUNTO PRIMERO: Ningún Tribunal despachará desde el lunes 16 de marzo hasta el lunes 13 de abril de 2020, ambas fechas inclusive. Durante ese período permanecerán en suspenso las causas y no correrán los lapsos procesales. Ello no impide que se practiquen las actuaciones urgentes para el aseguramiento de los derechos de alguna de las partes, de conformidad con la ley. Los órganos jurisdiccionales tomarán las debidas previsiones para que no sea suspendido el servicio público de administración de justicia. Al efecto se acordará su habilitación para que se proceda al despacho de los asuntos urgentes.

29 Resolución 2020-0008 de la Sala Plena del Tribunal Supremo de Justicia: PUNTO PRIMERO: Los Tribunales de la República laboraran en la forma siguiente:

Durante la semana de flexibilización decretada por el Ejecutivo Nacional, atendiendo a las recomendaciones emitidas por la Comisión Presidencial para la Prevención, Atención y Control del COVID-19, se considerarán hábiles de lunes a viernes para todos los Tribunales de la República debiendo tramitar y sentenciar todos los asuntos nuevos y en curso.

Durante la semana de restricción decretada por el Ejecutivo Nacional, atendiendo a las recomendaciones emitidas por la Comisión Presidencial para la Prevención, Atención y Control del COVID-19, permanecerán en suspenso las causas y no correrán los lapsos; salvo para aquellas que puedan decidirse a través de los medios telemáticos, informáticos y de comunicación (TIC) disponibles.

30 "Dichos retrasos entre la fecha en la cual la Unidad de Recepción y Distribución de Documentos de las Cortes Primera y Segunda de lo Contencioso Administrativo recibió el respectivo expedien-

De modo tal que en este caso no hubo falta de interés procesal, ni abandono del trámite que pueda producir extinción de la instancia cuando los procesos y los lapsos fueron suspendidos por el Tribunal Supremo de Justicia en Sala Plena, en el lapso comprendido entre el 13 de marzo de 2020 y hasta el 17 de enero de 2021.

En efecto, mal pudo entonces declararse la pérdida del interés de la parte actora en la continuación de la causa porque los demandantes no actuaron en un proceso que estaba suspendido por el mismo Tribunal Supremo de Justicia, siendo imposible realizar acto de diligencia alguno tendente a impulsar la causa por más de un año.

IV. PRUEBAS NO EVACUADAS PERO QUE ARROJAN CONVICCIÓN

En este proceso iniciado como acción popular de inconstitucionalidad se esperaba una actuación procesal de la Sala Constitucional o de su Jugado de Sustanciación, que no impulsó ni realizó. En efecto, el *Banco* tercero adhesivo presentó pruebas de informe[31] distintas a las documentales como se lee del auto de admisión de fecha 18 de mayo de 2018 (folios 600 al 604) que admitió la Sala Constitucional en Juzgado de Sustanciación en cuanto ha lugar en

---

te y se le dio cuenta a la Corte Segunda de lo Contencioso Administrativo, aunado a que el retardo en el envío de las actuaciones por parte del tribunal de la causa a la Alzada, en virtud de su cierre temporal, originó una paralización del proceso que aparentemente ocasionó una detención o interrupción del mismo por un lapso de un año aproximadamente, en el que las partes dejaron de estar a derecho, por lo que era en principio obligatoria la notificación de las partes para la continuación del juicio tal y como lo establece el artículo 14 del Código de Procedimiento Civil, de aplicación supletoria.

(…) Bajo estas premisas, esta Sala es del criterio que en el presente caso se produjo una paralización de la causa y la falta de notificación de las partes para la continuación del juicio, por parte de la Corte Segunda de lo Contencioso Administrativo (ex artículo 14 del Código de Procedimiento Civil) en este particular caso, originó el que a la hoy solicitante se le privara de la posibilidad de fundamentar el recurso de apelación y se declarara el desistimiento del recurso interpuesto, lo que configuró sin duda, la violación de sus derechos a la defensa y al debido proceso, cuyo restablecimiento correspondía a la Corte Segunda de lo Contencioso Administrativo, la cual omitió pronunciamiento al respecto.

(…) Por lo tanto, la lesión del derecho a la defensa y al debido proceso se encuentra presente desde el momento en que no se ordenó la notificación de la parte ahora solicitante en revisión; y su situación jurídica infringida, nace a partir de todos los actos que surgen después de la falta de notificación, que debió producirse a instancia de la Corte Segunda de lo Contencioso Administrativo, una vez que se le dio cuenta a la misma mediante auto del 26 de enero de 2005, generándole indefensión e inseguridad jurídica respecto de los actos procesales subsiguientes una vez reanudada la causa."

Sentencia de la Sala Constitucional del Tribunal Supremo de Justicia N° 1309 del 29 de junio de 2006. Caso: *Estado Monagas*. Consultada en: http://historico.tsj.gob.ve/decisiones/scon/junio/1309-290606-05-1079.HTM (Ver también Sentencia de la Sala Constitucional del Tribunal Supremo de Justicia No. 1059 del 19 de mayo de 2006. Caso: *Regalitos, C.A.* Consultada en: http://historico.tsj.gob.ve/decisiones/scon/mayo/1059-190506-05-2046.HTM)

31 Ver al respecto: Meier García, Eduardo, "Proposición y límites de la prueba de atestiguamiento contable", en *Derecho Tributario y Contabilidad*, Memorias de las XIX Jornadas Venezolanas de Derecho Tributario, Tomo II, AVDT, Caracas, 2023. "Estas especiales certificaciones pueden ser promovidas como prueba libre y su mecánica de evacuación puede hacerse como la de un documento que no necesita ser ratificado por su autor para que adquiera plena eficacia probatoria. Sin embargo, nada obsta para que el interesado ofrezca la testimonial del autor para confirmar su atestación".

derecho, indicando que su evacuación se realizará sin citación previa, conforme a lo previsto en el artículo 140[32] y siguientes de la Ley Orgánica del Tribunal Supremo de Justicia[33].

Ese día el Juzgado de Sustanciación de la Sala Constitucional, de conformidad con lo establecido en el artículo 140 de la LOTSJ remitió las actuaciones a la Sala Constitucional a los fines de la continuación del procedimiento.

El 5 de febrero de 2020, prácticamente en la víspera de la declaratoria del Estado de Alarma por el COVID-19, el abogado del *Banco* consignó Informe de Atestiguamiento Independiente con resultado razonable, suscrito por contadora pública colegiada, dejando constancia que desde que se presentó el escrito de promoción de pruebas el 22 de noviembre de 2016 y su admisión por el Juzgado de Sustanciación de la Sala Constitucional, el 18 de mayo de 2018, transcurrieron 18 meses, circunstancia que obligaba a la actualización de la prueba y a su inmediata sustanciación, tal y como fue solicitado.

Pendiente como estaba de ratificar las dos (2) pruebas de Informes de Atestiguamiento Independiente promovidas en el expediente, la causa no pudo entrar en estado de sentencia, encontrándose pendiente de la fijación de la audiencia para la ratificación de la prueba de informes, que siendo una actuación imputable al Tribunal no puede derivar en abandono del trámite ni falta de interés procesal.

A pesar de que no fueron ratificadas las dos (2) pruebas de Informe de Atestiguamiento Independiente promovidas porque la Sala Constitucional o su Juzgado de Sustanciación nunca convocó la audiencia de ratificación, el contenido de los Informes gozan de eficacia probatoria porque las ***certificaciones de contador público*** contienen ***información contable*** con un propósito específico, presentar los hechos económico-financieros convertidos en ***hechos contables*** y trasladados al proceso mediante el conocimiento experto, traducido dentro de su lenguaje contable matizado por el lenguaje jurídico-probatorio.

Los ***Informes de Atestiguamiento contable***, o ***Informes de Aseguramiento*** distintos de auditorías o revisiones de información financiera, que se producen conforme a las "Normas de Referencia" previstas en la "NITA 3000" y a la "NISR 4400," son documentos privados auténticos que constituyen ***Certificados de contador público*** emanados de contadores públicos colegiados que se expide de conformidad con las facultades fedatarias y certificatorias que le otorgan los artículos 8 y 7.a de la Ley de Ejercicio de la Contaduría Pública. El ***Informe de atestiguamiento*** debe incluir la descripción de los hallazgos obtenidos, con suficiente nivel de detalle, así como los errores o las excepciones encontradas. Los procedimientos aplicados no constituyen una auditoría, ni una revisión y que, por lo tanto, no se expresará ningún grado de seguridad.

Esta ***certificación de contador público*** constituye un documento privado auténtico, que gozan de una presunción de autoría y contenido atacables mediante prueba en contrario y no

---

32 Artículo 140 LOTSJ: Dentro de los cinco días de despacho siguientes al vencimiento del lapso que se indicó en el artículo anterior, el Juzgado de Sustanciación providenciará los escritos de prueba; admitirá las que sean legales y procedentes y desechará las que aparezcan manifiestamente ilegales o impertinentes. En el mismo auto, el Tribunal ordenará que se omita toda declaración o prueba sobre aquellos hechos que aparezcan claramente como no controvertidos entre las partes.

En esa oportunidad se fijará la audiencia pública y se remitirá el expediente a la Sala.

En caso de que ninguno de los intervinientes promueva pruebas distintas a las documentales, la causa entrará en estado de sentencia y el Juzgado de Sustanciación remitirá el expediente a la Sala, para que decida en un plazo de veinte días de despacho. Queda a salvo la facultad de la Sala Constitucional de fijar audiencia si lo estima pertinente.

33 Gaceta Oficial N° 6.684 Extraordinario del 19 de enero de 2022.

por tacha de falsedad, y tiene el valor probatorio de un ***indicio necesario.*** El ***Certificado de contador público*** sólo tiene virtualidad en la aclaración de cuestiones técnicas contables, jamás en asuntos jurídicos. No necesita ser ratificado por su autor en un procedimiento administrativo o proceso judicial para que adquiera plena eficacia probatoria[34].

V. EL DERECHO DE LOS JUECES: FALACIAS DE AUTORIDAD

La doctrina señala que «*algo está "bajo control", cuando se conocen y aseguran las claves de su funcionamiento, cuando se tiene capacidad de respuesta para circunstancias en principio no previstas o para consecuencias no queridas..., cuando, en definitiva, se tiene poder para evitar el descontrol, el caos, la desorganización...*»[35] Se pude decir, partiendo de estas premisas, que el Derecho en nuestro país está fuera de control, porque nadie puede determinar a ciencia cierta cuál es el derecho vigente, no se pude asegurar cuál es su organización, su estructura normativa, porque lejos de regular, prever y organizar, el Derecho se ha convertido en fuente de descontrol, de caos y de desorganización

Es el caso de la ausencia del *fiel de la balanza*, del guardián de la Constitución que debe ser el guardián del constitucionalismo, de la supremacía constitucional que siempre y en todo caso es supremacía de los derechos. No referimos a la ausencia de un Tribunal Supremo de Justicia que, con sus elucubraciones ramplonas y peregrinas, sus insólitos *obiter dicta* acomodaticios a los intereses político-partidistas, y sus extravagantes arrogaciones de poderes incluso constituyentes, no ha hecho otra cosa que abonar el camino para una permanente denegación de justicia, una impunidad crónica y nuevas violaciones a los derechos humanos. Un poder judicial que desde su máxima instancia actúa más, en sentido negativo como señores o dueños del derecho,[36] que como "supremo guardián de la Constitución".[37]

Esta perspectiva empeora por la inexistencia de un poder judicial autónomo e independiente, sin duda uno de los grandes responsables de la transformación de la democracia en Venezuela en una suerte de fantasmagórica, frágil e inestable representación del Estado de Derecho, sin titubeo un Estado fallido o frágil, inestable, que siente un desprecio superlativo por los derechos humanos, por su inderogabilidad, inviolabilidad e internacionalización, en fin, por todo aquello que, como los derechos y garantías, pretenda limitar "*so pretexto de valideces universales, la soberanía y la autodeterminación nacional*" (Sala Constitucional/TSJ -*dixit*).

Por tal motivo, no se puede apelar a la autoridad de una sentencia de la Sala Constitucional, ni de las otras Salas del Tribunal Supremo de Justicia, porque con su mención se incurre, en la mayoría de los casos, en falacia de autoridad o argumento *ad verecundiam,* porque la autoridad a quien se apela no lo es en realidad, tanto por falta de legitimidad de origen como por ausencia de legitimidad de desempeño; además, las razones que impone la Sala Constitucional del Tribunal Supremo de Justicia normalmente y muy especialmente en este caso, no persuaden ni consiguen suscitar el consenso en la legitimidad de su propia obra, o en las enseñanzas que las motivaciones y los razonamientos desarrollados en una sentencia prudente y apreciada pueden darnos[38], y además en la mayoría de la ocasiones -y esta no es la

---

34 Meier García, Eduardo, "Proposición y límites de la prueba de atestiguamiento contable"..., Caracas, 2023, p. 587.

35 Díaz, Elías, *Curso de Filosofía del Derecho,* Madrid, Marcial Pons, 1998, p. 132.

36 Zagrebelsky, Gustavo. *El derecho dúctil*, Editorial Trotta, Madrid, 1997, p. 153.

37 Leibholz, G. *Problemas fundamentales de la democracia moderna*, Instituto de Estudios Políticos, Madrid, 1971, p. 147-148.

38 Lucas Verdú, Pablo, *La Constitución abierta y sus "enemigos"*, Ediciones Beramar- Universidad Complutense de Madrid, Madrid, 1993, p. 82.

excepción- los fundamentos jurídicos de sus sentencias han sido claramente superados por otros argumentos.

Sin embargo, la Sala Constitucional ha establecido que la presunción de pérdida del interés procesal puede darse en dos casos de inactividad: (i) antes de la admisión de la demanda o (ii) después de que la causa ha entrado en estado de sentencia. En el resto de los casos, es decir, entre la admisión y la oportunidad en que se dice "vistos" y comienza el lapso de decisión de la causa, la inactividad produce la perención de la instancia.[39]

En consecuencia, no debió declararse la pérdida del interés procesal porque no hubo abandono del trámite, ya que (i) la causa no entró en estado de sentencia, y por lo tanto (ii) no se verificó la inactividad de la parte actora o la falta de impulso procesal de la misma por más de un año. Al contrario, se tenía la expectativa plausible y la confianza legítima de que se ordenara la sustanciación de las pruebas de informes, una actividad procesal que solo le compete impulsar a la Sala Constitucional o a su Juzgado de Sustanciación, cosa que nunca ocurrió.

VI. DE CÓMO CONVENCIMOS PERO NO VENCIMOS

Lo cierto es que si la autoridad no se apoya en la razón, sino en la voluntad o la fuerza, en los poderes salvajes, pierde juridicidad, deja de ser legítima.

En el proceso se produjo de forma legal, conducente y pertinente la ***prueba del daño patrimonial.*** En efecto, el 18 de marzo de 2018 el Juzgado de Sustanciación de la Sala Constitucional dictó auto de admisión de pruebas en el que el *Banco* presentó "Informe sobre procedimientos convenidos relativos a la información financiera", al 16 de noviembre de 2016, que luego ratificó y amplió con un "Informe de atestiguamiento independiente con seguridad razonable", probando que para 2015, 2016 y 2017, dicha exclusión normativa del ajuste integral por inflación representa un exponencial efecto creciente sobre los resultados del período y sobre el patrimonio del *Banco* que está sufriendo graves perjuicios patrimoniales y se prevé que ello empeore como consecuencia de la inflación crónica reportada por el Banco Central de Venezuela conforme al Índice Nacional de Precios, publicados a septiembre de 2019.

Un trabajo de atestiguamiento implica llevar a cabo procedimientos para obtener evidencia acerca de la razonabilidad de la información y las aseveraciones emitidas por la gerencia del *Banco* sobre dicho efecto. Los procedimientos seleccionados dependen del criterio y juicio profesional del contador público, que incluye evaluar los riesgos de errores significativos en la preparación y presentación de los cálculos que respalden el efecto de las mencionadas reformas. Al realizar esa evaluación, se consideró el control interno relevante, con el propósito de diseñar procedimientos de atestiguamiento que sean apropiados en las circunstancias, pero no con el propósito de expresar una conclusión sobre la efectividad del control interno del *Banco*. La seguridad razonable es menos que la absoluta.

En este proceso se confirmó la información y opiniones expresadas en el curso del trabajo de atestiguamiento sobre el efecto que tienen las Reformas de la Ley de Impuesto sobre la Renta publicadas en Gaceta Oficial N° 6.152 el 18 de noviembre de 2014 Artículo 173 y en Gaceta Oficial N° 6.210 el 30 de diciembre de 2015 Artículo 171, respectivamente, en la determinación de la renta gravable, el gasto de impuesto sobre la renta y sobre el patrimonio del *Banco*, por los años fiscales finalizados el 31 de diciembre de 2015, 2016 y 2017, períodos en los cuales de conformidad con dichas reformas se establece que los contribuyentes que

---

[39] Sentencia Sala Constitucional del Tribunal Supremo de Justicia N° 2.673 del 14 de diciembre de 2001. Caso: *DHL Fletes Aéreos, C.A.* Consultada en: http://historico.tsj.gob.ve/decisiones/scon/diciembre/2673-141201-01-2782.HTM

realicen actividades bancarías, financieras, de seguros y reaseguros y los sujetos pasivos calificados como especiales por la Administración Aduanera y Tributaria, quedarán excluidos del sistema de ajuste por inflación previsto en Capitulo II del Título IX de dichos decretos.

Así las cosas, el efecto de las reformas determinado por el *Banco* está presentado razonablemente, en todos los aspectos importantes, y con base a los resultados en el Informe se concluye:

> "*La exclusión del Banco del sistema de ajuste por inflación, es el principal efecto que ha generado las mencionadas reformas de la ley, debido a que, al incluir el efecto del API fiscal en la determinación de la renta gravable territorial para cada uno de los mencionados años, el Banco hubiese declarado pérdidas fiscales territoriales y por ende no hubiese generado gasto de impuesto sobre la renta para dichos períodos, salvo que se obtuviera renta extraterritorial como fue en el caso del período 2015.*
>
> *El impacto del gasto de impuesto sobre la renta para los años finalizados en 2015, 2016 y 2017 representan un exponencial efecto creciente sobre los resultados del período y sobre el patrimonio de Banco, conforme se presenta en los puntos 5 y 6 del trabajo realizado".*

De esta forma se promovió y condujo legal y tempestivamente a este proceso constitucional por ante la Sala Constitucional del Tribunal Supremo de Justicia la prueba de que los artículos 173 y 195 de la LISR (hoy artículos 171 y 193 de la LISR de 2015), afectan los derechos e intereses no solo del *Banco*, sino de cualquier otro sujeto que, en su condición de institución bancaria, de seguro y reaseguro o sujeto pasivo calificado como contribuyente especial por la Administración Tributaria, al excluirse el efecto del Ajuste por Inflación en la determinación de la renta gravable territorial.

Así mismo, en el expediente cursa ***prueba de la inflación***, si es que fuere necesario probar este hecho público, notorio y comunicacional, que además forma parte del conocimiento privado del juez. Si no fuere el caso de dispensa de prueba se presentaron cifras del Banco Central de Venezuela que evidencian la inflación crónica desde 2015. La inflación venezolana para 2014 fue de 68,5%, al 2015 de 180,9%, al 2016 fue de 274,4%, al 2107, al 2018 fue de 130.060%, para 2019 de 9.585,5, para 2020 de 2.959,8%, para 2021 fue 686,4% para 2022 234,1% y para 2023 fue 189,8%. Para mediados de 2021 llevábamos 45 meses de un ciclo hiperinflacionario, con alzas de precios mensuales superiores al 50%, con picos de inflación mensuales de 127,7 % (2018) y 196,8% (2019). Según el Fondo Monetario Internacional (FMI), al cierre del 2021 Venezuela había perdido el 83,5% de su PIB.

Se hace más ***injusta*** la eliminación de la corrección monetaria, al considerar que la medida de exclusión, se toma en momentos en que la economía venezolana, luego de varios años de inflación persistente[40] o inercial, independientemente de la situación macroeconómica[41], califica

---

40 "La inflación se asocia con los movimientos permanentes o más persistentes de los índices de precios, que son los relevantes, mientras que los cambios en los precios relativos dan lugar a movimientos transitorios de precios particularmente oscilantes". Virginia Cartaya y Zany Fermín "Determinación del núcleo inflacionista e inflación subyacente a través de una desagregación del IPC", *en Estudio sobre la Inflación en Venezuela,* José Guerra (comp.), Banco Central de Venezuela, Caracas, 1992, p. 131. Consultado en: http://www.bcv.org.ve/Upoad/Publicaciones/ estudioinflacion.pdf

41 "La inflación en Venezuela presenta un considerable grado de persistencia. Una fuente menos explorada y más compleja de persistencia inflacionaria está relacionada con la falta de credibilidad en la política económica. Al anunciarse una política de estabilización en un contexto de baja credibilidad, los agentes económicos actúan como si las autoridades fuesen a incumplir con la política acordada y, en consecuencia, anticiparán gastos para deshacerse de los saldos monetarios y de esa forma evitar el impuesto inflacionario. Como resultado, la inflación persistirá no obstante el anuncio de estabilizar". "Credibilidad y persistencia de la Inflación en Venezuela" *en: Serie de Docu-*

como una inflación crónica sobre la barrera de dos (2) dígitos, lo cual implica que la inflación no solo tiende a perpetuarse sino a agravarse, incluso hay quienes estiman que la inflación proyectada para los próximos años alcanzará niveles patológicos de tres (3) dígitos, circunstancia que además no será objeto de prueba por ser la inflación reconocida por el Banco Central de Venezuela un hecho notorio[42], muy probablemente el hecho público por antonomasia, que se evidencia ***per** se,* y no exige actividad probatoria, de acuerdo con el artículo 506 del Código de Procedimiento Civil.

Si hubiere entrado al fondo de la acción popular por inconstitucionalidad no podía alegar la Sala Constitucional, como lo hizo la Sala Accidental de la Sala Constitucional del Tribunal Supremo de Justicia, en el fallo del caso Cervecería Polar del Centro, C.A., de 28 de diciembre de 2006 que "...la denuncia formulada por las recurrentes relativa a la violación de su derecho a la propiedad, a la libertad de dedicarse a la actividad lucrativa de su preferencia y a la prohibición de confiscación, en virtud de la multa impuesta, resulta improcedente, porque ...no fueron aportadas a los autos las pruebas necesarias tendentes a demostrar a esta Sala que el pago de la multa impuesta por concepto de Patente de Industria y Comercio, pudiera ocasionar una disminución de tal magnitud en el patrimonio de las recurrentes que se vea comprometida su liquidez y estado financiero".

Al contrario, las pruebas presentadas por la representación judicial del Banco en este proceso constitucional son legales, conducentes, pertinentes y tempestivas. Son prueba irrefutable y no mera alegación retórica de que la exclusión normativa en referencia contraría la doctrina constitucional o jurisprudencia normativa de esta Sala Construccional. Asimismo, no es congruente con los principios fundamentales de justicia tributaria[43], lesionando ostensiblemente los derechos de las instituciones bancarías y demás sujetos pasivos calificados

---

mentos de Trabajo No 11, Gerencia de Investigaciones Económicas, Banco Central de Venezuela, Caracas, Versión julio de 1997, pp. 11 y 24. Consultado en: http://www.bcv.org.ve/Upicad/Publicaciones/docu11.pdf

42 Como lo ha precisado esta Sala Constitucional "Reconocido oficialmente por los órganos competentes y autónomos del Estado (Banco Central de Venezuela), la situación inflacionaria, aunado a que el fenómeno lo sufre toda la población, éste se convierte en un hecho notorio" y " ... no toda inflación desestabiliza económicamente y atenta contra el valor del dinero, siendo necesario –y ello a criterio del juez- que se concrete un daño económico, un deterioro del dinero, lo que puede ocurrir cuando el índice inflacionario supera el cinco por ciento (5%) anual" .Sentencia de la Sala Constitucional del Tribunal Supremo de Justicia, N° 576 de 20 de marzo de 2006, caso: *Teodoro de Jesús Colasante Segovia,* Exp. 05-2216, consultada en http://historico.tsj.gob.ve/decisiones/scon/marzo/576-200306-05-2216. HTM

43 Hemos señalado que el principio de capacidad contributiva como los otros principios que rigen y regulan la tributación se traducen en derechos (en situaciones subjetivas jurídicamente protegidas), conferidos por una Constitución rígida que incorpora a su vez una *moral justificada* que trasciende a su dimensión autoritativa, cuyo carácter normativo (*norma suprema y fundamento del ordenamiento jurídico*), sujeta a todas las personas y los órganos que ejercen el Poder Público (Artículo 7 constitucional). Además, en el plano normativo constitucional venezolano, más allá de la *supremacía constitucional* opera una especie de *supremacía de los derechos* que prescribe no coartar el ejercicio de los derechos y libertades, ni limitarlos al supremo intérprete de la Constitución o al contenido constitucionalmente declarado. Estos derechos **(i)** son extensibles a las personas jurídicas; **(ii)** sobre ellos son predicables los elementos de la dogmática jurídica; **(iii)** dotan de fundamento a otras normas por vía lógico-deductiva y **(iv)** establecen objetivos y fines respeto a esas normas;**(v)** en ningún caso admiten que sus disposiciones de desarrollo rebajen el contenido constitucionalmente declarado, de lo que se colige **(vi)** una evidente e inderogable preferencia por la norma más favorable a la persona. Ver: Meier García, Eduardo, "Constitución fachada: a propósito de la tributación selectiva en el ISR", En: *El Impuesto sobre la renta. Aspectos de una necesaria reforma, XVII Jornadas Venezolanas de Derecho Tributario*, Asociación Venezolana de Derecho Tributario, Caracas, 2017, p. 181-182.

ilegal e inconstitucionalmente por la Administración Tributaria como "sujetos pasivos especiales" (i) ***a contribuir conforme a la capacidad económica real y efectiva*** al impuesto sobre la renta, libre de las distorsiones inflacionarias; y (ii) ***a la igualdad ante la Ley***, por crear una situación ***discriminatoria*** al impedir sin razón objetiva, sin justificación fáctico-racional alguna, la corrección monetaria de la base imponible correspondiente, manteniendo la norma incólume para todos los demás contribuyentes del impuesto sobre la renta que realicen actividades mercantiles o que lleven contabilidad, que podrán seguir concretando su auténtica capacidad contributiva al realizar la corrección monetaria de la base imponible y protegerse de la hiperinflación y su erosión monetaria, evitando las consabidas deformaciones y efectos nefastos sobre el giro normal de sus negocios y preservando así la solidez de dicha actividad.

Enfatizando sobre las violaciones de derechos y garantías institucionales, no es difícil percibir el quebrantamiento del derecho de la población venezolana a disfrutar de los servicios bancarios, que es también un derecho a disponer de esos servicios de calidad en condiciones equitativas y de prestación regular y efectiva (artículos 2[44] de la Ley de Instituciones del Sector Bancario y 117[45] de la Constitución), como derecho de naturaleza colectiva, conectado con el interés general que reviste las actividades de intermediación bancaria, es un derecho cuyo titular (la población venezolana) debe, en consecuencia, ser asegurada en el disfrute de los servicios bancarios.

En ese sentido, los órganos del Estado y en especial los jurisdiccionales, deben evitar se produzcan situación jurídicas y fácticas y en su caso remover cualquier obstáculo de cualquier naturaleza, incluso y especialmente legal, que impida la continuidad, regularidad y solvencia en la prestación del servicio bancario.

Sin duda alguna, la necesidad de tutelar los derechos de los usuarios del sistema financiero, justifica la existencia de la propia regulación bancaria como una actividad prestacional, como lo puso de relieve esa Sala Constitucional en el fallo N° 1107/2008 (caso: *CORPBANCA*), en el cual, con motivo de la actividad financiera, expresó lo siguiente:

> "*Bajo ese principio de justicia social en el desarrollo de una actividad económica, como la bancaria o financiera, no sólo* ***se garantiza la tutela de los derechos*** *de los titulares de la actividad económica sino* ***de los usuarios*** *del mismo, ya que dentro de los fines de ese régimen estatutario de derecho público, se propende a que las entidades sometidas a la Ley General*

44 Artículo 2 LISB: "El objeto principal de este Decreto con Rango, Valor y Fuerza de Ley, consiste en garantizar el funcionamiento de un sector bancario sólido, transparente, confiable y sustentable, que contribuya al desarrollo económico-social nacional, que proteja el derecho a la población venezolana a disfrutar de los servicios bancarios, y que establezca los canales de participación ciudadana; en el marco de la cooperación de las instituciones bancarías y en observancia a los procesos de transformación socio económicos que promueve la República Bolivariana de Venezuela". *Gaceta Oficial* N° 6.154 Extraordinario del 19 de noviembre de 2014

45 **Artículo 117.** Todas las personas tendrán derecho a disponer de bienes y servicios de calidad, así como a una información adecuada y no engañosa sobre el contenido y características de los productos y servicios que consumen, a la libertad de elección y a un trato equitativo y digno. La ley establecerá los mecanismos necesarios para garantizar esos derechos, las normas de control de calidad y cantidad de bienes y servicios, los procedimientos de defensa del público consumidor, el resarcimiento de los daños ocasionados y las sanciones correspondientes por la violación de estos derechos.

de Bancos y Otras Instituciones Financieras, posean una condición financiera y estructural suficiente para responder a las eventuales exigencias de los usuarios"[46]. (Destacado Nuestro)

El anterior criterio ha sido reiterado por esa Sala en el fallo N° 825 de fecha 6 de mayo de 2004 (caso: *Banco del Caribe, C.A.*), en los siguientes términos:

> "...lo cierto es que dicha actividad [se refiere a la bancaria] sí está vinculada con la preservación de un interés general como es la transparencia, estabilidad, seguridad, eficiencia, solvencia y licitud de las operaciones efectuadas en el ámbito de la intermediación financiera y de la cual depende el disfrute efectivo, real, de derechos o intereses individuales y colectivos de la población, **y es por tal razón que el Estado tiene la obligación constitucional de ejercer una serie de controles en el ámbito donde tiene lugar la mencionada actividad de intermediación, a través de la legislación y de la actividad administrativa de la autoridad competente, que permitan constatar el cumplimiento de las obligaciones que tanto la Constitución como el bloque de la legalidad imponen a los agentes del sector,** así como el respeto de los derechos subjetivos de los usuarios de los servicios privados que prestan las instituciones bancarías y financieras, pero de cuya eficiente y justa prestación depende, se insiste, la satisfacción de derechos e intereses individuales y colectivos, lo cual, en definitiva, es el objetivo al que debe dirigirse la regulación y la actuación de la Administración.". (subrayado nuestro)[47]

La Sala Constitucional en Sentencia N° 1178 de fecha 13 de agosto de 2009 (Caso: Alfredo Travieso Passios), se ha hecho eco de los fallos citados, ahondando adicionalmente la importancia de la *"...eficiencia que debe caracterizar las labores que presta la banca pública y privada en Venezuela"*, en los términos siguientes:

> "El precedente jurisprudencial citado se compadece con las normas orientadoras para el desarrollo del sistema socioeconómico y la función del Estado en la Economía que estipula el artículo 299 de la Constitución de la República Bolivariana de Venezuela (…) la función social que el Texto Fundamental le asigna a todas las actividades económicas, dentro de la cual se incardina la intermediación financiera que adelantan los bancos, entidades de ahorro y préstamo y demás entes financieros; por lo que resulta esencial el rol del Estado como agente regulador y garante de la transparencia, equilibrio y eficiencia que debe caracterizar las labores que presta la banca pública y privada en Venezuela".[48]

A efectos prácticos del caso bajo análisis, resulta importante destacar la preocupación genuina de la Sala Constitucional en el fallo citado (Sentencia N° 1178) sobre la precaución necesaria en evitar situaciones que puedan conducir a problemas de iliquidez e insolvencia bancaria, a fin de evitar daños y perjuicios a los depositantes.

En este caso, la precaución necesaria en evitar situaciones que puedan conducir a problemas de iliquidez e insolvencia bancaria se inscribe en la necesidad de tutelar un interés público, que obliga a que el servicio público bancario sea prestado *"de una manera que efectivamente llene las necesidades que se tienen que alcanzar, y que la administración pública*

---

46 Sentencia de la Sala Constitucional del Tribunal Supremo de Justicia N° 1107 del 10 de julio de 2008, caso: caso: ***Luis Ernesto Torres y Rafael Vargas o CORPBANCA***, consultada en http://historico.tsj.gob.ve/decisiones/scon/julio/1107-100708-07-1601.HTM

47 Sentencia de la Sala Constitucional del Tribunal Supremo de Justicia N° 825 de fecha 6 de mayo de 2004 (caso: ***Banco del Caribe, C.A.***) http://historico.tsj.gob.ve/decisiones/scon/mayo/825-060504-02-1657%20.HTM

48 Sentencia de la Sala Constitucional del Tribunal Supremo de Justicia N° 1178 de fecha 13 de agosto de 2009 (Caso: ***Alfredo Travieso Passios***), consultada en: http://historico.tsj.gob.ve/decisiones/scon/agosto/1178-13809-2009-02-1347.HTML

deba contar y poder ejercer todos los medios, expresos o implícitos, necesarios para asegurar que se obtenga aquel resultado"[49].

Resulta evidente, que el derecho de la población venezolana a disfrutar de los servicios bancarios, se fundamenta en razones de interés público y de bienestar general y, además de tutelar los derechos de cada uno de los usuarios del servicio bancario, pretende garantizar la solidez, la integridad, la regularidad y la solvencia en la gestión del servicio público bancario, en el entendido que su continuidad e ininterrupción incide directamente en la buena marcha de la economía, en el desarrollo armónico de la economía nacional (...) garantizando la seguridad jurídica, solidez, dinamismo, sustentabilidad, permanencia y equidad del crecimiento de la economía..." (Artículo 299 de la Constitución), todo lo cual puede verse severamente comprometido al afectarse el patrimonio de las instituciones bancarías como consecuencia de la exclusión del ajuste integral de la LISLR.

En el caso particular de las entidades financieras, se argumentó además que son contribuyentes de la República (importación, valor agregado, renta, donaciones), los Estados (timbre fiscal) y Municipios (actividades económicas, inmobiliario urbano, publicidad comercial) según su capacidad contributiva definida legalmente en cada ramo tributario y en igualdad de condiciones respecto de otros contribuyentes para esos mismos tributos. También son contribuyentes de tributos parafiscales que dan cobertura a entes sectoriales que atienden importantes intereses públicos específicos como el seguro social (SSO), vivienda y hábitat (LOVH), cooperación educativa (INCES), ciencia tecnología e innovación (LOCTI), drogas (LOD), entre otros. Incluso son contribuyentes de tributos específicos y exclusivos a su actividad como los que regula y exige la Ley de instituciones del Sector Bancario, en su artículo 168 para cubrir los gastos de la supervisión de la Superintendencia de las Instituciones del Sector Bancario, (ii) la regulada en el artículo 46, como contribución de comunas y la (iii) regulada en el artículo 121, para el Fondo de Protección Social de Depósitos Bancarios.

Es el caso que conjuntamente con el impuesto oculto de la inflación, el crédito o financiamiento bancario está restringido por la política de encaje legal impuesta por el Banco Central de Venezuela que en un momento alcanzó el monto del 100% de los depósitos y otras obligaciones adquiridas que las instituciones bancarías deben mantener como reservas obligatorias en el Banco Central, a la cual fue sometida la banca con más ferocidad desde febrero de 2019[50].

Como consecuencia de estas restricciones de orden monetario, fiscal y legal la banca en su conjunto ha sufrido una contracción determinable en su actividad de intermediación. La economía venezolana acumuló cinco años consecutivos en recesión y la contracción del crédito amenaza con profundizar el descenso de la producción. El mercado crediticio bancario es inexistente. En Venezuela no se otorgan créditos de consumo a los ciudadanos que podrían paliar las consecuencias de la pérdida del ingreso producto de la hiperinflación. Cuando además los niveles de pobreza en Venezuela se comparan con los países más pobres del Mundo y que tienen mayor inestabilidad política. Se estima la *pobreza de ingresos* en un 96% y en 54 % la *pobreza reciente*. Mientras que la *pobreza crónica* alcanza una cifra alarmante de 41%. Se estima el ingreso promedio diario en 0,72US$. De allí que 79,3% de los

---

49 Escola, Héctor, ***El interés público, como fundamento del derecho administrativo***, Ediciones Depalma, Buenos Aires, 1989, p. 118.

50 El BCV puso en pie la Resolución N° 19-04-02 "Normas que regirán la constitución de encaje" publicada en la *Gaceta Oficial* No 41.620 de 25 de abril de 2019, cuya aplicación se acordó por el Directorio del BCV a partir del 06 de mayo de 2019.

venezolanos no tienen como cubrir la canasta de alimentos y el aumento de la pobreza se debió al deterioro de los ingresos y el empeoramiento del empleo.[51]

En el país tampoco existe una oferta crediticia para la reactivación comercial e industrial. Algunos bancos tienen desde el 2015 que no distribuyen utilidades entre sus accionistas.

La Sala Constitucional tuvo que haberse pronunciado sobre las pruebas promovidas y dictar una sentencia de fondo, antes de declarar ilegítimamente en este caso la pérdida del interés procesal con el consecuente abandono del trámite de la demanda de nulidad interpuesta, por lo que incurrió en una clara denegación de justicia.

Incluso, de la jurisprudencia constitucional comparada se extrae un caso paradigmático que, por identidad de razón, sirve para comprender los perjuicios directos e indirectos de preterir el ***ajuste Integral por Inflación*** de la LISR a cualquier contribuyente y a *fortiori,* a un sector como el de las instituciones bancarías tan sensible al envilecimiento monetario, cuya caída generaría –como en el caso *infra* citado- un efecto cascada sobre toda la economía, una perturbación económica, social y política sobre la vida nacional. Se trata del precedente contenido en la Sentencia de la Corte Suprema de la Nación Argentina en el caso: "Candy S.A. c/ AFIP y otros/ acción de amparo" C. 866. XLII de 3 de julio de 2009, donde, por cierto, recuerda el máximo tribunal del país austral, que la falta de eficacia probatoria no es suficiente para desvirtuar la pretensión de demostrar el resultado lesivo de no realizar el ajuste por inflación, en el sentido siguiente:

> "*13) Que en orden a ello, cabe destacar que en el caso, el Tribunal tiene especialmente en consideración que se trata de un ejercicio –el correspondiente al año 2002- signado por un grave estado de perturbación económica, social y política que dio lugar a una de las crisis más graves de la historia contemporánea de nuestro país, que fue reconocido por el Tribunal en oportunidad de pronunciarse en Fallos: 328:690, 329:5913 y 330:855. Esta situación trajo aparejados importantes cambios económicos que se tradujeron, entre otros aspectos, en el abandono de la ley de convertibilidad y la consecuente variación en el poder adquisitivo de la moneda. Asimismo, la crisis se vio reflejada en los índices de precios, tanto a nivel mayorista como a consumidor final, cuyos porcentajes acumulados en ese año ascendieron a un 117,96 % y 40,9%, respectivamente (confr. Cifras oficiales publicadas por el Instituto Nacional de Estadísticas y Censos)* .
>
> *14) Que como ya se ha señalado, sí bien el mero cotejo entre la liquidación de la ganancia neta sujeta al tributo efectuada sin el ajuste por inflación, y el importe que resulta de aplicar a tal fin el referido mecanismo no es apto para acreditar una afectación al derecho de propiedad (confr. causa citada "Santiago Dugan Trocello" citado), ello no debe entenderse como excluyente de la posibilidad de que se configure un supuesto de confiscatoriedad si entre una y otra suma se presenta una desproporción de magnitud tal que permita extraer razonablemente la conclusión de que la ganancia neta determinada según las normas vigentes no es adecuadamente representativa de la renta, enriquecimiento o beneficio que la ley del impuesto a las ganancias pretende gravar.*
>
> *15) Que de acuerdo con dichas pautas, y en virtud de las conclusiones arribadas en los considerandos 81 y 91 del presente decisorio, cabe concluir que la prohibición de utilizar el mecanismo de ajuste del Título VI de la ley del impuesto a las ganancias resulta inaplicable al caso de autos en la medida en que la alícuota efectiva a ingresar de acuerdo con esos pará-*

51 Encuesta Nacional de Condiciones de Vida (ENCOVI) 2019-2020. Encuesta Nacional de Condiciones de Vida (ENCOVI) 2019-2020, realizada por un grupo de investig*adores de la UCAB, la UCV y la USB, en torno a la necesidad de contar en el país con información pertinente y oportuna para conocer la situación social de la población venezolana, consultada en* https://www.proyectoencovi.com/.

metros insume una sustancial porción de las rentas obtenidas por el actor -según cabe tener por acreditado con la pericia contable- y excede cualquier límite razonable de imposición[52].

Como lo sostiene Tarsitano[53] en oportunidad de analizar el fallo “Candy”, la tesis del Cimero Tribunal “es que ha sido el legislador quien prohibió la vigencia del ajuste por inflación impositivo. Esta decisión de política legislativa queda fuera del juzgamiento del Poder Judicial, salvo afectación de garantías constitucionales”, tal como podría suceder en un supuesto de confiscatoriedad del impuesto pagado, a partir de la prohibición de aplicar el mentado ajuste. Asimismo, este autor concluye que “el principio de no confiscatoriedad es un techo; la capacidad contributiva es un piso sobre el que se construye el tributo”, optando la Corte Suprema por fundar su decisión en la acreditación de la confiscatoriedad. Se sucedieron varios fallos de la Corte Suprema a favor de los contribuyentes remitiendo a la inveterada doctrina sentada en “Candy”, siempre en referencia a la documentación aportada y particularmente al peritaje contable producido. El peritaje contable se transformó en un elemento indispensable para el progreso de las acciones de inconstitucionalidad (CS, “Sol de Mayo S.A.”, S.260 XLIII 19/V/2010 del). No obstante, aun cuando se haya producido el peritaje contable, éste podría presentar falencias que lo tornen insuficiente, según la Corte Suprema.

---

52 Este criterio ha sido reiterado por la Corte Suprema de la Nación, República Argentina en 153 decisiones, correspondientes a los años 2010, 2011, 2012, 2013. 2014. 2015. desde los casos más antiguos: FLEXIPRIN S.A. c/ A.F.I.P. V OTRO s/ACCIÓN DE AMPARO, 27/04/2010; ALICA S.A. c/ A.F.I.P. V OTRO s/ACCION DE AMPARO, 27/04/2010; OLIVA ALFREDO c/ E.N.A. - A.F.I.P. s/ACCIÓN DECLARATIVA DE CERTEZA, 04/05/2010; SUCESORES DE ARTURO ENRIQUE GARCÍA c/ ENA V AFIP s/ACCIÓN DECLARATIVA DE CERTEZA, 04/05/2010; SANCHEZ SH e/ AFIP s/ACCIÓN MERE DECLARATIVA- MED. CAUTELAR, 04/05/2010; ARROCAVASA e/ A.F.I.P.- D.G.I. s/ORDINARIO, 04/05/2010; hasta los más recientes: PEMP FRANCISCO JOSÉ c/ ESTADO NACIONAL VAFIP s/VARIOS, 29/04/2015; LUIS SOLIMENO E HIJOS SA c/ AFIP-DGI s/AMPARO LEY 16.986, 17/03/2015; Natufarma SA c/ AFIP-DGI s/contencioso administrativo - varios, 24/02/2015; Londero, Aldo Ramón y otroc/ Administración Federal de Ingresos Públicos s/acción declarativa de certeza, 24/02/2015; IBM Argentina SA c/ EN - AFIP - DGI - resol 8/09 (GC) y otros s/dirección general impositiva, 19/02/2015; Alubia S.A. c/A.F.I.P. -DIRECCIÓN GENERAL IMPOSITIVA s/repetición, 04/11/2014; Distribuidora de Gas del Centro SA c/ESTADO NACIONAL - AFIP V OTRO s/acción declarativa de certeza; 14/10/2014; Hotel Edelweiss S.A. y otro c/Adm. Federal de Ingresos Públicos (DGI) s/ordinario, 23/09/2014. Ver: http://www.csjn.gov.ar

Además, este criterio ha sido aplicado, atendiendo a los principios de Igualdad y de razonabilidad, a Instituciones bancarías y financieras. (PSA Finance Argentina Compañia Financiera SA c/ EN-AFIP DGl-resol413/08 s/dirección general impositiva, 24/06/2014) en el que la Corte argentina remite al precedente “Candy” (Fallos:332:1571), en el que se dejó sin efecto la declaración de inconstitucionalidad del art. 39 de la ley 24.073, 4e de la ley 25.561 y se del decreto 214/02, como toda otra norma, legal o reglamentaria, que impida aplicar en la declaración del Impuesto a las ganancias correspondiente al ejercicio fiscal comprendido entre el 111 de enero y el 31 de diciembre de 2002 el denominado “ajuste por inflación impositivo”- previsto en el título VI de la ley 20.628-. -Asimismo, reiteró la doctrina sentada en la causa “Banco Bredesco Argentina S.A e/ EN- AFIP-DGI resol 48/07” (Fallos:335:661), según la cual los agravios vinculados con la ineficacia que atribuye a las pruebas reunidas. constituyen meras afirmaciones genéricas desprovistas de peso para desvirtuar el resultado confiscatorio que resultaría de no aplicar el ajuste por inflación , y que el a quo tuvo en cuenta al resolver, máxime cuando dejó a salvo la posibilidad de que la AFIP, de considerarlo necesario, ejerza las potestades de verificación y fiscalización que le confiere la ley 11.683 respecto de la actora. Ver: http://www.csjn.gov.ar/

53 Tarsitano, Alberto. “El ajuste impositivo por inflación y el principio de no confiscatoriedad en la doctrina de la Corte Suprema de Justicia”, El Derecho, Diario de Doctrina y Jurisprudencia, Buenos Aires, 5/VIII/2009.

1. *Convencer y vencer ante la justicia internacional*

En jurisdicción del Estado venezolano "no se garantiza, a todas las personas bajo su jurisdicción, un recurso judicial efectivo contra actos violatorios de sus derechos fundamentales. Dicha efectividad supone que, además de la existencia formal de los recursos, éstos den resultados o respuestas a las violaciones de derechos contemplados ya sea en la Convención, en la Constitución o en las leyes. En ese sentido, no pueden considerarse efectivos aquellos recursos que, por las condiciones generales del país o incluso por las circunstancias particulares de un caso dado, resulten ilusorios. Ello puede ocurrir, por ejemplo, cuando su inutilidad haya quedado demostrada por la práctica, porque falten los medios para ejecutar sus decisiones o por cualquier otra situación que configure un cuadro de denegación de justicia. Así, el proceso debe tender a la materialización de la protección del derecho reconocido en el pronunciamiento judicial mediante la aplicación idónea de dicho pronunciamiento", como lo ha puesto de relieve la Corte Interamericana de Derechos Humanos (Vid. Corte IDH. Caso Acevedo Buendía y otros ("Cesantes y Jubilados de la Contraloría") Vs. Perú. Excepción Preliminar, Fondo, Reparaciones y Costas. Sentencia de 1 de julio de 2009. Serie C No. 198)

Por lo que solo queda la aplicación del derecho internacional de los derechos humanos al interior de los Estados, lo que está íntimamente conectado con la dignidad humana, con la aplicación de la norma más protectora para el desarrollo de los derechos, corolario del principio *pro homine* o *pro personae*, que se desprende claramente de la jurisprudencia europea e interamericana, principio que debe ser siempre entendido junto a su 'contrapartida': 'la salvaguarda de los intereses de la sociedad democrática'. Los tribunales regionales de derechos humanos han señalado que, (i) en la labor interpretativa, es necesario utilizar el método comparativo para buscar la norma más favorable a los derechos, compatible con el principio democrático, y en segundo lugar, (ii) estos tribunales han desarrollado la noción de '*effet utile*' o de la efectividad de los derechos, que no deben quedar en puros enunciados teóricos, levantando la concepción hueca de la proclamación del Estado de Derecho, y la consecuente proclamación de los derechos sin su correspondiente aplicación concreta o efectiva.[54]

Como señala el profesor Corti: "Cuando todas las vías institucionales de un sistema político-jurídico son reacias a tratar a las personas con el respeto que merecen es responsabilidad de los jueces asegurar dicha dignidad. Frente a las limitaciones y restricciones conservadoras (que conducen, claro, a la legitimación de las desigualdades e injusticias realmente existentes) los jueces tienen el poder de decidir sobre la base argumental que les aporta el derecho internacional de los derechos humanos y una visión renovadora y transformadora de los textos constitucionales"[55]

En este caso, es evidente la denegación de justicia, máxime en una situación evidente de inflación crónica e hiperinflación que debería motivar al juzgador a decidir de manera más oportuna y adecuada para evitar la situación, también evidente, de violación del derecho a la protección judicial reconocido en los artículos 8.1[56], 25.1[57] y 25.2.c[58] de la Convención Ame-

---

54 Úbeda de Torres, Amaya. Democracia y derechos humanos en Europa y América. Estudio comparado de los sistemas europeo e interamericano de protección de los derechos humanos, Editorial Reus, Colección jurídica general, Monografías, Madrid, 2007, p. 341.

55 Corti, Horacio, "Los jueces y el derecho internacional de los derechos humanos", en *Revista URBE et IUS*, Buenos Aires, Número 14, Invierno 2015, p. 13.

56 Artículo 8 CADH. Garantías Judiciales 1. Toda persona tiene derecho a ser oída con las debidas garantías y dentro de un plazo razonable, por un juez o tribunal competente, independiente e imparcial, establecido con anterioridad por la ley, en la sustanciación de cualquier acusación penal formulada contra ella, o para la determinación de sus derechos y obligaciones de orden civil, laboral, fiscal o de cualquier otro carácter.

ricana de Derechos Humanos que, por vía de consecuencia viola los derechos de todos los contribuyentes calificados como sujetos pasivos especiales por la administración tributaria, y en concreto la banca en su conjunto, de sus accionistas, de sus clientes, de las empresas y de los ciudadanos en general como consecuencia de la contracción en la actividad de intermediación bancaria, del servicio bancario, que pretende garantizar la solidez, la integridad, la regularidad y la solvencia en la gestión del servicio público bancario, una vulneración de un bien indispensable para la población como lo es el acceso a la banca, al crédito bancario, a la intermediación que le permita el acceso a los bienes y servicios que le aporten bienestar físico, mental y social, derivado de un estilo de vida que permita alcanzar a las personas un balance integral.

La doctrina argentina ha señalado que de mantenerse la vigencia de las normas como aquellas cuya inconstitucionalidad se impugna en el Caso: Eduardo Meier García, "...se aplicaría un impuesto sobre una manifestación económica que no es renta que, por tal motivo, no ha sido incluida por el legislador como hecho imponible del impuesto, violándose de tal manera el principio de legalidad"[59].

Por vía de consecuencia, resulta evidente que un impuesto que debería gravar la renta, pero que recae sobre beneficios inexistentes, ilusorios o nominales, equivaldría a extenderlo inconstitucionalmente sobre el patrimonio de sujetos concretos, en franca violación del principio *nullum tributum sine lege preavia, scripta, stricta et certa*, al subvertir las exigencias de exhaustividad y tipicidad del tributo, y quebrantar con ello el orden estructural de la cuantificación de la base imponible, esas reglas o moldes conceptuales que están ahí para impedir la arbitrariedad en el ejercicio de la función pública (incluyendo el *poder del legislar*, que es *poder de imponer* y eventualmente, *poder de destruir*), concretamente, que la potestad normativa no desborde los causes preceptivos (materiales y procedimentales, especialmente los moldes e instituciones conceptuales de la disciplina)[60], y que en este caso viene por vía de la desintegración de la base imponible, siendo que la consecuencia más inmediata de las distorsiones inflacionarias se proyecta sobre los datos o elementos cuantitativos de la estructura de los tributos (bases imponibles, estructura de tramos, mínimos exentos y demás variables monetarias fijas expresadas por las leyes respectivas).

Por lo tanto, los dispositivos normativos impugnados, y cuya nulidad por inconstitucionalidad ha sido de momento objeto de privación o denegación de la tutela judicial efectiva, al ***excluir*** a las entidades financieras del sistema de ajuste integral por inflación ***cercena*** el derecho a la corrección monetaria de aquellas partidas del patrimonio de la entidad que son

---

57 Artículo 25 CADH. Protección Judicial 1. Toda persona tiene derecho a un recurso sencillo y rápido o a cualquier otro recurso efectivo ante los jueces o tribunales competentes, que la ampare contra actos que violen sus derechos fundamentales reconocidos por la Constitución, la ley o la presente Convención, aún cuando tal violación sea cometida por personas que actúen en ejercicio de sus funciones oficiales.

58 Artículo 25 CADH. Protección Judicial (...) 2. Los Estados Partes se comprometen: (...) c) a garantizar el cumplimiento, por las autoridades competentes, de toda decisión en que se haya estimado procedente el recurso.

59 García Belsunce, Horacio; "**El ajuste impositivo por inflación**"; La Ley; 22/09/06; p. 1, en: Cámara Federal de Apelaciones de Mar del Plata, Oficina de Jurisprudencia, Jurisprudencia Civil, Laboral, Ejec. Fiscales y Medidas Económicas, Año 2009, Boletín N° 11, consultada en http://www.pjn.gov.ar/Publicaciones/00013/00041637.Pdf

60 *Cfr.* Meier García, Eduardo, "El concepto de tributo y sus categorías constitucionalizadas frente a la descodificación, la deslegalización y el auge de la parafiscalidad", en Tributación Municipal y Exacciones parafiscales, VIII Jornadas Venezolanas de Derecho Tributario, organizadas por la AVDT, Caracas, 2006, p. 288.

afectadas por la inflación y por lo tanto ***prohíbe*** neutralizar los efectos distorsionantes de la inflación en la medición de la renta neta realmente obtenida por el contribuyente. ***Impedir*** el ajuste integral por inflación equivale a ***degradar la medición*** de la base de cálculo en la imposición a la renta de las entidades financieras, a valores históricos distorsionados y sobreestimados por la inflación y en consecuencia degenera en una imposición sobrestimatoria que no representa la renta efectiva del contribuyente y por tanto lesiona el derecho constitucional a contribuir a los gastos generales conforme a su capacidad económica, en abierta, objetiva y verificable infracción del mandato del artículo 316 Constitucional y el derecho constitucional a la igualdad ***en*** y ***ante*** la ley (artículo 21) que degenera en una situación ***discriminatoria*** al impedir sin razón objetiva, sin justificación fáctico-racional alguna a los sujetos pasivos calificados así por la administración tributaria, la corrección monetaria de la base imponible correspondiente, ello en violación de la ***legalidad*** y la ***reserva de ley*** porque, en todo caso, la necesidad de determinación legal de los sujetos pasivos responde a la estricta reserva legal, derivada de la base enunciativa de los artículos 317 de la Constitución y 3 del COT, porque siendo la obligación tributaria una obligación legal y como tal inderogable e indisponible, los sujetos activos y pasivos deben igualmente ser determinados *ex lege*, como también lo son los demás elementos estructurales ligados a la misma o que son necesarios para su correcta determinación[61].

La Exposición de motivos de la reforma de la Ley de Impuesto sobre la renta de 2015 es reveladora de la incomprensión de la necesidad de neutralizar los efectos de la inflación sobre la medición de la renta, al señalar que: "La reforma parcial elimina el ajuste por inflación fiscal, el cual se ha constituido en un mecanismo de disminución injustificada del pago de impuesto"

Más que incomprensión, es una dosis de la falta de análisis y de justificación económica o más bien la percepción desalineada y prejuiciada de la realidad económica y de los impactos de la inflación sobre los ingresos gravables del contribuyente, que producen una *discriminación dirigista como perjuicio*(Neumark)[62] o como lo describe Moschetti "[e]l hecho de que el sujeto sea ahora preseleccionado en cuanto *homo oeconomicus* (empresario, profesional, etc.) no obsta al enorme hiato existente entre la calificación subjetiva y la realidad económica"[63] cargada de prejuicios políticos antes que de consideraciones jurídico-económicas.

Es justamente lo que conlleva la exclusión del ajuste por inflación lo que impide la neutralización de los efectos de la inflación sobre la medición de la renta de los sujetos excluidos, degradándola a una medición según valores históricos distorsionados por la desvalorización monetaria, lo que constriñe ilegítimamente el derecho a contribuir de acuerdo a la capacidad económica real y degenera en gravar la renta conforme a elementos nominales y no indicativos de la renta efectiva.

Esa decisión normativa es manifiestamente lesiva del derecho a contribuir conforme a la capacidad económica, pues lejos de recaer sobre una medida real termina incidiendo sobre una medición falseada y sobre-estimada por la inflación, es decir, el impuesto no incidiría

---

61 Meier García, Eduardo, "Teratologías tributarias y otras antinomias constitucionales", ***Patologías del Sistema Tributario Venezolano, XVIII Jornadas Venezolanas De Derecho Tributario***, AVDT, Caracas, 2019, p.p. 105-134.

62 Neumark, Fritz, ***Principios de Imposición***, Introducción de Enrique Fuentes Quintana, 2ª edición, Instituto de Estudios Fiscales, Madrid, 1994, p. 245.

63 Moschetti, Francesco, "El principio de la capacidad contributiva", en ***Tratado de derecho tributario***, dirigido por Andrea Amatucci, Tomo I, El derecho tributario y sus fuentes, Editorial Temis, Bogotá, 2001, p. 265.

sobre la renta efectiva, sino sobre una renta fantasma, artificial y sobrevalorada, lo que podría calificarse como un "impuesto sobre la inflación".

En el sistema tributario la corrección monetaria es el paradigma técnico ideado para abordar el problema de la distorsión de la inflación sobre la estructura de los tributos. Se trata de un procedimiento, que tiene urdimbre en las metodologías técnicas universales para fines financieros, adaptadas al ámbito legal mediante la forzosa juridificación o positivización de la materia y en particular la asociada a la exacción de los tributos.

Los efectos nocivos y el carácter clandestino de la inflación constituyen un elemento fáctico perceptible por la sola experiencia común de cualquier ciudadano medio y lego, que hoy presenta un ritmo caprichoso y errático que tiende a desquiciar los elementos fundamentales de la estructura de los tributos y compromete la *justicia* del sistema fiscal, esto es, la razonabilidad y proporcionalidad de la imposición, que son valores superiores del ordenamiento jurídico venezolano según proclama el enunciado del artículo 2 del Texto Fundamental.

En fin, la falta de ajuste por inflación provoca un desvío de entidad suficiente para concluir que se ha tergiversado el concepto de ganancia o de ingreso tipificada por el tributo, que lo convierte para el caso de los contribuyentes excluidos, en una medida arbitraria e irrazonable, en un específico y singular **"impuesto a la inflación"**, que contradice principios fundamentales de justicia tributaria.

Como tuvimos ocasión de señalar, las últimas reformas de la Ley de impuesto sobre la renta (2014 y 2015), mediante decreto ley, plantean un ***falso dilema entre razón y voluntad,*** avalado por el Tribunal Supremo de Justicia en múltiples sentencias, que lejos de controlar y racionalizar el ejercicio del poder (***Separation of Powers and Checks and Balances***) del Presidente de la República han "legitimado" la "falla de origen" constitucional que lo convirtió en legislador absoluto, al avalar sin objeciones ese instrumento (***ley habilitante-decreto ley***) que permite exteriorizar una competencia normativa, no atada a la dinámica de la urgencia y la necesidad y sobre la que no funcionan los pesos y contrapesos que exige el principio democrático de separación y control reciproco de poderes[64], socavando el también principio democrático y republicano de autoimposición (***there are not taxes whithout representation)***[65]

64 Los eventuales controles judiciales (de constitucionalidad) o políticos (referendo abrogatorio o ley parlamentaria), serán una respuesta *a posteriori*, por ende, tardía e ineficaz, frente a la inconveniente y apresurada regulación de materias cuya sensibilidad, exigía previa deliberación y contradictorio por medio del procedimiento legislativo. El artículo 203 de la Constitución no somete a los decretos leyes **a ningún límite material** (solo señala que la ley que los habiliten establecerán las directrices, propósitos y el marco de las materias que se delegan) **ni a controles previos** (control de constitucionalidad del carácter orgánico, veto presidencial, control de constitucionalidad antes de su promulgación) a los que sí se someten las leyes ordinarias y orgánicas. Además, para convertirse en ley todo proyecto recibirá dos discusiones (Artículo 207) y deberá consultarse a los órganos del Estado, a los ciudadanos y a la sociedad organizada para oír su opinión (Artículos 206 y 211). La regulación del decreto-ley demuestra una descompensación de la parte orgánica de la Constitución con los principios democráticos y derechos fundamentales (representatividad y participación ciudadana, entre otros), dejando ver una vocación presidencialista y autoritaria, apenas solapada por la presentación sobredimensionada y grandilocuente de los derechos.

65 Este principio de representación **se impone como una cláusula *supraconstitucional*** pétrea, inalienable, irrenunciable, permanente e irreversible. Conforme a la *Base Comicial Octava* de la Asamblea Nacional Constituyente, que fue consultada y aprobada por el pueblo de Venezuela, mediante el referéndum consultivo celebrado el 25 de abril de 1999, que dispuso como límites al poder originario "...los valores y principios de nuestra historia republicana, así como el cumplimiento de los tratados internacionales, acuerdos y compromisos válidamente suscritos por la República, el carácter progresivo de los derechos fundamentales del hombre y las garantías democráticas dentro del más absoluto respeto de los compromisos asumidos".

Con ello, el ***derrumbe del mito del legislador racional*** y el ilegítimo tratamiento de los principios constitucionales de la tributación como meras positivaciones aparentes, consecuencia de prácticas, que se traducen en auténticas aporías que responden a preconcepciones políticas, antes que a la vocación jurídica del legislador delegado. De estas reformas surge la imagen de la Constitución como fachada, como un fraude formalizado a sabiendas de que sus enunciados iban a ser preteridos. De ello da cuenta una desafiante posición voluntarista del legislador delegado, amparado en una Constitución que, como la de 1999, no nació con auténtica vocación emancipadora y tuitiva de los derechos, sino como una de esas *Constituciones fachada*, abigarrada de los valores del constitucionalismo, que terminan convirtiéndolo todo en declaraciones de buenas intenciones, agotando toda forma de tutela de los derechos y sacrificando lo que es verdaderamente importante, esto es, la protección individual de los derechos fundamentales.[66]

BIBLIOGRAFÍA

Barak, Aharon, *Proporcionalidad: los derechos fundamentales y sus restricciones*, traducido por Gonzalo Villa Rosas, Palestra Editores, Lima 2017.

Brewer-Carías, Allan R., *Los principios fundamentales del derecho público (constitucional y administrativo)*, Cuadernos de la Cátedra Allan R. Brewer-Carías de Derecho Administrativo, Universidad Católica Andrés Bello N° 17, Editorial Jurídica Venezolana, Caracas, 2005.

Corti, Horacio, "Los jueces y el derecho internacional de los derechos humanos", en *Revista URBE et IUS*, Buenos Aires, Número 14, Invierno 2015.

Díaz, Elías, *Curso de Filosofía del Derecho,* Madrid, Marcial Pons, 1998.

Escola, Héctor, *El interés público, como fundamento del derecho administrativo*, Ediciones Depalma, Buenos Aires, 1989.

García Belsunce, Horacio; "El ajuste impositivo por inflación"; La Ley; 22/09/06; pág. 1, en: Cámara Federal de Apelaciones de Mar del Plata, Oficina de Jurisprudencia, Jurisprudencia Civil, Laboral, Ejec. Fiscales y Medidas Económicas, Año 2009, Boletín N° 11, consultada en http://www.pjn.gov.ar/Publicaciones/00013/00041637.Pdf

García de Enterría, Eduardo. *La lengua de los derechos. La formación del Derecho Público europeo tras la Revolución Francesa*, Civitas, Madrid, 2001.

Holmes, Jr., Oliver Wendell, *La senda del derecho*, Traducción y estudio preliminar de José Ignacio Solar Cayón, Marcial Pons, Madrid, 2012.

Leibholz, G. *Problemas fundamentales de la democracia moderna*, Instituto de Estudios Políticos, Madrid, 1971.

Lucas Verdú, Pablo, *La Constitución abierta y sus "enemigos"*, Ediciones Beramar-Universidad Complutense de Madrid, Madrid, 1993.

Meier García, Eduardo, "El concepto de tributo y sus categorías constitucionalizadas frente a la descodificación, la deslegalización y el auge de la parafiscalidad", en *Tributación*

---

66 Ver: Meier García, Eduardo, "Constitución fachada: a propósito de la tributación selectiva en el ISR", En: *El Impuesto sobre la renta. Aspectos de una necesaria reforma, XVII Jornadas Venezolanas de Derecho Tributario*, Asociación Venezolana de Derecho Tributario, Caracas, 2017, p.p. 171-190.

Municipal y Exacciones parafiscales, VIII Jornadas Venezolanas de Derecho Tributario, organizadas por la AVDT, Caracas, 2006.

______ "Teratologías tributarias y otras antinomias constitucionales", *Patologías del Sistema Tributario Venezolano*, XVIII Jornadas Venezolanas de Derecho Tributario, AVDT, Caracas, 2019.

______ "Proposición y límites de la prueba de atestiguamiento contable", en *Derecho Tributario y Contabilidad,* Memorias de las XIX Jornadas Venezolanas de Derecho Tributario, Tomo II, AVDT, Caracas, 2023.

______ "Constitución fachada: a propósito de la tributación selectiva en el ISR", En: *El Impuesto sobre la renta. Aspectos de una necesaria reforma, XVII Jornadas Venezolanas de Derecho Tributario*, Asociación Venezolana de Derecho Tributario, Caracas, 2017.

______ *La eficacia de las sentencias de la Corte Interamericana de Derechos Humanos frente a las prácticas ilegítimas de la Sala Constitucional*, *Serie Estudios*, N° 105, Caracas, 2013.

Nieto, Alejandro, "Contra el Derecho", Sesión del día 1 de diciembre 2009, *Anales de la Real Academia de Ciencias Morales y Políticas*, Nº 87, 2010.

Peces-Barba, G., Fernández, E. y De Asis, R. *Curso de Teoría del Derecho*, con la colaboración de Mª José Fariñas, Ángel Llamas, Javier Ansuátegui, Jesús P. Rodríguez y José Mª Sauca, 2ª edición, Marcial Pons, Madrid-Barcelona, 2000.

Picó I Junoy, Joan, *Las garantías constitucionales del proceso,* Bosch Editor, Barcelona, 2012.

Rüthers, Bernd, *Derecho degenerado. teoría jurídica y juristas de cámara en el Tercer Reich,* Traducción e introducción de Juan Antonio García Amado, Cátedra de Cultura Jurídica, Marcial Pons, Madrid, 2016.

Úbeda de Torres, Amaya. *Democracia y derechos humanos en Europa y América. Estudio comparado de los sistemas europeo e interamericano de protección de los derechos humanos*, Editorial Reus, Colección jurídica general, Monografías, Madrid, 2007.

Zagrebelsky, Gustavo. *El derecho dúctil*, Editorial Trotta, Madrid, 1997.

LA INTERVENCIÓN DEL TRIBUNAL SUPREMO DE JUSTICIA EN COLEGIOS Y GREMIOS PROFESIONALES EN VENEZUELA*

Cosimina Pellegrino** y Laura Louza***

Abogadas

Resumen: *Desde el año 2000, el Tribunal Supremo de Justicia (TSJ) de Venezuela ha desarrollado una línea jurisprudencial que afecta la autonomía de colegios y gremios profesionales mediante la anulación de normas legales, la suspensión de procesos electorales y la designación de juntas directivas ad hoc. Estas intervenciones, documentadas en al menos doce decisiones desde 2007, restringen el derecho a la asociación consagrado en el artículo 52 de la Constitución y en tratados internacionales ratificados por el país. Aunque el TSJ se ha amparado en los artículos 293.6 de la Constitución y 27.2 de la Ley Orgánica del TSJ, el uso de estas disposiciones ha tenido como resultado la limitación de la autonomía gremial en lugar de su fortalecimiento. Tales decisiones también se apartan de estándares internacionales como el Convenio 87 de la OIT, que protege la libertad de asociación tanto de trabajadores como de empleadores. En consecuencia, la intervención del TSJ reduce la capacidad de los gremios de representar a sus miembros, debilita su incidencia en la vida pública y genera una dependencia institucional que erosiona la libertad de asociación y la autonomía profesional en Venezuela.*

Palabras Clave: *Derecho a la asociación, colegios y gremios profesionales, autonomía.*

Abstract: *Since 2000, the Supreme Court of Justice (TSJ) of Venezuela has developed a line of jurisprudence that undermines the autonomy of professional associations and bodies through the annulment of legal provisions, the suspension of electoral processes, and the appointment of ad hoc boards of directors. These interventions, documented in at least twelve decisions since 2007, restrict the right of association enshrined in Article 52 of the Constitution and in international treaties ratified by the country. Although the TSJ has relied on Articles 293.6 of the Constitution and 27.2 of the Organic Law of the TSJ, the use of these provisions has resulted in the limitation rather than the strengthening of professional autonomy. Such rulings also depart from international standards such as ILO Convention No. 87, which protects freedom of association for both workers and employers. Conse-*

---

* https://accesoalajusticia.org/intervencion-tsj-colegios-y-gremios-profesionales-venezuela/

** Abogada, Especialista en Derecho Administrativo y Doctora en Ciencias, mención en Derecho, de la Universidad Central de Venezuela. Profesora de pregrado y doctorado de la Universidad Central de Venezuela. Publicaciones en revistas reconocidas y ponente en numerosas charlas y conferencias de alto nivel.

*** Abogada de la Universidad Católica Andrés Bello; Especialista en Derecho Administrativo de la Universidad Pantheon-Assas (París II); Magister en Derecho, Economía y Políticas Públicas del Instituto Ortega y Gasset de la Universidad Complutense de Madrid; Fundadora y directora ejecutiva de la ONG venezolana Acceso a la Justicia, https://accesoalajusticia.org.

quently, the TSJ's intervention reduces the ability of professional organizations to represent their members, weakens their impact on public life, and generates institutional dependence that erodes freedom of association and professional autonomy in Venezuela.

Key words: *Right of association, professional associations and bodies, autonomy.*

Desde el año 2000, el Tribunal Supremo de Justicia (TSJ) ha desarrollado un entramado de decisiones que inciden en la autonomía de colegios y gremios profesionales en Venezuela. Estas medidas incluyen la anulación de procesos electorales, la designación de juntas directivas ad hoc, la suspensión de elecciones y hasta la anulación de normas legales en la materia.

Al menos 12 decisiones documentadas desde 2007 evidencian cómo esta práctica afecta la autonomía de estas organizaciones y restringe el derecho a la asociación reconocido en el artículo 52 de la Constitución y en tratados internacionales suscritos por Venezuela.

DIFERENCIA ENTRE COLEGIOS Y GREMIOS PROFESIONALES

La distinción entre colegios y gremios profesionales fue abordada por la propia Sala Electoral del TSJ en la sentencia nº 51 del 19 de mayo de 2000 (Asociación de Profesores de la Universidad Central de Venezuela [APUCV] vs. Consejo Nacional Electoral [CNE]).[1] Allí se aclaró que «la noción de gremios profesionales» no equivale a «colegios profesionales», y que no existe una definición predeterminada en la legislación venezolana.

Por su parte, el Diccionario de Ciencias Jurídicas, Políticas y Sociales de Manuel Osorio define a los gremios como «un conjunto de personas que desempeñan un mismo oficio o profesión, y que se aúnan para defender sus intereses comunes y lograr mejoras también de carácter común».

Es decir, son asociaciones privadas, constituidas por la voluntad autónoma de sus miembros, para defender intereses comunes en torno a un oficio o profesión. Ejemplos de ello son la Federación de Cámaras y Asociaciones de Comercio y Producción de Venezuela, más conocida como Fedecámaras, y la Federación Nacional de Ganaderos de Venezuela (Fedenaga).

A su vez, los colegios profesionales son corporaciones creadas por ley y tienen ciertas potestades de autoridad frente a sus miembros. Se les considera por ello «corporaciones de derecho público», pero sus integrantes no son necesariamente funcionarios ni dependen del Estado: son personas que tienen en común una titulación determinada que les permite ejercer una profesión y ser parte de un gremio. Entre los colegios están, por ejemplo, los de abogados, médicos, ingenieros o contadores (artículo 105 de la Constitución).

De lo anterior queda claro que los colegios profesionales constituyen una especie dentro del género gremios.

MECANISMOS DE INTERVENCIÓN DEL TSJ

El TSJ ha justificado la intervención de gremios y colegios profesionales en dos normas principales: el artículo 293.6 de la Constitución, que faculta al Poder Electoral a organizar sus elecciones, y el artículo 27.2 de la Ley Orgánica del Tribunal Supremo de Justicia (LOTSJ), que le otorga a la Sala Electoral la competencia para conocer demandas contencioso-electorales contra actos electorales de organizaciones de la sociedad civil.

---

[1] https://historico.tsj.gob.ve/decisiones/selec/mayo/51-190500-0038.HTM

El análisis de los casos muestra que el TSJ ha utilizado diferentes mecanismos para intervenir en colegios y gremios profesionales, que pueden organizarse en tres principales que se mencionan a continuación.

1. *Anulación de normas legales*

Un ejemplo al respecto es cómo la Sala Constitucional declaró inconstitucional el parágrafo único del artículo 36 de la Ley de Abogados, que exigía estar solvente para participar en elecciones gremiales.

2. *Intervención y designación de juntas directivas ad hoc*

En el caso del Colegio de Abogados del Distrito Capital[2] se anuló su junta directiva y se designó una nueva provisionalmente, así como la comisión electoral. También se impusieron juntas directivas a los colegios de abogados de Carabobo y Lara.[3]

Otros gremios como la Federación Campesina de Venezuela (imposición de junta ad hoc y ampliación de la intervención),[4] Fedecámaras (sección del estado Bolívar)[5] y la Federación Nacional de Ganaderos (Fedenaga),[6] corrieron la misma suerte.

3. *Suspensión de elecciones y otras formas de intervención*

Algunas muestras son los casos del Colegio de Abogados de Carabobo (suspensión de elecciones),[7] Colegio de Abogados del Delta Amacuro (se nombró comisión electoral integrada por funcionarios regionales del CNE),[8] Colegio de Abogados del Zulia (obligación de convocar comicios tras 11 años sin elecciones)[9] y la Asociación de Profesores de la Universidad de Carabobo (suspensión cautelar de elecciones).[10]

Lo anterior evidencia la diversidad de mecanismos que el TSJ ha desplegado en ejercicio de la potestad prevista en el artículo 293.6 de la Constitución. La revisión de las sentencias citadas muestra que dicha facultad no ha contribuido a fortalecer el derecho a la asociación ni a garantizar la autonomía derivada de él, sino que, en la práctica, ha terminado restringiéndolo. Ello es contrario a lo dispuesto en el artículo 52 constitucional, que establece que «el Estado estará obligado a facilitar el ejercicio de este derecho».

---

2 https://accesoalajusticia.org/nulidad-de-la-junta-directiva-del-colegio-de-abogados-del-distrito-capital-y-designacion-provisional-de-la-nueva-directiva-y-de-los-miembros-de-la-comision-electoral/

3 https://accesoalajusticia.org/intervencion-de-la-eleccion-del-colegio-de-abogados-del-estado-carabobo-y-designacion-de-una-junta-directiva-ad-hoc/

4 https://accesoalajusticia.org/tsj-interviene-federacion-campesina-bolivariana/

5 https://accesoalajusticia.org/la-se-suspende-la-totalizacion-adjudicacion-y-proclamacion-de-las-autoridades-en-el-proceso-electoral-de-fedecamaras/

6 https://accesoalajusticia.org/se-interviene-las-elecciones-de-fedenaga-y-ordena-a-las-autoridades-de-la-directiva-anterior-asumir-provisionalmente-la-conduccion-del-gremio-agropecuario/

7 https://accesoalajusticia.org/suspension-de-las-elecciones-de-la-junta-directiva-del-colegio-de-abogados-del-estado-carabobo/

8 https://accesoalajusticia.org/intervencion-judicial-de-las-elecciones-del-colegio-de-abogados-del-estado-delta-amacuro/

9 https://accesoalajusticia.org/intervencion-judicial-de-las-elecciones-del-colegio-de-abogados-del-estado-zulia/

10 https://accesoalajusticia.org/suspension-cautelar-de-las-elecciones-de-la-asociacion-de-profesores-de-la-universidad-de-carabobo-apuc/

4. *Impacto en los estándares internacionales*

La jurisprudencia en esta materia también se aparta de lo establecido, entre otros instrumentos internacionales, en el Convenio 87 de la Organización Internacional del Trabajo (OIT) sobre la libertad sindical y la protección del derecho de sindicación, pues el mismo es extensivo a gremios y colegios profesionales por una interpretación pro derechos humanos y, además, protege la libertad de asociación tanto de trabajadores como de empleadores.

Al imponer juntas ad hoc y judicializar elecciones, el TSJ reduce el margen de acción de los gremios como defensores de los intereses de sus miembros.

REFLEXIONES FINALES

La intervención del TSJ en colegios y gremios profesionales puede tener como efecto la limitación o incluso la anulación práctica de la libertad de asociación en estos espacios.

Con juntas designadas por el máximo tribunal en lugar de autoridades electas, los agremiados pierden la capacidad de decidir sobre quiénes deben ser sus representantes legítimos. Esto no solo restringe su participación interna, sino que debilita su capacidad de incidir en políticas públicas y de defender los derechos de sus sectores frente al poder del Estado.

En definitiva, este modelo reduce de manera significativa la autonomía gremial y genera una dependencia frente al Gobierno que afecta a cada venezolano, al debilitar voces colectivas que podrían servir de contrapeso democrático.

EL TRIBUNAL SUPREMO DE JUSTICIA AVALA DESPIDO DE JUEZAS PROTEGIDAS POR MATERNIDAD Y SALUD*

Cosimina Pellegrino** y Laura Louza***

Abogadas

Resumen: *La Sala Político Administrativa del Tribunal Supremo de Justicia de Venezuela ratificó en recientes decisiones la potestad de la Comisión Judicial para remover jueces provisorios sin procedimiento previo, sin motivación y sin derecho a la defensa, incluso en casos de fueros especiales. Una jueza fue separada de su cargo durante su permiso postnatal y otra mientras estaba de reposo médico, negándose en ambos casos la aplicación efectiva de las garantías del fuero maternal y de salud. Aunque se ordenó el pago de salarios y beneficios, se rechazó la reincorporación, desconociendo estándares internacionales ratificados por Venezuela, como los Convenios de la OIT, la CEDAW, el PIDESC y la Convención Americana sobre Derechos Humanos. Estas decisiones evidencian la persistencia de la figura de jueces provisorios, contraria a la Constitución y a los tratados internacionales ratificados por Venezuela, y ponen de manifiesto la discrecionalidad de la Comisión Judicial como mecanismo de control político en detrimento de la independencia judicial. En consecuencia, se debilita el Estado de derecho y se afecta el derecho ciudadano a ser juzgado por jueces naturales, imparciales e independientes.*

Palabras Clave: *Fuero maternal, jueces, independencia judicial.*

Abstract: *The Political-Administrative Chamber of the Supreme Court of Justice of Venezuela recently reaffirmed the authority of the Judicial Commission to remove provisional judges without prior proceedings, reasoning, or the right to defense, even in cases involving special protections. One judge was dismissed during her postnatal leave and another while on medical leave, with the Court denying in both cases the effective application of maternity and health-related guarantees. Although the payment of salaries and benefits was ordered, reinstatement was denied, disregarding international standards ratified by Venezuela, such as the ILO Conventions, CEDAW, the ICESCR, and the American Convention on Human Rights. These rulings highlight the persistence of provisional judges, in violation of the Constitution and international treaties ratified by Venezuela and reveal the discretionary role of the Judicial Commission as a mechanism of political control to the detriment of judicial independence. Consequently, the rule of law is weakened and citizens right to be judged by natural, impartial, and independent judges is impaired.*

Key words: Maternity protection, judges, judicial independence.

---

* https://accesoalajusticia.org/tsj-avala-despido-juezas-protegidas-maternidad-y-salud/

** Abogada, Especialista en Derecho Administrativo y Doctora en Ciencias, mención en Derecho, de la Universidad Central de Venezuela. Profesora de pregrado y doctorado de la Universidad Central de Venezuela. Publicaciones en revistas reconocidas y ponente en numerosas charlas y conferencias de alto nivel.

*** Abogada de la Universidad Católica Andrés Bello; Especialista en Derecho Administrativo de la Universidad Pantheon-Assas (París II); Magister en Derecho, Economía y Políticas Públicas del Instituto Ortega y Gasset de la Universidad Complutense de Madrid; Fundadora y directora ejecutiva de la ONG venezolana Acceso a la Justicia, https://accesoalajusticia.org.

La Sala Político Administrativa (SPA) del Tribunal Supremo de Justicia (TSJ) de Venezuela ratificó en dos fallos recientes la potestad de la Comisión Judicial del mismo tribunal para remover a jueces provisorios en cualquier momento, sin necesidad de un procedimiento administrativo previo, sin derecho a la defensa y sin motivar la decisión.

Los casos específicos involucran a una jueza de control en lo penal removida mientras estaba de permiso postnatal (sentencia n° 727 del 12 de agosto de 2025)[1] y a otra, competente en materia civil, mercantil y tránsito, que se encontraba de reposo médico (sentencia n° 124 del 13 de agosto de 2025).[2]

EL CASO DE LA REMOCIÓN DE LA JUEZA CON FUERO MATERNAL

La SPA descartó la demanda de nulidad[3] que presentó la exfuncionaria judicial, quien era jueza provisoria y fue removida de su cargo por la Comisión Judicial del TSJ, aun cuando se encontraba en descanso postnatal en el momento de su separación.

Para la Sala esa condición no configura un impedimento para su remoción, al sostener que los jueces provisorios pueden ser revocados «en cualquier oportunidad, sin la exigencia de someterlos o someterlas a un procedimiento administrativo previo, ni la obligación de motivar las razones específicas y legales que dieron lugar a la remoción».

La SPA además negó la aplicación del fuero maternal establecido en el artículo 18 de la Ley para la Protección de las Familias, la Maternidad y la Paternidad, y en el artículo 420 del Decreto con Rango, Valor y Fuerza de la Ley Orgánica del Trabajo, los Trabajadores y las Trabajadoras (DLOTTT),[4] alegando que esta protección garantiza únicamente el sustento económico del niño y no la estabilidad laboral de la madre. Por ello, ordenó el pago de salarios y beneficios durante el período de protección legal, pero no su reincorporación.

En ese sentido, la Sala no tomó en cuenta las normas internacionales ratificadas por Venezuela en la materia, como son, entre otras, las siguientes:

- Convenio de la Organización Internacional del Trabajo (OIT) n.° 158, que prohíbe que el embarazo o la licencia de maternidad sean causa de despido (artículo 5 literal e).
- Convenio OIT n.° 183, que prohíbe la discriminación laboral derivada de la maternidad.
- Convención para la Eliminación de Todas las Formas de Discriminación contra la Mujer (CEDAW), que garantiza igualdad de trato en la función pública y protección efectiva de la maternidad (artículos 2 y 11).
- Convención Americana sobre Derechos Humanos (CADH), que protege la igualdad ante la ley y la independencia judicial (artículos 1.1, 8 y 24).

En ese orden de ideas es que la Corte Interamericana de Derechos Humanos (Corte IDH) ha reiterado que la inamovilidad es un componente esencial de la independencia judicial, lo que refuerza que decisiones como la analizada constituyen violaciones al debido proceso y a los estándares internacionales.[5]

---

1 https://accesoalajusticia.org/wp-content/uploads/2025/08/SPA-0727-12-08-2025.pdf

2 https://accesoalajusticia.org/wp-content/uploads/2025/09/SPA-00124-13-08-2025.pdf

3 https://accesoalajusticia.org/potestad-para-otorgar-jubilaciones-especiales/

4 https://www.asambleanacional.gob.ve/storage/documentos/leyes/decreto-n0-8938-mediante-el-cual-se-dicta-el-decreto-con-rango-valor-y-fuerza-de-la-ley-organica-del-trabajo-los-trabajadores-y-las-trabajadoras-20211109135532.pdf

5 https://www.corteidh.or.cr/docs/casos/articulos/seriec_182_esp.pdf

EL CASO DE LA JUEZA REMOVIDA MIENTRAS ESTABA DE REPOSO MÉDICO

La segunda sentencia es de la Sala Especial Primera de la SPA e involucra a una jueza con 17 años de servicio y 61 años de edad. La Comisión Judicial dictó el acto de remoción el 13 de diciembre de 2017, cuando la funcionaria, notificada en noviembre de 2018, se encontraba de reposo médico.[6]

La afectada alegó indefensión al ser notificada estando convaleciente, lo que le impedía ejercer su derecho a la defensa de manera oportuna. Sin embargo, la SPA concluyó que el reposo no afectaba la validez del acto administrativo, sino solo su eficacia, por lo que la remoción seguía siendo válida.

La Sala negó la reincorporación de la demandante, pero aceptó el pago de los salarios dejados de percibir hasta el vencimiento del reposo, instruyendo además a la Dirección Ejecutiva de la Magistratura verificar si cumplía con los requisitos para una jubilación ordinaria o, en su defecto, una pensión de invalidez.

Aunque la Sala reconoció algunos derechos de la jueza, su separación definitiva del cargo vulnera normas establecidas en compromisos internacionales, ratificados por Venezuela, tales como:

- Convenio de la OIT n.º 158, que prohíbe el despido por ausencia temporal justificada por enfermedad o lesión (artículo 6).
- Pacto Internacional de Derechos Económicos, Sociales y Culturales (PIDESC), que reconoce el derecho a condiciones de trabajo justas y a la protección de la salud (artículos 7 y 12).
- CADH, que asegura la igualdad y no discriminación (artículos 1.1 y 24) y la independencia judicial (artículo 8).

En ese sentido, la Corte IDH ha sostenido que para garantizar la independencia judicial es indispensable que todos los jueces, incluidos los provisorios, cuenten con garantías frente a la remoción arbitraria.[7]

EL ROL DE LA COMISIÓN JUDICIAL Y DE LA SPA DEL TSJ

Ambas remociones estuvieron a cargo de la Comisión Judicial del TSJ, organismo compuesto por los presidentes de cada Sala del máximo tribunal, señalado de actuar con amplias facultades discrecionales y de funcionar como un mecanismo de control político dentro del Poder Judicial, en detrimento de la independencia de los jueces.

En ambos casos, la SPA avaló esta discrecionalidad, insistiendo en que la naturaleza provisoria de los cargos permite la remoción sin procedimiento ni motivación. Esta práctica se repite desde hace más de dos décadas,[8] pese a que la Constitución (artículo 255) establece que el ingreso y ascenso en la carrera judicial deben hacerse mediante concursos de oposición públicos, con base en méritos objetivos y transparencia.

---

6 https://accesoalajusticia.org/remocion-de-los-jueces-provisorios-no-puede-ser-materializada-hasta-que-transcurra-el-reposo-medico/

7 https://www.corteidh.or.cr/docs/casos/articulos/seriec_197_esp.pdf

8 https://accesoalajusticia.org/jueces-provisorios-o-temporales-carecen-de-estabilidad/

La figura de los jueces provisorios no solo viola este mandato constitucional, sino que afecta gravemente el acceso a la justicia y el derecho al juez natural, pues quienes ejercen como jueces carecen de estabilidad de acuerdo con jurisprudencia del TSJ, y lo más grave es que aunque la Corte IDH[9] le ha ordenado al TSJ que, aun siendo provisorios, debe respetarles su estabilidad, este último no ha cumplido con dicho mandato.

REFLEXIONES FINALES

Estas decisiones demuestran que en Venezuela los jueces provisorios –que constituyen una gran parte del sistema judicial– carecen por completo de estabilidad y garantías.

La ausencia de jueces estables debilita la independencia judicial, pilar del Estado de derecho, y convierte a la justicia en un instrumento de control político. Esto impacta directamente a los ciudadanos, pues se vulnera su derecho a ser juzgados por un juez natural, imparcial e independiente.

---

9 https://www.corteidh.or.cr/docs/casos/articulos/seriec_197_esp.pdf

RESEÑAS BIBLIOGRÁFICAS

RESEÑA DE "COMPARATIVE PUBLIC LAW (COMPARATIVE CONSTITUTIONAL LAW AND COMPARATIVE ADMINISTRATIVE LAW) CONTRIBUTIONS TO THE INTERNATIONAL ACADEMY OF COMPARATIVE LAW 1966-2022" DE ALLAN R. BREWER-CARÍAS

Antonio Silva Aranguren
Presidente de Asociación Venezolana de Derecho Administrativo

Resumen: *El artículo reseña el libro Comparative Public Law de Allan R. Brewer-Carías. La obra compila 16 reportes presentados ante la Academia Internacional de Derecho Comparado durante seis décadas, analizando temas clave de derecho público como la descentralización, la libertad de información, el rol de las cortes constitucionales y la crisis del sistema jurídico venezolano.*

Palabras Clave: *Derecho Comparado, Derecho Público, Venezuela.*

Abstract: *The article reviews the book Comparative Public Law by Allan R. Brewer-Carías. The work compiles 16 reports presented to the International Academy of Comparative Law over six decades, analyzing key public law issues such as decentralization, freedom of information, the role of constitutional courts, and the crisis of the Venezuelan legal system.*

Key words: *Comparative Law, Public Law, Venezuela.*

La Academia de Ciencias Políticas y Sociales y la Editorial Jurídica Venezolana Internacional publicaron la obra "Comparative Public Law (Comparative Constitutional Law and Comparative Administrative Law) Contributions to the International Academy of Comparative Law 1966-2022" del profesor Allan R. Brewer-Carías.

Este título recopila siete reportes generales y nueve reportes nacionales elaborados para la Academia Internacional de Derecho Comparado, en español, inglés y francés. En palabras de Brewer, se trata de un homenaje por el centenario de esa academia, de la que ha formado parte desde hace más de sesenta años, y que se dedica al estudio, promoción y desarrollo del derecho comparado como herramienta para la mejora del derecho nacional.

Los reportes generales corresponden a las ediciones del Congreso de la Academia Internacional de Derecho Comparado VII (Uppsala, Suecia – 1966), VIII (Pescara, Italia – 1970), IX (Teherán, Irán – 1974), XI (Caracas, Venezuela – 1982), XIII (Montreal, Canadá – 1990), XV (Bristol, Reino Unido – 1998) y XVIII (Washington, EEUU –2010).

En el primer reporte, el autor aborda el tema de las formas jurídicas por las que el Estado ejecuta actividades comerciales e industriales según el derecho interno y externo, valiéndose de entes con personalidad jurídica propia cuyo capital corresponde al Estado o es de carácter mixto. El profesor comenta a su vez el control que sobre estos entes ejerce el Parlamento y la Administración Pública, bien sea de forma jerárquica o de tutela.

En el segundo reporte desarrolla los límites a la libertad de información en la prensa, radio, cine y televisión. Al respecto, trata temas como el monopolio estatal de la información y el régimen jurídico de los medios de comunicación mencionados, en adición a las agencias de difusión de información y la necesidad de que esta última sea veraz y no comprometa el orden público, la seguridad del Estado o los datos personales. Asimismo, diserta sobre el derecho a réplica y la censura.

En el tercer reporte aborda la regionalización económica y el vínculo de la economía con el derecho. En este sentido, señala que la regionalización es un requisito de una correcta política y planificación económica frente a las tradicionales fronteras político-territoriales y que, en consecuencia, resulta necesario que las Administraciones Públicas favorezcan este proceso bajo parámetros de coordinación, desconcentración y descentralización funcional.

En el cuarto reporte Brewer-Carías retoma el tema de la descentralización –ahora territorial– con especial mención a la autonomía como respuesta a la crisis del Estado nacional centralizado y la ruptura del binomio Estado federal – Estado unitario. Así, el autor diserta sobre el surgimiento de nuevas formas de federalismo y del Estado regional, trayendo como casos de estudios los regímenes italiano, belga, español y francés.

En el quinto reporte trata las imposiciones de carácter confiscatorio y la importancia del principio de legalidad y la representación en materia tributaria. A ello se suma el estudio de la garantía de la propiedad privada, la libertad económica y las libertades individuales, como bagaje que los ciudadanos pueden traer a colación en la vía jurisdiccional cuando son sujetos de cargas fiscales confiscatorias y, por ende, inconstitucionales.

En el sexto reporte regresa al tema de la regionalización económica pero ahora desde el punto de vista de la integración. Sobre ello, el autor destaca los requisitos constitucionales en la materia a nivel europeo con alusiones a los tratados de París 1951, Roma 1958, Maastricht 1992 y Ámsterdam 1997. Adicionalmente, desarrolla el tema desde la experiencia latinoamericana trayéndose a colación el caso de la Comunidad Andina.

En el séptimo y último reporte general, que versa sobre las cortes constitucionales como legislador positivo, el profesor Brewer parte de la revisión constitucional en los términos de Kelsen para precisar las implicaciones del control de constitucionalidad y de convencionalidad, la interpretación constitucional y la influencia de las cortes constitucionales en la reforma legislativa, para luego ahondar en la interferencia de estas últimas en el ejercicio del Poder Público –y especialmente, del Poder Legislativo– al punto de ocurrir mutaciones constitucionales e interpretaciones que se apartan de la voluntad del legislador o del constituyente y, por ende, del soberano.

Los reportes nacionales, por su parte, se presentaron en los Congresos de la Academia Internacional de Derecho Comparado VII (Uppsala, Suecia – 1966), X (Budapest, Hungría – 1978), XI (Caracas, Venezuela – 1982), XVI (Brisbane, Australia –2002), XVII (Utrecht, Países Bajos – 2006), XIX (Viena, Austria – 2014, con dos reportes) y XXI (Asunción, Paraguay – 2022), además del congreso intermedio de 2008 en Ciudad de México.

En el primer reporte Brewer-Carías desarrolla los límites al poder discrecional de las autoridades administrativas con base en el principio de legalidad y la forma de apreciar los hechos, formulando comentarios en relación con los principios de racionalidad, justicia, igualdad, proporcionalidad y la finalidad perseguida por el legislador.

El segundo reporte, sobre el régimen de competencia de las empresas públicas y las empresas privadas en el sistema económico venezolano, inicia con el estudio del sistema económico de Venezuela como uno de naturaleza mixta que permite la intervención estatal. De seguida, aborda el tema de las formas jurídicas de la administración descentralizada mediante formas jurídicas de derecho público y privado como preámbulo al subtema de las empresas públicas y sus principales características, relaciones y diferencias con las empresas privadas.

En el tercer reporte se analiza al centralismo venezolano y las exigencias de la descentralización política. Para ello, formula comentarios sobre el centralismo político que ha vivido el país a pesar de las cláusulas que califican al Estado como una federación, y los efectos que dicho centralismo ha tenido en cuanto al debilitamiento de la autonomía estadal y de la administración regional y municipal, la concentración de la Administración Pública, y la reducción de la representatividad y participación política.

En el cuarto reporte, el profesor Brewer precisa la legitimidad para actuar ante la jurisdicción constitucional venezolana en casos, por ejemplo, de control difuso y concentrado de constitucionalidad, amparo, omisión legislativa, control previo de tratados internacionales y leyes orgánicas, entre otros, destacando en todo caso los principios y previsiones constitucionales que rigen la materia.

En el quinto reporte diserta sobre la legislación venezolana en materia de migración y extranjería y su aplicabilidad en el contexto de un gobierno autoritario. Para llegar a sus conclusiones, realiza un estudio histórico desde 1811 con referencias a la nacionalidad, ciudadanía, inmigrantes, refugiados y asilados en las leyes y constituciones venezolanas, precisando sus requisitos, control y limitaciones cuando resultan pertinentes, así como lo referido al procedimiento de deportación.

En el sexto reporte, correspondiente al congreso intermedio dedicado a la uniformidad del derecho y su impacto en el derecho nacional, el autor realiza una mirada general de la historia y el desarrollo del sistema federal en Venezuela, preguntándose si es posible sostenerse que la Constitución de 1999 significó el fin del federalismo.

En el séptimo reporte, sobre los derechos sociales como derechos fundamentales, Brewer-Carías explica su justiciabilidad y toma como caso de estudio a la salud, destacando al efecto las obligaciones del Estado en la materia y su protección como derecho colectivo, su relación con el derecho a la vida y la seguridad social, y su vinculación con el presupuesto estatal.

En el octavo reporte denuncia la crisis institucional del Poder Judicial en Venezuela y cómo el llamado gobierno de los jueces a afectado profundamente a la democracia y los principios más elementales del Estado de Derecho como lo son la separación de poderes y la legalidad, aunado a la total falta de autonomía e independencia del Poder Judicial que, en la práctica, sirve de brazo al Poder Ejecutivo para la persecución política y la concentración del Poder en perjuicio de los ciudadanos.

Finalmente, en el noveno reporte nacional, el profesor Brewer-Carías desarrolla la institución del silencio administrativo. Al efecto, parte de las disposiciones legales que regulan al procedimiento administrativo y el carácter escrito del acto administrativo, para luego analizar los efectos –mayoritariamente negativos, aunque en ocasiones positivos– de la omisión de la Administración Pública al no dar respuesta a los particulares.

Puede notarse entonces que se trata no solo de una obra que recoge aportes doctrinarios de interés, que hemos pretendido resumir del modo más breve en estas líneas, sino la constatación de la dedicación permanente del profesor Brewer-Carías a temas jurídicos desde una aproximación comparatista.

Son 16 reportes –7 de ellos generales y 9 nacionales– en 13 congresos realizados alrededor del mundo y durarte cerca de seis décadas, desde el primero en el que participó en Uppsala en 1966 hasta el último en Asunción en 2022, entre los que no sobra destacar el de Caracas en 1982, en el que, como resulta natural, Brewer tuvo especial protagonismo y del que fue director y editor del libro que en ese mismo año publicó la Facultad de Ciencias Jurídicas y Políticas de la Universidad Central de Venezuela con todas las ponencias presentadas.

DERECHO ADMINISTRATIVO CONTEMPORÁNEO

Víctor Rafael Hernández-Mendible
Director del Centro de Estudios de Regulación Económica en la Universidad Monteávila

Resumen: *La obra reseñada constituye un trabajo introductorio a las categorías fundamentales del Derecho Administrativo en este primer cuarto de siglo, que deben ser estudiadas, conocidas y comprendidas para valorar qué se requiere conservar, mejorar y eventualmente reformar en el futuro.*

Palabras Clave: *Derecho Administrativo - Administración Pública - Personas - Derechos Subjetivos - Jurisdicción contencioso administrativa.*

Abstract: *The reviewed work constitutes an introductory study of the fundamental categories of Administrative Law in this first quarter of the century. These categories must be examined, understood, and assimilated in order to assess what should be preserved, improved, and eventually reformed in the future.*

Key words: *Administrative Law – Public Administration – Persons – Subjective Rights – Administrative Jurisdiction*

I. INTRODUCCIÓN

En el marco de las actividades que anualmente se organizan desde el Centro de Estudios de Regulación Económica de la Universidad Monteávila (CERECO-UMA), conjuntamente con la Fundación de Estudios de Derecho Administrativo (FUNEDA) y con el apoyo técnico de la Fundación Universitas, durante los meses de septiembre y octubre de 2025, se realizó la presentación de la obra colectiva titulada «*Derecho Administrativo Contemporáneo*»[1].

Esta reseña constituye un testimonio de las jornadas virtuales que se llevaron a cabo con tal finalidad, así como de las grabaciones que dan cuenta de las intervenciones de los autores y de la puesta en circulación de manera presencial en la sede de la Universidad Monteávila, en el mes de noviembre de 2025.

II. LA DEDICATORIA DE LA PUBLICACIÓN

La publicación tiene la particularidad de estar dedicada al catedrático de la Universidad Carlos III de Madrid, Luciano J. Parejo Alfonso.

---

1 Alejandro Canónico Sarabia, Allan R. Brewer-Carías, Antonio Silva Aranguren, Armando Luis Blanco Guzmán, Carlos Alberto Urdaneta Sandoval, Emilio J. Urbina Mendoza, Jesús Gerardo Díaz, José Araujo-Juárez, José Amando Mejía Betancourt, José Luis Villegas Moreno, María Inés Higuerey Cortés, Miguel Ángel Torrealba Sánchez, Nélida Peña Colmenares y Víctor Rafael Hernández-Mendible, Derecho Administrativo Contemporáneo, Editorial Jurídica Venezolana y CERECO-UMA, Caracas, 2025, 764 pp.

Es preciso destacar que no se trata de un homenaje a su larga y prolífica trayectoria académica, pues ello ocurrió oportuna y merecidamente, por iniciativa de un importante número de sus colegas, amigos y discípulos[2].

Fue gracias a la intermediación de sus maestros Eduardo García de Enterría y Ramón Parada (José Ramón Parada Vásquez), que él estableció vínculos con el profesor Allan Brewer-Carías, que evolucionaron a una amistad entrañable, de las que nos hemos beneficiado directa o indirectamente todos los autores de la obra colectiva.

Esta dedicatoria es un testimonio renovado de amistad hacia él, de reconocimiento a su generosidad y disposición con los administrativistas venezolanos, así como de agradecimiento por los conocimientos compartidos durante su vida académica a ambos lados del Atlántico.

Además, cabe recordar que producto de los vínculos tan cercanos con Venezuela y en reconocimiento a su trayectoria como catedrático, la Universidad Católica del Táchira le concedió la investidura de Doctor Honoris Causa en 1997.

Él es el prologuista de varios libros del profesor Allan Brewer-Carías, destacando especialmente el *Tratado de Derecho Administrativo. Derecho Público en Iberoámerica*, en 2013[3].

Por su parte, el profesor José Araujo-Juárez le dedicó un volumen de su *Tratado de Derecho Administrativo General y Comparado*, en 2024[4].

III. LA OBRA COLECTIVA

Desde la creación de CERECO-UMA en enero de 2012, se han constituido 6 grupos de investigación y se han desarrollado 8 proyectos de similar naturaleza, de los cuales se han finalizado cuatro (Servicios Públicos Domiciliarios, Contratación Pública, Derecho Administrativo Sancionador y Derecho Administrativo Contemporáneo) y se encuentran cuatro en ejecución (Derecho de las energías, Estado Convencional, Ambiente y Cambio Climático, y Justicia Administrativa en Iberoamérica).

Esta publicación es la más reciente, de la decena de libros que constituyen el fondo editorial en el que ha participado CERECO-UMA, de manera exclusiva o en coedición con otras organizaciones académicas.

Ella es producto del trabajo interinstitucional y colaborativo de catorce profesores de Derecho Administrativo de la Universidad Central de Venezuela, la Universidad Católica Andrés Bello, la Universidad Católica del Táchira, la Universidad Metropolitana, la Universidad Monteávila, la Universidad Pontificia Comillas y la Universidad Villanueva, éstas dos últimas de Madrid.

El plan de trabajo fue claramente definido e hilvanado para cubrir los contenidos centrales de la disciplina del Derecho Administrativo, por lo que fue estructurado en 17 grandes temas, a saber: los Fundamentos Constitucionales del Derecho Administrativo, el Principio de Juridicidad, la Administración Pública y su carácter interorgánico, el Acto Administrativo, los Contratos Públicos, el Procedimiento Administrativo, la Actividad de Fomento y Promo-

---

2 Vaquer Caballería, Marcos, Moreno Molina, Ángel Manuel y Descalzo González, Antonio (Coords.) Estudios de Derecho Público en Homenaje a Luciano Parejo Alfonso, 3 tomos, 1ª edición, editorial Tirant lo Blanch, Valencia, 2018, 3.268 páginas.

3 Parejo Alfonso, Luciano, Prólogo a Allan R. Brewer-Carías, *Tratado de Derecho Administrativo. Derecho Público en Iberoamérica*, Tomo I, Civitas-Thomson Reuters, Madrid, 2013, pp. 13-21.

4 Araujo-Juárez, José, *Tratado de Derecho Administrativo General y Comparado. Administración Pública*, Volumen 2, CIDEP, Caracas, 608 pp.

ción, la Actividad de Policía Administrativa, la Planificación Administrativa, el Derecho Urbanístico, la Actividad de Servicio Público, la Regulación Económica, los Bienes Públicos, la Función Pública, la Responsabilidad del Estado, el Control de la Actividad Administrativa y la Jurisdicción Contencioso-Administrativa[5].

El desarrollo de la investigación contrastó la teoría con la práctica, el deber ser con el ser y a partir de ello pretendió aportar respuestas útiles a los temas de interés que ocupan a los distintos operadores jurídicos en el momento actual, aunque sin olvidar el futuro inminente de reformas que se requieren en el país.

IV. LOS COLABORADORES EN LA PUBLICACIÓN

Los participantes en la investigación y publicación son todos los miembros de la Escuela de Occidente, junto con aquellos que sin formar parte de ella, comparten los mismos valores intelectuales, éticos y académicos, lo que no supone uniformidad de ideas u opiniones.

Los autores han asumido como sus referentes nacionales a los profesores Allan Brewer-Carías[6], José Peña Solís[7] y José Araujo-Juárez[8], quienes nos han compartido sus «Tratados de Derecho Administrativo» en 2013; 2021, 2022, 2023; y 2024 respectivamente.

A continuación se mencionan los nombres y la vinculación institucional de los colaboradores de este proyecto: Alejandro Canónico Sarabia (Universidad Villanueva), Allan R. Brewer-Carías (Universidad Central de Venezuela), Antonio Silva Aranguren (Universidad Central de Venezuela), Armando Luis Blanco Guzmán (Universidad Monteávila), Carlos Alberto Urdaneta Sandoval (Universidad Católica Andrés Bello), Emilio J. Urbina Mendoza (Universidad Católica Andrés Bello), Jesús Gerardo Díaz (Universidad Católica del Táchira), José Araujo-Juárez (Universidad Católica Andrés Bello), José Amando Mejía Betancourt (Universidad Metropolitana), José Luis Villegas Moreno (Universidad Pontificia Comillas), María Inés Higuerey Cortés (Universidad Católica del Táchira), Miguel Ángel Torrealba Sánchez (Universidad Central de Venezuela), Nélida Peña Colmenares (Universidad Central de Venezuela) y Víctor Hernández-Mendible (Universidad Monteávila).

Es oportuno reiterar el agradecimiento a cada uno de los autores por su tiempo, el compromiso para elaborar sus colaboraciones y por compartirnos sus aportes, que han hecho posible la aparición de esta publicación, en las actuales circunstancias.

Igualmente el agradecimiento a la diagramadora Mirna Pinto, al diseñador de la portada Miguel Javier Orjuela Córdoba y a la Editorial Jurídica Venezolana.

V. LAS CONFERENCIAS DE DIVULGACIÓN

La presentación del libro comprendió un ciclo de conferencias en el Aula Virtual Brewer-Carías, que se desarrolló en seis semanas sucesivas:

---

5 El tema del Derecho Administrativo Sancionador, no se incorporó en el contenido esta publicación, pues ha sido trabajado monográficamente en la obra colectiva AA.VV., (Hernández-Mendible, Víctor, coord.), *Derecho Administrativo Sancionador*, CIDEP-CERECO-UMA, Caracas, 2019, 417 pp.

6 Brewer-Carías, Allan R., *Tratado de Derecho Administrativo. Derecho Público en Iberoamérica*, Tomos I al VI, Civitas-Thomson Reuters, Madrid, 2013, 6.438 pp.

7 Peña Solís, José, (edición actualizada por Nélida Peña Colmenares), *Manual de Derecho Administrativo*, CIDEP, Caracas, Vol. I, 2021, 625 pp.; Vol. II, 2022, 591 pp.; Vol. III, 2023, 553 pp.

8 Araujo-Juárez, José, *Tratado de Derecho Administrativo General y Comparado*, 5 Vols., CIDEP, Caracas, 2024, 2.852 pp.

La primera sesión tuvo lugar el 16 de septiembre de 2025[9], en la que participaron la profesora Nélida Peña Colmenares, con la exposición de su trabajo «Fundamentos constitucionales del Derecho Administrativo»; el profesor Víctor Hernández-Mendible desarrolló el tema «El principio de juridicidad»; y el profesor Miguel Ángel Torrealba Sánchez, compartió sus reflexiones sobre «La Administración Pública y su carácter interorgánico».

La segunda jornada se llevó a cabo el 23 de septiembre de 2025[10], en la que intervinieron el profesor José Luis Villegas Moreno, sobre «El acto administrativo»; el profesor José Araujo-Juárez, se refirió a «Los contratos públicos»; y el profesor Carlos Alberto Urdaneta Sandoval, no pudo asistir para exponer su estudio sobre «El procedimiento administrativo», por lo que el profesor Víctor Hernández-Mendible, hizo una introducción al mismo.

La tercera sesión se realizó el 30 de septiembre de 2025[11], con la intervención del profesor Jesús Gerardo Díaz, sobre «La actividad de policía administrativa»; la profesora María Inés Higuerey Cortés, que compartió sus reflexiones sobre «La planificación administrativa. Perspectiva del Estado Social de Derecho y la economía de mercado en Venezuela: Estado de la cuestión»; y el profesor Emilio J. Urbina Mendoza disertó sobre «El derecho urbanístico venezolano. Del primer cuarto de siglo. Distopías y desafíos como propuestas para su renovación en el marco del Derecho Administrativo Contemporáneo».

La cuarta fecha se concretó el 7 de octubre de 2025[12], ocasión en que el profesor José Araujo-Juárez, desarrolló el tema de «La actividad de servicio público»; el profesor José Amando Mejía Betancourt, conversó sobre «La regulación económica»; y el profesor Armando Luis Blanco Guzmán, intervino con la exposición sobre «La actividad de fomento y promoción».

En la quinta semana, el 14 de octubre de 2025[13], el profesor Alejandro Canónico Sarabia compartió las reflexiones elaboradas conjuntamente con el profesor Antonio Silva Aranguren, sobre «La función pública»; y el profesor Víctor Hernández-Mendible, habló de «Los bienes públicos».

La última semana, concretamente el 21 de octubre de 2025[14], el profesor Víctor Hernández-Mendible desarrolló el tema de «La Responsabilidad del Estado»; el profesor Allan R. Brewer-Carías expuso sobre «El control de la actividad administrativa»; y el profesor Miguel Ángel Torrealba Sánchez cerró el ciclo con «La jurisdicción contencioso administrativa».

Estas exposiciones son 6 webinars que se pudieron realizar gracias al espacio compartido en el aula virtual Brewer-Carías, por la Fundación de Estudios de Derecho Administrativo (FUNEDA) y que conforman una especie de audiolibro, cuya versión escrita y extendida del total de 17 colaboraciones, se encuentra de libre acceso y se puede consultar en las direccio-

---

9 La sesión puede verse enteramente, en la siguiente dirección electrónica: https://www.youtube.com/watch?v=liaNYs9etxs&t=53s

10 La jornada puede verse enteramente, en la siguiente dirección electrónica: https://www.youtube.com/watch?v=Jd75ZV0UvPE&t=1945s

11 La sesión puede verse enteramente, en la siguiente dirección electrónica: https://www.youtube.com/ watch?v=KHgYNxDcZZw&t=7s

12 Las exposiciones pueden verse enteramente, en la siguiente dirección electrónica: https://www.youtube.com /watch?v=dOK4XqA3Pxc&t=40s

13 La reunión puede verse enteramente, en la siguiente dirección electrónica: https://www.youtube.com/watch?v=87sTqSlPajs

14 La sesión puede verse enteramente, en la siguiente dirección electrónica: https://www.youtube.com/watch?v=oHQ3zUxleTM

nes electrónicas de la Universidad Monteávila[15] y de los autores Allan Brewer-Carías[16] o Víctor Hernández-Mendible[17], así como quien lo desee puede adquirirlo en soporte de papel en Amazon[18].

VI. LA PUESTA EN CIRCULACIÓN DE MANERA PRESENCIAL

El profesor Miguel Ángel Torrealba Sánchez, director adjunto de CERECO-UMA conjuntamente con la profesora Diana Trias Bertorelli, directora de la Escuela de Derecho de la Facultad de Ciencias Jurídicas y Políticas, organizaron la jornada de puesta en circulación del libro, en la sede de la Universidad Monteávila, el 14 de noviembre de 2025.

En esa oportunidad participaron además de las autoridades antes mencionadas, las profesoras de la misma Facultad, Eucaris Meza de Valdivieso, María Lidia Álvarez Chamosa y los coautores Nélida Peña Colmenares y Armando Luis Blanco Guzmán, quienes intercambiaron pareceres sobre las instituciones del Derecho Administrativo y la relevancia de la obra en el momento actual, con los asistentes.

---

15 https://catalagobiblioteca.uma.edu.ve/cgi-bin/koha/opac-detail.pl?biblionumber=12315. http://repositoriodigital.uma.edu.ve:8080/jspui/handle/123456789/1407

16 https://allanbrewerCarías.com/wp-content/uploads/2025/07/V.Hernandez-Mendible-Editorderecho - administrativo-contemporaneo.-EJV.-2025.pdf

17 https://drive.google.com/file/d/1cJCj7Kqj5NlBqJwS1dZtvjXXCTRd7O4H/view

18 https://www.amazon.com/Derecho-Administrativo-Contemporáneo-Hernández-Mendible/dp/B0FJDFTTKZ

VILA, F. (2025). MANUEL GARCÍA-PELAYO, JURISTA DE ESTADO. UNA TEORÍA DE LAS FORMAS POLÍTICAS. GRANADA: EDITORIAL COMARES*

Antonio Jiménez-Blanco Carrillo de Albornoz*

Catedrático de Derecho Administrativo

Resumen: *Este trabajo es la reseña bibliográfica del libro de F. Vila, publicado en 2025, sobre Manuel García Pelayo. Jurista de Estado. Una teoría sobre las formas políticas.*

Palabras Clave: *Manuel Farcía Pelayo. Formas políticas.*

Abstract: *This work is the bibliographic review of the book by F. Vila, published in 2025, on Manuel García Pelayo. State jurist. A theory on political forms.*

Key words: *Manuel Farcía Pelayo. Political Forms.*

De la memoria de García-Pelayo (Corrales del Vino, Zamora, 1909-Caracas, Venezuela, 1991) en el planeta de la actual intelectualidad jurídica española puede decirse, con tono de lamento, o incluso de grave denuncia, que se encuentra sencillamente ausente. No sólo es el hecho (tozudo) de que nadie lo mencione, sino que muchos ni tan siquiera saben de quién estamos hablando. Una ignorancia absoluta, casi (como diría Borges con ese *recochineo* en el que los ríoplantenses son maestros) *puntillosa.*

Pero existe algo todavía más sangrante que ese desconocimiento, si cabe: los que de él sólo mencionan que, en diciembre de 1983 fue el que, con su voto de calidad como presidente del Tribunal Constitucional, *tumbó* el recurso contra la expropiación de Rumasa del anterior 23 de febrero (y ello en un contexto en el que José María Ruiz-Mateos era admirado por muchos como un héroe, al haber sido víctima de una arbitraria agresión gubernamental: ¡qué país, Miquelarena!, que diría el gran Pedro Mourlane Michelena). Y es que hay veces que los recuerdos selectivos –discriminados– son incluso peores que los desconocimientos totales.

Si no existiera Francisco Vila (y antes Manuel Aragón y Lucio García Fernández, cuyo olvido en estas líneas sería también imperdonable) habría que habérselo inventado. Suyo fue el *Estudio de contextualización* del libro *Inédito sobre la Constitución de 1978* que, por feliz iniciativa de Eloy García, se publicó en 2021 dando a la luz los informes que, durante el proceso constituyente, emitió por encargo del Grupo Parlamentario de Unión de Centro Democrático (UCD) en el Senado. El texto de Vila fue una suerte de presentación, a la luz de lo sucedido desde entonces, de esos trabajos, donde Vila afirma con pesar que «a los treinta años de su fallecimiento (25 de febrero de 1991), la obra de Manuel García Pelayo suena lejana o, simplemente, no suena, lo cual es triste, pero ilustrativo de cómo España trata a sus

* Revista de las Cortes Generales. ISSN: 0213-0130. ISSNe: 2659-9678 Nº 120, Segundo semestre (2025): pp. 399-404. https://doi.org/10.33426/rcg/2025/120/XXXX.

* Letrado de las Cortes Generales. https://orcid.org/0000-0002-2598-4187

intelectuales. Aunque se cite en ámbitos universitarios, su nombre es más intelectual que académico. Y es que nuestro autor tiene la facilidad de que, con solo citar el caso Rumasa, genera odios y amores. Para unos, García-Pelayo fue, es y siempre será *un vendido*. Para otros, el jurista español fue, es y será un héroe que luchó contra unos militares fascistas defendiendo a una república que era un paraíso de libertades, luego huyó de la España de Franco en la que era perseguido y, en los años de la transición, volvió a España como presidente del Tribunal Constitucional y contribuyó a establecer una *democracia avanzada* (preámbulo de la Constitución *dixit*)»: las dos Españas, una vez más. Y Vila, que es de los que se resisten a que una u otra le terminen hablando el corazón, concluye con estas palabras lapidarias: «Cualquier parecido de ambas posturas con la realidad es pura coincidencia o, dicho con más rigor y vigor, ambas son falsas».

El autor del libro recensionado estudió en la Facultad de Derecho de León, donde tuvo la suerte de recibir el magisterio –que él reconoce en página 21– de una Mercedes Fuertes, un Juan Antonio García Amado o un Francisco Sosa Wagner y luego, en 2024, presentó en Bolonia su tesis doctoral con el título *El Estado en el pensamiento jurídico-político de Manuel García-Pelayo*, tesis que mereció el premio de la Real Academia de Doctores de España.

El libro recoge una porción sustancial de la tesis, de la que han quedado fuera lo que tiene que ver con las fuentes germánicas de don Manuel, que han merecido –con buen criterio– una publicación autónoma, a su vez dividida en dos partes. La primera de ellas acaba de ver la luz en este 2025 en la revista *Historia constitucional*, en el número 26, y tiene por objeto los «textos sobre autores germánicos concretos», que son los dedicados a Otto Bauer (1977 y 1979), Otto Hintze (1944), Ferdinand Lasalle (1946 y 1950), Robert von Mohl (1951), Friedrich Julius Stahl (1986) y Lorenz von Stein (1949). La segunda parte de las páginas de la tesis sobre el García-Pelayo *alemanófilo*, pendiente de publicar, pondrá el foco en quienes, como Max Weber, Carl Schmitt o Hermann Heller, más influyeron sobre García-Pelayo, que tuvo la ocasión, en los dos últimos casos además, de conocerlos personalmente y, sobre todo en el caso de Schmitt, sostener con ellos una interlocución frecuente y profunda.

¿Qué es lo que, por el contrario, sí incluye el libro que resulta objeto de esta recensión? Lo dice el (doble) título: la exposición de los estudios de García-Pelayo como teórico de las formas políticas. De una de ellas, en particular, el Estado. Y siempre sabiendo que se trata de un jurista.

El índice resulta expresivo por demás. A saber:

- Primera parte. Manuel García-Pelayo bajo el signo del Estado (páginas 1 a 56), con los siguientes dos capítulos:

  - Una vida dedicada al Estado: Manuel García-Pelayo jurista del 27.
  - Supuestos históricos, antropológicos, sociológicos y jurídicos de la teoría de las formas políticas de Manuel García-Pelayo.

- Segunda parte. Formas políticas preestatales (páginas 57 a 136). También con dos capítulos:

  - De las formas políticas de la antigüedad a las del alto medievo europeo.
  - El reino o constitución estamental como forma política de la baja edad media.

- Tercera parte. Estado (páginas 137 a 283). Los capítulos son tres:

  - El Estado absoluto.
  - El Estado liberal.
  - El Estado social.

- Epílogo. ¿El fin de la estabilidad? (páginas 285 a 289).

Antes de todo ello hay un prólogo de Jerónimo Molina, del que forman parte unas palabras que se reproducen literalmente en la contraportada: «Manuel García-Pelayo es un *servidor del Estado*. El Estado es su signo, como explica Francisco Vila en un libro absolutamente desmitificador de un personaje en realidad desconocido y casi legendario. Parecería su vida, a juzgar por otras aproximaciones convencionales a su obra, la de un perseguido político, cancelado por sus ideas socialistas. Sin embargo, Francisco Vila nos descubre un García-Pelayo mucho menos fantástico: ni hay razones políticas en su *exilio* americano de 1951 ni resultaría jurídicamente incoherente –para un decisionista schmittiano– su voto de calidad en la célebre sentencia del *caso Rumasa*». Así las cosas, «en este sentido podría decirse que el libro de Francisco Vila resulta develador hasta la iconoclastia».

Llega el momento de formular algunas observaciones personales. Para empezar, descubrirse –y no es algo original– ante la cantidad y no sólo la calidad del trabajo de Manuel García-Pelayo, como pone de relieve la abrumadora relación de las páginas 291 a 307. A lo muchísimo que se incluye en las Obras completas del *Centro de Estudios Políticos y Constitucionales*, en la última edición, que es de 2009, hay que añadir otras cosas, bien publicadas (antes o después de esa fecha, en particular el citado *Inédito sobre la Constitución de 1978* y también, ya en 2024, *El Rey*, también editado en Tecnos) o todavía no, como por ejemplo su tesis doctoral de 1934, *La doctrina del tiranicidio en los tratardistas españoles del siglo XVI. Fundamentos de derecho de resistencia al poder arbitrario o injusto*. El director fue Luis Recasens Siches.

Y también las entrevistas y la correspondencia. Don Manuel se prodigó a lo largo de su vida: un *currante*, que diríamos coloquialmente. Sobre todo, en la época de Venezuela, en los años sesenta y setenta: allí el tiempo le cundió.

Segunda cosa a resaltar: estamos con el zamorano ante alguien que, aun de formación jurídica, en seguida desbordó los confines del derecho. Puestos a buscarle parangones, cabría citar, por ceñirnos sólo a las personas fallecidas, en Alemania, a un Michael Stolleis (1941-2021) o, poco antes, un Ernst-Wolfgang Böckenförde (1930-2019). O, en España, un Francisco Ayala (1906-2009), un Luis Diez del Corral (1911-1998), un Eduardo García de Enterría (1923-2013) o un Alejandro Nieto (1930-2023). Gente que se carcajea de la división de los saberes en *áreas de conocimiento* (o, en la actualidad, según la Ley Orgánica 2/2023, de 22 de marzo, del Sistema Universitario, en *ámbitos de conocimiento* y luego *especialidades*) porque, lejos de encasillamiento alguno, bien podrían entrar, y con holgura, en varias de las casillas de la taxonomía.

Tercero, hay que referirse al concepto, referido a los juristas, de generación del 27, inicialmente aplicado a los literatos, sobre todo poetas, que asistieron al homenaje celebrado aquel año en el Ateneo de Sevilla para conmemorar el tercer centenario de la muerte de Luis de Góngora: una de las etapas de lo que se conoce como *Edad de plata*, que tan profundamente ha estudiado José Carlos Mainer. Su extensión a la gente del planeta del derecho procede precisamente de Jerónimo Molina. A ello dedica el libro de Francisco Vila las páginas 10 y siguientes. Fueron personas nacidas en la primera década del siglo XX y que estudiaron en la Universidad Central, como entonces se llamaba (o sea, el caserón de San Bernardo) con Adolfo González Posada y más tarde Nicolás Pérez Serrano. Influidos por José Ortega y Gasset, «conectan con el pensamiento germánico (alemán y austríaco) de la época: Heller, Kaufmann, Kelsen, Schmitt, Smend, etc». Digamos de manera incidental que en aquella sazón se encontraba en su plenitud en América el ahora muy célebre Oliver Wendell Holmes (juez del Tribunal Supremo entre 1902 y 1932), pero por aquel entonces todo lo del otro lado del Atlántico aun no era conocido (y, menos aún, ponderado) en nuestro continente.

Juristas, sí, pero no formalistas o normativistas (no kelsenianos, para ponerles apellido), lo que les separa de la escuela de la exégesis de la época de la codificación. Vila transcribe al respecto palabras de García-Pelayo en 1930 («Afortunadamente, para la ciencia jurídica, hace ya años que varios profesores se levantaron contra el positivismo imperante y lograron destacar la importancia de la disciplina filosófico-jurídica») o en 1948: «En lo que respecta al derecho –aseguran– lo sociológico y lo jurídico están siempre unidos. La norma significa, sin duda, una legalidad inmanente de sentido, pero la es esencial rebasarse a sí misma, para convertirse en una realidad externa. Y, al propio tiempo, toda realidad social y externa sólo es jurídica en cuanto está dotada de un sentido normativo». Y, precisamente, siempre con un gran sentido de la historia, lo sea de las formas políticas, de las ideas –no sólo políticas– o, si se quiere decir con las palabras de Reinhard Koselleck, de los conceptos, empezando, en el caso de García-Pelayo (1950), por el de Constitución. O también federación o federalismo.

Bien puede hablarse, sí, de los juristas de la generación del 27, aunque a don Manuel tampoco resultaría forzado calificarlo como miembro de la generación de 1978, entendida tal cosa como la de los intelectuales de la transición, de la que formaría parte eximia –la trinidad, por así decir– junto a dos ya citados aquí: otro exiliado como Ayala –aunque visitante de España desde los años sesenta y por tanto conocedor directo de lo mucho que entre tanto habrían cambiado las cosas– y uno de dentro, García de Enterría. En efecto, si el nuestro es un país curtido por el infortunio (palabras literales de otro grande, don Manuel: Azaña), también hay veces en que la fortuna nos sonríe: aquella fue –dicho sin idealizar nada y sin la nostalgia en la que es tan fácil caer– una de esas ocasiones.

El elenco no quedaría completo sin citar (de nuevo) a Alejandro Nieto, sabiendo todos que a éste (un descubridor de patologías sociológicas e institucionales a la altura de Galdós, Valle Inclán, Baroja o Berlanga, que se dice pronto: y, al fondo de todo, Quevedo, nada menos) encajaría mejor como el intelectual del sistema político –¿cabe calificarlo de *régimen* sin ser acusado?– que ha surgido de la transición. Pero no nos desviemos por los derroteros –por tentador que resulte: casi irresistible– de Nieto (de la comarca del Cerrato, Palencia). Hoy es el turno de otro castellano igualmente recio (de la Tierra del Vino, Zamora), aunque pasase dos lustros en Venezuela.

Muy bien, en suma, Francisco Vila. La Real Academia de Doctores de España no se equivocó al darle el premio a su tesis. Quienes sí cometerían un error serían quienes no se leyeran –con un bolígrafo para subrayar– su magnífico libro: la memoria de García-Pelayo estaba necesitando esta publicación.

www.ingramcontent.com/pod-product-compliance
Lightning Source LLC
LaVergne TN
LVHW050907210926
848482LV00012B/364
* 9 7 9 8 9 0 1 5 5 9 3 1 4 *